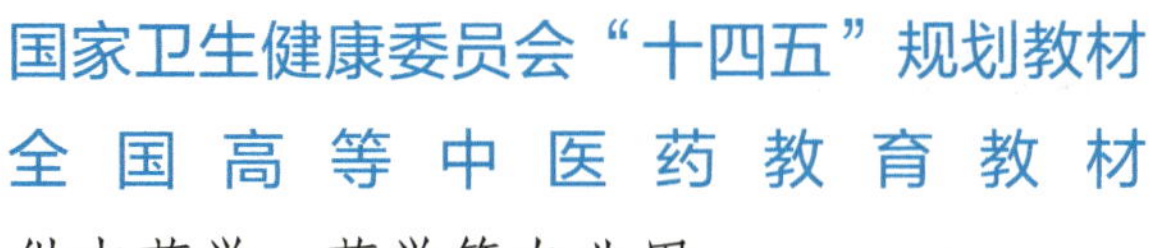

国家卫生健康委员会"十四五"规划教材
全国高等中医药教育教材

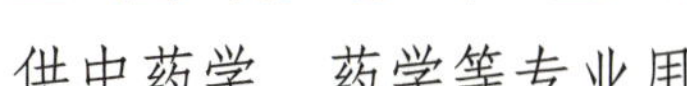

供中药学、药学等专业用

解剖生理学

第3版

主　编　邵水金　朱大诚

副主编　罗亚非　刘　斌　刘慧敏　王冰梅　蔡　青

人民卫生出版社
·北　京·

图书在版编目（CIP）数据

解剖生理学 / 邵水金，朱大诚主编 . —3 版 . —北京：人民卫生出版社，2021.9（2025.5 重印）

ISBN 978-7-117-31633-0

Ⅰ. ①解… Ⅱ. ①邵… ②朱… Ⅲ. ①人体解剖学－人体生理学－中医学院－教材 Ⅳ. ①R324

中国版本图书馆 CIP 数据核字（2021）第 183579 号

人卫智网	**www.ipmph.com**	**医学教育、学术、考试、健康，购书智慧智能综合服务平台**
人卫官网	**www.pmph.com**	**人卫官方资讯发布平台**

解剖生理学

Jiepou Shenglixue

第 3 版

主　　编：邵水金　朱大诚
出版发行：人民卫生出版社（中继线 010-59780011）
地　　址：北京市朝阳区潘家园南里 19 号
邮　　编：100021
E - mail：pmph @ pmph.com
购书热线：010-59787592　010-59787584　010-65264830
印　　刷：廊坊一二〇六印刷厂
经　　销：新华书店
开　　本：850 × 1168　1/16　　**印张：**29
字　　数：760 千字
版　　次：2012 年 6 月第 1 版　　2021 年 9 月第 3 版
印　　次：2025 年 5 月第 8 次印刷
标准书号：ISBN 978-7-117-31633-0
定　　价：95.00 元
打击盗版举报电话：010-59787491　E-mail：WQ @ pmph.com
质量问题联系电话：010-59787234　E-mail：zhiliang @ pmph.com

《解剖生理学》编委会名单

（解剖学部分）

主　编　邵水金（上海中医药大学）

副主编　罗亚非（贵州中医药大学）
刘　斌（黑龙江中医药大学佳木斯学院）

编　委（按姓氏笔画排序）

王怀福（河北中医学院）
王媛媛（北京中医药大学）
尹　刚（安徽中医药大学）
石娅萍（成都中医药大学）
刘　斌（黑龙江中医药大学佳木斯学院）
牟芳芳（上海中医药大学）
杨　畅（辽宁中医药大学）
杨恩彬（云南中医药大学）
吴世卫（陕西中医药大学）
张育敏（山西中医药大学）
陈伟燕（浙江中医药大学）
邵水金（上海中医药大学）
欧阳厚淦（江西中医药大学）
罗亚非（贵州中医药大学）
廖彦博（广西中医药大学）

（生理学部分）

主　编　朱大诚（江西中医药大学）

副主编　刘慧敏（山东中医药大学）
王冰梅（长春中医药大学）
蔡　青（天津中医药大学）

编　委（按姓氏笔画排序）

王冰梅（长春中医药大学）
王桂英（河北中医学院）
朱大诚（江西中医药大学）
刘爱华（上海中医药大学）
刘慧敏（山东中医药大学）
汝　晶（云南中医药大学）
孙艳宏（内蒙古医科大学）
李海燕（北京中医药大学）
宋　亮（陕西中医药大学）
张新芳（安徽中医药大学）
饶　芳（浙江中医药大学）
姚小卫（湖北中医药大学）
顾　静（甘肃中医药大学）
曾　群（山西中医药大学）
蔡　青（天津中医药大学）

数字增值服务编委会

（解剖学部分）

主　编　邵水金（上海中医药大学）

副主编　罗亚非（贵州中医药大学）
　　　　刘　斌（黑龙江中医药大学佳木斯学院）

编　委　（按姓氏笔画排序）
　　　　王怀福（河北中医学院）
　　　　王嫒嫒（北京中医药大学）
　　　　尹　刚（安徽中医药大学）
　　　　石娅萍（成都中医药大学）
　　　　刘　斌（黑龙江中医药大学佳木斯学院）
　　　　牟芳芳（上海中医药大学）
　　　　杨　畅（辽宁中医药大学）
　　　　杨恩彬（云南中医药大学）
　　　　吴世卫（陕西中医药大学）
　　　　张育敏（山西中医药大学）
　　　　陈伟燕（浙江中医药大学）
　　　　邵水金（上海中医药大学）
　　　　欧阳厚淦（江西中医药大学）
　　　　罗亚非（贵州中医药大学）
　　　　廖彦博（广西中医药大学）

（生理学部分）

主　编　朱大诚（江西中医药大学）

副主编　蔡　青（天津中医药大学）
　　　　宋　亮（陕西中医药大学）
　　　　王桂英（河北中医学院）

编　委　（按姓氏笔画排序）
　　　　王冰梅（长春中医药大学）
　　　　王桂英（河北中医学院）
　　　　朱大诚（江西中医药大学）
　　　　刘爱华（上海中医药大学）
　　　　刘慧敏（山东中医药大学）
　　　　汝　晶（云南中医药大学）
　　　　孙艳宏（内蒙古医科大学）
　　　　李海燕（北京中医药大学）
　　　　宋　亮（陕西中医药大学）
　　　　张新芳（安徽中医药大学）
　　　　饶　芳（浙江中医药大学）
　　　　姚小卫（湖北中医药大学）
　　　　顾　静（甘肃中医药大学）
　　　　曾　群（山西中医药大学）
　　　　蔡　青（天津中医药大学）

修 订 说 明

为了更好地贯彻落实《中医药发展战略规划纲要(2016—2030年)》《中共中央国务院关于促进中医药传承创新发展的意见》《教育部 国家卫生健康委 国家中医药管理局关于深化医教协同进一步推动中医药教育改革与高质量发展的实施意见》《关于加快中医药特色发展的若干政策措施》和新时代全国高等学校本科教育工作会议精神,做好第四轮全国高等中医药教育教材建设工作,人民卫生出版社在教育部、国家卫生健康委员会、国家中医药管理局的领导下,在上一轮教材建设的基础上,组织和规划了全国高等中医药教育本科国家卫生健康委员会"十四五"规划教材的编写和修订工作。

为做好新一轮教材的出版工作,人民卫生出版社在教育部高等学校中医学类专业教学指导委员会、中药学类专业教学指导委员会和第三届全国高等中医药教育教材建设指导委员会的大力支持下,先后成立了第四届全国高等中医药教育教材建设指导委员会和相应的教材评审委员会,以指导和组织教材的遴选、评审和修订工作,确保教材编写质量。

根据"十四五"期间高等中医药教育教学改革和高等中医药人才培养目标,在上述工作的基础上,人民卫生出版社规划、确定了第一批中医学、针灸推拿学、中医骨伤科学、中药学、护理学5个专业100种国家卫生健康委员会"十四五"规划教材。教材主编、副主编和编委的遴选按照公开、公平、公正的原则进行。在全国50余所高等院校2 400余位专家和学者申报的基础上,2 000余位申报者经教材建设指导委员会、教材评审委员会审定批准,聘任为主编、副主编、编委。

本套教材的主要特色如下:

1. 立德树人,思政教育 坚持以文化人,以文载道,以德育人,以德为先。将立德树人深化到各学科、各领域,加强学生理想信念教育,厚植爱国主义情怀,把社会主义核心价值观融入教育教学全过程。根据不同专业人才培养特点和专业能力素质要求,科学合理地设计思政教育内容。教材中有机融入中医药文化元素和思想政治教育元素,形成专业课教学与思政理论教育、课程思政与专业思政紧密结合的教材建设格局。

2. 准确定位,联系实际 教材的深度和广度符合各专业教学大纲的要求和特定学制、特定对象、特定层次的培养目标,紧扣教学活动和知识结构。以解决目前各院校教材使用中的突出问题为出发点和落脚点,对人才培养体系、课程体系、教材体系进行充分调研和论证,使之更加符合教改实际、适应中医药人才培养要求和社会需求。

3. 夯实基础,整体优化 以科学严谨的治学态度,对教材体系进行科学设计、整体优化,体现中医药基本理论、基本知识、基本思维、基本技能;教材编写综合考虑学科的分化、交叉,既充分体现不同学科自身特点,又注意各学科之间有机衔接;确保理论体系完善,知识点结合完备,内容精练、完整,概念准确,切合教学实际。

4. 注重衔接,合理区分 严格界定本科教材与职业教育教材、研究生教材、毕业后教育教材的知识范畴,认真总结、详细讨论现阶段中医药本科各课程的知识和理论框架,使其在教材中得以凸显,既要相互联系,又要在编写思路、框架设计、内容取舍等方面有一定的区分度。

5. 体现传承，突出特色 本套教材是培养复合型、创新型中医药人才的重要工具，是中医药文明传承的重要载体。传统的中医药文化是国家软实力的重要体现。因此，教材必须遵循中医药传承发展规律，既要反映原汁原味的中医药知识，培养学生的中医思维，又要使学生中西医学融会贯通，既要传承经典，又要创新发挥，体现新版教材"传承精华、守正创新"的特点。

6. 与时俱进，纸数融合 本套教材新增中医抗疫知识，培养学生的探索精神、创新精神，强化中医药防疫人才培养。同时，教材编写充分体现与时代融合、与现代科技融合、与现代医学融合的特色和理念，将移动互联、网络增值、慕课、翻转课堂等新的教学理念和教学技术、学习方式融入教材建设之中。书中设有随文二维码，通过扫码，学生可对教材的数字增值服务内容进行自主学习。

7. 创新形式，提高效用 教材在形式上仍将传承上版模块化编写的设计思路，图文并茂、版式精美；内容方面注重提高效用，同时应用问题导入、案例教学、探究教学等教材编写理念，以提高学生的学习兴趣和学习效果。

8. 突出实用，注重技能 增设技能教材、实验实训内容及相关栏目，适当增加实践教学学时数，增强学生综合运用所学知识的能力和动手能力，体现医学生早临床、多临床、反复临床的特点，使学生好学、临床好用、教师好教。

9. 立足精品，树立标准 始终坚持具有中国特色的教材建设机制和模式，编委会精心编写，出版社精心审校，全程全员坚持质量控制体系，把打造精品教材作为崇高的历史使命，严把各个环节质量关，力保教材的精品属性，使精品和金课互相促进，通过教材建设推动和深化高等中医药教育教学改革，力争打造国内外高等中医药教育标准化教材。

10. 三点兼顾，有机结合 以基本知识点作为主体内容，适度增加新进展、新技术、新方法，并与相关部门制订的职业技能鉴定规范和国家执业医师（药师）资格考试有效衔接，使知识点、创新点、执业点三点结合；紧密联系临床和科研实际情况，避免理论与实践脱节、教学与临床脱节。

本轮教材的修订编写，教育部、国家卫生健康委员会、国家中医药管理局有关领导和教育部高等学校中医学类专业教学指导委员会、中药学类专业教学指导委员会等相关专家给予了大力支持和指导，得到了全国各医药卫生院校和部分医院、科研机构领导、专家和教师的积极支持和参与，在此，对有关单位和个人表示衷心的感谢！希望各院校在教学使用中，以及在探索课程体系、课程标准和教材建设与改革的进程中，及时提出宝贵意见或建议，以便不断修订和完善，为下一轮教材的修订工作奠定坚实的基础。

人民卫生出版社

2021 年 3 月

前　言

解剖生理学是一门研究正常人体形态结构和生理功能的科学，是中医和西医的必修课，也是医药学各学科的先修课。通过本课程的学习，要求掌握人体形态结构与功能活动的基本知识，为学习其他医学课程打下必要的基础。本教材是国家卫生健康委员会"十四五"规划教材、全国高等中医药教育教材，由人民卫生出版社组织全国高等中医药院校及相关高校联合编写，主要供中药学、药学等专业使用。

本教材的编写以全国高等院校中药学专业教学大纲为依据，遵照"三基""五性"和"三特定"的教材编写原则，贯穿以学生为中心的编写理念，满足中医药高等教育事业发展和人才培养的要求；在编写思路上保持了本学科知识的系统性与完整性，体现了基础教材的科学性；在教材写作上力求做到删繁就简，精益求精，做到解剖学和生理学两部分内容不重复，名词术语统一规范，形态与功能前后呼应。

本教材由解剖学和生理学两部分组成。上篇为解剖学，分为 11 章，阐述了人体 9 大系统器官的主要形态结构，在大体解剖学基础上编入了部分组织学内容，如肝、肾、肺的组织结构，为生理学的学习奠定基础。下篇为生理学，分为 11 章，阐述了人体的生命活动规律及其机制。全书各章前有"学习目标"，便于学生了解学习目的和学习要求；章节正文编入"知识链接""知识拓展"和"思政元素"，增加教材的趣味性，体现教材服务教育"立德树人"的根本任务；每章末附有"复习思考题"，利于课后复习和测试应考。全书语句精练，层次分明，重点突出，通俗易懂；重要名词配有英文，并用粗体表示，以便学生掌握和记忆；书中图文并茂，紧密衔接，精美的彩色插图生动形象、清晰明了。本版教材最大的特点是在纸质教材的基础上融合数字资源，内容包括课程的 PPT 课件、拓展阅读、动画、视频、思维导图、案例学习、图片、表格、复习思考题答案要点、扫一扫测一测和模拟试卷等，数字资源以二维码的形式随文放置，可直接扫码查看相应章节资源，方便学生学习。

本教材上篇解剖学的绪论由邵水金编写，基本组织由欧阳厚淦编写，运动系统由牟芳芳、王媛媛和廖彦博编写，消化系统由张育敏和邵水金编写，呼吸系统由吴世卫编写，泌尿系统由尹刚编写，生殖系统由王怀福编写，循环系统由刘斌和陈伟燕编写，内分泌系统由石娅萍编写，感觉器由杨畅编写，神经系统由罗亚非和杨恩彬编写，最后由邵水金统稿、审稿和定稿而成。

下篇生理学的绪论由朱大诚、顾静编写，细胞的基本功能由饶芳编写，血液由王冰梅编写，血液循环由王桂英、刘爱华编写，呼吸由李海燕编写，消化和吸收由汝晶编写，能量代谢和体温由曾群编写，尿的生成与排出由张新芳编写，内分泌由刘慧敏、孙艳宏编写，神经系统的功能由蔡青、姚小卫编写，感觉器官的功能由宋亮编写，最后经朱大诚统稿、审稿和定稿而成。

本教材策划、主编遴选、编写、审定等过程中，得到了全国各兄弟院校的帮助和支持，在此一并表示诚挚的谢意！并希望各兄弟院校在使用过程中继续对本教材提出宝贵意见，以便及时修订提高，使本教材更臻完善。

编　者

2021 年 3 月

目　录

上篇　解　剖　学

下篇　生　理　学

上篇

解 剖 学

课件

第一章 绪论

学习目标

识记解剖学姿势和切面术语,知晓人体的组成、常用方位术语和轴,理解解剖学的研究内容和学习方法,为解剖篇中其他各系统的学习奠定基础。

第一节 解剖学的研究内容和学习方法

一、解剖学的研究内容

人体解剖学(**human anatomy**)是一门研究正常人体形态结构的科学,属于生物医学中形态学的范畴。解剖学主要用刀剖割和肉眼观察来研究人体的形态结构,根据叙述方法的不同,又可分为系统解剖学和局部解剖学。**系统解剖学**(**systematic anatomy**)是按照人体各系统来叙述各器官的形态结构;而**局部解剖学**(**topographic anatomy**)则是按照人体自然分区(如头、颈、胸、腹、四肢等)叙述各器官结构的层次排列、毗邻关系、血液供应、神经支配、体表标志和体表投影。本书上篇属于系统解剖学,将对人体各系统、各器官的形态结构做全面重点介绍。学习解剖学的目的,在于理解和掌握人体正常的形态结构,为学习医药学相关专业课程打下必要的基础,是一门医药学中重要的基础课程。

二、解剖学的学习方法

学习人体解剖学必须有进化与发展的观点、局部与整体统一的观点、形态与功能统一的观点以及理论联系实际的观点,才能正确认识和理解人体的形态结构及其发生发展的规律。人体解剖学是一门形态科学,直观性很强,名词多、描写多是其特点,死啃书本、硬记名词必将感到枯燥无味,故在学习方法上必须分析、归纳、理解其形态特征,必须充分利用人体标本及教学模型,进行认真仔细观察和学习;在阅读教材时,必须对书中的插图进行充分观察和描画,并反复练习每章后面的复习思考题,以加深对形态知识的理解和记忆;同时,还要联系活体,联系功能和临床应用,把形态知识学活。只有这样,才能正确地、全面地认识和掌握人体的形态结构,才能把人体解剖学这门基础医学课程学好。

三、人体的组成

人体结构和功能的基本单位是**细胞**。细胞之间存在一些不具细胞形态的物质,称为**细胞间质**。许多形态和功能相似的细胞与细胞间质共同构成**组织**。人体组织分为上皮组织、

笔记栏

结缔组织、肌组织和神经组织，它们是构成人体各器官和系统的基础，故称为**基本组织**。由几种组织互相结合，成为具有一定形态和功能的结构，称为**器官**，如心、肝、脾、肺、肾、胃、大肠、小肠等。在结构和功能上密切相关、共同执行某种生理活动的一系列器官，构成一个**系统**。人体可分为运动、消化、呼吸、泌尿、生殖、循环、内分泌、感觉器及神经九个系统。各系统在神经系统的支配和调节下，既分工又合作，实现各种复杂的生命活动，使人体成为一个完整统一的有机体。

第二节　解剖学发展史

一、国外解剖学发展史

西方医学对解剖学的记载是从古希腊时代开始的。古希腊名医 Hippocrates（公元前460年—公元前377年）认为心脏有2个心房和2个心室。古希腊哲学家和自然科学家 Aristotle（公元前384年—公元前322年）进行了动物解剖，提出心是血液循环的中心，并把神经和肌腱区别开来；但他将动物解剖所得的结论移用于人体，故错误较多。古希腊医学家 Herophilus（公元前335年—公元前280年）在解剖学方面很有成就，他命名的器官有“十二指肠”“前列腺”“睫状体”“视网膜”“乳糜管”和“淋巴”等。

Galen（公元131—200年）是古罗马名医和解剖学家，他编写了《医经》，这部著作当时视为权威医著。书中有许多解剖学资料，如认为血管内运行的是血液而不是空气，神经是按区分布的；但其资料主要是来自动物解剖，与人相差较大。

随着欧洲文艺复兴时代各门科学蓬勃的发展，解剖学也有了相应的进步。A.Vesalius（公元1514—1564年）是现代人体解剖学的创始人，他冒着受宗教迫害的危险，亲自解剖过许多人体，于1543年出版了《人体构造》一书，为医学的新发展开辟了道路，奠定了人体解剖学的科学基础。自此以后，W.Harvey（公元1578—1657年）发现了血液循环原理，并证实心血管是一个密闭的管道系统，为生理学从解剖学中划分出去开辟了道路。M.Malpighi（公元1628—1694年）研究了动、植物的微细结构，为组织学从解剖学中派生出来并形成一门新学科奠定了基础。

19世纪德国人 Schwann 和 Schleiden 提出了细胞学说。19世纪末，结合临床医学的发展，人体解剖学的研究达到了极盛时代。

进入20世纪以后，科学的发展又促进了解剖学研究的深入。随着计算机断层扫描（CT）、正电子断层扫描（PET）等先进科学技术的应用，促进了影像解剖学、数字解剖学和虚拟解剖学等新学科的产生；随着免疫学的发展和显微外科的进步，推动了显微外科解剖学、器官移植解剖学和组织工程学等学科的发展。

二、我国解剖学发展史

解剖学在我国的发展，经历过一个漫长的历史时期，有关人体解剖学知识的最早记载，还是我们的祖国医学。早在2 000多年前的春秋战国时代，我国第一部医学经典著作《黄帝内经》中已有关于人体解剖学知识的广泛记载。《黄帝内经》中提到：“若夫八尺之士，皮肉在此，外可度量切循而得之，其死可解剖而视之，其藏之坚脆，府之大小，谷之多少，脉之长短……皆有大数。”当时已明确提出“解剖”一词，并载有内脏器官的形态、位置、大小、容积和重量等调查数据。书中心、肝、脾、肺、肾、胃、大肠、小肠等脏器名称，为我国现代解剖学和

笔记栏

医学所沿用。这些资料说明，我们的祖先是从事过实地解剖、测量和研究的，根据目前所知的资料看，这是世界上最早的人体解剖学。

东汉末年著名医学家华佗使用麻沸散作麻醉，为患者进行腹部手术。《三国志》中记载："华佗……若病结积在内，针药所不能及，当须刳割者，便饮其麻沸散，须臾便如醉死，无所知，因破取。病若在肠中，便断肠清洗，缝腹膏摩，四五日瘥，不痛，人亦不自寤，一月之间，即平复矣。"

宋代王惟一（公元 987—1067 年）铸造的针灸铜人，为最早的人体解剖模型和针灸直观教具，在医学史上具有重要意义。宋代宋慈（公元 1186—1249 年）所著的《洗冤录》对人体的骨骼做了比较正确的绘图和描述，该书是我国现存的第一部法医学专著，也是世界上较早的法医学专著，曾被译成日、韩、英、德、法、荷等国文字，流传甚广。

清代名医王清任（公元 1768—1831 年）曾亲自解剖观察 30 余具尸体，结合临床心得，编著并绘有脏腑图谱的《医林改错》一书。该书描述了各系统器官的形态结构，纠正了古代医书上对人体解剖记载的某些错误，特别对脑的看法与现代医学的论述很相近，如"灵机记性不在于心在于脑""听之声归于脑""所见之物归于脑"等。

自 19 世纪由欧洲传入西医学之后，我国的现代解剖学才逐步发展起来。中华人民共和国成立之前，我国解剖学工作者仅百余人。现在，我们的医学事业取得了飞跃的发展，解剖学工作者的队伍日益壮大，而且各医学院校已有了教学实验室及相关设备、标本、模型、图谱和数字解剖人等，编写了自己的解剖学教材及专著，取得了丰硕的教研成果。

思政元素

遗体捐献相关知识

人体解剖学是医学生都必须学习的一门专业基础课，其最重要的教学媒介就是被我们称之为"大体老师"的遗体标本，而这些遗体标本都来源于逝者及其家属的无私捐献。

遗体捐献是指自然人生前自愿表示在死亡后，由其执行人将遗体的全部或者部分捐献给医学科学事业的行为，以及生前未表示是否捐献意愿的自然人死亡后，由其近亲属将遗体的全部或者部分捐献给医学科学事业的行为。

作为医学生和未来的医务工作者，在学习专业知识的同时，有必要了解和掌握遗体捐献的相关知识，体验、感悟和传递其中蕴含的人文精神，树立"感恩、敬畏、责任"的价值观，承担起向社会传播遗体捐献理念、知识和意义的责任与义务。首先，从思想上要有敬畏感，感谢他们为人类医学事业做出的无私奉献。认识到我们将不仅从遗体捐献者身上学到医学知识，还将受到崇高品德和生命观的感召，学会感恩，学会尊重生命、大舍大爱、济世仁心，并将此当作接受精神洗礼、心灵净化和完善自我人格的过程。其次，在言语上，要习惯称遗体捐献者为"大体老师"，以表尊重。最后，在行为上，要做到自觉遵守实验室规章制度，操作时严肃认真，动作轻柔、规范，课前课后要默哀致敬，参加遗体捐献者的追思会和祭奠仪式等活动。

笔记栏

第三节 常用解剖学术语

一、解剖学姿势

为了便于描述人体各器官结构的位置关系，人体解剖学规定了一个统一的标准姿势，称为**解剖学姿势**。解剖学姿势是身体直立，两眼向前平视，两足并拢，足尖向前，两上肢自然下垂于躯干两侧，掌心向前。在观察和描述人体结构的位置及其相互关系时，都应按解剖学姿势进行描述。

二、常用方位术语

按照解剖学姿势，人体解剖学又规定了一些表示方位的名词术语。这些术语都是相应成对的，主要的列举如下。

1. **上(superior)、下(inferior)** 是描述器官或结构距颅顶或足底的相对远近关系的术语。近颅者为上；近足者为下。

2. **前(anterior)、后(posterior)** 是描述器官或结构距身体前面或后面相对远近关系的术语。近胸腹者为前，也称**腹侧**；近背腰者为后，也称**背侧**。

3. **内侧(medial)、外侧(lateral)** 是描述器官或结构距身体正中矢状面相对远近关系的术语。近正中矢状面者为内侧，远离正中矢状面者为外侧。前臂的内侧又称**尺侧**，外侧又称**桡侧**。小腿的内侧又称**胫侧**，外侧又称**腓侧**。

4. **内(internal)、外(external)** 是描述空腔器官相对位置关系的术语。近内腔者为内，远离内腔者为外。

5. **浅(superficial)、深(profundal)** 是描述与皮肤表面相对距离关系的术语。近皮肤者为浅，远离皮肤者为深。

6. **近侧(proximal)、远侧(distal)** 在描述四肢各结构的方位时，距肢体根部较近者为近侧，距肢体根部较远者为远侧。

三、人体的轴和面

(一) 轴

人体有3个互相垂直的轴。轴在描述人体某些器官的形态，特别是叙述关节运动时非常重要。每个关节的运动都可假设围绕着一定的轴来进行。

1. **垂直轴(vertical axis)** 呈上下方向，与身体长轴平行，与地面相垂直的轴。

2. **矢状轴(sagittal axis)** 呈前后方向，与身体的垂直轴和冠状轴相垂直的轴。

3. **冠状轴(coronal axis)** 也称**额状轴**，呈左右方向，与身体的垂直轴和矢状轴相垂直的轴。

(二) 面

依据上述3个轴，人体还可设立互相垂直的3个面，即矢状面、冠状面和水平面(图1-1)。

1. **矢状面(sagittal plane)** 即从前后方向，将人体纵切为左、右两部分的切面。若经过身体前、后正中线，将人体纵切为左、右对称两半的切面，则称为**正中矢状面(median sagittal plane)**。

笔记栏

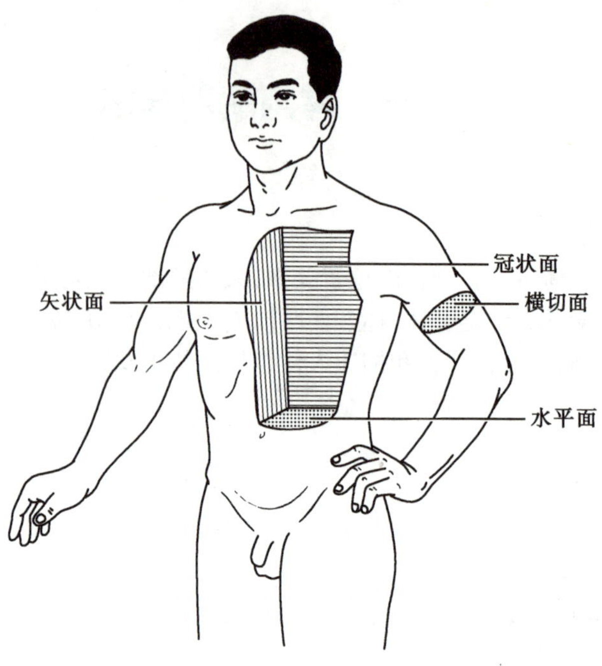

图 1-1 人体切面术语

2. **冠状面（coronal plane）** 也称**额状面**，即从左右方向，将人体纵切为前、后两部分的切面。

3. **水平面（horizontal plane）** 即从水平方向，将人体横切分为上、下两部分的切面。

在描述器官的切面时，则以其自身的长轴为准，与其长轴平行的切面称为**纵切面**，与其长轴相垂直的切面称为**横切面**。

学习小结

人体解剖学规定了一个统一的标准的解剖学姿势。常用方位术语有上、下，前、后，内侧、外侧，内、外，浅、深，近侧、远侧；人体的轴有垂直轴、矢状轴和冠状轴，人体的面有矢状面、冠状面和水平面。

（邵水金）

扫一扫，测一测

复习思考题

1. 何谓解剖学姿势？
2. 举例说明解剖学有哪些常用的方位术语。

笔记栏

课件

第二章

基 本 组 织

学习目标

识记被覆上皮的分类和主要分布，结缔组织的结构特征，疏松结缔组织的特点，神经元的结构；知晓肌组织的分类和主要形态结构，神经元的分类，神经纤维的概念；理解腺上皮的概念，神经末梢的种类及各自功能，神经胶质细胞的类型。

第一节　上 皮 组 织

上皮组织(**epithelial tissue**)简称**上皮**，由大量密集排列的上皮细胞和少量的细胞外基质组成。其结构特点是：①细胞多，排列紧密，细胞外基质少；②上皮细胞有明显的极性，即细胞可分为游离面、基底面和侧面，上皮细胞朝向体表或腔面的一面称为**游离面**，与游离面相对，朝向深部结缔组织的一面称为**基底面**，基底面与结缔组织间有一层薄膜称为**基膜**，上皮细胞之间的连接面称为**侧面**；③上皮内一般无血管，所需营养依靠结缔组织内的血管透过基膜供给；④有丰富的感觉神经末梢。上皮组织根据其功能，可分为被覆上皮和腺上皮两大类。被覆上皮具有保护、吸收、分泌和排泄等功能，腺上皮具有分泌功能。

一、被覆上皮

被覆上皮(**covering epithelium**)为覆盖于人体外表面，或衬于体内各种管、腔及囊的内表面的上皮，其主要功能是保护机体、吸收营养等。被覆上皮根据其细胞排列层数和表层细胞在垂直切面上的形状不同，可分为以下6种类型。

(一)单层扁平上皮

单层扁平上皮(**simple squamous epithelium**)由一层扁平细胞组成。表面观，细胞呈不规则多边形，细胞边缘呈锯齿状，相邻细胞彼此嵌合；细胞核为椭圆形，位于细胞中央。侧面观，细胞扁平，仅在含核部分稍厚(图2-1)。分布于心、血管和淋巴管内表面的单层扁平上皮，称为**内皮**(**endothelium**)。内皮薄而光滑，有利于血液、淋巴的流动和毛细血管内、外物质的交换。分布于胸膜、腹膜、心包膜表面的单层扁平上皮，称为**间皮**(**mesothelium**)，其功能主要是保持器官表面光滑，减少器官间的摩擦。

(二)单层立方上皮

单层立方上皮(**simple cuboidal epithelium**)由一层近似立方形细胞组成。表面观，细胞呈六边或多边形；侧面观，细胞呈立方形，细胞核为圆形，位于细胞中央(图2-2)。分布于肾小管、小叶间胆管和甲状腺滤泡等处，具有分泌和吸收的功能。

笔记栏

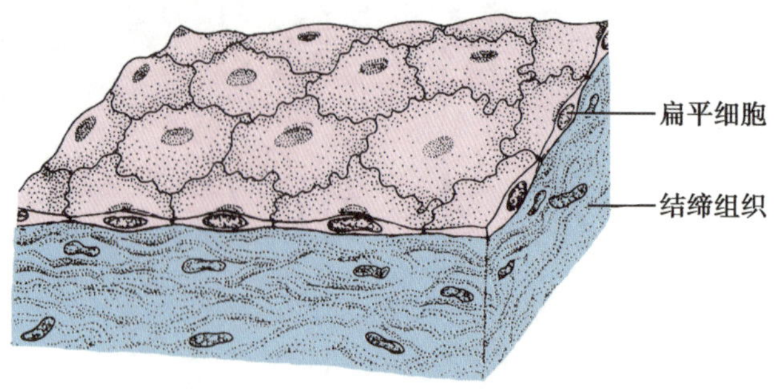

图 2-1 单层扁平上皮模式图

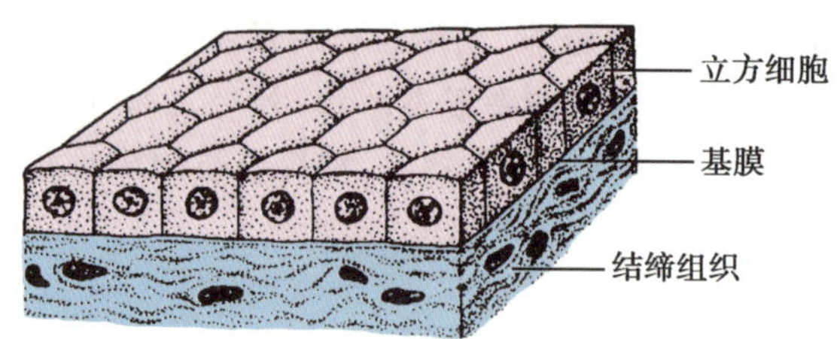

图 2-2 单层立方上皮模式图

（三）单层柱状上皮

单层柱状上皮（simple columnar epithelium）由一层柱状细胞组成。表面观，细胞呈六边或多边形；侧面观，细胞呈柱状，细胞核呈椭圆形，与细胞长轴平行，靠近细胞基底部（图 2-3）。主要分布于胃、肠、胆囊、子宫等器官的腔面，具有分泌和吸收等功能。分布于肠道的单层柱状上皮细胞之间常夹有单个的**杯状细胞**，其形似高脚酒杯，细胞核深染，位于细胞基底部。

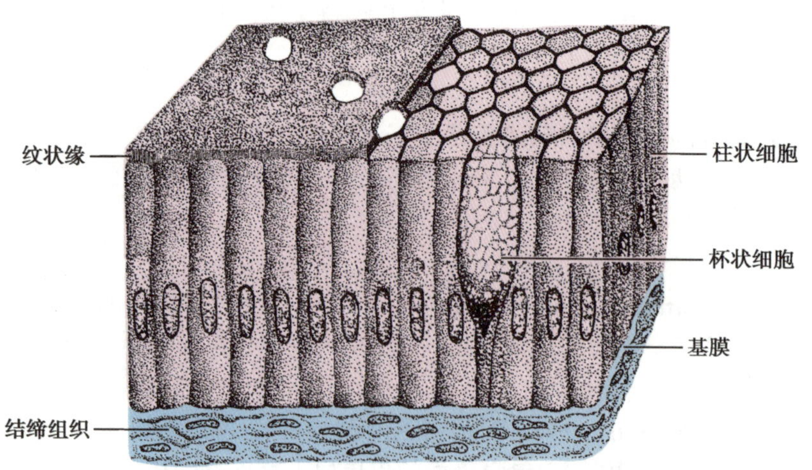

图 2-3 单层柱状上皮模式图

（四）假复层纤毛柱状上皮

假复层纤毛柱状上皮（pseudostratified ciliated columnar epithelium）由柱状细胞、梭形细胞、锥形细胞和杯状细胞等组成。这些细胞形态不同、高矮不一，核不在同一平面上，看起来形似复层，但所有细胞的基底部都附着在基膜上，实际上只有一层细胞；其中柱状细胞最多，游离面有纤毛，故称假复层纤毛柱状上皮（图 2-4）。主要分布于呼吸管道的内表面，具有保护功能。

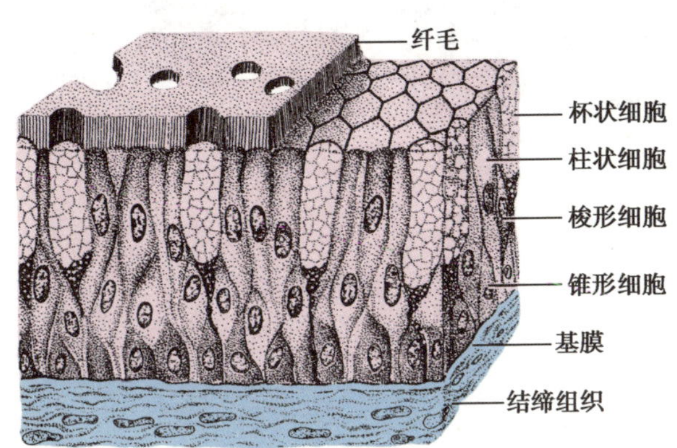

图 2-4 假复层纤毛柱状上皮模式图

（五）复层扁平上皮

复层扁平上皮（stratified squamous epithelium）由表层细胞、中间层细胞和基底层细胞等多层细胞组成。侧面观，表层细胞呈扁平状，核消失，已趋于死亡，随时可发生生理性脱落；根据复层扁平上皮分布部位不同，其表层细胞可分为角化和未角化两种。中间层细胞由数层多边形细胞和梭形细胞组成。基底层细胞为矮柱状或立方形，与下方的基膜相连，为干细胞，有较旺盛的分裂增殖能力（图 2-5）。主要分布于皮肤的表皮（角化）和口腔、食管、肛门、阴道等处的内面（未角化），具有很强的保护功能。

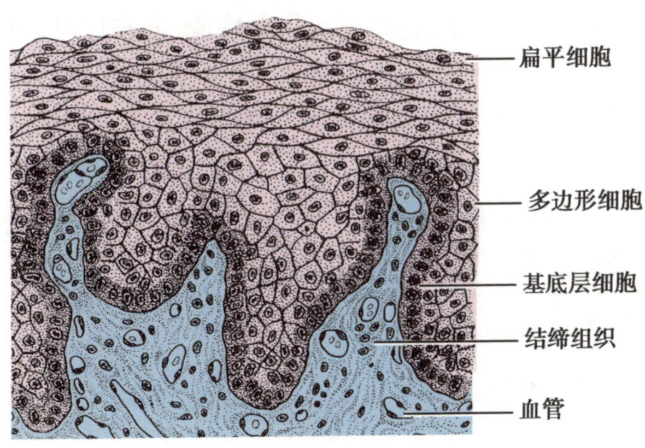

图 2-5 复层扁平上皮模式图

（六）变移上皮

变移上皮（transitional epithelium）由表层细胞、中间层细胞和基底层细胞等多层细胞组成。其特点是上皮细胞的层数及形态可随所在器官的容积变化而发生相应的改变（图 2-6）。主要分布于输尿管和膀胱等器官的腔面。变移上皮对水和无机离子等物质的通透性极低，具有较强的保护功能。

笔记栏

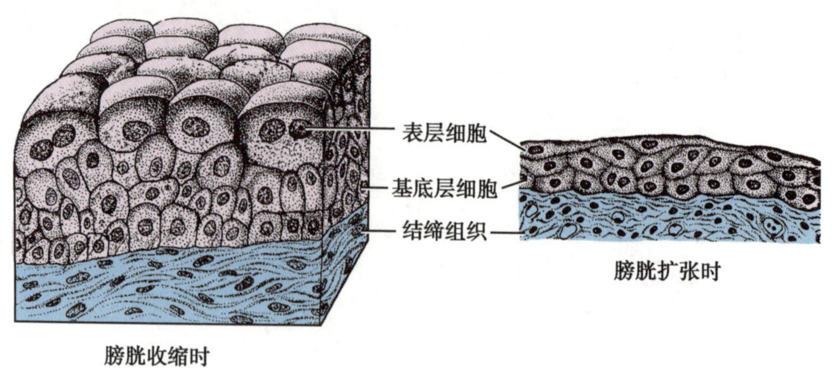

图 2-6 变移上皮模式图

二、腺上皮

腺上皮（glandular epithelium）是由腺细胞组成的以分泌功能为主的上皮。以腺上皮为主要成分构成的器官称为**腺**或**腺体**。

根据腺体排出分泌物方式的不同，可分为有管腺和无管腺两类。有管腺又称**外分泌腺（exocrine gland）**，分泌物经导管排到器官的腔面或身体的表面，如汗腺、唾液腺、胰腺等。无管腺又称**内分泌腺（endocrine gland）**，分泌物（即激素）直接进入周围的毛细血管或毛细淋巴管而循环全身，以调节组织和器官的功能活动，如甲状腺、肾上腺等。

第二节 结 缔 组 织

结缔组织（connective tissue）由细胞和细胞间质构成，分布广泛，具有连接、支持、防御、保护、运输和营养等功能。其结构特点是：①细胞间质多，由基质和纤维构成，成分复杂；②细胞数量少，种类多，形态多样，无极性地分散于细胞间质之中。结缔组织均由胚胎时期的间充质演变而来。

根据结缔组织中细胞和纤维的种类以及基质的物理性状的不同，可将结缔组织分为胶体状的固有结缔组织、固体状的软骨和骨组织以及液体状的血液。

一、固有结缔组织

固有结缔组织分布广泛，按其结构和功能的不同，可分为疏松结缔组织、致密结缔组织、脂肪组织和网状组织 4 类。

（一）疏松结缔组织

疏松结缔组织（loose connective tissue）又称**蜂窝组织**，它广泛分布于人体器官、组织和细胞之间，具有连接、营养、防御、保护、修复等作用。疏松结缔组织由少量的细胞和纤维以及大量的基质组成（图 2-7）。

1. **细胞** 数量少，种类多，各种细胞的数量和分布随疏松结缔组织存在的部位和功能状态而不同。主要有以下几种：

（1）**成纤维细胞（fibroblast）**：是疏松结缔组织中的主要细胞。细胞呈扁平不规则状，核较大，呈卵圆形，染色淡；胞质丰富，呈弱嗜碱性。电镜下，胞质内有较多的粗面内质网、游离核糖体和发达的高尔基复合体。成纤维细胞具有合成和分泌蛋白质，以产生结缔组织的各

笔记栏 

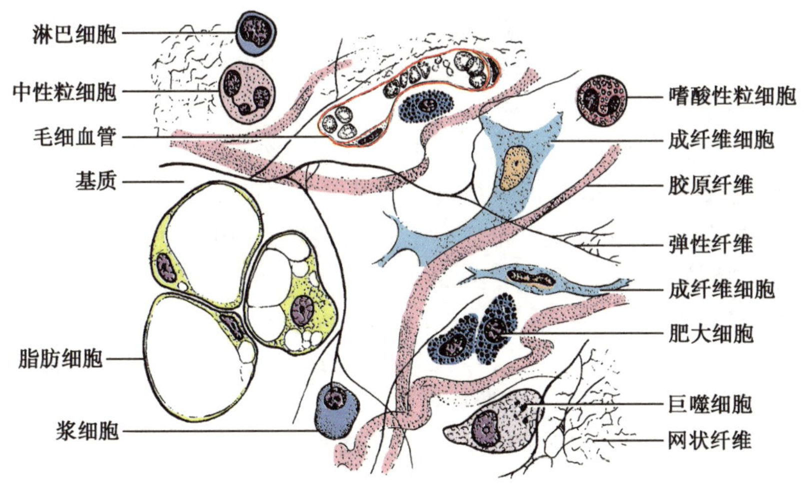

图 2-7 疏松结缔组织模式图

种纤维和基质。

(2) **巨噬细胞(macrophage)**:细胞形态多样,随功能状态而改变,可有突起和伪足;核较小,呈卵圆形或肾形,着色深;胞质呈嗜酸性。电镜下,胞质内含大量溶酶体、吞噬体和吞饮小泡。巨噬细胞来源于血液中的单核细胞,能吞噬异物和衰老、死亡的细胞,并参与免疫反应。

(3) **浆细胞(plasma cell)**:数量较少,细胞呈卵圆形或圆形;核圆,常偏于细胞的一侧,染色质粗大,呈辐射状排列于核的周边部;胞质呈嗜碱性。电镜下,胞质内有大量密集的粗面内质网和发达的高尔基复合体。浆细胞来源于 B 淋巴细胞,能合成和分泌免疫球蛋白(即抗体),参与体液免疫。

(4) **肥大细胞(mast cell)**:细胞较大,呈圆形或卵圆形;核小而圆,位于细胞中央;胞质内充满粗大的嗜碱性分泌颗粒,颗粒内含有肝素、组胺等,胞质内含有白三烯等物质。肝素具有抗凝血作用,组胺和白三烯与过敏反应有关。

知识链接

花粉过敏症与肥大细胞

花粉过敏症是指由花粉过敏而引起的呼吸道及眼部过敏表现,如流鼻涕、打喷嚏、咳嗽、鼻眼瘙痒等症状,多发于春天。

花粉之所以会引起人体过敏,是由于花粉内含有丰富的蛋白质,其中某些蛋白质是产生过敏的主要致敏原。当致敏花粉通过呼吸进入人体后,刺激体内浆细胞产生一种称为免疫球蛋白 E(IgE)的抗体。在机体肥大细胞表面有 10^5~10^6 个能与 IgE 相结合的受体,一旦 IgE 与受体相结合,机体就对该过敏原处于致敏状态。当机体再次接触相同花粉(过敏原)后,过敏原与肥大细胞表面的 IgE 结合,会引起肥大细胞分泌颗粒,释放组胺及白三烯等介质,从而出现过敏反应及症状。

(5) **脂肪细胞(fat cell)**:细胞呈卵圆形或圆形,胞质内有个大脂滴,故细胞核常被挤在另一边。在制作细胞切片时,脂滴被溶解呈空泡状。脂肪细胞具有合成和贮存脂肪的功能。

笔记栏

(6) **未分化的间充质细胞**:是保留在结缔组织内的一些干细胞,形态上与成纤维细胞相似。该细胞有多向分化潜能,在炎症或创伤修复时可增殖分化为成纤维细胞、脂肪细胞、新生血管壁上的内皮细胞和平滑肌细胞。

2. **纤维** 是细胞间的有形成分,存在于基质中,疏松结缔组织中的纤维有以下 3 种:

(1) **胶原纤维(collagenous fiber)**:是疏松结缔组织中的主要成分,数量多,由胶原蛋白构成。新鲜时呈白色,又称**白纤维**。粗细不等,呈波浪状,互相交织成网,HE 染色呈粉红色。胶原纤维韧性大,抗拉力强。

(2) **弹性纤维(elastic fiber)**:数量少,主要由弹性蛋白构成。新鲜时呈黄色,又称**黄纤维**。较胶原纤维细,断端常卷曲,排列散乱,常交织成网,HE 染色呈浅红色。弹性纤维的弹性大。

(3) **网状纤维(reticular fiber)**:由胶原蛋白构成。纤维较细,分支多,彼此交织成网,HE 染色不易着色,用银染法可将其染成棕黑色,又称**嗜银纤维**。网状纤维在疏松结缔组织中的含量很少,主要分布于造血器官等。

3. **基质** 是由蛋白多糖、糖蛋白和组织液等生物大分子构成的有黏性的无定形的胶状物质,充填于细胞和纤维之间。基质能形成具有屏障作用的分子筛,限制病菌蔓延和毒素扩散,还在细胞识别、黏附、迁移中起重要作用。

(二) 致密结缔组织

致密结缔组织(dense connective tissue)是一种以纤维为主要成分的固有结缔组织。主要特点是细胞种类少,基质少,纤维成分(胶原纤维和弹性纤维)多而粗大,排列致密,并按一定方式集结成束。主要分布于皮肤的真皮、器官的被膜、肌腱、韧带和骨膜等处,具有连接、支持和保护等功能。根据纤维性质和排列方式,分为规则致密结缔组织(如肌腱和腱膜)、不规则致密结缔组织(如真皮和巩膜)和弹性组织(如项韧带和黄韧带)3 种类型。

(三) 脂肪组织

脂肪组织(adipose tissue)主要由大量的脂肪细胞构成,被少量的结缔组织分隔成许多脂肪小叶(图 2-8)。主要分布于皮下、肾周围、网膜、系膜和黄骨髓等处,具有贮存脂肪、支持、保护、缓冲、维持体温和参与脂肪代谢等功能。根据脂肪细胞的结构和功能的不同,又可分为黄色脂肪组织和棕色脂肪组织 2 大类。

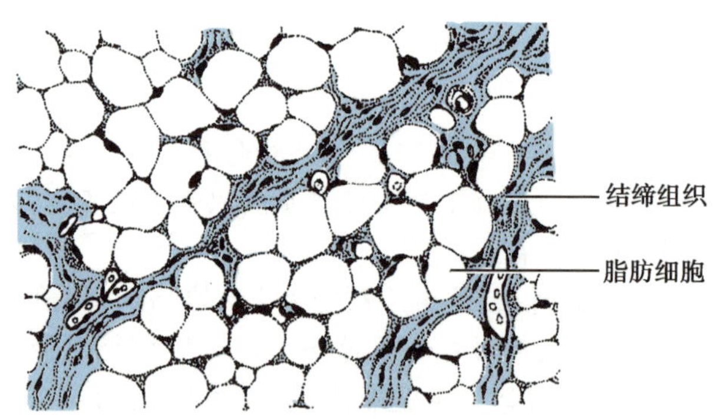

图 2-8 脂肪组织模式图

(四) 网状组织

网状组织(reticular tissue)由网状细胞、网状纤维和基质构成。网状细胞呈星形多突,胞质呈弱嗜碱性,核大着色浅,核仁明显,相邻细胞的突起彼此连接成网(图 2-9)。网状组织主要分布于骨髓、淋巴结、脾和淋巴组织等处,为血细胞发生和淋巴细胞发育提供适宜的微环境。

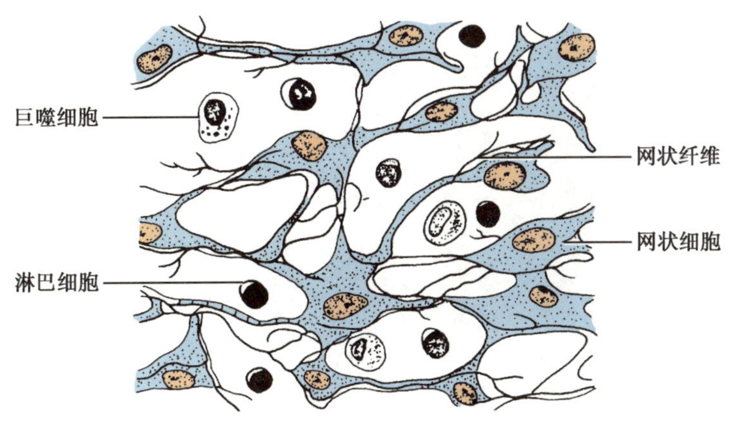

图 2-9　网状组织模式图

二、软骨组织

（一）软骨组织的组成

软骨组织（cartilage tissue）由软骨细胞和细胞间质组成。

1. **软骨细胞（chondrocyte）**　包埋在基质中，其在基质内所占据的小腔称为**软骨陷窝（cartilage lacunae）**。陷窝周围有一层含硫酸软骨素较多的基质，称为**软骨囊**，染色呈强嗜碱性。软骨细胞形态不一，靠近软骨表面的软骨细胞扁而小，较幼稚，单个分布；软骨中央部的软骨细胞圆而大，趋于成熟，多成群分布。软骨细胞具有合成纤维和基质的功能。

2. **细胞间质**　包括基质和纤维。基质呈透明凝胶状，主要由蛋白多糖和水组成。软骨内无血管，但具有较好的渗透性。纤维包埋在基质中，主要由胶原纤维和弹性纤维，使软骨具有韧性和弹性。

除关节软骨外，软骨表面均覆有**软骨膜**。软骨膜由致密结缔组织构成，分内、外 2 层。内层纤维少，细胞多，血管丰富，其中有梭形的骨祖细胞，可增殖分化为软骨细胞，血管可营养软骨；外层纤维多，细胞少，主要起保护作用。

（二）软骨的分类

根据软骨间质中的纤维种类和含量的不同，可分为以下 3 种：

1. **透明软骨（hyaline cartilage）**　细胞分散或成群，其基质内含有胶原纤维和大量水分，新鲜时呈半透明状。透明软骨具有较强的抗压性，并有一定的弹性和韧性，主要分布于喉、气管、支气管的软骨以及肋软骨、关节软骨等处。

2. **弹性软骨（elastic cartilage）**　细胞分散、较多，其基质内胶原纤维含量少，有大量弹性纤维，并互相交织成网。弹性软骨具有较强的弹性，主要分布于耳郭和会厌等处。

3. **纤维软骨（fibrous cartilage）**　细胞小而少，多成行排列，其基质内含有大量的胶原纤维，呈平行或交错排列。纤维软骨具有很强的韧性和抗拉力，主要分布于椎间盘、耻骨间盘和关节盘等处。

三、骨组织

骨组织（osseous tissue）由细胞和钙化的细胞间质（又称骨质）构成。

（一）骨细胞

骨组织的细胞有骨原细胞、成骨细胞、骨细胞和破骨细胞 4 种（图 2-10）。骨细胞最多，位于骨质内，是一种扁椭圆形的星形细胞，有许多突起。骨细胞的胞体在间质内所占据的空

笔记栏

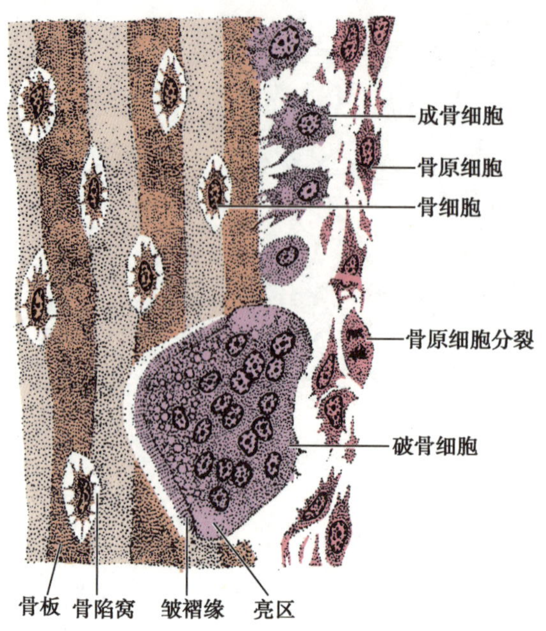

图 2-10 骨组织模式图

隙称为**骨陷窝(bone lacunae)**。骨原细胞、成骨细胞、破骨细胞均位于骨质的边缘。

(二) 骨质

骨质由有机质和无机质组成。有机质包括大量的胶原纤维和少量的基质。胶原纤维由成骨细胞分泌;基质呈凝胶状,主要化学成分是糖胺多糖,有黏合胶原纤维的作用。无机质主要是大量的钙盐,又称**骨盐**。有机质和无机质的紧密结合,使骨既坚硬又有韧性。

四、血液

血液循环流动于心血管腔内,是机体维持新陈代谢,进行物质交换的运输载体或工具。血液由血浆和血细胞构成(图 2-11)。成人血液量为 4 000~5 000ml,占体重的 7%~8%。对血液中各类血细胞的形态、结构、分类、数量、比例以及血红蛋白含量的观察测量称为**血象**(表 2-1),是临床诊断疾病的重要依据之一。目前,最常用的观察血细胞形态的血涂片方法是 Wright 或 Giemsa 染色法。

表 2-1 血细胞与白细胞的分类及其正常值

血细胞类型	正常值	白细胞分类	正常值
红细胞	男 $(4.0\sim5.5)\times10^{12}$/L	中性粒细胞	50%~70%
	女 $(3.5\sim5.0)\times10^{12}$/L	嗜酸性粒细胞	0.5%~3%
白细胞	$(4.0\sim10)\times10^{9}$/L	嗜碱性粒细胞	0~1%
血小板	$(100\sim300)\times10^{9}$/L	单核细胞	3%~8%
		淋巴细胞	25%~30%

(一) 血浆

血浆(plasma)为淡黄色的液体,相当于细胞间质,约占全血容积的 55%,pH 为 7.35~7.45。血浆中 90% 是水,其余是溶解在水中的血浆蛋白、酶、激素、糖、脂类、维生素、无机盐及代谢产物等。从血浆中析出纤维蛋白原后,所形成的淡黄色液体称为**血清(serum)**。

笔记栏

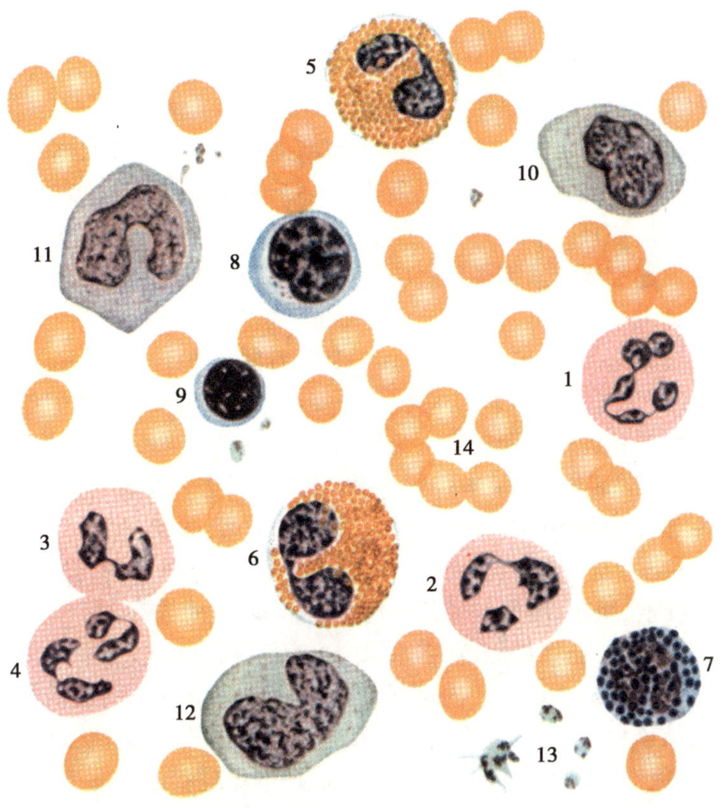

图 2-11 各种血细胞模式图

1~4. 中性粒细胞;5、6. 嗜酸性粒细胞;7. 嗜碱性粒细胞;8、9. 淋巴细胞;10~12. 单核细胞;13. 血小板;14. 红细胞

(二) 血细胞

血细胞(blood cell)悬于血浆中,占全血容积的 45%,可分为红细胞、白细胞和血小板。

1. **红细胞(erythrocyte,red blood cell,RBC)** 成熟的红细胞呈双凹圆盘状,直径约 7.5μm,无细胞核和细胞器。细胞质内含大量的**血红蛋白(hemoglobin,Hb)**,具有运输氧气和二氧化碳的功能。红细胞的正常值:男性(4.0~5.5)×10^{12}/L,女性(3.5~5.0)×10^{12}/L。血红蛋白的正常含量:男性 125~150g/L,女性为 110~140g/L。红细胞膜的镶嵌蛋白具有抗原性,人类为 ABO 血型抗原系统,因血液中有抗 ABO 血型抗原的抗体,若配错血型,红细胞膜破裂,胞质内容物血红蛋白溢出,称为**溶血(hemolysis)**,溶血后残留的红细胞膜囊称为血影。蛇毒、溶血性细菌分泌的溶血毒素等也能引起溶血。

红细胞的数量和血红蛋白的含量,可随生理和病理因素而改变。正常血液中存在着少量未成熟的红细胞称为**网织红细胞(reticulocyte)**,占红细胞总数的 0.5%~1.5%,新生儿和缺铁性贫血时其数量可增加。网织红细胞数量的多少反映了血液中衰老红细胞被新生红细胞代替的比率,也是骨髓生成红细胞能力的一种指标。网织红细胞离开骨髓后 24 小时即完全成熟。红细胞的寿命为 120 天,衰老的红细胞在经过脾和肝时被巨噬细胞所吞噬。

2. **白细胞(leukocyte,white blood cell,WBC)** 为无色有核的球形细胞,体积较红细胞大,它从骨髓入血液后(一般均于 24 小时内),以变形运动方式穿过毛细血管,进入结缔组织或淋巴组织,发挥防御和免疫功能。白细胞的正常值:(4.0~10)×10^9/L。根据白细胞的胞质内有无特殊颗粒,可将白细胞分为有粒白细胞和无粒白细胞 2 大类。有粒白细胞又按其特殊颗粒的染色性不同,分为中性粒细胞、嗜酸性粒细胞和嗜碱性粒细胞 3 种;无粒白细胞包

笔记栏

括淋巴细胞和单核细胞 2 种。

(1) **中性粒细胞(neutrophil)**:占白细胞的 50%~70%,是数量最多的白细胞。胞质中充满细小均匀的颗粒,呈淡红色,颗粒内含有碱性磷酸酶和溶菌酶等,核深染,呈杆状或分叶状,多数分为 2~5 叶。通常核分叶越多,表明细胞越接近衰老。若杆状核与 2 叶核细胞增多,临床上称为核左移,表明机体已有重症感染;若 4~5 叶核细胞增多,称为核右移,一般表明骨髓造血功能发生障碍。中性粒细胞具有活跃变形运动和吞噬功能,吞噬对象以细菌为主,也吞噬异物,在人体内起重要的防御作用。中性粒细胞在血液中停留 6~8 小时,然后进入结缔组织中存活 2~3 天。

(2) **嗜酸性粒细胞(eosinophil)**:占白细胞总数的 0.5%~3%。细胞呈圆形,核多为 2 叶状。胞质富含粗大的橘红色嗜酸性颗粒,颗粒中含有组胺酶和多种水解酶等。嗜酸性粒细胞能吞噬抗原体复合物,具有抗过敏和抗寄生虫作用,在患过敏性疾病或某些寄生虫病时嗜酸性粒细胞增多。嗜酸性粒细胞在血液中停留 6~8 小时,然后进入结缔组织中可存活 8~12 天。

(3) **嗜碱性粒细胞(basophil)**:占白细胞总数的 0~1%,数量最少。细胞呈球形,核呈分叶状,染色较淡。胞质内含有嗜碱性颗粒,颗粒大小不一,分布不均,染成蓝紫色,可遮盖细胞核;颗粒中含有肝素、组胺、嗜酸性粒细胞趋化因子等,胞质内有白三烯。嗜碱性粒细胞的功能与结缔组织中的肥大细胞相似,它在组织中可存活 10~15 天。

(4) **淋巴细胞(lymphocyte)**:占白细胞总数的 25%~30%,核呈圆形或椭圆形,相对较大,占据细胞大部分,核染色质致密,着色深,呈深蓝色。胞质很少,染色较浅,呈蔚蓝色。淋巴细胞是机体主要的免疫细胞,在机体防御、稳定、监护等免疫功能中发挥重要作用。

(5) **单核细胞(monocyte)**:约占白细胞总数的 3%~8%,是体积最大的白细胞,呈圆形或椭圆形,核多呈卵圆形、肾形、马蹄铁形或不规则扭曲折叠状,核常偏位,染色浅淡。胞质丰富,呈弱嗜碱性,常染成灰蓝色,内含有嗜天青颗粒,即溶酶体,颗粒内含有过氧化氢酶等。单核细胞具有活跃的趋化性和很强的吞噬能力,在血液中停留 12~48 小时,然后进入结缔组织,进一步分化成为巨噬细胞。

3. **血小板(blood platelet)** 为骨髓巨核细胞脱落的胞质碎片,无核。血小板在未激活时,呈双凸圆盘状;当血管受到刺激时,血小板被激活而伸出突起,呈不规则状。在血涂片标本中,血小板多成群分布于血细胞之间,外形不规则。血小板对止血和凝血起重要作用。血小板释放的生长因子还可刺激血管内皮增生,有利于血管的修复。血小板的正常值:(100~300)$\times 10^9$/L。血小板的寿命一般为 7~14 天。

第三节 肌 组 织

肌组织(muscle tissue)主要由肌细胞组成,肌细胞之间有少量的结缔组织以及血管和神经。肌细胞呈细长纤维状,又称**肌纤维**,其细胞膜称为**肌膜**,其细胞质称为**肌浆**,肌浆内含有大量的呈细丝状结构称为**肌原纤维**或**肌丝**,它是肌纤维收缩和舒张活动的物质基础。

根据结构和功能特点,可将肌组织分为骨骼肌、心肌和平滑肌 3 种。骨骼肌和心肌都有明显横纹,均属横纹肌。骨骼肌受躯体神经支配,属随意肌;心肌和平滑肌受内脏神经支配,属不随意肌。

一、骨骼肌

骨骼肌(skeletal muscle)由骨骼肌纤维组成,分布于头颈、躯干和四肢,绝大多数借肌腱

附着于骨骼上。骨骼肌收缩快而有力，但容易疲劳。骨骼肌纤维呈长圆柱状，细胞核数量较多，核呈椭圆形、染色浅，位于肌膜下方。肌浆内有大量的肌原纤维，与肌纤维长轴平行，呈细丝状（图 2-12）。

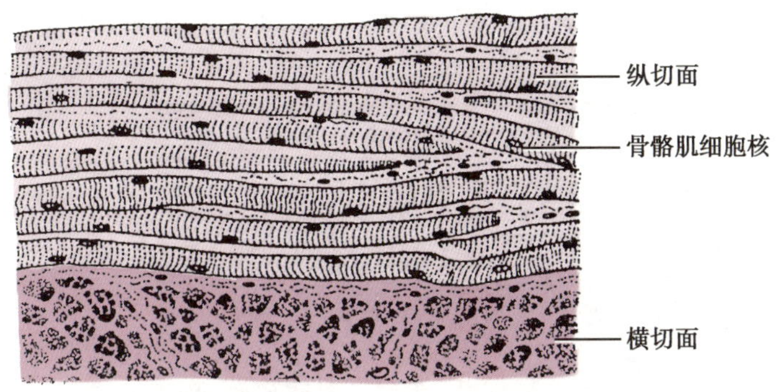

图 2-12 骨骼肌纤维模式图

每条肌原纤维上都有明暗相间的条纹，称为**明带（light band）**和**暗带（dark band）**。相邻肌原纤维的明、暗带排列在同一平面上，使整个肌纤维呈现明暗相间的横纹。在暗带中间色淡的区域称为 **H 带**，在 H 带中央有 1 条深色的线称为 **M 线**，在明带中央有 1 条深色的线称为 **Z 线**。2 个相邻 Z 线之间的 1 段肌原纤维称为 1 个**肌节**（图 2-13）。每个肌节由 1/2 明带 +1 个暗带 +1/2 明带组成，它是骨骼肌纤维结构和功能的基本单位。骨骼肌的收缩是依据肌丝滑动原理进行的，收缩时，细肌丝滑入粗肌丝之间，明带长度变短，暗带长度不变，肌节缩短，肌纤维收缩。

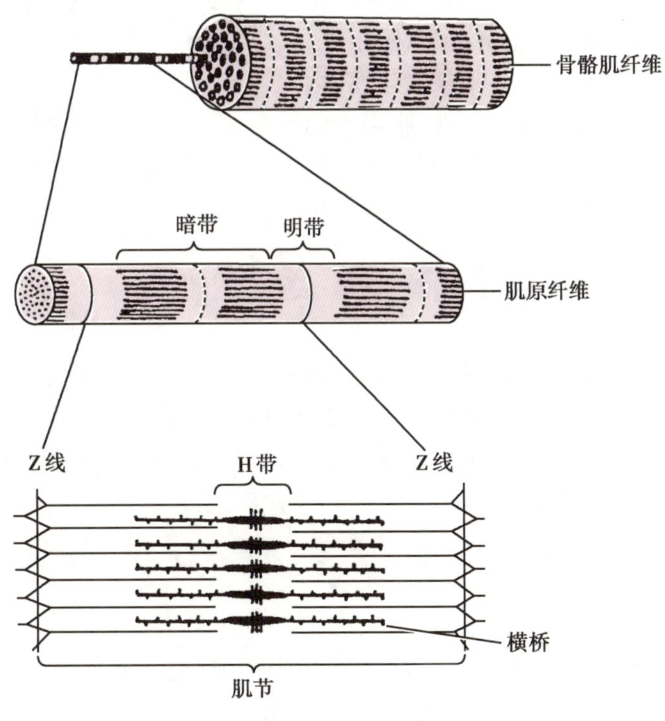

图 2-13 骨骼肌肌原纤维结构模式图

笔记栏

二、平滑肌

平滑肌(smooth muscle)由平滑肌纤维组成,广泛分布于内脏器官的管壁和血管壁。平滑肌纤维呈长梭形,镶嵌排列,无横纹,细胞核多为1个,呈椭圆形或杆状,位于细胞中央,肌膜薄而不明显(图2-14)。平滑肌纤维收缩缓慢而持久,有较大的伸展性。

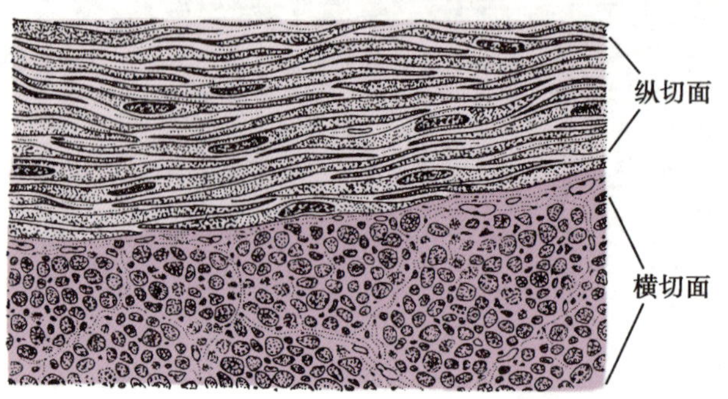

图2-14　平滑肌纤维模式图

三、心肌

心肌(cardiac muscle)由心肌纤维组成。心肌纤维收缩缓慢而持久,有自动节律性,不易疲劳。心肌纤维呈不规则的短圆柱状,多有分支,互相连接成网;细胞核呈卵圆形,有1~2个,位于肌纤维中心。心肌纤维也有横纹,但不如骨骼肌明显。在相邻心肌纤维的相接处,有一染色较深的带状结构,称为**闰盘(intercalated disk)**(图2-15),是心肌细胞间传递兴奋的结构。肌浆较丰富,内含线粒体、糖原及少量脂滴和脂褐素,脂褐素随年龄增长而增多。心肌纤维构成心壁的心肌层。

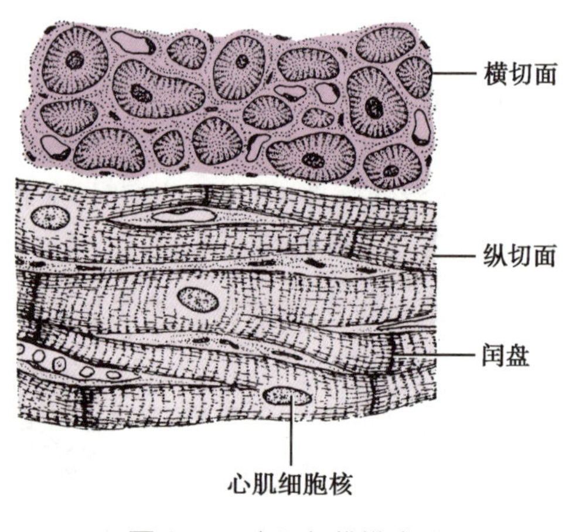

图2-15　心肌纤维模式图

第四节　神经组织

神经组织(nervous tissue)由神经细胞和神经胶质细胞组成。**神经细胞(nerve cell)**,又称**神经元(neuron)**,是神经系统的结构和功能的基本单位,数量在10^{12}个以上,具有感受刺激、整合信息和传导冲动的功能。神经胶质细胞对神经元有支持、绝缘、保护、营养和修复的功能,数量是神经元的10~50倍。

一、神经元

(一)神经元的结构

神经元是高度分化的细胞,形态多样,可分为胞体和突起2部分(图2-16)。

1. **胞体**　是神经元的营养和代谢的中心,主要集中在中枢神经系统(脑和脊髓)的灰质和周围神经系统(脑神经和脊神经)的神经节。胞体呈圆形、锥体形、梭形和星形等,均由细

胞核、细胞膜和细胞质构成。

(1) 细胞核：大而圆，位于胞体中央，着色浅，核仁明显。

(2) 细胞膜：薄，为可兴奋膜，具有感受刺激、处理信息、产生和传导神经冲动的功能；膜上富含膜蛋白，为离子通道或受体。

(3) 细胞质：除含有一般细胞器外，光镜下最显著的特征是有丰富的**尼氏体(Nissl body)**和**神经原纤维(neurofibril)**。尼氏体呈强嗜碱性，呈斑块状或细颗粒状结构，均匀分布于胞质内。电镜下，尼氏体由大量平行排列的粗面内质网和游离的核糖体组成，表明尼氏体具有活跃的蛋白质合成的功能。神经原纤维是细胞质内的相互交织成网的丝状结构，HE 染色不易分辨，银染呈棕黑色细丝，并伸入胞体突起内。电镜下，神经原纤维是由神经丝和神经微管排列组成。神经原纤维的功能是构成神经元的骨架，参与物质运输。

2. **突起(process)** 是神经元胞体延伸的细长部分，可分为树突和轴突 2 种。

(1) **树突(dendrite)**：每个神经元可有 1 个或多个树突，反复分支形如树枝状，在分支上可见许多短小突起，称为**树突棘**。树突内的胞质结构与胞体相似，有尼氏体分布。树突的主要功能是接受刺激，将冲动传向胞体。

(2) **轴突(axon)**：每个神经元只有 1 个轴突，一般从胞体发出，细而长，表面光滑，内部无尼氏体。胞体发出轴突的部位，内无尼氏体而染色浅，称为**轴丘**。轴突的主要功能是将神经冲动由胞体传向其他神经元或效应器。

(二) 神经元的分类

1. 根据神经元突起的数量，可分为 3 类：①**多极神经元**：有 1 个轴突和多个树突。②**双极神经元**：有 1 个轴突和 1 个树突。③**假单极神经元**：由细胞伸出 1 个突起，离开胞体不远处呈 T 形分出 2 支，一支分布于周围器官或组织的称为**周围突**，另一支进入脊髓或脑的称为**中枢突**(图 2-17)。

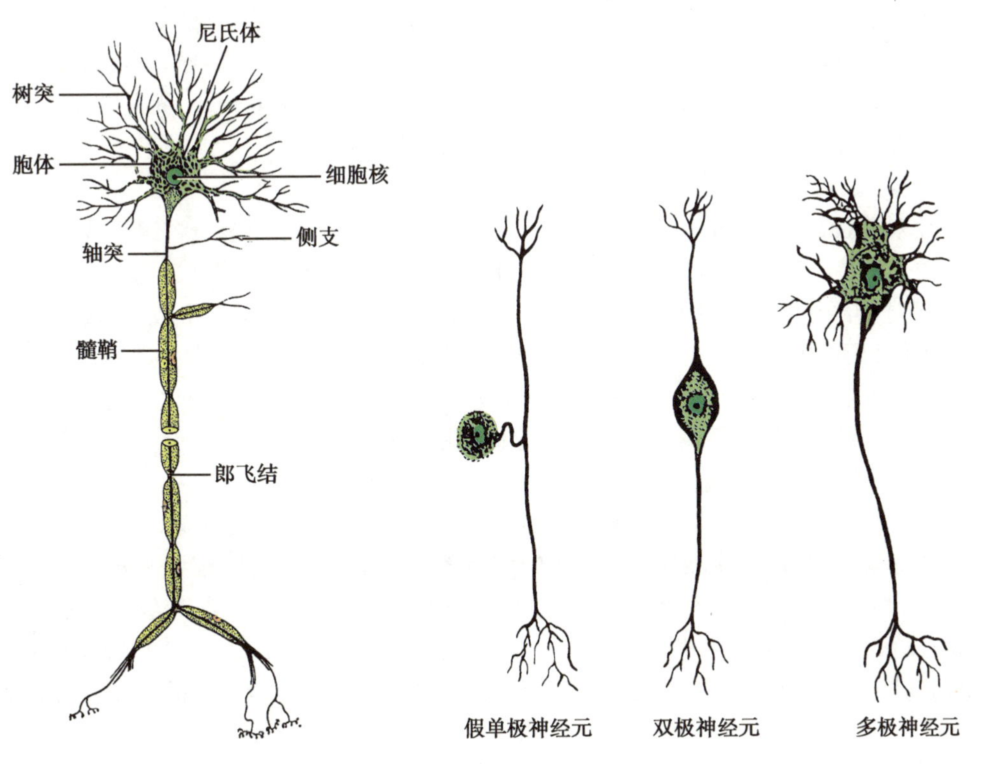

图 2-16 神经元模式图

图 2-17 各类神经元

笔记栏

2. 根据神经元功能的不同，可分为3类：①**运动神经元**（又称传出神经元）：能够将中枢神经发出的神经冲动传到肌或腺体，一般为多极神经元。②**感觉神经元**（又称传入神经元）：能够感受刺激，形成冲动，并将冲动传入中枢，多为假单极神经元。③**联络神经元**（又称中间神经元）：位于感觉神经元和运动神经元之间，起信息联络作用，主要为多极神经元。

3. 根据神经元释放的神经递质不同，可分4类：①**胆碱能神经元**：位于脑神经躯体运动核和部分内脏运动核或神经节。②**单胺能神经元**：包括儿茶酚胺能神经元（分泌去甲肾上腺素、多巴胺等）、5-羟色胺能神经元和组胺能神经元，广泛分布于中枢和周围神经系统。③**氨基酸能神经元**：以γ-氨基丁酸、谷氨酸等为神经递质，主要分布于中枢神经系统。④**肽能神经元**：以各种肽类物质（生长抑素、P物质、脑啡肽等）为神经递质，广泛分布于中枢和周围神经系统。

（三）神经纤维

神经纤维（nerve fiber）由神经元的轴突或长树突以及包绕在其外表的神经胶质细胞构成。构成中枢神经系统中神经纤维的神经胶质细胞是少突胶质细胞，构成周围神经系统中神经纤维的神经胶质细胞是施万细胞。根据包裹轴突的胶质细胞是否形成髓鞘，将神经纤维分为**有髓神经纤维（myelinated nerve fiber）**和**无髓神经纤维（unmyelinated nerve fiber）**2大类。

1. 有髓神经纤维

（1）周围神经系统的有髓神经纤维：由施万细胞的胞膜反复包绕神经元的轴突所形成。施万细胞包裹神经元的长轴突，每个细胞包一段，细胞之间留有间隙，此处狭窄，称为**郎飞结（Ranvier node）**。相邻2个郎飞结之间的一段神经纤维称为**结间体**。

（2）中枢神经系统的有髓神经纤维：由少突胶质细胞突起末端呈叶片状包卷轴突形成。1个少突胶质细胞有多个突起可分别包卷多个轴突。

2. 无髓神经纤维

（1）周围神经系统的无髓神经纤维：由1个施万细胞可包裹多条较细的轴突，不形成髓鞘。轴突外仅单层胞膜包绕（鞘膜），无郎飞结。

（2）中枢神经系统的无髓神经纤维：轴突无神经胶质细胞包绕，呈裸露状。

神经纤维的功能是传导冲动，这种冲动电流只能在轴膜中进行传导。有髓神经纤维是通过郎飞结处的轴膜进行的，其传导方式是跳跃式传导，传导速度较快；无髓神经纤维因无髓鞘和郎飞结，传导方式是连续式传导，传导速度较慢。

（四）神经末梢

神经末梢（nerve ending）是周围神经纤维的终末部分，终止于全身各组织或器官内，形成的各种末梢装置。按功能分为感觉神经末梢和运动神经末梢2大类。

1. 感觉神经末梢　又称**感受器**，由感觉神经元周围突的终末部分形成，能接受体内、外环境的各种刺激，并转变为神经冲动，传向中枢，产生感觉。分布于皮肤、内脏和肌等处。常见的感觉神经末梢有（图2-18）：①**游离神经末梢**：感受冷、热、疼痛和轻触觉刺激，广泛分布于表皮、角膜、上皮、浆膜、结缔组织、心脏、血管和内脏等处；②**触觉小体**：感受应力刺激，参与产生触觉，分布于皮肤的真皮乳头内，多见于口唇和指尖等处；③**环层小体**：感受较强的应力，参与产生压觉和振动觉，广泛分布于浅筋膜、腹膜、系膜、骨膜、韧带和关节囊等处；④**肌梭**：位于骨骼肌内，属本体感受器，主要感受肌纤维的伸缩状态，在调控骨骼肌的活动中起重要作用。

2. 运动神经末梢　又称**效应器**，是指运动神经元轴突末梢在肌组织和腺体上的终末结构，支配肌纤维的收缩和调节腺体的分泌。运动神经末梢又分为：①**躯体运动神经末梢**：呈葡萄样附于骨骼肌纤维的表面，形成椭圆形板状隆起，称为**运动终板（motor end plate）**（图2-19）。1个运动神经元支配多条骨骼肌纤维，而1条骨骼肌纤维通常只接受1个轴突分支的支配。1个运动神经元及其所支配的全部骨骼肌纤维合称1个运动单位。②**内脏运动**

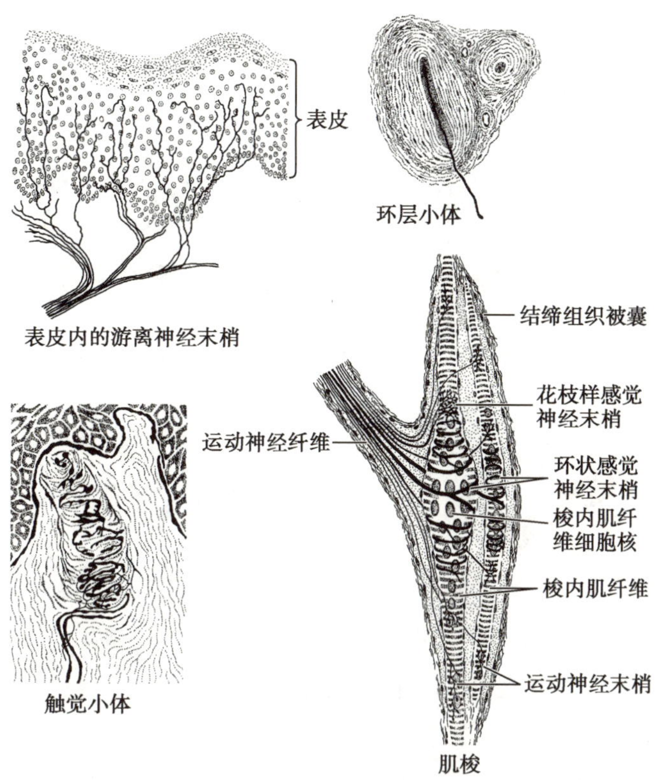

图 2-18 各种感觉神经末梢

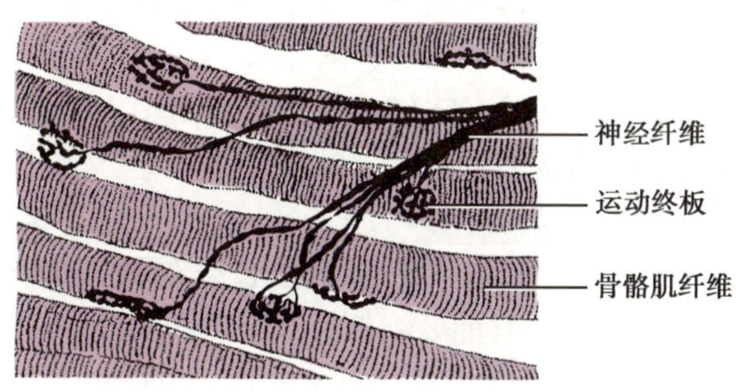

图 2-19 运动终板

神经末梢:分布于内脏及血管壁的平滑肌、心肌和腺体等处,纤维无髓鞘,轴突终末分支呈串珠状膨体,与肌纤维或腺细胞等表面接触,建立突触连接。

二、神经胶质细胞

神经胶质细胞(neuroglial cell),简称**胶质细胞**,广泛分布于中枢神经系统和周围神经系统(图 2-20)。胶质细胞形态各异,体积较神经元小,有突起,无尼氏体,无传导神经冲动的功能,但终生保持分裂增殖能力。

(一) 中枢神经系统的胶质细胞

1. **星形胶质细胞(astrocyte)** 是最大的一种胶质细胞,胞体呈星形,核大而染色浅,胞质内含胶质丝(中间丝)。有的突起末端扩大成脚板,或黏附在毛细血管壁上,参与构成血-脑屏障。星形胶质细胞能分泌神经营养因子和多种生长因子,有维持神经元的存活和促进神经突起生长的作用。可分为纤维性星形胶质细胞和原浆性星形胶质细胞 2 种。

笔记栏

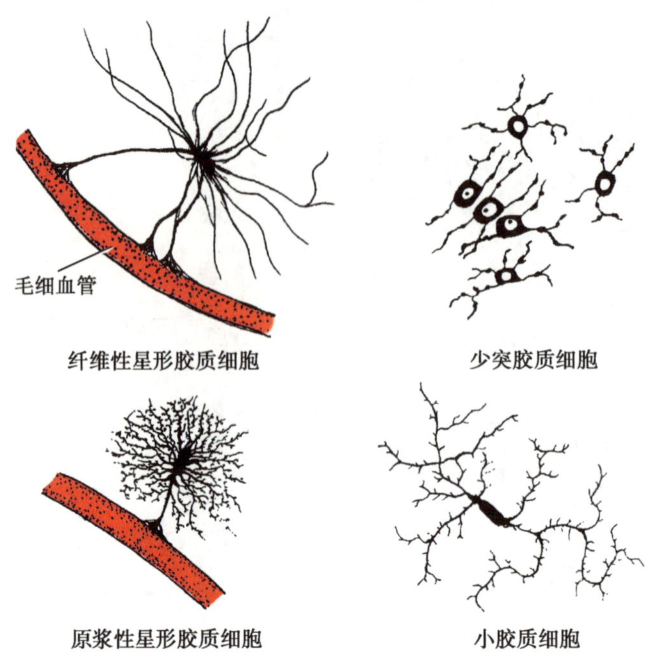

图 2-20 中枢神经系统的胶质细胞

2. **少突胶质细胞(oligodendrocyte)** 突起短而少,参与构成中枢神经系统的神经纤维的髓鞘。

3. **小胶质细胞(microglia)** 胞体细长,核小色深,突起细长有分支,表面多棘突。它具有吞噬功能,来源于单核细胞。

4. **室管膜细胞(ependymal cell)** 分布于脑室和脊髓中央管腔面。它参与脑脊液的形成,并对脑和脊髓起到支持和保护作用。

(二) 周围神经系统的胶质细胞

1. **施万细胞(Schwann cell)** 又称**神经膜细胞**,包绕在周围神经系统的神经元轴突表面,形成神经纤维的髓鞘和神经膜。它能分泌神经营养因子,促进受损伤的神经元存活及其轴突再生。

2. **卫星细胞(satellite cell)** 又称**被囊细胞**,是神经节内包裹神经元胞体的一层扁平或立方形细胞,细胞外有基膜。它对神经节内神经元具有支持和保护作用。

学习小结

基本组织包括上皮组织、结缔组织、肌组织和神经组织。上皮组织主要包括被覆上皮和腺上皮。被覆上皮包括单层扁平上皮、单层立方上皮、单层柱状上皮、假复层纤毛柱状上皮、复层扁平上皮和变移上皮。结缔组织包括固有结缔组织(疏松结缔组织、致密结缔组织、脂肪组织和网状组织)、软骨组织(透明软骨、弹性软骨和纤维软骨)、骨组织和血液(血细胞和血浆)。肌组织包括骨骼肌、平滑肌和心肌。神经组织包括神经元和神经胶质细胞。

(欧阳厚淦)

复习思考题

1. 被覆上皮如何分类？各分布于哪些器官？
2. 软骨如何分类？各分布于哪些器官？
3. 简述神经元的结构和分类。
4. 简述各种感觉神经末梢的功能和分布情况。

课件

第三章 运动系统

学习目标

识记运动系统的组成，骨的形态和构造，躯干骨和四肢骨的名称、数目和位置，颅骨的名称，关节的基本结构，肩、肘、腕、髋、膝、踝关节的组成和运动形式，斜方肌、背阔肌、胸大肌、腹前外侧群肌、三角肌、肱二头肌、肱三头肌、臀大肌、股四头肌的名称、位置和主要作用；知晓关节的辅助装置，表情肌、胸锁乳突肌的名称、位置和主要作用，膈的位置和主要作用，骨盆的组成与分部；理解颞下颌关节的组成和运动，脊柱的组成和作用，胸廓的组成、形态和功能，肌的形态、作用和辅助装置，四肢肌的分群及其位置。

运动系统（locomotor system）由骨、骨连结和骨骼肌组成。它们在神经系统的支配下，对人体起着运动、支持和保护作用。在运动中，骨起杠杆作用，关节是运动的枢纽，骨骼肌是动力器官。运动系统约占成人体重的60%，构成人体的基本轮廓。

第一节 骨 学

一、概述

骨在成人为206块，按其在人体的位置不同可分为躯干骨、上肢骨、下肢骨和颅骨4部分（图3-1）。骨的重量约占成人体重的20%。每块骨都是具有一定的形态和功能的器官，既坚硬又有弹性。

（一）骨的形态

骨有不同的形态，可分为长骨、短骨、扁骨和不规则骨4类（图3-2）。

1. **长骨（long bone）** 呈长管状，分布于四肢。长骨有一体和两端。体又名**骨干**，骨质致密，内有**骨髓腔**，容纳骨髓。端又名**骺**，较膨大，并有光滑的关节面，由关节软骨覆盖。

2. **短骨（short bone）** 多呈立方形，成群连结一起，如腕骨和跗骨。

3. **扁骨（flat bone）** 呈板状，分布于头、胸等处。主要构成颅腔、胸腔的壁，对腔内器官有保护作用，如颅盖骨、胸骨、肋骨等。

4. **不规则骨（irregular bone）** 形态不规则，如椎骨。有些不规则骨，内有含气的空腔称为**含气骨**，如上颌骨、额骨等。

（二）骨的构造

每块骨都由骨质、骨膜和骨髓等构成，并有神经和血管分布（图3-3）。

1. **骨质（bone substance）** 是骨的主要成分，分为骨密质和骨松质。**骨密质**致密坚硬，

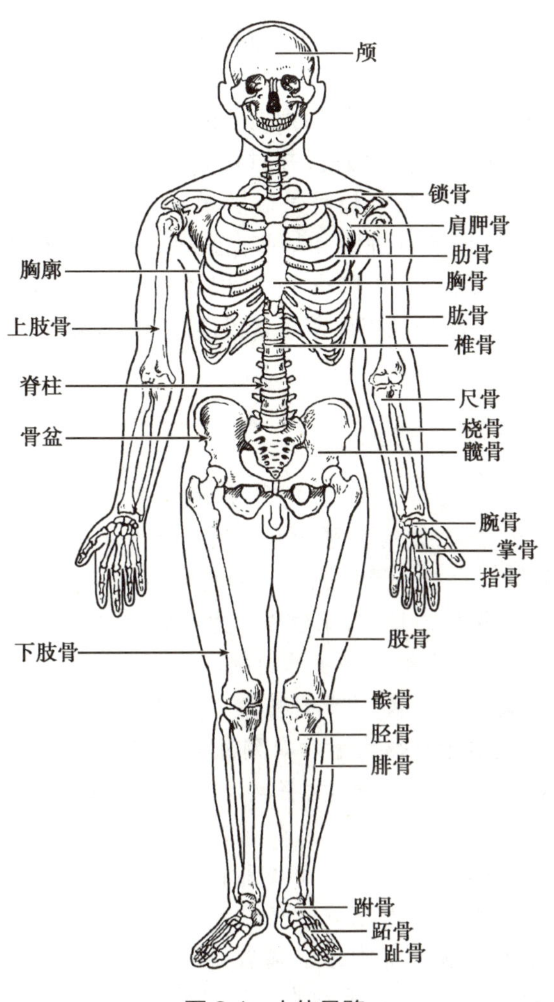

图 3-1 人体骨骼

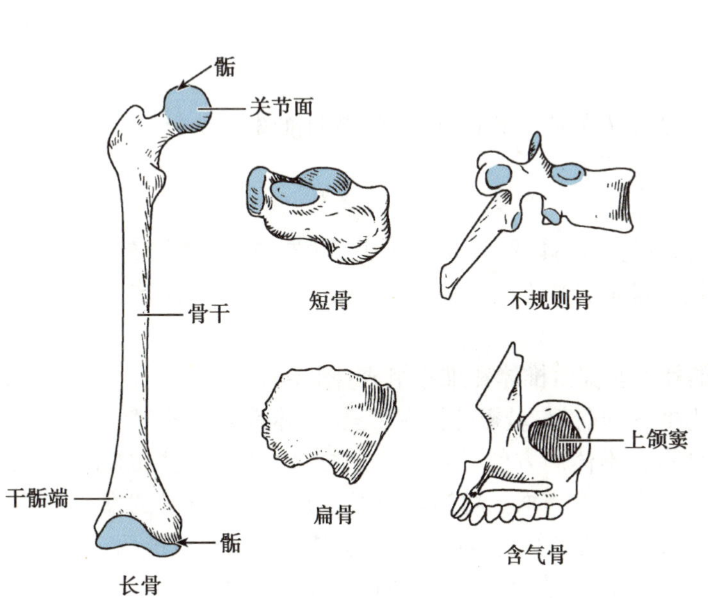

图 3-2 骨的形态

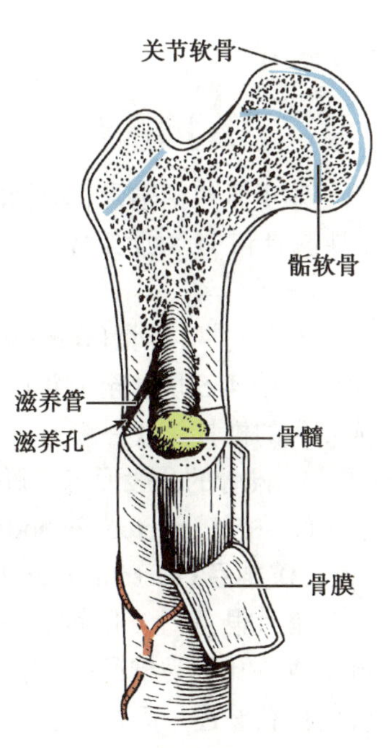

图 3-3 骨的构造

笔记栏

分布于长骨干、其他类型骨和长骨骺的外层。**骨松质**呈蜂窝状，分布于长骨骺和其他类型骨的内部。

2. **骨膜（periosteum）** 为包裹除关节面以外的整个骨面的致密结缔组织薄膜，内含有丰富的神经、血管和成骨细胞，故感觉敏锐，并对骨的营养和生长有重要作用。

3. **骨髓（bone marrow）** 充填于长骨骨髓腔及骨松质网眼内，分为红骨髓和黄骨髓。**红骨髓**内含大量不同发育阶段的红细胞和某些白细胞，呈红色，有造血功能；**黄骨髓**为大量脂肪组织，呈黄色，无造血功能。胎儿和幼儿的骨内全是红骨髓，6岁以后，长骨骨髓腔内的红骨髓逐渐转化为黄骨髓，但红骨髓仍保留于骨松质内，继续保持造血功能。

知识拓展

造血干细胞捐献

造血干细胞来源于骨髓，是有较强分化发育和再生能力、可以产生各种类型血细胞的一类细胞。将正常人的造血干细胞输注到患者体内，可以重建患者的造血功能和免疫功能，达到治疗某些疾病的目的，此过程称为造血干细胞移植。

造血干细胞捐献是造血干细胞移植的前提。采集造血干细胞，以往主要是从捐献者髂骨中抽取骨髓血，提取干细胞，因此也被称为骨髓捐献。现在主要从外周血中采集干细胞，将骨髓血中的造血干细胞大量动员到外周血中，然后从捐献者静脉采集全血，经血细胞分离机提取造血干细胞。同时，将其他血液成分回输捐献者体内，因此不会影响捐献者的造血功能。

我国血液肿瘤的发病率较高，仅白血病患者每年约有3.6万人发病，其中15岁以下的人群占比50%以上，给社会和家庭带来很大的负担和不幸。造血干细胞移植技术是治疗白血病、淋巴瘤和骨髓瘤等血液肿瘤较为有效和理想的方法，但要寻找与患者组织相容性抗原基因相匹配的造血干细胞却不容易。在有血缘关系的人群中，相匹配的概率是万分之一。由此可见，造血干细胞捐献具有非常重要的意义。

二、躯干骨

躯干骨包括椎骨、胸骨和肋。成年人的躯干骨由24块分离的椎骨、1块骶骨、1块尾骨、1块胸骨和12对肋组成，共计51块。

（一）椎骨

椎骨

幼儿时期，**椎骨（vertebrae）**总数为33~34块，即颈椎7块、胸椎12块、腰椎5块、骶椎5块和尾椎4~5块。至成年后，5块骶椎愈合成1块骶骨，4~5块尾椎愈合成1块尾骨。因此，成年人的椎骨总数一般为26块。

1. 椎骨的一般形态　每个椎骨一般都由椎体和椎弓组成（图3-4）。

（1）**椎体（vertebrae body）**：为椎骨的前部，呈短圆柱状，是支持体重的主要部分。

（2）**椎弓（vertebrae arch）**：是附在椎体后方的弓形骨板。椎弓与椎体连接的部分较细称为**椎弓根**，其上、下缘各有一切迹，分别称为**椎上切迹**和**椎下切迹**。相邻椎骨的椎上、下切迹围成一孔称为**椎间孔**，内有脊神经和血管通过。椎弓与椎体围成一孔称为**椎孔**。全部椎骨的椎孔叠连一起，形成一纵行的管道称为**椎管**，其内容纳脊髓和脊神经根等。椎弓伸出7个突起：向上伸出一对**上关节突**，向下伸出一对**下关节突**，向两侧伸出一对**横突**，向后伸出单

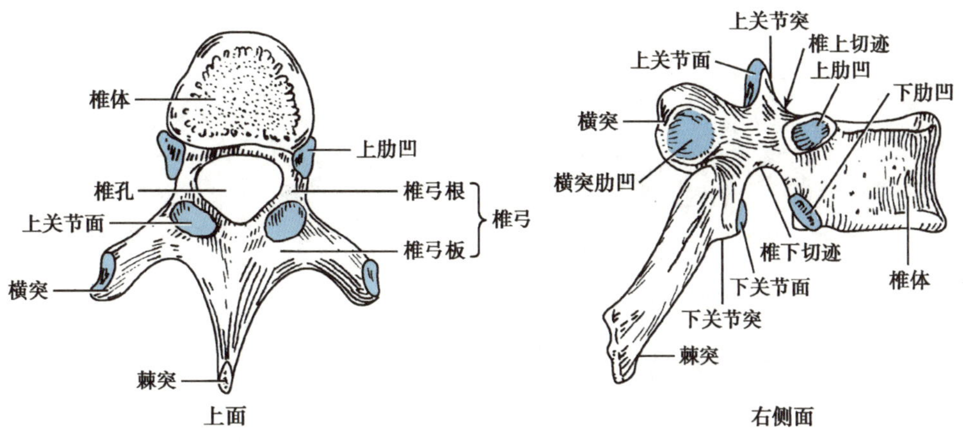

图 3-4　胸椎

一的**棘突**。

2. 各部椎骨的主要特征

(1) **颈椎(cervical vertebrae)**:共 7 个,其特点是横突上有**横突孔**,第 6 至第 1 颈椎的横突孔内有椎动、静脉通过。第 3~6 颈椎为一般颈椎,第 1、第 2、第 7 颈椎为特殊颈椎。

1) 第 1 颈椎:又称**寰椎(atlas)**(图 3-5),没有椎体、棘突和关节突,形似环形,由前弓、后弓及 2 个侧块组成。

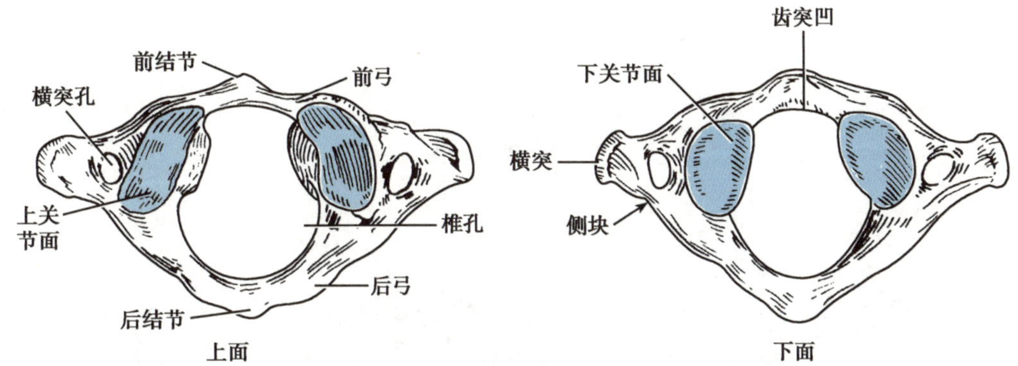

图 3-5　寰椎

2) 第 2 颈椎:又称**枢椎(axis)**(图 3-6),椎体向上伸出一指状突起称为**齿突**。

3) 第 7 颈椎:又称**隆椎(prominent vertebra)**(图 3-7),棘突特别长,末端变厚且不分叉。当头前屈时,隆椎棘突特别隆起,皮下易触及,是临床计数椎骨的标志。

(2) **胸椎(thoracic vertebrae)**(图 3-4):共 12 个,在椎体侧面和横突尖端的前面有**肋凹**。

(3) **腰椎(lumbar vertebrae)**(图 3-8):共 5 个,为椎骨中最大者,椎体肥厚,棘突呈板状且水平后伸,相邻棘突之间的空隙较大,临床上常在第 3、第 4 腰椎棘突之间做腰椎穿刺。

(4) **骶骨(sacrum)**(图 3-9):呈三角形,其底向上,尖向下。骶骨底的前缘向前隆凸称为**岬**,为女性骨盆测量的重要标志。骶骨尖向前下,与尾骨相连。骶骨的两侧有**耳状面**,中央有一纵贯全长的管道称为**骶管**,向上与椎管连续,向下开口形成**骶管裂孔**,骶管裂孔两侧有向下突出的**骶角**。骶骨前面略凹而平滑,有 4 对**骶前孔**;后面隆凸粗糙,有 4 对**骶后孔**。

(5) **尾骨(coccyx)**(图 3-9):呈三角形,底朝上,借软骨和韧带与骶骨相连;尖向下,下端

笔记栏

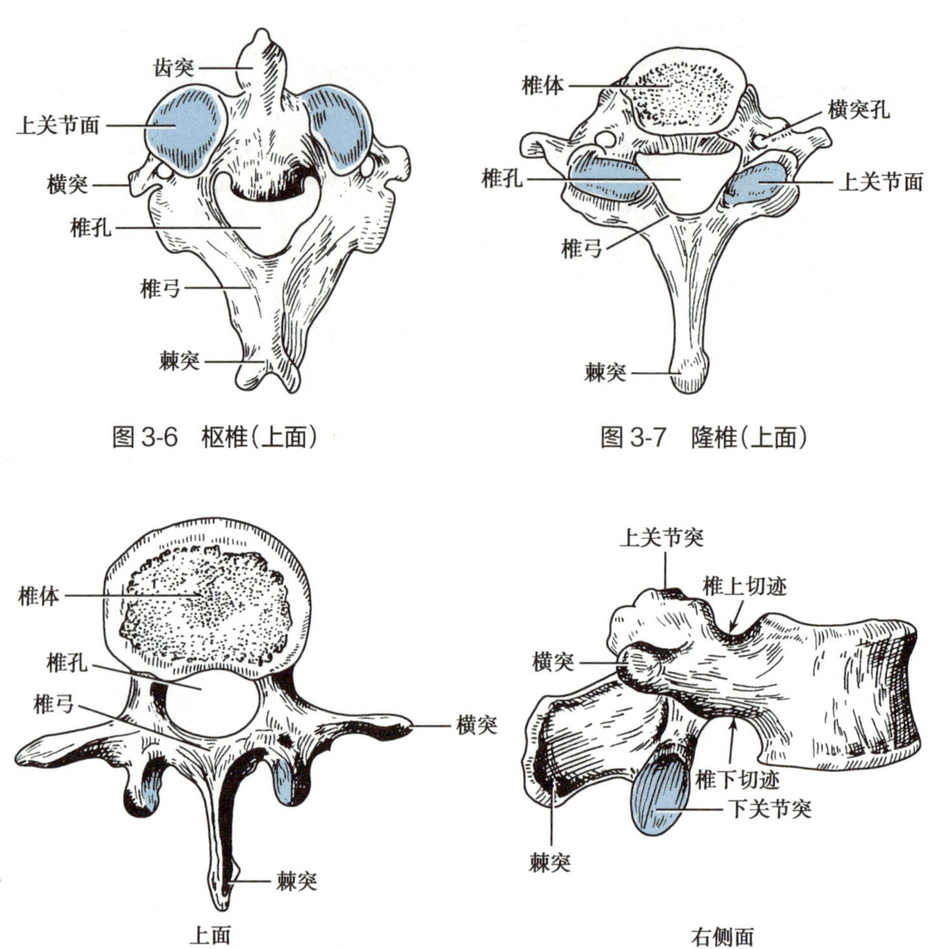

图 3-6 枢椎(上面)

图 3-7 隆椎(上面)

图 3-8 腰椎

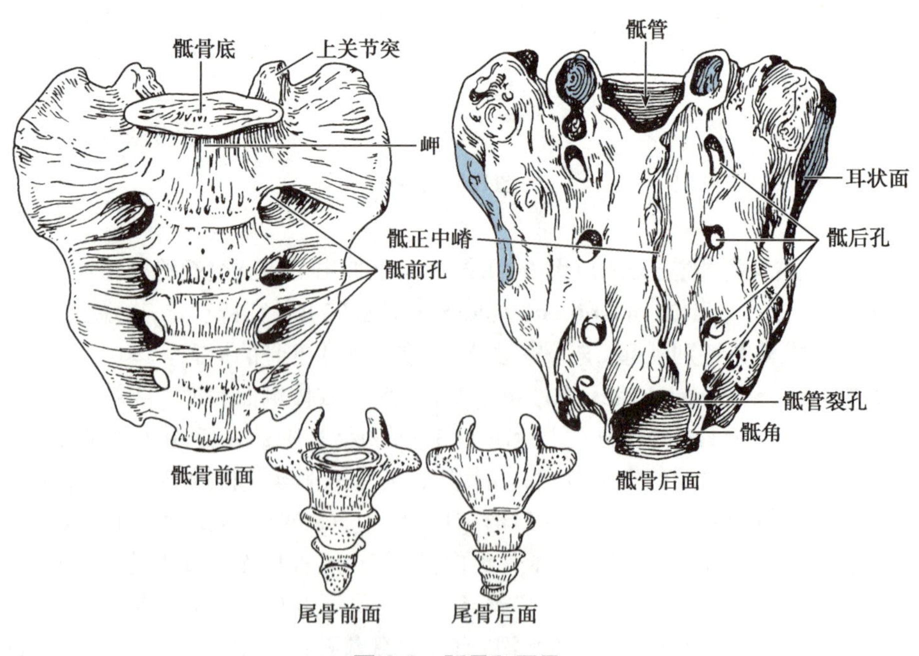

图 3-9 骶骨和尾骨

笔记栏

游离。

(二)胸骨

胸骨(sternum)是位于胸前部正中的一块扁骨,由上而下分为胸骨柄、胸骨体和剑突3部分(图3-10)。胸骨上部较宽称为**胸骨柄**。胸骨中部呈长方形称为**胸骨体**,其侧缘连接第2~7肋软骨。胸骨体与胸骨柄相接处形成突向前方的横行隆起称为**胸骨角**,可在体表触及,平对第2肋软骨,是计数肋的重要标志。胸骨下端为一形状不定的薄骨片称为**剑突**,幼年时为软骨,老年后才完全骨化。

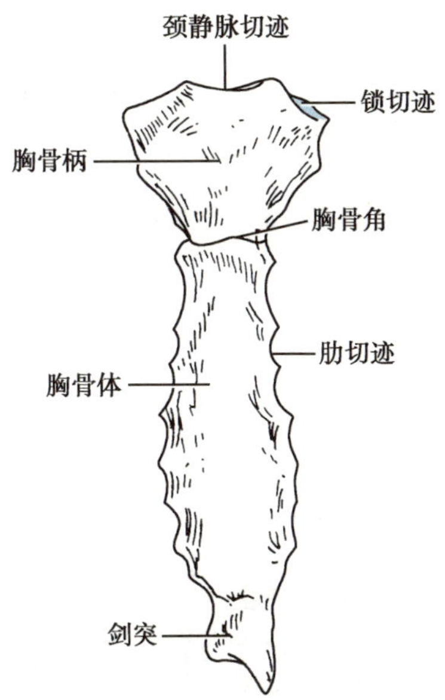

图3-10 胸骨(前面)

(三)肋

肋(ribs)共12对,由**肋骨**和**肋软骨**组成(图3-11)。肋骨为细长弓状的扁骨,分为体及前、后两端。肋骨前端接肋软骨,后端膨大称为**肋头**,**肋体**分内、外两面及上、下两缘。肋骨内面近下缘处有**肋沟**,肋间血管和神经沿此沟走行。

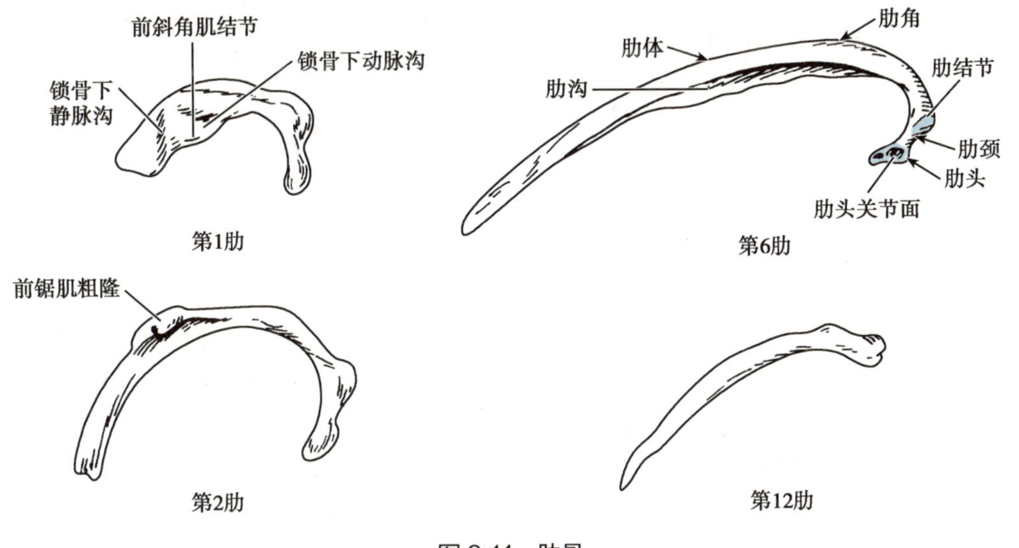

图3-11 肋骨

三、上肢骨

上肢骨分为上肢带骨和自由上肢骨,两侧共计64块。上肢带骨包括锁骨和肩胛骨;自由上肢骨包括肱骨、桡骨、尺骨和手骨,除手骨的腕骨外,其他均属长骨。

(一)锁骨

锁骨(clavicle)呈"~"形,位于胸廓前上部的两侧(图3-12)。全长于皮下均可触及,是重要的骨性标志。内侧端粗大为**胸骨端**,与胸骨柄相关节;外侧端扁平为**肩峰端**,与肩胛骨的肩峰相关节。锁骨中、外1/3交界处较脆弱,易发生骨折。

(二)肩胛骨

肩胛骨(scapula)为三角形的不规则的扁骨,位于背部外上方、第2~7肋骨之间,分为三缘、三角和两面(图3-13)。**上缘**的外侧角有一弯曲的指状突起称为**喙突**,体表可触及。**内侧**

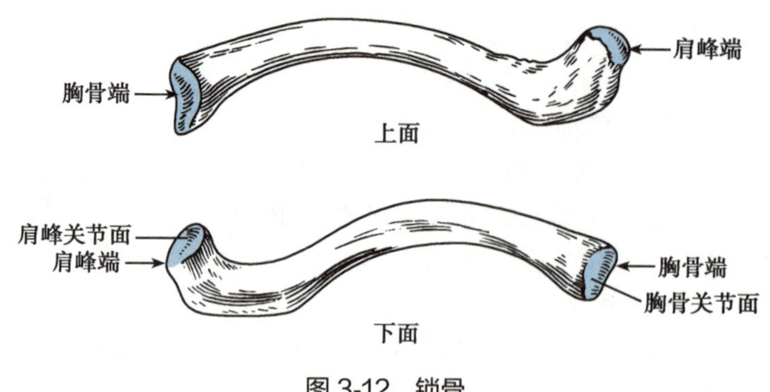

图 3-12 锁骨

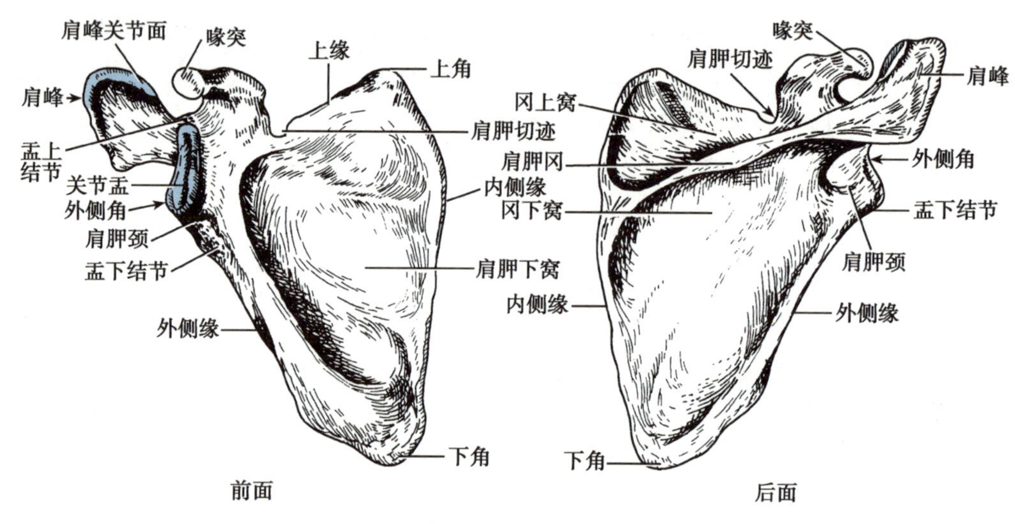

图 3-13 肩胛骨

缘薄而长，**外侧缘**稍肥厚。**上角**和**下角**分别为内侧缘的上端和下端，分别平对第 2 肋和第 7 肋，体表可触及。**外侧角**最肥厚，有梨形浅窝称为**关节盂**，与肱骨头相关节。**前面**朝向肋骨，有一大的浅窝称为**肩胛下窝**；**后面**被一横列的**肩胛冈**分成上方的**冈上窝**和下方的**冈下窝**。肩胛冈的外侧端，向前外伸展的扁平突起称为**肩峰**，体表可触及。

（三）肱骨

肱骨（humerus）位于臂部，分为一体和两端（图 3-14）。肱骨上端膨大呈半球形称为**肱骨头**，与肩胛骨的关节盂相关节。肱骨头前下方的突起称为**小结节**，小结节外侧的隆起称为**大结节**，大、小结节之间的纵行浅沟称为**结节间沟**，内有肱二头肌长头腱通过。肱骨上端与体交界处稍细称为**外科颈**，是骨折的好发部位。肱骨体的中部外侧面有一粗糙呈"V"形的**三角肌粗隆**，为三角肌的附着处；体的后面有由内上斜向外下呈螺旋状的浅沟称为**桡神经沟**，内有桡神经通过，故肱骨干骨折易损伤桡神经。肱骨下端前后扁平且略向前卷曲，外侧份有半球形的**肱骨小头**，与桡骨相关节；内侧份有形如滑车的**肱骨滑车**，与尺骨相关节。小头的外上侧和滑车的内上侧各有一个突起，分别称为**外上髁**和**内上髁**；内上髁的后下方有一浅沟称为**尺神经沟**，内有尺神经通过，故肱骨内上髁骨折易损伤尺神经。

（四）桡骨

桡骨（radius）位于前臂外侧部，分为一体和两端（图 3-15）。桡骨上端细小，有稍膨大的**桡骨头**。桡骨头的上面有关节凹，与肱骨小头相关节；头的周缘有**环状关节面**，与尺骨的桡切迹相关节；头下方缩细的部分称为**桡骨颈**，颈的内下方有一粗糙隆起称为**桡骨粗隆**。桡骨

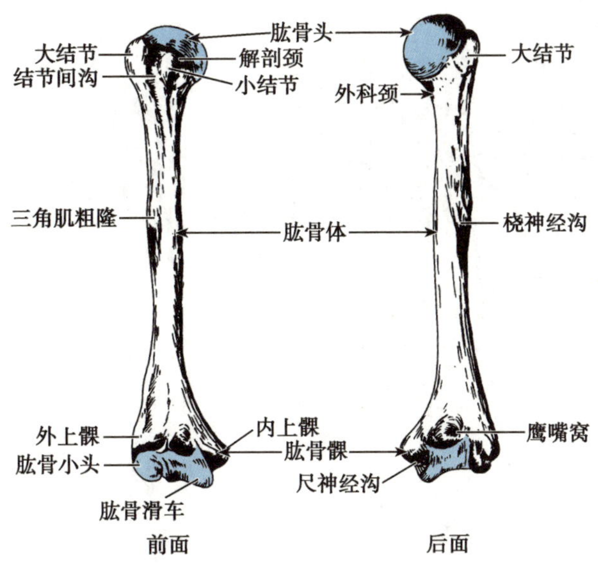

图 3-14　肱骨

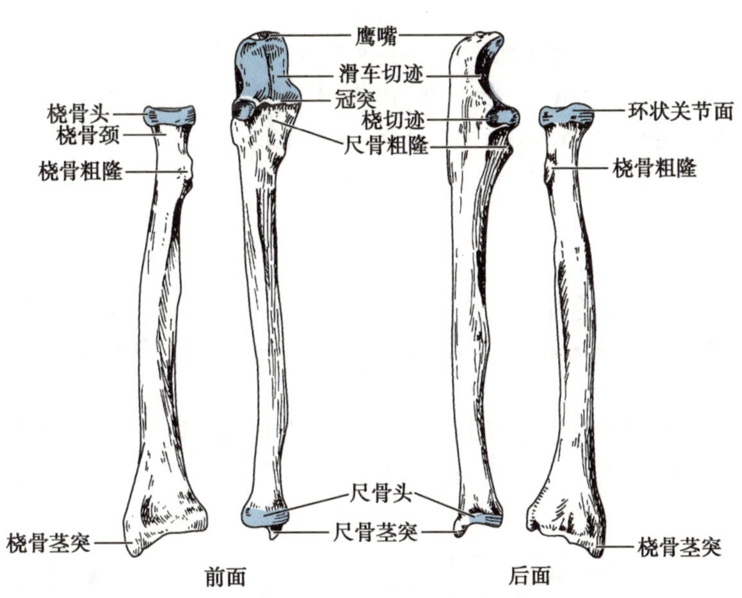

图 3-15　桡骨和尺骨

下端粗大，内侧有关节面称为**尺切迹**，与尺骨头相关节；下端的外侧份向下突出称为**桡骨茎突**；下端的下面为**腕关节面**，与腕骨相关节。

（五）尺骨

尺骨（ulna）位于前臂内侧部，分为一体和两端（图 3-15）。尺骨上端较为粗大，前面有半圆形深凹称为**滑车切迹**，与肱骨滑车相关节。在切迹的上、下方各有一突起，分别称为**鹰嘴**和**冠突**。冠突外侧有**桡切迹**，与桡骨头相关节；冠突前下方的粗糙隆起称为**尺骨粗隆**。尺骨下端为**尺骨头**，与桡骨的尺切迹相关节；尺骨头的后内侧向下突出称为**尺骨茎突**。

（六）手骨

手骨（bone of hand）分为腕骨、掌骨及指骨（图 3-16）。

1. **腕骨（carpal bones）**　共 8 块，属短骨，排成两列，每列各有 4 块。由桡侧向尺侧，近侧

笔记栏

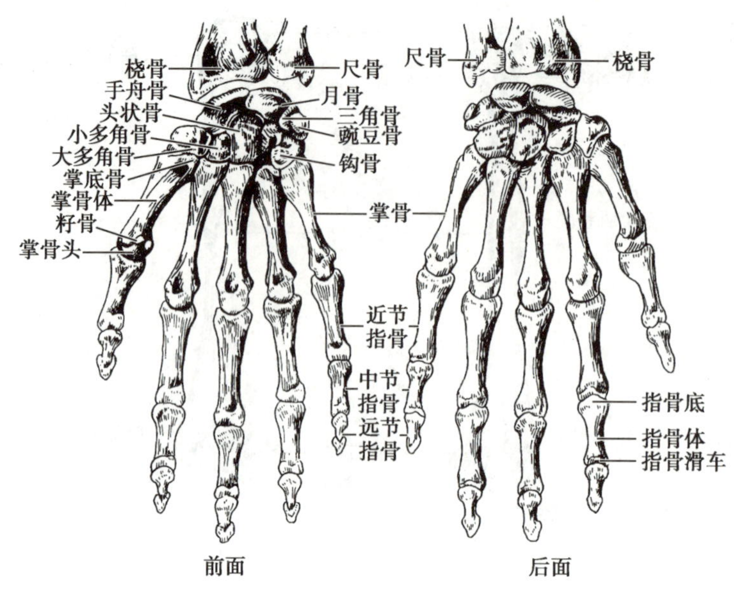

图 3-16 手骨

列依次为**手舟骨**、**月骨**、**三角骨**和**豌豆骨**；远侧列依次为**大多角骨**、**小多角骨**、**头状骨**和**钩骨**。

2. **掌骨(metacarpal bones)** 共 5 块，由桡侧向尺侧，分别称为第 1~5 掌骨。

3. **指骨(phalanges of fingers)** 共 14 块，拇指有 2 节指骨，其余各指均有 3 节。由近侧至远侧依次为**近节指骨**、**中节指骨**和**远节指骨**。

四、下肢骨

下肢骨分为下肢带骨和自由下肢骨，两侧共计 62 块。下肢带骨为髋骨；自由下肢骨包括股骨、髌骨、胫骨、腓骨和足骨，除髌骨和足骨的跗骨外，其他均属长骨。

(一) 髋骨

髋骨(hip bone)为形状不规则的扁骨，位于盆部，构成骨盆的侧壁(图 3-17)。髋骨的外侧面有一深窝称为**髋臼**，与股骨头相关节。髋骨的前下方有一大孔称为**闭孔**。幼儿时期，髋

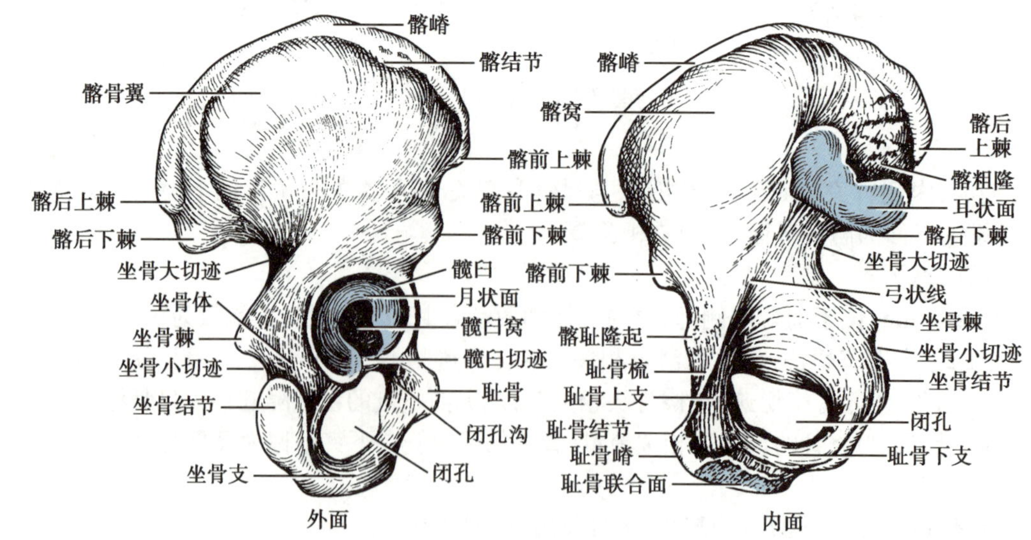

图 3-17 髋骨

骨由后上方的**髂骨**、后下方的**坐骨**和前下方的**耻骨**组成。至成年后，3 骨愈合成为 1 块髋骨。髂骨上缘增厚增粗的骨嵴称为**髂嵴**，髂嵴前端为**髂前上棘**，髂嵴后端为**髂后上棘**。髂前上棘后方 5~7cm 处，髂嵴向外侧的突起称为**髂结节**。坐骨下端后份有肥厚粗糙的**坐骨结节**。耻骨内侧部上缘有一向前的突起称为**耻骨结节**。

（二）股骨

股骨（femur）位于大腿部，为人体最长的骨，其长度约占身高的 1/4，分为一体和两端（图 3-18）。股骨上端有球形的**股骨头**，与髋臼相关节；头下外侧的狭细部分称为**股骨颈**；颈与体交界处有 2 个隆起，上外侧的方形隆起为**大转子**，下内侧的隆起为**小转子**；大转子是重要的体表标志，可在体表触及。股骨体稍微向前凸，后面有纵行的骨嵴称为**粗线**，粗线向上外续于粗糙的**臀肌粗隆**。股骨下端有 2 个膨大，分别称为**内侧髁**和**外侧髁**；内、外侧髁侧面最突起处分别称**内上髁**和**外上髁**，在体表均可以触及。

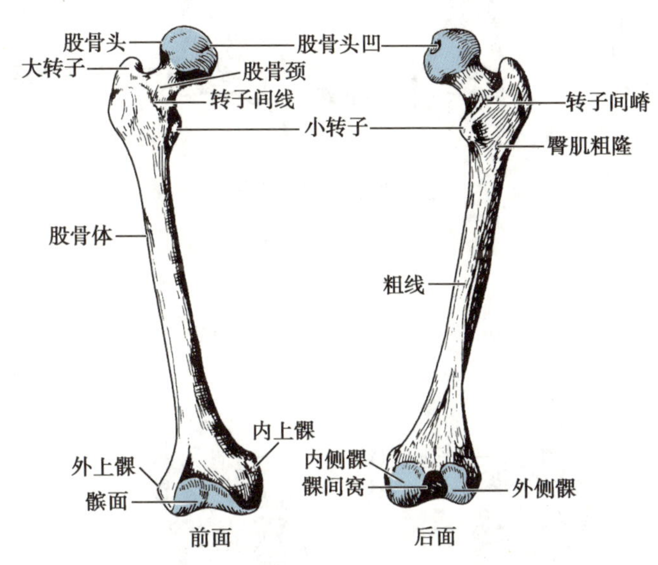

图 3-18　股骨

（三）髌骨

髌骨（patella）是全身最大的籽骨，位于股四头肌腱内，上宽下尖（图 3-19）。髌骨的位置浅表，体表可以触及。

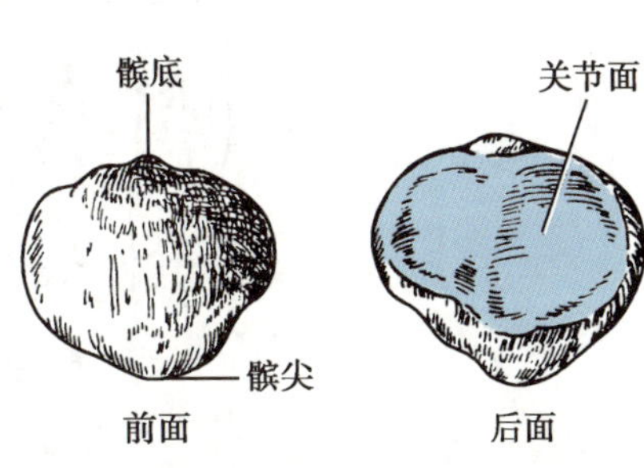

图 3-19　髌骨

（四）胫骨

胫骨（tibia）位于小腿内侧部，较粗壮，分为一体和两端（图 3-20）。胫骨上端有 2 个膨大，分别称为**内侧髁**和**外侧髁**；在胫骨上端与体移行处的前面，有一粗糙的**胫骨粗隆**。胫骨体呈三棱柱状，其前缘、后缘和内侧面紧贴皮下，体表均可触及。胫骨下端内侧面隆凸称为**内踝**，体表可触及。

（五）腓骨

腓骨（fibula）位于小腿外侧部，分为一体和两端（图 3-20）。腓骨上端略膨大称为**腓骨头**，与胫骨相关节，浅居皮下，体表可触及；头下方狭细处称为**腓骨颈**。腓骨下端膨大为**外踝**，体表可触及。

笔记栏

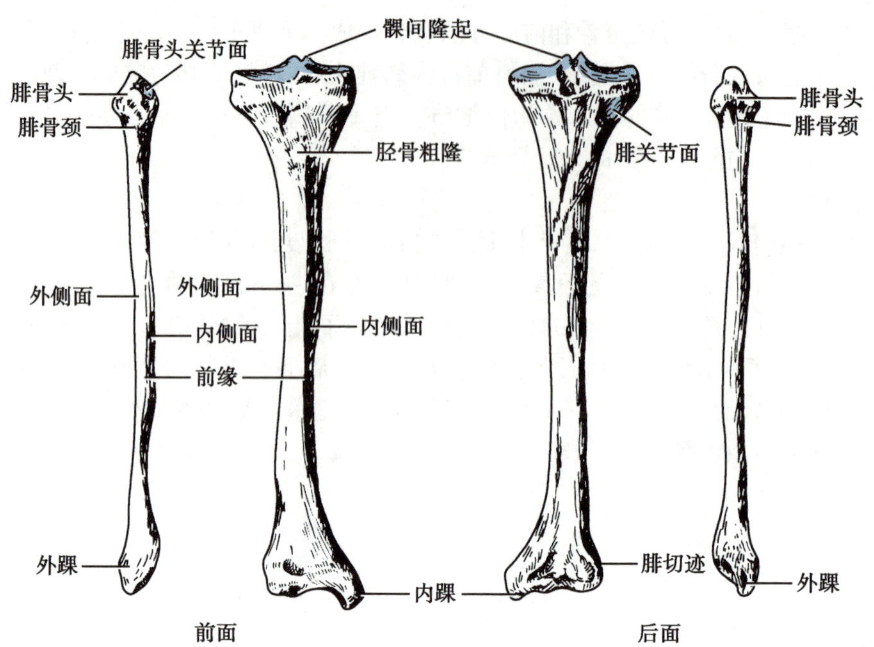

图 3-20 胫骨和腓骨

(六) 足骨

足骨(bone of foot)可分为跗骨、跖骨和趾骨(图 3-21)。

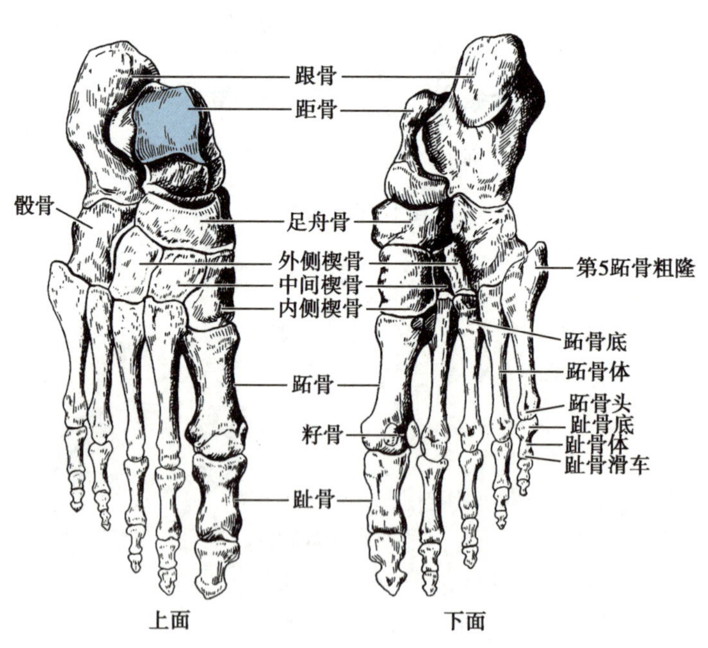

图 3-21 足骨

1. **跗骨(tarsal bones)** 属于短骨,共 7 块,即**距骨**、**跟骨**、**骰骨**、**足舟骨**及 3 块**楔骨**(内侧楔骨、中间楔骨和外侧楔骨)。

2. **跖骨(metatarsal bones)** 相当于手的掌骨,共 5 块,从内侧向外侧依次称为第 1~5 跖骨。

笔记栏

3. **趾骨(phalanges of toes)** 共14块,相当于手的指骨,比手的指骨短小,其数目和命名与指骨相同。

五、颅骨

颅骨

颅骨(cranial bones)有29块(其中6块听小骨,详见感觉器),分为脑颅骨和面颅骨。脑颅骨位于颅的后上部,围成颅腔,容纳脑。面颅骨位于颅的前下部,形成面部的轮廓,并参与口腔、鼻腔和眶的组成。

(一)脑颅骨

脑颅骨(bones of cerebral cranium)共8块,包括位于颅前上部的1块额骨、颅后方的1块枕骨、颅底中部的1块蝶骨、两眶之间的1块筛骨、颅上方的2块顶骨、颅两侧的2块颞骨(图3-22、图3-23)。

(二)面颅骨

面颅骨(bones of facial cranium)共15块,包括犁骨、下颌骨和舌骨各1块;上颌骨、鼻骨、泪骨、颧骨、下鼻甲及腭骨各2块(图3-22~图3-25)。

1. **上颌骨(maxilla)** 位于面颅中央。骨内有一大的含气空腔称为**上颌窦**;上颌骨下缘游离,有容纳上颌牙根的牙槽。

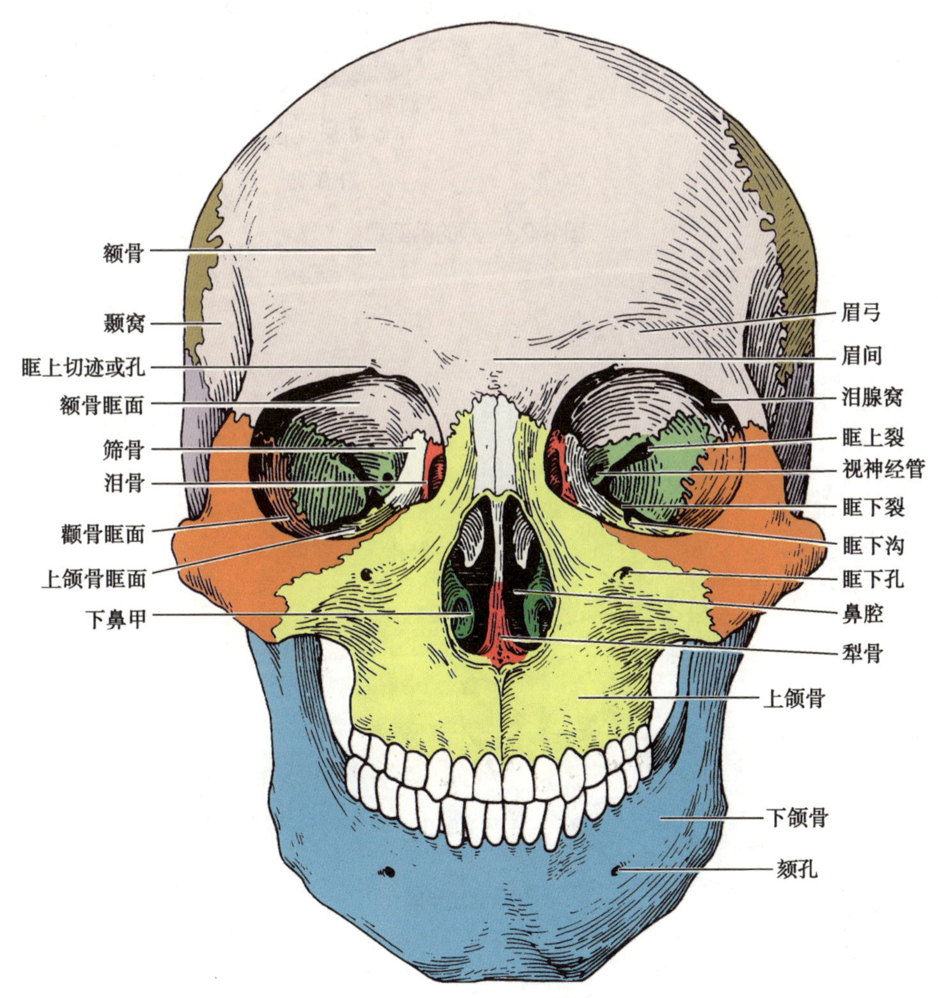

图3-22 颅的前面观

笔记栏

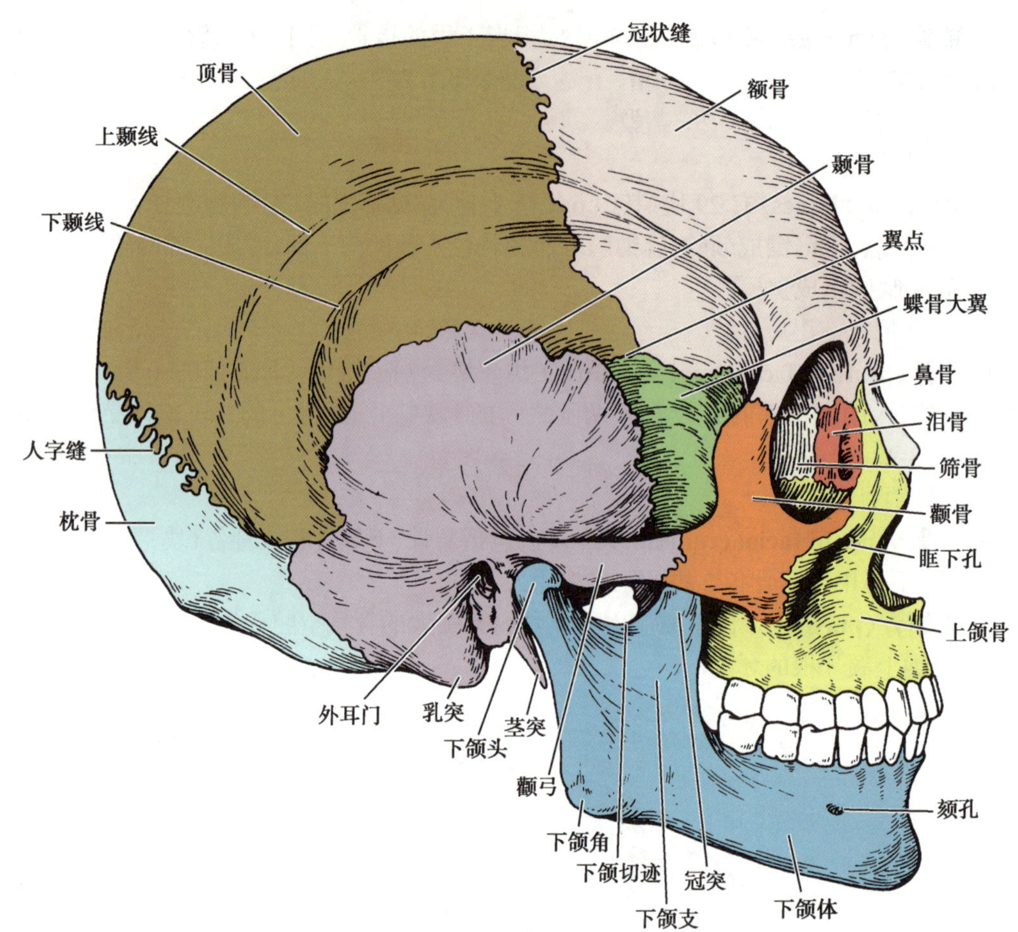

图 3-23 颅的侧面观

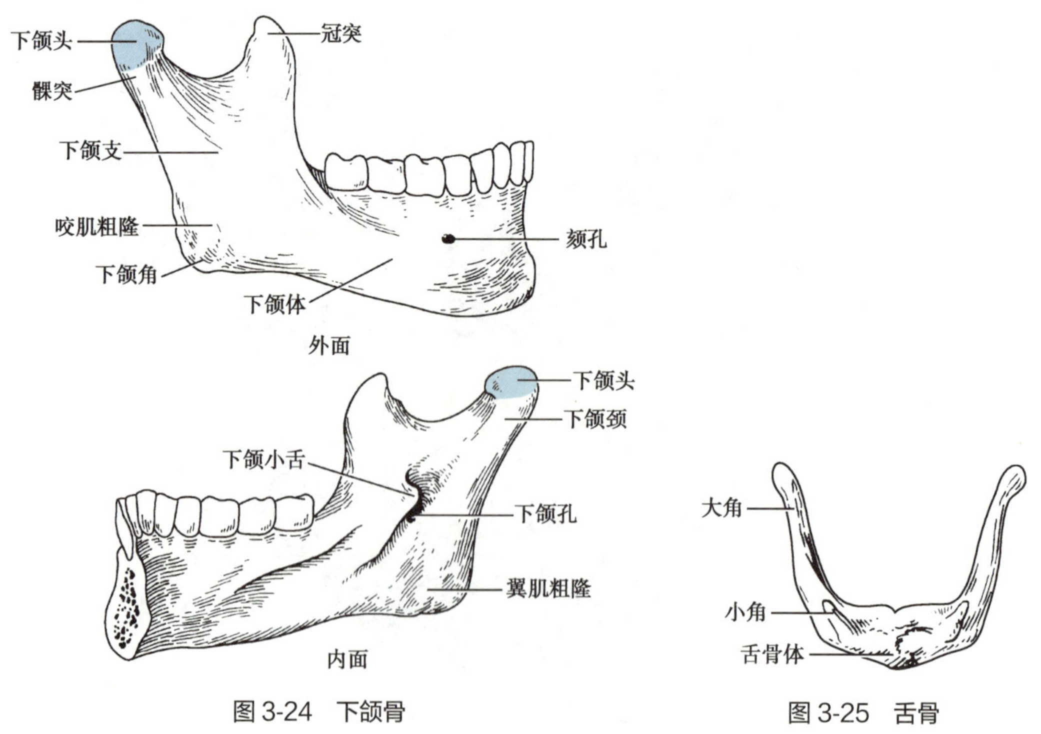

图 3-24 下颌骨

图 3-25 舌骨

2. **下颌骨(mandible)**　位于上颌骨的下方,分为一体和两支。**下颌体**居中央,呈马蹄铁形,其上缘有容纳下颌牙根的牙槽;**下颌支**向上伸出 2 个突起,前突称为**冠突**,后突称为**髁突**,髁突的上端膨大称为**下颌头**,与颞骨的下颌窝相关节。

(三) 颅的整体观

1. 颅盖　在额骨与顶骨之间有**冠状缝**,左、右顶骨之间有**矢状缝**,顶骨与枕骨之间有**人字缝**。在眶上缘上方的弓形隆起称为**眉弓**。

2. 颅底　可分为内面与外面。

(1) 颅底内面(图 3-26):承托脑,由前向后呈阶梯状排列着 3 个窝,分别称为颅前窝、颅中窝和颅后窝。各窝内有许多孔、裂和管,它们大多通于颅外。

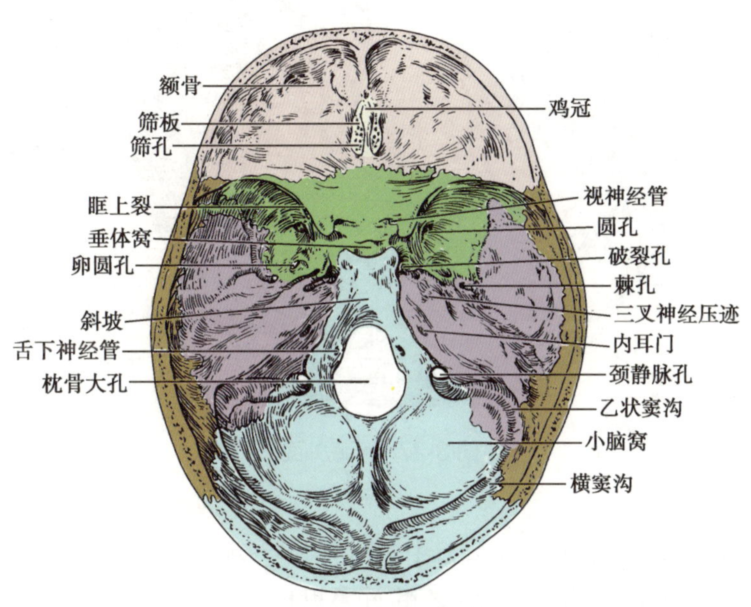

图 3-26　颅底内面

1) 颅前窝:中央低凹部分是筛骨的筛板,板上有许多**筛孔**。

2) 颅中窝:中央是蝶骨体,体上面中央的凹陷为**垂体窝**;垂体窝前方的两侧有**视神经管**,管的外侧有**眶上裂**,它们都通入眶;蝶骨体的两侧,从前内向后外有**圆孔**、**卵圆孔**和**棘孔**。

3) 颅后窝:最深,中央有**枕骨大孔**;枕骨大孔的前外缘有**舌下神经管**,枕骨大孔的前上方有**斜坡**,枕骨大孔的后上方两侧有**横窦沟**;横窦沟折向前下称为**乙状窦沟**,向下终于**颈静脉孔**;颞骨岩部的后面中份有**内耳门**,通**内耳道**。

(2) 颅底外面(图 3-27):前部有上颌骨的牙槽和硬腭的骨板,骨板后缘的上方有被犁骨分开的 2 个**鼻后孔**;颅底后部的中央有**枕骨大孔**,孔的两侧有椭圆形隆起称为**枕髁**;枕髁的外侧有**颈静脉孔**,孔的前外方有细长的骨突称为**茎突**,孔的后外方有颞骨的**乳突**;茎突与乳突之间的孔称为**茎乳孔**。

3. 颅的前面　由大部分面颅和部分脑颅构成,并共同围成眶和骨性鼻腔。

(1) **眶(orbit)**:容纳眼球及其附属结构,呈四面锥体形。眶尖向后内方,经视神经管通入颅腔。眶底向前外方,其上、下缘分别称为**眶上缘**和**眶下缘**。眶上缘的中、内 1/3 交界处有**眶上切迹**(有时为**眶上孔**),眶下缘中点的下方有**眶下孔**(图 3-22)。

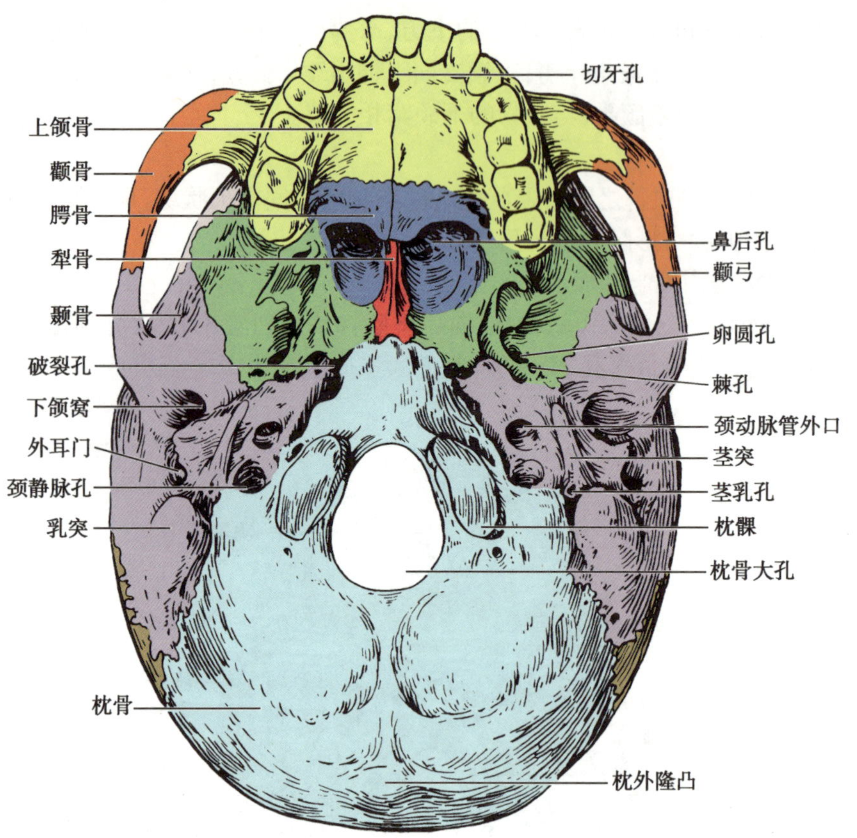

图 3-27 颅底外面

(2) **骨性鼻腔(bony nasal cavity)**:位于面颅的中央,被骨性鼻中隔分为左、右两半。鼻腔外侧壁有 3 个卷曲的骨片,分别称为**上鼻甲**、**中鼻甲**和**下鼻甲**;每个鼻甲下方的空间,分别称为**上鼻道**、**中鼻道**和**下鼻道**。下鼻甲为独立的骨块,上、中鼻甲都属于筛骨的一部分(图 3-28、图 3-29)。

(3) **鼻旁窦(paranasal sinuses)**:有 4 对,包括额窦、上颌窦、筛窦和蝶窦,它们皆与鼻腔相通(图 3-28、图 3-29)。**额窦**位于额骨内,开口于中鼻道。**上颌窦**最大,位于上颌骨内,开口

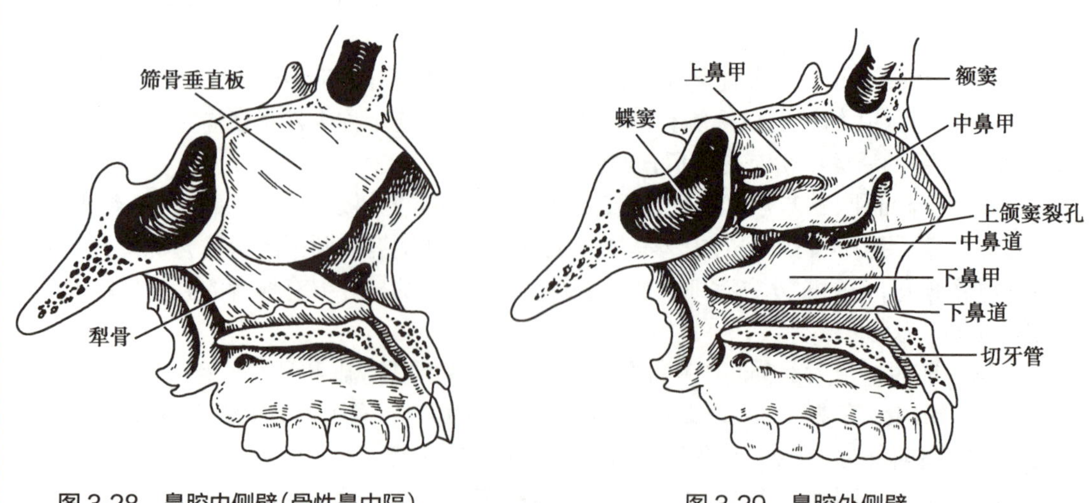

图 3-28 鼻腔内侧壁(骨性鼻中隔)

图 3-29 鼻腔外侧壁

于中鼻道，由于窦口高于窦底，故在直立位时不易引流。**筛窦**位于筛骨内，可分前、中、后3群筛小房，前、中筛小房开口于中鼻道，后筛小房开口于上鼻道。**蝶窦**位于蝶骨体内，开口于上鼻甲后上方的**蝶筛隐窝**。

4. 颅的侧面（图3-23） 在乳突的前方有**外耳门**，向内入**外耳道**。外耳门前方，有一弓状的骨梁称为**颧弓**，体表可触及。颧弓上方的凹陷称为**颞窝**，容纳颞肌。在颞窝内，额、顶、颞、蝶4骨的会合处称为**翼点**，该处的骨质比较薄弱，其内面有脑膜中动脉的前支通过，故翼点处骨折时，容易损伤该动脉，引起颅内血肿，甚至危及生命。

第二节 关 节 学

一、概述

骨与骨之间的连结装置称为**骨连结**。按照人体各部骨连结的不同方式，可分为直接连结和间接连结2种。

（一）直接连结

直接连结是指两骨之间借纤维结缔组织或软骨相连结（图3-30），其间无间隙，不能活动或仅有少许活动，如颅骨的缝连结、椎体之间的椎间盘等。

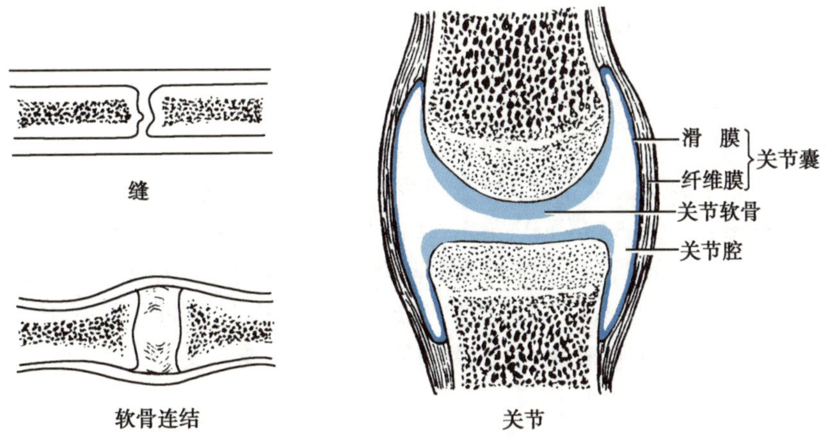

图3-30 骨连结的分类和构造

（二）间接连结

间接连结又称**关节（joints）**，是指两骨之间借膜性囊相连结，其间有腔隙及滑液，有较大的活动性。关节的结构可分为主要结构和辅助结构2部分。

1. 关节的主要结构 包括关节面、关节囊和关节腔（图3-30），这些结构为每个关节必备的基本结构。

（1）**关节面（articular surface）**：为两骨互相接触的光滑的骨面，通常一骨形成凸面称为**关节头**；另一骨形成凹面称为**关节窝**。关节面覆盖一层关节软骨，可减少运动时的摩擦。

（2）**关节囊（articular capsule）**：由结缔组织构成的膜性囊，附着于关节面周缘及附近的骨面上，封闭关节腔，可分为内、外2层。内层为**滑膜**，薄而光滑，能分泌少量滑液，起滑润关节的作用；外层为**纤维膜**，厚而坚韧。

笔记栏

(3) **关节腔(articular cavity)**:为关节囊的滑膜层与关节面上的关节软骨共同围成的密闭窄隙,内有少量滑液。关节腔内呈负压,对维持关节的稳固性有一定的作用。

2. 关节的辅助结构　除上述基本结构外,有些关节为适应其特殊功能,需要一些辅助结构,包括韧带、关节盘和关节唇。

(1) **韧带(ligaments)**:呈束状或膜状,由致密纤维结缔组织构成,位于关节囊外或关节囊内,分别称为**囊外韧带**或**囊内韧带**,有增加关节稳固性或限制关节过度运动的作用。

(2) **关节盘(articular disc)**:位于两骨关节面之间的纤维软骨板,其边缘附于关节囊,将关节腔分成2部分。膝关节内的纤维软骨板呈半月形,故称为半月板。关节盘使两骨关节面更为适合,能增加关节的运动范围,并有减缓外力冲击和震荡的作用。

(3) **关节唇(articular labrum)**:为附着于关节窝周缘的纤维软骨环,它加深关节窝,增大关节面,有增加关节稳固性的作用。

3. 关节的运动形式　一般关节都是围绕一定的轴进行运动。

(1) **屈和伸**:是指关节绕冠状轴进行的运动。运动时两骨互相靠拢,角度缩小的称为屈;反之,角度加大的称为伸。

(2) **内收和外展**:是指关节绕矢状轴进行的运动。运动时骨向躯干或正中矢状面靠拢的称为内收;反之,离开躯干或正中矢状面的称为外展。

(3) **旋内和旋外**:绕垂直轴进行的运动称为**旋转**。骨的前面转向内侧的称为旋内;反之,转向外侧的称为旋外。

凡二轴或三轴关节可做**环转**运动,即关节头原位转动,骨的远端可做圆周运动,运动时全骨描绘成一个圆锥形的轨迹。

二、躯干骨的连结

(一) 椎骨间的连结

相邻椎骨之间借椎间盘、韧带和关节相连结。

1. **椎间盘(intervertebral discs)**　位于相邻两椎体之间,由外部的**纤维环**和内部的**髓核**构成(图3-31)。椎间盘既坚韧又有弹性,除连结椎体外,还可承受压力、吸收震荡和减缓冲击的作用,有利于脊柱运动。成年人由于椎间盘的退行性改变,在过度劳损、体位骤变、猛力动作或暴力撞击下,使纤维环破裂,髓核多向后外侧突出,常压迫脊神经根,形成椎间盘突出症。

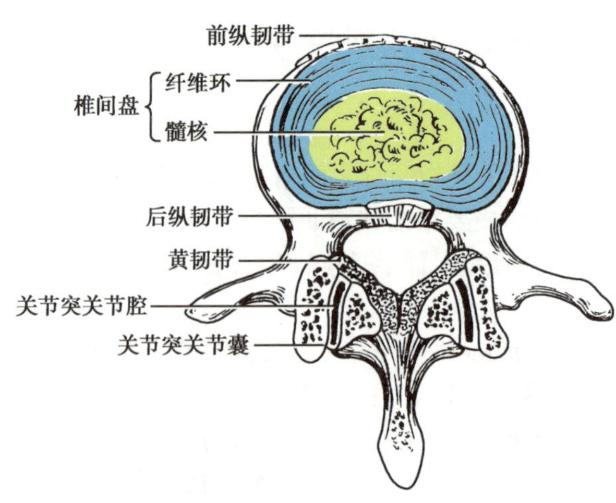

图3-31　椎间盘和关节突关节

2. **韧带** 主要有前纵韧带、后纵韧带、黄韧带、项韧带等（图 3-31、图 3-32）。

（1）**前纵韧带（anterior longitudinal ligament）**：宽而坚韧，位于椎体和椎间盘的前面，有限制脊柱过度后伸和防止椎间盘向前脱出的作用。

（2）**后纵韧带（posterior longitudinal ligament）**：较前纵韧带狭窄，位于椎体和椎间盘的后面，有限制脊柱过度前屈和防止椎间盘向后脱出的作用。

（3）**黄韧带（ligamenta flava）**：位于相邻椎弓之间，有限制脊柱过度前屈的作用。

（4）**项韧带（ligamentum nuchae）**：位于项部正中线上，为呈矢状位的板状韧带，有限制头部过度向前屈的作用。

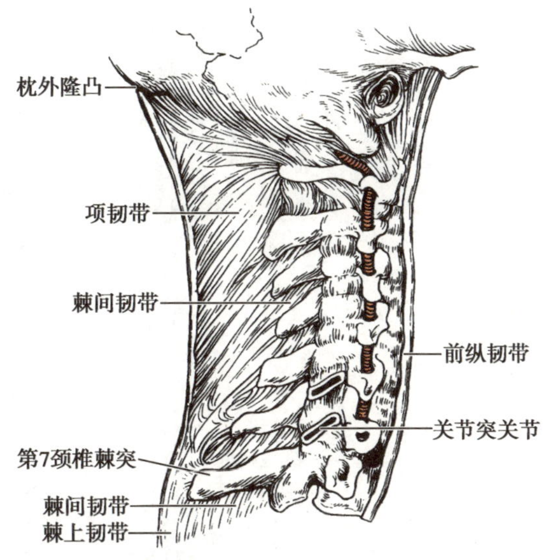

图 3-32 项韧带

3. **关节** 主要包括关节突关节、腰骶关节等。

（1）**关节突关节（zygapophysial joints）**：由相邻椎骨的上、下关节突构成（图 3-31），可做微小运动。

（2）**腰骶关节（lumbosacral joint）**：由第 5 腰椎的下关节突与骶骨的上关节突构成。

（二）脊柱

1. 脊柱的组成 **脊柱（vertebral column）**由 24 块分离椎骨、1 块骶骨和 1 块尾骨，借椎间盘、韧带和关节紧密连结而成（图 3-33）。

2. 脊柱的整体观 成年男性脊柱长约 70cm，女性及老年人的略短。从前面观察脊柱，椎体自上向下逐渐加大，到骶骨上部最为宽阔，因脊柱下部负重较上部大的缘故。从后面观察脊柱，棘突在背部正中形成纵嵴；颈部棘突短，近水平位；胸部棘突向后下方倾斜，呈叠瓦状；腰部棘突呈水平位。从侧面观察脊柱，有 4 个生理弯曲：**颈曲**、**胸曲**、**腰曲**和**骶曲**（图 3-33）；颈曲和腰曲向前凸，而胸曲和骶曲向后凸。脊柱的弯曲使脊柱更具有弹性，可减轻震荡，并与维持人体的重心有关，且扩大了胸腔和盆腔的容积。

3. 脊柱的功能 有支持体重、保护脊髓和运动的功能。脊柱的运动：①冠状轴上的前屈和后伸运动；②矢状轴上的侧屈运动；③垂直轴上的旋转运动；④在矢状轴和冠状轴运动的基础上，可做环转运动；⑤跳跃时，由于脊柱曲度的增减变化而产生弹拨运动。脊柱的颈、腰部的运动较为灵活，故损伤也较多见。

（三）胸廓

1. 胸廓的组成 **胸廓（thoracic cage）**由 12 块胸椎、1 块胸骨和 12 对肋，借椎间盘、韧带和关节连结而成。

2. 胸廓的连结 肋头关节面与相应胸椎的椎体肋凹构成**肋头关节**；肋结节关节面与相应胸椎的横突肋凹构成**肋横突关节**。第 1 肋软骨与胸骨柄直接连结；第 2~7 肋软骨与胸骨侧缘相应的肋切迹构成**胸肋关节**；第 8~10 肋软骨不直接连于胸骨，而是依次连于上 1 个肋软骨，形成左、右**肋弓**。第 11、第 12 肋软骨前端游离于腹壁肌中，又称**浮肋**（图 3-34）。

3. 胸廓的形态 成人胸廓近似圆锥形，其横径长，前后径短，上部狭窄，下部宽阔。**胸廓上口**由第 1 胸椎、第 1 对肋和胸骨柄上缘围成，是食管、气管、大血管和神经出入胸腔的通

笔记栏

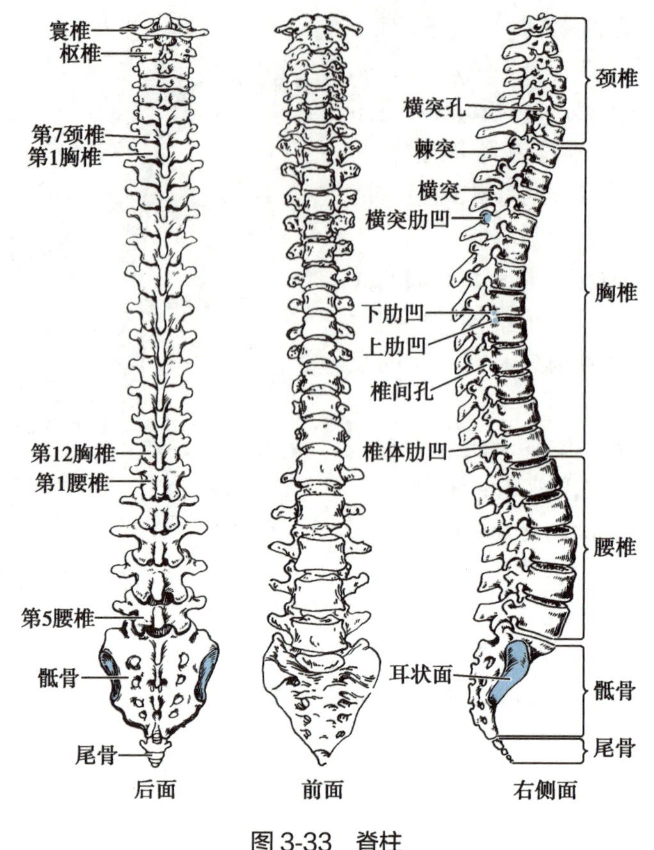

图 3-33 脊柱

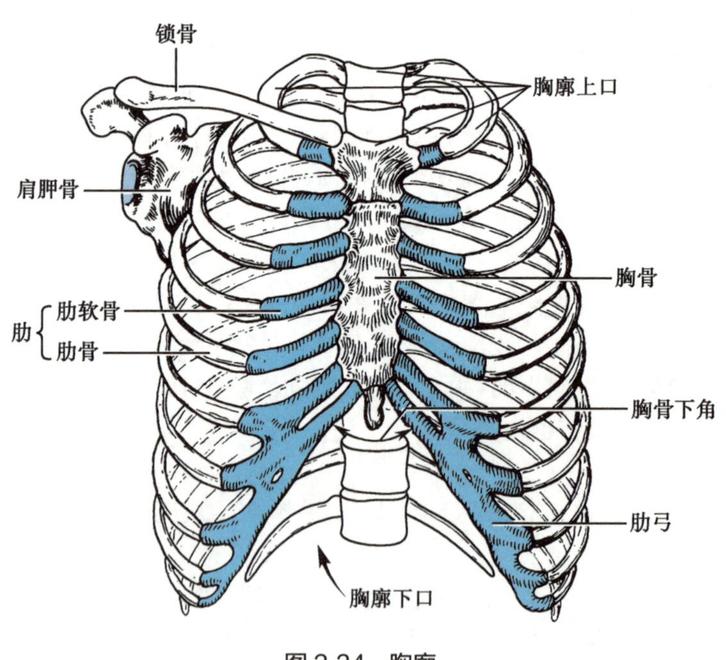

图 3-34 胸廓

道;**胸廓下口**宽阔而不整齐,由第 12 胸椎、第 12 对肋、第 11 对肋、左右肋弓和剑突共同围成,被膈封闭。胸廓的内腔称为**胸腔**,容纳心及其大血管、肺、气管、食管和神经等(图 3-34)。

4. 胸廓的功能 保护和支持胸廓内的重要脏器;通过胸廓的运动,完成胸式呼吸运动。

笔记栏

知识链接

胸外心脏按压法

一旦发现患者心脏停跳，应立即在患者心前区胸骨体上急速叩击 2~3 次，若无效则应立即实施胸外心脏按压法。在进行心脏按压时，让患者仰卧在硬板或平地上，救助者站立或跪在患者身旁，用一手掌根部放在患者胸骨体的中、下 1/3 交界处，另一手重叠于前一手的手背上，两肘伸直，借助身体的重量、肘及臂力，快速、有节奏地垂直向下按压患者胸骨，施压的力量应足以使胸骨下沉 3~4cm，然后迅速松开，如此反复进行，约 80 次 /min。按压时不可用力过大，以免引起肋骨骨折。儿童的胸廓比较单薄，只用一个手掌用力就可以了。每次向下按压时间较短，只占一个按压周期的 1/3，放松时间应占 2/3。有呼吸停止者应同时进行口对口人工呼吸，人工呼吸与胸外心脏按压的频率之比应保持 1∶4。

三、上肢骨的连结

上肢骨的连结可分为上肢带连结和自由上肢骨连结。上肢带连结包括胸锁关节和肩锁关节；自由上肢骨连结包括肩关节、肘关节、前臂骨间连结、桡腕关节、腕骨间关节、腕掌关节、掌骨间关节、掌指关节和指骨间关节。

(一) 肩关节

肩关节

肩关节(shoulder joint)由肱骨头与肩胛骨的关节盂组成(图 3-35)。其特点是肱骨头大，关节盂浅而小，关节囊薄而松弛，囊内有肱二头肌长头腱通过，临床以前下方脱位为多见。肩关节为人体运动最灵活的关节，能做屈、伸、外展、内收、旋外、旋内和环转运动。

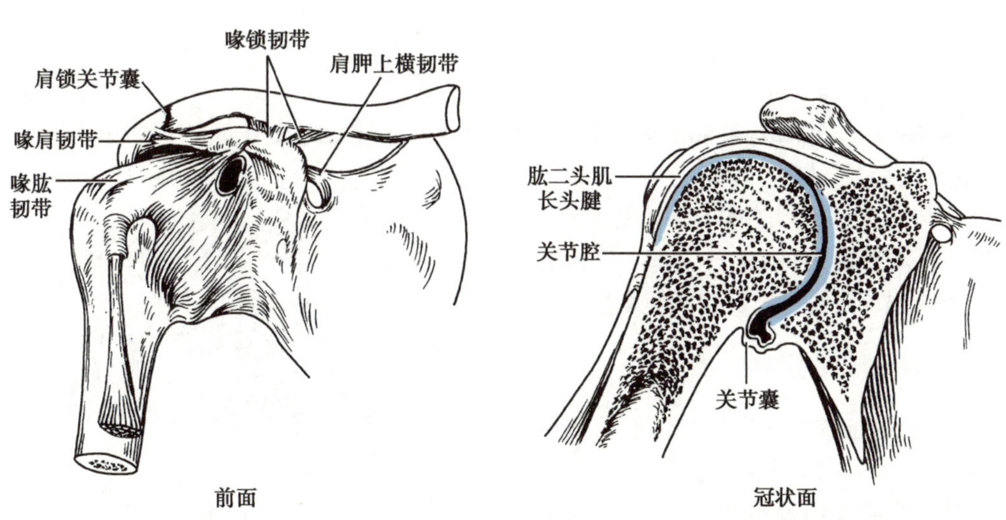

图 3-35 肩关节

(二) 肘关节

肘关节(elbow joint)由肱骨下端和桡、尺骨上端组成(图 3-36)，包括**肱尺关节**(由肱骨滑车和尺骨滑车切迹构成)、**肱桡关节**(由肱骨小头和桡骨头关节凹构成)和**桡尺近侧关节**(由桡骨头环状关节面和尺骨桡切迹构成)。其特点是上述 3 个关节在一个共同的关节囊内，有一个共同的关节腔，关节囊的前、后壁薄弱而松弛，两侧有**桡侧副韧带**和**尺侧副韧带**加强。

笔记栏

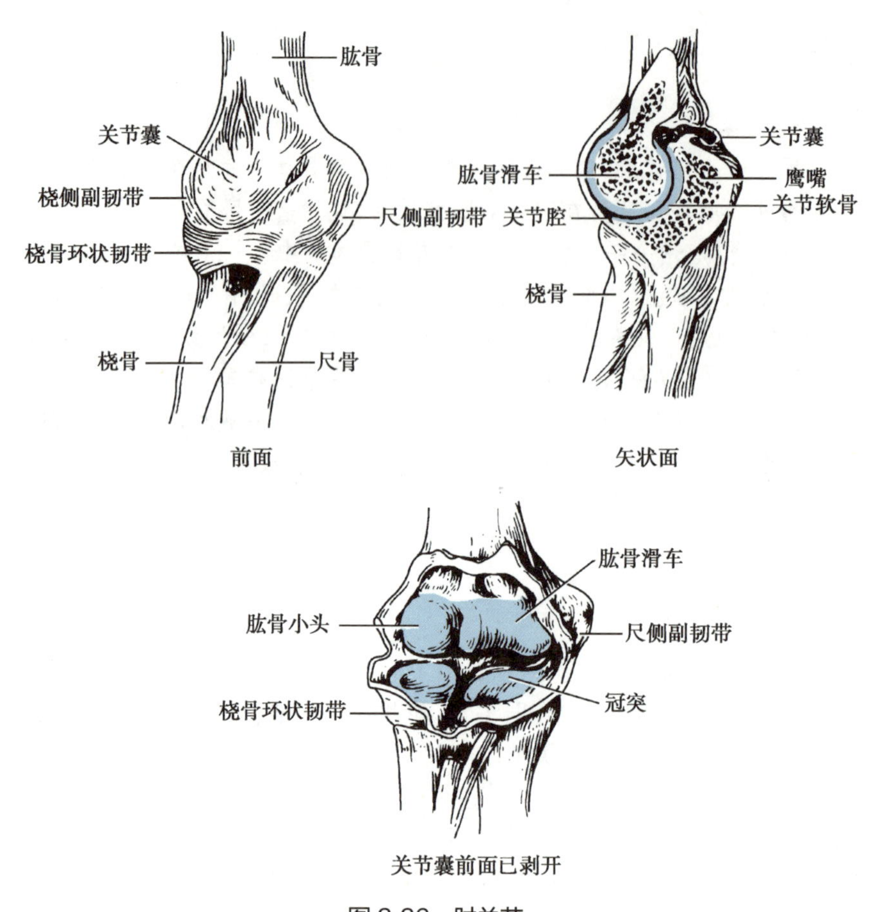

图 3-36 肘关节

肘关节主要是做屈、伸运动。

(三) 桡腕关节

桡腕关节(**radiocarpal joint**)又称**腕关节**,由桡骨下端的腕关节面和尺骨头下方的关节盘构成的关节窝,与手舟骨、月骨、三角骨的近侧面构成的关节头共同组成(图 3-37)。其特点是关节囊松弛,囊外有韧带加强。桡腕关节可做屈、伸、收、展和环转运动。

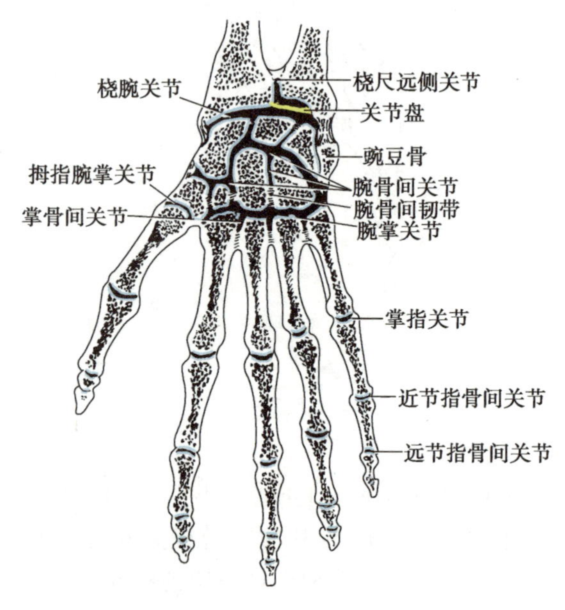

图 3-37 手关节(冠状面)

四、下肢骨的连结

下肢骨的连结可分为下肢带连结和自由下肢骨连结。下肢带连结包括骶髂关节、骶结节韧带、骶棘韧带和耻骨联合等;自由下肢骨连结包括髋关节、膝关节、小腿骨间连结、距小腿关节、跗骨间关节、跗跖关节、跖骨间关节、跖趾关节和趾骨间关节。

(一) 骨盆

1. 骨盆的组成 **骨盆**(**pelvis**)由骶骨、尾骨及左右髋骨借关节和韧带连结而成(图 3-38)。其主要功能是支持体重和保护

盆腔脏器，在女性还是胎儿娩出的产道。

2. 骨盆的分部　由骶骨岬至耻骨联合上缘的两侧连线为分界线，借此线分为上方的**大骨盆**和下方的**小骨盆**。小骨盆内的空腔称为**盆腔**。

3. 骨盆的性差　由于女性骨盆要适应孕育胎儿和分娩的功能，所以有明显的性别差异。男性骨盆外形窄而长，骨盆上口较小、近似桃形，骨盆腔的形态似漏斗，耻骨下角为70°~75°。女性骨盆外形宽而短，骨盆上口较大、近似圆形，骨盆腔的形态呈圆桶状，耻骨下角为90°~100°（图3-38）。

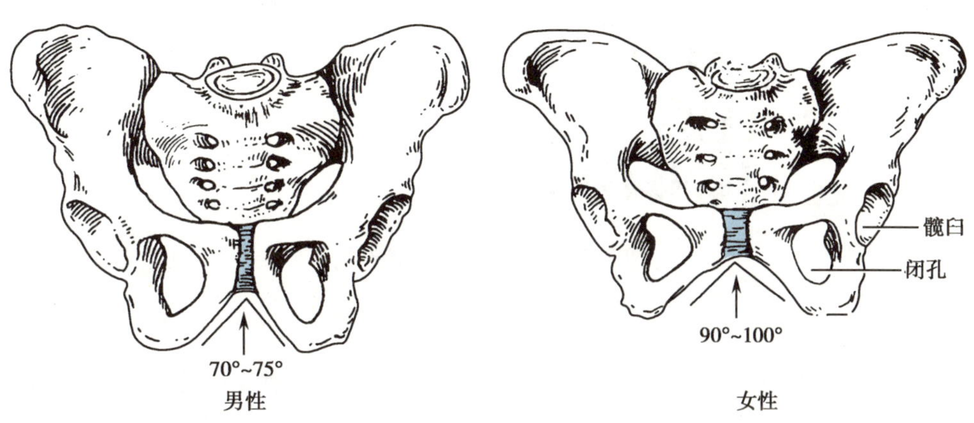

图3-38　骨盆

（二）髋关节

髋关节（hip joint）由股骨头与髋臼组成（图3-39）。其特点是股骨头大，髋臼较深，关节囊紧张而坚韧，囊外有**耻股韧带**、**髂股韧带**和**坐股韧带**加强，囊内有**股骨头韧带**，临床上以后下方脱位为多见。髋关节的运动与肩关节类似，能做屈、伸、内收、外展、旋内、旋外和环转运动，但运动范围较肩关节小。

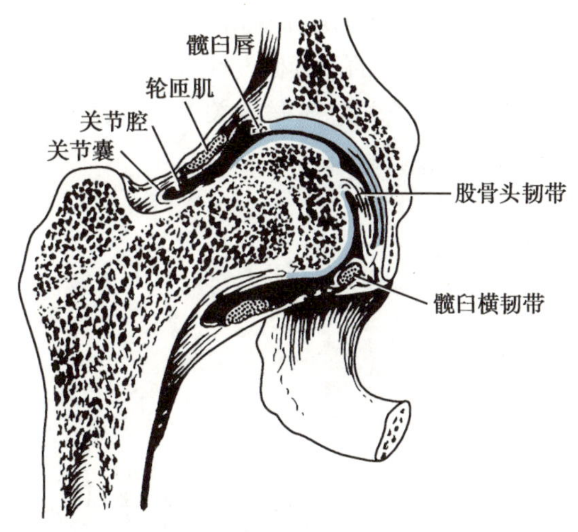

图3-39　髋关节（冠状面）

（三）膝关节

膝关节（knee joint）是人体最大、最复杂的关节，由股骨内、外侧髁，胫骨内、外侧髁和髌骨共同组成（图3-40）。其特点是关节囊宽广而松弛，囊的前方为**髌韧带**，囊的两侧有**胫侧副韧带**和**腓侧副韧带**，囊内有连接股骨和胫骨之间的**前交叉韧带**和**后交叉韧带**，在股骨与胫骨相对的内、外侧髁之间有纤维软骨构成的**内侧半月板**和**外侧半月板**。膝关节主要可做前伸和后屈运动。

（四）距小腿关节

距小腿关节（talocrural joint）又名**踝关节**，由胫、腓两骨下端的踝关节面和距骨滑车组成（图3-41）。其特点是关节囊前、后壁薄而松弛，内侧有**内侧韧带**（又名**三角韧带**），外侧有**距腓前韧带**、**距腓后韧带**和**跟腓韧带**，临床上以跖屈、内翻位扭伤为多见。距小腿关节主要可做背屈和跖屈运动。

笔记栏

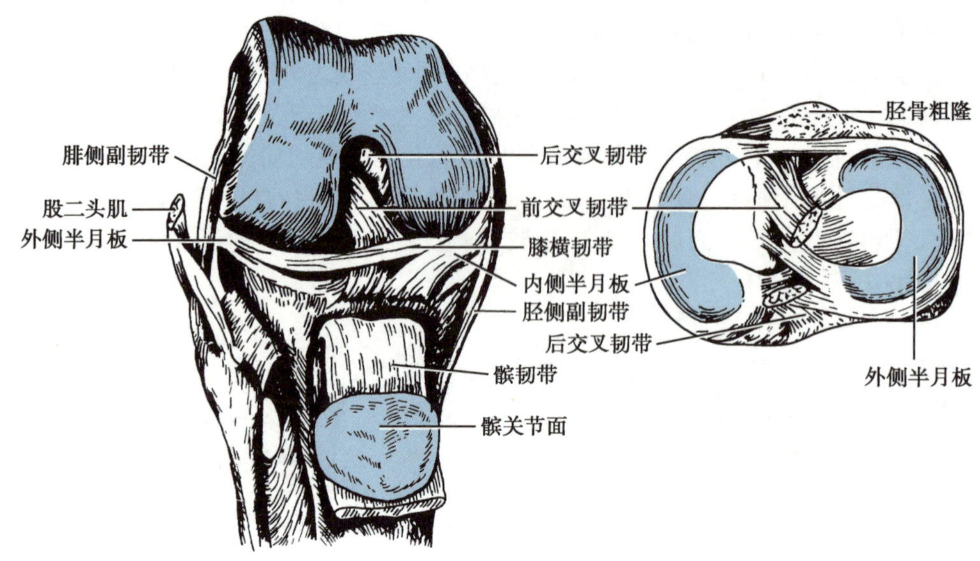

图 3-40 膝关节(示内部结构)

五、颅骨的连结

各颅骨之间,大多是借缝或软骨相互连结,彼此连接得很牢固。舌骨借韧带和肌与颅底相连。唯一可活动的关节是颞下颌关节。

颞下颌关节(**temporomandibular joints**)又名**下颌关节**,由颞骨的下颌窝与下颌骨的下颌头组成(图 3-42)。颞下颌关节属联合关节,能做开口、闭口、前进、后退和侧方运动。

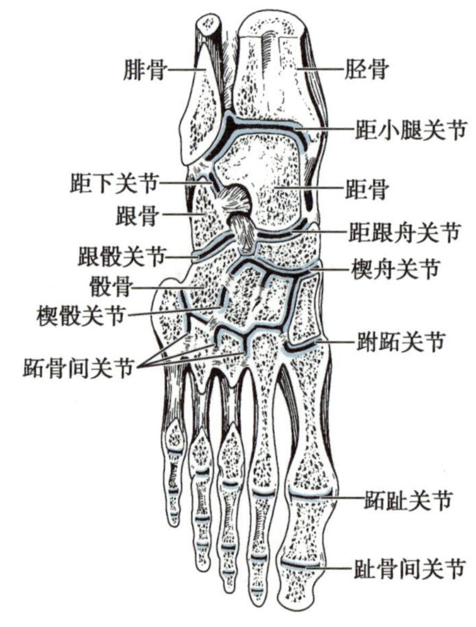

图 3-41 足关节(矢状面)

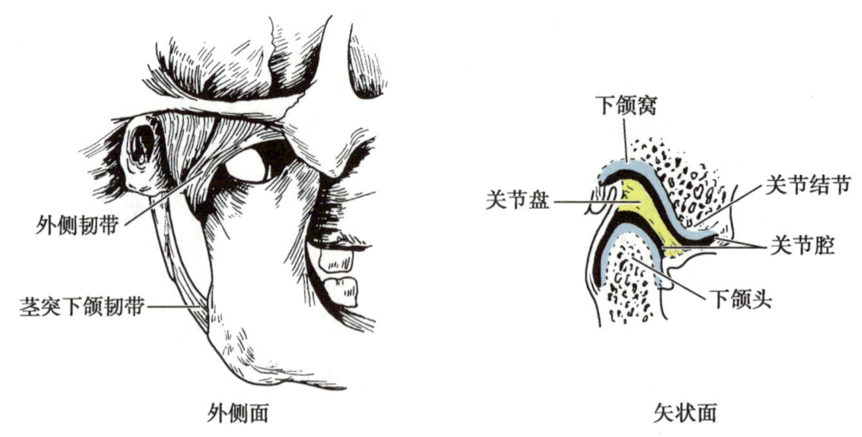

图 3-42 颞下颌关节

第三节 肌 学

一、概述

骨骼肌是运动系统的动力器官。人体的许多动作，在神经系统的支配下，骨骼肌收缩和舒张，牵引所附着的骨绕着关节运动而形成的。人体骨骼肌共有600多块，分布广，约占体重的40%。每块骨骼肌都具有一定的形态、结构和功能，并有丰富的血管和淋巴管分布，受神经支配。

（一）肌的形态和构造

骨骼肌的形态多种多样，一般可分为长肌、短肌、阔肌和轮匝肌4种（图3-43）。**长肌**多见于四肢，收缩时骨骼肌显著缩短而引起大幅度的运动，有的长肌有2个以上的起始头，依其头数被称为二头肌、三头肌和四头肌。**短肌**多分布于躯干的深层，具有明显的节段性，收缩时运动幅度较小。**阔肌**扁而薄，多分布于胸、腹壁，收缩时除运动躯干外，还对内脏起保护和支持作用。**轮匝肌**多呈环形，位于孔裂的周围，收缩时使孔裂关闭。

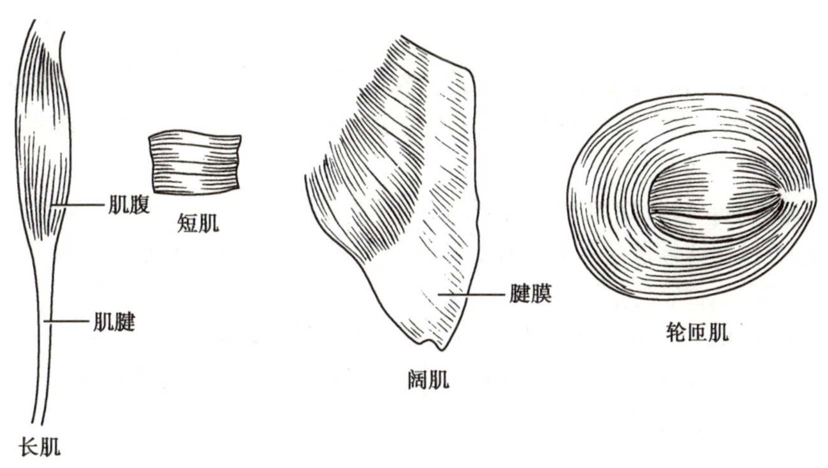

图3-43 肌的形态

每块骨骼肌都由肌腹和肌腱2部分构成。**肌腹**多位于肌的中间部分，主要由大量的横纹肌纤维构成，色红，柔软而有收缩能力；**肌腱**多位于肌腹的两端，附着于骨表面，主要由腱纤维构成，色白，坚韧而无收缩能力，能抵抗很大的牵引力。

（二）肌的起止和作用

骨骼肌一般以两端附着于骨上，中间跨过1个或几个关节。骨骼肌收缩时，通常一骨的位置相对固定，另一骨的位置相对移动。通常把肌在固定骨上的附着点称为**起点**，在移动骨上的附着点称为**止点**。一般接近身体正中线或肢体近侧端的附着点是起点，反之是止点。肌的起止点在一定条件下可以互换。

骨骼肌有2种作用：一种是静力作用，即肌张力，使身体各部之间保持一定姿势，如站立、坐位和体操中的静止动作；另一种是动力作用，即骨骼肌收缩力，使身体完成各种动作，如伸手取物、行走和跑跳等。

笔记栏

（三）肌的辅助结构

骨骼肌的辅助结构有筋膜、滑膜囊和腱鞘等，这些结构在骨骼肌运动的影响下，由肌周围的结缔组织转化而形成，并有保护和辅助骨骼肌运动的作用。

1. **筋膜（fascia）** 遍布全身，分为浅筋膜和深筋膜2种（图3-44）。

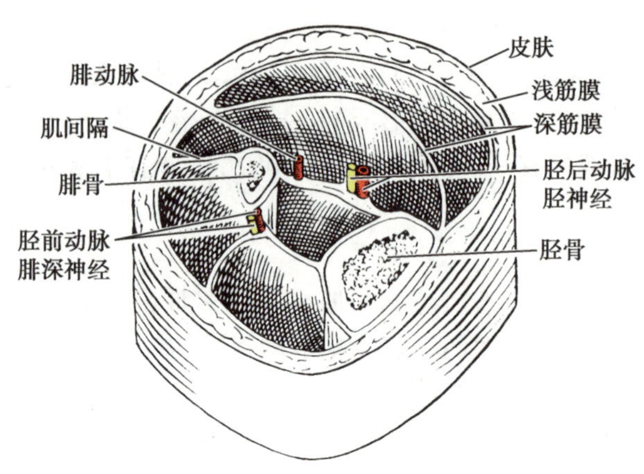

图3-44 右侧小腿中部横切面（示筋膜）

（1）**浅筋膜（superficial fascia）**：又称**皮下筋膜**，位于皮下，由疏松结缔组织构成，内含脂肪、浅动脉、浅静脉、皮神经、浅淋巴结和淋巴管等。临床上进行皮下注射，即将药液注入浅筋膜内。

（2）**深筋膜（deep fascia）**：又称**固有筋膜**，位于浅筋膜的深面，由致密结缔组织构成，遍布于全身且互相连续。深筋膜包被每块肌，并深入到各肌层之间或包绕血管、神经、腺体周围，形成肌间隔、筋膜鞘、被膜等。

2. **滑膜囊（synovial bursa）** 为一密闭的结缔组织扁囊，内有少量滑液。其大小由直径几毫米至几厘米，有的与关节腔相通，有的则独立存在。多位于肌腱与骨面之间，可减少两者之间的摩擦，促进肌腱运动的灵活性。滑膜囊在慢性损伤和感染时，形成滑膜囊炎。

3. **腱鞘（tendinous sheath）** 为套在长肌腱周围的鞘管，多位于手足摩擦较大的部位，如腕部、踝部、手指掌侧和足趾跖侧等处。腱鞘由外层的**纤维层**和内层的**滑膜层**构成（图3-45）。腱鞘有约束肌腱的作用，并可减少肌腱与骨面的摩擦。临床上常见的腱鞘炎，严重时局部呈

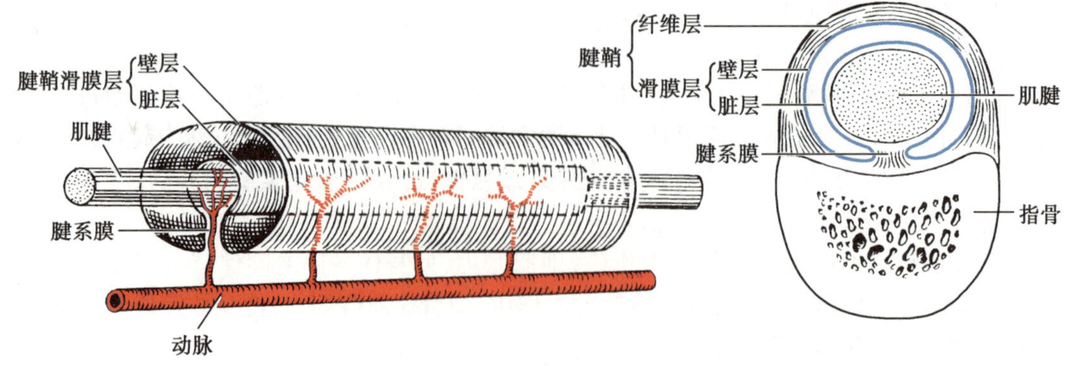

图3-45 腱鞘示意图

结节性肿胀，引起局部疼痛和活动受限。

盆底肌与功能锻炼

二、躯干肌

（一）背肌

背肌位于躯干的后面，可分为浅、深2层。浅层主要有斜方肌、背阔肌、肩胛提肌和菱形肌；深层主要有竖脊肌（图3-46）。

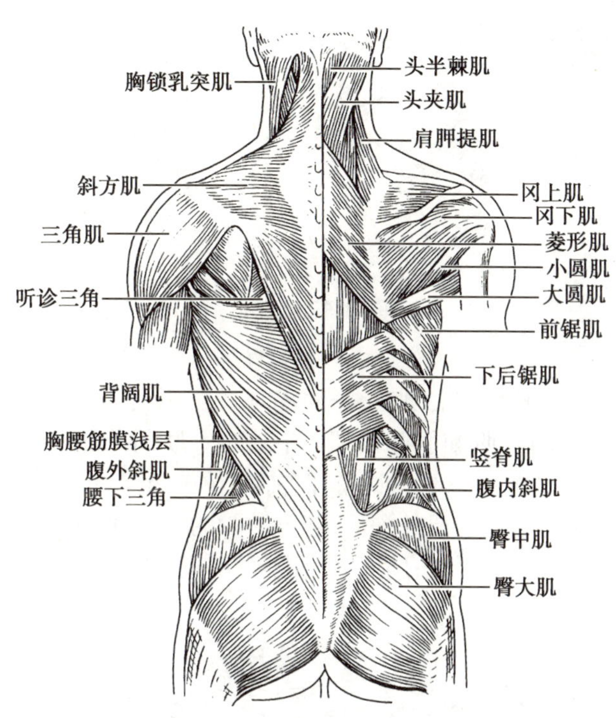

图3-46 背肌（右侧斜方肌、背阔肌已切除）

1. **斜方肌（trapezius）** 位于项部和背上部浅层，为三角形的阔肌，两侧相合呈斜方形，故名。该肌起自枕外隆凸、项韧带和全部胸椎棘突，止于锁骨外侧1/3、肩胛骨的肩峰和肩胛冈。斜方肌上部肌束收缩可上提肩胛骨，下部肌束收缩可下降肩胛骨，全肌收缩使肩胛骨向脊柱靠拢。

2. **背阔肌（latissimus dorsi）** 位于背下部和胸侧部，为全身最大的阔肌，呈三角形。该肌起自下6个胸椎和全部腰椎的棘突、骶正中嵴及髂嵴后部，以扁腱止于肱骨小结节嵴。背阔肌可使肩关节内收、旋内和后伸；当上肢上举被固定时，可上提躯干（如引体向上）。

3. **竖脊肌（erector spinae）** 又称**骶棘肌**，为背肌中最长、最大的肌，纵列于脊柱全部棘突两侧的沟内，自外侧向内侧由**髂肋肌**、**最长肌**和**棘肌**3列肌束组成。该肌起自骶骨背面及髂嵴的后部，向上分出许多肌束，沿途止于椎骨、肋骨和颞骨乳突。竖脊肌可使脊柱后伸和仰头，对保持人体直立姿势有重要作用。

（二）胸肌

胸肌主要有胸大肌、胸小肌、前锯肌和肋间肌。

1. **胸大肌（pectoralis major）** 位置表浅，覆盖胸廓前壁的大部，呈扇形，宽而厚（图3-47）。该肌起自锁骨的内侧半、胸骨和第1~6肋软骨等处，以扁腱止于肱骨大结节嵴。胸大

笔记栏

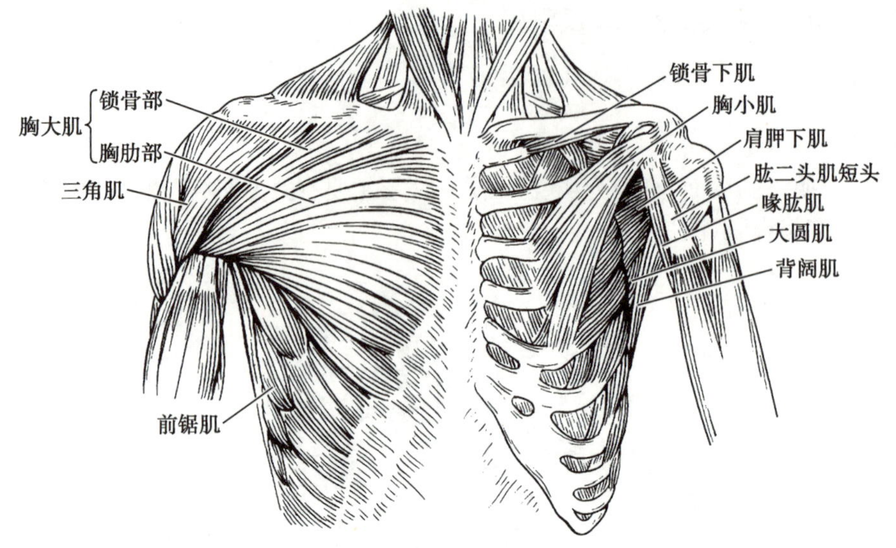

图 3-47 胸肌

肌可使肩关节前屈、内收和旋内；当上肢上举固定时，可上提躯干，并提肋、助吸气。

2. **肋间肌** 包括肋间外肌和肋间内肌(图 3-48)。**肋间外肌(intercostales externi)**位于各肋间隙的浅层，起自肋骨的下缘，肌束斜向前内下方，止于下一肋骨的上缘。**肋间内肌(intercostales interni)**位于肋间外肌的深面，起自肋骨的上缘，肌束斜向内上方，止于上一肋骨的下缘。肋间外肌能提肋，助吸气；肋间内肌能降肋，助呼气。

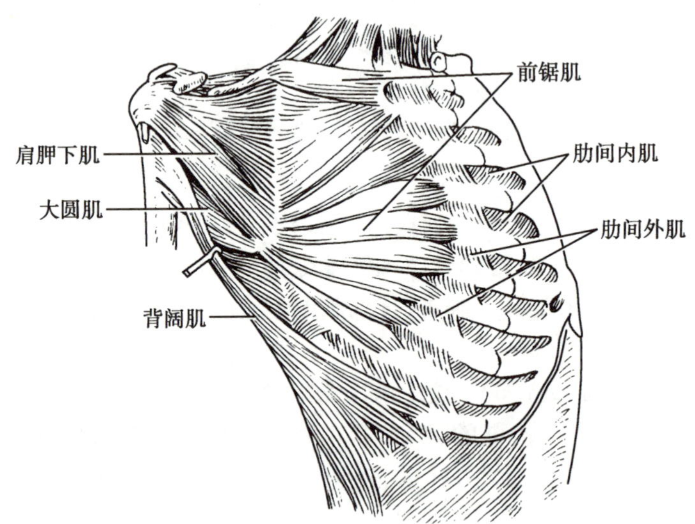

图 3-48 前锯肌和肋间肌

(三) 膈

膈(diaphragm)(图 3-49)位于胸腔与腹腔之间，封闭胸廓下口，为向上膨隆呈穹窿状扁薄的阔肌。其周围为肌性部，起自胸廓下口内面及腰椎前面，各部肌束向中央集中移行于腱性部称为**中心腱**。膈有 3 个裂孔：①**主动脉裂孔**：在膈与脊柱之间，位于第 12 胸椎前方，有主动脉和胸导管通过；②**食管裂孔**：位于主动脉裂孔的左前方，约平第 10 胸椎，有食管和左、右迷走神经通过；③**腔静脉孔**：位于食管裂孔右前方的中心腱内，约平第 8 胸椎，有下腔静脉

笔记栏

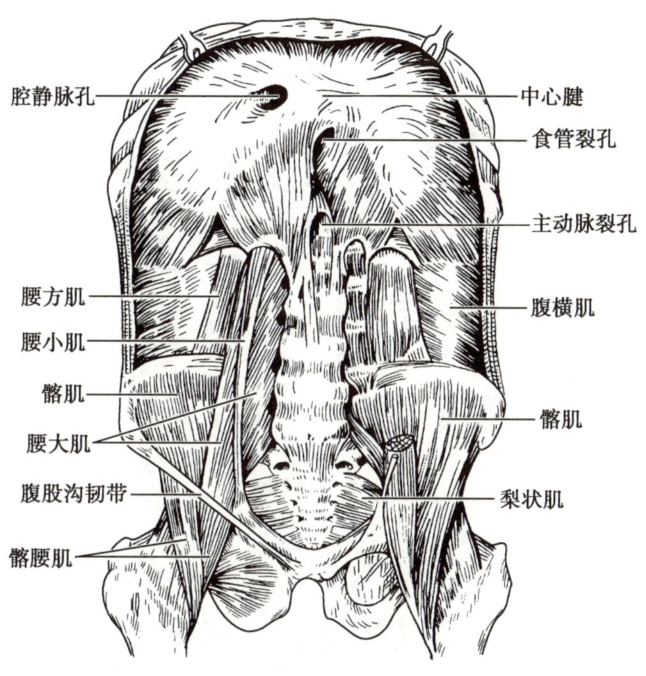

图 3-49 膈和腹后壁肌

通过。膈为主要的呼吸肌。收缩时，膈的穹窿下降，胸腔容积扩大，引起吸气；舒张时，膈的穹窿上升恢复原位，胸腔容积减小，引起呼气。膈与腹肌同时收缩，则能增加腹压，协助咳嗽、呕吐、排便和分娩等活动。

（四）腹肌

腹肌可分为前外侧群和后群。前外侧群构成腹腔的前外侧壁，主要有腹直肌、腹外斜肌、腹内斜肌和腹横肌（图 3-50）；后群有腰大肌和腰方肌（图 3-49）。

1. **腹直肌（rectus abdominis）** 位于腹前壁正中线的两旁，居腹直肌鞘内，为上宽下窄的带状肌。该肌全长被 3~4 条横行的腱划分成多个肌腹。

2. **腹外斜肌（obliquus externus abdominis）** 位于腹前外侧壁浅层，为一宽阔的阔肌。该肌斜向前内下方，一部分止于髂嵴，大部分在腹直肌外侧缘处移行为腱膜。腱膜向内侧参与腹直肌鞘前层的构成，腱膜的下缘卷曲增厚连于髂前上棘与耻骨结节之间，形成**腹股沟韧带**。

3. **腹内斜肌（obliquus internus abdominis）** 位于腹外斜肌的深面。该肌大部分肌束斜向内上方，在腹直肌外侧缘移行为腱膜。腱膜向内侧分为前、后 2 层并包裹腹直肌，参与腹直肌鞘前、后 2 层的构成。

4. **腹横肌（transversus abdominis）** 位于腹内斜肌的深面。该肌向前内横行，在腹直肌外侧缘移行为腱膜，参与腹直肌鞘后层的构成。

腹前外侧群肌具有保护和支持腹腔脏器的作用。收缩时缩小腹腔，增加腹压，协助呼气、排便、分娩、呕吐及咳嗽等活动；还可使脊柱前屈、侧屈及旋转等。

5. **腰方肌（quadratus lumborum）** 位于腹后壁、腰椎两侧，呈长方形，其后方有竖脊肌。该肌起自髂嵴，止于第 12 肋和腰椎横突。腰方肌可降第 12 肋，并使脊柱腰部侧屈。

6. **腹直肌鞘（sheath of rectus abdominis）** 包裹腹直肌，分为前、后 2 层（图 3-50）。前层由腹外斜肌腱膜与腹内斜肌腱膜的前层愈合而成；后层由腹内斜肌腱膜的后层与腹横肌腱膜愈合而成。

笔记栏

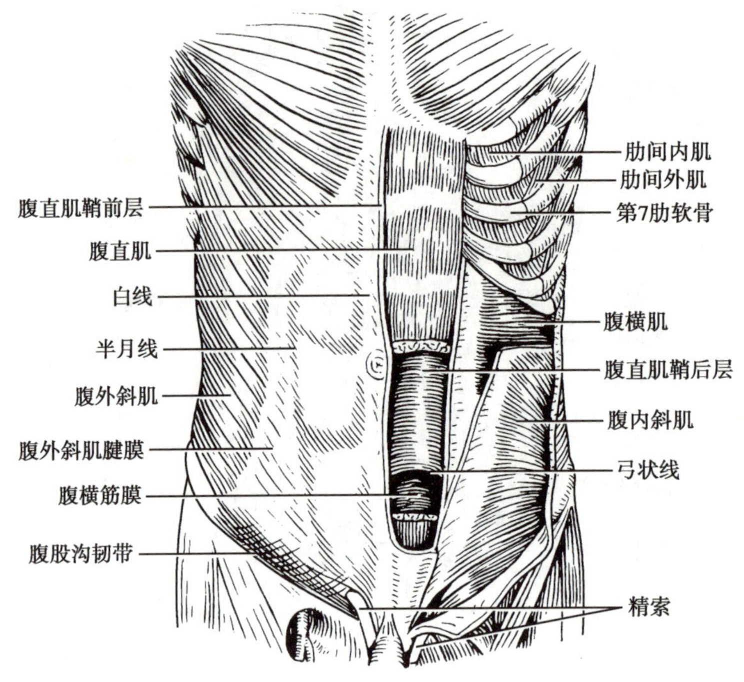

图 3-50 腹前外侧壁肌

三、上肢肌

(一) 肩肌

肩肌位于肩关节周围,主要有三角肌、冈上肌、冈下肌、小圆肌、大圆肌和肩胛下肌(图 3-46、图 3-48)。

1. **三角肌(deltoid)** 位于肩部,呈三角形。该肌起自锁骨的外侧段、肩峰和肩胛冈,肌束逐渐向外下方集中,止于肱骨三角肌粗隆。三角肌主要是使肩关节外展。

2. **冈上肌(supraspinatus)** 位于斜方肌的深面。该肌起自冈上窝,肌束向外,经肩峰深面,跨过肩关节上方,止于肱骨大结节上部。冈上肌可使肩关节外展。

3. **冈下肌(infraspinatus)** 大部分被斜方肌与三角肌遮盖。该肌起自冈下窝的骨面,肌束向外跨过肩关节后方,止于肱骨大结节中部。冈下肌可使肩关节旋外。

4. **肩胛下肌(subscapularis)** 位于肩胛骨前面。该肌起自肩胛下窝,肌束向上外,经肩关节前方,止于肱骨小结节。肩胛下肌可使肩关节内收和旋内。

(二) 臂肌

臂肌位于肱骨周围,可分为前群和后群。前群包括肱二头肌、喙肱肌和肱肌;后群为肱三头肌(图 3-51)。

1. **肱二头肌(biceps brachii)** 位于臂前面浅层。该肌起端有长、短 2 头,长头以长腱起自肩胛骨关节盂的上方,穿经肩关节囊;短头在内侧,起自肩胛骨喙突。2 头在臂中部会合成一肌腹,向下延续为肌腱,止于桡骨粗隆。肱二头肌主要是屈肘关节。

2. **肱三头肌(triceps brachii)** 位于臂后面。该肌起端有 3 个头,长头起自肩胛骨关节盂的下方,外侧头起自肱骨后面桡神经沟的外上方,内侧头起自桡神经沟的内下方,3 头合成一个肌腹,以扁腱止于尺骨鹰嘴。肱三头肌主要是伸肘关节。

(三) 前臂肌

前臂肌位于桡、尺骨周围,分为前群和后群。各肌的肌腹大部分在前臂的上半部,向下

笔记栏

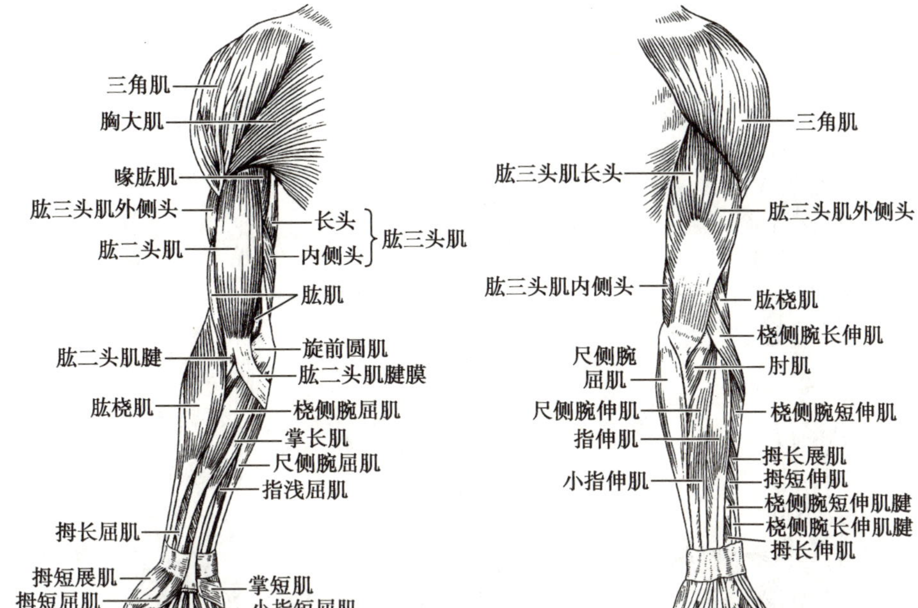

图 3-51 上肢肌（浅层）

形成细长的肌腱，因而使前臂呈现近端较粗而向远侧逐渐变细的外形。

前臂肌

1. **前群** 位于前臂前面，可分浅、深 2 层，共 9 块。浅层：自桡侧向尺侧依次为肱桡肌、旋前圆肌、桡侧腕屈肌、掌长肌、指浅屈肌和尺侧腕屈肌；深层：桡侧有拇长屈肌，尺侧有指深屈肌，桡、尺骨远段的前面有旋前方肌（图 3-51、图 3-52）。前群肌多数起自肱骨内上髁，作用主要为屈腕、屈指和使前臂旋前。

2. **后群** 位于前臂后面，可分为浅、深 2 层，共 11 块。浅层：由桡侧向尺侧依次为桡侧腕长伸肌、桡侧腕短伸肌、指伸肌、小指伸肌、尺侧腕伸肌和肘肌；深层：由近侧向远侧依次为旋后肌、拇长展肌、拇短伸肌、拇长伸肌和示指伸肌（图 3-51、图 3-52）。后群肌多数起自肱骨外上髁，作用主要为伸腕、伸指和使前臂旋后。

（四）手肌

手指活动有许多肌参与，除有从前臂来的长腱外，还有许多短小的手肌，这些肌都在手掌面，可分为外侧群、中间群和内侧群。

四、下肢肌

（一）髋肌

髋肌位于髋关节周围，可分为前群和后群（图 3-53）。前群有髂腰肌和阔筋膜张肌；后群主要有臀大肌、臀中肌、臀小肌、梨状肌、闭孔内肌、闭孔外肌和股方肌。

1. **髂腰肌（iliopsoas）** 由腰大肌和髂肌组成。**腰大肌（psoas major）**起自腰椎体侧面和横突，**髂肌（iliacus）**起自髂窝，两肌向下结合，经腹股沟韧带深面，止于股骨小转子。髂腰肌主要可使髋关节前屈。

2. **臀大肌（gluteus maximus）** 位于臀部皮下，由于直立姿势的影响，故大而肥厚，形成

笔记栏

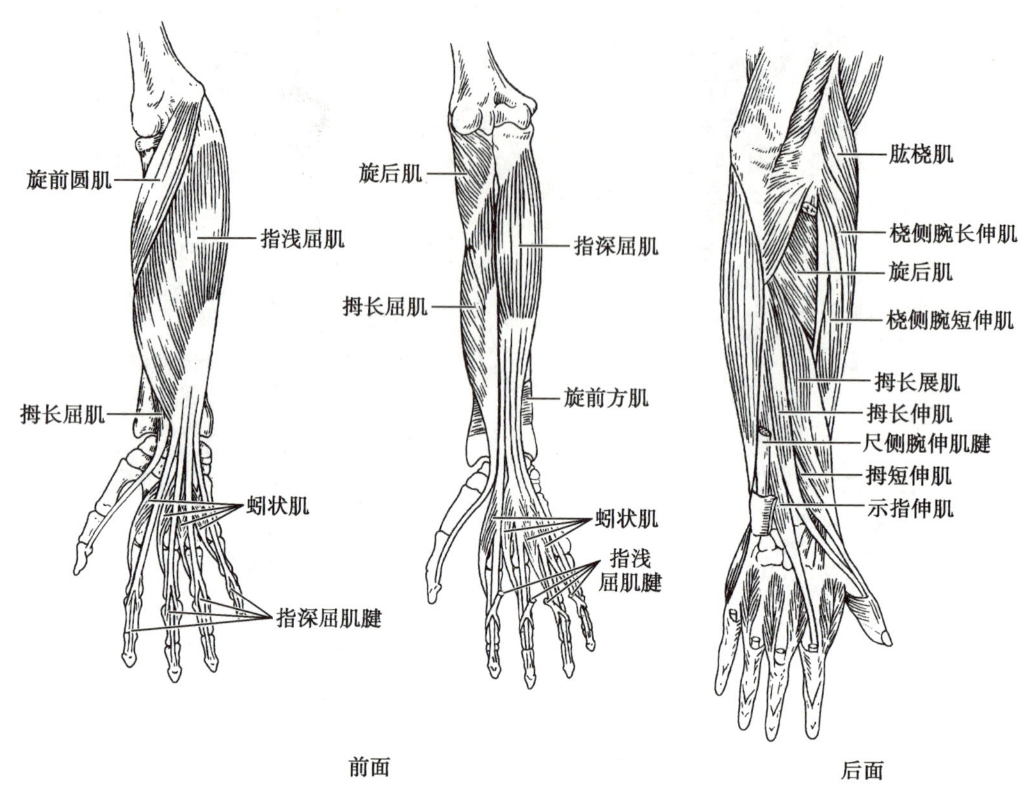

图 3-52 前臂肌(深层)

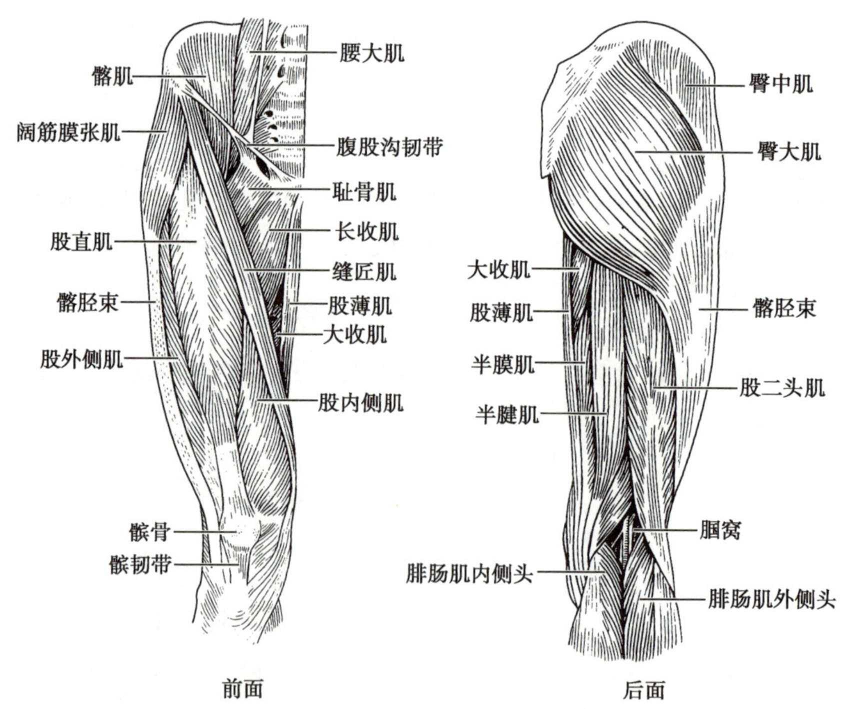

图 3-53 髋肌和大腿肌(浅层)

笔记栏

特有的臀部膨隆。该肌起自髂骨外面和骶、尾骨的后面，肌束斜向下外，主要止于股骨的臀肌粗隆。臀大肌的肌束肥厚，其外上 1/4 部的深面无重要血管和神经，故为肌内注射的常用部位。臀大肌主要是伸髋关节，对维持人体直立姿势有重要作用。

3. **梨状肌（piriformis）** 起自骶骨前面，向外穿过坐骨大孔，止于股骨大转子。该肌的上、下缘的空隙，分别称为**梨状肌上孔**和**梨状肌下孔**，内有血管和神经通过。梨状肌可使髋关节外展和外旋。

（二）大腿肌

大腿肌位于股骨周围，可分为前群、后群和内侧群（图 3-53）。前群有缝匠肌和股四头肌；内侧群也称内收肌群，包括耻骨肌、长收肌、股薄肌、短收肌和大收肌；后群有股二头肌、半腱肌和半膜肌。

1. **股四头肌（quadriceps femoris）** 是全身中体积最大的肌。起端有 4 个头，即**股直肌**、**股内侧肌**、**股外侧肌**和**股中间肌**，其中股直肌位于大腿前面，起自髂前下棘；股内、外侧肌分别位于股直肌的内、外侧，起自股骨粗线的内、外侧唇；股中间肌位于股直肌的深面，在股内、外侧肌之间，起自股骨体前面。4 个头向下合成一个腱，包绕髌骨的前面和两侧缘，并向下延续为**髌韧带**，止于胫骨粗隆。股四头肌主要是伸膝关节。

2. **股二头肌（biceps femoris）** 位于大腿后面的外侧。该肌有长、短 2 头，长头起自坐骨结节，短头起自股骨粗线，2 头会合后，止于腓骨头。

3. **半腱肌（semitendinosus）** 位于股二头肌的内侧，下部肌腱圆细而长，几乎占肌腹的一半，故名。该肌起自坐骨结节，止于胫骨上端的内侧。

4. **半膜肌（semimembranosus）** 位于半腱肌的深面，上部为扁薄的腱膜，几乎占肌腹的一半，故名。该肌起自坐骨结节，止于胫骨内侧髁的后面。

上述股二头肌、半腱肌和半膜肌均可屈膝关节和伸髋关节。

（三）小腿肌

小腿肌位于胫、腓骨周围，可分为前群、外侧群和后群（图 3-54、图 3-55）。前群位于胫、腓骨的前方，自胫侧向腓侧依次为胫骨前肌、䠶长伸肌、趾长伸肌和第三腓骨肌。外侧群位于腓骨的外侧，有腓骨长肌和腓骨短肌。后群位于胫、腓骨的后方，可分为浅层的小腿三头肌和深层的趾长屈肌、胫骨后肌和䠶长屈肌。

小腿三头肌（triceps surae）由腓肠肌和比目鱼肌组成。**腓肠肌**位于胫、腓骨后方的浅层，该肌有内、外侧 2 个头，分别起自股骨内、外侧髁后面的两侧。**比目鱼肌**位于腓肠肌的深面，起自胫、腓骨上端的后面。3 个头会合成小腿三头肌，向下移行为一个粗大的**跟腱**，止于跟骨结节。小腿三头肌主要是屈膝关节和屈踝关节（足跖屈），对维持人体直立姿势亦有重要作用。

（四）足肌

足肌可分为足背肌和足底肌。足背肌较弱小，为伸䠶趾和伸第 2~4 趾的小肌。足底肌的配布情况和作用与手掌的肌近似。

五、头颈肌

（一）头肌

头肌可分为面肌和咀嚼肌 2 部分。面肌均与表情有关，又称**表情肌**，为扁薄的皮肌，主要有枕额肌、眼轮匝肌、口轮匝肌和颊肌（图 3-56）；咀嚼肌均与咀嚼动作有关，主要有咬肌和颞肌（图 3-57）。

1. **枕额肌（occipitofrontalis）** 覆盖于颅盖外面，阔而薄，由枕腹、额腹以及中间的帽状

笔记栏

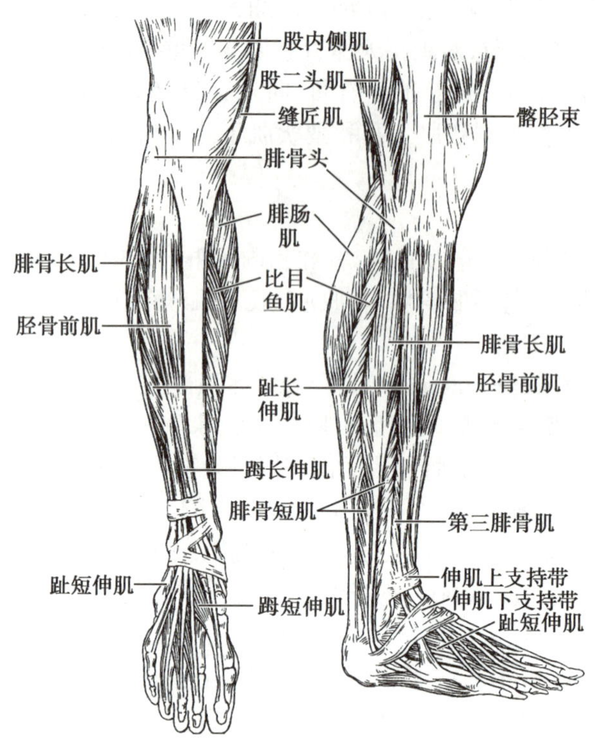

图 3-54 小腿肌前群和外侧群

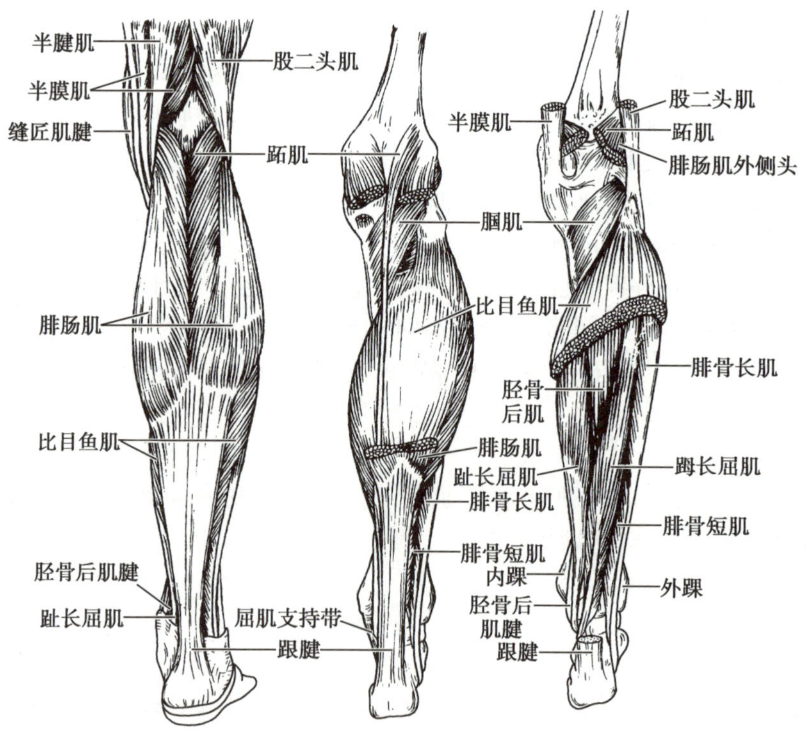

图 3-55 小腿肌后群

笔记栏

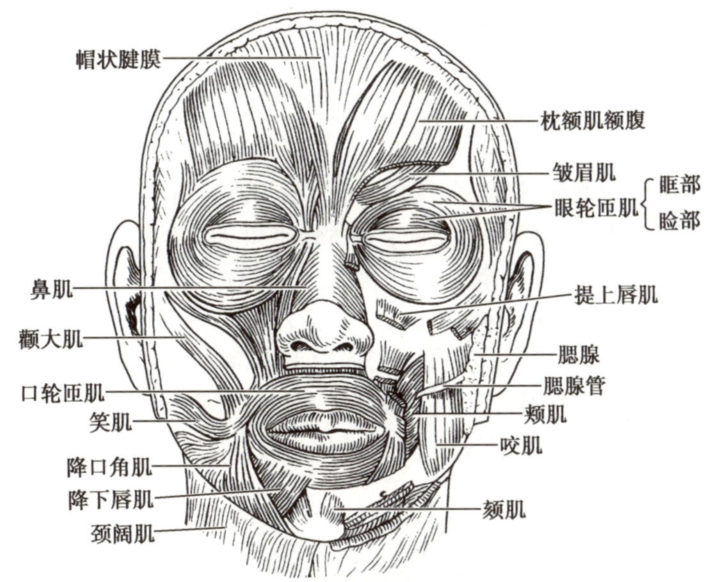

图 3-56 头肌(前面)

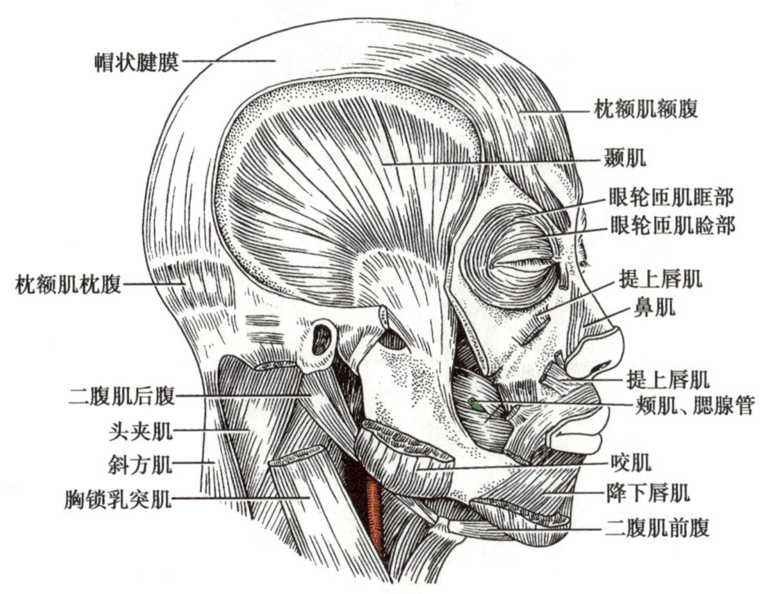

图 3-57 头肌(侧面)

腱膜组成。**枕腹**起自枕骨,止于帽状腱膜,可向下牵拉腱膜;**额腹**起自帽状腱膜,止于额部皮肤,收缩时可扬眉、皱额。**帽状腱膜**很坚韧,以纤维束垂直穿经浅筋膜与浅层的皮肤相连,三者紧密结合构成头皮。帽状腱膜与深部的骨膜则隔以疏松结缔组织,故头皮可在颅骨表面滑动。头皮外伤时,常在腱膜深面形成血肿或撕脱。

2. **眼轮匝肌(orbicularis oculi)** 肌纤维环绕于眶和眼裂周围,呈扁椭圆形。该肌使眼裂闭合。

3. **口轮匝肌(orbicularis oris)** 肌纤维环绕口裂。该肌使口裂闭合。

4. **颊肌(buccinator)** 位于口角两侧面颊的深部,紧贴于口腔侧壁的黏膜外面。该肌可使唇、颊紧贴牙齿,帮助咀嚼和吸吮。

5. **咬肌(masseter)** 呈长方形,起自颧弓,向后下止于下颌角外面。

笔记栏

6. **颞肌(temporalis)** 呈扇形,起自颞窝骨面,肌束向下会聚,通过颧弓的内侧,止于下颌骨冠突。

咬肌和颞肌主要是上提下颌骨,使上、下颌牙咬合。

(二) 颈肌

颈肌按其位置可分为颈浅肌群、颈中肌群和颈深肌群。颈浅肌群主要有胸锁乳突肌;颈中肌群包括舌骨上肌(二腹肌、茎突舌骨肌、下颌舌骨肌和颏舌骨肌)和舌骨下肌(胸骨舌骨肌、肩胛舌骨肌、胸骨甲状肌和甲状舌骨肌);颈深肌群主要有前斜角肌、中斜角肌和后斜角肌。

胸锁乳突肌(sternocleidomastoid)(图 3-58)斜列于颈部两侧,为颈部一对强有力的肌。该肌起自胸骨柄前面和锁骨的胸骨端,肌束斜向后上方,止于颞骨的乳突。两侧胸锁乳突肌同时收缩,使头向后仰;单侧收缩,使头屈向同侧,面转向对侧。单侧胸锁乳突肌可因胎儿产伤等原因造成肌挛缩,出现小儿斜颈。

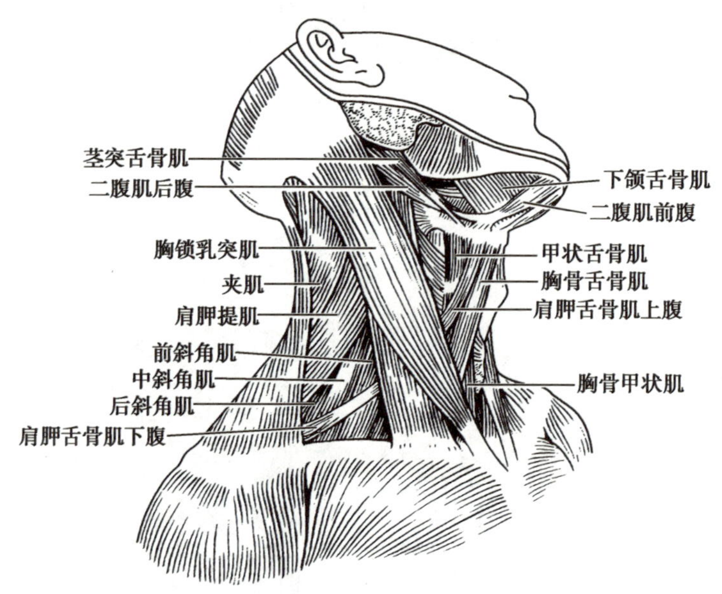

图 3-58 颈肌(侧面)

学习小结

运动系统包括骨、骨连结和骨骼肌 3 部分。

骨由骨质、骨膜和骨髓构成,按其形态分为长骨、短骨、扁骨和不规则骨,按其在人体的位置不同分为躯干骨、上肢骨、下肢骨和颅骨。躯干骨包括了椎骨、胸骨和肋,上、下肢骨包括带骨及自由骨,颅骨分为脑颅骨和面颅骨。

骨连结包括直接连结和间接连结 2 大类,间接连结的主要结构包括关节面、关节囊和关节腔。全身的骨连结分为躯干骨的连结、上肢骨的连结、下肢骨的连结和颅骨的连结。

骨骼肌由肌腹和肌腱组成,按照形态可分为长肌、短肌、阔肌和轮匝肌,按照在人体的位置不同分为躯干肌、上肢肌、下肢肌和头颈肌。全身各部肌的位置、起止点及作用有明显差异。

(牟芳芳 王媛媛 廖彦博)

笔记栏

复习思考题

1. 简述颈、胸、腰椎的主要区别。
2. 桡、尺骨上的关节面及其参与组成的关节有哪些?
3. 鼻旁窦有哪几对?其位置和开口如何?
4. 脊柱的组成、生理弯曲和运动形式如何?
5. 胸廓的组成如何?胸廓上、下口各由什么结构围成?
6. 距小腿关节在跖屈位时,为什么容易发生外侧韧带损伤?
7. 主要的呼吸肌有哪些?其作用如何?
8. 参加膝关节屈、伸的主要肌分别有哪些?
9. 维持人体解剖学姿势的肌主要有哪些?

扫一扫,
测一测

课件

第四章

消 化 系 统

学习目标

识记消化系统的组成，大唾液腺的位置及腺管开口，咽峡的组成，腭扁桃体的位置，舌的主要形态，咽的形态、分部、结构及各部的交通，食管的位置和生理狭窄，胃的形态、分部和位置，小肠的分部和主要形态，大肠的形态特点、分部和位置，肝的主要形态和位置；知晓胸腹部的标志线和腹部分区，阑尾的位置及其根部的体表投影，输胆管道的组成及开口部位，胆囊的形态、分部、位置及胆囊底的体表投影，胰的形态、位置和胰管的开口部位，直肠的位置、形态结构及肛管结构；理解消化管的一般构造，口腔的分部，牙的形态、结构，胃、小肠、肝和胰的组织结构，腹膜及腹膜腔的概念。

第一节 概　　述

一、消化系统的组成和功能

消化系统（alimentary system）由消化道和消化腺两部分组成（图 4-1）。

食物通过消化道的过程

消化道是从口腔至肛门的管道，全长约 9m，包括口腔、咽、食管、胃、小肠（又分为十二指肠、空肠和回肠）和大肠。临床上通常把从口腔到十二指肠的一段，称为**上消化道**；空肠到肛门的一段，称为**下消化道**。

消化腺是分泌消化液的腺体，包括大消化腺和小消化腺。其中大消化腺是肉眼可见、独立存在的器官，如大唾液腺、肝和胰。小消化腺分布于消化道壁内，如胃腺和肠腺。

消化系统的主要功能是从外界摄取食物，在消化道内进行消化（包括物理性和化学性消化），吸收其中的营养物质，将食物残渣形成粪便排出体外。

二、消化道的一般结构

消化道是中空性器官，大部分管壁由内向外分为黏膜、黏膜下层、肌层和外膜 4 层结构（图 4-2）。

1. **黏膜**　位于最内层，具有保护、吸收和分泌等功能。

2. **黏膜下层**　由疏松结缔组织构成，使黏膜具有移动性。内含丰富的血管、淋巴管和神经丛等。

3. **肌层**　多由平滑肌构成，一般分为内环、外纵 2 层，环肌和纵肌交替收缩和舒张，产

生消化道的蠕动。

4. **外膜** 位于最外层。大部分消化道的外膜为浆膜，其表面光滑，可分泌浆液，可减少器官之间的摩擦。

三、胸部标志线和腹部分区

为了便于描述各内脏器官的位置和体表投影，通常利用某些体表标志，人为地在胸、腹部体表划出一定的标志线和分区（图 4-3）。

（一）胸部标志线

1. **前正中线** 沿人体前面正中所作的垂直线。

2. **锁骨中线** 通过锁骨中点所作的垂直线。

3. **腋前线** 通过腋窝前襞所作的垂直线。

4. **腋中线** 通过腋窝中点所作的垂直线。

5. **腋后线** 通过腋窝后襞所作的垂直线。

6. **后正中线** 沿人体后面正中所作的垂直线。

7. **肩胛线** 通过肩胛骨下角所作的垂直线。

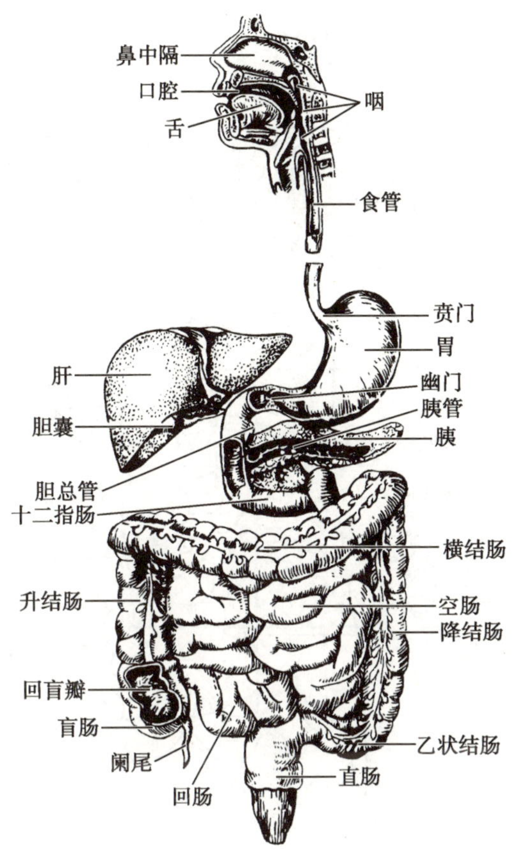

图 4-1 消化系统概观

（二）腹部分区

通常用两条水平线和两条垂直线将腹部划分为三部九区，即九分法。两条水平线：一是通过左、右肋弓最低点（第 10 肋最低点）的连线；二是通过左、右髂结节之间的连线。两条垂直线是通过左、右腹股沟韧带中点所作的垂直线。以上 4 条线可将腹部分为三部九区：即腹

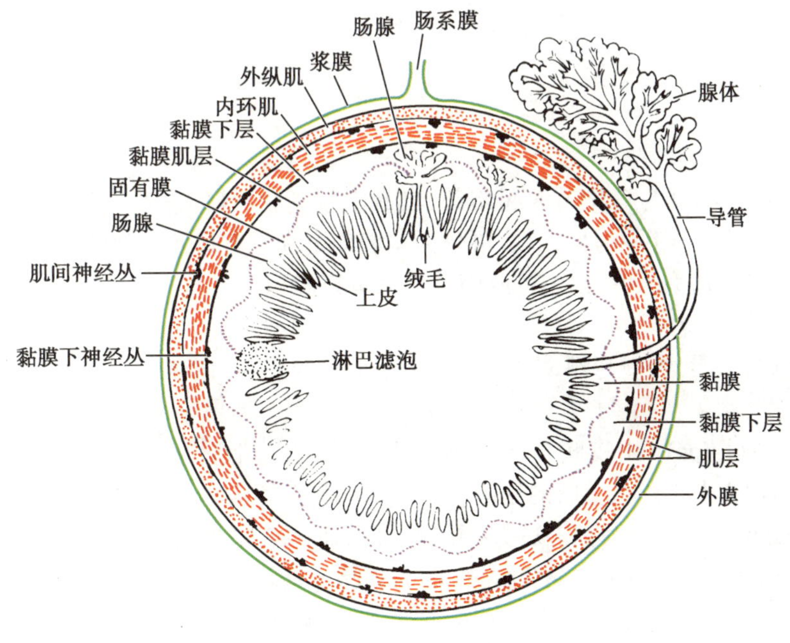

图 4-2 消化道模式图（横切面）

笔记栏

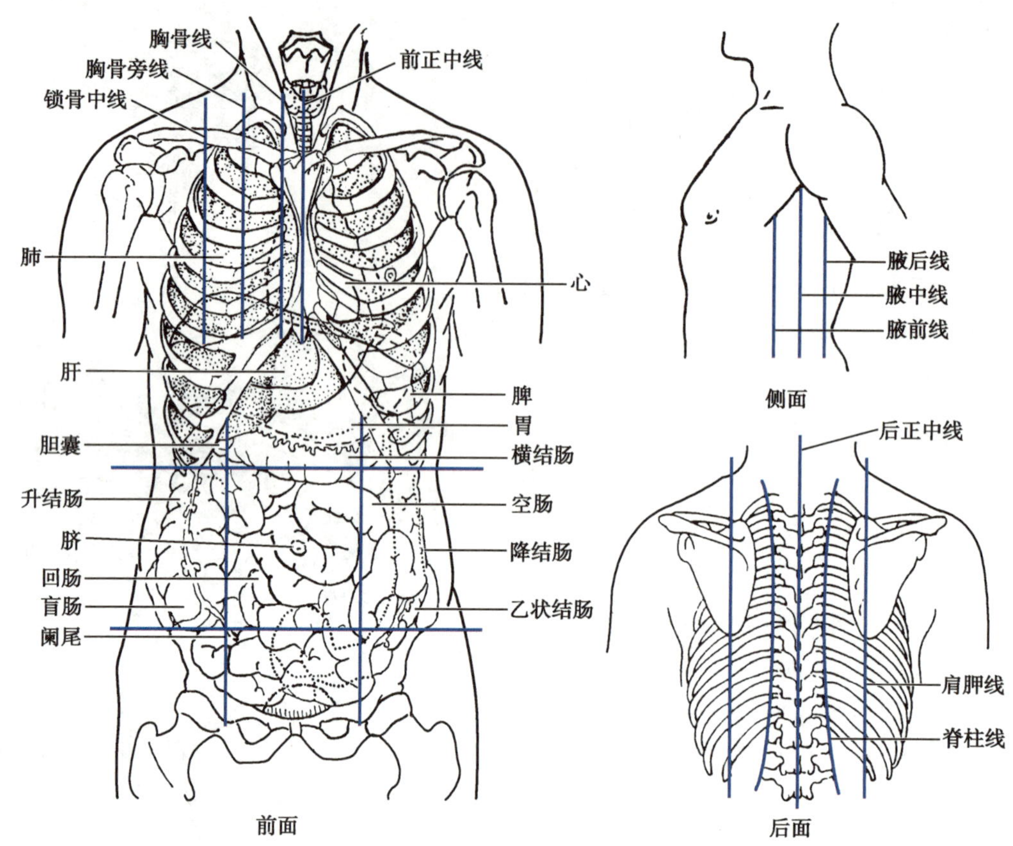

图 4-3　胸、腹部标志线和腹部分区

上部分成中间的腹上区和左、右季肋区；**腹中部**分成中间的脐区和左、右腹外侧区（腰区）；**腹下部**分成中间的耻区（腹下区）和左、右腹股沟区（髂区）。

第二节　消　化　道

一、口腔

口腔（oral cavity）为消化道的起始部，具有咀嚼食物、辅助发音、感受味觉和初步消化食物等功能。以上、下牙弓为界，口腔可分为口腔前庭和固有口腔两部分，牙弓与口唇、颊之间的腔隙称为**口腔前庭**；牙弓以内的腔隙称为**固有口腔**。

（一）口腔壁

口腔前壁为口唇，侧壁为颊，上壁为腭，下壁为口腔底。口腔向前以口裂通体外，向后经咽峡通咽腔。

1. **口唇（oral lips）**　由皮肤、口轮匝肌和黏膜构成，分上唇和下唇。上唇表面正中线上有一纵行浅沟称为**人中**。在上唇的外侧有一浅沟称为**鼻唇沟**。

2. **腭（palate）**　分为硬腭和软腭两部分。腭的前 2/3 以骨质为基础，表面覆以黏膜，称为**硬腭**；腭的后 1/3 由骨骼肌和黏膜构成，称为**软腭**。软腭后缘游离，中央有一下垂的突起，称为**腭垂**。由腭垂向两侧各有两条弓形的黏膜皱襞，其前方的一条向下连于舌根，称为**腭舌弓**；后方的一条向下连于咽侧壁，称为**腭咽弓**（图 4-4）。两弓之间的陷窝为**扁桃体窝**，容纳**腭**

笔记栏

扁桃体。

3. **咽峡(isthmus of fauces)** 是口腔通咽腔的门户,由腭垂,左、右腭舌弓和舌根共同围成(图 4-4)。

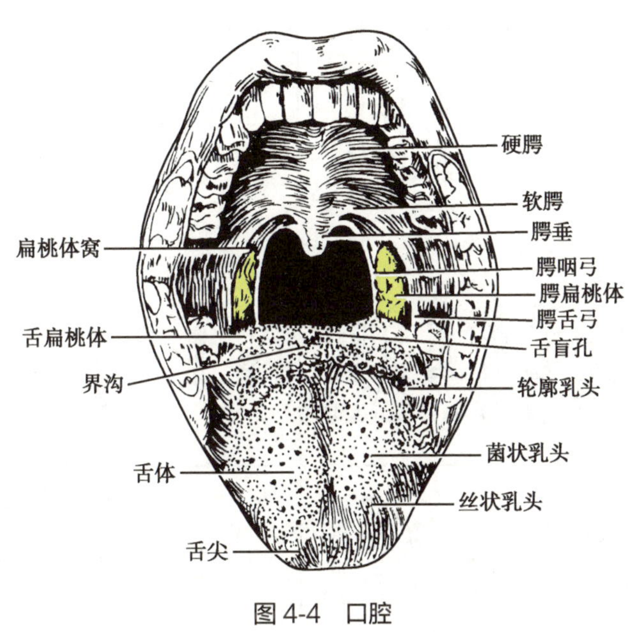

图 4-4 口腔

(二)口腔内结构

1. **牙(teeth)** 是人体内最坚硬的器官,嵌入上、下颌骨的牙槽内,分别排列成上牙弓和下牙弓,具有咀嚼和辅助发音的功能。

(1) 牙的形态和构造:每个牙都分为牙冠、牙颈和牙根 3 部分(图 4-5)。**牙冠**是露于牙龈以外的部分;**牙根**是嵌入牙槽内的部分;**牙颈**为牙冠与牙根之间稍细的部分,外包有**牙龈**。

牙主要由浅黄色的**牙质**构成。在牙冠部牙质表面包有一层白色、光亮的**牙釉质**,是人体中最坚硬的物质。在牙根部牙质表面包有一层**牙骨质**。牙内部的空腔,称为**牙腔**。牙腔内的血管、神经和结缔组织等构成**牙髓**。

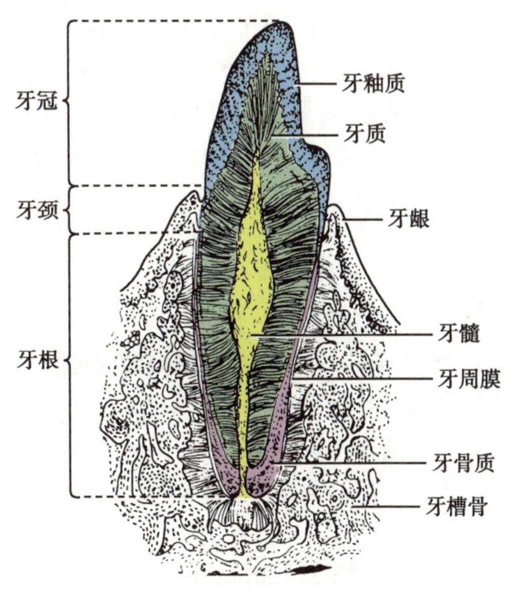

图 4-5 牙的形态和构造

(2) 牙的种类和排列(图 4-6):人的一生中先后有 2 组牙发生。第一组牙为**乳牙**,在生后 6 个月开始,至 2~3 岁出齐。乳牙共 20 个,包括上、下颌乳牙各 10 个,由前向后依次为切牙 2 个、尖牙 1 个、磨牙 2 个。第二组牙为**恒牙**,自 6~7 岁乳牙先后脱落,逐渐更换为恒牙。除第 3 磨牙外,其他各牙在 14 岁左右共长出恒牙 28 个,包括上、下颌恒牙各 14 个,由前向后依次为切牙 2 个、尖牙 1 个、前磨牙 2 个、磨牙 2 个。第 3 磨牙生出较晚,18~30 岁才萌出,有的人可终生不萌出。因此,恒牙 28~32 个均属正常。

2. **舌(tongue)** 舌位于口腔底,以骨骼肌为基础,表面覆以黏膜构成。舌具有感受味觉、

笔记栏

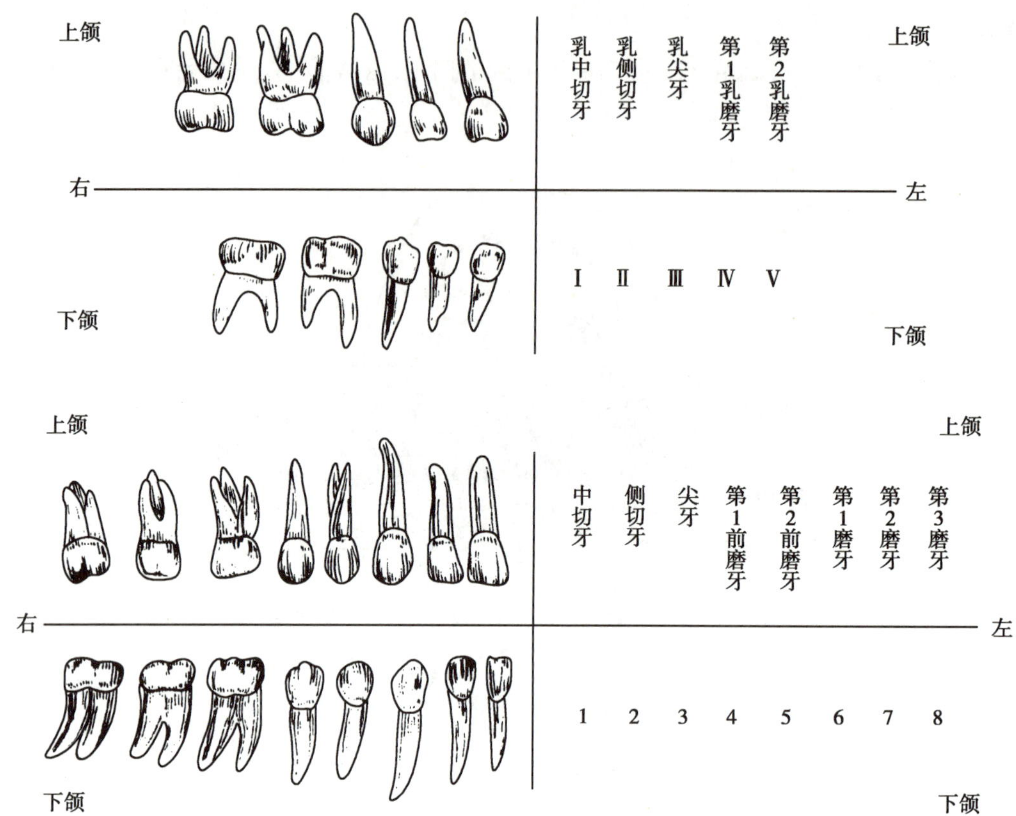

图 4-6 牙的分类

协助咀嚼、吞咽食物和辅助发音等功能。

(1) 舌的形态：舌上面有一条“V”字形**界沟**，将舌分为后 1/3 的**舌根**和前 2/3 的**舌体**，舌体的前端称为**舌尖**。舌下面正中有一矢状位的黏膜皱襞，称为**舌系带**。舌系带根部两侧各有一小的黏膜隆起，称为**舌下阜**(图 4-7)。由舌下阜向外侧延伸的黏膜隆起，称为**舌下襞**。

(2) 舌黏膜：舌上面的黏膜表面有许多小突起，称为**舌乳头**(图 4-4)。按其形态可分为丝状乳头、菌状乳头和轮廓乳头等。**丝状乳头**数量最多，体积最小，呈白色丝绒状，具有一般感觉功能。**菌状乳头**数量较少，为红色圆形的小突起，散布于丝状乳头之间，内含味蕾，司味觉。**轮廓乳头**最大，有 7~11 个，排列于界沟前方，乳头中部隆起，周围有环形浅沟，沟壁内含有味蕾，亦司味觉。

(3) 舌肌：为骨骼肌，可分为舌内肌和舌外肌。舌肌收缩时，不但可改变舌的形态和位置，还可以使舌灵活运动。

(三) 大唾液腺

在口腔周围有 3 对大唾液腺，即腮腺、下颌下腺和舌下腺(图 4-8)，其分泌物具有湿润口腔、调和食物和分解淀粉等作用。

(1) **腮腺(parotid gland)**：最大，呈三角楔形，位于耳郭的前下方。从腮腺前缘发出腮腺管，紧贴咬肌表面前行，至咬肌前缘处转向内侧，穿过颊肌，开口于平对上颌第 2 磨牙的颊黏膜上。

(2) **下颌下腺(submandibular gland)**：呈卵圆形，位于下颌骨体的内侧。下颌下腺管开口于舌下阜。

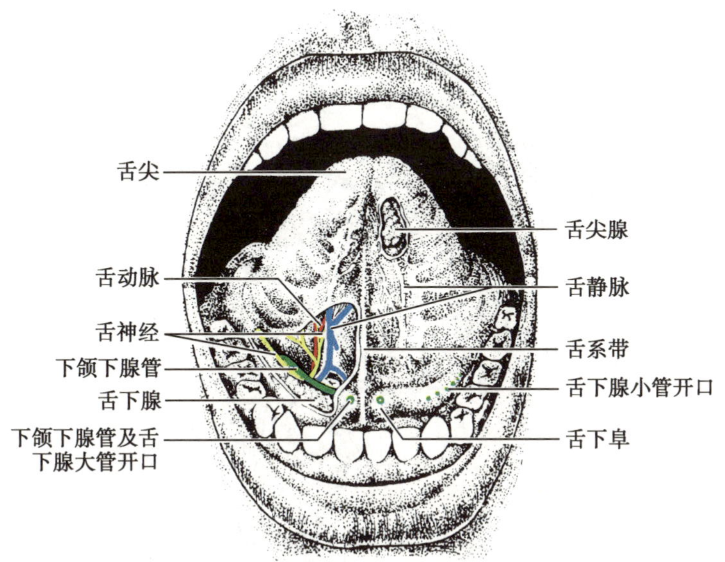

图 4-7 舌下面

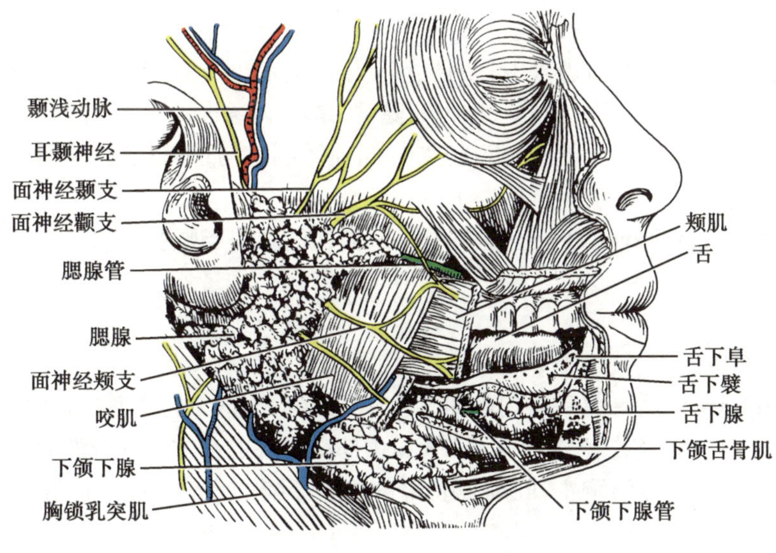

图 4-8 大唾液腺

(3) **舌下腺(sublingual gland)**:呈杏核状,位于舌下襞的深面。其大管常与下颌下腺管汇合,共同开口于舌下阜;其小管有多条,直接开口于舌下襞。

二、咽

(一) 咽的形态和位置

咽(pharynx)为上宽下窄、前后略扁的漏斗形肌性管道,是消化和呼吸的共同通道。咽上起自颅底,下至第 6 颈椎体下缘水平与食管相连,咽的前壁不完整,分别与鼻腔、口腔和喉腔相通,后壁与上 6 个颈椎相邻(图 4-9)。

(二) 咽的分部和结构

咽自上而下可分为鼻咽、口咽和喉咽 3 部分(图 4-9)。

1. **鼻咽(nasopharynx)** 位于鼻腔的后方,向前借鼻后孔与鼻腔相通。在其侧壁上有

笔记栏

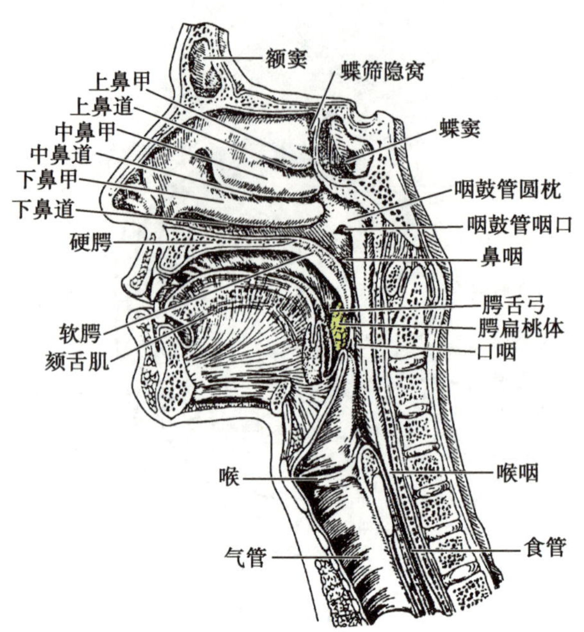

图 4-9 头部正中矢状面

一**咽鼓管咽口**，空气可经此口进入中耳的鼓室。该口的后上方有一半环形的隆起，称为**咽鼓管圆枕**；在圆枕的后方有一纵行深窝，称为**咽隐窝**，是鼻咽癌的好发部位。

2. **口咽（oropharynx）** 位于口腔的后方，向前经咽峡与口腔相通。在其侧壁上有扁桃体窝，容纳腭扁桃体。

3. **喉咽（laryngopharynx）** 位于喉的后方，向前经喉口与喉腔相通，向下接食管。

三、食管

（一）食管的位置

食管（esophagus）是一前后略扁的肌性管道，长约 25cm。上端平第 6 颈椎体下缘处续于咽，下端至第 11 胸椎体左侧连于胃。食管在颈部沿脊柱的前方和气管的后方下行入胸腔，经左主支气管的后面，再沿胸主动脉右侧下行，然后穿膈的食管裂孔至腹腔，续于胃的贲门（图 4-10）。

（二）食管的狭窄

食管全长有 3 个生理性狭窄（图 4-10）。

1. **第一个狭窄** 位于咽与食管相续处，距中切牙约 15cm。
2. **第二个狭窄** 位于食管与左主支气管交叉处，距中切牙约 25cm。
3. **第三个狭窄** 位于食管穿过膈的食管裂孔处，距中切牙约 40cm。

以上狭窄是食管异物易滞留和食管癌的好发部位。

四、胃

胃（stomach）是消化道中最膨大的部分，成人胃的容量约为 1 500ml。胃具有受纳食物、分泌胃液和内分泌的功能。

ER-上-4-2

胃

（一）胃的形态和分部

胃可分为两口、两壁、两缘和四部。两口：入口为食管与胃相连处，称为**贲门**；出口为胃与十二指肠相续处，称为**幽门**。两壁：胃前壁朝向前上方，胃后壁朝向后下方。两缘：上缘称

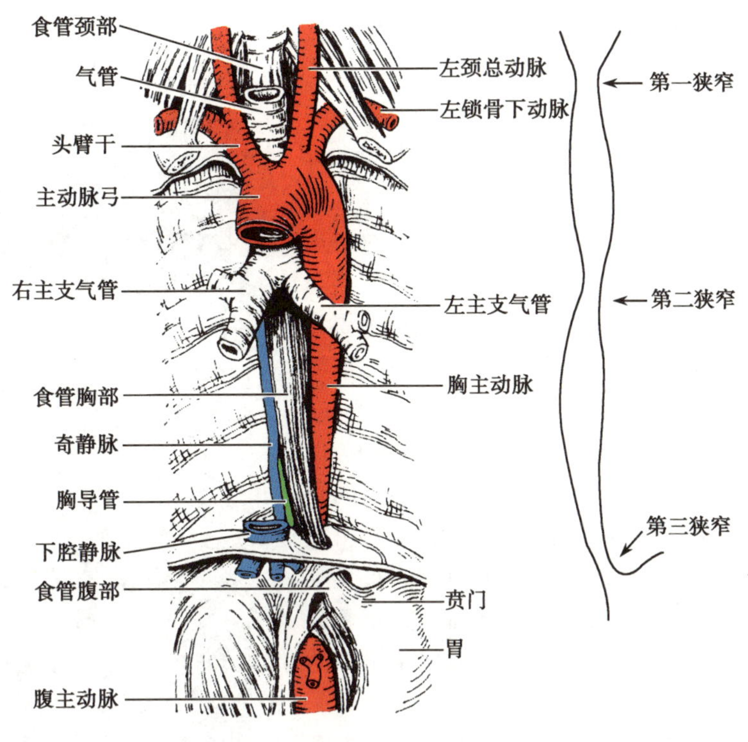

图 4-10 食管的位置及狭窄

为**胃小弯**,下缘称为**胃大弯**。四部:靠近贲门的部分称为**贲门部**,自贲门向左上方膨出的部分称为**胃底**,胃的中间大部分称为**胃体**,近于幽门的部分称为**幽门部**。幽门部中,紧接幽门呈管状的部分称为**幽门管**,幽门管左侧稍膨大的部分称为**幽门窦**(图 4-11)。胃溃疡和胃癌多发于胃的幽门部近胃小弯处。

(二) 胃的位置

胃在中等充盈时,大部分位于左季肋区,小部分位于腹上区。胃的贲门和幽门位置比较

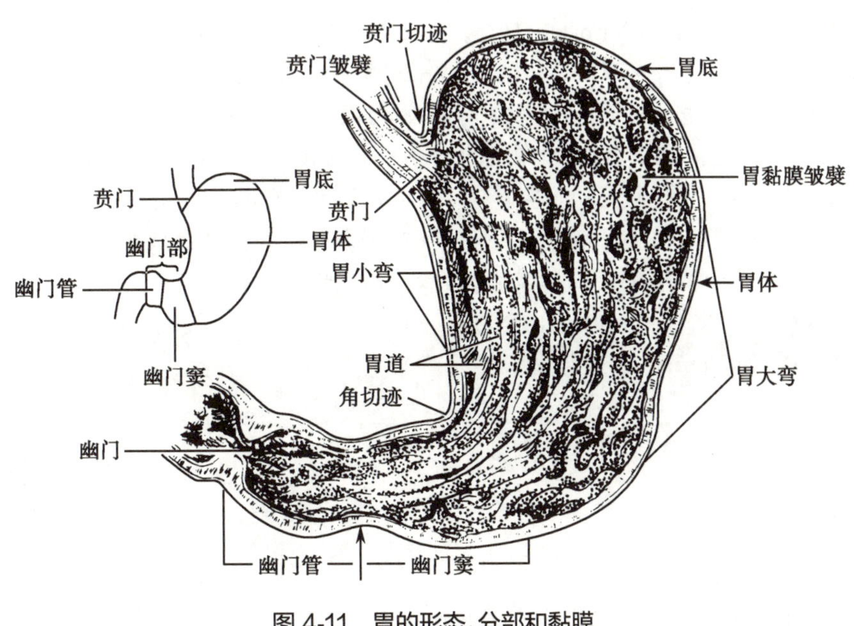

图 4-11 胃的形态、分部和黏膜

笔记栏

固定,贲门位于第 11 胸椎体左侧,幽门位于第 1 腰椎体右侧。

(三)胃壁的组织结构

胃壁由内向外可分为黏膜、黏膜下层、肌层和外膜 4 层(图 4-12)。

1. 黏膜　新鲜的胃黏膜为淡红色。胃内空虚时,黏膜形成许多皱襞,当胃扩张时,皱襞变平,甚至消失。放大镜下黏膜表面可见许多小凹陷称为**胃小凹**,它是胃腺的开口。在胃幽门处,黏膜形成环形皱襞称为**幽门瓣**。

胃黏膜的上皮为单层柱状上皮,能分泌黏液,保护黏膜。上皮向下凹陷伸入固有层中形成管状的**胃腺**。在胃底和胃体部的腺体称为**胃底腺**,主要由主细胞、壁细胞和颈黏液细胞组成。主细胞分布于腺的体部和底部,分泌胃蛋白酶原。壁细胞分布于腺的上部,合成和分泌盐酸。颈黏液细胞分布于腺的颈部,分泌黏液。

2. 黏膜下层　由疏松结缔组织构成,含有丰富的血管、淋巴管和神经丛。

3. 肌层　胃壁的肌层非常发达,由内斜、中环和外纵 3 层平滑肌构成。环形平滑肌在幽门处特别增厚,形成**幽门括约肌**。

4. 外膜　由浆膜组成。

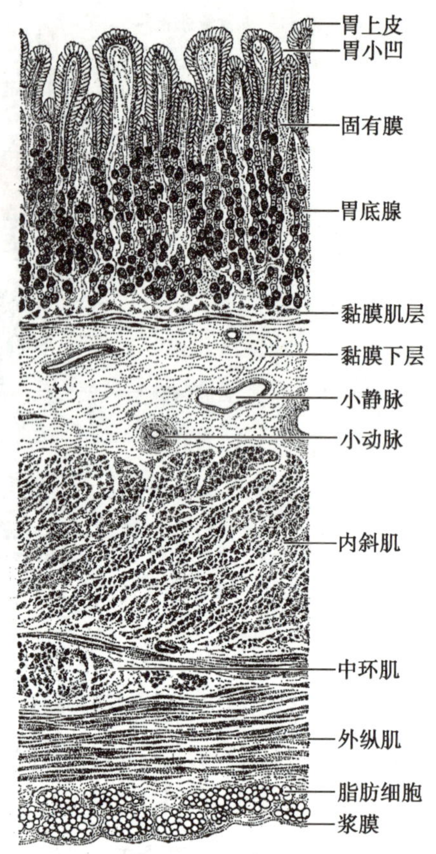

图 4-12　胃底的组织结构模式图(纵切面)

知识链接

幽门螺杆菌

幽门螺杆菌(Helicobacter pylori,Hp)首先由巴里·马歇尔(Barry J. Marshall)和罗宾·沃伦(J. Robin Warren)二人发现的,并因此获得 2005 年诺贝尔生理学或医学奖。幽门螺杆菌是一种单极、多鞭毛、末端钝圆、螺旋形弯曲的细菌,在胃黏膜上皮细胞表面常呈典型的螺旋状或弧形,是微需氧菌,环境氧要求 5%~8%,在大气或绝对厌氧环境下不能生长。

幽门螺杆菌感染是慢性活动性胃炎、消化性溃疡、胃黏膜相关淋巴组织淋巴瘤和胃癌的主要致病因素。1982 年,澳大利亚学者马歇尔观察到胃黏膜中有一种叫幽门螺杆菌的细菌,经大量的临床及动物实验发现其与慢性胃病发病有关。1994 年世界卫生组织 / 国际癌症研究机构(WHO/IARC)将幽门螺杆菌定为Ⅰ类致癌原。目前,国内广泛使用幽门螺杆菌检测试剂进行幽门螺杆菌检测。

腹腔器官

五、小肠

(一)小肠的分部

小肠(small intestine)是消化道中最长的一段,全长 5~7m,也是食物消化和吸收的最

笔记栏

重要场所。上端起自幽门，下端与盲肠相连。由上而下可分为十二指肠、空肠和回肠 3 部分（图 4-1）。

1. **十二指肠（duodenum）** 为小肠的起始段，约相当于 12 个手指并列的距离。十二指肠位于腹后壁第 1~3 腰椎的高度，呈“C”字形包绕胰头，可分为**上部**、**降部**、**水平部**和**升部**。上部左侧与幽门相连接的一段肠壁较薄，黏膜面光滑无环状皱襞，称为**十二指肠球**，是十二指肠溃疡的好发部位。在降部的后内侧壁上有一纵行的黏膜皱襞，其下端的圆形隆起称为**十二指肠大乳头**，有胆总管和胰管的共同开口，胆汁和胰液由此流入十二指肠内（图 4-13）。

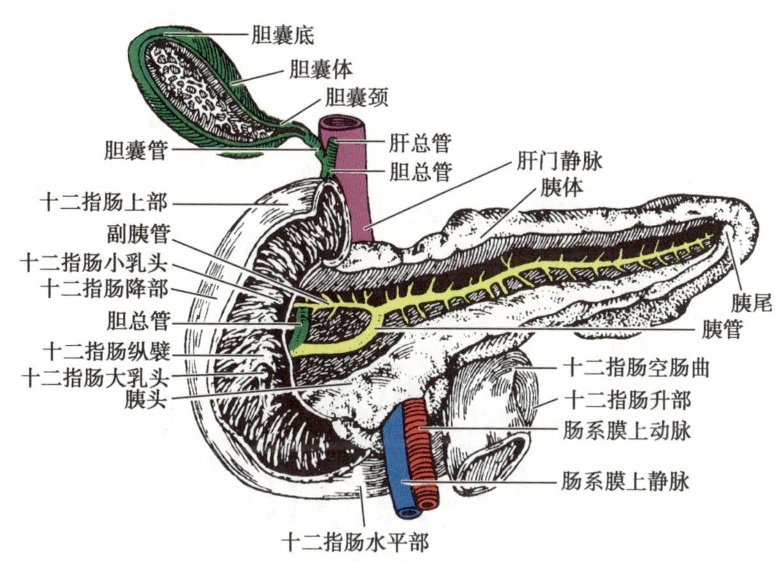

图 4-13 十二指肠和胰

2. **空肠（jejunum）和回肠（ileum）** 位于腹腔的中部和下部，周围为大肠所环绕（图 4-1）。空肠上端起于十二指肠升部末端，回肠下端借回盲口与大肠的盲肠连通。空肠与回肠之间无明显界限，空肠约占空、回肠的近侧 2/5，管径较粗，管壁较厚，呈粉红色。回肠约占空、回肠的远侧 3/5，管径较细，管壁较薄，呈粉灰色。

（二）小肠的组织结构

小肠壁可分为黏膜、黏膜下层、肌层和外膜 4 层（图 4-14）。

1. 黏膜 由单层柱状上皮、固有层和黏膜肌层构成。黏膜表面具有许多环形皱襞和绒毛，增加了小肠与食物的接触面积，有利于营养物质的吸收。**绒毛**是由上皮和固有层向肠腔突出而成的。肠上皮被覆在绒毛的表面，固有层内的结缔组织为绒毛的轴心，内含一根贯穿绒毛全长的**中央乳糜管**，其起端在绒毛顶端，呈盲管状，在中央乳糜管周围有毛细

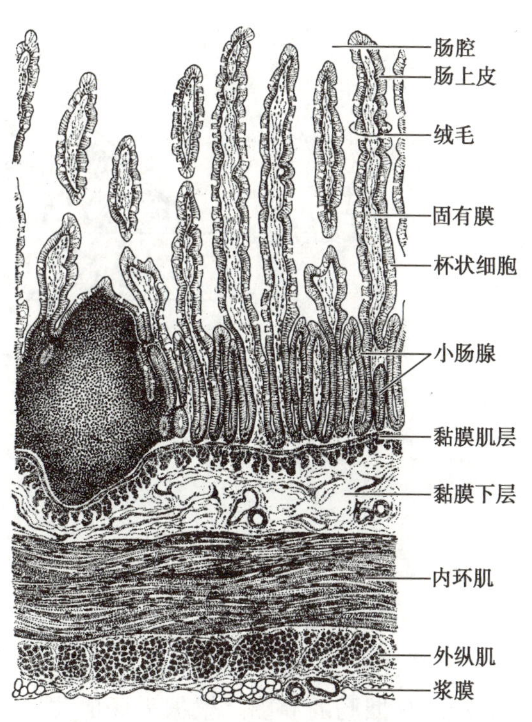

图 4-14 空肠的组织结构模式图（横切面）

笔记栏

血管网(图 4-15)。经小肠上皮吸收的氨基酸、葡萄糖、水和无机盐等进入毛细血管,吸收的脂肪微粒等则进入中央乳糜管。

小肠黏膜内的淋巴滤泡位于黏膜固有层内,可分为**孤立淋巴滤泡**和**集合淋巴滤泡**。空肠有孤立淋巴滤泡,而回肠除有孤立淋巴滤泡外,还有集合淋巴滤泡(图 4-16)。集合淋巴滤泡是由许多孤立淋巴滤泡汇集而成的。这些淋巴组织在小肠壁内是防御装置,肠伤寒时细菌常侵犯回肠集合淋巴滤泡,发生黏膜溃疡、坏死,有时可引起肠出血或肠穿孔。

2. 黏膜下层　由疏松结缔组织构成,内含丰富的血管、淋巴管和神经丛等。

3. 肌层　由内环、外纵两层平滑肌构成。

4. 外膜　大部分为浆膜。

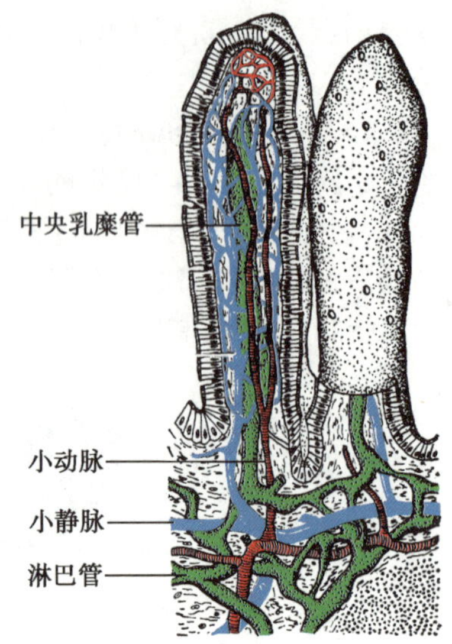

图 4-15　绒毛结构模式图

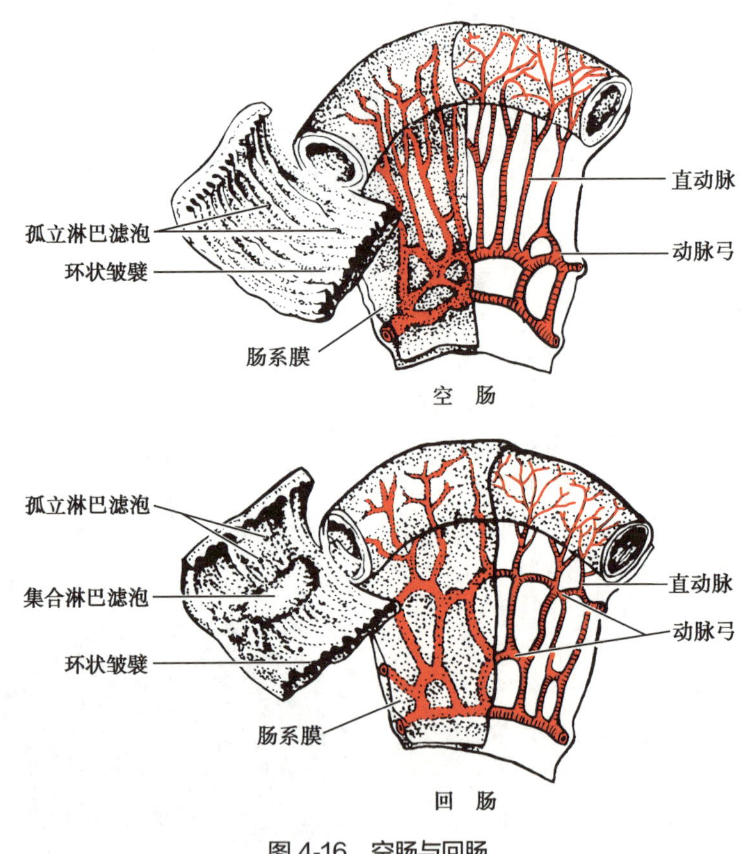

图 4-16　空肠与回肠

六、大肠

大肠(large intestine)起自右髂窝内回肠末端,终于肛门,全长约 1.5m,略呈方框形,围绕在空、回肠的周围。根据大肠的位置和特点,可分为盲肠、阑尾、结肠、直肠和肛管 5 部分(图 4-1)。

笔记栏

(一) 盲肠和阑尾

1. **盲肠(cecum)** 是大肠的起始部,长 6~8cm(图 4-17),下端为膨大的盲端,上续升结肠,位于右髂窝内。回肠末端向盲肠的开口,称为**回盲口**。回盲口处有**回盲瓣**,可防止大肠内容物逆流入小肠。在回盲口的下方约 2cm 处,有阑尾的开口。

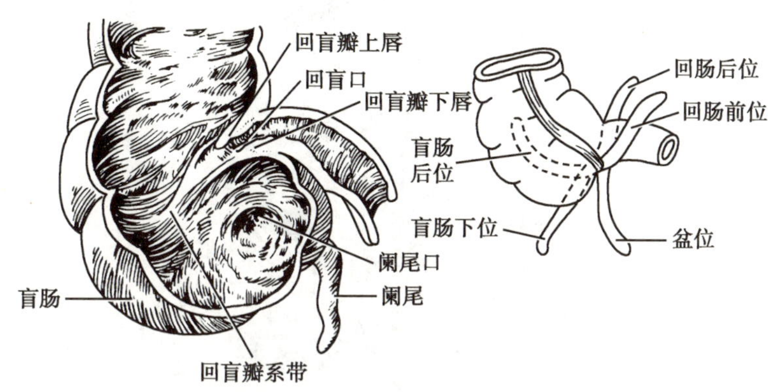

图 4-17 盲肠和阑尾

2. **阑尾(vermiform appendix)** 形似蚯蚓,又称**蚓突**(图 4-17)。上端连通盲肠,下端为游离盲端,长 7~9cm。阑尾根部的体表投影位置相对比较恒定,通常在脐与右髂前上棘连线的中、外 1/3 交点处,此点称为**麦氏(McBurney)点**,急性阑尾炎时有压痛或反跳痛。

(二) 结肠、直肠和肛管

1. **结肠(colon)** 位于盲肠和直肠之间,围绕在空肠和回肠周围。按其所在位置和形态,可分为升结肠、横结肠、降结肠和乙状结肠 4 部分(图 4-1)。**升结肠**起自盲肠上端,沿腹后壁右侧上升,至肝右叶下面转向左移行于横结肠。**横结肠**呈弓状向左行,至脾下面转折向下,移行于降结肠。**降结肠**沿腹后壁左侧下降,至左髂嵴处移行于乙状结肠。**乙状结肠**呈“乙”字形弯曲,向下进入盆腔,至第 3 骶椎水平续于直肠。

2. **直肠(rectum)** 位于盆腔,上端平第 3 骶椎前方起自乙状结肠,下端至盆膈处续于肛管。直肠后面与骶骨和尾骨相邻;直肠前面,在男性邻膀胱、前列腺、精囊等,在女性邻子宫和阴道。直肠在矢状面上有 2 个弯曲,上段与骶骨前面的曲度一致,形成一凸向后的弯曲,称为**骶曲**;下段绕过尾骨尖前面转向后下方,形成一凸向前的弯曲,称为**会阴曲**(图 4-18)。

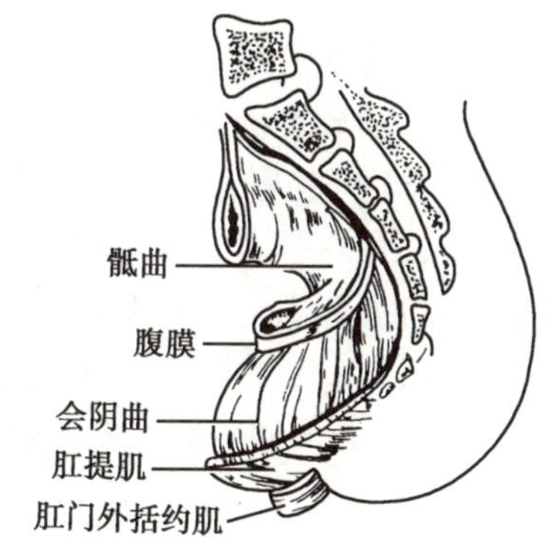

图 4-18 直肠的弯曲

3. **肛管(anal canal)** 为大肠的末段,长 3~4cm,上端于盆膈处与直肠相连,下端开口于肛门。肛管处的环形平滑肌特别增厚,形成**肛门内括约肌**,有协助排便的作用。肛门内括约肌周围有环形的骨骼肌,称为**肛门外括约肌**,有较强的控制排便功能(图 4-19)。

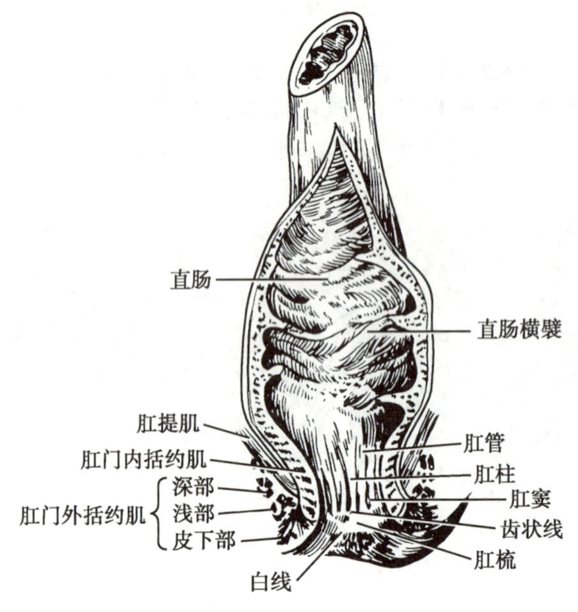

图 4-19 直肠和肛管的结构

第三节 消 化 腺

一、肝

肝(liver)是人体中最大的腺体,也是最大的消化腺,重约 1 350g,相当于体重的 1/50,呈棕红色,质软而脆,受暴力打击易破裂出血。

(一) 肝的形态和位置

1. 肝的形态 肝呈楔形,可分为上、下两面,前、后两缘,左、右两叶(图 4-20、图 4-21)。肝的上面隆凸,与膈相贴;肝的下面凹凸不平,与许多内脏相邻。肝的**前缘**(也称下缘)锐利,**后缘**钝圆。肝的上面,以**镰状韧带**为界,将肝分为肝左叶和肝右叶。**肝右叶**大而厚,**肝左叶**小而薄。肝下面中间部位为**肝门**,有肝门静脉、肝固有动脉、肝左管、肝右管、淋巴管和神经

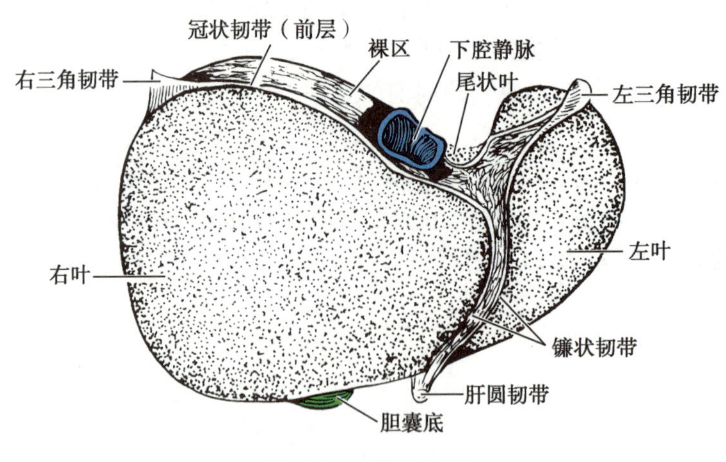

图 4-20 肝的上面

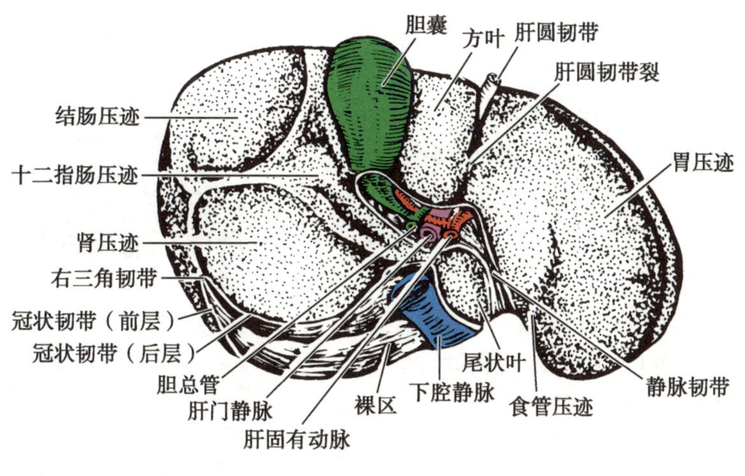

图 4-21 肝的下面

等出入。

2. 肝的位置 肝大部分位于右季肋区和腹上区，小部分位于左季肋区。在成年人，右肋弓下缘不应触及肝。但在腹上区，剑突下 3~5cm 内，触及肝下缘尚属正常。

（二）肝的组织结构

肝表面大部分覆以浆膜，浆膜深面又有一层较为致密的纤维膜包裹。纤维膜在肝门处增厚，随血管深入肝的实质，将肝分隔成许多肝小叶（图 4-22）。

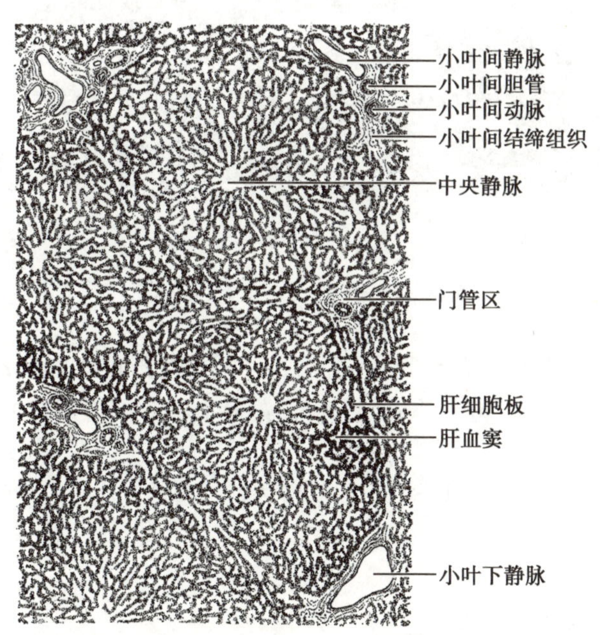

图 4-22 肝的组织结构模式图

1. **肝小叶（hepatic lobule）** 是肝的结构和功能的基本单位，为多角形棱柱体，横切面呈多边形，长约 2mm，宽约 1mm（图 4-23）。肝小叶中央有一条沿长轴走行的**中央静脉**。中央静脉的管壁由一层内皮细胞围成，管壁上有肝血窦的开口。肝细胞以中央静脉为中心呈放射状排列，形成**肝细胞板**，彼此吻合成网。肝细胞板之间的不规则空隙内有**肝血窦**，肝血窦窦壁由内皮细胞构成，外被网状纤维包绕。**窦间隙**位于肝细胞与肝血窦之间，内有贮脂细胞，

笔记栏

能贮存脂肪和维生素 A 等。**胆小管**则由两个相邻的肝细胞膜围成(图 4-24)。

2. 门管区　位于肝小叶之间结缔组织内,包括小叶间动脉、小叶间静脉和小叶间胆管(图 4-24)。

3. 肝的血管　肝的血液供应丰富,有两个来源,即肝门静脉和肝固有动脉。

(1) 肝门静脉:是肝的功能血管,主要汇集来自消化道的静脉,血液内含丰富的营养物质,输入肝内供肝细胞加工和贮存。肝门静脉入肝后经多次分支形成小叶间静脉。小叶间静脉,将血液输入肝血窦。肝血窦的血液从肝小叶周边流向中央,与肝细胞进行物质交换后,流入中央静脉,然后汇入小叶下静脉,小叶下静脉再汇合成肝静脉,最后注入下腔静脉。

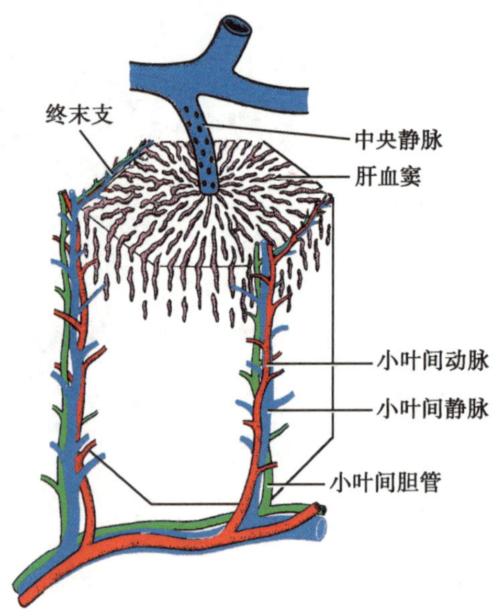

图 4-23　肝小叶模式图

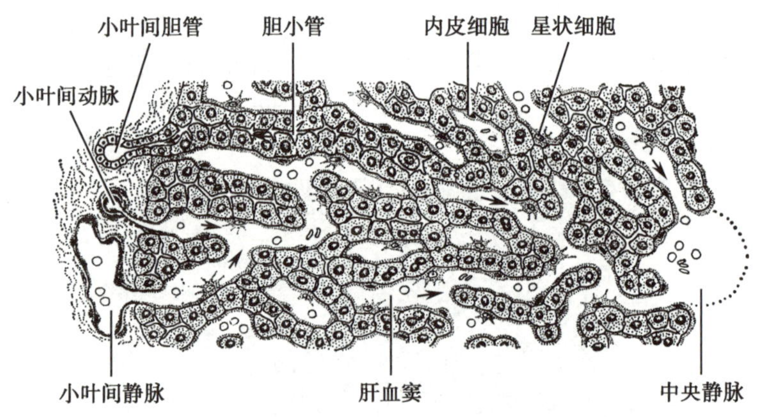

图 4-24　肝小叶及门管区模式图

(2) 肝固有动脉:是肝的营养血管,入肝后,反复分支,形成小叶间动脉。小叶间动脉的血液一部分供应小叶间组织,另一部分则与肝门静脉血液共同进入肝血窦,故肝血窦的血液是混合性的。

4. 胆汁的排出途径　肝细胞分泌的胆汁流入胆小管,继而汇入小叶间胆管,再经肝左、右管出肝。

(三) 肝外胆道

肝外胆道包括胆囊和输胆管道。

1. **胆囊(gallbladder)**　位于肝右叶下面,略呈鸭梨形,可分为底、体、颈和管 4 部分(图 4-25)。**胆囊底**为突向前下方的盲端,其体表投影相当于右侧腹直肌外侧缘与右肋弓相交处。胆囊炎时,此处可有压痛。胆囊有贮存和浓缩胆汁的功能。

2. 输胆管道　包括肝左、右管,肝总管和胆总管。

肝左管和肝右管由肝内胆小管逐渐汇合而成,出肝门后即汇合成**肝总管**。肝总管末端与位于其右侧的胆囊管汇合,共同形成**胆总管**(图 4-26)。胆总管向下经十二指肠上部的后方,至胰头与十二指肠降部之间,进入十二指肠降部的后内侧壁,在此处与胰管汇合,形成略膨

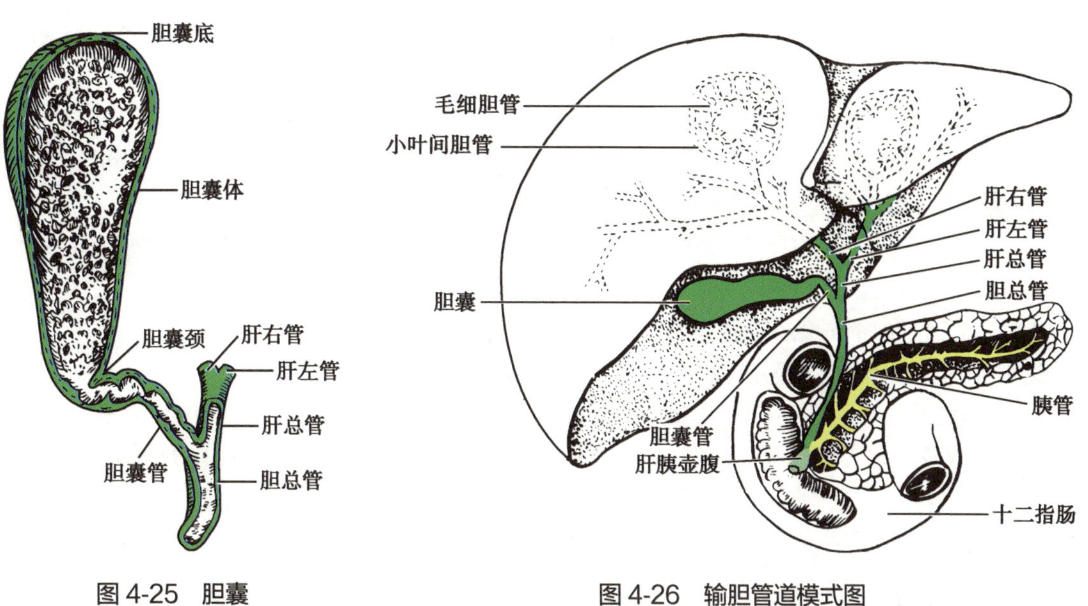

图 4-25 胆囊

图 4-26 输胆管道模式图

大的**肝胰壶腹**(**Vater** 壶腹),开口于十二指肠大乳头。在肝胰壶腹的管壁内有环形平滑肌,称为**肝胰壶腹括约肌**(**Oddi 括约肌**)。此肌有控制胆汁排出和防止十二指肠内容物反流入胆总管和胰管的作用。

二、胰

(一)胰的形态和位置

胰(**pancreas**)为长棱柱状,可分为头、体和尾 3 部分(图 4-13)。**胰头**较宽大,位于第 2 腰椎右侧,被十二指肠所环抱;**胰体**是胰的中间大部分;**胰尾**是左端狭细部,抵达脾门后下方。在胰的实质内有与长轴平行的胰管。**胰管**起自胰尾部,沿途汇集各小叶间导管,最后与胆总管汇合成肝胰壶腹,共同开口于十二指肠大乳头。胰位于胃、横结肠的后方,横贴于第 1~2 腰椎体前面,并紧贴于腹后壁,前面有腹膜覆盖。

(二)胰的组织结构

胰外面有薄层结缔组织被膜,并伸入其实质将胰分为许多小叶(图 4-27)。胰由外分泌

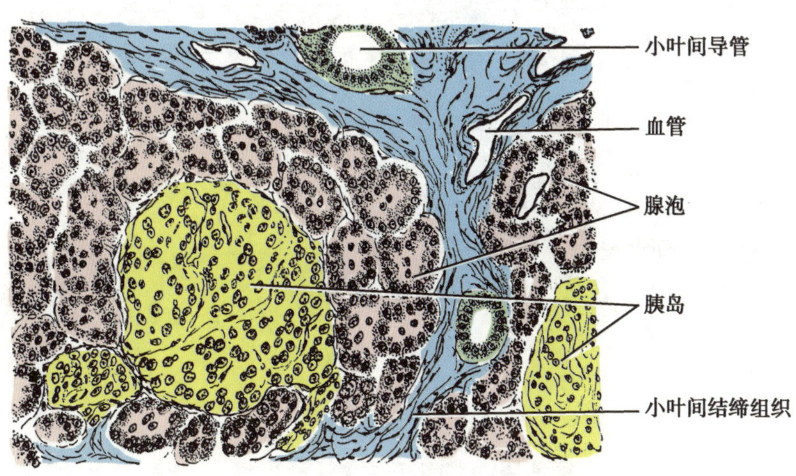

图 4-27 胰腺切面

笔记栏

部和内分泌部构成。外分泌部分泌胰液，含多种消化酶，有分解消化蛋白质、糖类和脂肪的作用。内分泌部分泌激素，参与调节体内的糖代谢。

1. 外分泌部　由**腺泡**和**导管**构成。腺泡呈泡状或管状，能分泌多种消化酶。导管的起始部称为**闰管**，闰管一端伸入腺泡腔形成泡心细胞，另一端与小叶内导管相连。小叶内导管在小叶间结缔组织内汇合成小叶间导管，最后汇合成胰管。

2. 内分泌部　又称**胰岛**，为散在于外分泌部中的大小不等和形状不定的细胞团，细胞间有丰富的毛细血管。胰岛主要有 A、B、D 3 种细胞。

(1) A 细胞：约占胰岛细胞总数的 20%，多分布于胰岛的周边部，分泌胰高血糖素，主要促进肝细胞内的糖原分解并抑制糖原合成，因而使血糖升高。

(2) B 细胞：约占胰岛细胞总数的 75%，多分布于胰岛的中央部，分泌胰岛素，主要促进血液中的葡萄糖进入细胞，还促进肝细胞、肌纤维等将葡萄糖合成糖原，使血糖下降。

(3) D 细胞：数量少，仅占胰岛细胞总数的 5%，分散于 A、B 细胞之间，分泌生长抑素，抑制 A、B 细胞的分泌活动。

附　腹膜

腹膜(peritoneum)是由间皮和结缔组织构成的一层浆膜，薄而光滑，呈半透明状，可分为壁腹膜和脏腹膜。被覆于腹壁、盆壁内面的部分，称为**壁腹膜**；被覆于脏器表面的部分，称为**脏腹膜**。脏腹膜和壁腹膜互相移行，共同围成一个潜在性腔隙，称为**腹膜腔**。男性腹膜腔是一个完全封闭的腔隙，而女性腹膜腔则借输卵管、子宫和阴道与外界相通(图 4-28)。

腹膜可分泌少量浆液，润滑脏器表面，减少脏器间的摩擦。另外，腹膜还具有吸收、支持、保护、修复及防御等功能。

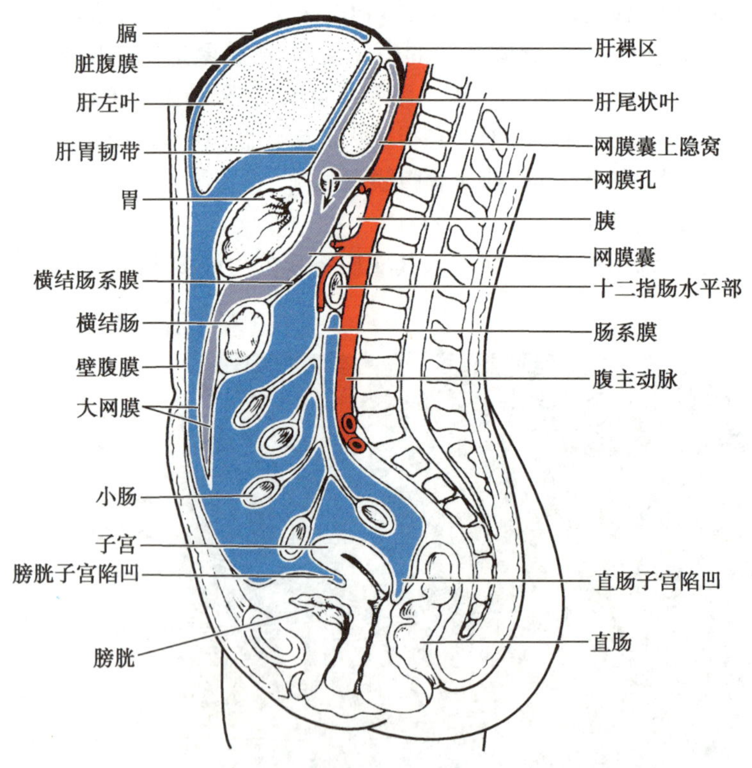

图 4-28　腹膜(正中矢状面，女性)

笔记栏

学习小结

消化系统由消化道和消化腺组成，消化道包括上消化道（口腔、咽、食管、胃、十二指肠）和下消化道（空肠、回肠、大肠），消化腺包括大消化腺（肝、胰、大唾液腺）和小消化腺（胃腺、肠腺等）。口腔分为口腔前庭和固有口腔，经咽峡与咽相通，内有牙、舌和3对大唾液腺。咽为消化系统和呼吸系统的共同通道，分为鼻咽、口咽和喉咽。食管为一肌性管道，有3个生理性狭窄。胃入口为贲门，出口为幽门，分为贲门部、胃底、胃体和幽门部。小肠分为十二指肠、空肠和回肠3部分。大肠分为盲肠、阑尾、结肠、直肠和肛管5部分。肝有左、右两叶，血液供应来自肝门静脉和肝固有动脉，肝小叶为肝的基本结构单位。肝外胆道包括胆囊和输胆管道。胰分为头、体和尾3部分，由外分泌部和内分泌部构成。腹膜为一层浆膜，分为壁腹膜和脏腹膜，互相移行围成腹膜腔。

（张育敏　邵水金）

复习思考题

1. 试述咽的位置、分部及主要结构。
2. 食管有几个生理性狭窄？各位于何处？
3. 简述胃的形态、分部和位置。
4. 简述肝的形态和位置。
5. 简述肝小叶的结构。
6. 一男孩不慎吞下一小玻璃球，第二天随大便排出，请写出玻璃球在小孩体内依次经过的器官。
7. 试述胆汁的产生及排入十二指肠的途径。

扫一扫，测一测

课件

第五章 呼吸系统

学习目标

识记呼吸系统的组成及上、下呼吸道的划分，喉的位置和主要结构，气管的位置和结构，左、右主支气管的区别，肺的形态、位置和主要结构；知晓外鼻的形态结构，鼻腔的分部，喉腔的分部；理解胸膜腔和纵隔的概念。

呼吸系统（respiratory system）由肺外呼吸道和肺组成。呼吸道包括鼻、咽、喉、气管和各级支气管。临床上常将鼻、咽、喉称为**上呼吸道**，气管和各级支气管称为**下呼吸道**（图 5-1）。肺由肺内各级支气管和肺泡等构成。呼吸系统的主要功能是进行气体交换，即从体外吸入氧气，同时将体内的二氧化碳排出体外。此外，鼻还有嗅觉功能，喉还有发音功能。

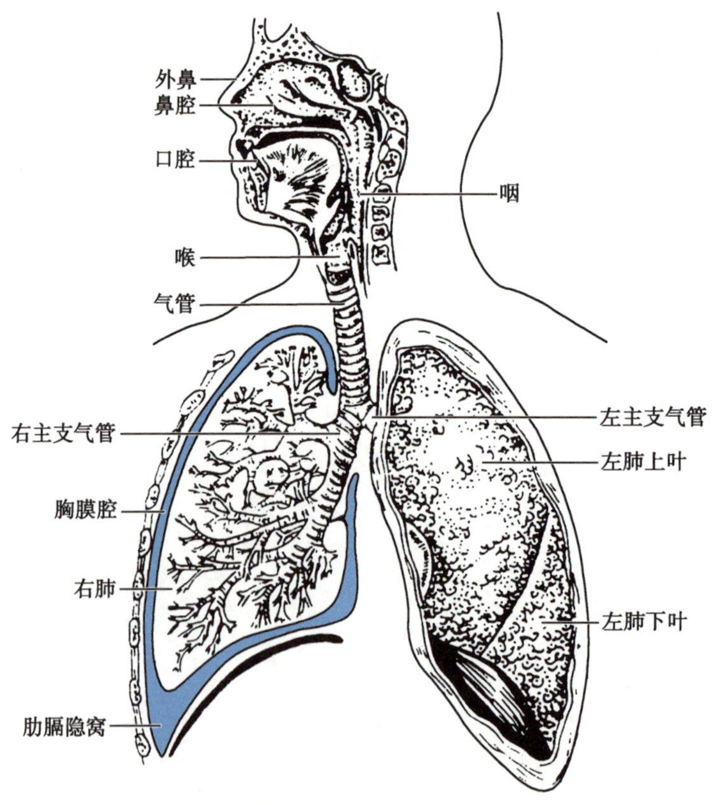

图 5-1 呼吸系统模式图

呼吸的过程

第一节 肺外呼吸道

一、鼻

鼻(nose)是呼吸道的起始部,又是嗅觉器官,由外鼻、鼻腔和鼻旁窦 3 部分组成。

(一) 外鼻

外鼻(external nose)位于面部中央,以鼻骨和鼻软骨为支架,表面被覆皮肤。外鼻上部狭窄,位于两眼之间,称为**鼻根**,向下延伸为**鼻背**,下端称为**鼻尖**,鼻尖两侧膨隆部分为**鼻翼**。在平静呼吸的情况下,鼻翼无明显活动;在呼吸困难时,可出现鼻翼扇动。

(二) 鼻腔

鼻腔(nasal cavity)以骨和软骨为支架,内衬黏膜和皮肤。鼻中隔将鼻腔分为左、右两腔,向前以鼻孔通外界,向后经鼻后孔通鼻咽部。每侧鼻腔由上壁、下壁、外侧壁和内侧壁围成。其上壁为筛板,邻颅前窝;下壁即口腔顶,由硬腭构成;外侧壁自上而下有**上鼻甲**、**中鼻甲**和**下鼻甲**(图 5-2),各鼻甲外下方的空隙分别称为**上鼻道**、**中鼻道**和**下鼻道**;内侧壁为鼻中隔(图 5-3),由骨性鼻中隔和鼻中隔软骨衬以黏膜构成。鼻中隔以偏向左侧者多见,鼻中隔偏曲严重者,可引起鼻塞、头痛或出血。在鼻中隔的前下部有一区域,内有丰富的毛细血管丛,称为**易出血区**(Little 区),约 90% 的鼻出血均发生于此。

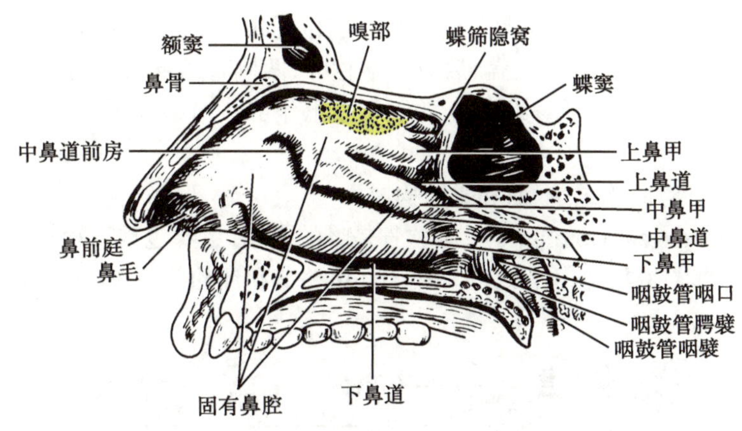

图 5-2 鼻腔外侧壁(右侧)

每侧鼻腔分为鼻前庭和固有鼻腔 2 部分。

1. **鼻前庭(nasal vestibule)** 为鼻腔的前下部,由鼻翼和鼻中隔的前下部所围成,其内衬以皮肤,生有鼻毛,借以过滤、净化空气。鼻前庭皮肤富有皮脂腺和汗腺,是疖肿的好发部位,又由于该处缺少皮下组织,皮肤直接与软骨膜紧密相连,故发生疖肿时疼痛较为剧烈。

2. **固有鼻腔(proper nasal cavity)** 为鼻腔的后上部,是鼻腔的主要部分。固有鼻腔有黏膜覆盖,分为嗅部和呼吸部。**嗅部**为位于上鼻甲及其相对应的鼻中隔部分的黏膜,此部黏膜内含有嗅细胞,能感受嗅觉刺激。**呼吸部**为嗅部以外的部分,黏膜上皮有纤毛,黏膜内含丰富的血管、黏液腺,对吸入的空气起加温、湿润以及净化其中的灰尘和细菌等作用。

(三) 鼻旁窦

见运动系统相关部分。

笔记栏

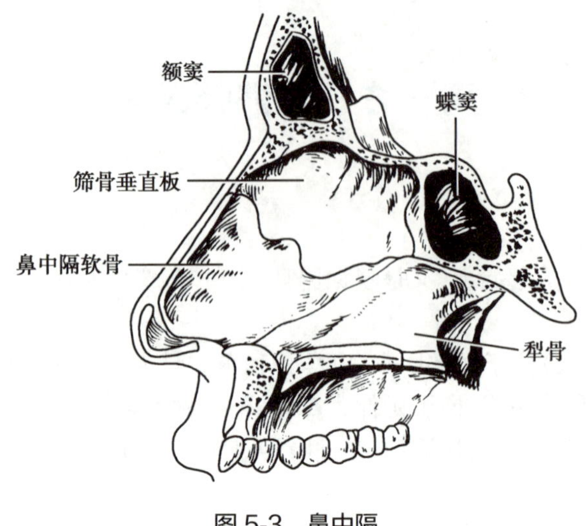

图 5-3 鼻中隔

二、咽

见消化系统相关部分。

三、喉

(一) 喉的位置

喉(larynx)既是呼吸管道,又是发音器官。它位于颈前部正中,位置表浅,前方被皮肤、浅筋膜、深筋膜和舌骨下肌群所覆盖,后方与咽相邻,两侧有颈部大血管、神经和甲状腺左、右侧叶。成年人喉的上界约平对第 2~3 颈椎体之间,下界平对第 6 颈椎体下缘。

(二) 喉的结构

喉由喉软骨、软骨间连结、喉肌和黏膜构成。

1. **喉软骨(laryngeal cartilages)** 喉软骨是喉的支架,主要包括**甲状软骨**、**会厌软骨**、**环状软骨**和成对的**杓状软骨**;喉软骨之间构成了环甲关节和环杓关节等(图 5-4)。

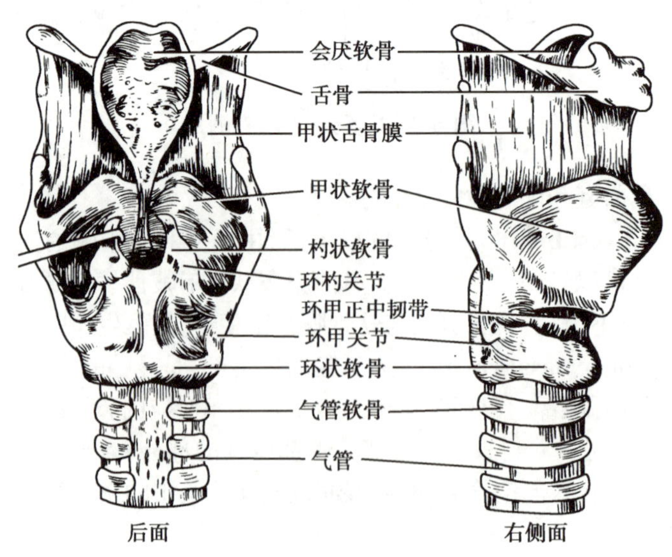

图 5-4 喉软骨及其连结

2. **喉肌(muscles of larynx)** 属骨骼肌,对声带紧张或松弛、声门裂开大或缩小以及喉口的开大或关闭等,均有调节作用。

(三) 喉腔

喉的内腔称为**喉腔(laryngeal cavity)**(图 5-5、图 5-6),向上经喉口通喉咽,向下通气管。喉腔内衬黏膜,喉腔的黏膜与咽和气管的黏膜相延续。喉腔两侧壁的中部可见上、下两对呈矢状位的黏膜皱襞。上方的一对称为**前庭襞**,在活体时呈粉红色,两侧前庭襞之间的裂隙称为**前庭裂**。下方的一对称为**声襞**,在活体时颜色较白,两侧声襞之间及杓状软骨的裂隙称为**声门裂**,声门裂是喉腔最狭窄的部位。声襞及其所覆盖的声韧带和声带肌三者共同组成**声带**,当气流通过声门裂时振动声带而发音。

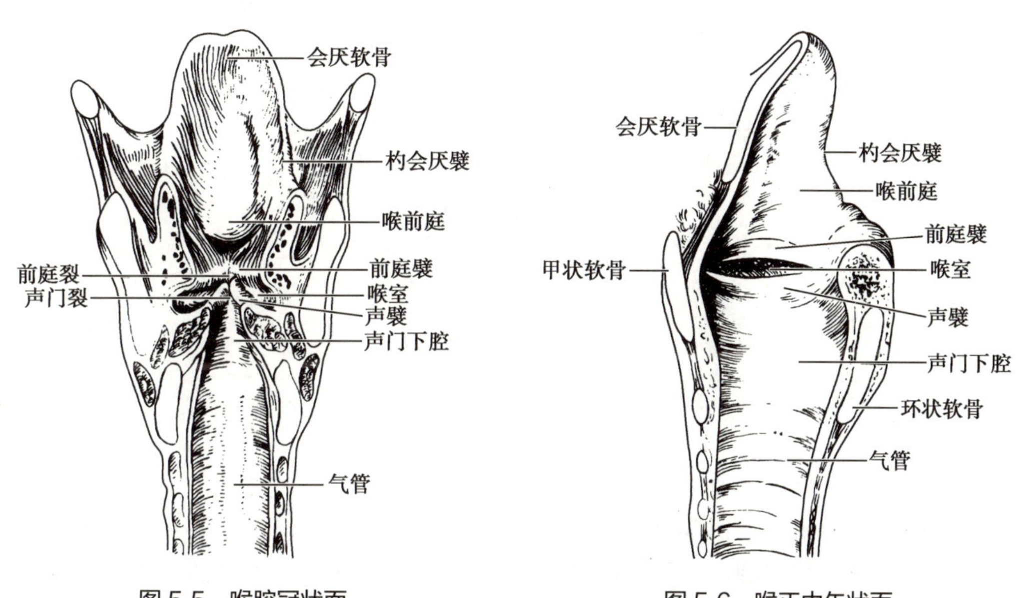

图 5-5 喉腔冠状面　　图 5-6 喉正中矢状面

喉腔以前庭裂和声门裂为界分为上、中、下 3 部分。前庭裂平面以上的部分称为**喉前庭**;前庭裂和声门裂之间的部分称为**喉中间腔**,其两侧的隐窝称为**喉室**;声门裂平面以下的部分称为**声门下腔**。

四、气管和主支气管

(一) 气管

气管(trachea)为后壁略扁的圆筒状管道,主要由气管软骨、平滑肌和结缔组织构成,内面衬以黏膜。气管软骨呈 C 形,一般为 14~16 个,其间由结缔组织连结。气管后壁无软骨,由平滑肌和结缔组织构成的膜壁所封闭(图 5-7)。

气管位于食管前方,上端于第 6 颈椎体下缘高度接环状软骨,经颈部正中,下行入胸腔,在平对第 4 胸椎体下缘高度分为左、右主支气管,分叉处称为**气管杈**。临床气管切开术常在第 3、第 4 或第 4、第 5 气管软骨处进行。

(二) 主支气管

主支气管(principal bronchus)是指由气管杈至肺门之间的管道,左右各一,分别称为左主支气管和右主支气管。**左主支气管**细长,走向较水平;**右主支气管**粗短,走向较垂直,故误入气管的异物多坠入右主支气管或右肺内。

笔记栏

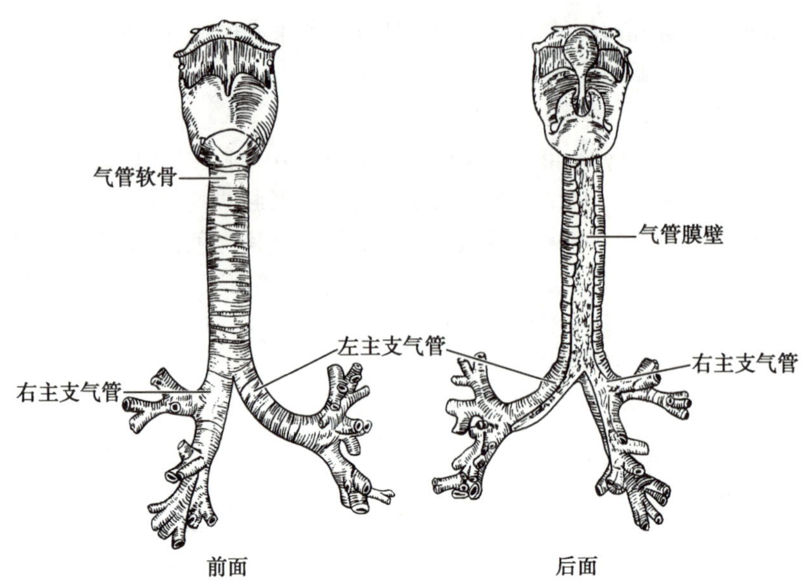

图 5-7 气管和主支气管

第二节 肺

EB-上-5-2
肺

一、肺的位置和形态

肺(lung)位于胸腔内,纵隔的两侧,左右各一。肺近似圆锥形,有一尖、一底、两面和三缘(图 5-8、图 5-9)。**肺尖**圆钝,经胸廓上口突入颈根部。**肺底**朝向膈,稍向上凹。外侧面又称**肋面**,邻接肋和肋间肌;内侧面又称**纵隔面**,朝向纵隔。纵隔面中央凹陷处称为**肺门**,为主支气管、肺动脉、肺静脉、淋巴管和神经出入的部位。这些结构被结缔组织包绕成束,称为**肺根**。肺的**前缘**和**下缘**锐薄,而**后缘**钝圆。左肺前缘下部有**心切迹**。

左肺较狭长由斜裂分为上、下 2 叶;右肺较宽短由斜裂和水平裂分为上、中、下 3 叶(图 5-8、图 5-9)。

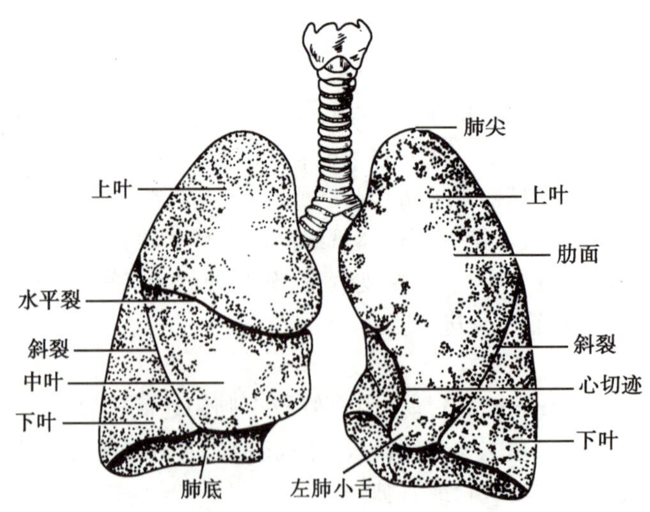

图 5-8 气管、主支气管和肺(前面)

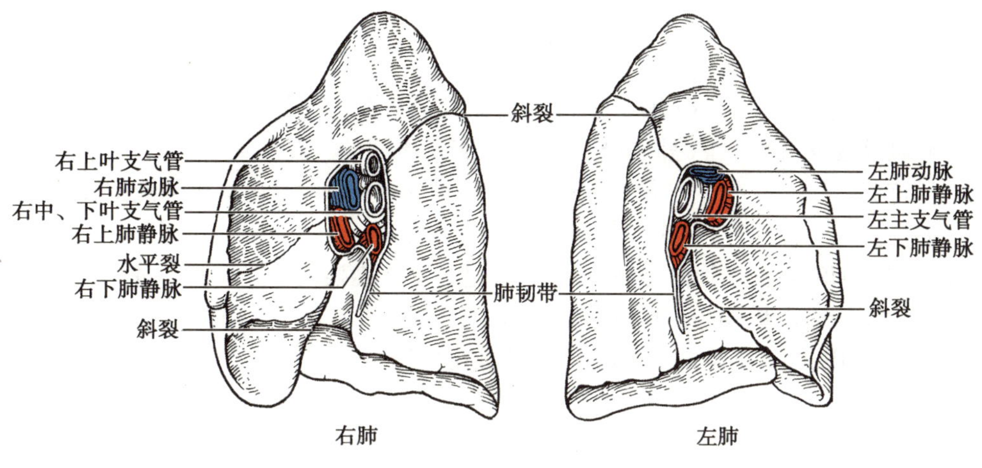

图 5-9 肺的内侧面

二、肺的组织结构

肺的表面覆以浆膜。肺组织分为实质和间质 2 部分,实质为肺内的各级支气管和肺泡等,间质为肺内的结缔组织、血管、淋巴管和神经等。肺的实质按功能可分为导气部和呼吸部。肺内的叶支气管、段支气管、小支气管、细支气管和终末细支气管称为肺的导气部。终末细支气管以下为肺的呼吸部,包括呼吸性细支气管、肺泡管、肺泡囊和肺泡。每一个细支气管连同以下各级分支和肺泡组成一个**肺小叶**,为肺的结构和功能单位。肺小叶呈锥体形,尖端朝向肺门,底朝向肺表面(图 5-10)。

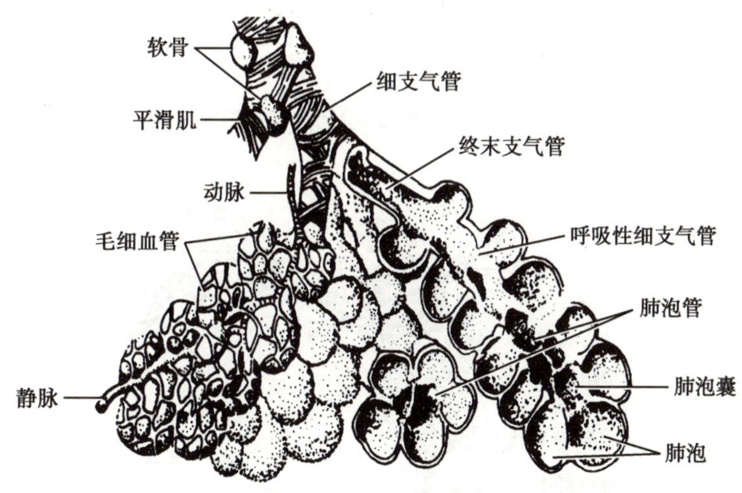

图 5-10 肺小叶模式图

(一)肺的导气部

肺的导气部是支气管进入肺内后连续性分支的气体通道。随着管道的不断分支,管径渐细,管壁渐薄。组成管壁的黏膜、黏膜下层和外膜,结构也渐趋简单。

细支气管和终末细支气管外膜的环形平滑肌,在内脏神经支配下收缩或舒张,以调节进入肺泡的气流量。在正常吸气时平滑肌松弛,管腔扩大;呼气末时平滑肌收缩,管腔变小。在支气管哮喘等病理情况下,平滑肌发生痉挛性收缩,管径变窄,进出肺泡的气流量减少,从

笔记栏

而导致呼吸困难。

(二) 肺的呼吸部

肺的呼吸部共同特点是都有肺泡开口,是肺组织完成气体交换的部位。

1. **呼吸性细支气管** 它是肺的导气部和呼吸部之间的过渡性管道。

2. **肺泡管** 每个呼吸性细支气管分支成 2~3 个肺泡管,它是由许多肺泡围成的管道。

3. **肺泡囊** 与肺泡管相连续,它是若干肺泡共同开口处。

4. **肺泡** 肺泡是支气管树的终末部分,是进行气体交换的主要场所。每个肺有 3 亿 ~5 亿个肺泡。肺泡壁很薄,由单层肺泡上皮围成,有基膜(图 5-11、图 5-12)。

(1) 肺泡上皮:肺泡上皮由Ⅰ型和Ⅱ型 2 种肺泡细胞组成。

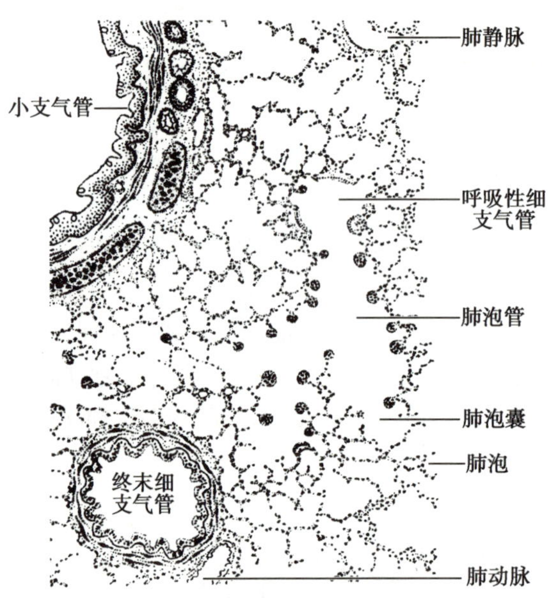

图 5-11 肺的组织结构模式图

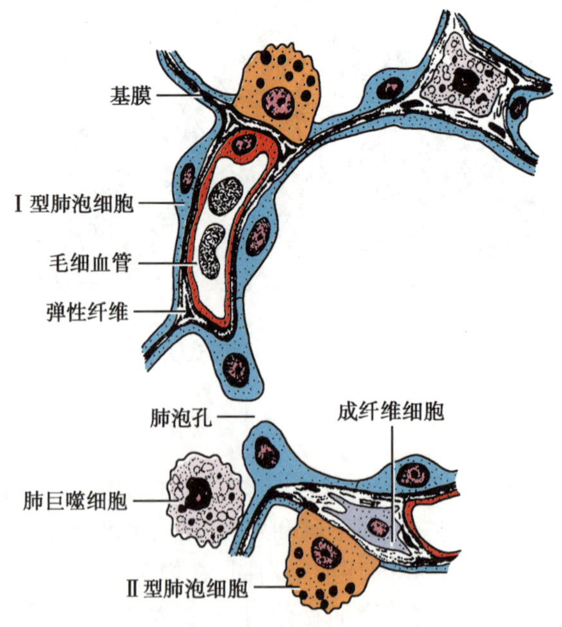

图 5-12 肺泡及肺泡孔模式图

笔记栏

Ⅰ型肺泡细胞：细胞呈扁平形，表面光滑；细胞核扁圆形，含核部分略厚，其余部分薄；胞质内细胞器少，有许多吞饮小泡。Ⅰ型肺泡细胞的主要作用是参与气体交换。

Ⅱ型肺泡细胞：细胞呈立方体或圆形，镶嵌于Ⅰ型肺泡细胞之间；细胞核圆形；胞质着色较浅，呈泡沫状。电镜下，细胞游离面有少量的微绒毛，胞质内粗面内质网和高尔基复合体等细胞器发达，还有许多大小不一的分泌颗粒，颗粒内的物质进入肺泡腔，在肺泡上皮的表面铺展成一层薄膜，称为**表面活性物质**，有降低肺泡的表面张力及稳定肺泡大小的作用。Ⅱ型肺泡细胞是一种分泌细胞，能分泌表面活性物质，还有分裂增殖并转化为Ⅰ型肺泡细胞的潜能。

(2) **肺泡隔**：由相邻肺泡之间薄层结缔组织构成，属肺间质。其内富含密集的毛细血管网、弹性纤维和肺巨噬细胞等，有利于肺泡内 O_2 与血液中的 CO_2 进行气体交换。

(3) **肺泡孔**：相邻肺泡之间有小孔相通，每个肺泡可以有一个或多个肺泡孔，直径为10~15μm，是沟通相邻肺泡腔的通道。

(4) **气-血屏障**：肺泡与血液间气体交换所通过的结构，称为气-血屏障（又称呼吸膜）。气-血屏障依次由下列结构组成：①肺泡内表面的液体层；②Ⅰ型肺泡细胞与基膜；③薄层结缔组织；④毛细血管基膜与内皮。气-血屏障很薄，厚0.2~0.5μm，有利于气体交换。

知识链接

胎儿肺与成人肺的区别

胎儿和未曾呼吸过的新生儿肺不含空气，比重较大(1.045~1.056)，可沉于水底。出生后因肺内含空气，比重较小(0.345~0.746)，能浮出水面。这在法医鉴定上有重要价值。婴幼儿肺呈淡红色，随着生长，空气中的尘埃和炭粒等被吸入肺内并沉积，逐渐使肺变为暗红色或深灰色。生活在烟尘污染重的环境中的人和吸烟者的肺呈棕黑色。

附　胸膜和纵隔

1. **胸膜(pleura)**　为被覆于胸廓内面及肺表面的浆膜，可分为脏胸膜和壁胸膜(图5-13)。**脏胸膜**（又名肺胸膜）被覆于肺的表面，与肺实质紧密结合，并伸入到左、右肺斜裂和右肺水平裂中；**壁胸膜**被覆于胸壁的内面、纵隔两侧面和膈上面，可分为**胸膜顶**、**肋胸膜**、**膈胸膜**和**纵隔胸膜**4部分。脏胸膜和壁胸膜在肺门周围相互移行，围成左、右2个完全封闭的潜在性腔隙，称为**胸膜腔**。胸膜腔内为负压，并有少量浆液，可减少呼吸时脏、壁胸膜之间的摩擦，左、右胸膜腔互不相通。胸膜腔内有一些间隙，即使在深吸气时肺缘也不能深入其内，称为胸膜隐窝。其中，肋胸膜和膈胸膜相互移行处形成了**肋膈隐窝**。肋膈隐窝是站立或坐位时胸膜腔的最低点，是胸膜炎时渗出液聚集的部位，也是炎症后易发生粘连的部位之一。

2. **纵隔(mediastinum)**　是两侧纵隔胸膜之间所有器官和组织结构的总称。呈矢状位，上窄下宽，而且显著偏左，这是由于心脏位置偏左的缘故。其前界为胸骨，后界为胸椎体，两侧界为纵隔胸膜，上界至胸廓上口，下界达膈。通常以胸骨角平面（平对第4胸椎体下缘）将纵隔分为**上纵隔**和**下纵隔**。上纵隔内有胸腺、出入心的大血管、膈神经、迷走神经、喉返神经、食管、气管、胸导管和淋巴结等。下纵隔又以心包为界分为前纵隔、中纵隔和后纵隔3部分。**前纵隔**位于胸骨与心包前壁之间，仅含有胸腺、少量结缔组织和淋巴结。**后纵隔**位于心包后壁与脊柱之间，有胸主动脉、奇静脉及其属支、主支气管、食管、胸导管、迷走神经、胸交感干

笔记栏

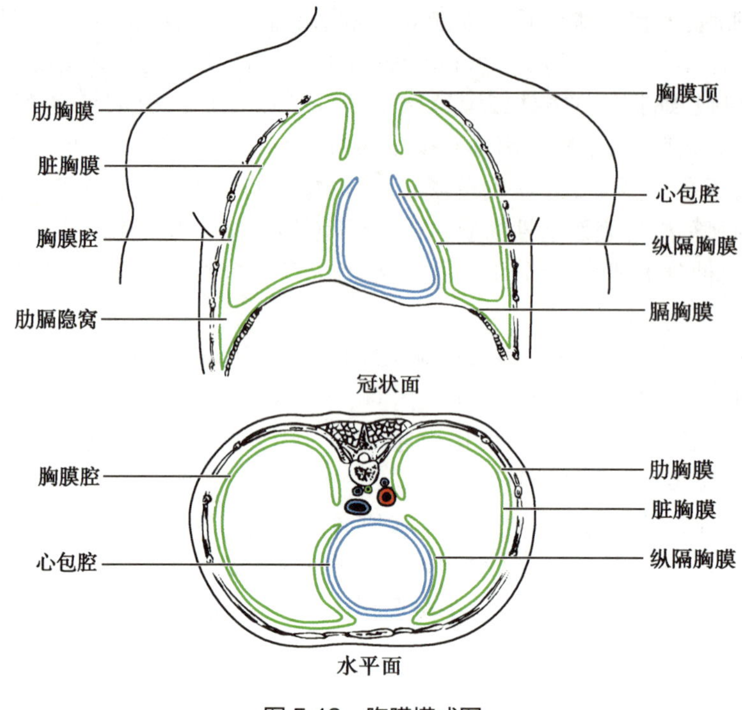

图 5-13 胸膜模式图

和淋巴结等。**中纵隔**位于前、后纵隔之间，即相当于心包的位置，内有心包、心及出入心的大血管根部等(图 5-14)。

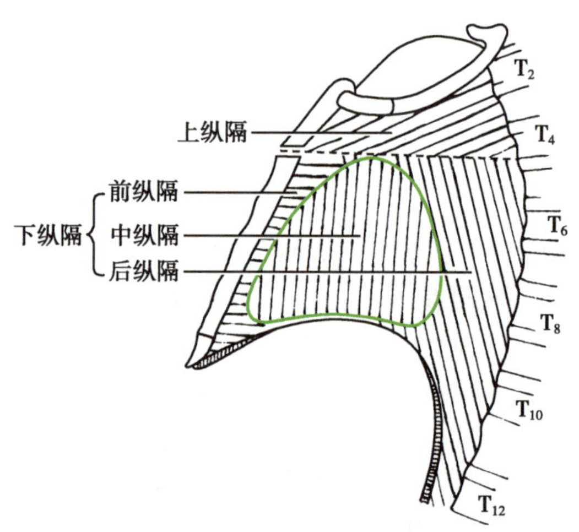

图 5-14 纵隔的分部示意图

学习小结

呼吸系统由肺外呼吸道和肺组成，其主要功能是进行气体交换。呼吸道包括鼻、咽、喉、气管和各级支气管。鼻由外鼻、鼻腔和鼻旁窦组成。咽是消化系统和呼吸系统的共同通道。喉由喉软骨、软骨间连结、喉肌和黏膜构成；喉腔被前庭裂和声门裂分为喉前庭、喉中间腔和声门下腔。气管由 14~16 个呈 C 形的气管软骨环、平滑肌和结缔

笔记栏

组织构成，自颈部下行至第4胸椎体下缘高度分为左、右主支气管，右主支气管较左主支气管粗短而陡直。肺近似圆锥形，有一尖、一底、两面和三缘，肺尖可经胸廓上口突入颈根部；肺内的各级支气管和肺泡等构成肺实质，分为导气部和呼吸部。胸膜是薄而光滑的浆膜，分为脏胸膜和壁胸膜，脏、壁胸膜之间的密闭、潜在的腔隙为胸膜腔，呈负压。纵隔是两侧纵隔胸膜之间的所有器官和组织结构的总称。

（吴世卫）

复习思考题

1. 简述鼻腔黏膜的分部和特点。
2. 试述喉黏膜形成的结构和喉腔的分部。
3. 支气管异物易坠入哪侧主支气管？为什么？
4. 纤维支气管镜由口依次经何途径到达右肺上叶？
5. 简述肋膈隐窝的概念及临床意义。

扫一扫，测一测

课件

第六章

泌 尿 系 统

学习目标

识记泌尿系统的组成，肾的形态和位置，膀胱的形态、位置和膀胱三角的结构特点，女性尿道的结构特点及开口部位；知晓输尿管的3个狭窄部位；理解肾的组织结构。

尿液排出的过程

泌尿系统（urinary system）由肾、输尿管、膀胱和尿道组成（图 6-1）。其主要功能是产生尿液，排出机体内溶于水的代谢产物（如尿素、尿酸等）和多余的水分，保持机体内环境的稳定和电解质的平衡。肾生成尿液，再经输尿管输送到膀胱暂时储存；当排尿时，膀胱收缩经尿道排出体外。

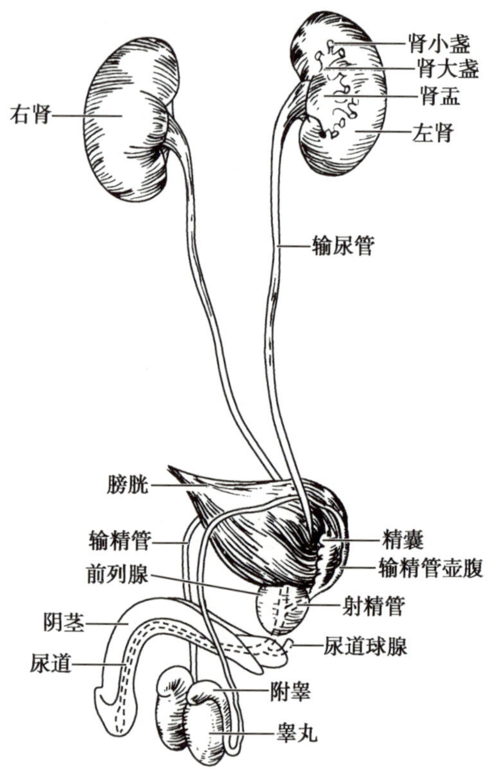

图 6-1 泌尿生殖系统模式图（男性）

第一节 肾

肾

一、肾的形态

肾（kidney）为实质性器官，左右各一，形似蚕豆，新鲜时呈红褐色，表面光滑，质柔软，重 120~150g。肾可分为上、下两端，前、后两面，内、外侧两缘。外侧缘隆凸，内侧缘中部凹陷，称为**肾门(renal hilum)**，内有肾动脉、肾静脉、肾盂、淋巴管和神经等出入。它们被结缔组织包裹成束，称为**肾蒂(kidney pedicle)**。由肾门伸入肾实质的腔隙称为**肾窦(renal sinus)**，窦内有肾盂、肾小盏、肾大盏、肾血管及脂肪组织等(图6-2)。

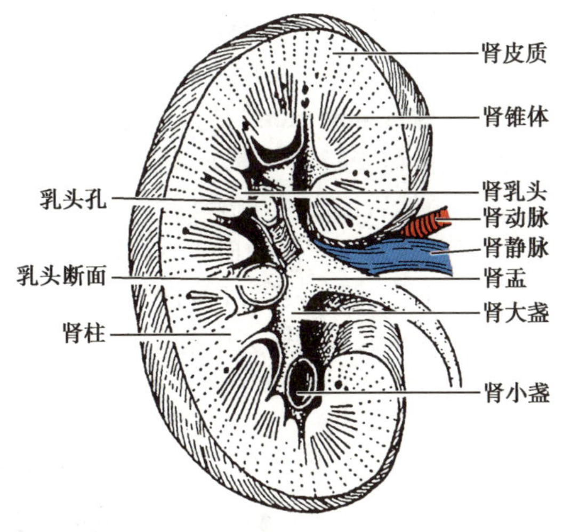

图6-2 左肾冠状面(后面观)

二、肾的大体结构

肾实质分为**肾皮质(renal cortex)**和**肾髓质(renal medulla)**(图6-2)。在肾的冠状面上，可见肾皮质位于浅部，新鲜标本上为红褐色，主要由肾小体和肾小管构成。肾髓质位于深部，约占实质的2/3，血管较少，色淡，主要由15~20个**肾锥体**构成。肾锥体的底朝向肾皮质，尖端称为**肾乳头**，朝向肾窦。每个肾乳头顶端有许多小孔，称为**乳头孔**。伸入肾锥体之间的皮质，称为**肾柱(renal column)**。肾乳头被漏斗形的**肾小盏**包绕，2~3个肾小盏汇合形成一个较大的**肾大盏**，2~3个肾大盏再汇合成一个**肾盂**。肾盂呈前后扁平的漏斗状，出肾门后逐渐变细，移行为输尿管。

三、肾的组织结构

肾实质由大量**肾单位(nephron)**和集合小管组成(图6-3)，其间有少量结缔组织、血管和神经等构成肾间质。

1. 肾单位　由肾小体和肾小管组成，是肾的结构和功能的基本单位。

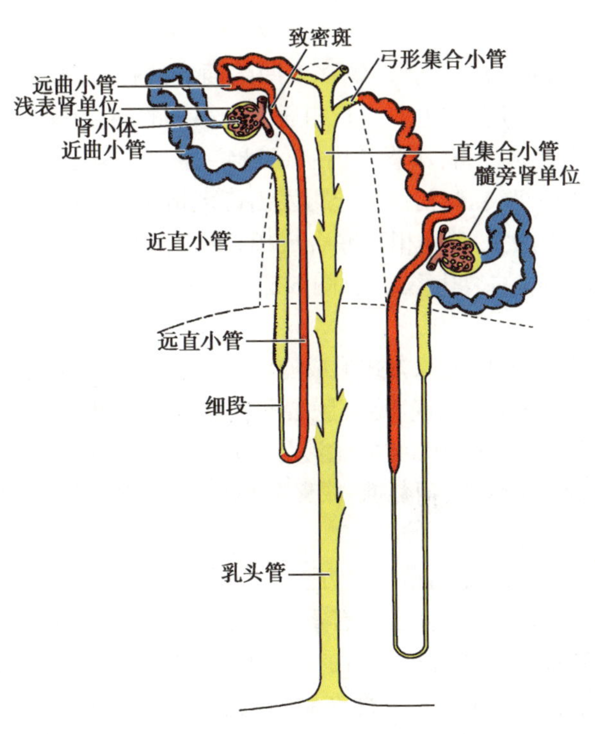

图6-3 肾单位和集合小管结构模式图

笔记栏

(1) **肾小体(renal corpuscle)**:位于肾皮质内,由血管球和肾小囊组成。肾小体有 2 个极,微动脉出入的一端,称为**血管极**;与近曲小管相连的另一端,称为**尿极**。

血管球(glomerulus)是肾小囊中一团盘曲的毛细血管,近似球状,又称**肾小球**。一条入球微动脉从血管极进入肾小囊后,分出 4~5 个分支,每支再分出许多小支,相互吻合形成毛细血管襻,然后汇成出球微动脉,从血管极离开肾小囊(图 6-3、图 6-4)。入球微动脉比出球微动脉粗,故血管球内的血压较高。电镜下,血管球为有孔毛细血管,孔径为 50~100nm,称为**窗孔**,多无隔膜。在毛细血管内皮的表面覆有一层带负电荷的细胞衣,富含唾液酸,对血液中的物质有选择性通透作用。

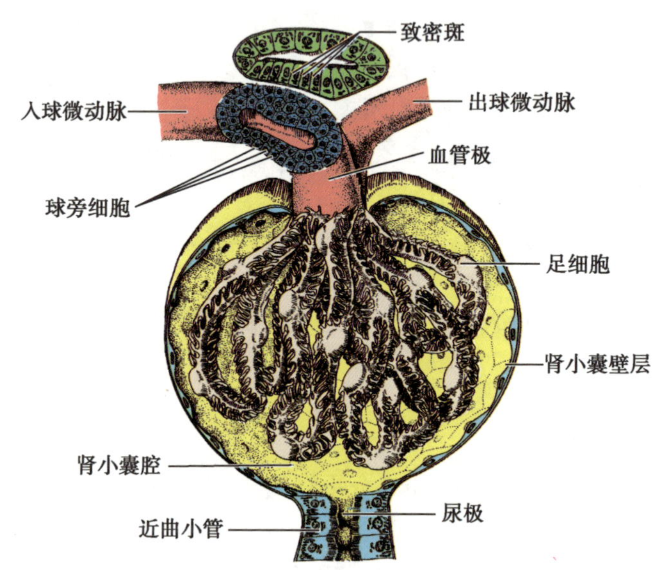

图 6-4 肾小体和球旁复合体模式图

肾小囊(renal capsule)为肾小管起端膨大凹陷而成的杯状双层囊,包裹血管球。肾小囊 2 层间的腔隙称为**肾小囊腔**,与近曲小管相通。肾小囊的外层(壁层)为单层扁平上皮,在尿极处与近曲小管上皮相延续;肾小囊的内层(脏层)由一层多突起的足细胞构成。电镜下可见足细胞发出较大的初级突起,初级突起再发出许多指状的次级突起,次级突起包绕血管球的毛细血管襻。相邻的次级突起相互嵌合成栅栏状,相嵌突起间有宽约 25nm 的裂隙称为**裂孔**,裂孔上有厚 4~6nm 的裂孔膜封闭(图 6-5)。足细胞突起内的微丝收缩可改变裂孔的大小,影响滤液的通透。

肾小体类似一个滤过器,以过滤方式形成滤液。血管球血管内血压较高,血浆内的部分物质经有窗孔的内皮、毛细血管基膜、足细胞裂孔膜滤入肾小囊腔,这 3 层结构合称为**滤过膜**或**滤过屏障**(图 6-5)。滤入肾小囊腔的滤液称为原尿。滤过膜的通透性具有对分子大小和电荷的双重选择性,水、电解质、葡萄糖、尿素等小分子物质容易通过滤过膜,而分子量大、带负电荷的蛋白质则难以通过。

(2) **肾小管(renal tubule)**:是由单层立方上皮围成的长而弯曲的管道,可分为近端小管、细段和远端小管 3 部分(图 6-3)。肾小管有重吸收原尿中的某些成分和排泄等作用。紧连肾小体的一段肾小管弯曲盘绕于肾小体周围,称为**近端小管曲部**(近曲小管),然后下行至髓质,形成**近端小管直部**(近直小管)。直部在髓质内变细,称为**细段**。继而管道折转上行变粗,形成**远端小管直部**(远直小管)。近端小管直部、细段、远端小管直部,在髓质内形成 U 字

笔记栏

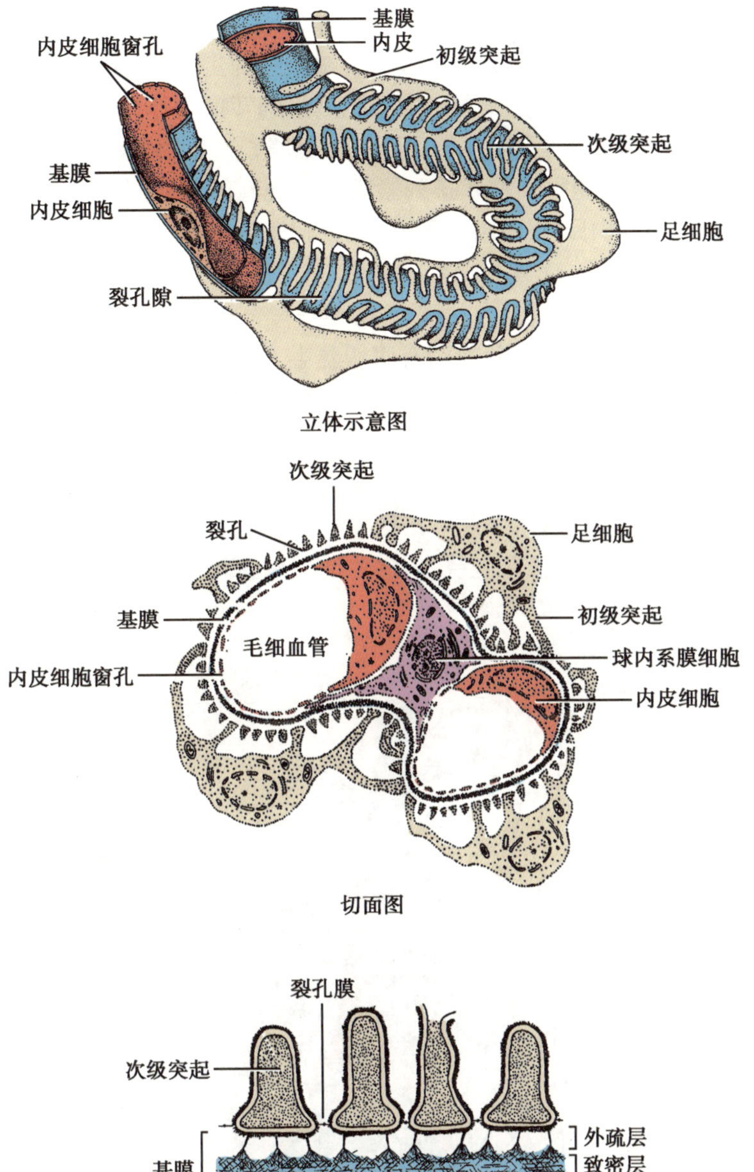

图 6-5 肾小球毛细血管、基膜和足细胞超微结构模式图

形的襻状结构,称为**髓襻**。远端小管直部在髓质内上行,回到皮质,靠近肾小体,再度弯曲盘绕,成为**远端小管曲部**(远曲小管)。

2. **集合小管(collecting tubule)** 全长 20~38mm,可分为弓形集合小管、直集合小管和乳头管 3 部分(图 6-3)。**弓形集合小管**很短,呈弓形,位于皮质内,一端与远端小管曲部相连,另一端连接直集合小管。**直集合小管**在髓放线和肾锥体内下行,沿途有许多其他弓形集合小管汇入,至肾乳头改称为**乳头管**,开口于肾小盏。集合小管具有重吸收 H_2O、Na^+,排 K^+ 的功能,使原尿进一步浓缩。

3. **球旁复合体(juxtaglomerular complex)** 位于肾小体血管极,由球旁细胞和致密斑

笔记栏

等组成（图 6-4）。**球旁细胞**位于入球微动脉进入肾小体处，由入球微动脉管壁的平滑肌细胞转化为上皮样细胞而成，能合成和分泌肾素。肾素是一种蛋白水解酶，能使血浆中的血管紧张素原变成血管紧张素Ⅰ，后者在血管内皮细胞分泌的转换酶作用下转变为血管紧张素Ⅱ，两者均可使血管平滑肌收缩而升高血压，从而增强滤过作用。**致密斑**是指远端小管曲部在肾小体近血管极一侧的细胞呈高柱状排列紧密，形成椭圆形的隆起。致密斑是一种化学感受器，通过感受远端小管内原尿中钠离子浓度的变化来调节肾素的分泌。

四、肾的位置和被膜

肾位于脊柱两侧，腹后壁上部，前面有腹膜覆盖（图 6-6）。两肾上端距离较近，下端稍远，呈“八”字形排列。左肾上端平第 11 胸椎体下缘，下端平第 2 腰椎体下缘。右肾的上端有肝，故右肾比左肾约低半个椎体。左侧第 12 肋斜过左肾后面的中部，右侧第 12 肋斜过右肾后面的上部（图 6-7）。肾门约平第 1 腰椎平面。在竖脊肌的外侧缘与第 12 肋之间的部位称为**肾区**。肾病患者，叩击此区可引起叩击痛。

肾的表面自内向外有 3 层被膜包绕，依次为纤维囊、脂肪囊和肾筋膜（图 6-8）。

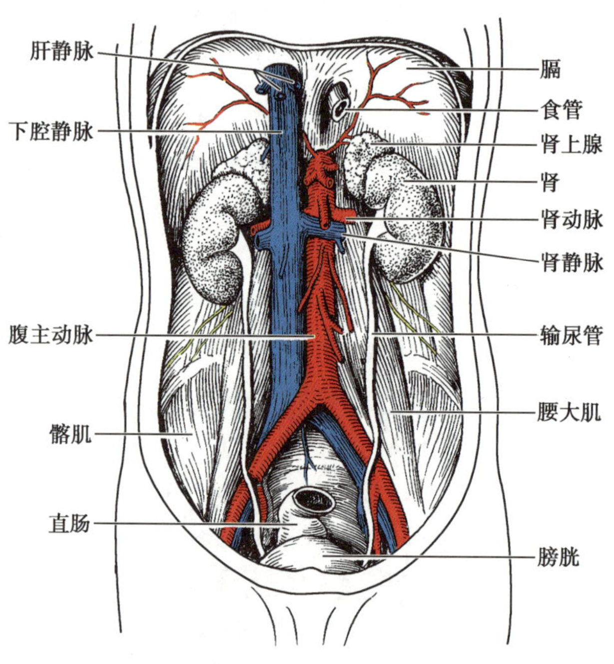

图 6-6 肾和输尿管

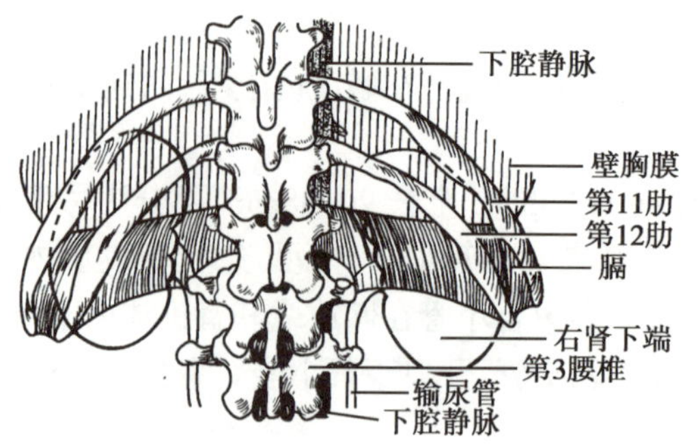

图 6-7 肾与肋骨、椎骨的位置关系（后面观）

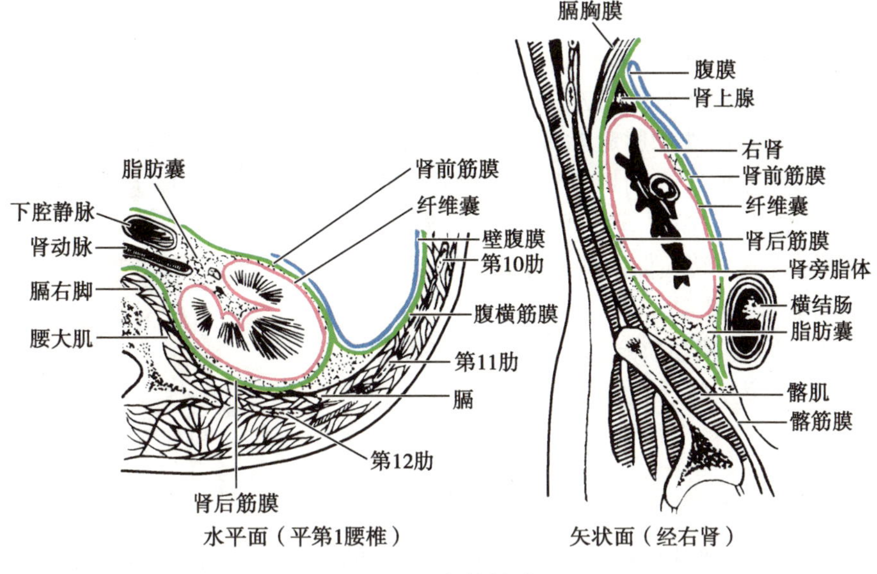

图 6-8 肾的被膜

知识拓展

肾脏移植

1972年，北京友谊医院于惠元教授、侯宗昌教授与广州医学院梅骅教授合作完成了我国第一例亲属供肾的肾脏移植手术，开创了我国器官移植事业的新起点。为了密切观察病情变化和治疗效果，侯宗昌教授等许多著名移植前辈都经历过在肾移植手术之初，连续多日住在病房，每天与肾移植术后患者同吃、同住，时刻记录患者的点滴变化和治疗心得，为今天肾移植的科学管理和规范治疗赢得了宝贵的第一手临床病例资料。许多老一辈泌尿外科人在信息封闭、资料匮乏、经费短缺的年代中艰苦求索，逐渐认识并克服了早期手术并发症、急性排斥反应、各种严重感染和肾脏替代治疗的重重困难，探索走出了中国人自己的肾脏移植之路。经过几代人的艰辛努力和顽强探索，肾脏移植作为我国实体器官移植的先驱，临床诊疗技术日臻完善和成熟。如今，肾脏移植已经成为挽救终末期肾脏衰竭患者的成熟医疗手段。2015年至2018年，我国每年完成器官捐献分别为2 766、4 080、5 146、6 302例。2018年，器官捐献数量位居世界第二位；实施器官移植手术量突破两万例，手术量居世界第二位。

著名肾移植专家于惠元教授曾经感慨："每一个参加肾移植的医师身后都跟随着许多死去的尿毒症病人，我们今天的经验和成功，是用病人的生命和医师的汗水换来的"。

第二节 输尿管、膀胱和尿道

一、输尿管

输尿管（ureter）是细长的肌性管道，呈扁圆柱状，左右各一，长20~30cm，起自肾盂，终

笔记栏

于膀胱(图 6-6、图 6-9)。

输尿管位于腹膜的后方,沿腹后壁向内下方斜行,在小骨盆入口处,左输尿管跨过左髂总动脉末端的前方;右输尿管跨过右髂外动脉起始部的前方。两者向下进入盆腔,男性输尿管在输精管后方交叉后转向前内侧斜穿膀胱壁;女性输尿管行于子宫颈外侧 2.5cm 处,从子宫动脉后下方转向前内侧斜穿膀胱壁,开口于膀胱底内面的输尿管口。

输尿管有 3 个生理性狭窄:第一个狭窄在输尿管起始处,第二个狭窄在越过髂血管处,第三个狭窄在穿膀胱壁处。

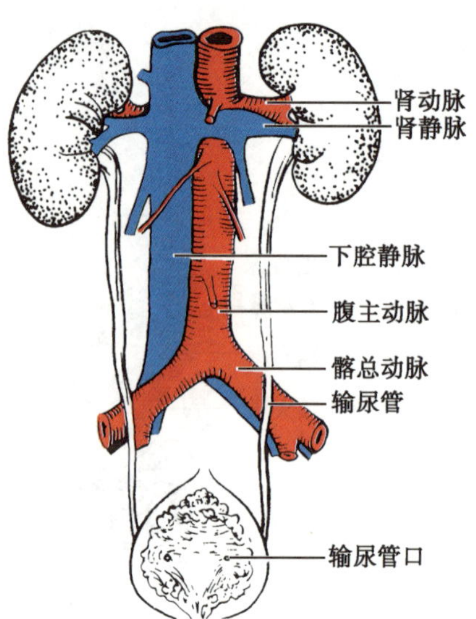

图 6-9 肾、输尿管及膀胱

二、膀胱

1. 膀胱的形态 **膀胱(urinary bladder)**是储尿的囊状器官,空虚的膀胱近似锥体形,可分为尖、底、体和颈 4 部分(图 6-10),膀胱各部之间没有明显的界限,当膀胱充盈时呈卵圆形。

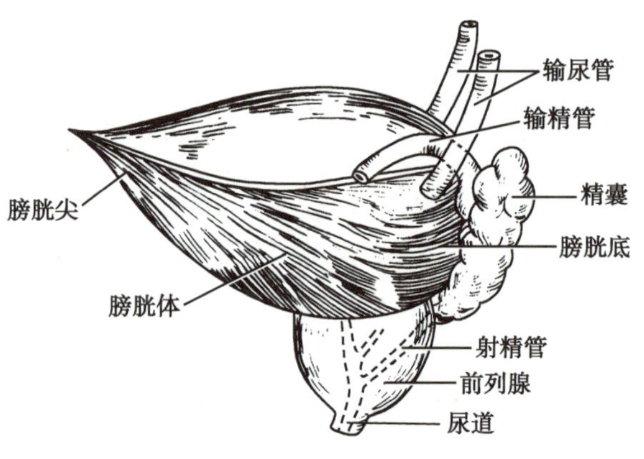

图 6-10 男性膀胱侧面观

2. 膀胱的位置和毗邻 膀胱位于盆腔内(图 6-11)。其前方有耻骨联合;膀胱后方,男性与精囊、输精管末端和直肠相邻,女性与子宫和阴道相邻;膀胱下方,男性邻接前列腺,女性邻接尿生殖膈。

3. 膀胱壁的构造 膀胱壁由黏膜、黏膜下层、肌层和外膜 4 层构成。在膀胱底内面 2 个输尿管口和尿道内口围成的三角形区域,称为**膀胱三角(trigone of bladder)**(图 6-12)。此处缺乏黏膜下层,其黏膜直接与肌层紧密结合,无论膀胱充盈或空虚,黏膜均保持平滑状态。临床上,膀胱三角是膀胱结核和肿瘤的好发部位。

三、尿道

男、女性尿道的构造和功能不完全相同。男性尿道除有排尿功能外,还兼有排精作用,故在生殖系统中叙述。

女性尿道(female urethra)短、宽而直,长 3~5cm,直径约 0.6cm。其上端起自膀胱的尿道内口,沿阴道的前方向前下行穿尿生殖膈,下端开口于阴道前庭的尿道外口(图 6-12)。女

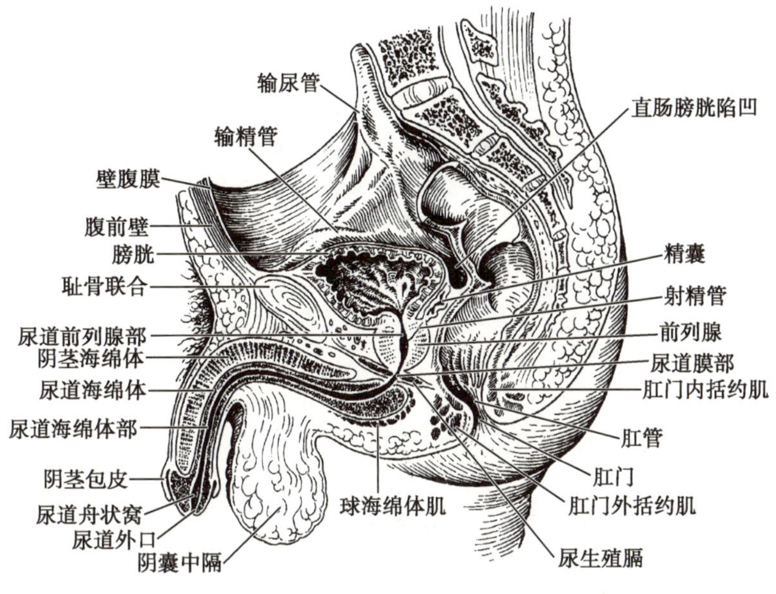

图 6-11 男性盆腔正中矢状面

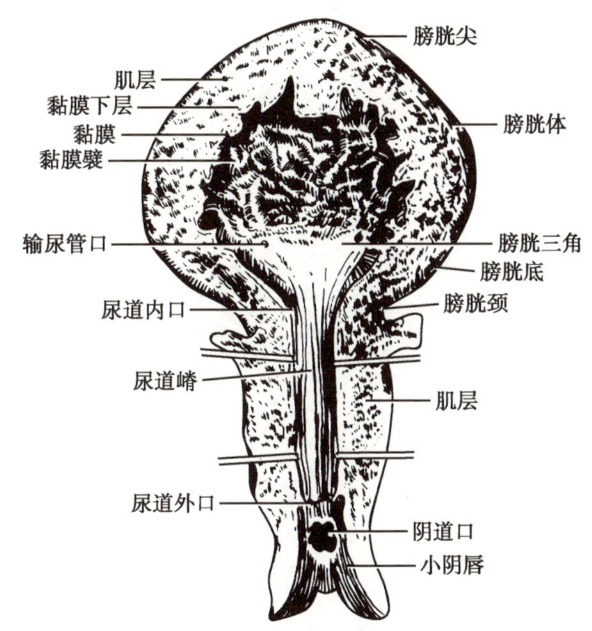

图 6-12 女性膀胱及尿道冠状面(前面观)

性尿道在穿尿生殖膈处有**尿道阴道括约肌**环绕,该肌为骨骼肌,受意识支配。

学习小结

泌尿系统由肾、输尿管、膀胱和尿道组成。肾为实质性器官,其内侧缘中部凹陷,称为肾门。肾实质分为肾皮质和肾髓质,肾皮质位于浅部,主要由肾小体和肾小管构成。肾髓质位于深部,主要由肾锥体构成,其尖端称为肾乳头。肾乳头被肾小盏包绕,肾小盏汇合成肾大盏,肾大盏再汇合成肾盂,出肾门后移行为输尿管。

肾实质由肾单位和集合小管组成。肾单位是肾的结构和功能的基本单位,包括肾

笔记栏

小体和肾小管。肾小体包括血管球和肾小囊，肾小管由近端小管、细段和远端小管组成。集合小管在尿液浓缩过程中起着重要作用。

尿液产生部位及排出的途径为：肾小体的血管球滤出原尿→肾小囊→肾小管→集合小管→乳头孔（终尿）→肾小盏→肾大盏→肾盂→输尿管→膀胱→尿道内口→尿道→尿道外口→体外。

（尹 刚）

复习思考题

扫一扫，测一测

1. 简述泌尿系统的组成和主要功能。
2. 简述肾小体的结构。
3. 肾盂结石患者，其结石需经哪些途径排出体外？
4. 试述膀胱的位置、形态与分部。
5. 从解剖学特点解释女性尿道易发生逆行感染的原因。

第七章

生殖系统

笔记栏

课件

学习目标

识记男、女性生殖系统的组成，睾丸、附睾的位置及形态，男性尿道的分部、狭窄和弯曲，卵巢的位置和形态，输卵管的位置和分部，子宫的位置和形态；知晓输精管的行程，前列腺的位置；理解精索的概念，射精管的组成和开口，阴茎的基本结构，阴道的位置和阴道穹的概念，女阴的一般结构，女性乳房的位置和形态结构。

生殖系统（reproductive system）包括男性生殖系统和女性生殖系统，两者均可分为内生殖器和外生殖器2部分。内生殖器由生殖腺、生殖管道和附属腺组成，外生殖器则以两性交接器官为主。

第一节 男性生殖系统

男性生殖器

男性内生殖器包括生殖腺（睾丸）、生殖管道（附睾、输精管、射精管和男性尿道）和附属腺（精囊、前列腺和尿道球腺）；男性外生殖器为阴囊和阴茎（图7-1、图7-2）。

一、内生殖器

（一）睾丸

1. 睾丸的位置和形态 **睾丸（testis）**位于阴囊内，左右各一，呈扁椭圆形，表面光滑（图7-2）。分上、下两端，前、后两缘和内、外侧两面。睾丸随着性成熟而迅速生长，至老年时则萎缩变小。

2. 睾丸的结构 睾丸表面有一层厚而致密的结缔组织膜，称为**白膜**。白膜在睾丸后缘增厚，并突入睾丸内形成**睾丸纵隔**。从纵隔发出许多**睾丸小隔**，将睾丸实质分隔为许多锥形的**睾丸小叶**。每个睾丸小叶内含有2~4条盘曲的**精曲小管**。精曲小管在接近睾丸纵隔处延续为短而直的**精直小管**。精直小管进入睾丸纵隔后互相交织成**睾丸网**。从睾丸网发出15~20条**睾丸输出小管**，穿出睾丸后缘的上部，进入附睾头（图7-3）。

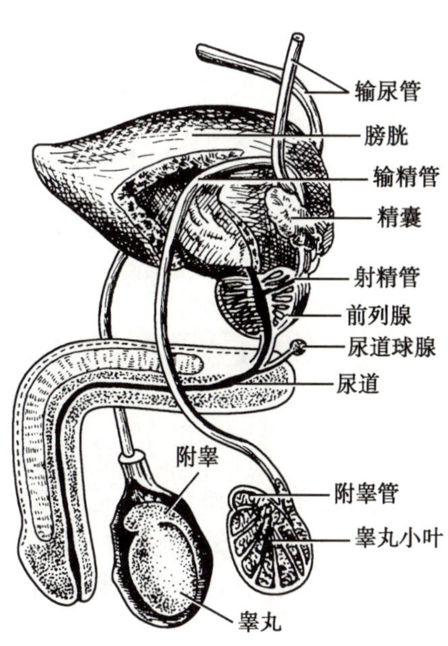

图7-1 男性生殖器概观

成人精曲小管的管壁较厚，主要由生精上皮构

笔记栏

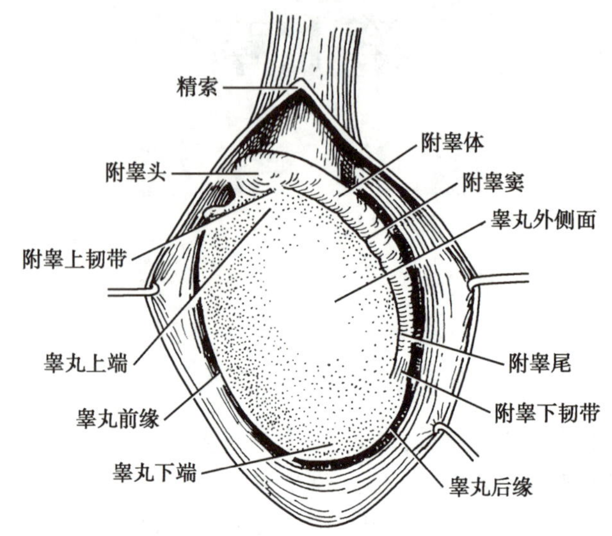

图 7-2 左侧睾丸和附睾(外侧面观)

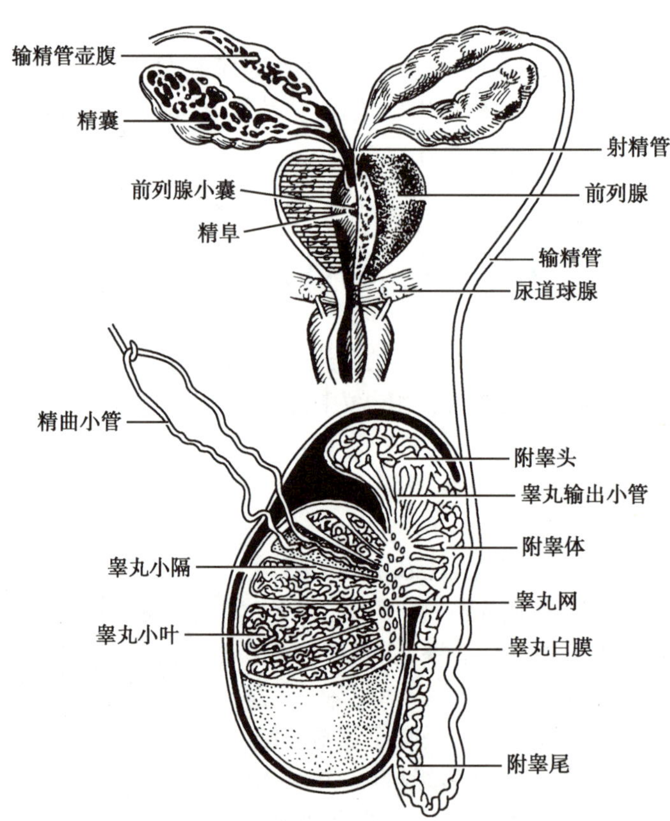

图 7-3 睾丸和附睾结构及排精径路

成,包括生精细胞和支持细胞。自精曲小管基底部至腔面,依次有精原细胞、初级精母细胞、次级精母细胞、精子细胞和精子。从精原细胞分裂分化发育成为精子的过程,称为**精子发生**。精曲小管之间的组织,称为**睾丸间质**,其内的间质细胞具有分泌男性激素的功能(图 7-4)。

(二) 附睾

附睾(epididymis)呈新月状,紧贴睾丸的上端和后缘,自上而下可分为头、体、尾 3 部

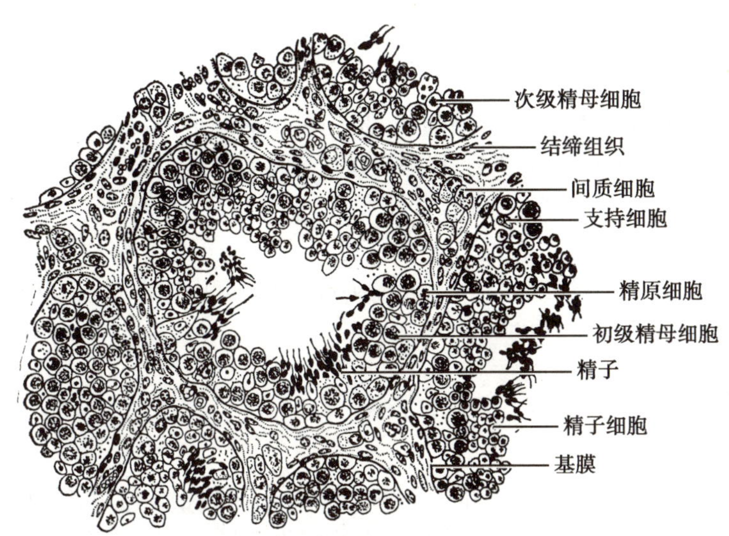

图 7-4 精曲小管及睾丸间质模式图

分(图 7-2、图 7-3)。附睾主要由盘曲的附睾管构成,其头部与睾丸输出小管相连,其尾部弯向后上移行为输精管。附睾有暂时贮存精子并促进精子成熟的功能。

(三) 输精管和射精管

1. **输精管(ductus deferens)** 是附睾管的直接延续(图 7-3、图 7-5),长约 50cm。输精管起于附睾尾,向上出阴囊,经阴茎根部两侧的皮下上行,穿腹股沟管进入腹腔,再弯向内下入盆腔,行向后内下方至膀胱底后面。输精管末端与精囊的排泄管汇合成射精管。

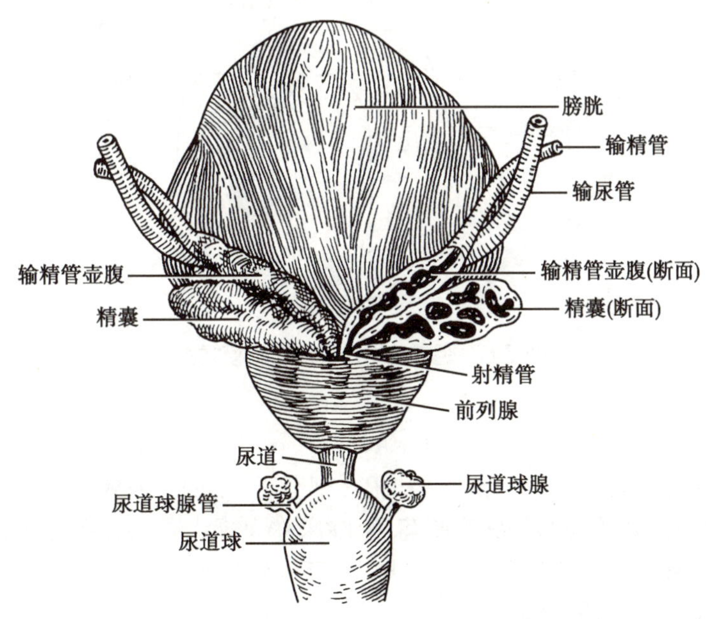

图 7-5 膀胱、前列腺和精囊(后面观)

2. **射精管(ejaculatory duct)** 由输精管末端与精囊的排泄管汇合而成,长约 2cm,穿经前列腺实质,开口于尿道前列腺部(图 7-5)。

精索是位于睾丸上端和腹股沟管深环之间的一对柔软的圆索状结构。其内主要有输精

笔记栏

管、睾丸动脉、蔓状静脉丛、神经丛和淋巴管等结构，其表面有被膜包裹。

（四）附属腺

1. **精囊（seminal vesicle）** 又称**精囊腺**，是一对长椭圆形的囊状器官，位于膀胱底与直肠之间，输精管末段的外下方（图 7-5），其排泄管与输精管末端汇合成射精管。

2. **前列腺（prostate）** 为单一的实质性器官，呈前后稍扁的栗子，位于膀胱下方，包绕尿道起始部（图 7-5）。前列腺后面紧贴直肠前壁，直肠指诊可触及前列腺。老年以后前列腺内的腺组织逐渐退化，结缔组织增生，形成前列腺肥大，可压迫尿道，引起排尿困难甚至尿潴留。

二、外生殖器

（一）阴囊

阴囊（scrotum）为一皮肤囊袋，位于阴茎后下方。阴囊壁由皮肤和肉膜组成（图 7-6）。肉膜为浅筋膜，内含平滑肌纤维，可随外界温度的变化而舒缩，从而调节阴囊内的温度，有利于精子的发育和生长。

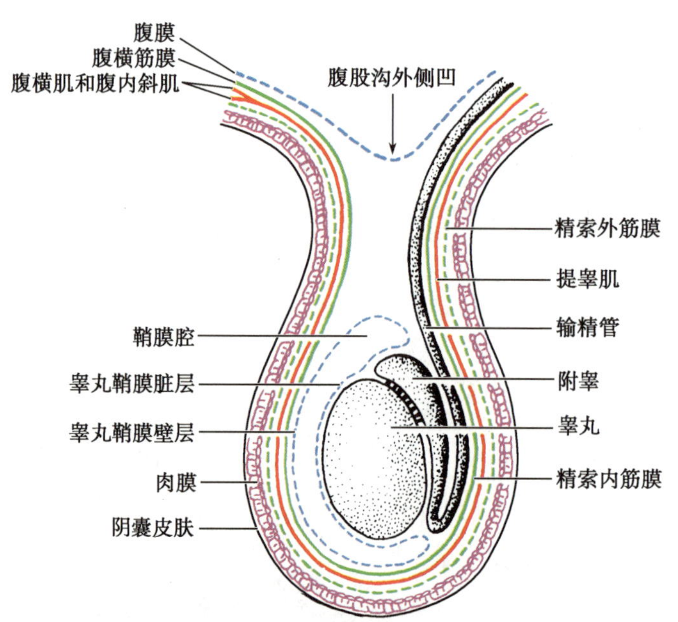

图 7-6 阴囊结构及其内容物模式图

（二）阴茎

阴茎（penis）由前向后可分为头、体和根 3 部分（图 7-7）。阴茎头的尖端有**尿道外口**。阴茎头与阴茎体交接处较细部分称为**阴茎颈**，临床称为冠状沟。阴茎主要由 2 条阴茎海绵体和 1 条尿道海绵体构成，外包筋膜和皮肤。**阴茎海绵体**位于背侧，左右各一，两者紧密结合；**尿道海绵体**位于腹侧，尿道贯穿其全长。海绵体内部由许多海绵体小梁和腔隙构成，腔隙与血管相通。当腔隙充血时，阴茎即变粗变硬而勃起。包绕阴茎头的双层环形皮肤皱襞称为**阴茎包皮**，其前端有包皮口。

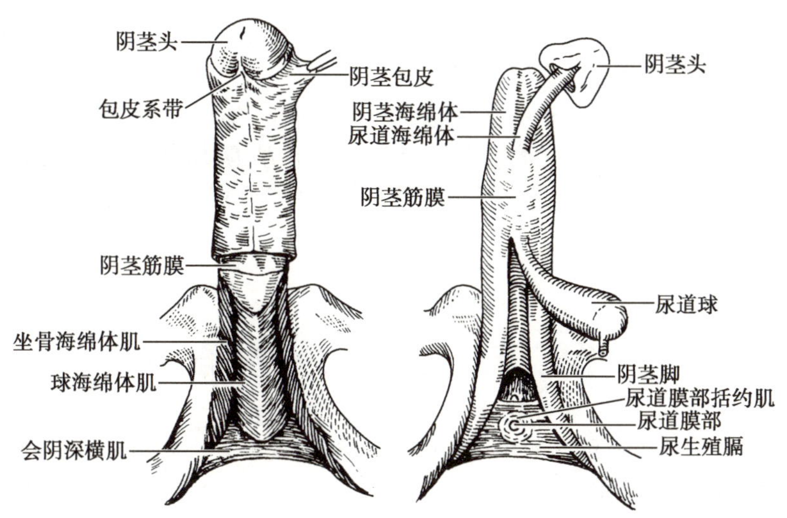

图 7-7 阴茎的外形和结构

知识链接

阴茎的常识

正如人有高矮、胖瘦一样，阴茎的长短、粗细也各异。男性的性能力和阴茎的长短无关。勃起时，阴茎长度大于 5cm 即可行使正常的性功能。此外，同一个人的阴茎长度也不恒定，紧张、寒冷、严重疲劳等因素都可使阴茎缩短。

阴茎像一个天然液压机械装置，存在勃起与消退的生理反应。当男性性兴奋时，动脉扩张，血压上升，约 200ml 的血液进入海绵体内，从而压迫静脉，使血液回流受阻，引起阴茎持续的勃起。一对阴茎海绵体为勃起提供了硬度，龟头和尿道海绵体为勃起提供了体积。

幼儿的阴茎包皮较长，包裹整个阴茎头，包皮口较小。随着年龄的增长，包皮逐渐退缩，包皮口逐渐扩大。如果成年以后，阴茎头仍被包皮大面积覆盖，或包皮口过小，包皮不能充分退缩以暴露阴茎头，则分别称为包皮过长或包茎。在这 2 种情况下，包皮腔内易积存污物（包皮垢）而导致阴茎头发炎，也可能成为阴茎癌的诱发因素。因此，须及早行包皮环切术。

三、男性尿道

男性尿道（male urethra）有排尿和排精的功能，起自膀胱的尿道内口，终于阴茎头的尿道外口（图 6-11）。成人男性尿道长 16~22cm，管径平均 5~7mm，全长可分为前列腺部、膜部和海绵体部 3 部分。

1. **前列腺部（prostatic part）** 为尿道穿过前列腺的部分，管径最宽的。此部后壁上有射精管和前列腺排泄管的开口。

2. **膜部（membranous part）** 为尿道穿过尿生殖膈的部分，此部最短，长约 1.5cm。其周围有控制排尿的尿道括约肌环绕。

3. **海绵体部（cavernous part）** 为尿道穿过尿道海绵体的部分，是最长的一段。

笔记栏

男性尿道管径全长粗细不一，有 3 个生理性狭窄，分别位于尿道内口、尿道膜部和尿道外口，尿道结石常易嵌顿在这些狭窄部位。

当阴茎松软下垂时，男性尿道有 2 个弯曲，即凹向前上方的**耻骨下弯**和凹向后下方的**耻骨前弯**。耻骨下弯较恒定；耻骨前弯位于耻骨联合前下方，阴茎向上提起时，此弯曲即消失。临床上行膀胱镜检查或插入导尿管时，将阴茎上提，并注意尿道的狭窄和弯曲部位，以防损伤尿道。

第二节 女性生殖系统

女性生殖器

女性内生殖器包括生殖腺（卵巢）、生殖管道（输卵管、子宫和阴道）和附属腺（前庭大腺）。女性外生殖器即女阴（图 7-8）。

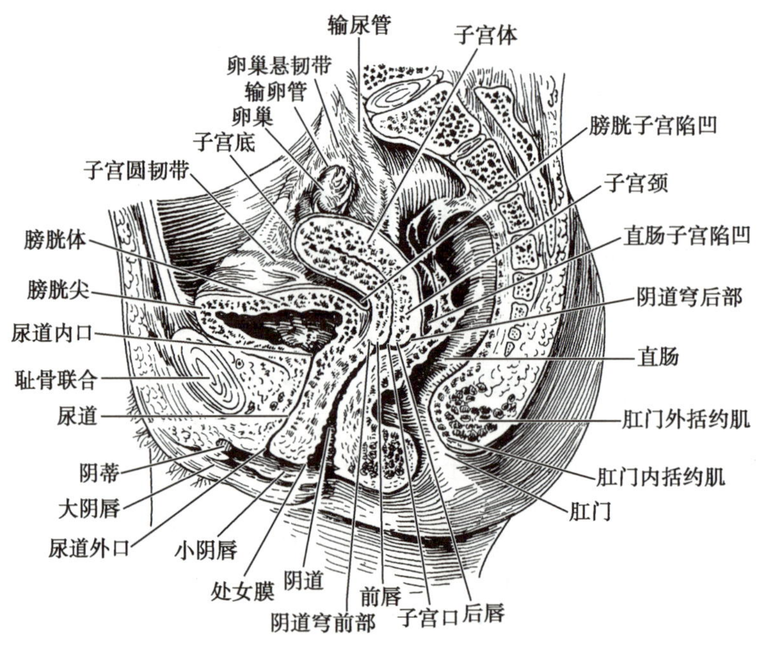

图 7-8 女性盆腔正中矢状面

一、内生殖器

（一）卵巢

1. 卵巢的位置和形态 **卵巢（ovary）**为盆腔内成对的实质性器官，紧贴盆腔侧壁，位于髂内、外动脉起始部的夹角处（图 7-8）。卵巢呈扁卵圆形，大小、形状随年龄而异，性成熟期最大，50 岁左右随月经停止而逐渐萎缩。成年女性由于多次排卵，卵巢表面留有瘢痕，故凹凸不平。

2. 卵巢的组织结构 卵巢实质分为外周较宽的皮质和中央狭小的髓质。皮质内含有不同发育阶段的卵泡、闭锁卵泡、黄体和白体等（图 7-9）。卵泡的生长发育分为原始卵泡、生长卵泡（初级卵泡和次级卵泡）和成熟卵泡 3 个阶段。青春期后，每个月经周期有 15~20 个卵泡生长发育，通常只有一个卵泡发育成熟并排卵。一般两侧卵巢交替排卵，一生排 400~500 个卵，其余卵泡均在不同发育阶段先后退化，退化的卵泡称为**闭锁卵泡**。卵泡排卵

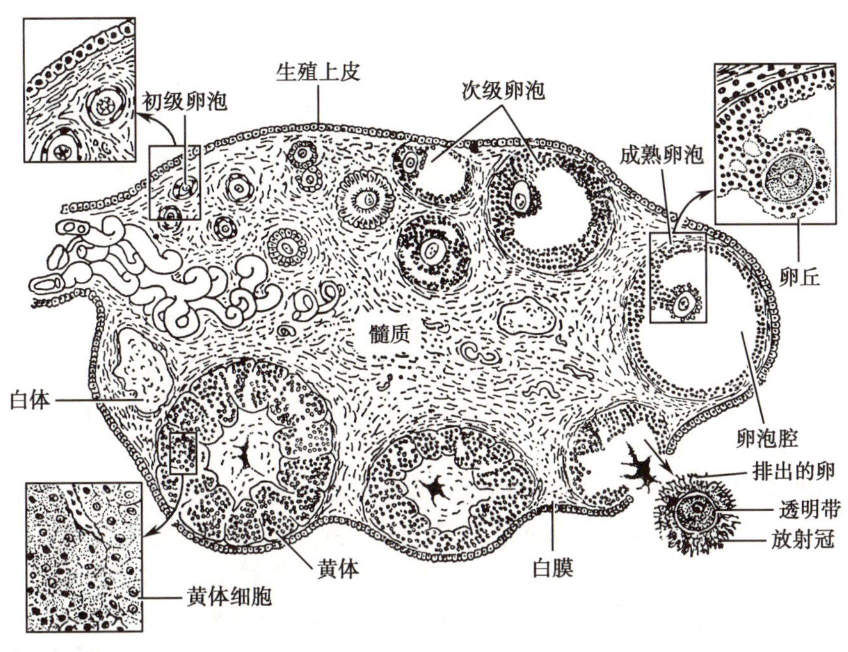

图 7-9 卵巢切面模式图

后逐渐演变成**黄体**，黄体具有分泌女性激素的功能，黄体最终会退化消失，被结缔组织代替而成为**白体**。

（二）输卵管

输卵管（uterine tube）为一对细长弯曲的肌性管道（图 7-10），长 10~14cm，位于子宫底两侧和骨盆腔侧壁之间，全长由内侧向外侧分为子宫部、峡部、壶腹部和漏斗部 4 部分。

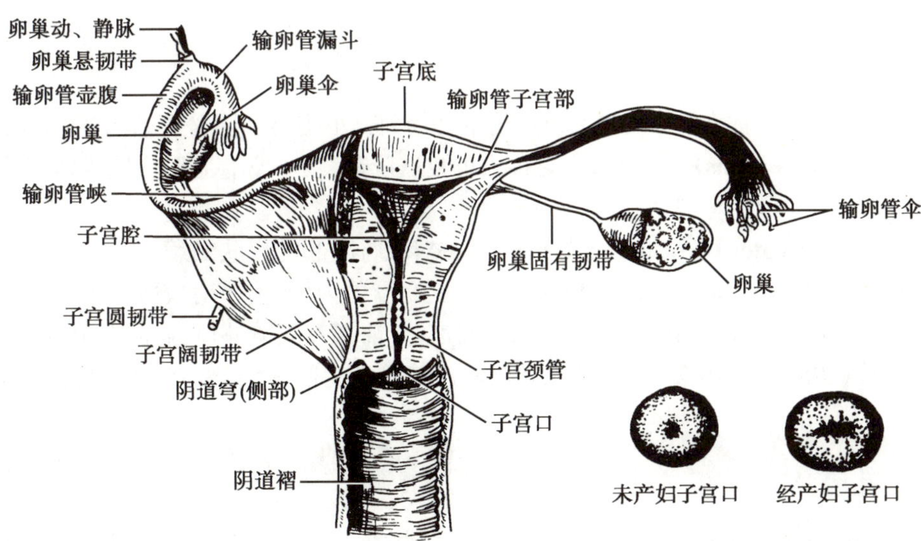

图 7-10 女性内生殖器

1. **子宫部** 为位于子宫壁内的一段，其内侧端以**输卵管子宫口**通子宫腔，外侧移行为峡部。

2. **峡部** 短而狭窄，向外侧移行为壶腹部。输卵管结扎术多在此部进行。

笔记栏

试管婴儿

3. **壶腹部** 此部管腔膨大成壶腹状，约占输卵管全长的2/3，卵子通常在此部受精。若受精卵未能及时移入子宫，而在输卵管或其他部位发育，称为宫外孕。

4. **漏斗部** 为输卵管的外侧端，管腔扩大呈漏斗状，漏斗中央有**输卵管腹腔口**，与腹膜腔相通。漏斗周缘有许多细长的指状突起，称为**输卵管伞**。

（三）子宫

子宫(uterus)为壁厚腔小的肌性器官，是产生月经和孕育胎儿的场所。其形态、结构、大小和位置随年龄、月经周期及妊娠情况而变化。

1. 子宫的形态 成年未孕子宫呈前后略扁、倒置的鸭梨形，分为底、体、颈3部分。**子宫底**是输卵管子宫口以上隆凸的部分；**子宫颈**是下端呈圆柱状的部分；底与颈之间的部分称为**子宫体**。子宫的内腔可分为上部呈三角形的**子宫腔**和下部呈梭形的**子宫颈管**，子宫颈管下口为通向阴道的**子宫口**。

2. 子宫的位置 子宫位于盆腔的中央，膀胱和直肠之间。成年女子，子宫的正常姿势为前倾前屈位。前倾是指整个子宫向前倾斜，子宫的长轴与阴道的长轴之间形成向前开放的钝角，稍大于90°。前屈是指子宫体与子宫颈不在一条直线上，两者之间形成向前开放的钝角，约为170°（图7-8）。子宫有较大的活动性，膀胱和直肠的充盈程度可影响其位置。

3. 子宫壁的构造 子宫壁由外向内可分为外膜、肌层和内膜3层。外膜大部分为浆膜，即脏腹膜；肌层由平滑肌构成；内膜为黏膜，称为**子宫内膜**。子宫内膜可分为功能层和基底层。功能层较厚，位于浅层，从青春期开始，子宫底和子宫体的功能层随月经周期发生周期性剥脱出血，即月经。基底层较薄，靠近肌层，此层不随月经周期脱落，能增生修复功能层（图7-11）。

（四）阴道

阴道(vagina)为前后略扁的肌性管道，前壁紧贴膀胱底和尿道，后壁邻接直肠。阴道上端围绕子宫颈，两者之间形成环形的腔隙，称为**阴道穹**（图7-8）。阴道下端以**阴道口**开口于阴道前庭，处女阴道口周缘有处女膜附着。

二、外生殖器

女性外生殖器又称**女阴(vulva)**，包括阴阜、大阴唇、小阴唇和阴蒂等结构（图7-12）。

1. **阴阜(mons pubis)** 为耻骨联合前方的皮肤隆起，皮下富有脂肪。性成熟期后，皮肤生有阴毛。

2. **大阴唇(greater lip of pudendum)** 为一对纵行隆起的皮肤皱襞。

3. **小阴唇(lesser lip of pudendum)** 位于大阴唇的内侧，为一对较薄的皮肤皱襞，表面光滑无毛。两侧小阴唇之间的裂隙称为**阴道前庭**，其前部有尿道外口，后部有阴道口。

4. **阴蒂(clitoris)** 由2个阴蒂海绵体构成，其前端为阴蒂头，富有感觉神经末梢，感觉敏锐。

附 乳房

乳房(mamma)位于胸大肌的表面，为成对的器官。男性乳房不发达，女性乳房自青春期开始发育生长，妊娠和哺乳期的乳房有分泌活动，老年妇女乳房萎缩。成年未哺乳女子的乳房呈半球形，紧张而富有弹性。乳房的中央有**乳头**，乳头周围颜色较深的环形区域称为**乳晕**。乳房由皮肤、乳腺和脂肪组织等构成。乳腺被脂肪组织分割为15~20个**乳腺叶**。每个乳腺叶有一条**输乳管**，开口于乳头。乳腺叶和输乳管均以乳头为中心呈放射状排列，乳房手术时宜做放射状切口，以减少对乳腺叶和输乳管的损伤（图7-13、图7-14）。

笔记栏

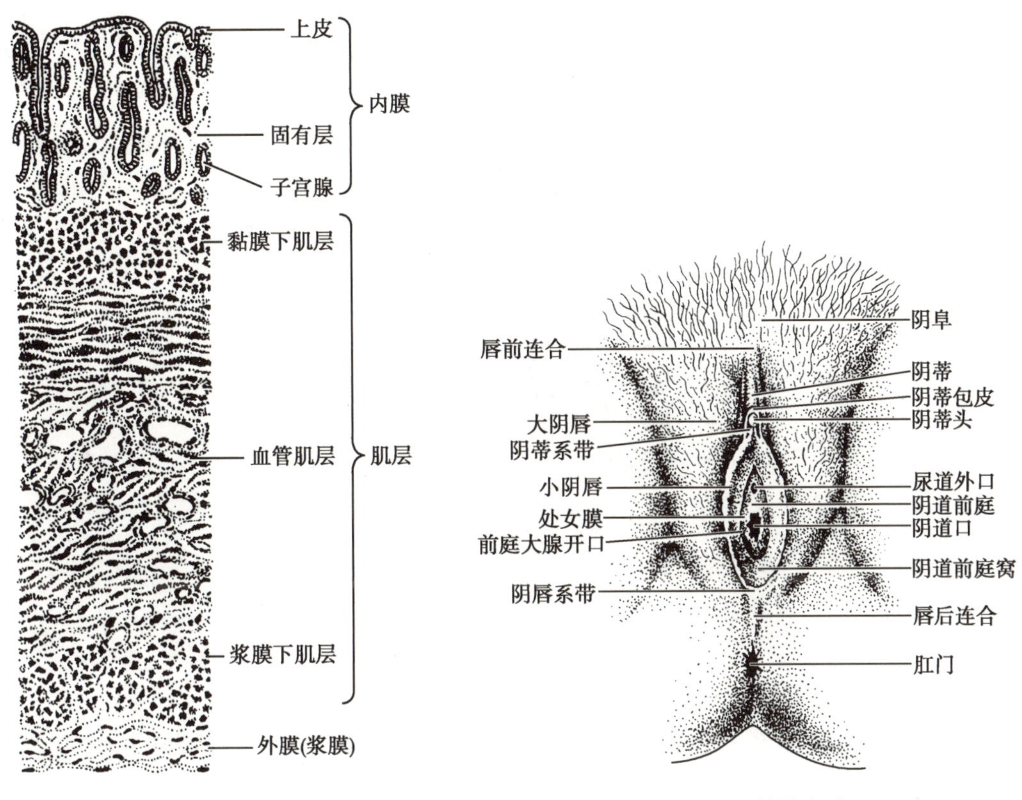

图 7-11 子宫壁模式图

图 7-12 女性外生殖器

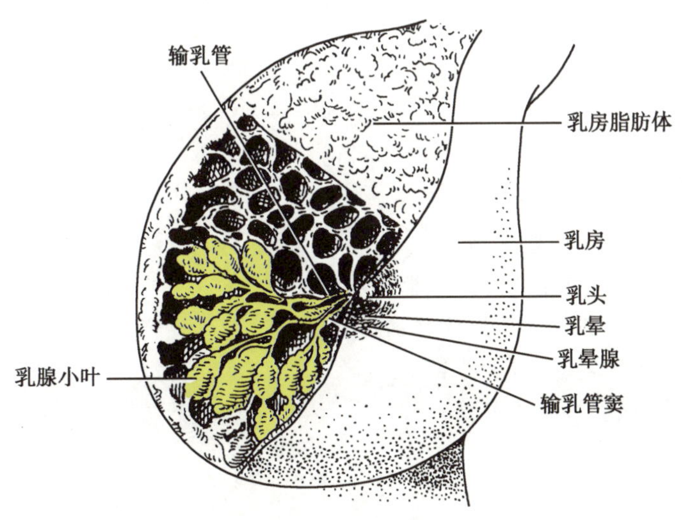

图 7-13 成年女性乳房(左侧)

笔记栏

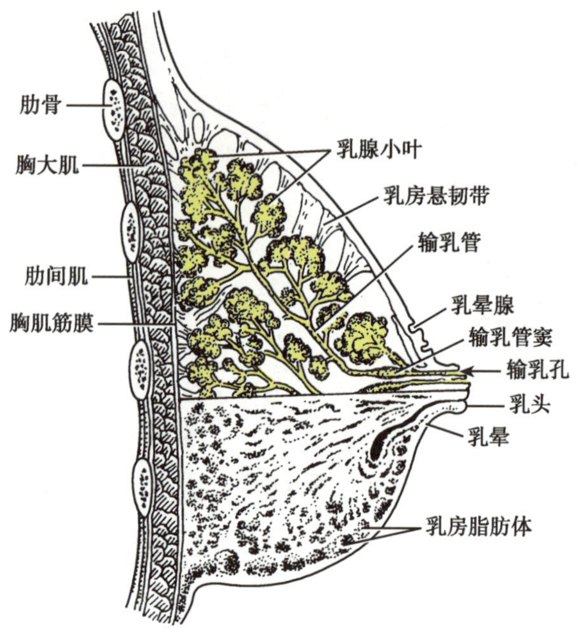

图 7-14 女性乳房矢状面

学习小结

生殖系统包括男性生殖系统和女性生殖系统，两者均分为内生殖器和外生殖器 2 部分。

男性内生殖器包括生殖腺（睾丸）、生殖管道（附睾、输精管、射精管和男性尿道）和附属腺（精囊、前列腺和尿道球腺）；男性外生殖器为阴囊和阴茎。女性内生殖器包括生殖腺（卵巢）、生殖管道（输卵管、子宫和阴道）和附属腺（前庭大腺）；女性外生殖器即女阴。

（王怀福）

复习思考题

扫一扫，测一测

1. 男性内生殖器由哪些器官组成？
2. 男性患者导尿时，应注意哪些弯曲和狭窄？
3. 简述精子产生的部位及排出体外的途径。
4. 简述输卵管的位置、开口和分部。
5. 简述子宫的位置、形态和分部。

第八章

循环系统

笔记栏

课件

学习目标

识记循环系统的组成和大、小循环的概念，心的外形、位置、各腔的主要结构，主动脉的分部及分支，全身各部的动脉主干及分支，上、下肢浅静脉的位置，肝门静脉的组成和收集范围，脾的位置和主要形态；知晓心壁的构造，心的传导系统，心的血管，淋巴导管的组成和收集范围；理解头颈部淋巴结、腋淋巴结和腹股沟淋巴结的位置和收集范围。

第一节 概 述

一、循环系统的组成和功能

循环系统（circulatory system）是一套密闭而连续的管道系统，包括心血管系统和淋巴系统2部分。

（一）心血管系统的组成和功能

心血管系统（cardiovascular system）由心、动脉、毛细血管和静脉组成，内有血液周而复始地循环流动。

1. **心（heart）** 是中空的动力器官，主要由心肌构成。心像泵一样，使血液从静脉吸入，由动脉射出，从而不停地推动血液定向流动。

2. **动脉（artery）** 是运送血液离心的管道。由心室发出，在行程中不断分支，愈分愈细，最后移行为毛细血管。

3. **毛细血管（capillary）** 是连接最小动、静脉之间的微细管道。毛细血管彼此吻合网状，除软骨、角膜、晶状体、毛发、牙釉质和被覆上皮外，遍布全身各处。

4. **静脉（vein）** 是引导血液回心的管道。起始于毛细血管的静脉端，在向心回流过程中不断接纳属支，越合越粗，最后注入心房。

心血管系统的主要功能是将消化系统吸收的营养物质、肺交换的氧气以及内分泌系统分泌的激素运送到全身各器官、组织和细胞，同时将它们的代谢产物如二氧化碳、水、尿素等运送到肾、肺、皮肤等器官并排出体外，以维持内环境的稳定，保证身体新陈代谢的正常进行。

（二）淋巴系统的组成和功能

淋巴系统（lymphatic system）由淋巴管道、淋巴器官和淋巴组织组成。淋巴管道包括毛

笔记栏

细胞淋巴管、淋巴管、淋巴干和淋巴导管；淋巴器官包括淋巴结、脾、胸腺和腭扁桃体等；淋巴组织为含有大量淋巴细胞的网状组织。

淋巴管道内流动着无色透明的液体，称为**淋巴**（液）。当血液流经毛细血管动脉端时，部分液体经毛细血管壁滤出，进入组织间隙，形成**组织液**。组织液与细胞进行物质交换后，大部分在毛细血管静脉端吸收进入静脉，小部分水分和大分子物质进入毛细淋巴管内形成淋巴。淋巴沿各级淋巴管向心流动，途中经过若干淋巴结的过滤，最后注入静脉。因此，淋巴系统是心血管系统的辅助系统。此外，淋巴系统的淋巴器官和淋巴组织具有产生淋巴细胞、滤过淋巴和参与免疫反应的功能。

二、血液循环

体循环

肺循环

血液由心室射出，经动脉、毛细血管和静脉返回心房，这种周而复始的循环流动称为**血液循环**。人体的血液循环可分为体循环和肺循环 2 部分，这 2 个循环是同步进行的（图 8-1）。

1. **体循环（systemic circulation）** 血液从左心室射出，经主动脉及其分支到达全身毛细血管，与周围的组织、细胞进行物质交换，再通过各级静脉，最后经上、下腔静脉及冠状窦返回右心房，这一循环途径称为体循环，又称**大循环**。体循环的主要特点是行程长、流经范

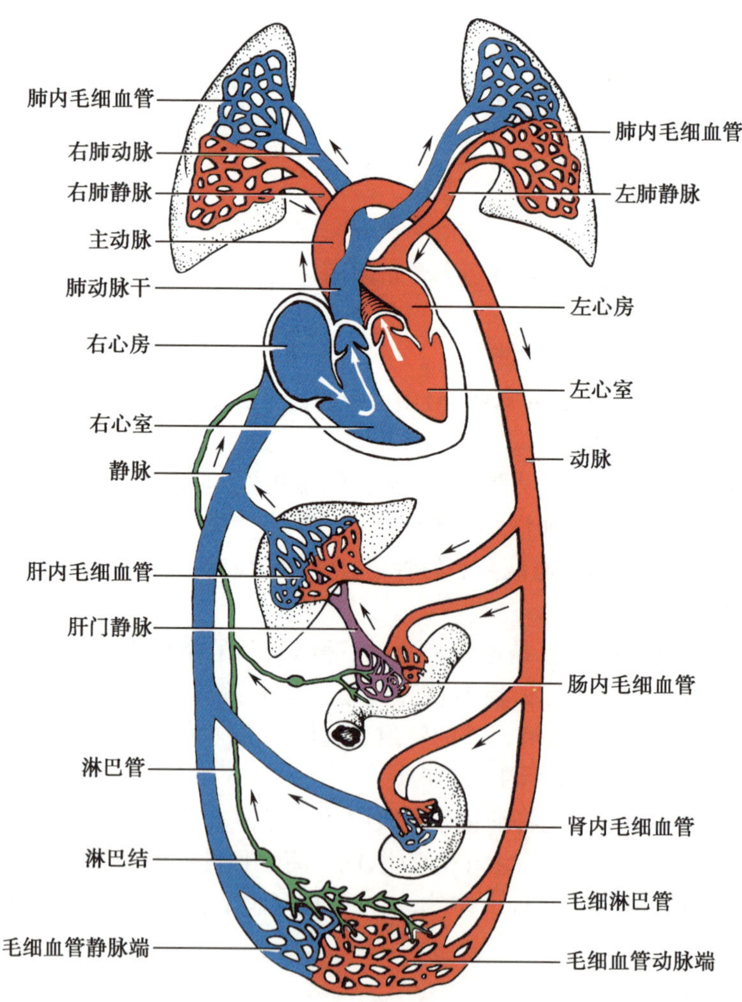

图 8-1 血液循环示意图

围广，以含氧高和营养物质丰富的动脉血营养全身各部，并将其代谢产物如二氧化碳等运回心脏。

2. **肺循环（pulmonary circulation）** 血液由右心室射出，经肺动脉干及其各级分支到达肺泡毛细血管网进气体交换，再经肺静脉进入左心房，这一循环途径称为肺循环，又称**小循环**。肺循环的主要特点是行程较短，只通过肺，主要使静脉血转变成含氧饱和的动脉血。

三、血管的种类和结构

全身血管根据其功能、结构和血流方向不同分为动脉、静脉和毛细血管 3 类。

1. 动脉　动脉管壁较厚，可分为内膜、中膜和外膜 3 层：内膜菲薄，腔面为一层内皮细胞，可减少血流阻力；中膜较厚，含平滑肌、弹性纤维和胶原纤维，大动脉以弹性纤维为主，小、微动脉以平滑肌为主；外膜由疏松结缔组织构成，含胶原纤维和弹性纤维，可防止血管过度扩张。根据管径大小和管壁结构的不同，将动脉分为大、中、小、微 4 级，它们之间没有明显的分界线，其中以中膜的变化最大。

（1）**大动脉**：包括主动脉、头臂干、颈总动脉、锁骨下动脉和髂总动脉等。主要特征是中膜最厚，由 40~70 层弹性膜组成，故又称弹性动脉，弹性膜之间有环形平滑肌、少量胶原纤维和大量弹性纤维（图 8-2）。

（2）**中动脉**：除大动脉以外，凡在解剖学中有名称的动脉大多属中动脉。主要特征是中膜比较厚，由 10~40 层环形平滑肌组成，故又称肌性动脉，平滑肌之间有一些弹性纤维和胶原纤维。在内膜与中膜之间，以及中膜与外膜之间，分别有内弹性膜和外弹性膜（图 8-3）。

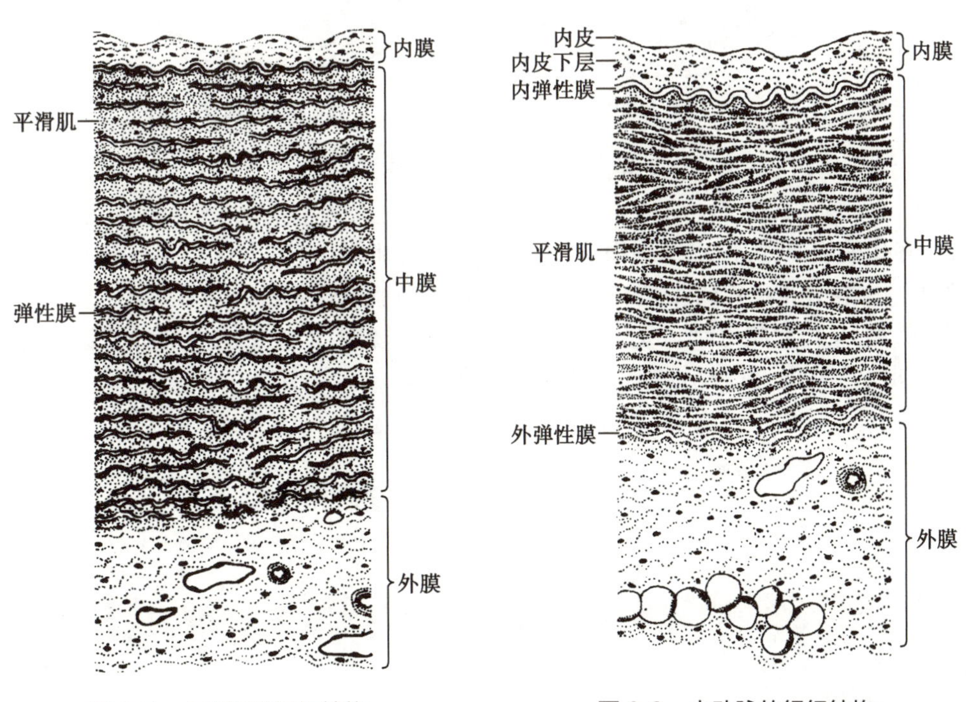

图 8-2　大动脉的组织结构　　图 8-3　中动脉的组织结构

（3）**小动脉**：管径在 0.3~1mm 之间的动脉称为小动脉。结构与中动脉相似，也属肌性动脉。内弹性膜明显，中膜有几层环形平滑肌，外弹性膜不明显。

（4）**微动脉**：管径在 0.3mm 以下的动脉称为微动脉。内膜无弹性膜，中膜有 1~2 层环形平滑肌，外膜较薄。

笔记栏

2. 静脉　与伴行的动脉相比，其特点是：①数量较动脉多，管壁薄，弹性较小，管腔大，在切片中常呈塌陷状态；②根据管径和管壁结构的不同，亦可分大、中、小、微4级，管壁3层结构不如动脉明显，平滑肌和弹性纤维不如动脉丰富，结缔组织较多；③管壁内有静脉瓣（图8-4），四肢较多，尤以下肢最多，可防止血液逆流，保证血液向心流动；④可分浅、深静脉，浅静脉位于皮下，注入深静脉，深静脉一般与同名动脉伴行。

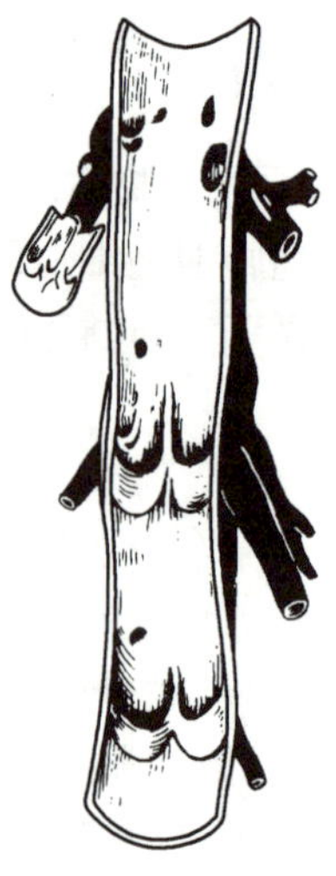
图8-4　静脉瓣

3. 毛细血管　是血液与组织之间进行物质交换的主要场所，其分布广泛，并相互吻合成网。管壁薄，由一层内皮细胞和基膜组成；管径小，一般为6~8μm，血窦可达40μm。根据毛细血管的超微结构特点，可将其分为以下3种（图8-5）：

（1）**连续毛细血管**：内皮细胞较薄，胞质内有大量吞饮小泡，相邻内皮细胞间有连接复合体，基膜完整。主要分布于结缔组织、肌组织、肺、脑和脊髓等处。

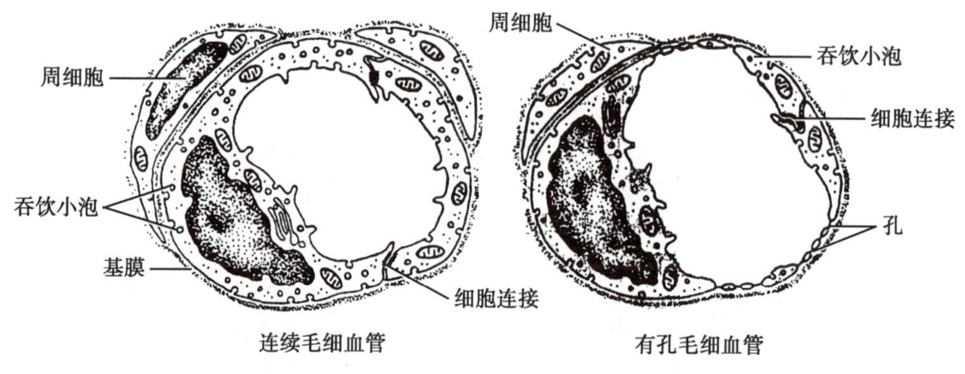

图8-5　毛细血管结构模式图

（2）**有孔毛细血管**：内皮细胞很薄，有许多贯通细胞的小孔，小孔上或有隔膜封闭，其通透性较大。主要分布于胃肠黏膜、一些内分泌腺和肾血管球等处。

（3）**血窦**：又称**窦状毛细血管**，腔大，壁薄，形态不规则，内皮细胞之间的间隙较大，通透性大。主要分布在肝、脾、红骨髓和一些内分泌腺等处。

第二节　心血管系统

一、心

心

（一）心的位置和外形

1. 心的位置　心位于胸腔中纵隔内，外面裹以心包，约1/3在身体正中线的右侧，2/3在正中线的左侧。前方平对胸骨体和第2~6肋软骨，后方平对第5~8胸椎，两侧与纵隔胸膜、胸膜腔和肺相邻，上方与出入心的大血管相连，下方邻膈（图8-6）。

2. 心的外形　心近似倒置的、前后稍扁的圆锥体，稍大于本人拳头。心可分为一尖、一底、二面、三缘，表面尚有3条沟（图8-7、图8-8）。心尖圆钝、游离，由左心室构成，朝向左前下方，与左胸前壁接近，故在左侧第5肋间隙锁骨中线内侧1~2cm处可扪及心尖搏动。**心**

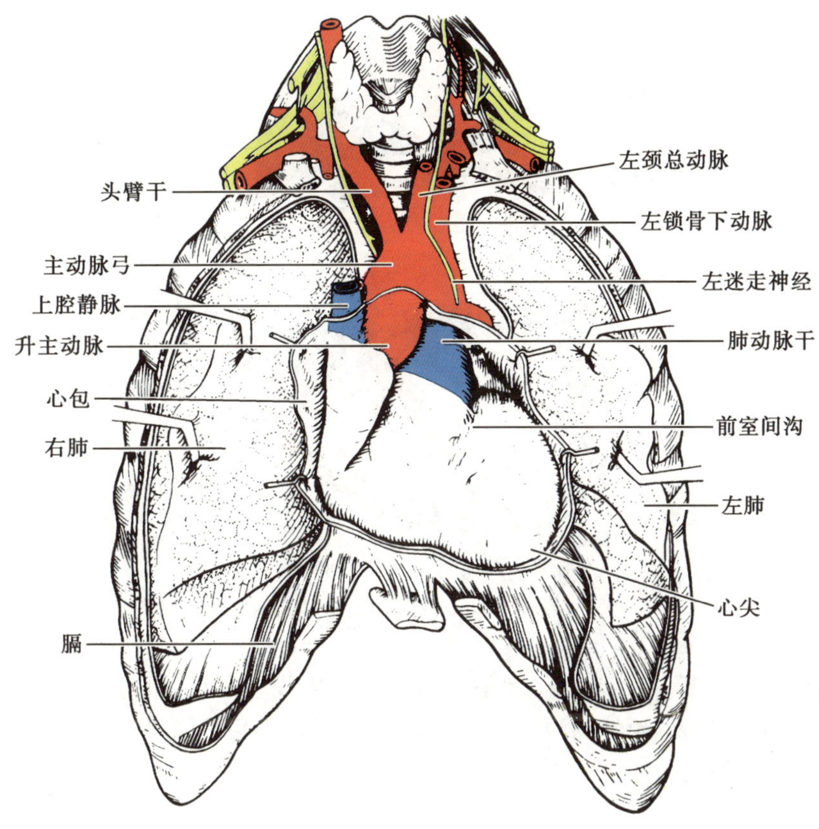

图 8-6 心的位置

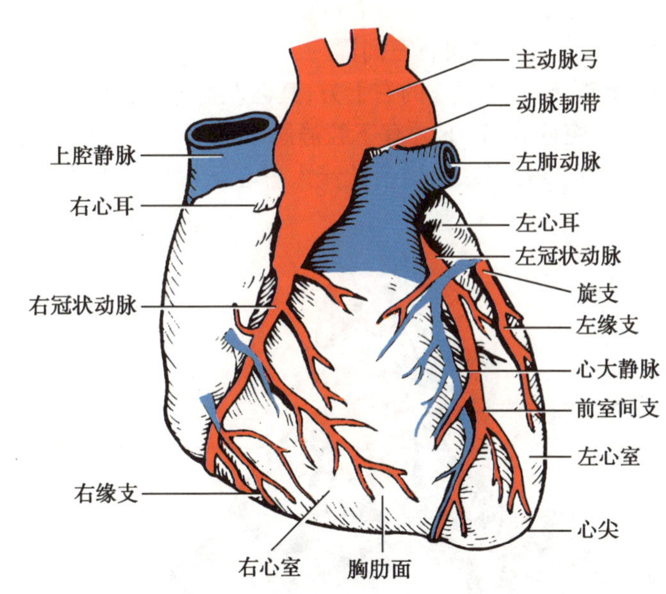

图 8-7 心的外形和血管(胸肋面)

底朝向右后上方,大部分由左心房构成,小部分由右心房构成。心的**胸肋面**(前面),朝向前上方,大部分由右心室和右心房构成,小部分由左心室构成;**膈面**(下面)几乎呈水平位,朝向后下方,邻接膈,大部分由左心室构成,小部分由右心室构成。心的**下缘**锐利,接近水平位,由右心室和心尖构成;**右缘**垂直向下,由右心房构成;**左缘**钝圆,大部分由左心室构成。

心表面有 3 条沟可作为心腔在心表面的分界线。**冠状沟**呈冠状位,靠近心底,近似环形,

笔记栏

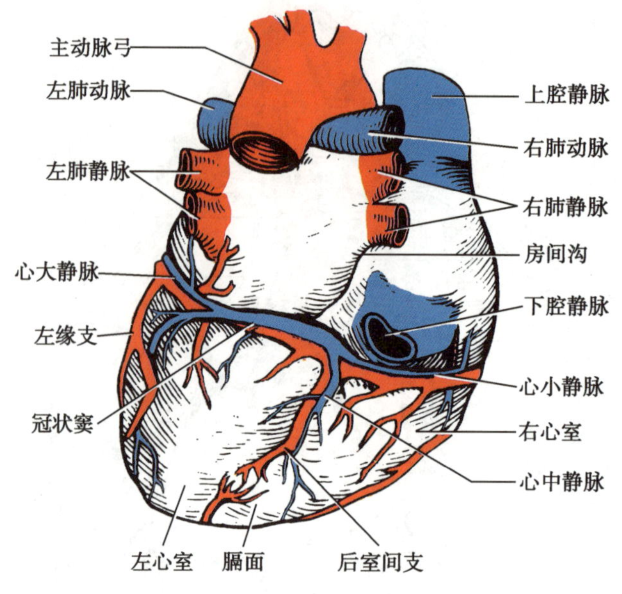

图 8-8 心的外形和血管(膈面)

前方被肺动脉干所中断,是心房和心室在心表面的分界线。在心室的胸肋面和膈面各自有一条自冠状沟向心尖右侧延伸的浅沟,分别称为**前室间沟**和**后室间沟**,前、后室间沟是左、右心室在心表面的分界线。

(二) 心的各腔

心内部被房间隔和室间隔分为不相通的左、右两半,每半又分为上方的心房和下方的心室,故有左心房、左心室、右心房和右心室 4 个心腔。同侧心房与心室之间借**房室口**相通,左、右心房之间有**房间隔**,左、右心室之间有**室间隔**。

1. **右心房(right atrium)** 位于心的右上方,其向左前方突出的部分称为**右心耳**。右心房有 3 个入口:上方有**上腔静脉口**,下方有**下腔静脉口**,在下腔静脉口与右房室口之间有**冠状窦口**。右心房的出口为**右房室口**,血液由此流入右心室(图 8-9)。在房间隔右侧下部有一

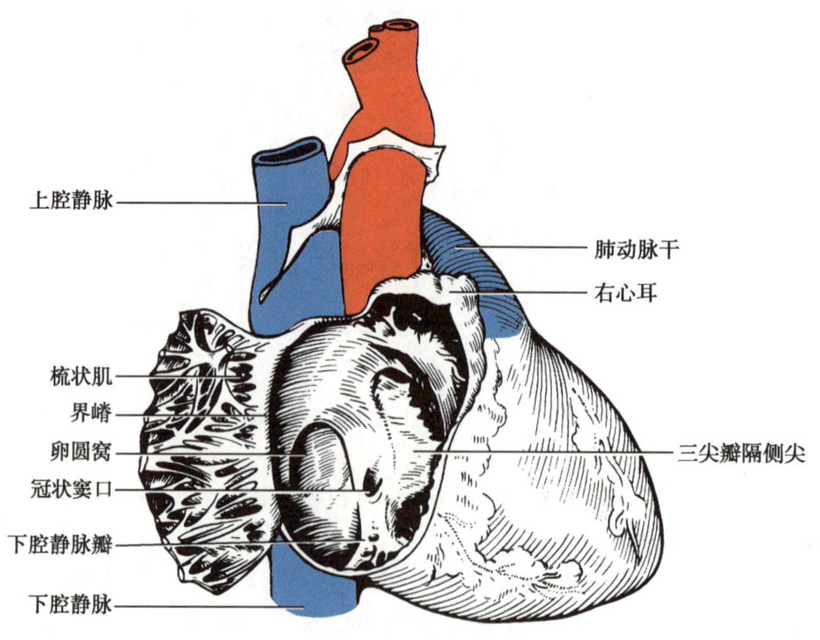

图 8-9 右心房

卵圆形浅窝称为**卵圆窝**，为胎儿时期卵圆孔闭合后的遗迹，房间隔缺损多发生于此处。

2. **右心室（right ventricle）** 位于右心房的左前下方。右心室的入口即右房室口，口的周缘附有3个三角形瓣膜，称为**三尖瓣（右房室瓣）**。室壁上有3个突起的乳头肌，乳头肌尖端有数条腱索，分别连于相邻2个瓣膜的边缘。心室收缩时，三尖瓣受血流推动，封闭右房室口，由于腱索的牵引，瓣膜不致翻向右心房，可防止血液向右心房逆流。右心室向左上方延伸的出口，称为**肺动脉口**，口的周缘附有3个半月形瓣膜，称为**肺动脉瓣**（图8-10）。

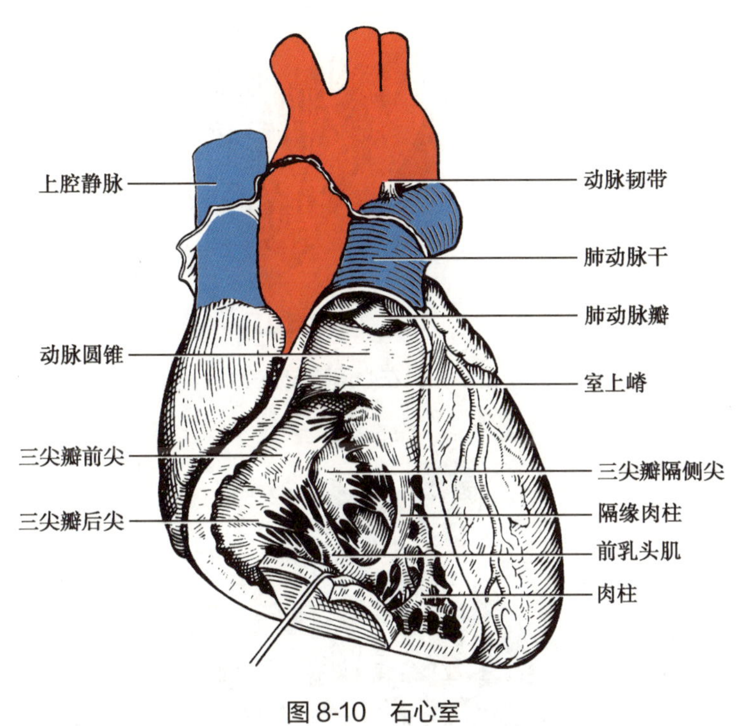

图8-10 右心室

3. **左心房（left atrium）** 位于右心房的左后方，其向右前方突出的部分称为**左心耳**。左心房的入口是4个**肺静脉口**，即左、右肺各发出2条肺静脉，一起通向左心房。出口为左房室口（图8-11）。

4. **左心室（left ventricle）** 位于右心室的左后方。左心室的入口即左房室口，口的周缘附有2个近似三角形瓣膜，称为**二尖瓣（左房室瓣）**，瓣膜边缘也有数条腱索连到2个乳头肌尖端。出口位于左心室的前内侧部，称为**主动脉口**，口的周缘附有3个半月形瓣膜，称为**主动脉瓣**（图8-12）。

心像一个“血泵”，瓣膜类似闸门，保证了心内血液的定向流动。当心室收缩时，二尖瓣和三尖瓣关闭，主动脉瓣和肺动脉瓣开放，血液由心室射入动脉；当心室舒张时，二尖瓣和三尖瓣开放，主动脉瓣和肺动脉瓣关闭，血液由心房进入心室（图8-13）。

（三）心壁的构造

心壁由心内膜、心肌层和心外膜组成，它们分别与血管的3层结构相对应，心肌层是构成心壁的主要部分。

1. **心内膜（endocardium）** 是衬于心房和心室壁内面的一层光滑的薄膜，与血管的内膜相连续。心内膜在房室口和动脉口处折叠移行成瓣膜。

2. **心肌层（myocardium）** 由心肌纤维构成。心室肌比心房肌厚，尤以左心室肌最厚。心房肌与心室肌不连续，它们被房室口周围的纤维环隔开，因此心房肌和心室肌不同时

笔记栏

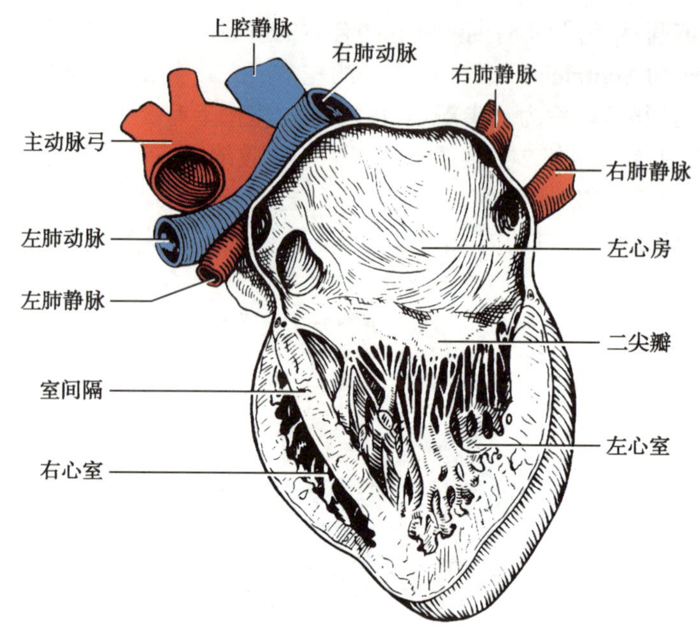

图 8-11 左心房和左心室

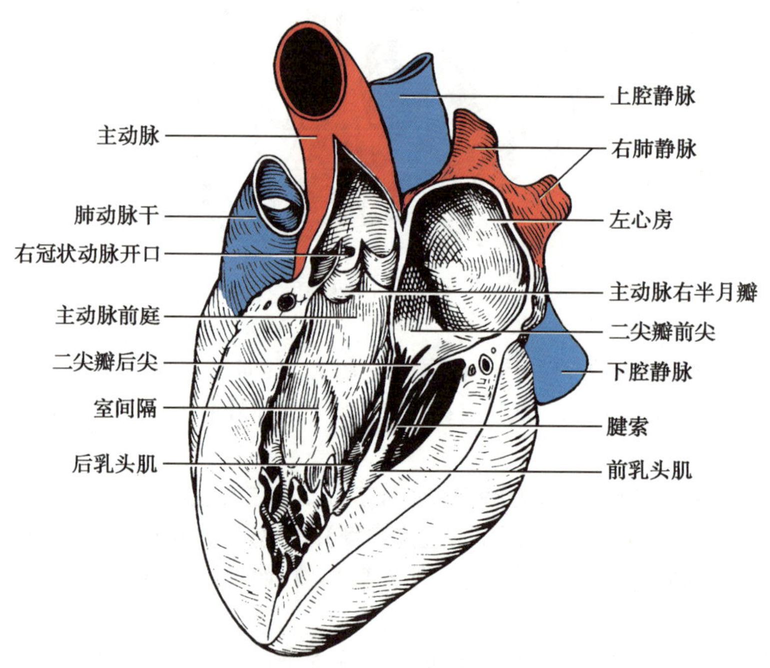

图 8-12 左心室

收缩。

3. **心外膜（epicardium）** 是包裹在心肌外面的一层光滑的浆膜，即浆膜心包的脏层。

（四）心传导系统

心传导系统位于心壁内，由特殊分化的心肌纤维构成，能产生兴奋和传递冲动，以维持心正常节律性搏动的功能。心传导系统包括窦房结、房室结、房室束、左右束支及 Purkinje 纤维网（图 8-14）。

1. **窦房结（sinuatrial node）** 位于上腔静脉与右心耳之间的心外膜深面，呈椭圆形，能

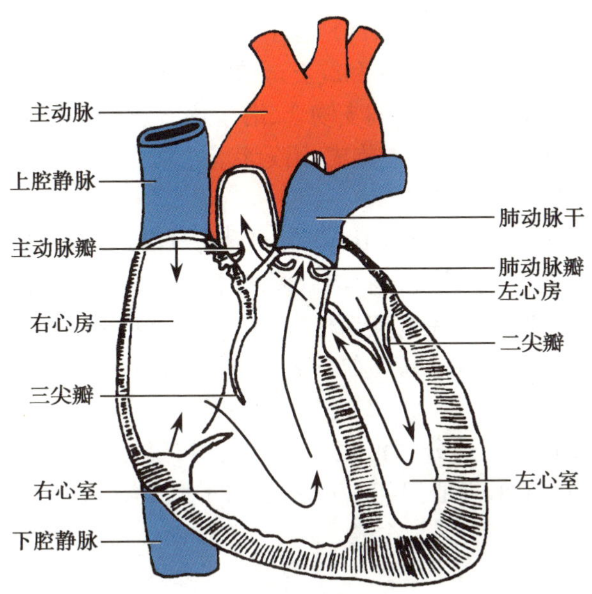

图 8-13　心各腔的血流方向示意图

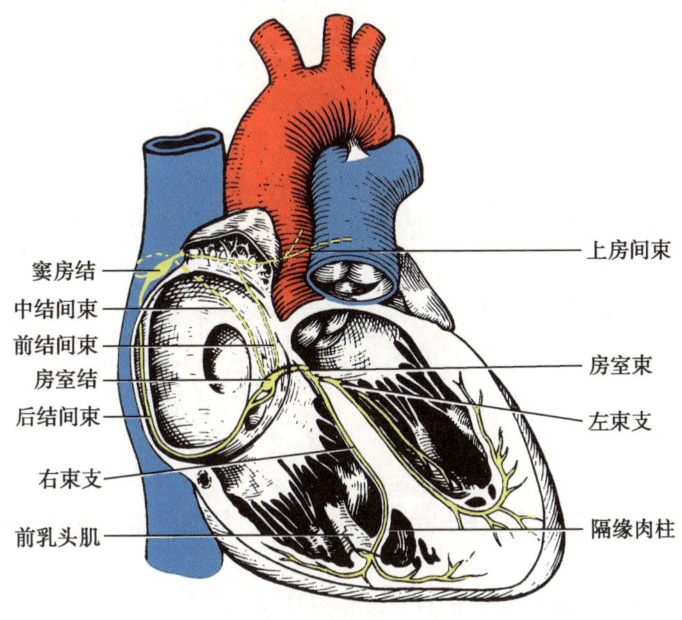

图 8-14　心传导系统

自动产生节律性兴奋，为心脏的正常起搏点。

2. **房室结(atrioventricular node)**　位于冠状窦口与右房室口之间的心内膜深面，呈扁椭圆形，它发出房室束入室间隔。房室结主要功能是将窦房结传来的兴奋传向心室，通过房室延搁功能确保心房和心室不同时发生收缩。

3. **房室束(atrioventricular bundle)**　又称希氏(His)束，自房室结发出入室间隔，在室间隔的上部分为左、右束支，分别沿室间隔左、右侧心内膜深面下行到左、右心室，再分出许多细小的分支，交织成网，称为 **Purkinje 纤维网**，并与心室肌细胞相连。

(五) 心的血管

1. 动脉　心壁的血液供应来自左、右冠状动脉(图 8-7、图 8-8)。

笔记栏

(1) **左冠状动脉(left coronary artery)**:起自升主动脉起始部的左侧,经左心耳与肺动脉干起始部之间左行,立即分为前室间支和旋支。**前室间支**沿前室间沟下行,绕过心尖右侧,至后室间沟下部与右冠状动脉的后室间支吻合,沿途发出分支分布于左心室前壁、室间隔前2/3和右心室前壁小部分。**旋支**又称**左旋支**,沿冠状沟左行,绕过心左缘至膈面,分支分布于左心房、左心室侧壁和左心室膈壁。

(2) **右冠状动脉(right coronary artery)**:起自升主动脉起始部的右侧,经右心耳与肺动脉干起始部之间右行,绕过心右缘至冠状沟后部,分为后室间支和右旋支。**后室间支**沿后室间沟下行,至后室间沟下部,与前室间支末梢吻合。**右旋支**较细,继续向左行,分布于左心室膈壁。右冠状动脉分支分布于右心房、右心室、室间隔后1/3和左心室膈壁一部分,还发分支到窦房结和房室结。

2. 静脉　心壁的静脉大部分都汇集于冠状窦,再经冠状窦口注入右心房。**冠状窦(coronary sinus)**位于心膈面,左心房与左心室之间的冠状沟内,其主要属支有心大静脉、心中静脉和心小静脉。

知识链接

心脏支架介入治疗

20世纪80年代初,一位阿根廷医生设想用支架撑开硬化、狭窄的心冠状动脉。通过各国医生、工程师等不懈努力,经历了金属支架、药物涂层支架、生物可吸收支架的研制历程,心脏支架已成为心脏介入手术中的常用医疗器械,广泛应用于冠状动脉堵塞引起的急性心肌梗塞、不稳定性心绞痛和劳力性心绞痛等。但是因为支架对于身体来说是异物,容易造成血小板聚集,造成血栓的形成,在支架放置后还需服用抗凝药物如阿司匹林等,并且要重视动脉粥样硬化、高血压等原始疾病的治疗。因此,从心脏支架植入的那一刻起,就和我们自身成为了一个整体,这个小小的"金属宝宝",需要我们细心、认真的对待。

(六) 心包

心包(pericardium)为包裹心和出入心的大血管根部的纤维浆膜囊,可分为纤维心包和浆膜心包2部分(图8-15)。

1. **纤维心包(fibrous pericardium)**　为心包外层,是纤维结缔组织囊,上方与出入心的大血管外膜相移行,下方与膈中心腱愈着。

2. **浆膜心包(serous pericardium)**　位于纤维心包的内面,可分为脏、壁2层。脏层覆盖于心肌表面,即心外膜;壁层贴在纤维心包内面。脏、壁2层在出入心的大血管根部相互移行,2层之间的腔隙称为**心包腔**,内有少量浆液,起润滑作用,可减少心搏动时的摩擦。

二、肺循环的血管

(一) 肺循环的动脉

肺动脉干(pulmonary trunk)短而粗,起自右心室的肺动脉口,经升主动脉的前方向左后上方斜行,至主动脉弓下方分为左、右肺动脉。

1. 左肺动脉　走行至左肺门处分为上、下2支,分别进入左肺上、下叶。
2. 右肺动脉　走行至右肺门处分为上、中、下3支,分别进入右肺上、中、下叶。

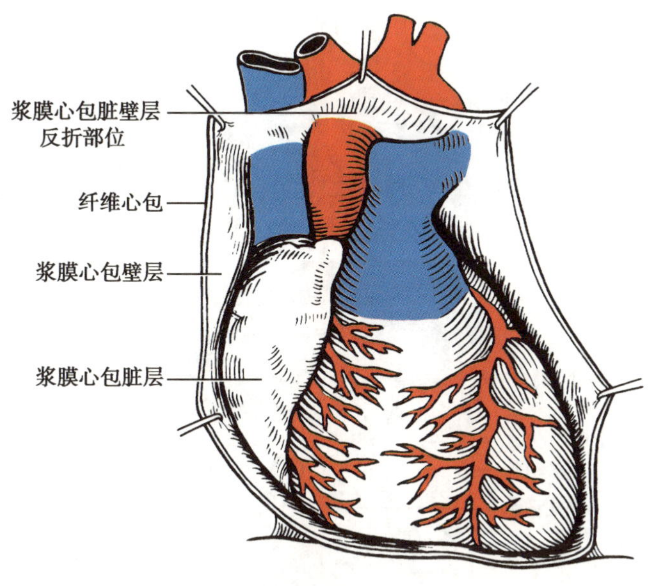

图 8-15 心包

(二) 肺循环的静脉

肺静脉左右各有 2 条，分别称为左上肺静脉、左下肺静脉和右上肺静脉、右下肺静脉。它们起自肺的毛细血管，将含氧饱和的血液注入左心房。

三、体循环的血管

(一) 体循环的动脉

1. **主动脉(aorta)** 为体循环的动脉主干，可分为升主动脉、主动脉弓和降主动脉 3 部分(图 8-16)。

(1) **升主动脉(ascending aorta)**：起自左心室的主动脉口，向右前上方斜行，至胸骨角水平移行为主动脉弓。在升主动脉起始处发出左、右冠状动脉。

(2) **主动脉弓(aortic arch)**：接升主动脉，弓形弯向左后方，至第 4 胸椎体下缘水平移行为降主动脉。在主动脉弓凸侧向上发出 3 个分支，自右向左分别为头臂干、左颈总动脉和左锁骨下动脉。**头臂干**向右上方斜行，至右胸锁关节后方分为右颈总动脉和右锁骨下动脉。

(3) **降主动脉(descending aorta)**：上接主动脉弓，沿脊柱左前方下行，穿膈的主动脉裂孔进入腹腔，至第 4 腰椎体下缘处分为左、右髂总动脉。降主动脉以主动脉裂孔为界，分为胸主动脉和腹主动脉。

头颈部动脉

2. 头颈部的动脉

(1) **颈总动脉(common carotid artery)**：是头颈部的动脉主干，左右各一，左侧起自主动脉弓，右侧起自头臂干。两侧颈总动脉均沿气管、食管、喉的两侧上升，至甲状软骨上缘处分为颈外动脉和颈内动脉(图 8-17)。

(2) **颈外动脉(external carotid artery)**：自颈总动脉发出后，向上穿腮腺至下颌头稍下方，分为颞浅动脉和上颌动脉 2 个终支。颈外动脉分支分布于颈部、头面部和硬脑膜等处。其主要分支有甲状腺上动脉、舌动脉、面动脉、颞浅动脉、上颌动脉等(图 8-17)。

(3) **颈内动脉(internal carotid artery)**：由颈总动脉发出后，向上经颅底颈动脉管入颅腔，主要营养脑和视器(详见神经系统)。

笔记栏

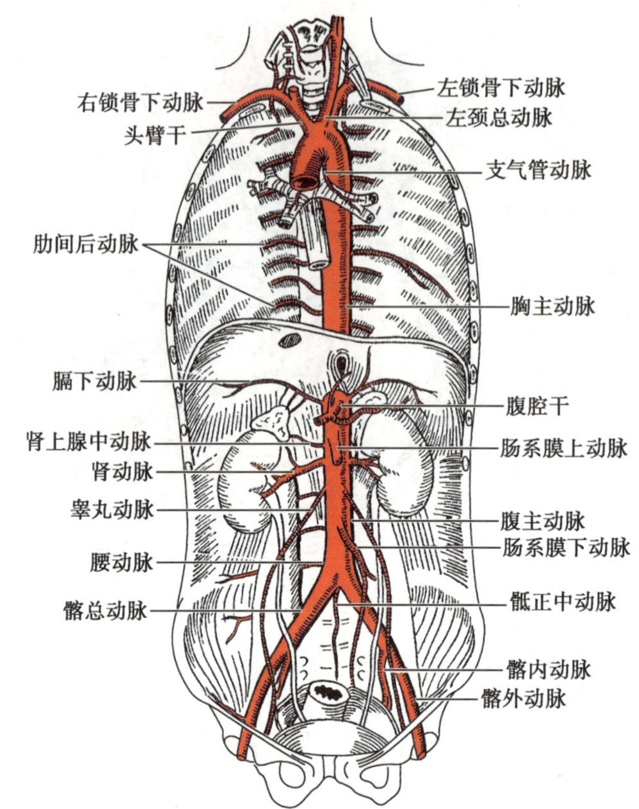

图 8-16 主动脉及其分支

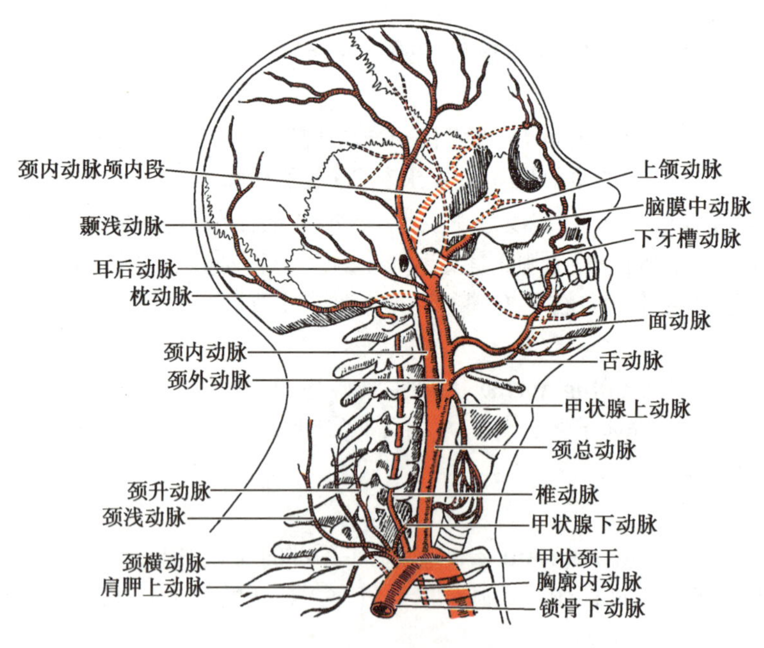

图 8-17 颈总动脉及其分支

(4) **锁骨下动脉(subclavian artery)**:左侧起自主动脉弓,右侧起自头臂干,经胸廓上口至颈根部,经斜角肌间隙,横过第 1 肋上面,至第 1 肋外缘处移行为腋动脉。锁骨下动脉的分支分布于脑、脊髓和甲状腺等。其主要分支有椎动脉、胸廓内动脉、甲状颈干等(图 8-17)。

3. 上肢的动脉

（1）**腋动脉（axillary artery）**：是上肢的动脉主干，于第1肋外缘处续于锁骨下动脉，经腋窝至背阔肌下缘处移行为肱动脉（图8-18）。腋动脉的主要分支分布于肩肌、胸肌、背阔肌和乳房等。

（2）**肱动脉（brachial artery）**：是腋动脉的直接延续，沿肱二头肌内侧沟下行至肘窝，平桡骨颈分为桡动脉和尺动脉（图8-18）。肱动脉在肘关节前面肱二头肌腱内侧的位置表浅，可触及其搏动，该处常为测量血压的听诊部位。

（3）**桡动脉（radial artery）**：自肱动脉分出后，与桡骨平行下降至桡骨下端，绕桡骨茎突下方转至手背，再穿第1掌骨间隙进入手掌深部，其末端与尺动脉掌深支吻合成**掌深弓**（图8-18）。桡动脉下段在腕上方位置表浅，行于肱桡肌腱与桡侧腕屈肌腱之间，并贴近骨面，是临床触摸脉搏的常用部位。

（4）**尺动脉（ulnar artery）**：由肱动脉分出后，在尺侧腕屈肌与指浅屈肌之间下行，经豌豆骨桡侧至手掌，其末端与桡动脉掌浅支吻合成**掌浅弓**（图8-18）。

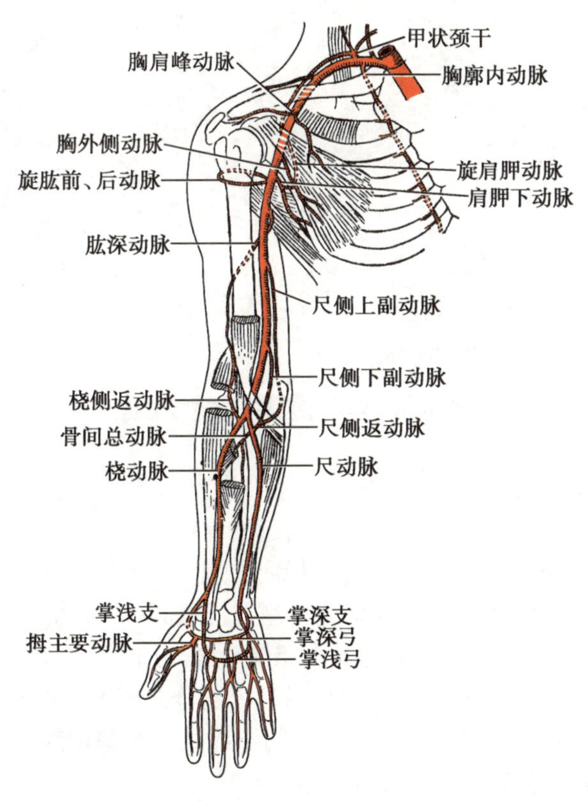

图8-18 上肢的动脉

4. 胸部的动脉　**胸主动脉（thoracic aorta）**是胸部的动脉主干，在第4胸椎体下缘左侧续于主动脉弓，下行至第12胸椎前方穿膈的主动脉裂孔，移行为腹主动脉。胸主动脉的分支有壁支和脏支2种（图8-16）。

（1）壁支：主要为肋间后动脉，共有9对，位于第3~11肋间隙，与肋间后静脉和肋间神经伴行，分支分布于胸壁和腹壁大部分。

（2）脏支：细小，主要有食管动脉、支气管动脉和心包支，分布于同名器官。

5. 腹部的动脉　**腹主动脉（abdominal aorta）**是腹部的动脉主干，在膈的主动脉裂孔处

笔记栏

续于胸主动脉，沿脊柱左前方下行，至第 4 腰椎体下缘分为左、右髂总动脉。腹主动脉的分支有壁支和脏支 2 种（图 8-16）。

(1) 壁支：主要包括腰动脉和膈下动脉，分布于腹后壁、脊髓、膈、肾上腺等处。

(2) 脏支：分为成对的脏支和不成对的脏支 2 种。成对脏支有肾上腺中动脉、肾动脉、睾丸动脉（男性）或卵巢动脉（女性），不成对脏支有腹腔干、肠系膜上动脉和肠系膜下动脉。

1）**肾上腺中动脉（middle suprarenal artery）**：分布于左、右肾上腺。

2）**肾动脉（renal artery）**：经肾门入肾。

3）**睾丸动脉（testicular artery）**：分布于睾丸和附睾。在女性则为**卵巢动脉（ovarian artery）**，分布于卵巢和输卵管。

4）**腹腔干（celiac trunk）**：为一短干，在膈的主动脉裂孔稍下方起自腹主动脉前壁，随即分为胃左动脉、肝总动脉和脾动脉 3 大分支（图 8-16、图 8-19）。

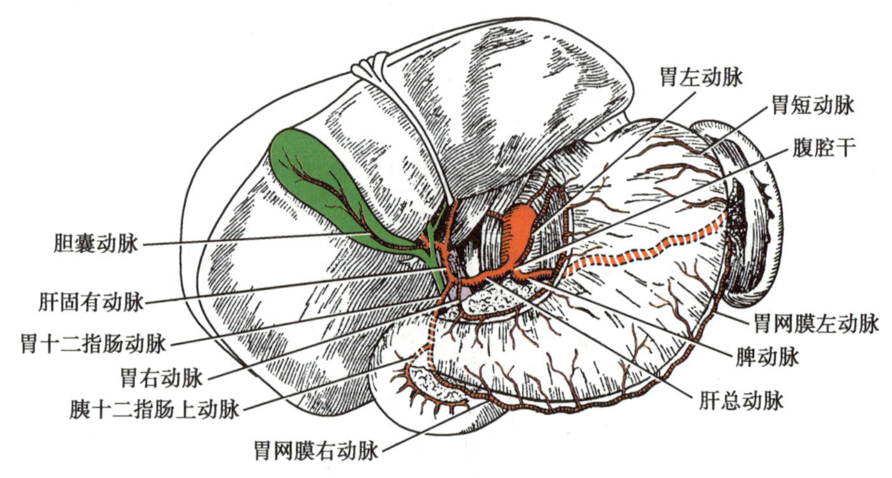

图 8-19 腹腔干及其分支（胃前面）

① **胃左动脉（left gastric artery）**：向左上达胃的贲门，再沿胃小弯向右行，与胃右动脉吻合，沿途分支分布于食管下段、贲门及胃小弯附近的胃壁。

② **肝总动脉（common hepatic artery）**：行向右前方，分为肝固有动脉和胃十二指肠动脉。**肝固有动脉**在肝门静脉的前方、胆总管左侧上行至肝门，分为左支和右支，分别进入肝左叶和肝右叶。右支在进入肝门之前还发出**胆囊动脉**，分布于胆囊。肝固有动脉起始部发出**胃右动脉**沿胃小弯向左，与胃左动脉吻合，沿途分支分布于十二指肠上部和胃小弯附近的胃壁。**胃十二指肠动脉**经幽门后面下行，至幽门下缘处分为**胃网膜右动脉**和**胰十二指肠上动脉**，分布于胃、大网膜、胰头和十二指肠降部。

③ **脾动脉（splenic artery）**：沿胰的上缘向左行，至脾门处分数支入脾。沿途发出许多小支，分布于胰；在近脾门处还发出**胃短动脉**和**胃网膜左动脉**，分布于胃和大网膜。

5）**肠系膜上动脉（superior mesenteric artery）**：在腹腔干稍下方，平第 1 腰椎体高度起自腹主动脉前壁，经胰与十二指肠水平部之间下行，主要分支有**胰十二指肠下动脉**、**空肠动脉**、**回肠动脉**、**回结肠动脉**、**右结肠动脉**、**中结肠动脉**（图 8-20），分布于胰十二指肠、空肠、回肠、阑尾、升结肠和横结肠。

6）**肠系膜下动脉（inferior mesenteric artery）**：约平第 3 腰椎体高度起自腹主动脉前壁，沿腹后壁行向左下，主要分支有**左结肠动脉**、**乙状结肠动脉**、**直肠上动脉**（图 8-21），分布于降结肠、乙状结肠和直肠上部。

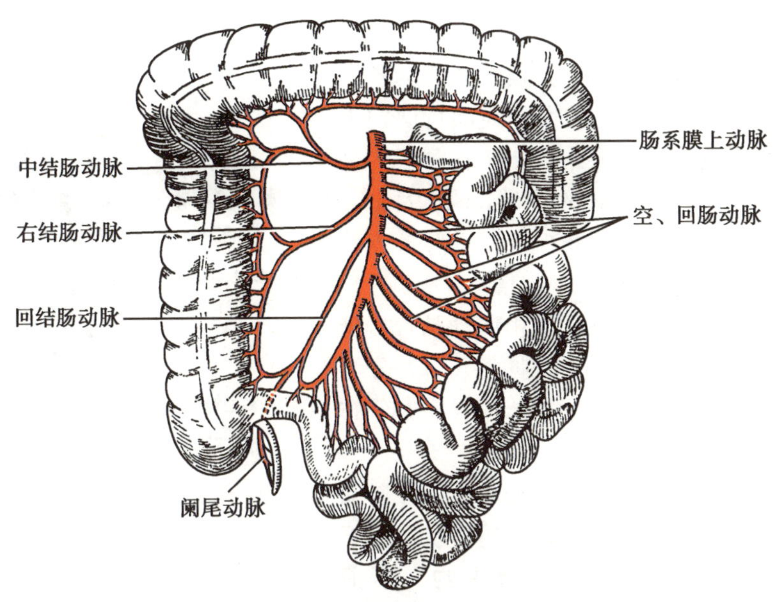

图 8-20 肠系膜上动脉及其分支

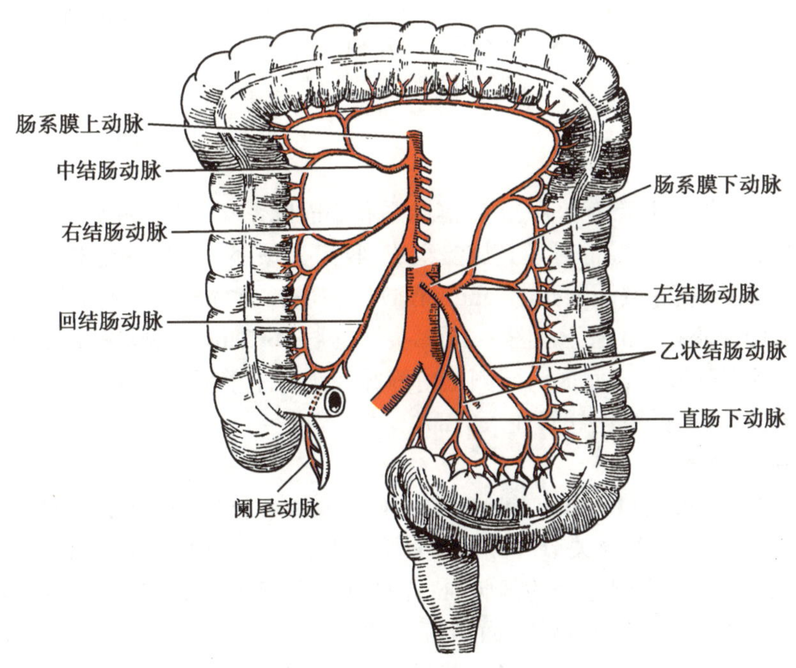

图 8-21 肠系膜下动脉及其分支

6. 盆部的动脉 **髂总动脉(common iliac artery)**左右各一,平第 4 腰椎体下缘自腹主动脉分出后,向下外斜行至骶髂关节处,分为髂内动脉和髂外动脉(图 8-16)。

(1) **髂内动脉(internal iliac artery)**:是盆部的动脉主干,下行进入盆腔,分为壁支和脏支 2 种。壁支主要有闭孔动脉、臀上动脉和臀下动脉,分布于盆壁、臀部、大腿内收肌群和髋关节。脏支主要有直肠下动脉、子宫动脉(仅限女性)和阴部内动脉,分布于盆腔内器官和外生殖器等。

(2) **髂外动脉(external iliac artery)**:沿腰大肌内侧缘下行,经腹股沟韧带中点深面至大腿前面,移行为股动脉。

笔记栏

7. 下肢的动脉

(1) **股动脉(femoral artery)**:是下肢的动脉主干,为髂外动脉的直接延续,沿大腿前面行向内下方,进入腘窝移行为腘动脉(图 8-22)。在腹股沟韧带中点稍下方可触到股动脉的搏动,下肢大出血时,可将股动脉压向耻骨进行止血。股动脉分支分布于大腿肌和髋关节。

(2) **腘动脉(popliteal artery)**:由股动脉直接延续而来,在腘窝深部中线下行,至腘窝下角处分为胫前动脉和胫后动脉(图 8-22)。腘动脉分支分布于膝关节及邻近诸肌。

(3) **胫前动脉(anterior tibial artery)**:由腘动脉分出后,穿小腿骨间膜上方至小腿前群肌之间下行,至踝关节前方移行为**足背动脉**(图 8-22)。胫前动脉分支分布于小腿前群肌和足背肌。

(4) **胫后动脉(posterior tibial artery)**:是腘动脉的延续,在小腿后面浅、深 2 层肌之间下行,经内踝后方至足底,分为**足底内侧动脉**和**足底外侧动脉**(图 8-22)。胫后动脉分支分布于小腿后群肌和外侧群肌、足底肌。

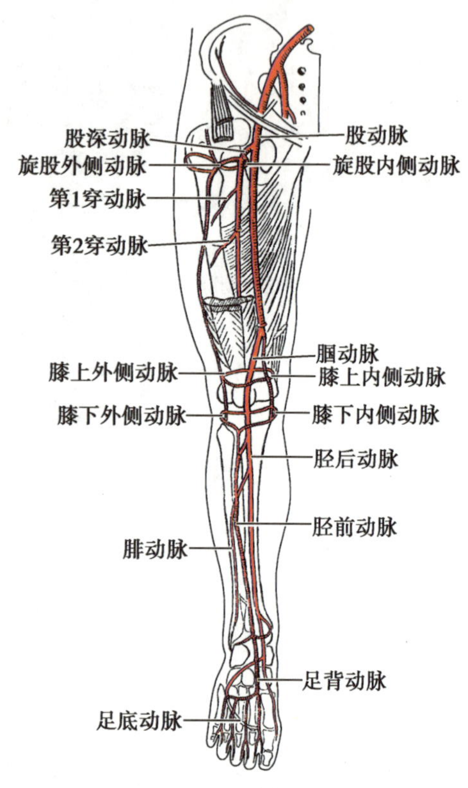

图 8-22 下肢的动脉

(二) 体循环的静脉

体循环的静脉包括上腔静脉系、下腔静脉系和心静脉系(详见心的血管)。

1. 上腔静脉系 由上腔静脉及其属支组成,收集头颈部、上肢、胸部(除心和肺外)等上半身的静脉血。**上腔静脉(superior vena cava)**由左、右头臂静脉汇合而成,在注入右心房之前有**奇静脉(azygos vein)**汇入(图 8-23)。**头臂静脉(brachiocephalic vein)**左右各一,由颈内静脉和锁骨下静脉汇合而成。同侧颈内静脉和锁骨下静脉汇合处所形成的夹角,称为**静脉角(venous angle)**,是淋巴导管注入的部位。

(1) 头颈部的静脉

1) **颈内静脉(internal jugular vein)**:颈内静脉上端在颅底的颈静脉孔处续于乙状窦,在胸锁乳突肌深面下行,至胸锁关节后方与锁骨下静脉汇合成头臂静脉。其颅内的属支通过硬脑膜窦收集脑、脑膜、视器等处的静脉血(详见神经系统);颅外的属支主要有面静脉和下颌后静脉的前支,收集咽、舌、甲状腺、面部和颈部的静脉血。

2) **颈外静脉(external jugular vein)**:由下颌后静脉的后支与耳后静脉、枕静脉等汇合而成,在胸锁乳突肌表面下行注入锁骨下静脉。颈外静脉浅居于皮下,属于浅静脉。正常人站立位或坐位时,颈外静脉常不显露;若心脏病或上腔静脉阻塞时,常可引起颈外静脉怒张。

3) **锁骨下静脉(subclavian vein)**:是腋静脉的延续,与颈内静脉汇合成头臂静脉,主要收集上肢、颈部浅层的静脉血。

(2) 上肢的静脉:富含静脉瓣,分深、浅静脉 2 种,两者之间有丰富的吻合。深静脉均与同名动脉伴行,最后汇合成**腋静脉(axillary vein)**。浅静脉位于皮下,起于手指,上行至手背形成手背静脉网,自手背静脉网向上汇合成头静脉和贵要静脉。

1) **头静脉(cephalic vein)**:起自手背静脉网的桡侧,沿前臂和臂的桡侧上行,最后经三角肌和胸大肌之间穿深筋膜,注入腋静脉或锁骨下静脉(图 8-24)。

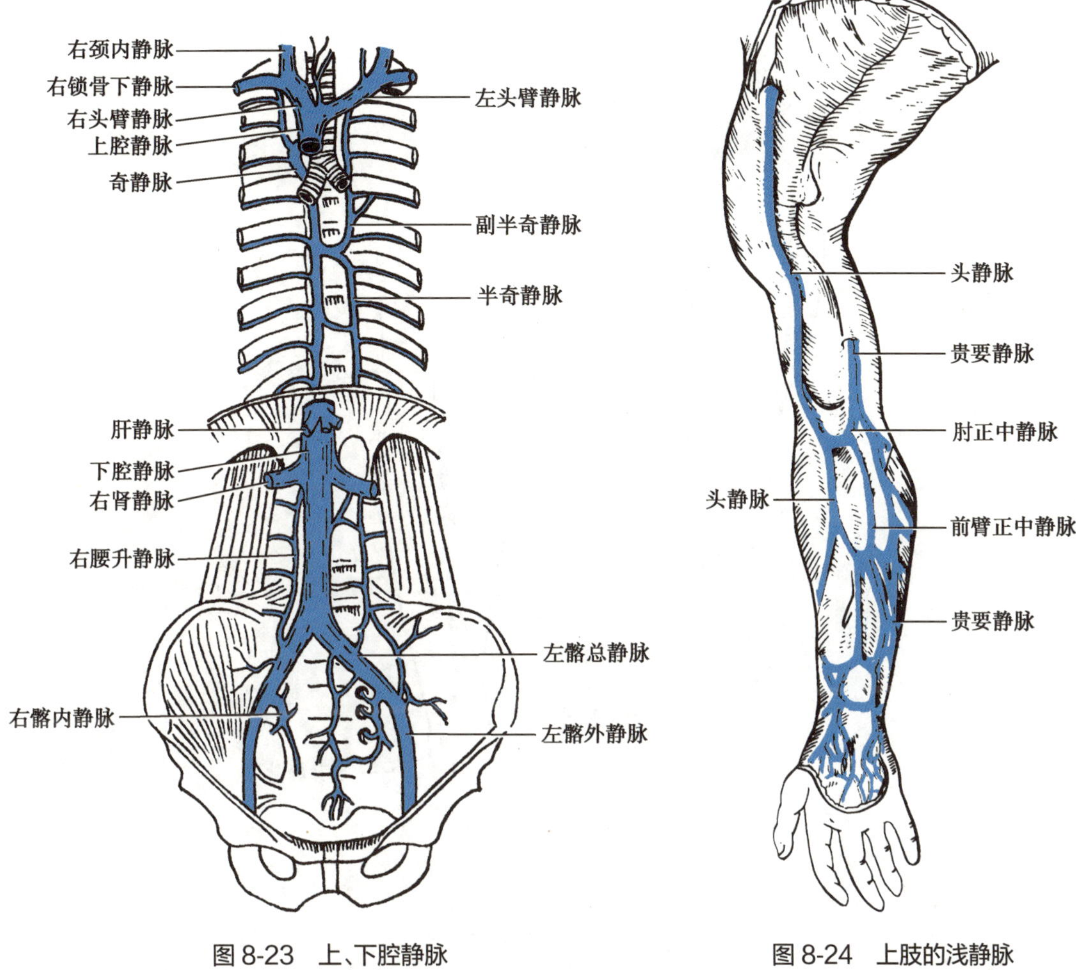

图 8-23　上、下腔静脉

图 8-24　上肢的浅静脉

2）**贵要静脉（basilic vein）**：起自手背静脉网的尺侧，沿前臂尺侧上行，经肘窝至臂中部穿深筋膜，注入肱静脉或腋静脉（图 8-24）。

3）**肘正中静脉（median cubital vein）**：位于肘窝皮下，是连接头静脉与贵要静脉之间的短干（图 8-24）。临床上常在手背静脉网、前臂和肘部前面的浅静脉取血、输液和注射药物。

（3）胸部的静脉：主要有奇静脉等。奇静脉收集胸壁、食管和支气管等静脉血，最后注入上腔静脉。

2. 下腔静脉系　由下腔静脉及其属支组成，收集腹部、盆部和下肢的静脉血。**下腔静脉（inferior vena cava）**是人体最大的静脉，由左、右髂总静脉在第 5 腰椎体右前方汇合而成，沿腹主动脉右侧上行，穿膈的腔静脉孔至胸腔，注入右心房（图 8-23）。

（1）下肢的静脉：富含静脉瓣，且比上肢的静脉多，同样分为深、浅静脉 2 种，两者之间有丰富的吻合。深静脉均与同名动脉伴行，最后汇入**股静脉（femoral vein）**。浅静脉起自趾背静脉，上行至足背形成足背静脉弓，自足背静脉弓向上汇合成大隐静脉和小隐静脉。

1）**大隐静脉（great saphenous vein）**：为人体最长的浅静脉。起自足背静脉弓的内侧，经内踝前方，沿小腿和大腿内侧上行，至耻骨结节外下方 3~4cm 处穿深筋膜，注入股静脉（图 8-25）。该静脉在内踝前方的位置表浅而恒定，是临床输液、静脉穿刺或切开的常用部位。

2）**小隐静脉（small saphenous vein）**：起自足背静脉弓的外侧，经外踝后方，沿小腿后面上行，至腘窝处穿深筋膜，注入腘静脉（图 8-25）。

笔记栏

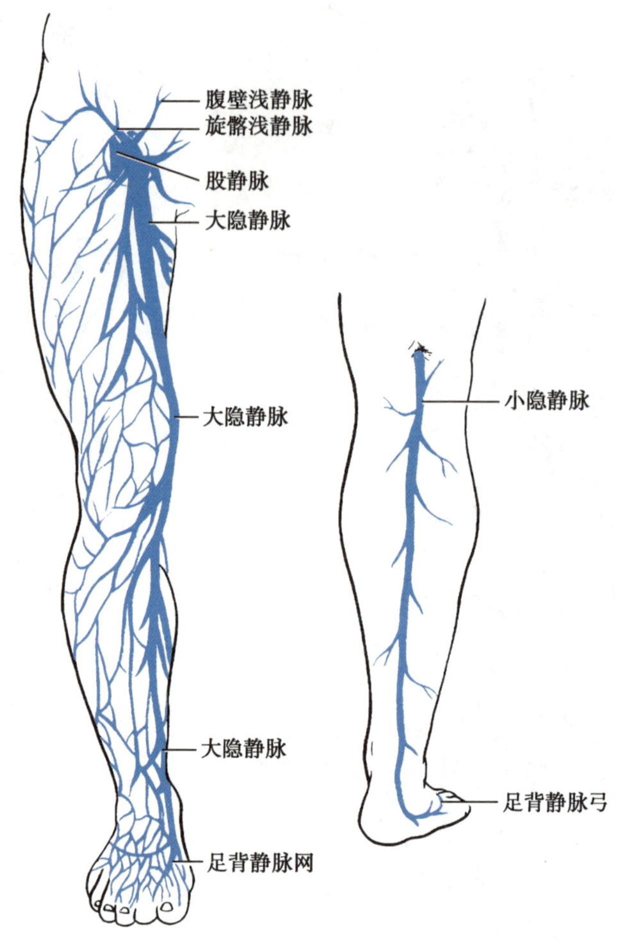

图 8-25　下肢的浅静脉

(2) 盆部的静脉：主要有髂内静脉和髂外静脉。**髂内静脉(internal iliac vein)**收集盆腔脏器和盆壁的静脉血。**髂外静脉(external iliac vein)**为股静脉经腹股沟韧带深面向上延续而成，行向内上方与髂内静脉在骶髂关节前方汇合成髂总静脉。

ER-上-8-6
肝门静脉系与上、下腔静脉系之间的吻合

(3) 腹部的静脉：主要有下腔静脉和肝门静脉及其属支。下腔静脉的属支分为壁支和脏支 2 种。壁支、成对脏器的静脉以及肝静脉直接注入下腔静脉；不成对脏器(肝除外)的静脉先汇入肝门静脉入肝，再经肝静脉汇入下腔静脉。**肝门静脉(hepatic portal vein)**由肠系膜上静脉和脾静脉在胰头的后方汇合而成，向右上方进入肝门，收集胃、小肠、大肠(直肠下部除外)、脾、胰和胆囊的静脉血，主要属支有肠系膜上静脉、脾静脉、肠系膜下静脉、胃左静脉和胃右静脉等。

第三节　淋 巴 系 统

一、淋巴管道

淋巴管道内含淋巴，最后注入静脉。根据其结构和功能的不同，可分为毛细淋巴管、淋巴管、淋巴干和淋巴导管 4 种(图 8-26)。

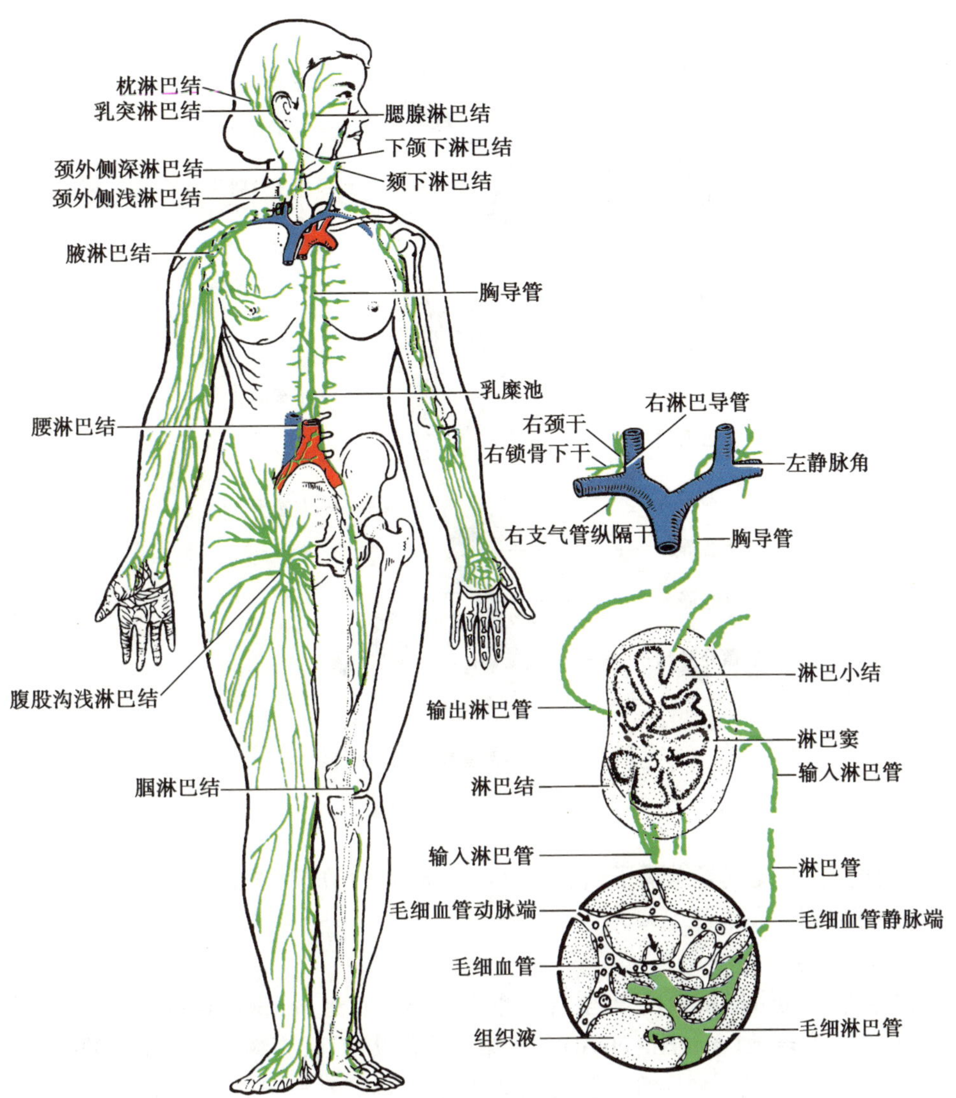

图 8-26　全身淋巴管和淋巴结

(一) 毛细淋巴管

毛细淋巴管(lymphatic capillary)是淋巴管道的起始部,以膨大的盲端起于组织间隙(图 8-26)。分布广泛,除脊髓、上皮、角膜、晶状体、牙釉质和软骨等处外,遍布全身各部。

毛细淋巴管壁由单层内皮细胞构成,无基膜和外周细胞,有较大的通透性,一些不易透过毛细血管壁的大分子物质,如蛋白质、细胞碎片、脂类、异物、细菌、癌细胞等较易进入毛细淋巴管。

(二) 淋巴管

淋巴管(lymphatic vessel)由毛细淋巴管汇合而成(图 8-26),其管壁内有丰富的瓣膜,可防止淋巴逆流。淋巴管根据其所在位置的不同,可分为浅、深淋巴管 2 种。浅淋巴管位于皮下,深淋巴管与深部血管伴行,浅、深淋巴管之间有许多吻合支。

(三) 淋巴干

淋巴干(lymphatic trunk)由淋巴管汇合而成(图 8-26、图 8-27)。全身各部的浅、深淋巴管共汇合成 9 条淋巴干:收集头颈部淋巴的**左、右颈干**,收集上肢淋巴的**左、右锁骨下干**,收

笔记栏

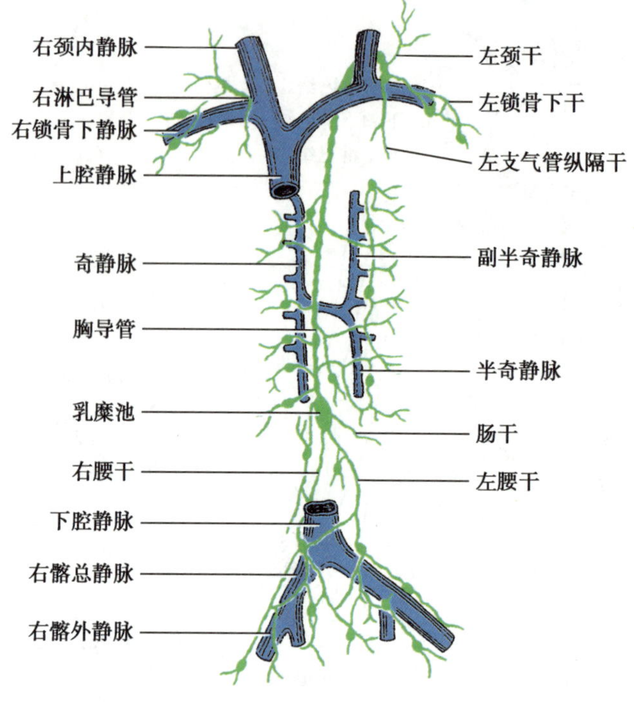

图 8-27 胸导管和右淋巴导管

集胸部淋巴的**左、右支气管纵隔干**，收集下肢、盆部和腹部成对脏器淋巴的**左、右腰干**，收集腹部不成对脏器淋巴的**肠干**。

（四）淋巴导管

1. **胸导管（thoracic duct）** 为全身最粗大的淋巴管道，长 30~40cm。胸导管起始于乳糜池（图 8-27）。**乳糜池（cisterna chyli）**位于第 1 腰椎体前面，为胸导管起始处的膨大，由左、右腰干和肠干汇合而成。胸导管经膈的主动脉裂孔入胸腔，沿脊柱右前方上行，在第 5 胸椎水平转向脊柱左侧继续上行，出胸廓上口到达颈根部，呈弓形向前下弯曲注入左静脉角。在注入左静脉角之前，胸导管还收纳左支气管纵隔干、左颈干和左锁骨下干汇入。胸导管收集下半身及左侧上半身的淋巴，即全身 3/4 部位的淋巴。

2. **右淋巴导管（right lymphatic duct）** 为一短干，长约 1.5cm，由右颈干、右锁骨下干和右支气管纵隔干汇合而成，注入右静脉角（图 8-27）。右淋巴导管收集右侧上半身的淋巴，即全身 1/4 部位的淋巴。

二、淋巴器官

淋巴器官主要有淋巴结、脾、腭扁桃体和胸腺等。下面主要阐述淋巴结和脾。

（一）淋巴结

1. 淋巴结的位置和形态 **淋巴结（lymph nodes）**为圆形或椭圆形小体，大小不一。在身体浅层的淋巴结一般成群分布于较隐蔽的部位，如腋窝、腹股沟等处；在胸、腹腔中的淋巴结大多位于大血管的周围和内脏器官门的附近。淋巴结一侧隆凸，另一侧向内凹陷处为淋巴结门。淋巴结上连有淋巴管，自淋巴结凸侧进入的为**输入淋巴管**，自淋巴结门穿出的为**输出淋巴管**（图 8-26），淋巴在向心回流的行程中，通常要经过一个或多个淋巴结的滤过。

2. 全身各部主要淋巴结

(1) 头颈部淋巴结

1) 下颌下淋巴结:位于下颌下腺附近,收集面部和口腔器官的淋巴,其输出淋巴管注入颈外侧深淋巴结(图 8-28)。

2) 颈外侧浅淋巴结:沿颈外浅静脉排列,收集耳后部、枕部、腮腺周围和颈外侧浅层的淋巴,其输出淋巴管注入颈外侧深淋巴结(图 8-28)。

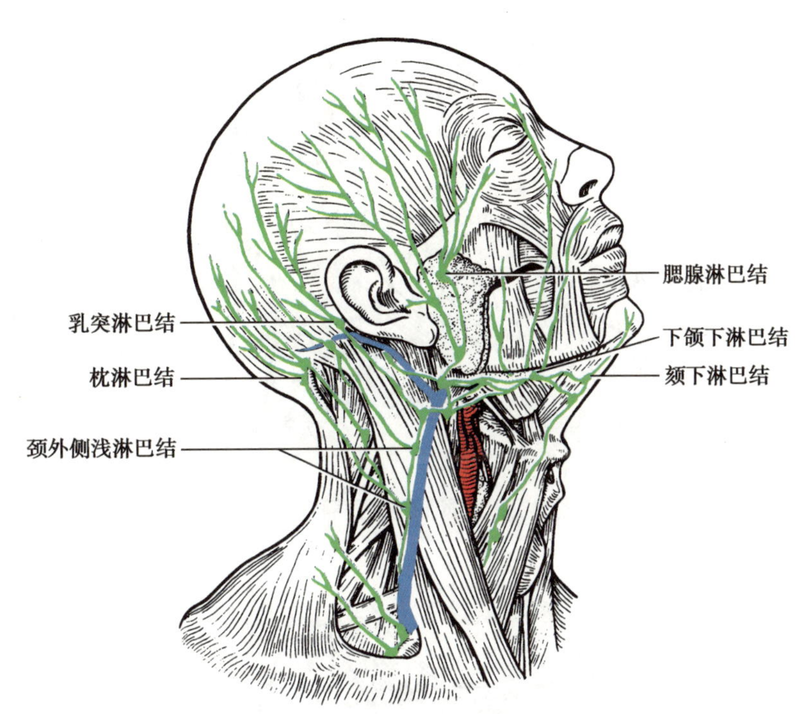

图 8-28 头颈部浅淋巴管和淋巴结

3) 颈外侧深淋巴结:沿颈内静脉排列成淋巴结链,数量较多,10~15 个,其直接或间接地收集头颈部淋巴结的输出淋巴管,其输出淋巴管汇成颈干(图 8-29)。

(2) 腋淋巴结:位于腋窝内,15~20 个,收集胸前外侧壁,上肢浅、深淋巴管和肩背部的淋巴(图 8-30),其输出淋巴管汇成锁骨下干。

(3) 腹股沟淋巴结

1) 腹股沟浅淋巴结:位于腹股沟韧带下方,大腿阔筋膜浅面,收集腹前外侧壁下部、外生殖器和下肢的浅淋巴管,其输出淋巴管注入腹股沟深淋巴结(图 8-31)。

2) 腹股沟深淋巴结:位于股静脉根部的周围,大腿阔筋膜深面,收集腹股沟浅淋巴结的输出淋巴管和下肢的深淋巴管,其输出淋巴管注入盆部髂外淋巴结(图 8-31)。

(二) 脾

1. 脾的位置 **脾(spleen)**是全身最大的淋巴器官,位于左季肋区,平对第 9~11 肋,其长轴与第 10 肋一致。正常情况下,在左肋弓下不能触及(图 8-32)。

2. 脾的形态 脾略呈扁椭圆形,可分为膈、脏两面,前、后两端和上、下两缘。膈面光滑稍隆凸,上贴膈;脏面凹陷,中央处是脾动脉、脾静脉、神经和淋巴管出入的脾门。上缘较锐利,有 2~3 个**脾切迹**;下缘较钝,朝向后下方。

3. 脾的功能 主要功能有造血、储血、滤血、清除衰老的红细胞和参与机体的免疫反应。

笔记栏

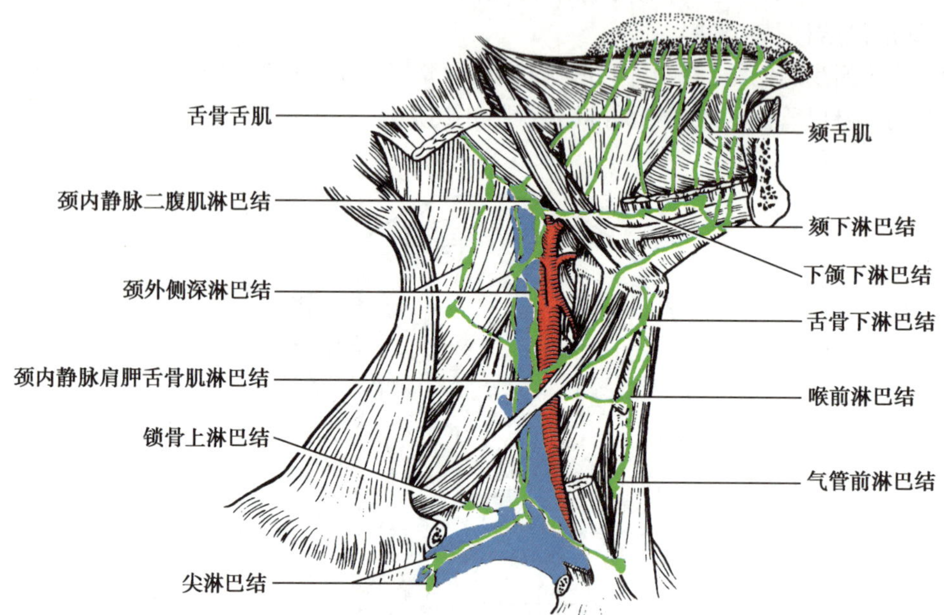

图 8-29 颈部深淋巴管和淋巴结

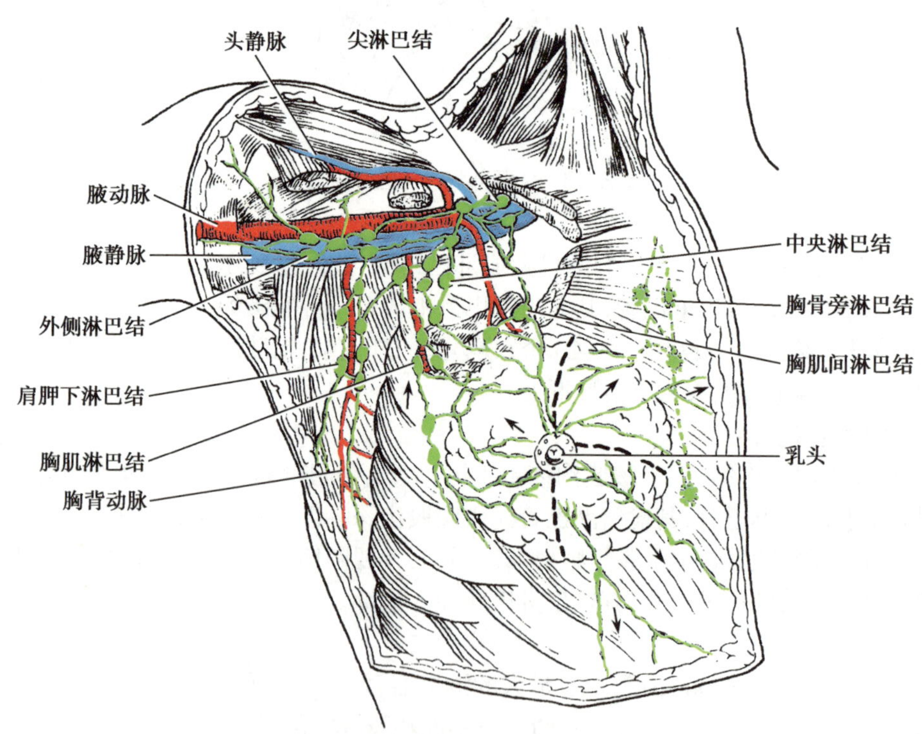

图 8-30 腋淋巴结和乳房淋巴管

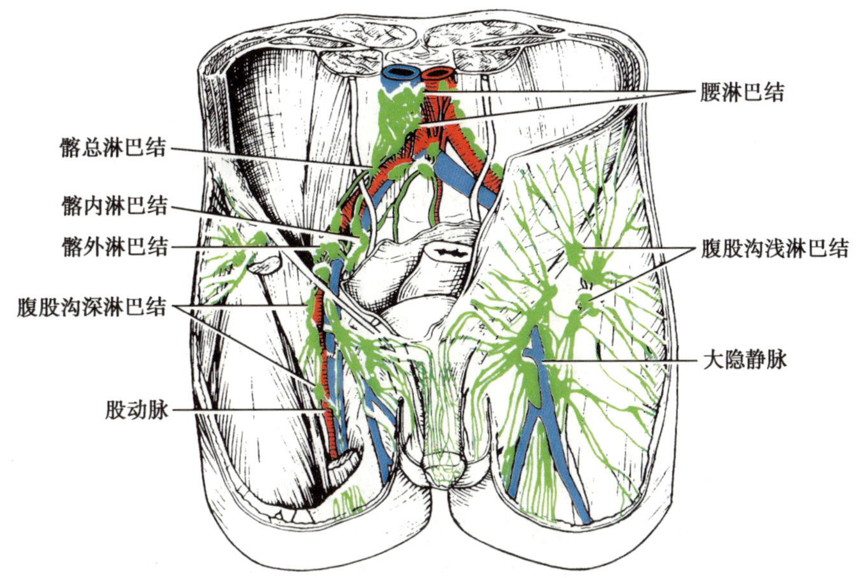

图 8-31 腹股沟及盆部淋巴结

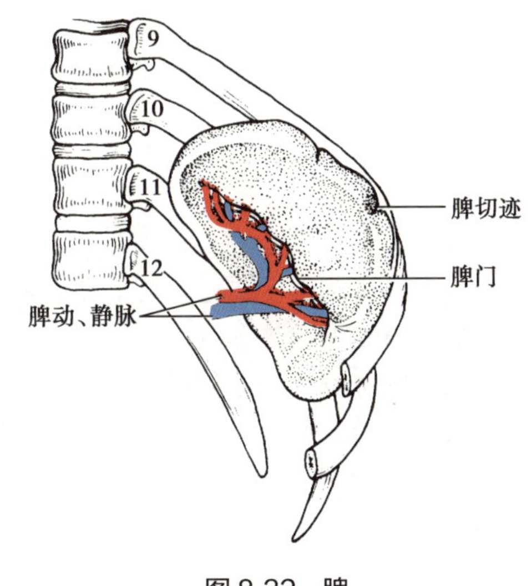

图 8-32 脾

学习小结

循环系统由心血管系统和淋巴系统组成。心血管系统由心、动脉、毛细血管、静脉组成，淋巴系统由淋巴管道、淋巴器官和淋巴组织组成。

心位于胸腔中纵隔内，形似倒置的圆锥体，分一尖、一底、二面、三缘。心尖位于左侧第5肋间隙，锁骨中线内侧1~2cm处。心内部被房间隔和室间隔分为互不相通的左、右两半，每半又分为上方的心房和下方的心室，即右心房、右心室、左心房和左心室。心壁由心内膜、心肌和心外膜构成。窦房结位于上腔静脉与右心耳之间的心外膜深面，是心的正常起搏点。

体循环动脉（主动脉）起自左心室，根据行程分为升主动脉、主动脉弓、降主动脉。

笔记栏

升主动脉起始部发出左、右冠状动脉;主动脉弓凸侧自右向左发出头臂干、左颈总动脉和左锁骨下动脉。颈总动脉是头颈的动脉主干,在甲状软骨上缘分为颈内、外动脉,颈内动脉进入颅腔,颈外动脉发出面动脉等分支分布于头颈部。锁骨下动脉是上肢的动脉主干,向下延续为腋动脉、肱动脉、尺动脉和桡动脉。降主动脉又分为胸主动脉和腹主动脉。胸主动脉是胸部的动脉主干;腹主动脉是腹部的动脉主干。髂内动脉是盆部的动脉主干,髂外动脉向下延续为股动脉。股动脉是下肢的动脉主干,再向下延续为腘动脉,然后再分为胫前、胫后动脉以及足背动脉、足底内外侧动脉。

体循环静脉包括上腔静脉系和下腔静脉系。上腔静脉系由上腔静脉及其属支组成,收集头颈、上肢和胸部(除心和肺以外)等处静脉血。上肢浅静脉有头静脉、贵要静脉和肘正中静脉。下腔静脉系由下腔静脉及其属支组成,收集下半身的静脉血。下肢浅静脉有大隐静脉和小隐静脉。下腔静脉的属支有壁支和脏支,不成对脏器(肝除外)的静脉先汇入肝门静脉入肝,再经肝静脉汇入下腔静脉,注入右心房。

毛细淋巴管以膨大的盲端起于组织间隙。淋巴管由毛细淋巴管汇合而成,分浅、深淋巴管。淋巴干有九条:左右颈干、左右锁骨下干、左右支气管纵隔干、左右腰干和肠干。淋巴导管有2条:胸导管和右淋巴导管。前者注入左静脉角,收集下半身及左侧上半身淋巴;后者注入右静脉角,收集右侧上半身淋巴。脾位于左季肋区,平对第9~11肋,其长轴与第10肋一致。

(刘 斌 陈伟燕)

复习思考题

1. 试述体循环和肺循环的途径。
2. 保证心内血液定向流动的结构有哪些?当心室收缩或舒张时,分别处于什么状态?
3. 简述上、下肢浅静脉的起始、行程及注入部位。
4. 简述胸导管的起始、走行、注入部位及收集范围。
5. 右侧手背桡侧静脉滴注抗生素治疗胆囊炎,试问药物如何到达胆囊?
6. 下肢大隐静脉内血栓脱落,最后栓塞于肺,此血栓通过哪些途径到达肺?
7. 简述脾的位置、形态结构和主要功能。

扫一扫,
测一测

课件

第九章

内分泌系统

学习目标

识记甲状腺、垂体、肾上腺的位置、主要形态结构；知晓甲状旁腺、胸腺的位置和主要形态结构；理解内分泌腺的组成和主要功能。

内分泌系统(endocrine system)由内分泌腺和内分泌组织组成(图 9-1)。**内分泌腺(endocrine gland)**是由独立存在的内分泌器官组成，包括甲状腺、甲状旁腺、肾上腺、垂体、胸腺和松果体，肉眼可见。内分泌器官无导管，其分泌物称为**激素(hormone)**，直接进入血液或淋巴，借循环系统运送到特定的靶器官发挥作用。内分泌组织是指具有内分泌功能的细胞团，它们存在于其他器官内，肉眼不可见，如胰的胰岛细胞、睾丸的间质细胞、卵巢的卵泡和黄体等。

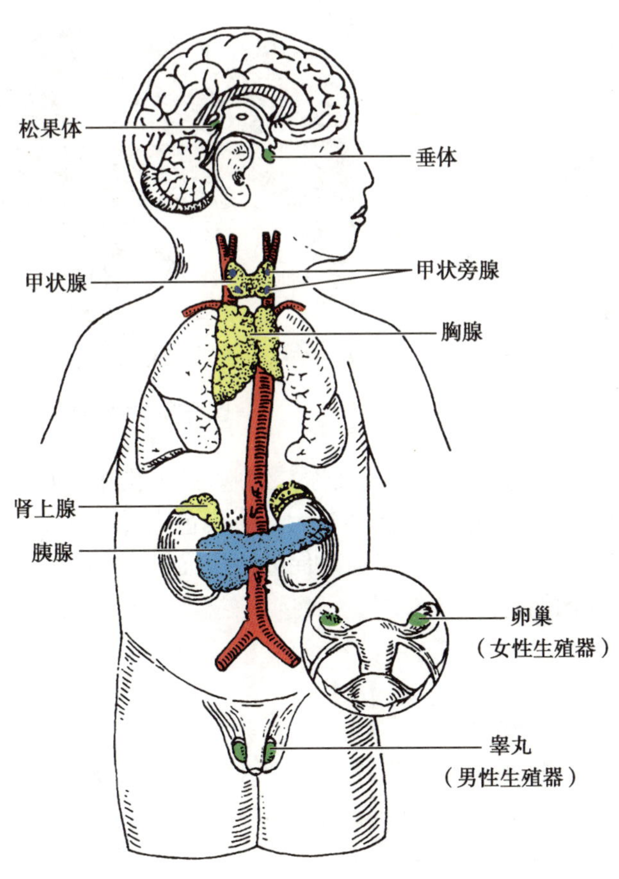

图 9-1　全身内分泌腺

笔记栏

内分泌系统所分泌的激素在机体新陈代谢、生长发育以及维持机体内环境稳定等方面起重要的调节作用，这种调节称为**体液调节**，是神经系统以外的另一种调节系统。

一、甲状腺

（一）甲状腺的形态和位置

甲状腺（thyroid gland）呈H形，分左、右侧叶及两者之间的甲状腺峡。有时自峡部向上伸出一**锥状叶**。侧叶贴于喉下部和气管上部的两侧，甲状腺峡一般位于第2~4气管软骨环的前方（图9-2）。

（二）甲状腺的组织结构

甲状腺表面包有结缔组织被膜，其实质由许多甲状腺滤泡和滤泡旁细胞组成（图9-3）。

1. **甲状腺滤泡（thyroid follicle）** 呈圆形、椭圆形或不规则形，大小不一，由单层滤泡上皮细胞围成，滤泡腔内充满均质的胶体；**滤泡上皮细胞**通常为单层立方形，但其形状因功能状态而改变，分泌功能活跃时，细胞呈短柱状；反之，细胞呈扁平状。滤泡上皮细胞是合成和分泌甲状腺激素的部位，甲状腺激素含有碘元素，甲状腺激素有促进机体新陈代谢、维持机体正常生长发育的作用，尤其对骨骼和神经系统的发育十分重要。若小儿甲状腺功能低下，可引起"呆小症"。

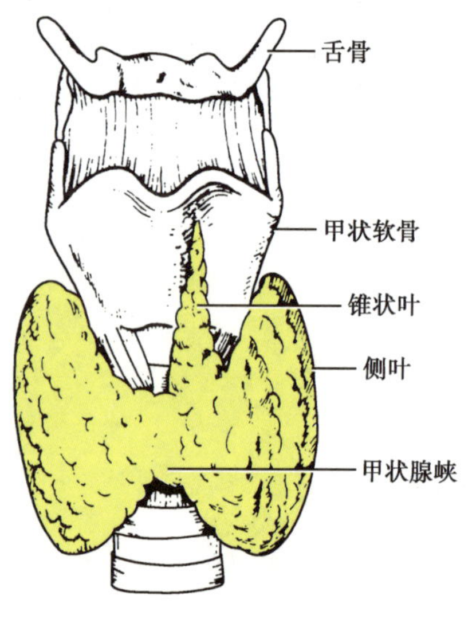

图9-2 甲状腺的形态和位置

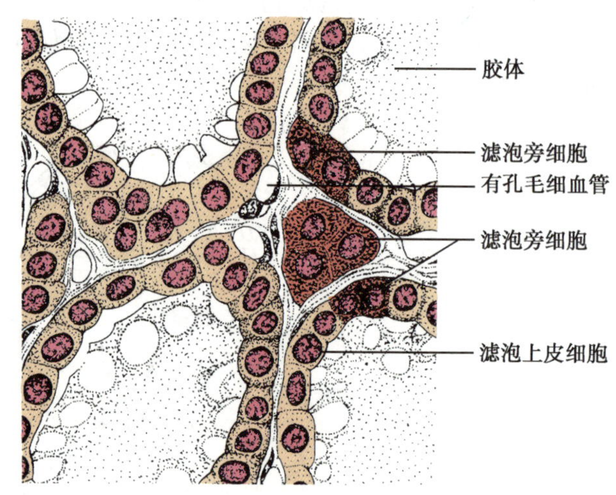

图9-3 甲状腺微细结构模式图

2. **滤泡旁细胞（parafollicular cell）** 又称C细胞，是甲状腺内另一种内分泌细胞，位于甲状腺滤泡之间或滤泡上皮细胞之间，胞体较大，HE染色胞质着色浅，镀银法可见胞质内有嗜银颗粒。滤泡旁细胞产生降钙素，它可通过促进钙盐沉积于骨质内，并抑制Ca^{2+}在胃肠及肾小管的吸收，使血钙下降。

二、甲状旁腺

（一）甲状旁腺的形态和位置

甲状旁腺（parathyroid gland）一般有上、下两对，棕黄色，呈扁椭圆形，似黄豆大小，贴附于甲状腺侧叶的后面和甲状腺囊之间或埋在甲状腺组织中（图9-4）。

（二）甲状旁腺的组织结构

甲状旁腺表面也包有结缔组织被膜，其实质内有主细胞和嗜酸性细胞2种（图9-5）。**主**

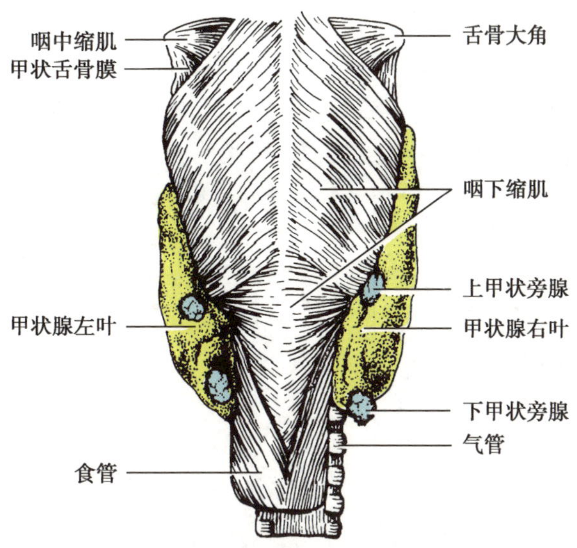

图 9-4 甲状旁腺的形态和位置

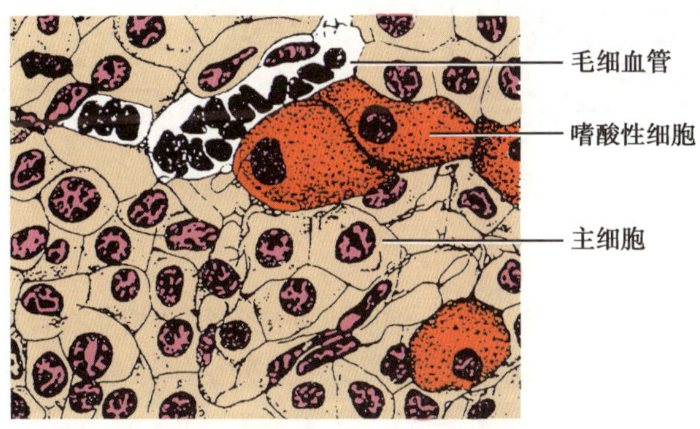

图 9-5 甲状旁腺微细结构模式图

细胞数量多，细胞呈圆形或多边形，核圆，位于细胞中央，HE 染色胞质着色浅，它合成分泌甲状旁腺激素。甲状旁腺激素可以通过调节钙磷代谢，维持机体血钙平衡。**嗜酸性细胞**数量较少，单个或成群分布于主细胞之间，其胞体较主细胞大，核小而深染，胞质呈强嗜酸性，无分泌颗粒，且功能不详。

三、肾上腺

肾上腺（suprarenal gland）左右各一，分别位于两肾的上端。左肾上腺近似半月形，右肾上腺呈三角形。肾上腺表面包有结缔组织被膜，其实质分为外周的皮质和中央的髓质。

（一）肾上腺皮质

肾上腺皮质占肾上腺体积的 80%~90%，富含类脂，呈黄色。根据细胞的形态结构和排列特征，将皮质分为球状带、束状带和网状带（图 9-6）。

1. **球状带** 位于皮质浅层，较薄。细胞排列成球团状，细胞较小，呈锥形或短柱状，核小，胞质较少，嗜酸性，内含少量脂滴。分泌盐皮质激素，如醛固酮。

2. **束状带** 位于球状带深层，是皮质中最厚的部分。细胞排列成单行或双行细胞索，细胞较大，呈多边形，核圆，较大，着色浅，胞质内含大量脂滴，HE 染色呈浅染的泡沫状。分泌糖皮质激素，主要为皮质醇和皮质酮。

笔记栏

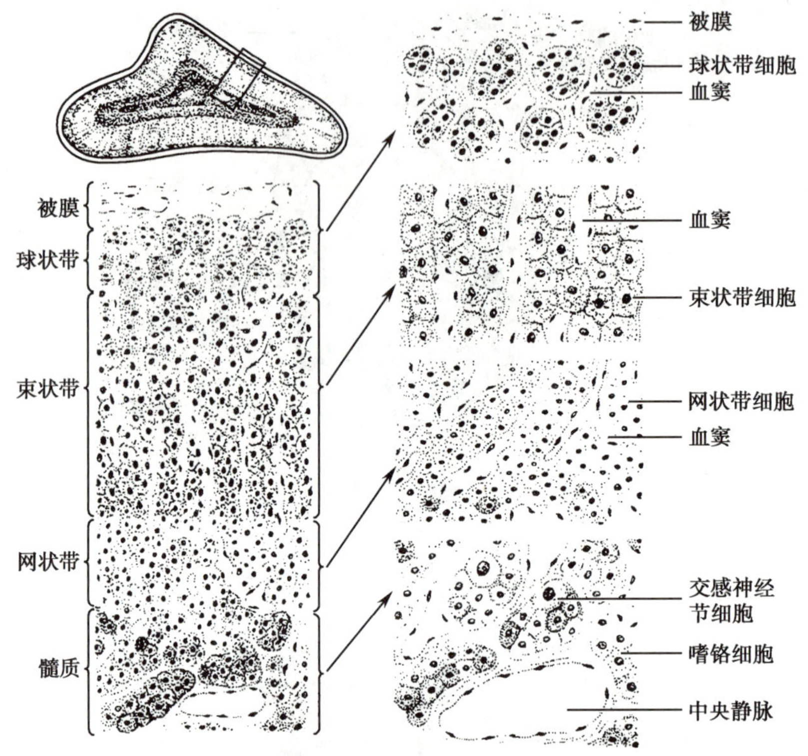

图 9-6　肾上腺微细结构模式图

3. **网状带**　位于皮质最深层，最薄。细胞排列成索状且相互吻合成网，细胞较小，核小，着色深，胞质嗜酸性，内含脂褐素和少量脂滴。主要分泌雄激素，也分泌少量糖皮质激素和雌激素。

（二）肾上腺髓质

肾上腺髓质位于肾上腺中央区域，与网状带相邻。髓质细胞呈多边形，核圆，着色浅，胞质嗜碱性，含有嗜铬颗粒，故又称**嗜铬细胞**。嗜铬细胞又分为肾上腺素细胞和去甲肾上腺素细胞 2 种，分别分泌**肾上腺素（adrenaline）**和**去甲肾上腺素（noradrenaline）**（图 9-6）。肾上腺素和去甲肾上腺素主要能使心跳加快，心肌收缩力加强，小动脉收缩，维持血压和调节内脏平滑肌活动。

四、垂体

垂体（hypophysis）呈椭圆形，一般女性较男性大，妊娠时更明显。位于颅中窝的垂体窝内，借漏斗连于下丘脑（图 9-1）。垂体表面包有结缔组织被膜，分为**腺垂体**和**神经垂体**（图 9-7）。腺垂体位于垂体前部，包括远侧部、结节部和中间部。神经垂体位于垂体后部，包括神经部和漏斗部；漏斗部包括漏斗柄和正中隆起（图 9-7）。

（一）腺垂体

腺垂体内的腺细胞可合成和分泌多种内分泌激素。这些激素不但与身体骨骼和软组织的生长有关，且影响其他内分泌腺的功能。

1. **远侧部**　位于垂体最前部，是腺垂体的主要部分。细胞排列成团索状，细胞间有丰富的窦状毛细血管和少量结缔组织。按细胞对 HE 染色染料的亲和力不同，腺细胞分为**嗜色细胞**和**嫌色细胞** 2 大类。嗜色细胞又分为**嗜酸性细胞**和**嗜碱性细胞** 2 种（图 9-8）。

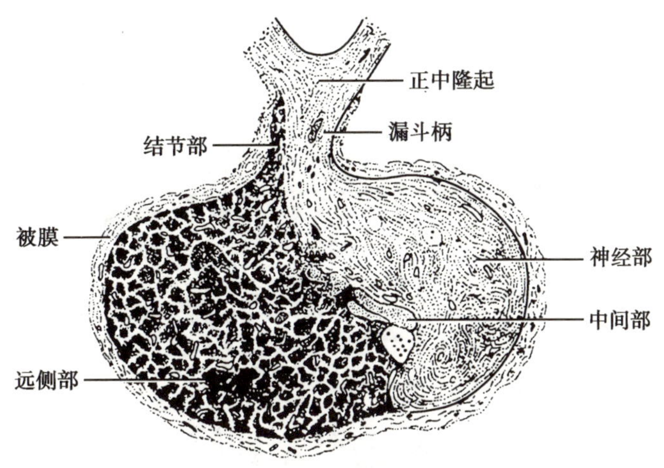

图 9-7 垂体的分部（矢状面）

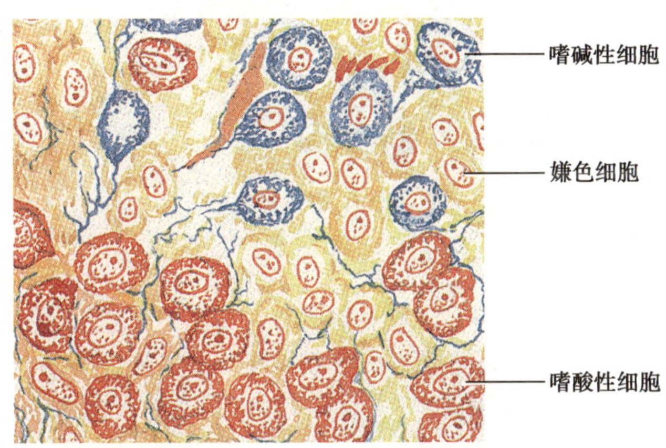

图 9-8 垂体远侧部微细结构模式图

（1）**嗜酸性细胞**：数量较多，呈圆形或卵圆形，胞质内含有许多粗大的嗜酸性颗粒，呈红色，可分为生长激素细胞和催乳激素细胞 2 种，分泌同名激素。幼儿时期，若生长激素分泌不足，可引起“侏儒症”；分泌过多时，可引起“巨人症”。

（2）**嗜碱性细胞**：数量最少，呈多边形或卵圆形，HE 染色呈紫蓝色，分为促甲状腺激素细胞、促肾上腺皮质激素细胞和促性腺激素细胞 3 种，分泌同名激素。

（3）**嫌色细胞**：数量最多，体积小，着色浅，细胞界限不清。嫌色细胞可能是脱颗粒的嗜色细胞，或是未分化的细胞。

2. **中间部** 为远侧部与神经部之间的纵行狭窄带（图 9-7），所占比例很小，由滤泡及周围的嗜碱性细胞和嫌色细胞组成。滤泡由单层立方上皮细胞围成，内含胶体，功能不明。嗜碱性细胞主要是黑素细胞刺激素细胞，分泌同名激素。

3. **结节部** 包围着神经垂体的漏斗柄，细胞较小，主要是嫌色细胞。

垂体的血液供应来自大脑动脉环的分支：**垂体上动脉**和**垂体下动脉**。其中垂体上动脉进入漏斗部，分支形成毛细血管网，称为**第一级毛细血管网**。毛细血管网下行，在结节部汇集成多条**垂体门微静脉**到达垂体远侧部后，形成**第二级毛细血管网**。两级毛细血管网及两者之间的垂体门微静脉共同构成**垂体门脉系统（hypophyseal portal system）**。第二级毛细血管网最后汇集成小静脉，注入垂体周围的静脉窦。下丘脑弓状核等处的神经内分泌细胞

笔记栏

合成的多种激素经轴突末梢释放入漏斗部的第一级毛细血管网处，再经垂体门微静脉运送到远侧部的第二级毛细血管网，在此调节垂体远侧部的分泌活动（图 9-9）。

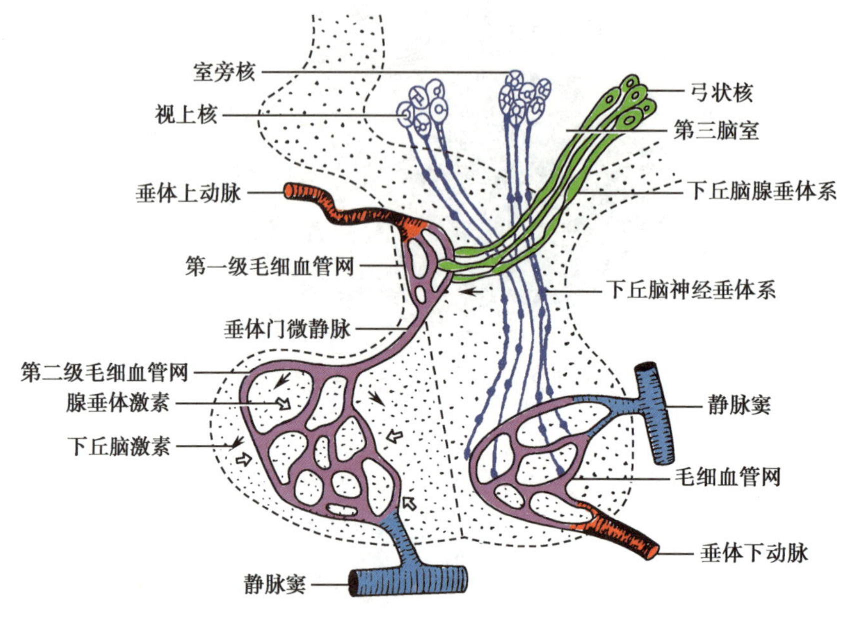

图 9-9　垂体门脉系统模式图

（二）神经垂体

神经垂体主要由神经胶质细胞和无髓神经纤维构成。其中神经垂体的神经部位于垂体的最后部，贮存和释放下丘脑合成的抗利尿激素和催产素。神经部的胶质细胞又称**垂体细胞**，胞体不规则，胞质内有脂滴和脂褐素，主要有支持和营养神经纤维的作用；无髓神经纤维来自下丘脑的视上核和室旁核的神经内分泌细胞，这些细胞合成抗利尿激素和催产素，分泌颗粒沿其轴突将抗利尿激素和催产素经漏斗部运输至神经部贮存（图 9-9）。在轴突内的分泌颗粒常聚集成团，使轴突呈串珠样膨大，光镜下，HE 染色为大小不等的嗜酸性团块，称为**赫令体（Herring body）**。

五、松果体

松果体（pineal body）位于背侧丘脑的后上方，以细柄与间脑相连，为椭圆形的小体，通常 7 岁后逐渐萎缩（图 9-1）。

松果体表面包有软脑膜，腺实质由松果体细胞、神经胶质细胞和无髓神经纤维等构成。松果体细胞呈圆形或不规则形，核大而圆，胞质少，弱嗜碱性。在成人的松果体内常见**脑砂**，它是松果体细胞分泌物钙化而成，其意义不明。松果体细胞可分泌褪黑激素，这种分泌活动有明显的昼夜节律，白天几乎不分泌，夜间分泌显著增加。褪黑激素具有抑制生殖的作用，还有抗紧张、抗衰老、增强免疫力、促进睡眠等作用。

六、胸腺

（一）胸腺的位置和形态

胸腺（thymus）既属淋巴器官，又兼有内分泌功能。位于胸腔上纵隔内，胸骨柄及肋软骨的后方，呈锥体形，分为大小不等的左、右叶（图 9-1）。新生儿和幼儿相对体积较大，随年龄增长继续发育，至青春期达顶峰，随后逐渐退化，成人胸腺组织多被脂肪组织代替。

（二）胸腺的组织结构

胸腺表面包有薄层结缔组织被膜，被膜伸入实质形成小叶间隔，将实质分为许多不完整的**胸腺小叶**。每个胸腺小叶周围部分称为**皮质**，细胞密集，染色较深；中央部分染色较浅称为**髓质**。胸腺实质主要由**胸腺细胞**和**胸腺上皮细胞**构成；另外，还有交错突细胞、巨噬细胞、肥大细胞等，这些细胞统称为胸腺基质细胞（图 9-10）。

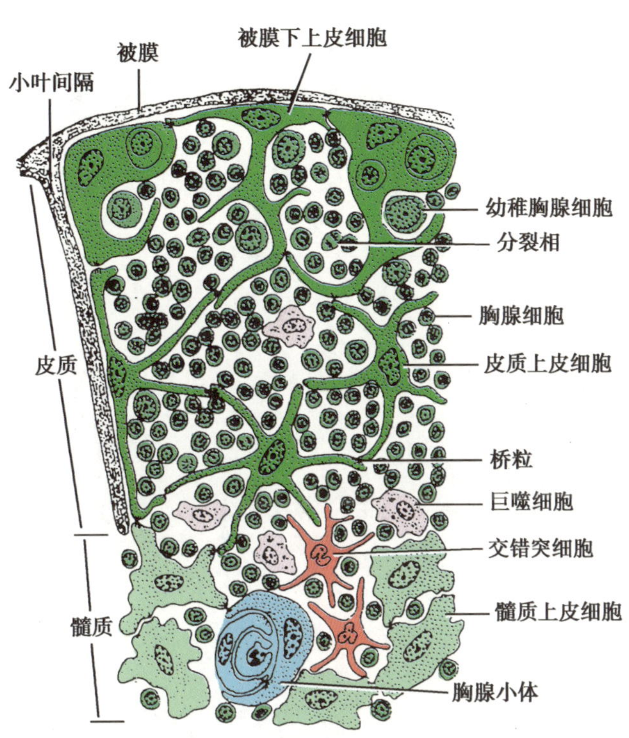

图 9-10　胸腺微细结构模式图

1. **皮质**　以胸腺上皮细胞为支架，间隙内含有大量胸腺细胞和少量胸腺基质细胞。胸腺细胞即 T 细胞的前身，密集于皮质内，占胸腺皮质细胞总数的 85%~90%，仅有 5% 的胸腺细胞分化成初始 T 细胞。

2. **髓质**　含有大量胸腺上皮细胞和少量较成熟的胸腺细胞。胸腺上皮细胞主要分布于髓质内，常呈同心圆排列形成髓质特征性结构，称为**胸腺小体**。

（三）胸腺的功能

一是形成各种初始 T 细胞，发育成熟后运送至周围淋巴器官，参与细胞免疫；二是由胸腺上皮细胞分泌胸腺细胞发育所必需的胸腺激素，如胸腺素和胸腺生成素等，它们能诱导 T 细胞分裂和分化，使其具有免疫应答的能力。

学习小结

甲状腺主要由左、右侧叶和甲状腺峡构成，侧叶在喉的下部和气管上部两侧，峡部在第 2~4 气管软骨环前方。主要有滤泡上皮细胞和滤泡旁细胞，分别分泌甲状腺激素和降钙素。甲状旁腺位于甲状腺侧叶的后面，主要为主细胞和嗜酸性细胞，分泌甲状旁腺素。

肾上腺位于肾的上端。其皮质有球状带细胞（分泌盐皮质激素）、束状带细胞（分泌

笔记栏

糖皮质激素)和网状带细胞(分泌雄激素和少量雌激素),髓质主要含肾上腺细胞(分泌肾上腺素)和去甲肾上腺细胞(分泌去甲肾上腺素)。

垂体位于垂体窝内,包括腺垂体和神经垂体。腺垂体主要有嗜酸性细胞(分泌生长激素和催乳激素)、嗜碱性细胞(分泌促甲状腺激素、促肾上腺皮质激素、促性激素和黑素细胞刺激素)和嫌色细胞。神经垂体主要为神经胶质细胞和无髓神经纤维,贮存和释放下丘脑产生的抗利尿激素和催产素。

松果体位于背侧丘脑的后上方,主要含松果体细胞、神经胶质细胞和无髓神经纤维,分泌褪黑激素。胸腺位于胸腔上纵隔内,胸骨柄后方,主要分泌胸腺素和胸腺生成素。

(石娅萍)

复习思考题

扫一扫,测一测

1. 试述甲状腺滤泡的组织结构和功能。
2. 简述垂体的位置和分部。
3. 何谓垂体门脉系统?有何意义?
4. 简述松果体位置、形态、主要分泌的激素及其作用。
5. 简述胸腺的位置和形态。

笔记栏

课件

第十章 感觉器

学习目标

识记感觉器的组成，眼球壁各层的位置、分部及主要形态结构，前庭蜗器的组成和分部；知晓中耳和内耳的组成、分部和各部的主要形态结构，位置觉感受器和听觉感受器的位置；理解眼副器的组成及一般功能。

感觉器（sensory organs）由感受器及其副器组成。**感受器（receptor）**的功能是感受体内、外环境的刺激，并将其转化为神经冲动，这些神经冲动经过传导通路传到大脑皮质的一定部位，从而产生特定的感觉。

眼

第一节 视 器

视器（visual organ）即眼，由眼球和眼副器组成。

一、眼球

眼球（eyeball）位于眶的前部，由眼球壁和眼球内容物组成。眼球的功能是接受光波刺激，将感受的光波刺激转变为神经冲动，经视觉传导通路至大脑视觉中枢，从而产生视觉。

（一）眼球壁

眼球壁从外向内依次分为纤维膜、血管膜和视网膜（图 10-1）。

1. **纤维膜** 由坚韧的致密结缔组织构成，具有维持眼球外形和保护眼球内容物的作用，分为角膜和巩膜。

（1）**角膜（cornea）**：占纤维膜的前 1/6，无色透明，有屈光作用。角膜内无血管和淋巴管，但有丰富的感觉神经末梢，故感觉敏锐。

（2）**巩膜（sclera）**：占纤维膜的后 5/6，乳白色，不透明。在巩膜与角膜交界处深面有环形的**巩膜静脉窦（sinus venous sclerae）**，为房水回流的通道。

思政元素

角 膜 捐 献

“当我睁开眼睛，发现自己竟然什么也看不见，眼前一片黑暗时，我像被噩梦吓倒一样，内心惊恐，悲伤极了，那种感觉让我今生永远难以忘怀。”《假如给我三天光明》（海伦·凯勒）。

笔记栏

视觉是我们获取信息的主要渠道，在生活中有不可替代的重要性，角膜疾病会引起患者视力严重受损甚至失明，可通过移植正常角膜替换患者现有病变的角膜，使患者的眼睛复明或者控制角膜病变。

角膜移植适合于各种原因造成的角膜混浊或水肿而严重影响视力的病变，如反复发作的病毒性角膜炎引起的角膜混浊，化学物烧伤导致的角膜混浊，角膜溃疡范围较大、侵犯较深，药物治疗失败有穿孔危险或向中央侵犯的蚕食性角膜溃疡，以及先天性角膜变性、圆锥角膜、角膜基质变性、角膜内皮细胞功能失代偿等患者。由于角膜组织没有血管和淋巴管，移植后机体排斥反应低，是目前同种器官移植中成功率最高的一种手术。

目前，我国等待角膜移植的患者有200多万人，但只有极少数患者能有幸接受眼角膜移植而重塑光明。由于移植所用的供体角膜皆来源于捐献者及家属自愿无偿的捐献，所以来源十分有限。但随着人们观念的转变，越来越多的人愿意捐献眼角膜，而医学生有义务成为宣传、普及器官捐献和移植知识的重要力量，促进器官捐献和移植事业的健康发展。

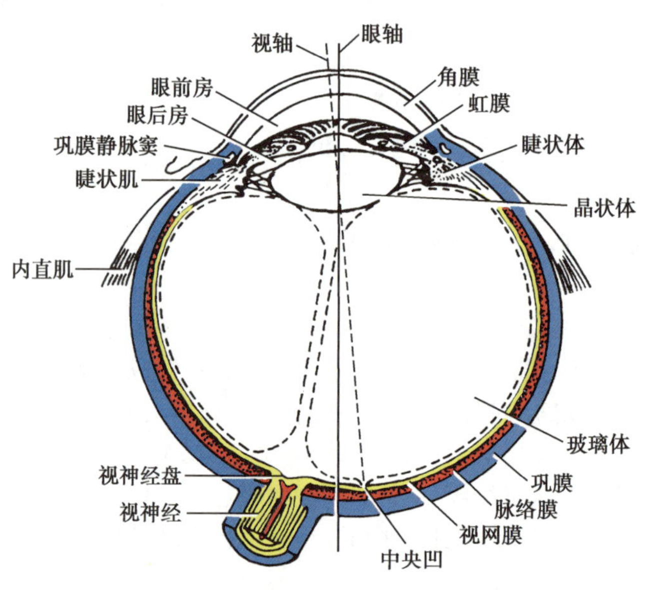

图10-1 眼球的水平面(右侧)

2. **血管膜** 由前向后依次分为虹膜、睫状体和脉络膜3部分，含有丰富的血管和色素细胞。

(1) **虹膜(iris)**(图10-1、图10-2)：位于血管膜的前部，为一圆盘状薄膜，中央有圆形的**瞳孔(pupil)**。虹膜的颜色因人种不同有较大的差异，白种人呈浅黄色或浅蓝色，黄种人呈棕色。虹膜内有2种排列方向不同的平滑肌：一种环绕于瞳孔周围，称为**瞳孔括约肌(sphincter pupillae)**，由副交感神经支配；另一种以瞳孔为中心，呈放射状排列，称为**瞳孔开大肌(dilator pupillae)**，由交感神经支配。在弱光或视远物时，瞳孔开大；在强光或视近物时，瞳孔缩小。

(2) **睫状体(ciliary body)**(图10-2)：位于血管膜的中部，是血管膜最肥厚的部分。睫状

笔记栏

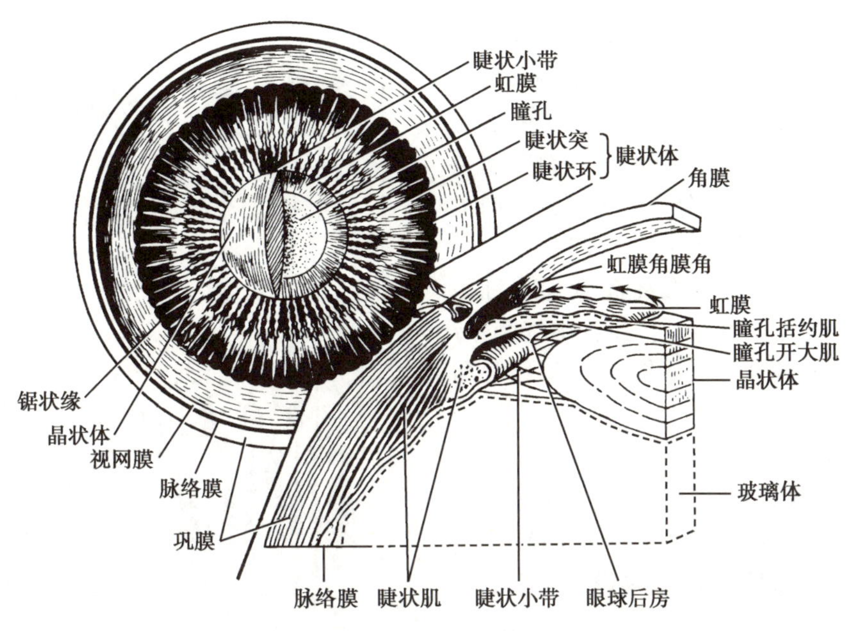

图 10-2 眼球前部后面观及虹膜、睫状体

体发出睫状小带与晶状体相连。睫状体内有平滑肌，称为**睫状肌**，由副交感神经支配。睫状肌的收缩和舒张，可通过睫状小带调节晶状体的曲度。睫状体还可以产生房水。

(3) **脉络膜(choroid)**：占血管膜的后 2/3，贴于巩膜内面，后部有视神经穿过。脉络膜具有营养视网膜和吸收眼内分散光线的作用。

3. **视网膜(retina)** 位于眼球壁的最内层。贴于虹膜和睫状体内面的部分无感光作用，称为**盲部**；贴于脉络膜内面的部分有感光作用，称为**视部**。在视神经起始处有一境界清楚呈圆盘状的结构，称为**视神经盘(optic disc)**，其中央有视网膜中央血管穿过，无感光作用，故又称**生理盲点**。在视神经盘的颞侧约 0.35cm 处，有一黄色小区，称为**黄斑(macula lutea)**。黄斑的中央凹陷称为**中央凹**，此处无血管，是感光最敏锐处(图 10-3)。

视网膜视部的组织结构由外层的色素上皮层和内层的神经细胞层构成。神经细胞层

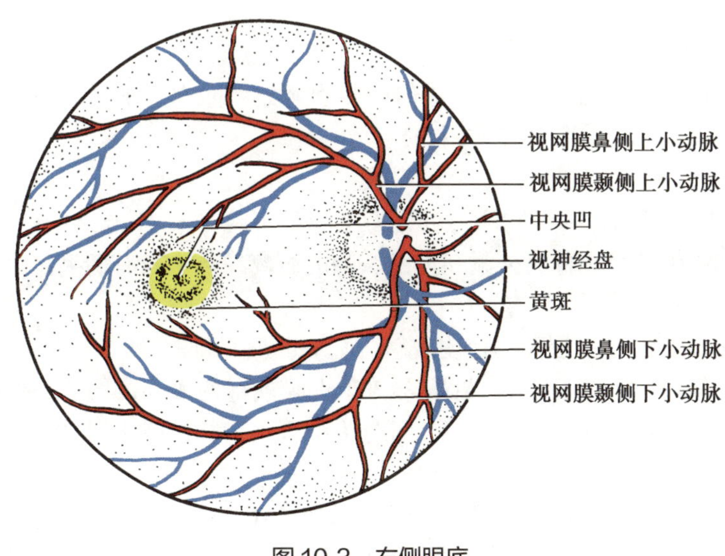

图 10-3 右侧眼底

笔记栏

又分为外、中、内3层（图10-4）。外层为视锥细胞和视杆细胞，它们是感光细胞。**视锥细胞**主要分布于视网膜的中央部，感受强光和颜色的刺激，在白天或明亮处视物时起主要作用；**视杆细胞**主要分布于视网膜的周边部，感受弱光的刺激，在夜间或暗处视物时起主要作用。中层为**双极细胞**，将感光细胞的神经冲动传至节细胞。内层为**节细胞**，节细胞的轴突向视神经盘汇集，穿过脉络膜和巩膜后构成视神经。

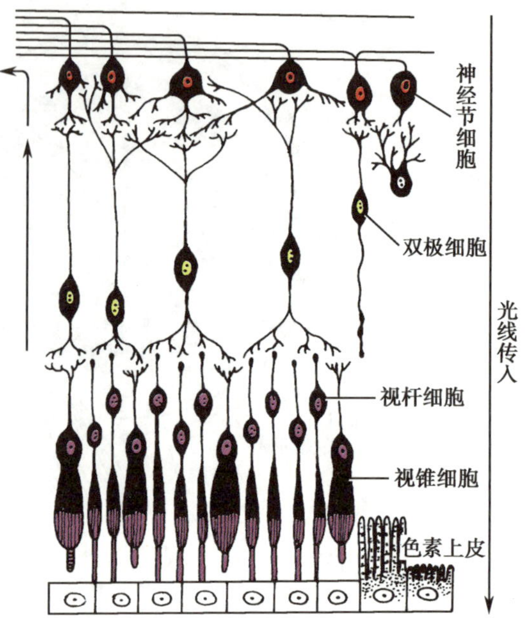

图10-4 视网膜组织结构示意图

FR-上-10-2 房水循环

（二）眼球内容物

眼球内容物包括房水、晶状体和玻璃体（图10-2）。这些结构与角膜一样无色透明，共同组成眼的**屈光系统**，使物像聚焦于视网膜上。

1. **房水（aqueous humor）** 为无色透明的液体，充满于眼房。**眼房**是角膜和晶状体之间的空隙，被虹膜分隔为**眼前房**和**眼后房**，两者借瞳孔相通。房水由睫状体产生，进入眼后房，经瞳孔至眼前房，然后经过巩膜静脉窦回流至眼静脉。房水除有屈光作用外，还有营养角膜和晶状体以及维持眼内压的作用。若房水回流受阻，可造成眼内压升高，压迫视网膜，影响视力，临床上称为青光眼。

2. **晶状体（lens）** 为富有弹性的双凸透镜状透明体，位于虹膜和玻璃体之间，周围以睫状小带与睫状体相连。在眼的屈光系统中，晶状体是调节屈光的最重要结构。当视近物时，睫状肌收缩，睫状小带放松，晶状体因其自身的弹性而变凸，曲度增大，屈光能力增强，从而使物像能聚焦于视网膜上。视远物时，则与之相反。晶状体若因疾病或损伤而变混浊，称为白内障。

3. **玻璃体（vitreous body）** 为无色透明的胶状物质，充满于晶状体和视网膜之间，具有屈光和支撑视网膜的作用。

二、眼副器

眼副器（accessory organs of eye）位于眼球周围或附近，包括眼睑、结膜、泪器和眼球外肌等，具有保护、运动和支持眼球等作用。

（一）眼睑

眼睑（eyelids）是眼球的保护屏障，可分为**上睑**和**下睑**。上、下睑之间的裂隙称为**睑裂**。睑裂的外侧角和内侧角分别称为**外眦**和**内眦**。睑的游离缘上生长有**睫毛**。

（二）结膜

结膜（conjunctiva）是一层薄而透明、富含血管的黏膜。按其所在部位可分为3部分：覆盖于上、下眼睑后面的结膜，称为**睑结膜**；覆盖于巩膜前部的表面的结膜，称为**球结膜**；睑结膜与球结膜之间的移行部分，称为**结膜穹**，可分为**结膜上穹**和**结膜下穹**（图10-5）。

（三）泪器

泪器（lacrimal apparatus）由泪腺和泪道构成（图10-6）。

1. **泪腺（lacrimal gland）** 位于眶上壁外侧部的泪腺窝内，有分泌泪液的功能。其排泄

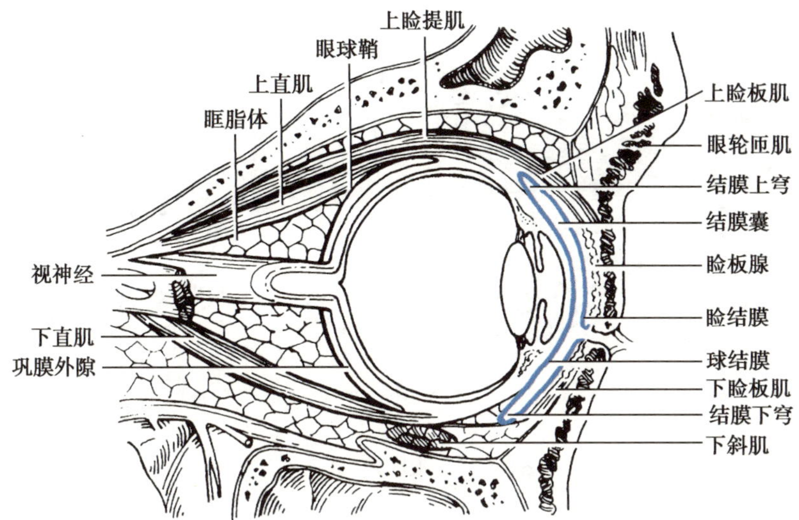

图 10-5 眶（矢状面）

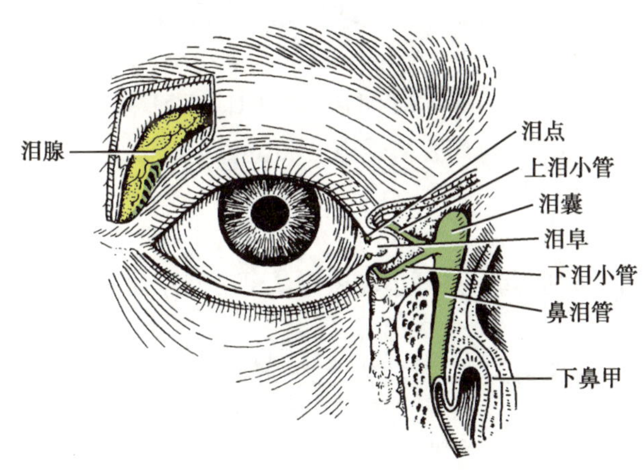

图 10-6 泪器（右侧）

小管开口于结膜上穹。

2. **泪道（lacrimal duct）** 包括泪点、泪小管、泪囊和鼻泪管。

（1）**泪点（lacrimal punctum）**：为上、下睑缘内侧端的一小孔，是泪道的起始部位。

（2）**泪小管（lacrimal ductule）**：分上、下泪小管，起自泪点，汇入泪囊。

（3）**泪囊（lacrimal sac）**：位于泪囊窝，为一膜性囊。上端为盲端，下端移行为鼻泪管。

（4）**鼻泪管（nasolacrimal duct）**：是接续泪囊下端的膜性管道，向下开口于下鼻道。

（四）眼球外肌

眼球外肌（extraocular muscles）包括运动眼球的肌和运动眼睑的肌，均属骨骼肌（图 10-7）。运动眼球的肌有 4 块直肌和 2 块斜肌，包括**上直肌**、**下直肌**、**内直肌**、**外直肌**、**上斜肌**和**下斜肌**，它们分别使瞳孔转向上内、下内、内侧、外侧、下外和上外方。运动眼睑的肌是**上睑提肌**，作用为提上眼睑、开大睑裂。

笔记栏

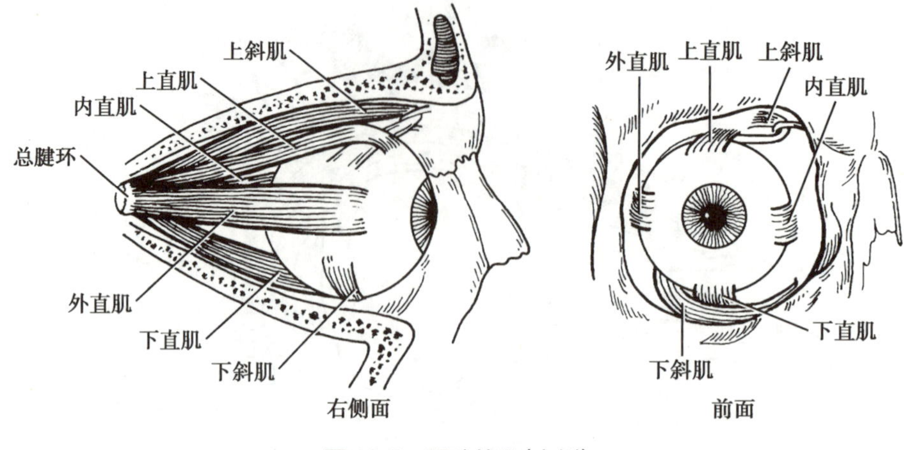

图 10-7 眼球外肌（右侧）

第二节 前庭蜗器

前庭蜗器（vestibulocochlear organ）即耳，由外耳、中耳和内耳组成（图 10-8）。外耳和中耳是收集和传导声波的装置，内耳有接受声波和位置觉刺激的感受器。

一、外耳

外耳（external ear）包括耳郭、外耳道和鼓膜 3 部分（图 10-8）。

（一）耳郭

耳郭（auricle）位于头部两侧，以弹性软骨为支架，表面覆以皮肤。耳郭的前外面凹陷，

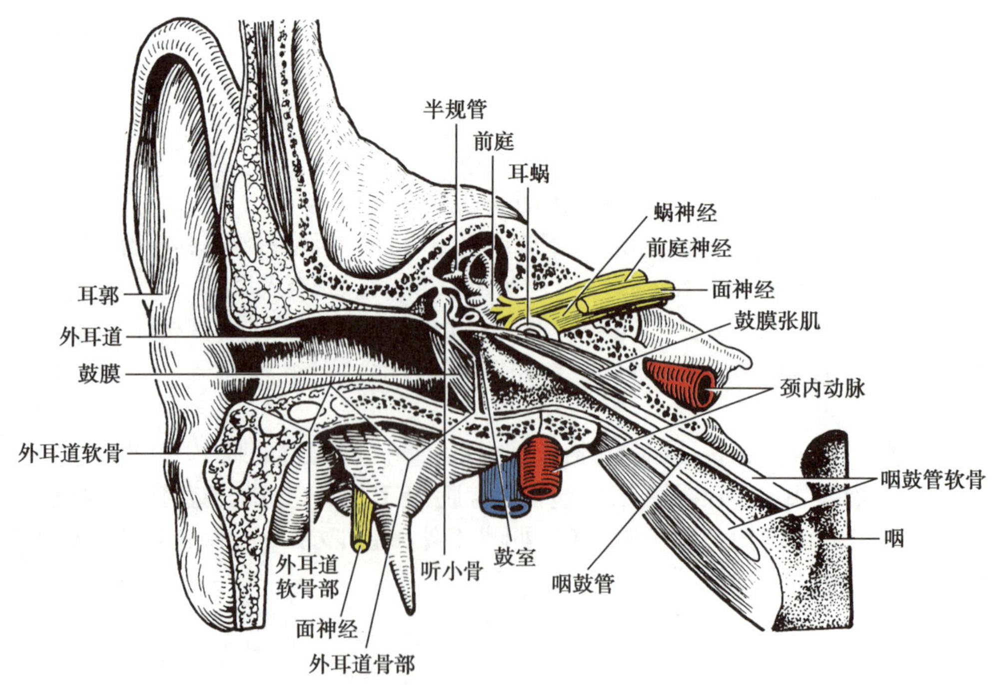

图 10-8 前庭蜗器全貌

有**外耳门**通外耳道，下部为**耳垂**，是临床常用的采血部位。

（二）外耳道

外耳道（external acoustic meatus）为外耳门至鼓膜之间的弯曲管道，其外侧 1/3 为软骨部，内侧 2/3 为骨部。外耳道皮肤内含有毛囊、皮脂腺和耵聍腺，皮下组织少，故外耳道疖肿时疼痛剧烈。

（三）鼓膜

鼓膜（tympanic membrane）为椭圆形半透明薄膜，位于外耳道底。鼓膜上 1/4 的三角形区，薄而松弛，称为**松弛部**；鼓膜下 3/4 区，坚实而紧张，称为**紧张部**（图 10-9）。鼓膜呈漏斗形，其中央凹陷称为**鼓膜脐**。鼓膜脐前下方有一三角形反光区，称为**光锥**。

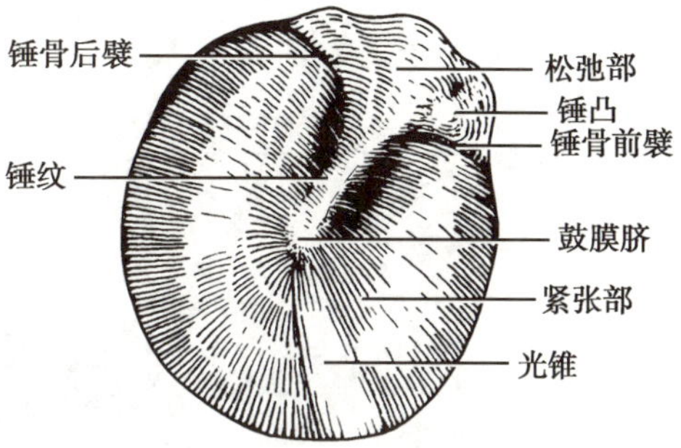

图 10-9 鼓膜

二、中耳

中耳（middle ear）包括鼓室、咽鼓管、乳突窦和乳突小房。

（一）鼓室

鼓室（tympanic cavity）是颞骨岩部内的含气小腔，形状不规则，有前、后、上、下、内侧、外侧 6 个壁（图 10-10、图 10-11）。鼓室向前经咽鼓管通鼻咽部，向后经乳突窦通乳突小房。鼓室内有 3 块听小骨，由外侧向内侧依次为**锤骨**、**砧骨**和**镫骨**，以关节连结成听骨链（图 10-12）。

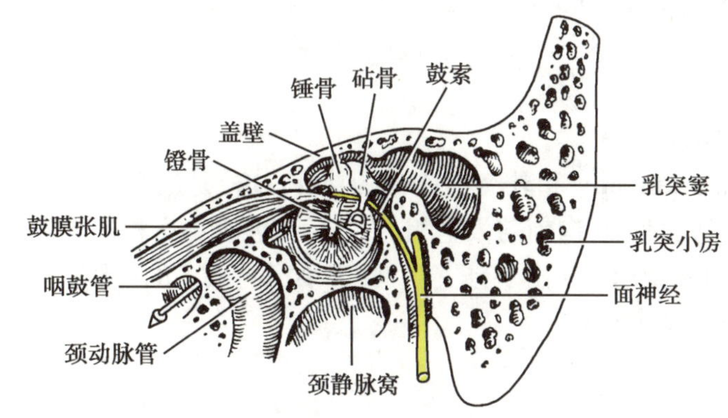

图 10-10 鼓室外侧壁

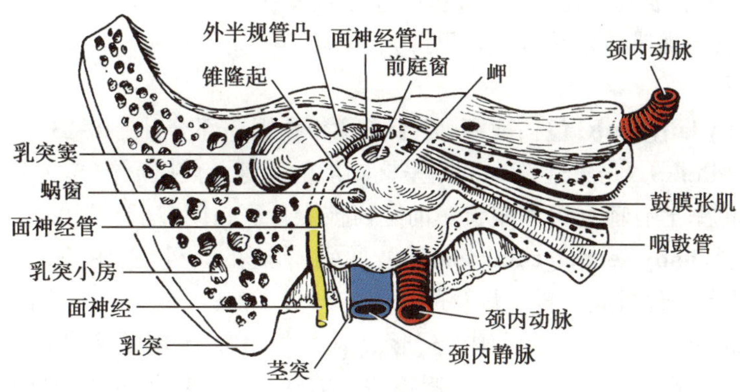

图 10-11 鼓室内侧壁

笔记栏

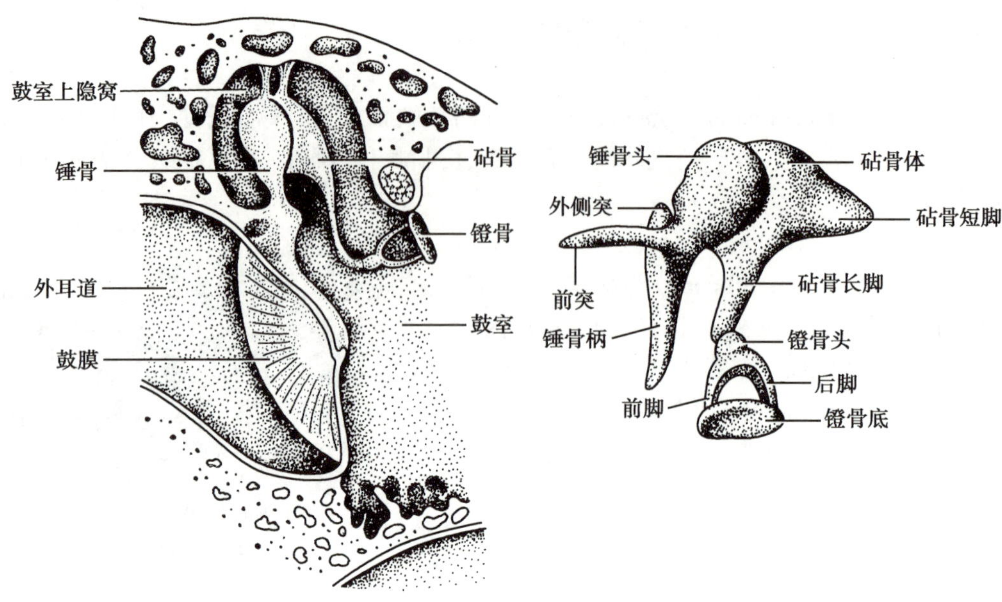

图 10-12 听小骨

锤骨柄附着于鼓膜内面，镫骨底封闭前庭窗。当声波振动鼓膜时，听骨链组成的杠杆系统将声波放大并传向内耳。

（二）咽鼓管

咽鼓管（pharyngotympanic tube）是连通鼓室与鼻咽部的管道（图 10-11）。咽鼓管咽口平时闭合，当吞咽或张口时才张开，空气可进入鼓室，以维持鼓膜内、外压力的平衡，有利于鼓膜的正常振动。

（三）乳突窦和乳突小房

乳突窦（mastoid antrum）和**乳突小房（mastoid cells）**是鼓室向后的延伸部分。乳突窦是鼓室与乳突小房间的腔隙，向前与鼓室相通，向后与乳突小房相连。乳突小房为颞骨乳突内的许多含气小腔（图 10-10）。由于乳突窦、乳突小房与鼓室的黏膜相连续，故中耳的炎症可蔓延至乳突小房形成乳突炎。

三、内耳

内耳（internal ear）位于鼓室与内耳道底之间，其构造复杂，又称迷路，包括骨迷路和膜迷路。骨迷路是颞骨岩部内的骨性管道，膜迷路是套在骨迷路内的膜性管道。膜迷路内含有**内淋巴**，膜迷路与骨迷路之间有**外淋巴**，内、外淋巴互不相通。

（一）骨迷路

骨迷路（bony labyrinth）包括前庭、骨半规管和耳蜗 3 部分（图 10-13）。

1. **前庭（vestibule）** 是骨迷路中部略呈椭圆形的腔隙。前庭后方与 3 个骨半规管相通，前方通耳蜗，外侧壁上有**前庭窗**和**蜗窗**。前庭窗被镫骨底封闭，蜗窗被第二鼓膜封闭。

2. **骨半规管（bony semicircular canals）** 位于前庭的后外方，由前、后、外 3 个呈 C 形且互相垂直的骨半规管组成。骨半规管的骨脚均开口于前庭，其中膨大的骨脚称为**骨壶腹**。

3. **耳蜗（cochlea）** 在前庭的前内方，形似蜗牛壳，由一个**蜗螺旋管**环绕**蜗轴**旋转两圈半构成（图 10-13）。蜗底朝向内耳道底，蜗顶朝向前外方。自蜗轴发出**骨螺旋板**突入约蜗螺旋管腔的一半，其空缺处由膜迷路的蜗管封闭，因此将蜗螺旋管分为上部的**前庭阶**，下部的

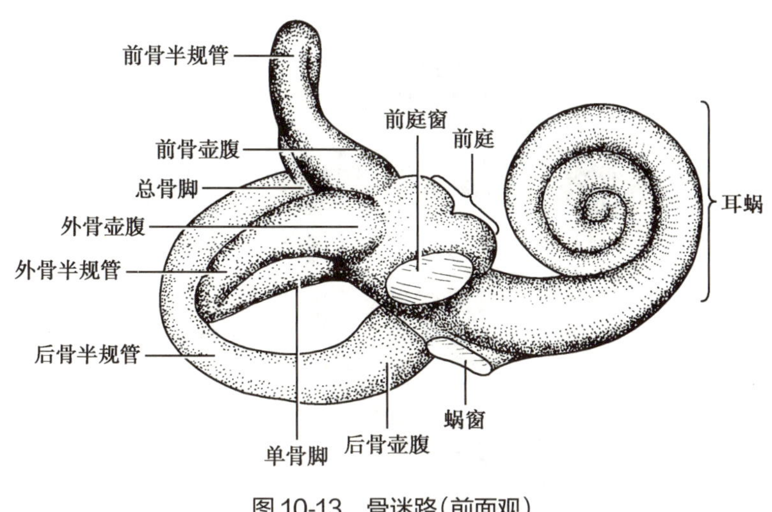

图 10-13 骨迷路(前面观)

鼓阶。前庭阶通前庭窗,鼓阶通蜗窗,前庭阶与鼓阶在蜗顶处以**蜗孔**相通。

(二) 膜迷路

膜迷路(membranous labyrinth)可分为椭圆囊、球囊、膜半规管和蜗管(图 10-14、图 10-15)。

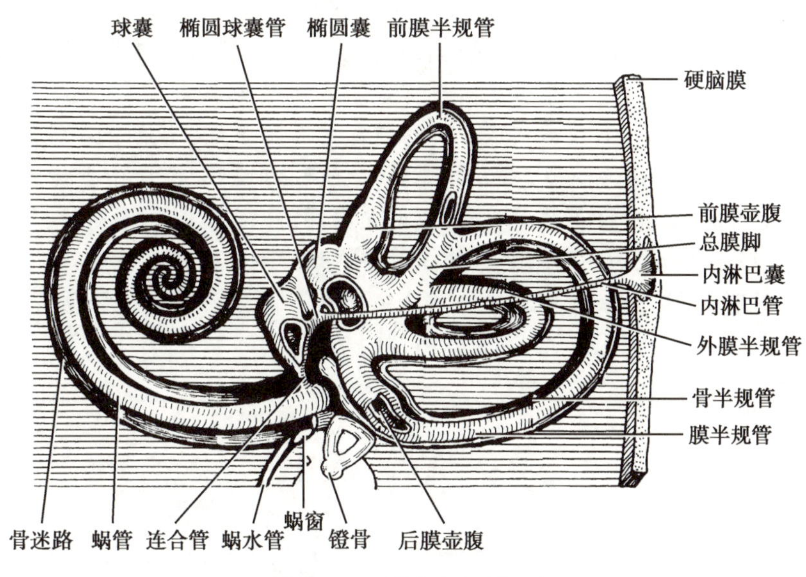

图 10-14 膜迷路(后面观)

1. **椭圆囊(utricle)**和**球囊(saccule)** 位于前庭内。椭圆囊较大,在后上方,与 3 个膜半规管相通。球囊较小,在前下方,与蜗管相通。两囊借椭圆球囊管相通,其壁内分别有**椭圆囊斑**和**球囊斑**,它们是位置觉感受器,能感受头部静止的位置和直线变速运动的刺激。

2. **膜半规管(semicircular ducts)** 套在 3 个骨半规管内。每个膜半规管在骨壶腹内的膨大部分,称为**膜壶腹**。膜壶腹壁内有隆起的 3 个**壶腹嵴**,它们是位置觉感受器,能感受头部旋转变速运动的刺激。椭圆囊斑、球囊斑和 3 个壶腹嵴合称**前庭器**,与前庭神经相连。

3. **蜗管(cochlear duct)** 位于耳蜗内。其顶端为盲端,下端借连合管与球囊相通。在横切面上,蜗管呈三角形,有 3 个壁。其下壁即**蜗管鼓壁**(又称**基底膜**)上有**螺旋器**(Corti 器),为听觉感受器。

笔记栏

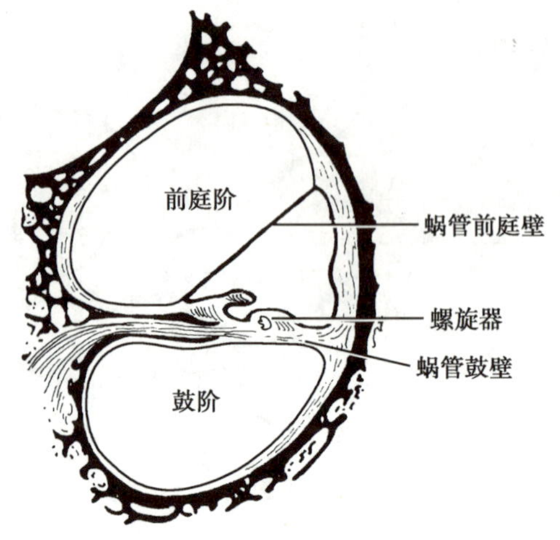

图 10-15 蜗管的横切面

知识链接

眩晕与前庭

眩晕是一种运动性或位置性幻觉，是体内病理或生理性位置觉刺激与大脑高级感觉中枢的冲突，是人体平衡系统功能紊乱的表现，主要包括患者自身旋转感或周围景物旋转感、摆动感、漂浮感、升降感及倾斜感等。人体平衡系统亦是由感受器、传入神经、平衡中枢、传出神经和效应器组成。内耳前庭是人体平衡系统的主要神经末梢感受器，其次为视觉和本体感感受器，三者只要其中任何一种感受器向中枢传入的冲动与其他 2 种感受器的传入冲动不协调一致，或两侧内耳前庭传入信息不对称，便产生眩晕和失衡症状。另一方面，因内耳前庭系统是维持人体平衡功能的主系统，且与全身其他系统存在广泛联系，其自身病变或其他系统病变累及前庭系统均能导致眩晕，故眩晕多由内耳前庭系统不协调引起，约占眩晕病例的 70%。

学习小结

视器由眼球和眼副器组成，眼球由眼球壁和眼球内容物组成，眼副器包括眼睑、结膜、泪器和眼球外肌等。眼球壁从外向内依次分为纤维膜、血管膜和视网膜。纤维膜分为角膜和巩膜，角膜占前 1/6，无色透明，无血管和淋巴管，感觉神经末梢丰富；巩膜占后 5/6，乳白色，有巩膜静脉窦。血管膜由前向后依次分为虹膜、睫状体和脉络膜。视网膜包括盲部和视部，视部有视神经盘、黄斑和中央凹。眼球内容物包括房水、晶状体和玻璃体。房水的产生和循环有重要的临床意义，晶状体呈双凸透镜状，玻璃体是无色透明的胶状物质，这 3 个结构与角膜一样无色透明，共同组成眼的屈光系统。

前庭蜗器由外耳、中耳和内耳组成。外耳包括耳郭、外耳道和鼓膜，鼓膜分为松弛部和紧张部，有鼓膜脐和光锥。中耳包括鼓室、咽鼓管、乳突窦和乳突小房，鼓室内有听骨链，由锤骨、砧骨和镫骨组成；咽鼓管连通鼓室与鼻咽部。内耳包括骨迷路和膜迷路。骨迷路包括前庭、骨半规管和耳蜗。前庭有前庭窗和蜗窗；骨半规管分为前、后、外骨半规管，膨大的骨脚为骨壶腹；耳蜗内有蜗螺旋管、蜗轴、骨螺旋板。膜迷路分为椭圆囊、

笔记栏

球囊、膜半规管和蜗管。椭圆囊和球囊内有椭圆囊斑和球囊斑，能感受头部静止的位置和直线变速运动的刺激；膜半规管内有壶腹嵴，能感受头部旋转变速运动的刺激。椭圆囊斑、球囊斑和3个壶腹嵴合称前庭器。蜗管的基底膜上有螺旋器，为听觉感受器。

（杨　畅）

复习思考题

1. 用眼底镜做眼底检查，能看到哪些结构？
2. 试述房水的产生和循环途径，有何临床意义？
3. 眼病患者用氯霉素眼药水滴眼后，有时会感到舌根部有苦味，为什么？
4. 试述近视、远视、青光眼、白内障和麦粒肿发生的解剖学基础。
5. 内耳有哪些感受器？其功能如何？
6. 简述声波的主要传导途径。

扫一扫，测一测

课件

第十一章 神经系统

学习目标

识记神经系统的区分，反射弧和常用术语的概念，脊髓和脑的位置、外形与内部主要结构，脊神经的数目、各丛的组成及其主要分支，脑神经的数目、名称和性质，意识性本体感觉传导通路，躯干和四肢的浅感觉传导通路，交感神经和副交感神经中枢的位置，脑和脊髓被膜的层次和名称；知晓大脑皮质功能定位，内囊的位置和意义，脑神经的主要分布范围，皮质核束和皮质脊髓束的传导通路，内脏神经与躯体神经的区别，脑脊液的循环途径，大脑的动脉供应；理解神经系统的基本功能，脊髓的位置，间脑的分部，脑干的内部结构，基底核的概念，视觉传导通路，交感干的概念。

神经系统(nervous system)由脑和脊髓以及与之相连的脑神经和脊神经组成。它是人体结构和功能最复杂的系统，具有控制和协调各系统的功能活动，使机体成为一个完整统一的有机体，所以在机体内起主导作用。

第一节 概 述

一、神经系统的区分

按位置和功能的不同，神经系统可分为中枢神经系统和周围神经系统(图 11-1)。

1. **中枢神经系统(central nervous system)** 包括位于颅腔内的脑和位于椎管内的脊髓，它们是神经系统中最重要的部分，具有控制和调节整个机体活动的功能。

2. **周围神经系统(peripheral nervous system)** 包括与脑相连的 12 对脑神经和与脊髓相连的 31 对脊神经，它们具有传导神经冲动的功能。

根据分布对象的不同，周围神经又可分为**躯体神经(somatic nervous)**和**内脏神经(visceral nervous)**。躯体神经分布于皮肤和运动系统(骨、骨连结和骨骼肌)，管理它们的感觉和运动。内脏神经分布于内脏、心血管和腺体，管理它们的感觉和运动。

根据功能的不同，周围神经又可分为**感觉神经(sensory nerve)**和**运动神经(motor nerve)**。感觉神经是将神经冲动从感受器传向中枢，故又称**传入神经**；运动神经则将神经冲动自中枢传向效应器，故又称**传出神经**。内脏神经中的传出神经即**内脏运动神经**，支配心肌、平滑肌和腺体，其活动不受人的主观意志控制，故又称自主神经或植物神经，它们又可分为**交感神经**和**副交感神经**。

笔记栏

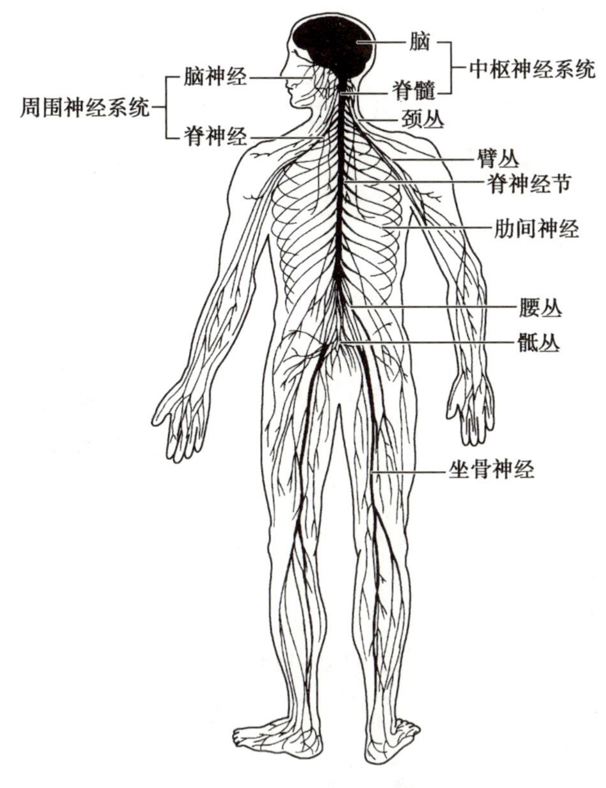

图 11-1 人的神经系统

二、反射和反射弧

神经系统的功能非常复杂，但其基本活动方式是**反射(reflex)**。反射是机体对内、外环境的刺激所做出的反应。反射活动的形态学基础是**反射弧(reflex arc)**。无论反射弧多么复杂，均包括感受器→传入神经→反射中枢→传出神经→效应器 5 个环节(图 11-2)。反射弧中任何一环节受损，反射活动均将减弱或消失。临床上常通过一些检查反射的方法，协助诊断神经系统疾病。

三、常用术语

在中枢和周围神经系统中，神经元的胞体和突起在不同部位有不同的编排方式，因而具有不同的术语。

1. **灰质(gray matter)** 在中枢神经系统内，神经元胞体和树突聚集的部位，色泽灰暗，称为灰质。位于大脑半球和小脑半球表面的灰质，分别称为大脑皮质和小脑皮质。

2. **白质(white matter)** 在中枢神经系统内，神经元轴突聚集的部位，因多数轴突包有髓鞘，颜色苍白，称为白质。位于大脑半球和小脑半球深部的白质，分别称为大脑髓质和小脑髓质。

3. **神经核(nucleus)** 在中枢神经系统内，由形态和功能相似的神经元胞体聚集而成的团或柱，称为神经核。

4. **神经节(ganglion)** 在周围神经系统内，神经元胞体聚集的地方，外形略膨大，称为神经节，如脑神经节、脊神经节。

5. **纤维束(fasciculus)** 在中枢神经系统内，起止、行程和功能相同的神经纤维聚集成

笔记栏

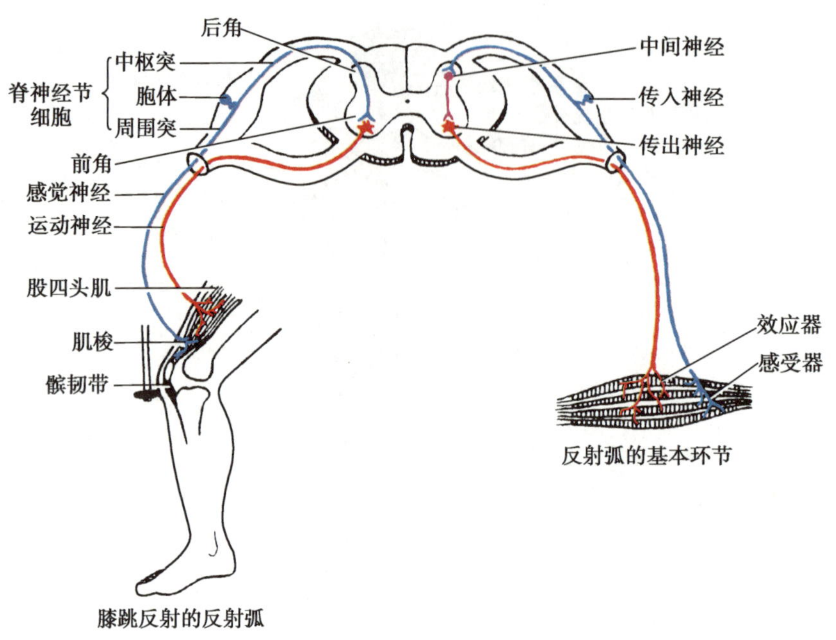

图 11-2 反射弧

束，称为纤维束或传导束。

6. **神经(nerve)** 在周围神经系统内，神经纤维集合成大小、粗细不等的集束，由数量不等的集束再聚集成一条神经。

第二节 脊髓和脊神经

脊髓

一、脊髓

(一) 脊髓的位置和外形

1. 位置 **脊髓(spinal cord)**位于椎管内，有3层被膜包裹。其上端在枕骨大孔处与延髓相连接，下端成年人一般平第1腰椎体下缘，新生儿脊髓约平第3腰椎体下缘。

2. 外形 脊髓呈前、后稍扁圆柱状，全长粗细不等，有2个梭形膨大，即上方的**颈膨大**和下方的**腰骶膨大**，这2个膨大的形成与四肢出现有关。腰骶膨大以下逐渐变细，呈圆锥状，称为**脊髓圆锥**。由脊髓圆锥向下延续成一根细长的无神经组织的**终丝**(图11-3)，附于尾骨后面，有固定脊髓的作用。

在脊髓表面有纵行的6条沟。前面正中较深的沟称为**前正中裂**，后面正中较浅的沟称为**后正中沟**。在前正中裂、后正中沟的两侧，分别有成对的**前外侧沟**和**后外侧沟**(图11-3)。在前外侧沟、后外侧沟内分别附着成排的脊神经前根丝、后根丝，这些根丝分别形成31对**前根**和31对**后根**。前根、后根在椎间孔处汇合成脊神经，从椎间孔处出椎管。在后根上有一膨大的**脊神经节**，内有假单极神经元。

与每对脊神经前根、后根相连的一段脊髓称为一个**脊髓节段**。由于脊神经有31对，故脊髓亦可分为31个节段：即8个颈髓节段($C_{1\sim8}$)、12个胸髓节段($T_{1\sim12}$)、5个腰髓节段($L_{1\sim5}$)、5个骶髓节段($S_{1\sim5}$)和1个尾髓节段(C_0)(图11-4)。

笔记栏 

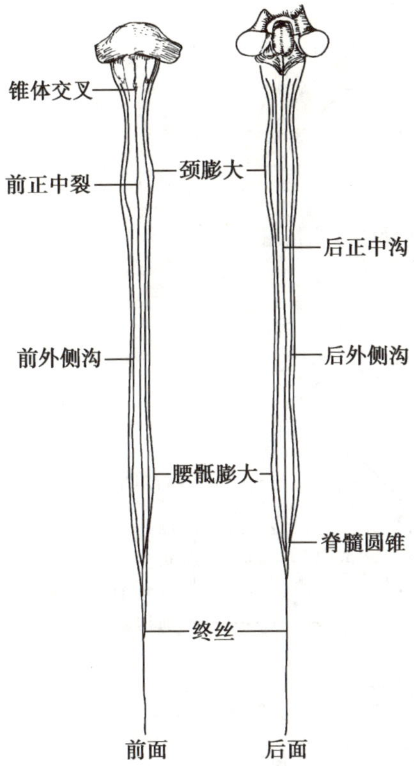

图 11-3 脊髓的外形

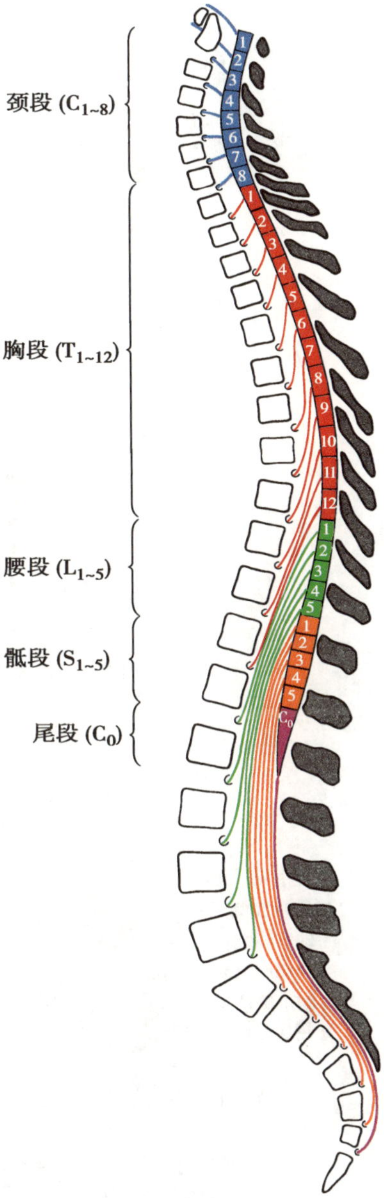

图 11-4 脊髓的节段

(二) 脊髓的内部结构

脊髓由灰质和白质构成。灰质在内部，白质在周围(图 11-5、图 11-6)。

脊髓灰质炎

1. **灰质** 在横切面上，脊髓灰质呈 H 形，中间横行部分称为**灰质连合**。灰质连合中央有**脊髓中央管**，纵贯脊髓全长。每侧灰质前部膨大称为**前角**，后部狭长称为**后角**，前、后角之间的部分称为**中间带**。在脊髓第 1 胸髓节段至第 3 腰髓节段，中间带向外侧突出，称为**侧角**。因前角、后角和侧角在脊髓内上下连贯成柱，故又分别称为**前柱**、**后柱**和**侧柱**。

(1) **前角**：主要含躯体运动神经元，又称**前角运动细胞**，其轴突从前外侧沟离开脊髓，经脊神经前根和脊神经分布于躯干肌和四肢肌，管理其运动。

(2) **中间带**：侧角内含交感神经元，又称**侧角细胞**，是交感神经的低位中枢。骶髓无侧角，但在第 2~4 骶髓节段中间带外侧部有副交感神经元，称为**骶副交感核**，是副交感神经的低位中枢。

笔记栏

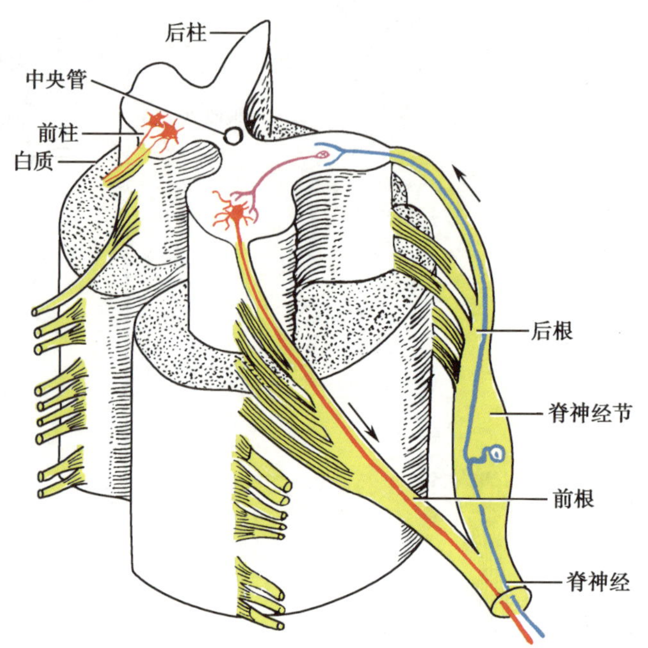

图 11-5 脊髓节段及内部结构示意图

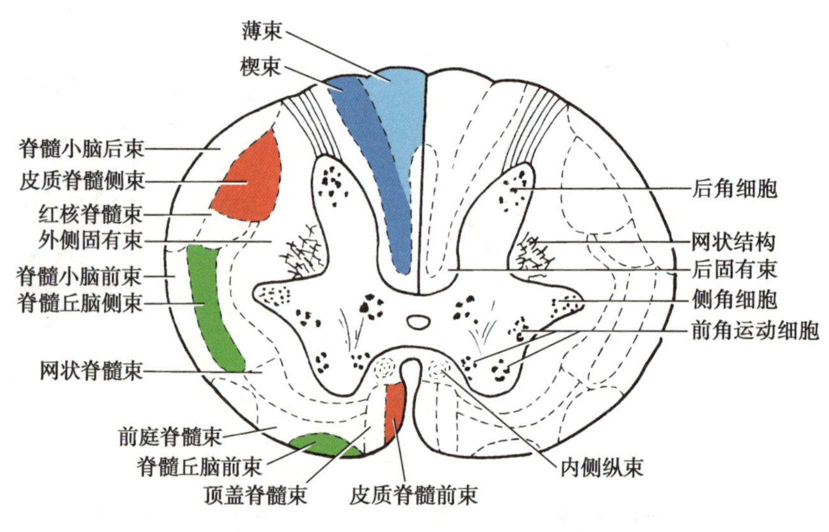

图 11-6 脊髓的内部结构（水平切面）

（3）**后角**：内含中间神经元，又称**后角细胞**。后角细胞主要接受后根纤维传来的感觉神经冲动。

2. **白质** 借脊髓表面纵沟，每侧白质分为 3 个索。其中前正中裂与前外侧沟之间的白质称为**前索**；前、后外侧沟之间的白质称为**外侧索**；后外侧沟与后正中沟之间的白质称为**后索**。另外，前正中裂与灰质连合之间的白质称为**白质前连合**。脊髓白质内主要由联系脊髓与脑的上、下行传导束构成。

（1）上行传导束

1）**薄束（fasciculus gracilis）**和**楔束（fasciculus cuneatus）**：两者均位于后索内，薄束位于后正中沟两侧，纵贯脊髓全长。楔束位于薄束外侧，只见于第 4 胸髓节段以上。两束均由脊神经节内的假单极神经元的中枢突，经后根进入同侧脊髓后索向上延续而成（图 11-6）。其

周围突随脊神经分布于肌、腱、关节、皮肤等处的感受器。薄束、楔束传导来自同侧躯干四肢的本体感觉（位置觉、运动觉和震动觉）和精细触觉（如通过触摸辨别物体纹理粗细和两点距离）。

2）**脊髓丘脑束（spinothalamic tract）**：包括位于脊髓外侧索前部的**脊髓丘脑侧束**和位于脊髓前索前部的**脊髓丘脑前束**（图 11-6）。它们主要由后角细胞的轴突经白质前连合交叉到对侧外侧索和前索向上延续而成。脊髓丘脑侧束传导对侧躯干四肢的痛觉和温度觉，脊髓丘脑前束传导对侧躯干四肢的粗触觉和压觉。

（2）下行传导束：主要为**皮质脊髓束（corticospinal tract）**，包括位于外侧索后部的**皮质脊髓侧束**和位于前索内侧部的**皮质脊髓前束**（图 11-6），管理骨骼肌的随意运动。它们起自大脑皮质躯体运动中枢的运动神经元，纤维下行至延髓下端的锥体交叉处，其中大部分纤维交叉至对侧的脊髓外侧索，形成皮质脊髓侧束，下行可达骶髓，沿途陆续分支，间接或直接止于脊髓各节段的前角运动细胞；小部分不交叉的纤维，沿同侧脊髓前索下行，形成皮质脊髓前束，其中大部分纤维陆续经白质前连合交叉至对侧，小部分纤维不交叉，间接或直接止于颈髓和上胸髓节段的前角运动细胞。

二、脊神经

脊神经（spinal nerves）共 31 对，即颈神经 8 对、胸神经 12 对、腰神经 5 对、骶神经 5 对和尾神经 1 对。每对脊神经均由前根、后根合并而成，其中前根是运动性的，后根是感觉性的。因此，每对脊神经均为混合性的，都含有 4 种纤维成分（图 11-7）。①**躯体感觉纤维**：来源于脊神经节内的假单极神经元，分布于躯干四肢的皮肤和运动系统，将各种浅、深感觉冲动传入中枢。②**内脏感觉纤维**：来源于脊神经节内的假单极神经元，分布于内脏、心血管和腺体，将这些结构的感觉冲动传入中枢。③**躯体运动纤维**：来源于前角运动细胞，支配躯干和四肢骨骼肌的运动。④**内脏运动纤维**：来源于侧角细胞及骶副交感核，支配心肌、平滑肌的运动和控制腺体的分泌。

脊神经出椎间孔后立即分为前支和后支，前支、后支均为混合性的神经。

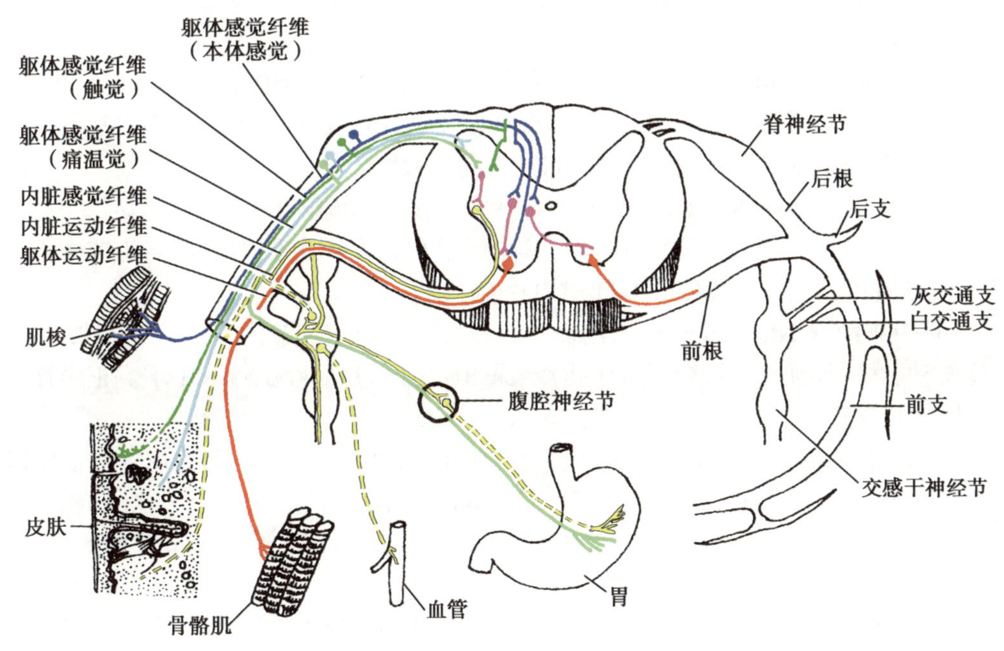

图 11-7　脊神经的组成及分布示意图

笔记栏

(一) 后支

后支一般较相应的前支细小，呈节段性分布于枕、项、背、腰、骶和臀部的皮肤及脊柱两侧的深层肌。主要皮支有：

1. **枕大神经(greater occipital nerve)** 为第2颈神经后支，穿斜方肌上方肌腱至皮下，分布于枕部的皮肤。

2. **臀上皮神经(superior gluteal nerve)** 为第1~3腰神经后支，在骶髂关节外上方、竖脊肌外侧缘穿胸腰筋膜，向下跨过髂嵴，分布于臀上部的皮肤。

(二) 前支

前支一般较后支粗大，分布于躯干前外侧以及四肢的肌和皮肤。除胸神经前支保持明显节段性外，其余前支分别交织成神经丛，由神经丛再发出分支分布于相应区域。脊神经前支形成的神经丛有颈丛、臂丛、腰丛和骶丛。

1. **颈丛(cervical plexus)** 由第1~4颈神经前支组成，位于胸锁乳突肌上部的深面，其分支有皮支和肌支。

(1) 皮支：从胸锁乳突肌后缘中点附近穿出，主要皮支有**枕小神经**、**耳大神经**、**颈横神经**和**锁骨上神经**，它们呈放射状分布于枕部、耳后、颈前区和肩部的皮肤(图 11-8)。

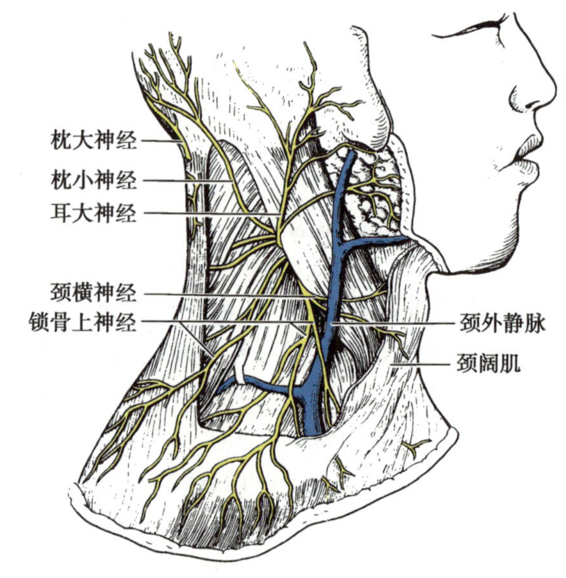

图 11-8 颈丛的皮支

(2) 肌支：最重要的肌支是**膈神经(phrenic nerve)**。它由颈丛发出后，先沿前斜角肌表面下降，经胸廓上口入胸腔，在纵隔两侧、纵隔胸膜深面下行，沿肺根前方、心包两侧下行至膈。膈神经为混合性神经，其运动纤维支配膈的运动；感觉纤维分布于胸膜、心包和膈下面的部分腹膜。另外，右侧膈神经的感觉纤维还分布于肝、胆囊表面的腹膜(图 11-9)。

臂丛

2. **臂丛(brachial plexus)** 由第5~8颈神经前支和第1胸神经前支的大部分组成，位于前斜角肌的后方，行于锁骨下动脉后上方，继而经锁骨后方进入腋窝内，围绕在腋动脉周围形成**内侧束**、**外侧束**和**后束**，由束再发出分支(图 11-10)。

(1) **肌皮神经(musculocutaneous nerve)**：自外侧束发出，斜穿喙肱肌，经肱二头肌与肱肌之间下行，在臂部发肌支支配臂前群肌；其余纤维在肘关节上方浅出，改名为**前臂外侧皮神经**，分布于前臂外侧的皮肤(图 11-11、图 11-12)。

(2) **正中神经(median nerve)**：由内侧束、外侧束的两根合成(图 11-11)，在肱二头肌内侧沟伴肱动脉下行至肘窝，再向下行于指浅、深屈肌之间，然后经腕管入手掌。正中神经的分支有肌支和皮支。

1) 肌支：支配除肱桡肌、尺侧腕屈肌和指深屈肌尺侧半以外的大部分前臂前群肌以及手肌外侧大部分(除拇收肌以外的鱼际肌和第1、第2蚓状肌)。

2) 皮支：分布于手掌桡侧2/3区，桡侧3个半手指掌面及其中节、远节背面的皮肤(图 11-13)。

(3) **尺神经(ulnar nerve)**：由内侧束发出，沿肱二头肌内侧沟伴肱动脉下行，在臂中部离开肱动脉转向后下，经肱骨内上髁后方的尺神经沟进入前臂，在尺侧腕屈肌深面伴尺动脉下

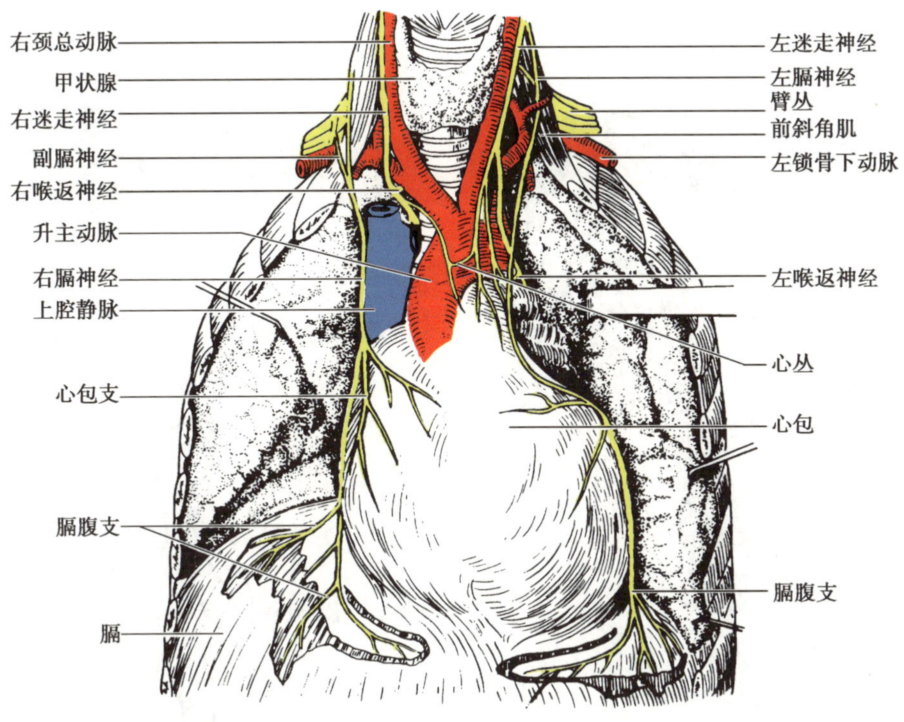

图 11-9 膈神经

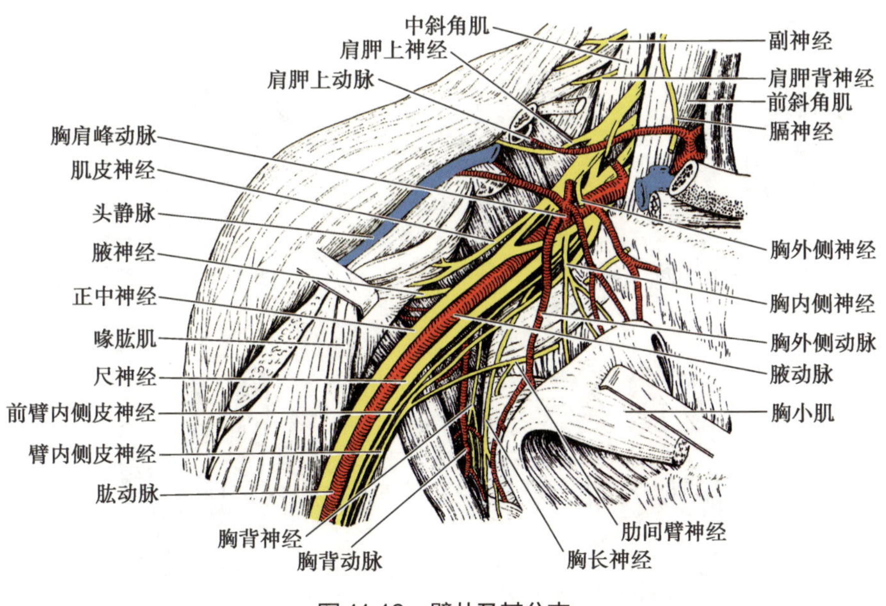

图 11-10 臂丛及其分支

行，最后经豌豆骨外侧入手掌(图 11-10、图 11-11)。尺神经的分支有肌支和皮支。

1) 肌支：支配尺侧腕屈肌和指深屈肌尺侧半以及手肌内侧大部分(小鱼际肌、拇收肌、骨间肌和第 3、第 4 蚓状肌)。

2) 皮支：分布于手掌尺侧 1/3 区和尺侧 1 个半手指掌面的皮肤，手背尺侧 1/2 区和尺侧 2 个半指背面的皮肤(图 11-13)。

(4) **桡神经(radial nerve)**：由后束发出，伴肱深动脉在肱三头肌深面紧贴肱骨的桡神经

笔记栏

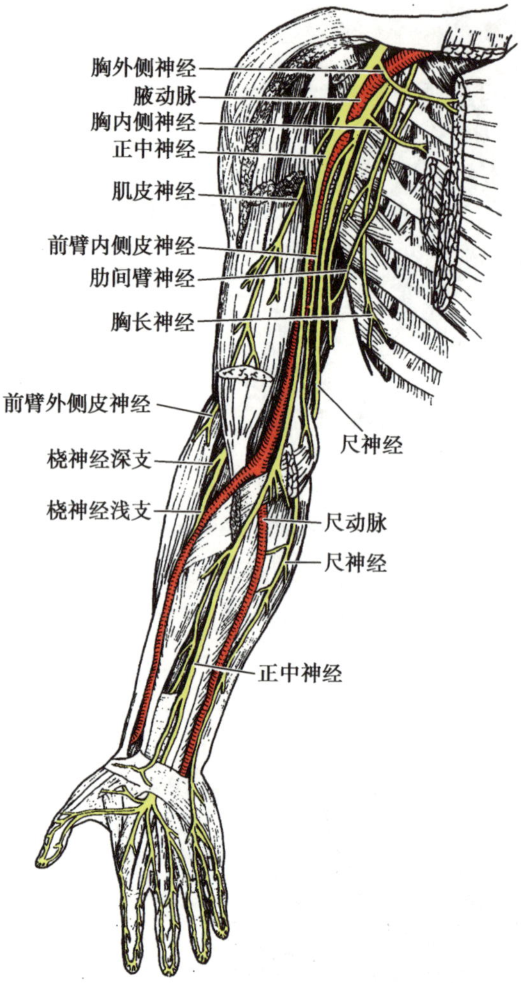

胸外侧神经
腋动脉
胸内侧神经
正中神经
肌皮神经
前臂内侧皮神经
肋间臂神经
胸长神经
前臂外侧皮神经
尺神经
桡神经深支
桡神经浅支
尺动脉
尺神经
正中神经

图 11-11 上肢前面的神经

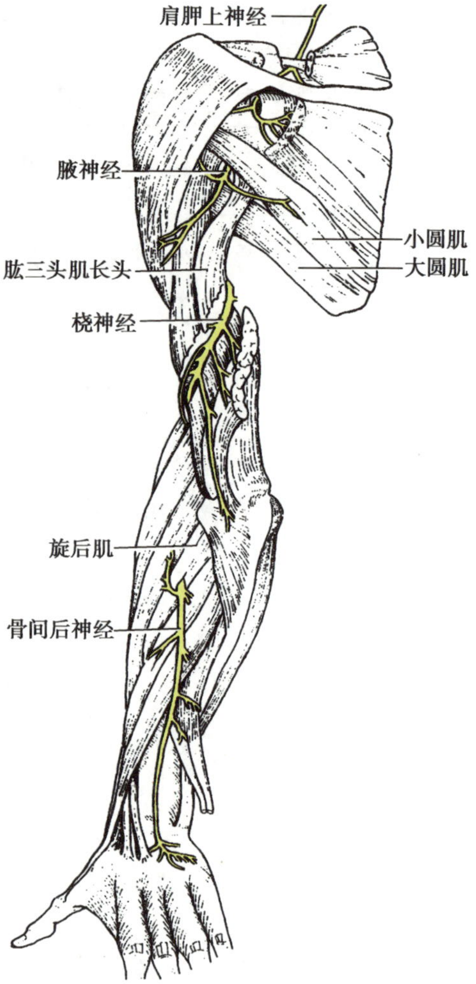

肩胛上神经
腋神经
小圆肌
大圆肌
肱三头肌长头
桡神经
旋后肌
骨间后神经

图 11-12 上肢后面的神经

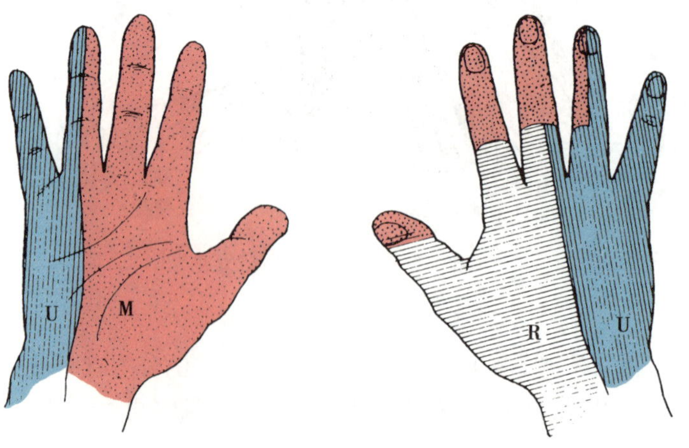

图 11-13 手皮肤的神经分布
R. 桡神经；U. 尺神经；M. 正中神经

沟向下外行，至肱骨外上髁前方分为浅、深2支。在臂部发出分支，支配肱三头肌和肱桡肌（图 11-12）。

1）浅支：伴桡动脉下行，分布于手背桡侧半和桡侧2个半指近节指背面的皮肤（图 11-13）。

2）深支：穿旋后肌，至前臂后面，改名为**骨间后神经**，支配前臂后群肌。

（5）**腋神经（axillary nerve）**：由后束分出，绕肱骨外科颈至三角肌深面（图 11-12）。其肌支支配三角肌、小圆肌，皮支分布于肩部及臂外侧上部的皮肤。

3. **胸神经前支** 共12对，除第1胸神经前支的大部分，第12胸神经前支的一部分，分别参与臂丛和腰丛外，其余皆不形成丛，呈节段性分布。第1~11对胸神经前支分别走行在相应的肋间隙内，称为**肋间神经（intercostal nerves）**；第12对胸神经前支行于第12肋下缘，称为**肋下神经（subcostal nerve）**。上6对肋间神经分布于相应的肋间肌、胸壁皮肤和壁胸膜；第7~11对肋间神经和肋下神经除分布于相应的肋间肌、胸壁皮肤和壁胸膜外，还分布于腹前外侧群肌、腹壁皮肤及壁腹膜（图 11-14）。

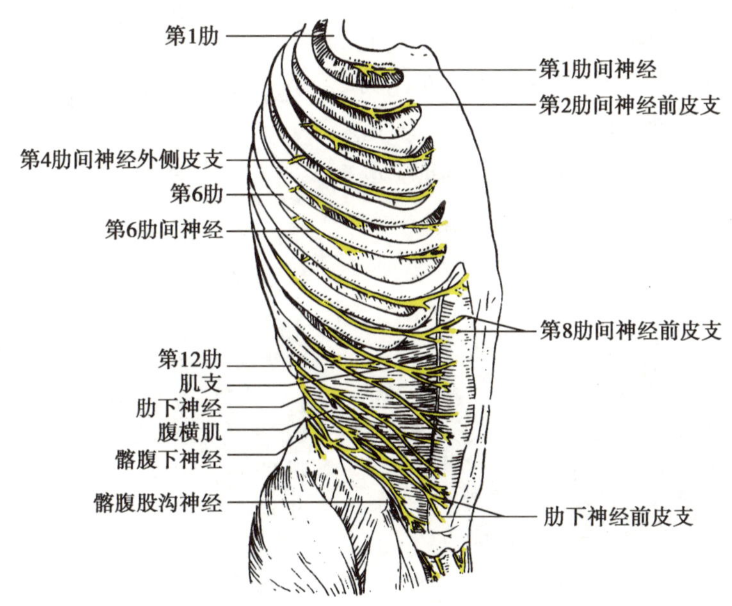

图 11-14 胸神经前支

4. **腰丛（lumbar plexus）** 由第12胸神经前支的一部分，第1~3腰神经前支和第4腰神经前支的一部分组成（图 11-15）。腰丛位于腰大肌的后面，主要分支如下：

（1）**股神经（femoral nerve）**：为腰丛中最大的分支，沿腰大肌外侧缘下行，经腹股沟韧带中点深面进入股三角，分出数支。其肌支支配大腿前群肌；皮支中较短的分布于大腿前面皮肤，皮支中最长的是**隐神经（saphenous nerve）**，它与大隐静脉伴行，分布于小腿内侧面和足内侧缘的皮肤（图 11-16）。

（2）**闭孔神经（obturator nerve）**：经腰大肌内侧缘穿出，与闭孔动脉伴行，分支支配大腿内侧群肌和分布于大腿内侧面的皮肤。

（3）**股外侧皮神经（lateral femoral cutaneous nerve）**：沿腰大肌外侧缘向前外下行，在髂前上棘内侧穿出腹股沟韧带深面浅出，分布于大腿外侧面的皮肤。

5. **骶丛（sacral plexus）** 由第4腰神经前支一部分、第5腰神经前支以及全部骶、尾神经前支组成。骶丛位于盆腔内，骶骨和梨状肌前方（图 11-15），主要分支如下：

（1）**坐骨神经（sciatic nerve）**：为全身最粗大的神经。自骶丛发出后，穿梨状肌下孔出盆

笔记栏

腔至臀大肌深面，经坐骨结节和股骨大转子之间下行至大腿后面，在股二头肌长头深面继续下行，至腘窝上角处分为胫神经和腓总神经(图11-17)。在大腿后面，坐骨神经发出肌支支配大腿后群肌。

1) **胫神经(tibial nerve)**：为坐骨神经的直接延续，沿腘窝中线在小腿三头肌深面伴胫后动脉下行，经内踝后方到足底，分为**足底内侧神经**和**足底外侧神经**。其肌支支配小腿后群肌和足底肌，皮支分布于小腿后面和足底的皮肤。

2) **腓总神经(common peroneal nerve)**：经腘窝外上缘下行，绕腓骨颈至小腿前面，随即分为腓浅神经和腓深神经(图11-17)。**腓浅神经**在小腿外侧群肌和前群肌之间下行，分支支配小腿外侧群肌；在小腿中、下1/3交界处穿出为皮支，分布于小腿前外侧面下部及足背、趾背的皮肤。**腓深神经**在小腿前群肌之间伴胫前动脉

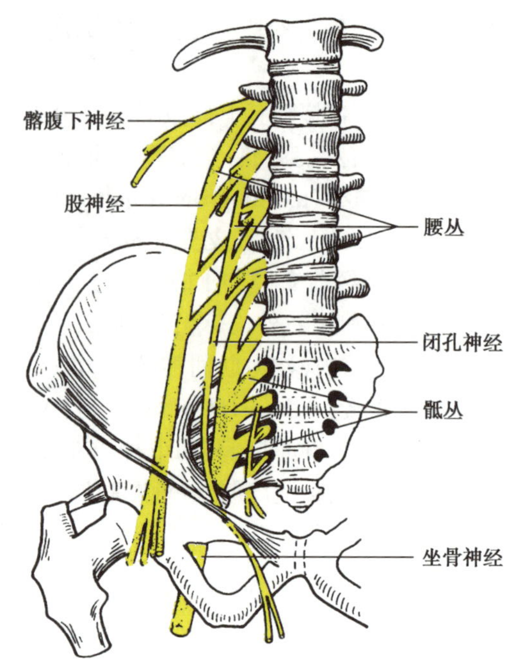

图11-15 腰丛和骶丛

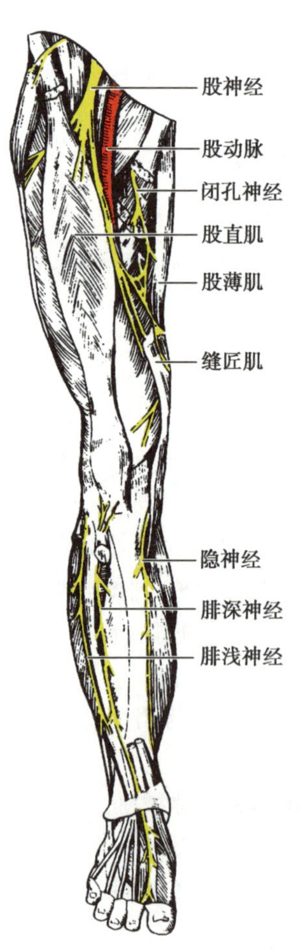

图11-16 下肢前面的神经

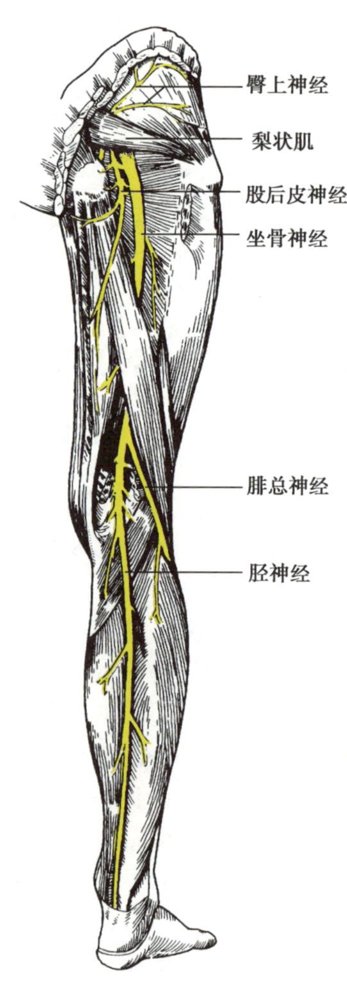

图11-17 下肢后面的神经

下行，经踝关节前方至足背，其肌支支配小腿前群肌和足背肌，皮支分布于第 1~2 趾背面相对缘的皮肤(图 11-16)。

(2) **股后皮神经(posterior femoral cutaneous nerve)**：从梨状肌下孔出盆腔，在臀大肌深面下行，至该肌下缘中点处浅出，主要分布于大腿后面的皮肤(图 11-17)。

第三节 脑和脑神经

脑的分部

一、脑

脑(brain)位于颅腔内，可分为端脑、间脑、小脑、中脑、脑桥和延髓 6 部分(图 11-18)。通常将延髓、脑桥和中脑合称为**脑干**。12 对脑神经中，第Ⅰ对脑神经连于端脑，第Ⅱ对脑神经连于间脑，第Ⅲ~ 第Ⅻ对脑神经均连于脑干。

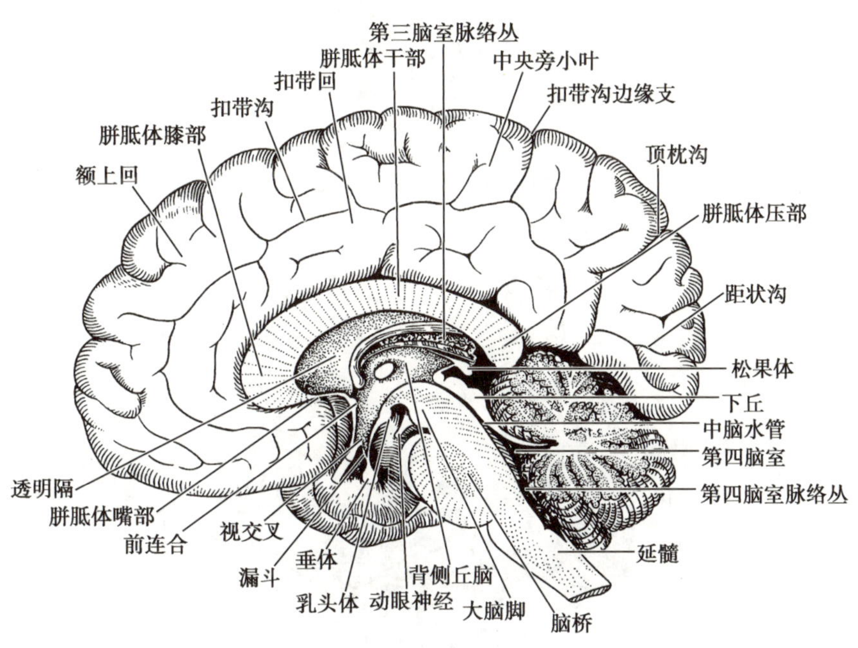

图 11-18 脑的正中矢状面

(一) 脑干

脑干(brain stem)位于颅底内面的斜坡上，自下而上为延髓、脑桥和中脑。脑干上接间脑，下端在枕骨大孔处与脊髓相连，延髓和脑桥的背侧面与小脑相连，它们之间的腔隙为**第四脑室**(图 11-18)，内有脑脊液。

1. 脑干的外形

(1) **延髓(medulla oblongata)**：位于脑干的下部，形似倒置的圆锥体。①延髓的腹侧面(图 11-19)：前正中裂的两旁有纵行的隆起称为**锥体**，由锥体束(主要为皮质脊髓束)构成。在锥体下端，大部分皮质脊髓束纤维左右交叉，形成发辫状的**锥体交叉**。锥体外侧的卵圆形隆起称为**橄榄**，内有下橄榄核。在锥体外侧的前外侧沟，内有舌下神经的根丝。在橄榄的背侧，自上而下依次排列有舌咽神经、迷走神经和副神经的根丝。②延髓的背侧面(图 11-20)：上半部中央管敞开，形成第四脑室底的下部。下半部形似脊髓，其后正中沟外侧各有一对隆

笔记栏

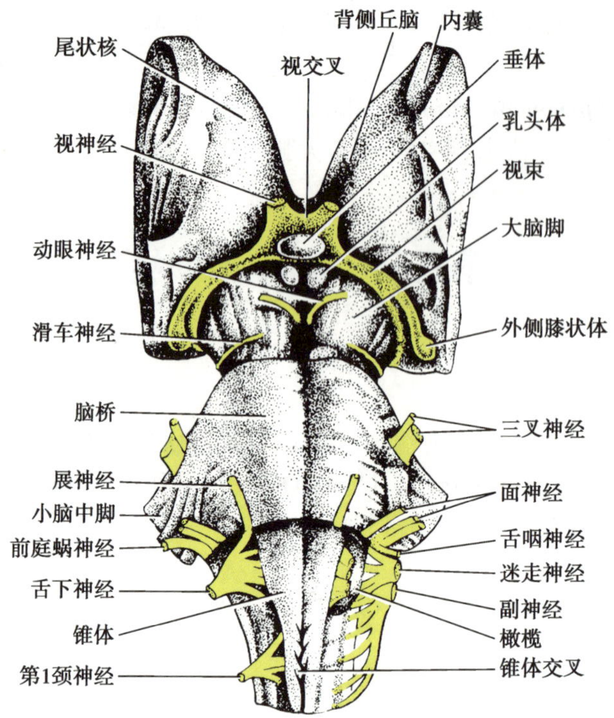

图 11-19 脑干的腹侧面

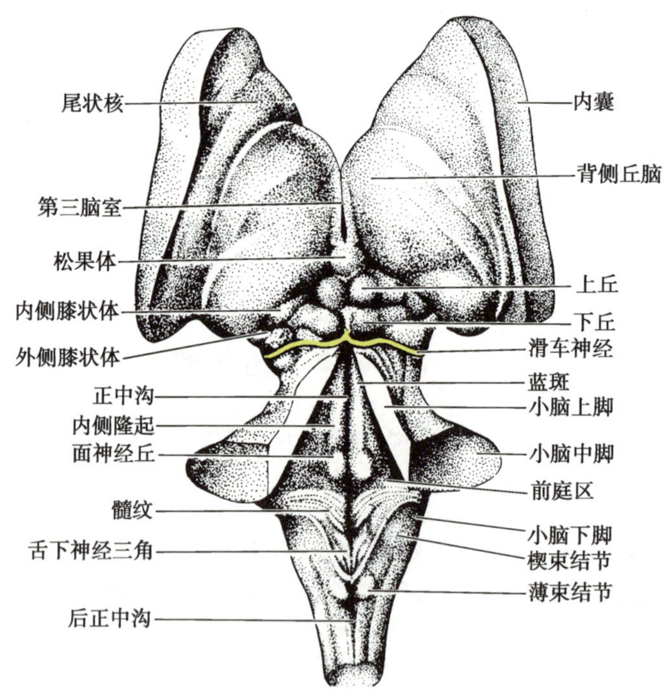

图 11-20 脑干的背侧面

起称为**薄束结节**和**楔束结节**，其深面分别有薄束核和楔束核。楔束结节外上方有稍隆起的**小脑下脚**，主要由脊髓和延髓进入小脑的纤维束构成。

(2) **脑桥(pons)**：位于脑干的中部。①脑桥的腹侧面(图 11-19)：膨隆宽阔称为**基底部**。脑桥向后外延伸逐渐变窄，移行为**小脑中脚**，主要由脑桥进入小脑的纤维束构成。在基底部

笔记栏

与小脑中脚交界处附有粗大的三叉神经根。在延髓脑桥沟内从中线向外侧依次排列有展神经、面神经和前庭蜗神经根。②脑桥的背侧面(图 11-20):形成第四脑室底的上部。第四脑室底呈菱形,略微凹陷,故称菱形窝。菱形窝由延髓上部的背侧面和脑桥的背侧面共同构成,其上外侧界为小脑上脚,下外侧界为薄束结节、楔束结节和小脑下脚。

(3) **中脑(midbrain)**:位于脑干的上部,脑桥与间脑之间,其中间的管腔称为**中脑水管**。①中脑的腹侧面(图 11-19):有一对纵行粗大隆起称为**大脑脚**,主要由锥体束构成。左、右大脑脚之间的凹窝,称为**脚间窝**,内有动眼神经穿出。②中脑的背侧面(图 11-20):2 对圆形隆起称为**四叠体**,其中上方的一对为**上丘**,是皮质下视觉反射中枢;下方的一对为**下丘**,是皮质下听觉反射中枢。在下丘的下方,有滑车神经出脑。

2. 脑干的内部结构　由灰质、白质和网状结构构成。脑干的灰质分散成大小不等的团块或短柱,为神经核。脑干的白质主要由纤维束构成。此外,在脑干内还有明显的网状结构。

(1) 脑干的神经核:脑干的神经核可分为 2 大类。一类是与第Ⅲ~第Ⅻ对脑神经相连的脑神经核,另一类是不与脑神经相连的非脑神经核。

1) 脑神经核(表 11-1,图 11-21):分为运动核和感觉核。运动核又分为躯体运动核和内脏运动核,它们分别相当于脊髓灰质的前柱和侧柱。感觉核相当于脊髓灰质的后柱,又分为躯体感觉核和内脏感觉核。这 4 种核团都位于脑干的背侧部,其中躯体运动核在最内侧,由此向外侧依次为内脏运动核、内脏感觉核和躯体感觉核。由于头面部特殊感受器的出现和腮弓的衍化关系,一般将脑神经核分为七类,为叙述方便,本教材简化为 4 类。

表 11-1　脑神经核的位置和功能

类别	名称	位置	功能
躯体运动核	动眼神经核	中脑	支配上直肌、内直肌、下直肌、下斜肌和上睑提肌
	滑车神经核	中脑	支配上斜肌
	展神经核	脑桥	支配外直肌
	三叉神经运动核	脑桥	支配咀嚼肌
	面神经核	脑桥	支配面肌
	疑核	延髓	支配咽喉肌
	舌下神经核	延髓	支配舌肌
	副神经核	延髓下部、第 1~5 颈髓节段	支配胸锁乳突肌和斜方肌
内脏运动核	动眼神经副核	中脑	支配睫状肌和瞳孔括约肌
	上泌涎核	脑桥	支配泪腺、下颌下腺和舌下腺
	下泌涎核	延髓	支配腮腺
	迷走神经背核	延髓	支配颈、胸、腹腔大部分脏器活动
内脏感觉核	孤束核	延髓	接受味觉和一般内脏感觉
躯体感觉核	三叉神经中脑核	中脑	接受咀嚼肌的本体觉
	三叉神经脑桥核	脑桥	接受面部皮肤和口、鼻腔黏膜的一般感觉(痛、温、触觉)
	三叉神经脊束核	脑桥和延髓	
	前庭神经核	脑桥和延髓	接受内耳的平衡觉
	蜗神经核	脑桥和延髓	接受内耳的听觉

笔记栏

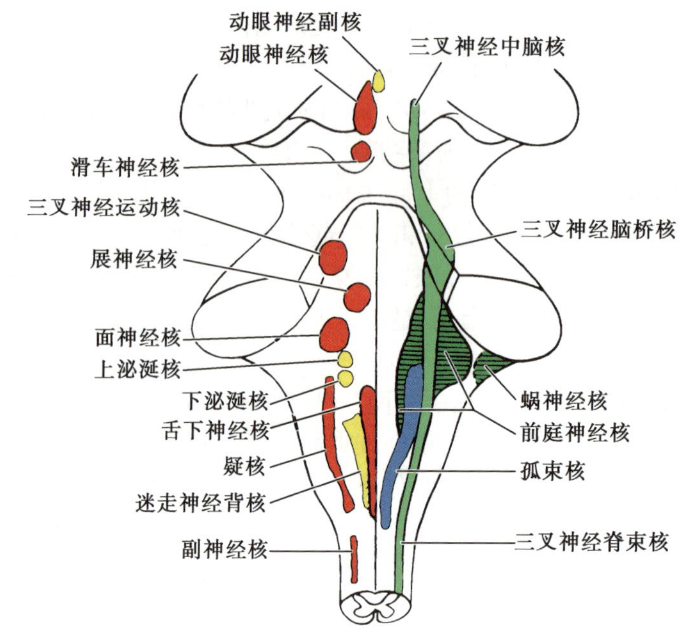

图 11-21 脑神经核在脑干背侧面的投影

① 躯体运动核：主要由躯体运动神经元的胞体组成，它们发出脑神经躯体运动纤维，支配头颈肌的运动。

② 内脏运动核：皆属副交感核，它们发出的内脏运动纤维，支配平滑肌、心肌的运动和控制腺体的分泌。

③ 躯体感觉核：接受脑神经躯体感觉纤维。

④ 内脏感觉核：为孤束核，接受脑神经内脏感觉纤维。

2）非脑神经核

① **薄束核（gracile nucleus）**和**楔束核（cuneate nucleus）**：位于延髓背侧面的薄束结节和楔束结节的深面，分别接受薄束和楔束的纤维。它们是传导躯干四肢意识性本体感觉和精细触觉传导通路的第二级神经元胞体所在处。

② **黑质（substantia nigra）**：位于大脑脚底的灰质带，含黑色素的细胞团，细胞内富含多巴胺。当黑质的多巴胺缺乏时，可出现肌张力增高，引起震颤等症状，即帕金森病。

③ **红核（red nucleus）**：位于中脑上丘水平的被盖中央部，黑质的背内侧，呈一卵圆柱状。因含有丰富的血管，在新鲜脑干切面上显红色而得名。红核主要接受小脑上脚传入的纤维，发出的纤维主要为红核脊髓束。

（2）脑干的纤维束

1）**锥体束（pyramidal tract）**：由大脑皮质躯体运动中枢发出的支配骨骼肌随意运动的纤维组成，经内囊后肢和内囊膝、中脑大脑脚，进入脑桥基底部，下行入延髓形成锥体。锥体束分皮质核束和皮质脊髓束。**皮质核束**在下行过程中，止于脑神经躯体运动核，支配头颈肌。**皮质脊髓束**的大部分纤维在锥体下端左右交叉，形成锥体交叉，交叉后的纤维在脊髓外侧索下行，称为**皮质脊髓侧束**；小部分纤维不交叉，在脊髓前索下行，称为**皮质脊髓前束**。

2）**内侧丘系（medial lemniscus）**：由薄束核、楔束核发出的纤维组成，呈弓形走向延髓中央管的腹侧，在中线上与对侧纤维交叉，称为**内侧丘系交叉**，交叉后的纤维上行组成**内侧丘系**，向上经脑干，止于背侧丘脑腹后外侧核。

3）**脊髓丘脑束（spinothalamic tract）**：又称**脊髓丘系**，是脊髓丘脑侧束和脊髓丘脑前束

的延续，在脑干位于内侧丘系的背外侧上行，止于背侧丘脑腹后外侧核。

4）**三叉丘系(trigeminal lemniscus)**：又称**三叉丘脑束**，由三叉神经脑桥核和三叉神经脊束核发出的纤维越至对侧上行组成，在脑干紧贴于内侧丘系的背外侧走行，止于背侧丘脑腹后内侧核。

(3) 脑干的网状结构：脑干内除上述各种核团和纤维束外，在脑干中央区域还有较分散的纤维纵横交织，其间散在形状不一、大小不等的神经元，这个区域称为**脑干网状结构**。脑干网状结构是中枢神经内一个重要的整合结构，可接受来自各种感觉传导束的信息，参与躯体、内脏及觉醒等各种功能活动。

（二）小脑

1. 小脑的位置和外形　**小脑(cerebellum)**位于颅后窝内，在大脑半球枕叶的下方，脑桥与延髓的后方。小脑借3对脚与脑干相连：小脑上脚与中脑相连，小脑中脚与脑桥相连，小脑下脚与延髓相连。

小脑在外形上，可分中间的**小脑蚓**和两侧的**小脑半球**。小脑上面平坦，下面隆凸，两半球下面靠近小脑蚓的椭圆形隆起，称为**小脑扁桃体**(图11-22、图11-23)。

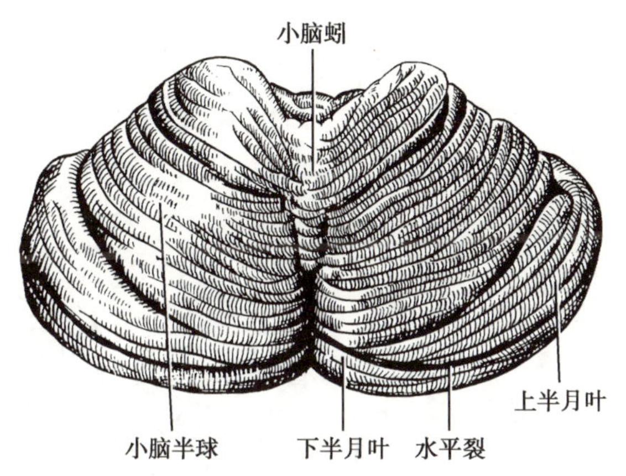

图11-22　小脑上面

2. 小脑的构造　小脑表面为薄层灰质，称为**小脑皮质**，小脑皮质的深面为白质，称为**小脑髓质**。髓质内埋有4对灰质块，称为小脑核，其中最大的为**齿状核**(图11-24)。

3. 小脑的功能　小脑主要是一个与运动调节有关的中枢，其主要功能是维持身体平衡、调节肌张力和协调随意运动。小脑损伤时，平衡失调，站立不稳，走路时抬腿过高，迈步过大；取物时，过度伸开手指；令患者做指鼻试验，动作不准确。这些表现，临床上称为“共济失调”。

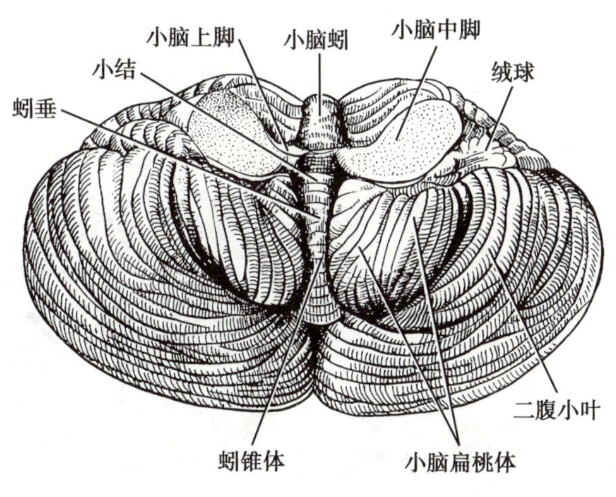

图11-23　小脑下面

（三）间脑

间脑(diencephalon)位于中脑的前上方，大部分被大脑半球所掩盖。间脑的外侧与大脑半球愈合。两侧间脑之间有一矢状裂隙，称为**第三脑室**，它向下通中脑水管，向上经左、右室间孔与侧脑室相通。间脑主要包括背侧丘脑、后丘脑和下丘脑3部分。

1. **背侧丘脑(dorsal thalamus)**　又称**丘脑**，是1对卵圆形的灰质团块。其外侧紧贴大脑半球的内囊，前下方邻接下丘脑，其内侧面成为第三脑室壁的后上份(图11-25)。背侧丘脑是由一些灰质核团组成(图11-26)。其内部有一呈Y形的内髓板，将背侧丘脑分为前部的前核群，内侧部的内侧核群和外侧部的外侧核群。外侧核群分为背侧部的背侧核群和腹侧

笔记栏

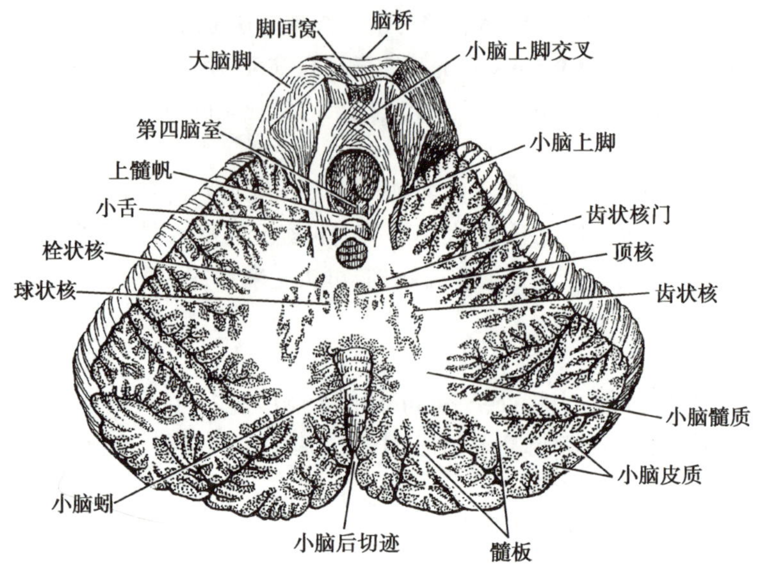

图 11-24 小脑的水平面

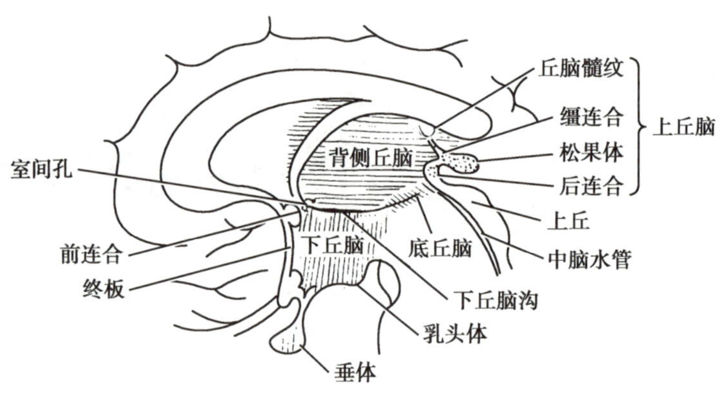

图 11-25 脑正中矢状面（示间脑的位置和分部）

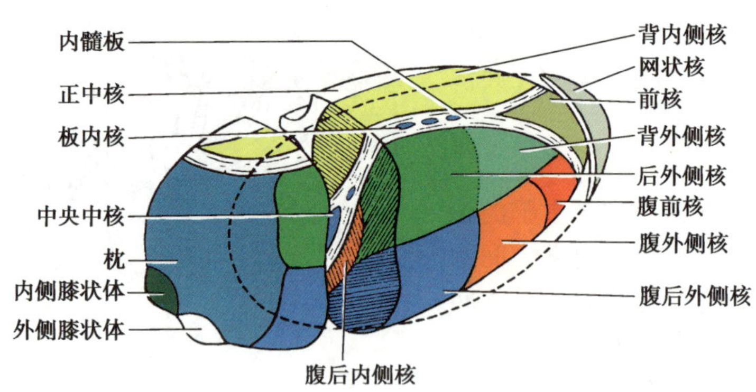

图 11-26 背侧丘脑的内部结构

部的腹侧核群。背侧核群分为背外侧核、后外侧核和枕；腹侧核群分为腹前核、腹外侧核和腹后核（腹后内侧核和腹后外侧核）。背侧丘脑是感觉传导通路的中继站，即来自全身绝大部分的浅、深感觉冲动都在此中继，再投射至大脑皮质躯体感觉中枢。

2. **后丘脑（metathalamus）** 位于背侧丘脑后外下方，包括 2 对小隆起，分别称为**内侧**

膝状体和**外侧膝状体**(图 11-26),它们分别是听觉和视觉传导通路的中继站。内侧膝状体接受听觉纤维,发出听辐射至颞叶的听觉中枢;外侧膝状体接受视束纤维,发出视辐射至枕叶的视觉中枢。

3. **下丘脑(hypothalamus)** 位于背侧丘脑的前下方,构成第三脑室的底和侧壁下份。下丘脑的范围从前至后为**视交叉**、**灰结节**和**乳头体**。灰结节向下方伸出一细蒂,称为**漏斗**。漏斗下端连垂体。下丘脑是内脏活动的高级调节中枢,又是神经内分泌活动的重要调节中枢。另外,下丘脑内还有体温调节、摄食、水盐代谢等中枢,还与睡眠和情绪反应有关。

脑半球的分叶

(四) 端脑

端脑(telencephalon)又称**大脑(cerebrum)**,由左、右大脑半球组成。左、右半球之间的裂隙为大脑纵裂,在大脑纵裂的底面有连接两半球的横行纤维,称为**胼胝体**。

1. 大脑半球的外形 每侧**大脑半球(cerebral hemisphere)**可分为上外侧面、内侧面和下面。大脑半球表面凹凸不平,有许多浅、深不同的沟,沟与沟之间的隆起,称为**脑回**。

(1) 大脑半球的分叶:每侧大脑半球被 3 条较主要的沟,分为 5 个叶(图 11-27)。**中央沟**在大脑半球上外侧面,自大脑半球上缘中点稍后,向下前斜行,几乎达外侧沟。**外侧沟**位于大脑半球的上外侧面,此沟较深,由前向后斜行。**顶枕沟**位于大脑半球内侧面的后部,由前下向后上,并略转至大脑半球上外侧面。**额叶**为外侧沟以上和中央沟之前的部分,**顶叶**为中央沟与顶枕沟之间的部分,**枕叶**为顶枕沟以后的部分,**颞叶**为外侧沟以下的部分,**岛叶**在外侧沟的深处。

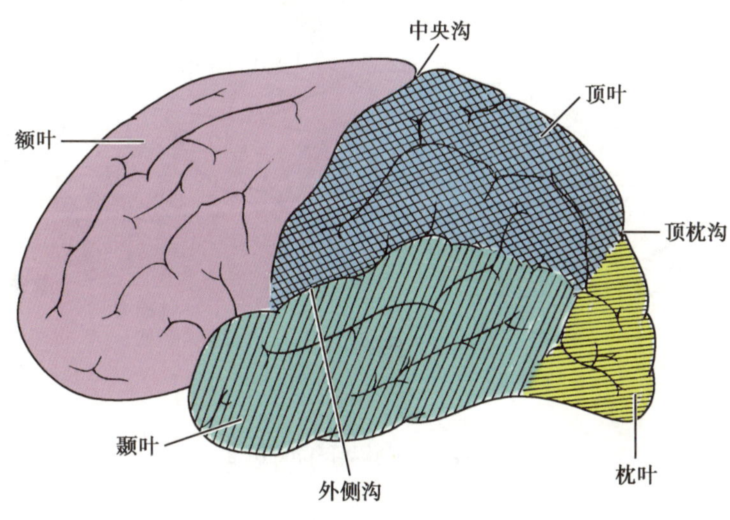

图 11-27 大脑半球的分叶

(2) 大脑半球上外侧面的沟和回(图 11-28):在中央沟的前方有一条与之平行的中央前沟,两沟之间为**中央前回**。在中央沟后方有一条与之平行的中央后沟,两沟之间为**中央后回**。在顶叶下方,围绕外侧沟末端的脑回为**缘上回**。在外侧沟下壁上,有 2 条短而横行的脑回,称为**颞横回**。

(3) 大脑半球内侧面的沟和回(图 11-29):中央前回、中央后回自大脑半球上外侧面延续到大脑半球内侧面的部分,称为**中央旁小叶**。胼胝体上缘的脑回为**扣带回**,其后端变窄并弯向前方接连**海马旁回**。海马旁回的前端弯成钩形的回折部分,称为**钩**。

(4) 大脑半球的下面:在额叶下面的前内侧有一椭圆形的**嗅球**,内有嗅球细胞,接受嗅神经的纤维,它的后端变细为**嗅束**,嗅束向后扩大为**嗅三角**。

笔记栏

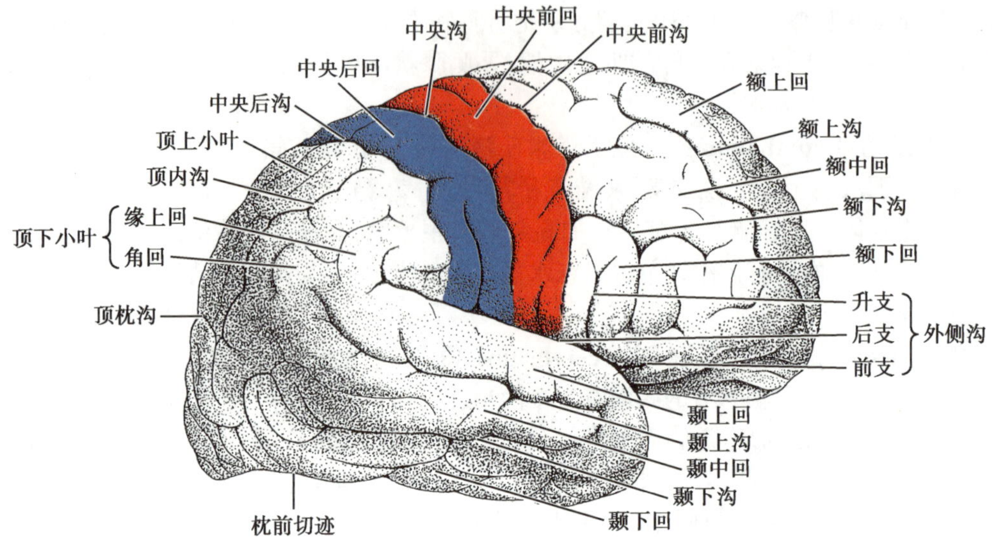

图 11-28 大脑半球的上外侧面

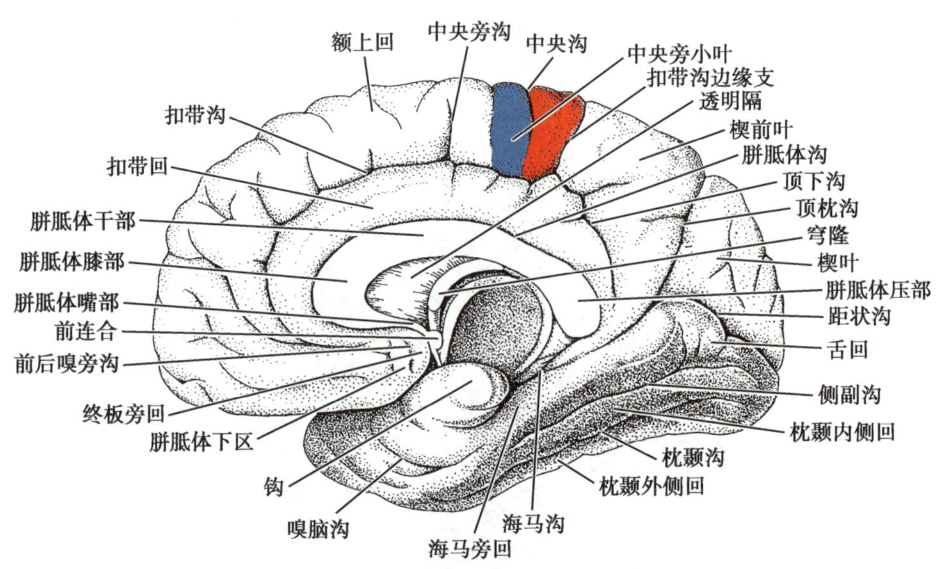

图 11-29 大脑半球的内侧面

2. 大脑半球的内部结构 包括大脑半球表面的大脑皮质、皮质深面的大脑髓质和髓质深部的基底核。两侧大脑半球内还有左、右对称的空腔，称为**侧脑室**。

(1) 大脑皮质：由各种神经元、神经纤维及神经胶质构成。人类大脑皮质不同区域有不同功能，这些不同的功能区称为**中枢**。主要的中枢如下(图 11-30、图 11-31)：

1) **躯体运动中枢**：位于中央前回和中央旁小叶前部。该中枢是管理骨骼肌随意运动的最高中枢。其特点：管理身体对侧骨骼肌，但对眼球外肌、面上部表情肌、咀嚼肌、咽喉肌等是双侧支配；中央前回上部及中央旁小叶前部支配下肢肌，中央前回中部支配上肢肌和躯干肌，中央前回下部支配头颈肌。

2) **躯体感觉中枢**：位于中央后回及中央旁小叶后部。该中枢接受背侧丘脑发出的纤维，管理躯体浅、深感觉。其特点是：接受对侧身体的浅、深感觉冲动。浅、深感觉冲动传入的皮质投射也是倒置的，与躯体运动中枢相似。

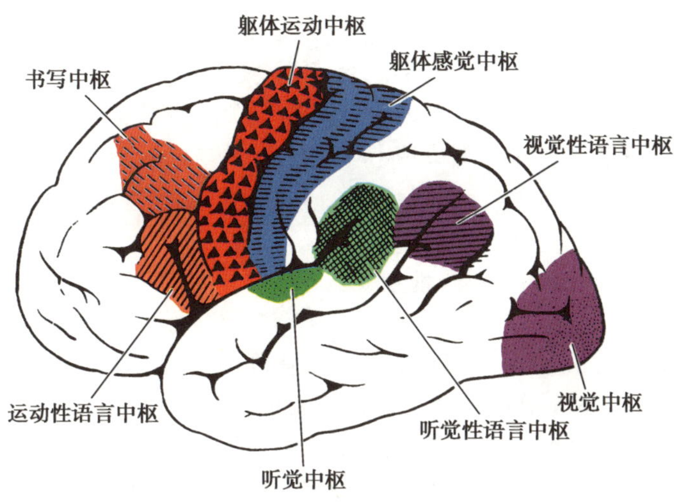

图 11-30 大脑皮质的中枢(上外侧面)

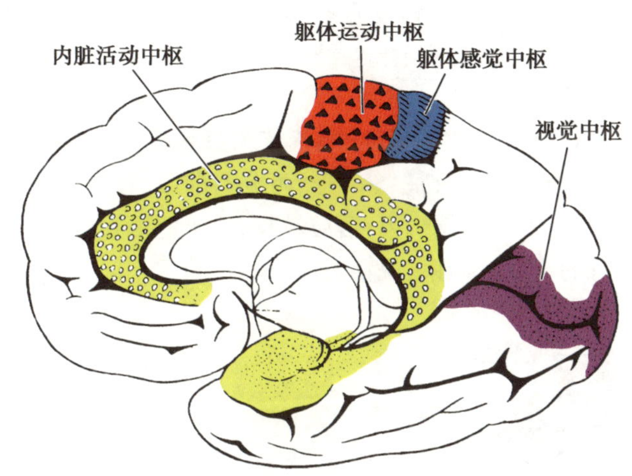

图 11-31 大脑皮质的中枢(内侧面)

3)**视觉中枢**:位于枕叶内侧面距状沟上、下的皮质。一侧视觉中枢接受同侧视网膜颞侧半和对侧视网膜鼻侧半传入的视觉冲动。

4)**听觉中枢**:位于颞叶的颞横回。每侧听觉中枢都接受双耳的听觉冲动。

5)**语言中枢**:是人类大脑皮质所特有的,通常只存于优势半球(以左侧多见)。优势半球内有说话、听话、书写和阅读4种语言中枢。

知识拓展

两侧大脑半球功能的不对称性

两侧大脑半球的解剖结构基本上是对称的,但其功能却是不对称的,这种不对称性称为"单侧化"。在生命的早期阶段,两侧大脑半球的功能有一定的可塑性,当一侧大脑半球受损时,其功能可为另一侧所代偿,但在大脑半球功能单侧化定型之后,这种代偿便不可能产生。

两侧大脑半球的分工和生活中用手的习惯有关。右利手的人,左侧大脑半球语言

笔记栏

功能占优势，像概念形成、逻辑推理、数学运算等这些活动也占优势；右侧大脑半球是不需要语言参加的空间知觉和形象思维，像音乐、美术能力、情绪的表达和识别能力等占优势。左利手的人，有的和右利手的人相反，有的则没有单侧化的现象。左右手的分工形成以后，右利手的人如果左侧大脑半球受损伤，语言功能便会发生障碍。

(2) **基底核(basal nuclei)**:是指包埋在大脑底部白质内的灰质核团，包括尾状核、豆状核和杏仁体等(图 11-32)。

1) **尾状核(caudate nucleus)**:长而弯曲，位于背侧丘脑的背外侧，分为头、体、尾 3 部分。

2) **豆状核(lentiform nucleus)**:位于背侧丘脑的外侧，它被白质分成内、外侧 2 部分，内侧部分色泽较浅称为**苍白球**，外侧部分色泽较深称为**壳**。尾状核和豆状核是人类锥体外系的重要组成部分，具有协调各肌群间的运动和调节肌张力等功能。

(3) 大脑髓质:由大量的神经纤维构成，可分为 3 类。

1) 连合纤维(图 11-33):是连接左、右大脑半球皮质的横行纤维，其主要者为胼胝体。

2) 联络纤维:为联系同侧大脑半球皮质各部之间的纤维。

3) 投射纤维:是大脑皮质与皮质下各结构之间的上、下行纤维，这些纤维大都经过内囊。

内囊(internal capsule)位于背侧丘脑、尾状核和豆状核之间，是上、下行纤维密集而成的白质区。在大脑半球的水平面上，呈"><"形，可分为前肢、膝和后肢 3 部分。**前肢**位于尾状核与豆状核之间，主要有下行的额桥束；**后肢**较长，位于背侧丘脑与豆状核之间，主要有下行的皮质脊髓束和上行的丘脑皮质束、视辐射、听辐射；**膝**位于前肢和后肢之间，有下行的皮

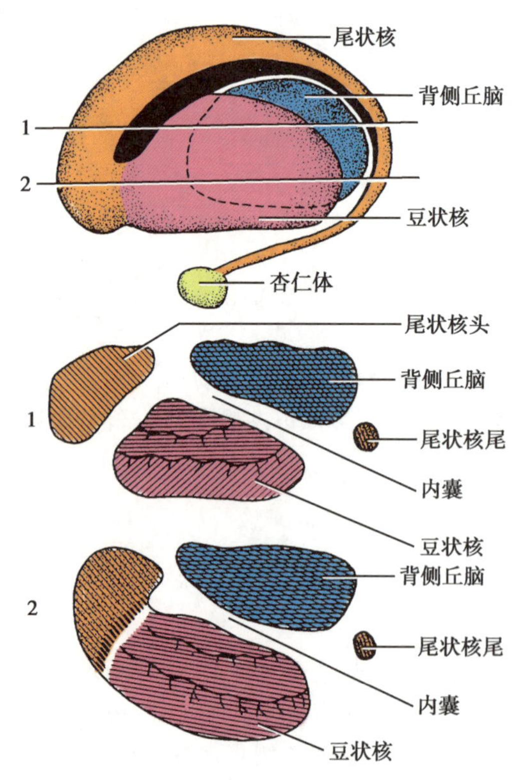

图 11-32　纹状体和背侧丘脑示意图
(下两图是上图 1、2 的水平面)

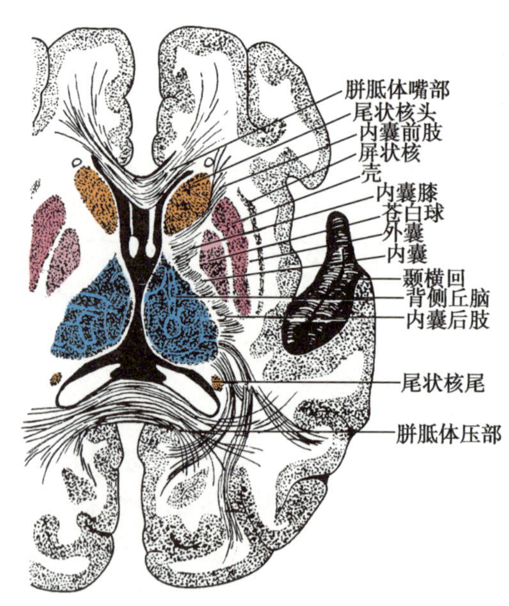

图 11-33　大脑半球的水平面

质核束(图 11-33、图 11-34)。当一侧内囊损伤广泛时,患者会出现对侧偏身运动障碍(含上、下肢肌,舌肌及睑裂以下表情肌运动障碍,因皮质脊髓束、皮质核束受损),对侧偏身感觉丧失(因丘脑皮质束受损)和双眼对侧视野同向性偏盲(因视辐射受损),即所谓的"三偏"症状。

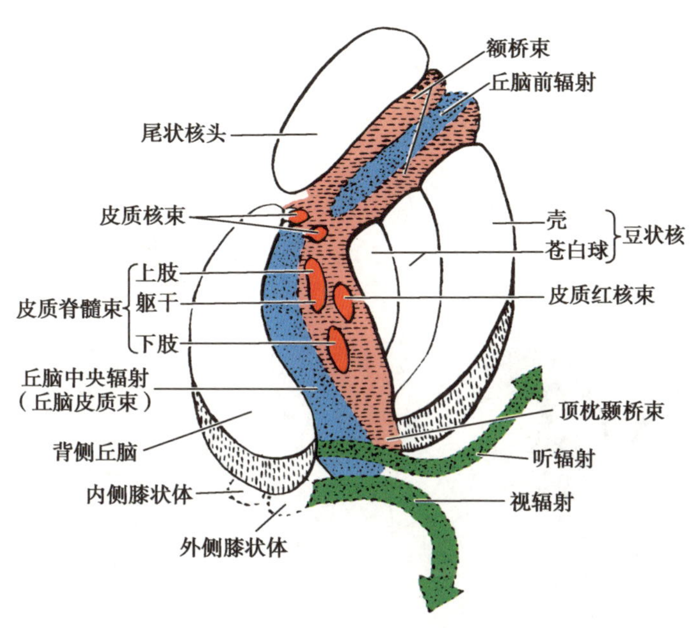

图 11-34 内囊模式图

二、脑神经

脑神经(cranial nerves)共 12 对。它们的顺序和名称排列如下:Ⅰ嗅神经,Ⅱ视神经,Ⅲ动眼神经,Ⅳ滑车神经,Ⅴ三叉神经,Ⅵ展神经,Ⅶ面神经,Ⅷ前庭蜗神经,Ⅸ舌咽神经,Ⅹ迷走神经,Ⅺ副神经,Ⅻ舌下神经(图 11-35)。

脑神经纤维成分较脊神经复杂,可简化为 4 种:①**躯体感觉纤维**:传导头面部痛觉、温度觉、触觉、视觉、听觉和平衡觉。②**内脏感觉纤维**:传导头、颈、胸、腹部的内脏感觉。③**躯体运动纤维**:是脑神经躯体运动核发出的躯体运动纤维,支配头颈肌。④**内脏运动纤维**:是脑神经内脏运动核发出的副交感纤维,支配平滑肌、心肌的运动和控制腺体的分泌。

根据脑神经所含的纤维性质不同,将脑神经分为 3 类:一类为感觉性脑神经,它们是嗅神经、视神经和前庭蜗神经;一类为运动性脑神经,它们是动眼神经、滑车神经、展神经、副神经和舌下神经;一类为混合性脑神经,它们是三叉神经、面神经、舌咽神经和迷走神经。

(一) 嗅神经

嗅神经(olfactory nerves)传导嗅觉,起自鼻黏膜的嗅细胞。嗅细胞为双极神经元,其周围突分布于嗅黏膜,中枢突集成 20 多条嗅丝,再穿筛板上的筛孔,入颅前窝,止于嗅球(图 11-36)。

(二) 视神经

视神经(optic nerve)传导视觉,起自视网膜的节细胞。节细胞的轴突在视神经盘处聚集,穿过巩膜后组成视神经,经视神经管入颅中窝,在垂体前上方形成视交叉,再向后发出视束,绕大脑脚止于外侧膝状体(图 11-37)。

笔记栏

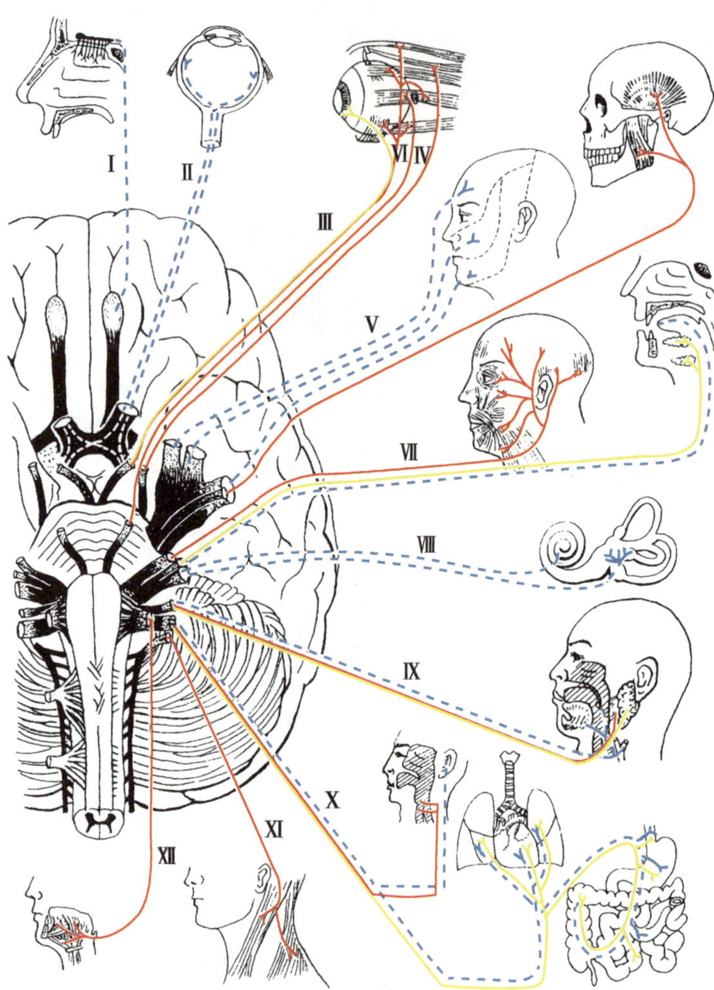

图 11-35 脑神经概观

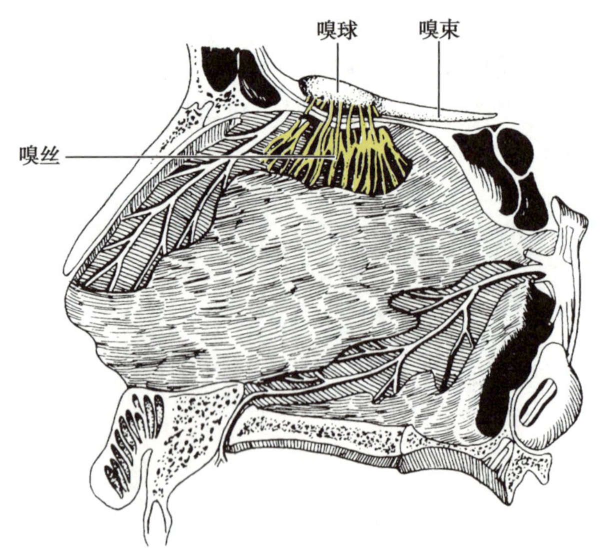

图 11-36 嗅神经

笔记栏

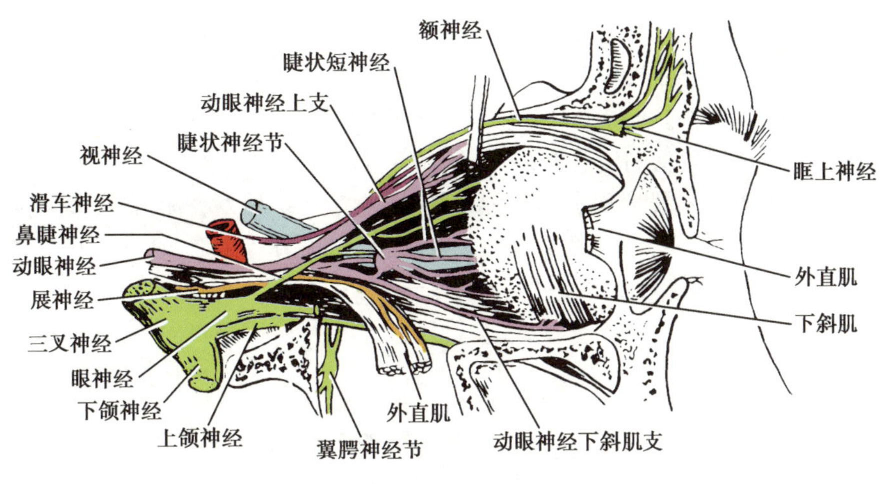

图 11-37 眶内的神经（外侧面）

（三）动眼神经

动眼神经（oculomotor nerve）含有躯体运动纤维和副交感纤维。躯体运动纤维起自动眼神经核，副交感纤维起自动眼神经副核。2 种纤维合成动眼神经，自脚间窝处出脑，向前经眶上裂入眶。躯体运动纤维支配上睑提肌、上直肌、下直肌、内直肌和下斜肌。副交感纤维进入睫状神经节（位于视神经与外直肌之间）内交换神经元后，节后纤维支配睫状肌和瞳孔括约肌（图 11-37）。

（四）滑车神经

滑车神经（trochlear nerve）起自滑车神经核，自下丘下方出脑，绕大脑脚外侧前行，经眶上裂入眶，支配上斜肌（图 11-37）。

（五）三叉神经

三叉神经

三叉神经（trigeminal nerve）含躯体感觉纤维和躯体运动纤维。①**躯体感觉纤维**的胞体位于三叉神经节（位于颅中窝的三叉神经压迹处）内，由假单极神经元组成。其中枢突组成粗大的三叉神经感觉根，入脑桥止于三叉神经脊束核和三叉神经脑桥核；周围突形成 3 大分支（图 11-38）：第一支为眼神经，第二支为上颌神经，第三支为下颌神经。②**躯体运动纤维**起自三叉神经运动核，出脑后，加入下颌神经。

1. **眼神经（ophthalmic nerve）** 经眶上裂入眶，分布于眼球、泪腺、结膜、硬脑膜和部分鼻黏膜，以及额顶部、上睑和鼻背部的皮肤。

2. **上颌神经（maxillary nerve）** 经圆孔出颅，再经眶下裂入眶，分布于上颌窦和鼻腔黏膜，上颌牙和牙龈，以及睑裂与口裂之间的皮肤。

3. **下颌神经（mandibular nerve）** 含躯体感觉纤维和躯体运动纤维。经卵圆孔出颅，其躯体感觉纤维主要分布于下颌牙和牙龈，颊、舌前 2/3 及口腔底的黏膜，以及耳颞部和口裂以下的皮肤。躯体运动纤维支配咀嚼肌。

知识链接

三叉神经痛

三叉神经痛是临床上一种常见病，发病年龄多在 50 岁以上，女性患者多于男性。它是面部三叉神经分布区域内反复发作的阵发性剧烈神经痛，常伴有面部肌肉抽搐，无感觉缺失，查不出器质性病变。

笔记栏

其病因不明,目前主要认为与三叉神经血液循环障碍、神经变性及神经受压等因素有关。此病可发生于三叉神经的眼神经、上颌神经和下颌神经,发病支在神经穿出处常有压痛点,眼神经在眶上切迹(眶上孔)、上颌神经在眶下孔,下颌神经在颏孔。疼痛发作可因面部某些区域受刺激引起,因此患者惧怕说话、洗面、刷牙。

三叉神经痛若有明确病因引起的神经损害,治疗时要尽力去除病因,如治疗牙痛、炎症等。对病因不明的三叉神经痛首先应止痛,可用中西药止痛、针灸治疗、普鲁卡因封闭等,严重者可采用外科手术治疗。

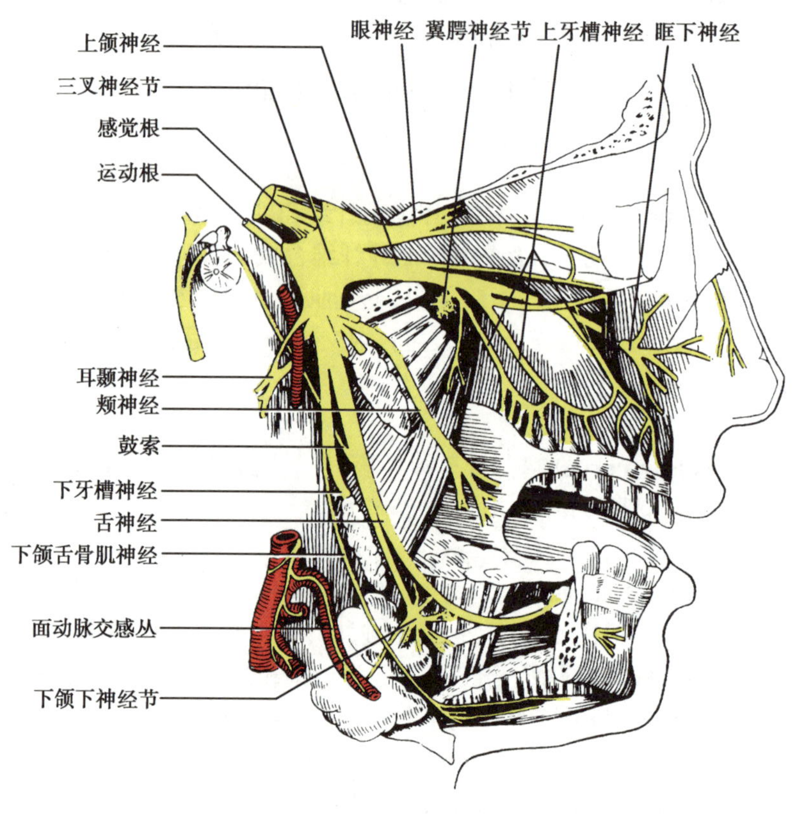

图 11-38 三叉神经

(六)展神经

展神经(abducent nerve)起自展神经核,在延髓脑桥沟中线两侧出脑,经眶上裂入眶,支配外直肌(图 11-37)。

(七)面神经

面神经

面神经(facial nerve)含躯体运动、副交感和内脏感觉 3 种纤维。①**躯体运动纤维**起自面神经核,在延髓脑桥沟外侧出脑,入内耳门,经内耳道底进入颞骨,由茎乳孔出颅,向前入腮腺,呈扇形分布于面肌,支配其运动(图 11-39)。②**副交感纤维**起自上泌涎核,在翼腭神经节(位于翼腭窝内)和下颌下神经节(位于下颌下腺上方与舌神经之间)交换神经元后,节后纤维分布于泪腺、下颌下腺和舌下腺等,管理这些腺体的分泌。③**内脏感觉纤维**的胞体位于膝神经节(位于面神经管起始处)内,由假单极神经元组成。其中枢突止于孤束核上部,周围突分布于舌前 2/3 黏膜的味蕾,司味觉。

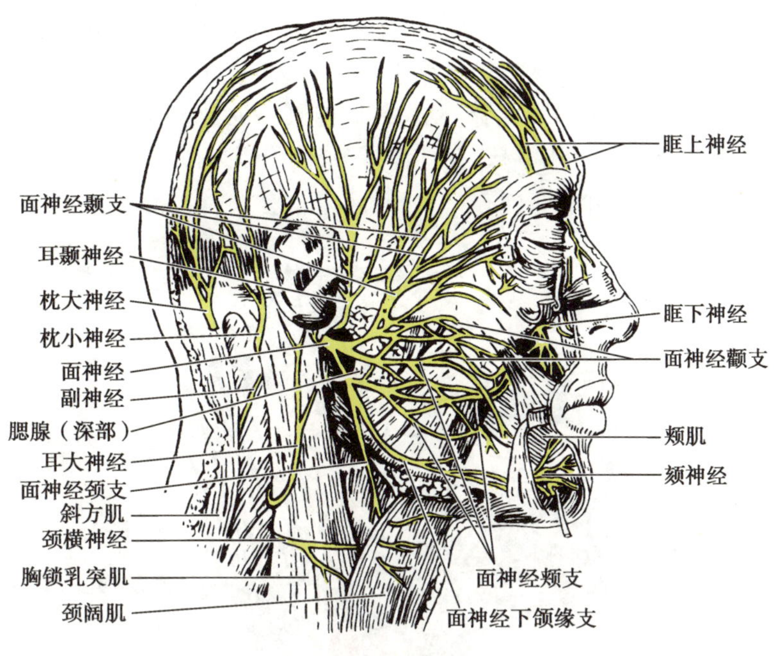

图 11-39 面神经及分支

附 角膜反射

以棉花轻触一侧角膜时，引起两眼同时闭合，此现象称为**角膜反射**。其反射通路是：角膜→三叉神经的眼神经→三叉神经脑桥核和三叉神经脊束核→两侧面神经核→两侧面神经→两侧眼轮匝肌。

（八）前庭蜗神经

前庭蜗神经（vestibulocochlear nerve）由传导平衡觉的前庭神经和传导听觉的蜗神经组成。两者合成干，经内耳门入颅，在延髓脑桥沟外侧入脑（图 11-40）。

（九）舌咽神经

舌咽神经（glossopharyngeal nerve）主要含内脏感觉、躯体运动和副交感 3 种纤维。3 种

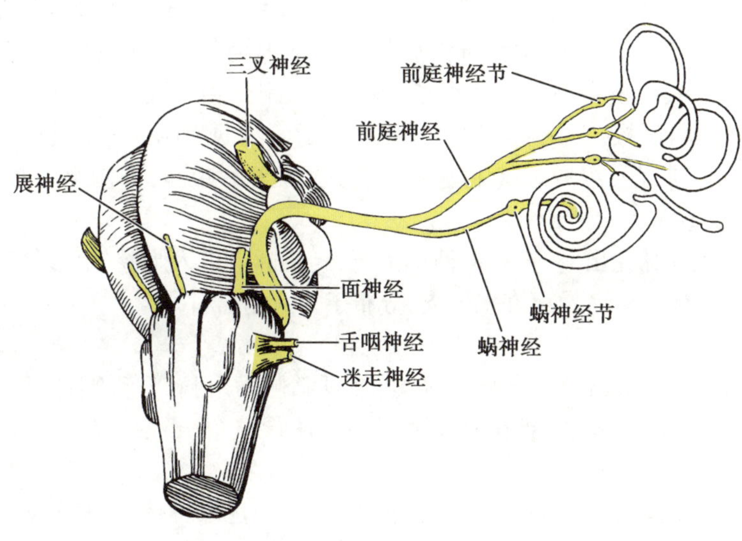

图 11-40 前庭蜗神经

笔记栏

纤维在延髓侧面出脑，经颈静脉孔出颅（图 11-41）。①**内脏感觉纤维**的胞体位于下神经节（位于颈静脉孔下方）内，由假单极神经元组成。其中枢突止于孤束核，周围突分布于咽和舌后 1/3 的黏膜、以及颈动脉窦和颈动脉小球，传导内脏感觉。②**躯体运动纤维**起自疑核，支配咽肌。③**副交感纤维**起自下泌涎核，在耳神经节（位于卵圆孔下方）交换神经元后，节后纤维分布于腮腺，管理腮腺的分泌。

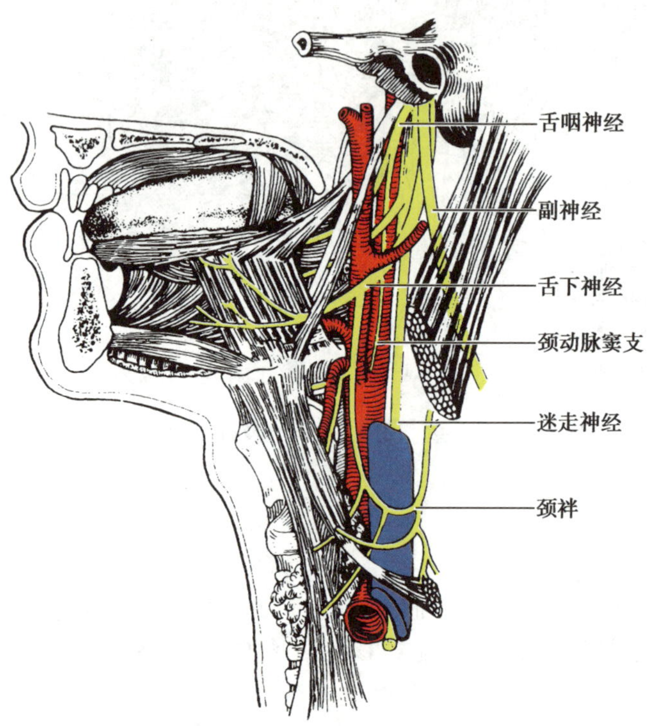

图 11-41　舌咽神经、副神经、迷走神经和舌下神经

（十）迷走神经

迷走神经（vagus nerve）为行程最长，分布最广的脑神经，含副交感、内脏感觉、躯体运动和躯体感觉 4 种纤维（图 11-42）。①**副交感纤维**起自迷走神经背核，在器官旁节或器官内节交换神经元后，节后纤维分布颈部、胸腔器官及腹部大部分器官，管理这些器官的平滑肌、心肌和腺体的活动。②**内脏感觉纤维**的胞体位于**下神经节**（位于颈静脉孔下方）内，由假单极神经元组成。其中枢突终止于孤束核，周围突随副交感纤维分布，传导一般内脏感觉。③**躯体运动纤维**起自疑核，支配咽喉肌。④**躯体感觉纤维**的胞体位于上神经节（位于颈静脉孔内）内，由假单极神经元组成。其中枢突止于三叉神经脊束核，周围突分布于耳郭及外耳道皮肤，传导一般感觉。

迷走神经经颈静脉孔出颅，在颈部两侧下行，经胸廓上口入胸腔，沿食管下降，经食管裂孔进入腹腔。迷走神经沿途发出许多分支，分布于相应的器官。

（十一）副神经

副神经（accessory nerve）起自副神经核，在延髓侧面出脑，与舌咽神经、迷走神经一起经颈静脉孔出颅，支配胸锁乳突肌和斜方肌（图 11-41）。

（十二）舌下神经

舌下神经（hypoglossal nerve）起自舌下神经核，在延髓锥体外侧出脑，经舌下神经管出颅，支配舌肌（图 11-41）。

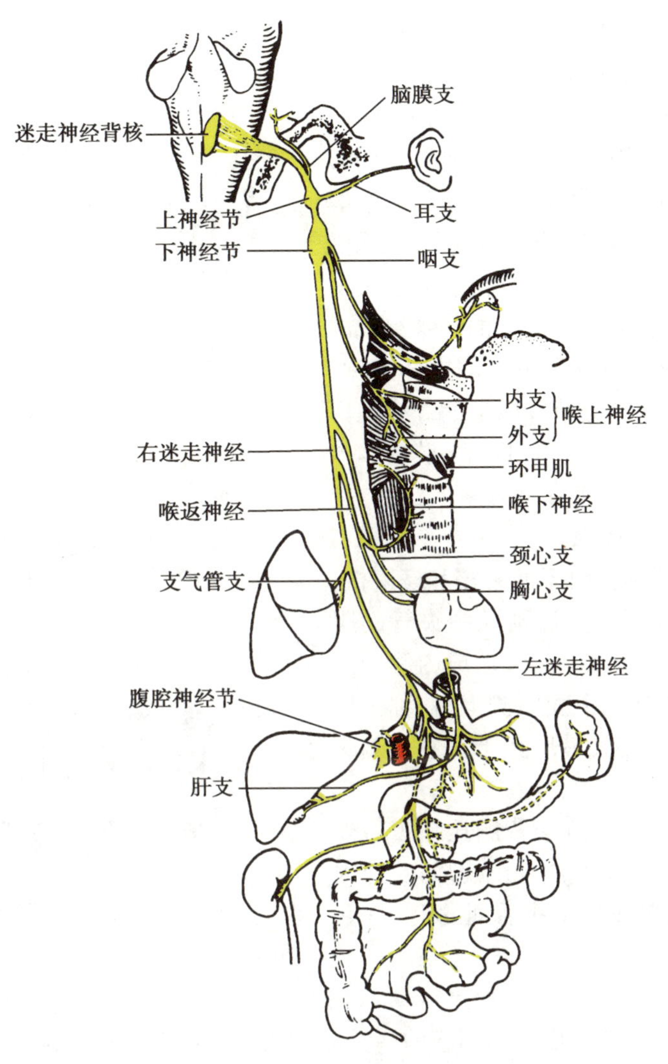

图11-42 迷走神经

第四节 传导通路

机体内、外各种感受器将接受的刺激转变为神经冲动，经传入神经传至大脑皮质，产生感觉。另一方面，大脑皮质将感觉信息整合后，发出指令，经传出神经到达躯体和内脏的效应器，引起效应。高级中枢与感受器或效应器之间通过神经元构成传导神经冲动的通路，称为**传导通路**。由感受器经过传入神经、皮质下各级中枢至大脑皮质的神经通路，称为感觉传导通路（上行传导通路）；由大脑皮质经过皮质下各级中枢、传出神经至效应器的神经通路，称为运动传导通路（下行传导通路）。

一、感觉传导通路

（一）本体感觉传导通路

本体感觉是指肌、腱、关节等处的位置觉、运动觉和震动觉，又称深感觉。包括意识性本体感觉和非意识性本体感觉。本节仅叙述躯干和四肢意识性本体感觉传导通路。

笔记栏

躯干和四肢意识性本体感觉传导通路不仅传导躯干和四肢意识性本体感觉，还传导皮肤的精细触觉，由3级神经元组成(图11-43)。

第1级神经元胞体位于脊神经节内，为假单极神经元。其周围突分布于肌、腱、关节等处的本体感觉感受器和皮肤的精细触觉感受器；中枢突经脊神经后根进入同侧脊髓后索上行：其中来自第5胸髓节段以下的纤维组成内侧的薄束，传导躯干下部和下肢的本体感觉、精细触觉；来自第4胸髓节段以上的纤维在薄束外侧组成楔束，传导躯干上部和上肢的本体感觉、精细触觉。两束在脊髓后索上行，分别止于延髓的薄束核和楔束核。

第2级神经元胞体位于薄束核和楔束核。它们发出的纤维向前，绕过延髓中央管的腹侧，在中线上与对侧纤维交叉，形成内侧丘系交叉，交叉后的纤维在中线两侧上行，称为内侧丘系，经脑桥和中脑，最后止于背侧丘脑腹后外侧核。

第3级神经元胞体位于背侧丘脑腹后外侧核。它们发出的纤维组成丘脑皮质束，经内囊后肢，投射到大脑皮质中央后回的上2/3和中央旁小叶后部。

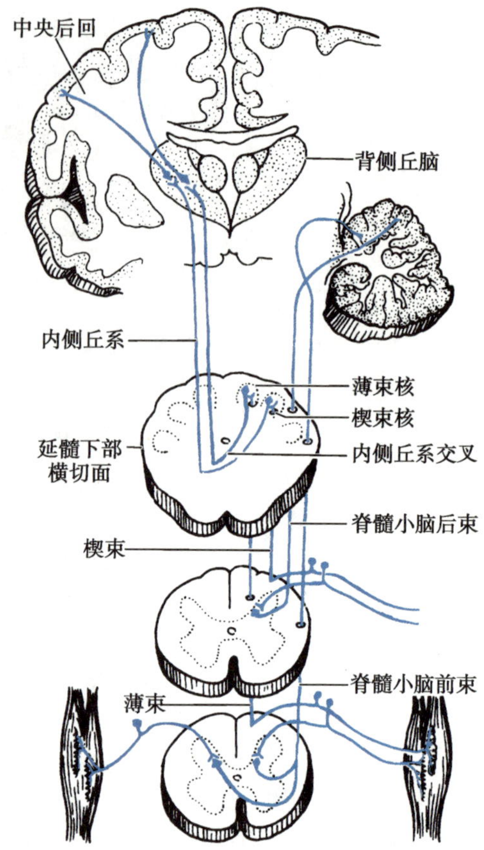

图11-43 本体感觉和精细触觉传导通路

(二) 浅感觉传导通路

浅感觉传导通路传导皮肤和黏膜的痛觉、温度觉、粗触觉、压觉，由3级神经元组成(图11-44)。

躯干和四肢的浅感觉传导通路

1. 躯干和四肢的浅感觉传导通路

第1级神经元胞体位于脊神经节内，为假单极神经元。其周围突分布于躯干和四肢皮肤的感受器；中枢突经后根进入脊髓，止于同侧的后角细胞。

第2级神经元胞体位于后角细胞。它们发出的纤维上升1~2个节段经脊髓中央管前方的白质前连合交叉到对侧：其中一部分纤维进入外侧索组成脊髓丘脑侧束，传导痛觉和温度觉；另一部分纤维进入前索组成脊髓丘脑前束，传导粗触觉和压觉。两束经延髓、脑桥、中脑，止于背侧丘脑腹后外侧核。

第3级神经元胞体位于背侧丘脑腹后外侧核。它们发出的纤维组成丘脑皮质束，经内囊后肢，投射到中央后回上2/3和中央旁小叶后部。

2. 头面部浅感觉传导通路

第1级神经元胞体位于三叉神经节内，为假单极神经元。其周围突随三叉神经分布于头面部皮肤和口腔、鼻腔黏膜等处的感受器；中枢突经三叉神经根入脑桥，传导痛觉、温度觉的纤维主要止于三叉神经脊束核，传导触觉、压觉的纤维主要止于三叉神经脑桥核。

第2级神经元胞体位于三叉神经脑桥核和三叉神经脊束核内。它们发出的纤维交叉到对侧，组成三叉丘系，止于背侧丘脑腹后内侧核。

第3级神经元胞体位于背侧丘脑腹后内侧核。它们发出的纤维组成丘脑皮质束，经内

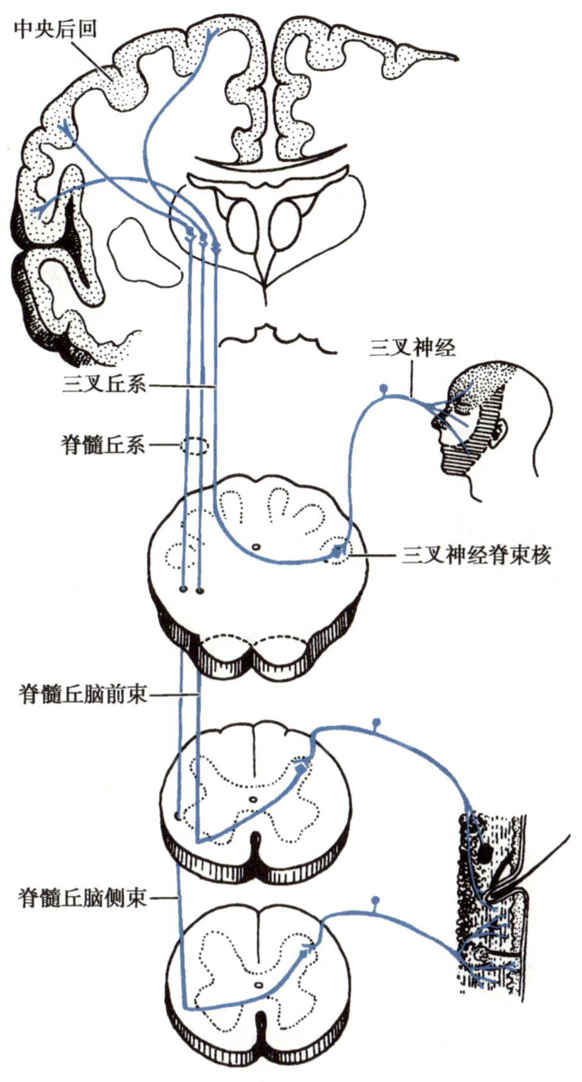

图 11-44 痛觉、温度觉、粗触觉和压觉传导通路

囊后肢,投射到中央后回下 1/3。

(三)视觉传导通路

视觉传导通路由 3 级神经元组成(图 11-45)。

第 1 级神经元为位于视网膜的双极细胞。视网膜的视杆细胞和视锥细胞为光感受器细胞,感受光刺激后,将冲动传至双极细胞,双极细胞再传至节细胞。

第 2 级神经元为位于视网膜的节细胞。其轴突在视神经盘处集合成视神经,经两侧视神经管入颅腔,形成视交叉。此交叉的特点是来自两眼视网膜鼻侧半纤维左右交叉,来自颞侧半纤维不交叉。视交叉后由来自同侧眼球视网膜颞侧半纤维和对侧眼球视网膜鼻侧半的纤维组成视束,左、右视束绕大脑脚向后,主要止于外侧膝状体。

第 3 级神经元胞体位于外侧膝状体。其轴突组成视辐射,经内囊后肢投射到枕叶距状沟上、下皮质。

眼球固定向前平视看到的空间范围称为**视野**。由于眼球屈光装置对光线的折射,鼻侧半视野的物像投射到颞侧半视网膜,颞侧半视野的物像投射到鼻侧半视网膜。当视觉传导通路不同部位损伤时,会引起不同的视野缺损(图 11-45):①一侧视神经损伤,引起患侧眼全

笔记栏

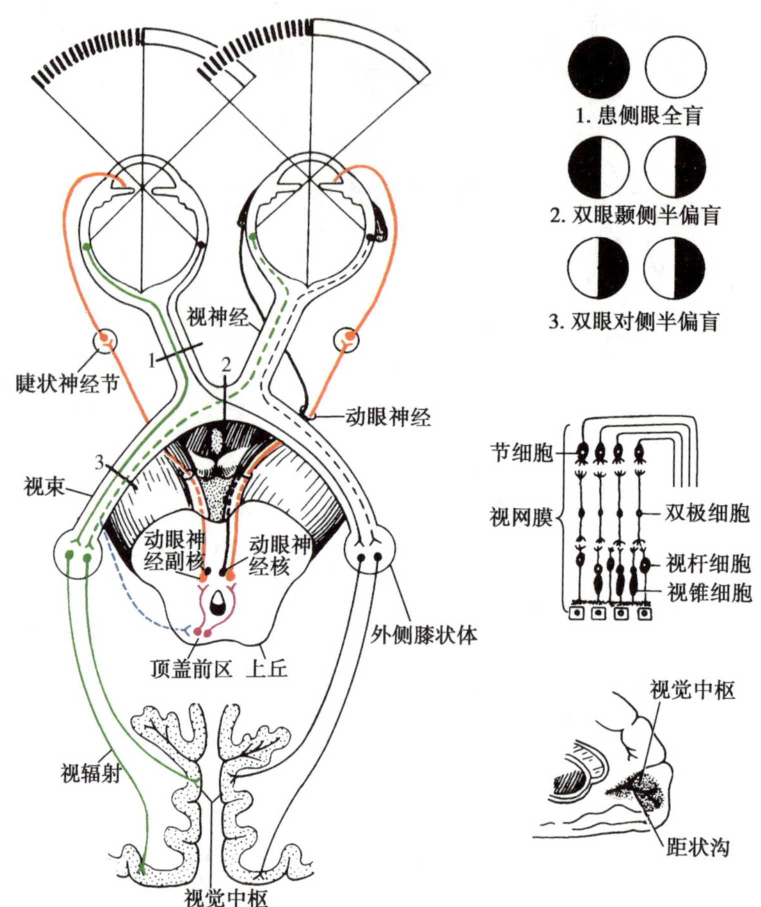

图 11-45 视觉传导通路和瞳孔对光反射通路

盲;②视交叉中央部的交叉纤维损伤,引起双眼颞侧半视野偏盲;③一侧视束、外侧膝状体、视辐射或视觉中枢损伤,引起双眼对侧半视野偏盲。

二、运动传导通路

运动传导通路是中枢对骨骼肌运动进行调节和控制的传导通路,包括锥体系和锥体外系。

(一) 锥体系

锥体系(pyramidal system)管理骨骼肌随意运动,分为皮质脊髓束和皮质核束。

1. **皮质脊髓束(corticospinal tract)** 管理躯干和四肢骨骼肌的随意运动(图 11-46)。主要起自中央前回上部、中部和中央旁小叶前部的锥体细胞,经内囊后肢、中脑大脑脚和脑桥至延髓形成锥体。在锥体下端,大部纤维交叉至对侧,形成锥体交叉。交叉后的纤维在对侧脊髓外侧索下行,组成皮质脊髓侧束。皮质脊髓侧束在脊髓外侧索下行,陆续逐节直接或间接止于各脊髓节段的前角运动细胞。在锥体下端,小部分未交叉的纤维在同侧脊髓前索内下行,组成皮质脊髓前束,其中大多数纤维经白质前连合交叉至对侧,小部分纤维不交叉,直接或间接止于颈髓和上胸髓节段的前角运动细胞。

2. **皮质核束(corticonuclear tract)** 又称皮质脑干束(图 11-47),管理头面部骨骼肌的随意运动。主要起自中央前回下部的锥体细胞,经内囊膝部下行至脑干,陆续分出纤维直接或间接止于脑神经躯体运动核。皮质核束大部分纤维止于双侧的脑神经躯体运动核;只有

笔记栏 

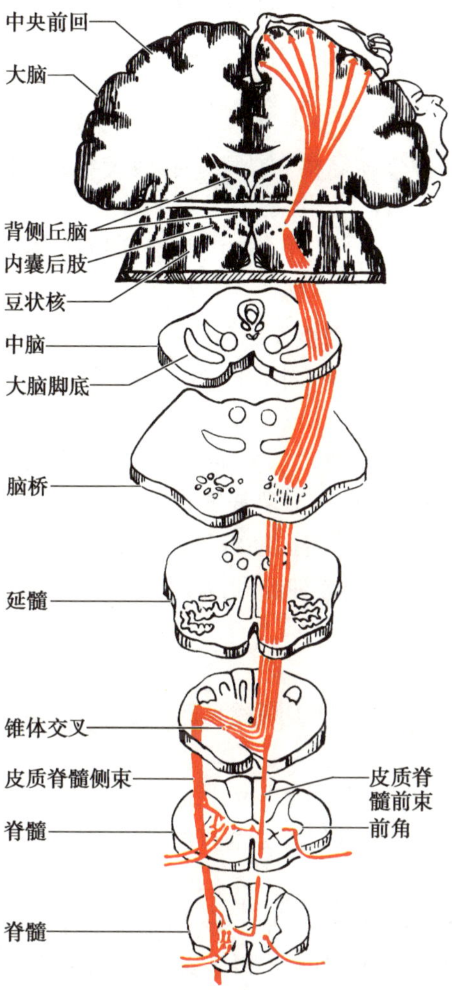

图 11-46　皮质脊髓束

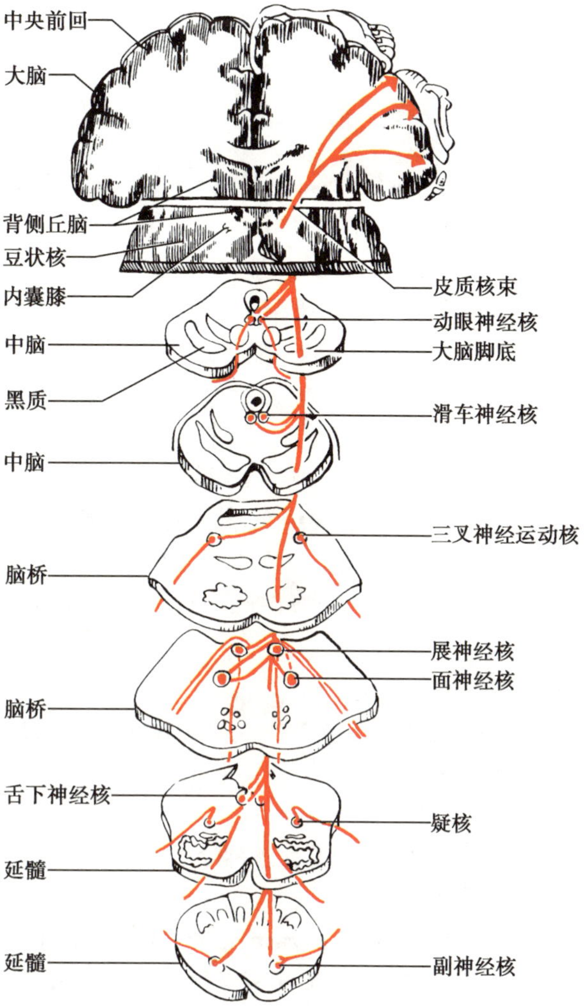

图 11-47　皮质核束

小部分纤维完全交叉到对侧，止于面神经核下部和舌下神经核，支配面下部表情肌和舌肌。因此，除面神经核下部和舌下神经核受对侧皮质核束支配外，其他脑神经躯体运动核均受双侧皮质核束的支配。一侧皮质核束受损时，只有对侧面下部表情肌和对侧舌肌瘫痪，而眼球外肌、咀嚼肌、咽喉肌和面上部表情肌等均不受影响。

（二）锥体外系

锥体外系（extrapyramidal system）是指锥体系以外所有影响和控制躯体运动的相关结构和传导通路，结构十分复杂，包括大脑皮质及皮质下基底核、红核、黑质、小脑、网状结构等众多结构。锥体外系的主要功能是调节肌张力，协调肌运动，维持体态姿势，完成习惯性和节律性动作以及精细运动。锥体系和锥体外系互相配合，相互协调，共同控制骨骼肌的随意运动。

第五节　内脏神经系统

内脏神经系统包括内脏运动神经和内脏感觉神经。内脏运动神经分布于内脏、心血管

笔记栏

和腺体（图 11-48），支配平滑肌、心肌的运动和控制腺体的分泌；内脏感觉神经接受内脏、心血管等处的感觉冲动。

一、内脏运动神经

内脏运动神经（visceral motor nerve）与躯体运动神经在结构和功能上有较大差别，现就其形态上的差异简述如下：

1. 支配的器官不同　躯体运动神经支配骨骼肌，一般受意识控制；内脏运动神经支配平滑肌、心肌和腺体，一般不受意识控制。

2. 神经元数目不同　躯体运动神经自脑干或脊髓的低级中枢发出后直达骨骼肌，只有 1 个神经元；而内脏运动神经自脑干或脊髓的低级中枢发出后，在周围的内脏神经节交换神经元，由节内神经元发出纤维到达效应器。因此，内脏运动神经从低级中枢到所支配的器官有 2 个神经元。第 1 个神经元为**节前神经元**，其胞体在脑干或脊髓内，其轴突称为**节前纤维**；第 2 个神经元为**节后神经元**，其胞体在内脏神经节内，其轴突称为**节后纤维**（图 11-48）。

3. 纤维成分不同　躯体运动神经只有一种纤维成分即躯体运动纤维；而内脏运动神经有交感和副交感 2 种纤维成分。多数内脏器官同时接受交感神经和副交感神经的双重支配。

（一）交感神经

1. 中枢部　**交感神经（sympathetic nerve）**的低级中枢为第 1 胸髓至第 3 腰髓节段的侧角细胞（图 11-48）。

2. 周围部　包括交感神经节和进出于交感神经节的节前纤维、节后纤维。

（1）交感神经节：为交感神经节后神经元胞体所在处。依其位置分为椎旁神经节和椎前神经节（图 11-49）。

1）**椎旁神经节（paravertebral ganglia）**：位于脊柱两旁。椎旁神经节之间借节间支相连，每侧连成一条链索，称为**交感干（sympathetic trunk）**，所以椎旁神经节又称**交感干神经节（ganglia of sympathetic trunk）**。交感干上自颅底，下至尾骨，与脊柱等长，左右两侧交感干下端合于奇神经节。颈部交感干神经节一般有 3 对节，胸部有 10~12 对节，腰部有 4~5 对节，骶部有 2~3 对节，尾部为单节（奇神经节）。

2）**椎前神经节（prevertebral ganglia）**：位于脊柱的前方，包括成对的**腹腔神经节**和**主动脉肾神经节**以及单个的**肠系膜上神经节**和**肠系膜下神经节**，各节均位于同名动脉根部附近。

（2）交通支：交感干神经节借交通支与相应的脊神经相连。交通支分白交通支和灰交通支。**白交通支**是脊髓侧角细胞发出的节前纤维离开脊神经进入交感干神经节的通路，只存在于第 1 胸 ~ 第 3 腰神经与相应交感干神经节之间；因纤维有髓鞘，呈白色，故称白交通支。**灰交通支**是交感干神经节发出的节后纤维进入脊神经的通路，存在于全部交感干神经节与全部脊神经之间；因纤维无髓鞘，呈灰色，故称灰交通支。

（二）副交感神经

1. 中枢部　**副交感神经（parasympathetic nerve）**的低级中枢为脑神经内脏运动核和第 2~4 骶髓节段的骶副交感核（图 11-48）。

2. 周围部　包括副交感神经节和进出于副交感神经节的节前纤维、节后纤维。副交感神经节位于器官的近旁或器官的壁内，因而有**器官旁节**和**器官内节**之称。

（1）**颅部副交感神经**：①随动眼神经走行的副交感节前纤维，起自中脑动眼神经副核，入眶至睫状神经节内交换神经元，其节后纤维穿入眼球，支配瞳孔括约肌和睫状肌（图 11-48）。②随面神经走行的副交感神经节前纤维，起自脑桥的上泌涎核，在翼腭神经节和下颌下神经

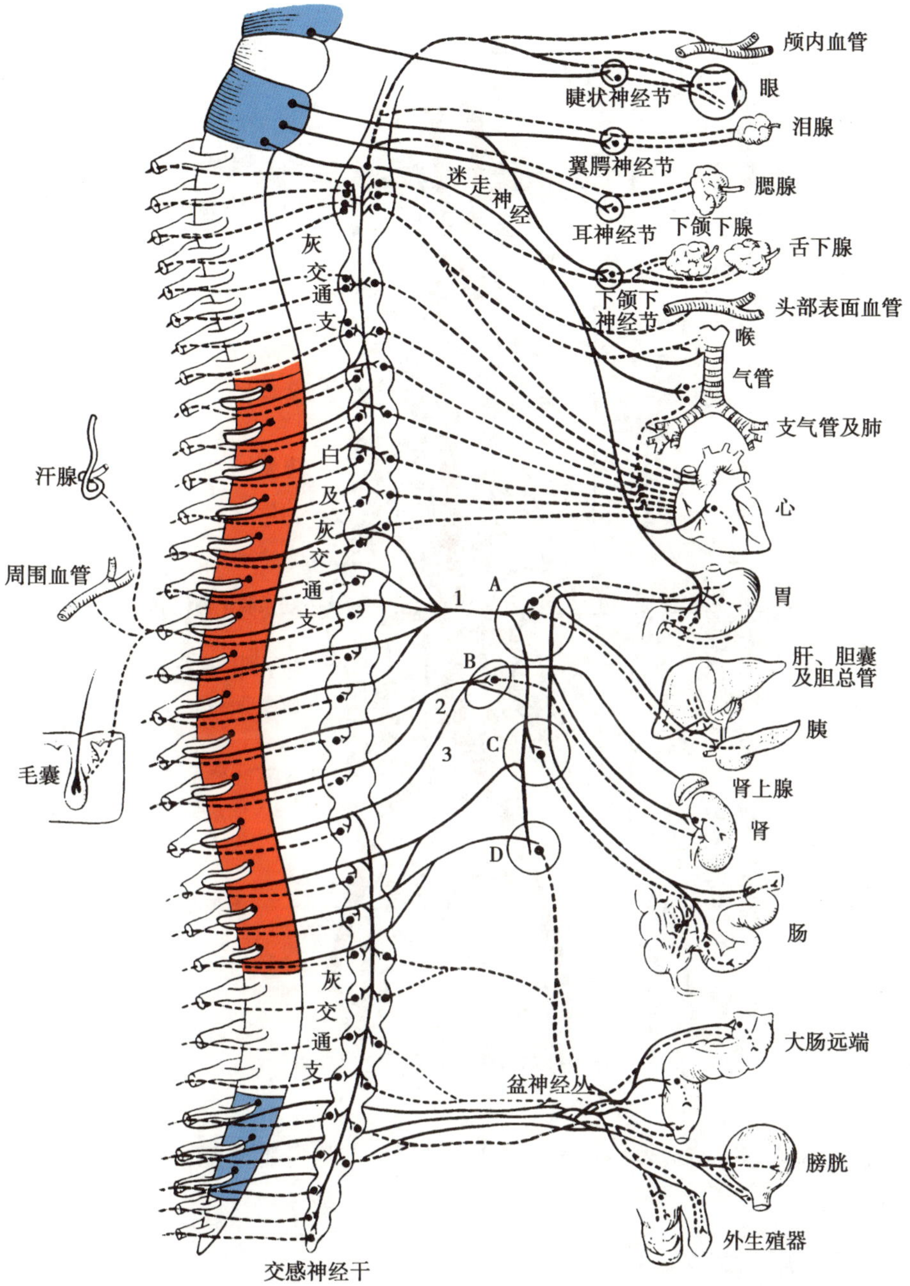

图 11-48 内脏神经系统

A. 腹腔神经节；B. 主动脉肾神经节；C. 肠系膜上神经节；D. 肠系膜下神经节；
1. 内脏大神经；2. 内脏小神经；3. 内脏最小神经

节换元后，其节后纤维分布于泪腺、舌下腺和下颌下腺。③随舌咽神经走行的副交感神经节前纤维，起自延髓下泌涎核，其节后纤维至耳神经节换元后，分布于腮腺。④随迷走神经走行的副交感节前纤维，起自延髓迷走神经背核，至颈部、胸部及腹部的器官内节或器官旁节内交换神经元，节后纤维支配颈部、胸腔脏器及腹腔部大部分器官的心肌、平滑肌和腺体的活动（图 11-48）。

（2）**骶部副交感神经**：节前纤维由第 2~4 骶髓节段的骶副交感核发出，随骶神经出骶前孔至盆腔，然后离开骶神经，组成**盆内脏神经**加入**盆丛**，随盆丛分支至结肠左曲以下的消化

笔记栏

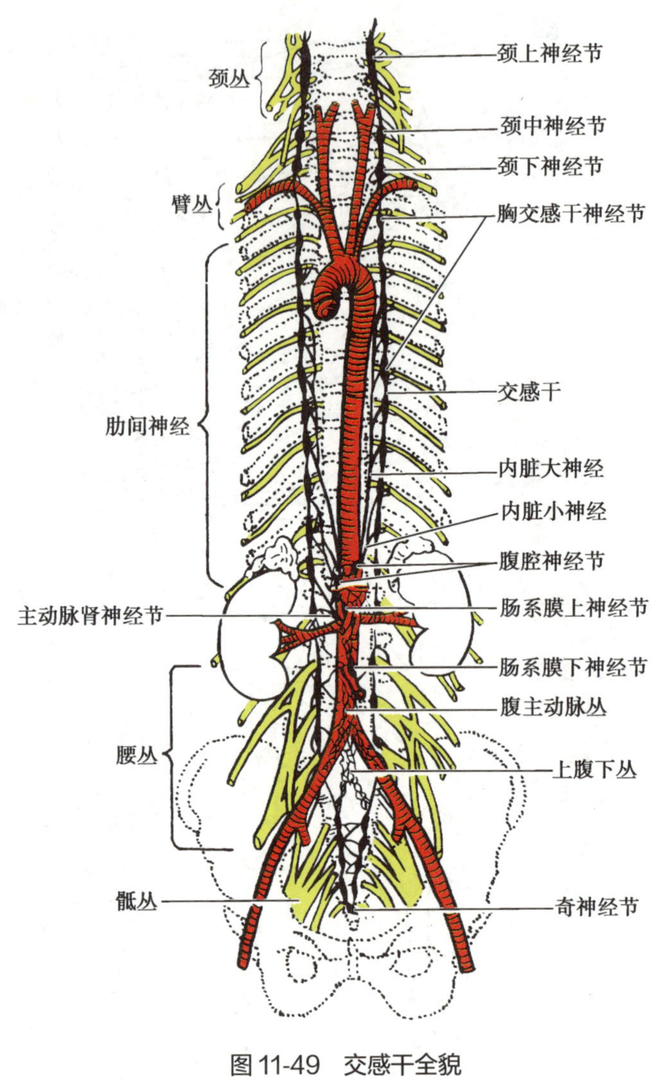

图 11-49　交感干全貌

道和盆部脏器的器官旁节或器官内节内交换神经元，节后纤维支配这些器官的平滑肌和腺体的活动。

二、内脏感觉神经

人体各内脏器官除有交感神经和副交感神经支配外，还有内脏感觉神经分布。如同躯体感觉神经一样，内脏感觉神经元的胞体也位于脊神经节和脑神经节内，而且也是假单极神经元。其周围突随交感神经和副交感神经（主要是迷走神经和盆内脏神经）分布；中枢突进入脊髓和脑干，分别止于脊髓后角和脑干孤束核。内脏感觉纤维一方面借中间神经元与内脏运动神经元联系，形成内脏 - 内脏反射，或与躯体运动神经元联系，形成内脏 - 躯体反射；另一方面经过较复杂的传导途径将冲动传至大脑皮质，产生多种内脏感觉。

第六节　脊髓和脑的被膜

脊髓和脑外面包有 3 层被膜，由外向内依次是**硬膜**、**蛛网膜**和**软膜**，它们对脊髓和脑

有支持、保护和营养的作用。硬膜厚而坚韧,蛛网膜薄而透明,软膜富含血管和神经,3 层被膜在枕骨大孔处互相移行。蛛网膜与软膜之间的腔隙,称为**蛛网膜下隙(subarachnoid space)**,内含脑脊液。

一、脊髓的被膜

脊髓的被膜由外向内分别称为硬脊膜、脊髓蛛网膜和软脊膜(图 11-50)。

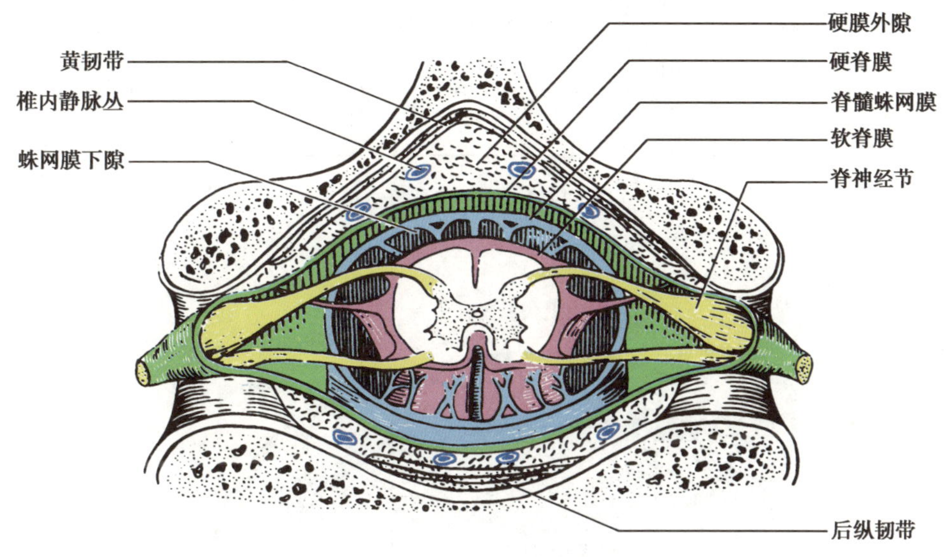

图 11-50 脊髓的被膜

1. **硬脊膜(spinal dura mater)** 包被脊髓,呈管状。其上端附着于枕骨大孔周缘,与硬脑膜相续,下部在第 2 骶椎平面以下变细,末端附于尾骨。硬脊膜与椎管内面骨膜之间的腔隙,称为**硬膜外隙**,内含静脉丛、淋巴管、疏松结缔组织和脂肪等,脊神经根通过此隙。硬膜外隙向上不与颅内相通,略呈负压,临床上将麻醉药物注入此隙,以阻滞脊神经的传导,称为硬膜外麻醉。

2. **脊髓蛛网膜(spinal arachnoid mater)** 向上移行于脑蛛网膜。从脊髓下端至第 2 骶椎水平的脊髓蛛网膜下隙较宽阔,称为**终池**。临床上进行腰椎穿刺时,即将针刺入终池,以避免损伤脊髓。脊髓蛛网膜下隙向上和脑蛛网膜下隙相通。

3. **软脊膜(spinal pia mater)** 紧贴于脊髓表面,并伸入脊髓的沟裂内。

二、脑的被膜

脑的被膜由外向内分别称为硬脑膜、脑蛛网膜和软脑膜(图 11-51)。

1. **硬脑膜(cerebral dura mater)** 由内、外两层膜结合而成。其外层相当于颅骨内面的骨膜,两层之间有丰富的血管和神经。硬脑膜与颅盖骨连接疏松,易于分离,因此当硬脑膜血管损伤时,可在硬脑膜与颅骨之间形成硬膜外血肿。硬脑膜与颅底骨连接紧密,当颅底骨折时,硬脑膜与脑蛛网膜易同时受损,使脑脊液外漏。

(1) 大脑镰和小脑幕(图 11-52):硬脑膜在某些部位内层离开外层折叠成板状突起,伸入脑的裂隙之间,以更好地保护脑。其中伸入大脑纵裂的突起,呈矢状位,形如镰刀状,称为**大脑镰**;伸入大脑半球与小脑半球之间的突起,呈水平位,形似幕帐,称为**小脑幕**。小脑幕前缘游离呈弧形,称为**幕切迹**,幕切迹与斜坡之间有中脑通过。当颅内压升高时,位于幕切迹上

笔记栏

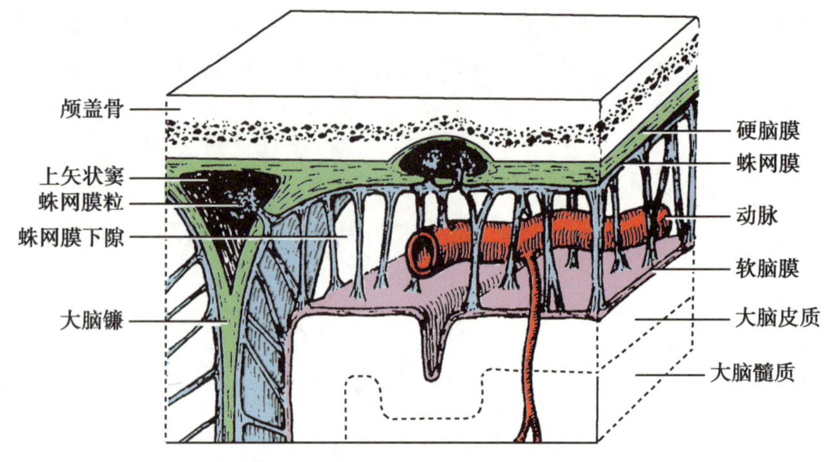

图 11-51 脑的被膜模式图

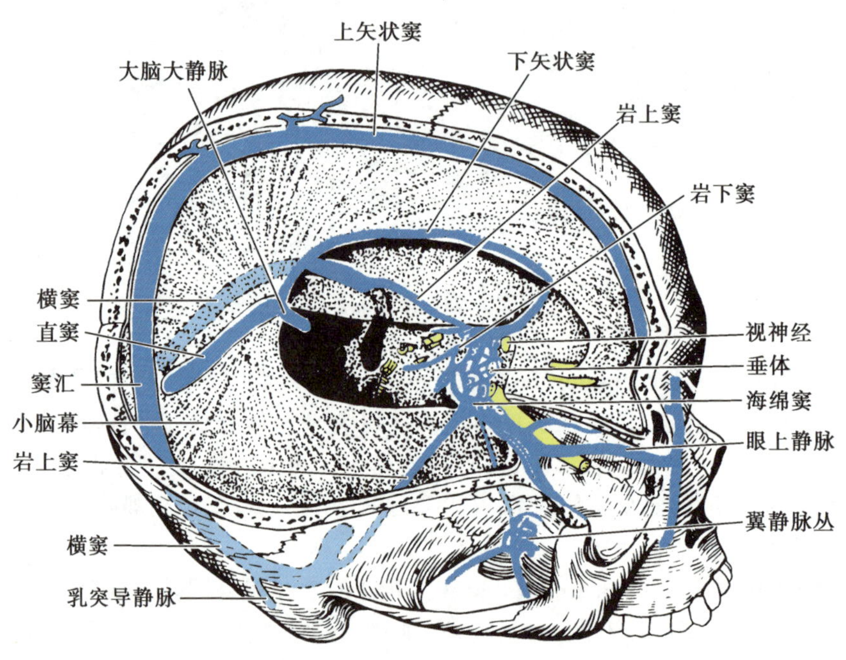

图 11-52 硬脑膜和硬脑膜窦

方的海马旁回和钩可被挤入幕切迹和中脑之间，形成小脑幕切迹疝，压迫动眼神经和大脑脚，出现瞳孔散大、肢体瘫痪等症状，危及生命。

(2) 硬脑膜窦(图 11-52)：硬脑膜在某些部位内层和外层分开，形成管道，称为**硬脑膜窦(sinuses of dura mater)**，内含静脉血，窦壁无平滑肌，不能收缩，故损伤时，难于止血，容易形成颅内血肿。主要的硬脑膜窦有：①**上矢状窦**：位于大脑镰上缘内，向后与窦汇相连。②**横窦**：成对，在小脑幕后缘内，沿枕骨横窦沟走行。③**乙状窦**：成对，位于乙状窦沟内，是横窦的延续，在颈静脉孔处移行为颈内静脉。④**窦汇**：由左、右横窦与上矢状窦后端在枕内隆凸处汇合而成。⑤**海绵窦**：位于颅中窝垂体窝两侧。海绵窦向后注入横窦或乙状窦，向前与眼静脉相连，由于眼静脉与面部静脉交通，所以面部感染时，有可能波及海绵窦，引起海绵窦炎。

2. **脑蛛网膜(cerebral arachnoid mater)** 蛛网膜下隙在某些部位较宽大,称为**蛛网膜下池**。其中最宽阔者为**小脑延髓池**,位于小脑与延髓之间,临床上经枕骨大孔可在此处抽取脑脊液。脑蛛网膜在上矢状窦两旁,形成许多小突起,突入上矢状窦内,称为**蛛网膜粒**,蛛网膜下隙内的脑脊液经此渗入上矢状窦内,它是脑脊液回流的重要结构(图 11-51)。

3. **软脑膜(cerebral pia mater)** 紧贴于脑表面,并伸入脑的沟裂内。在脑室的一定部位,软脑膜及其上的毛细血管丛与室管膜上皮共同突入脑室,形成**脉络丛**,脑脊液由此产生。

第七节 脑室和脑脊液

一、脑室

脑室是脑内的腔隙,其内壁衬以室管膜上皮,脑室内含有脉络丛,可产生脑脊液,故脑室腔内充满脑脊液。脑室包括侧脑室、第三脑室和第四脑室(图 11-53)。

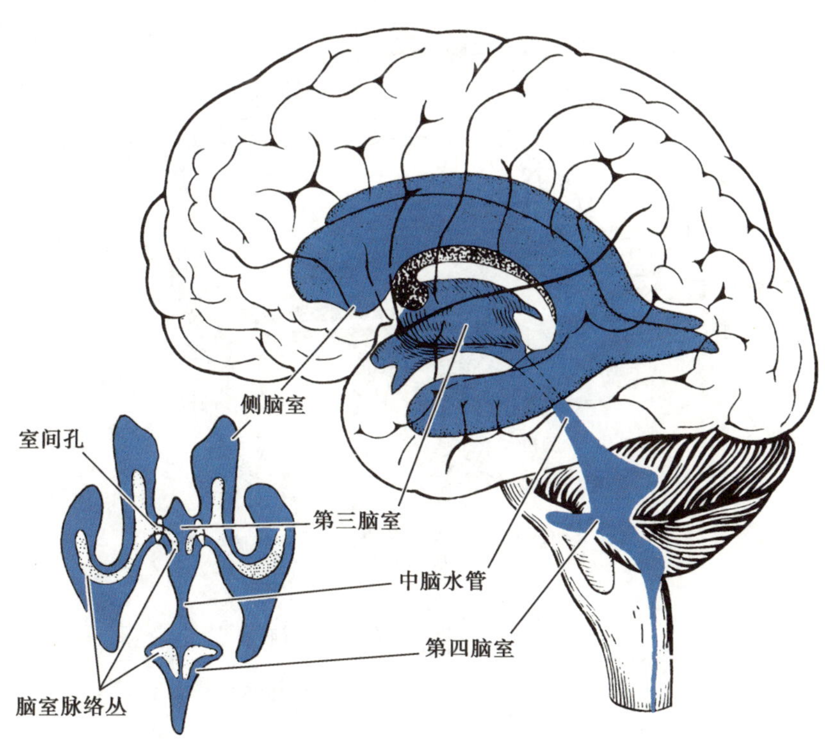

图 11-53 脑室投影图

1. **侧脑室(lateral ventricle)** 左右各一,分别位于两侧大脑半球内,可分为中央部、前角、后角和下角 4 部分。中央部位于顶叶内,前角伸入额叶内,后角伸入枕叶内,下角伸入颞叶内。2 个侧脑室各经左、右**室间孔**与第三脑室相通。

2. **第三脑室(third ventricle)** 是位于两侧间脑之间的一个矢状位裂隙。向前外上方经左、右室间孔与相应的侧脑室相通,向后下经**中脑水管**与第四脑室相通。

3. **第四脑室(fourth ventricle)** 是位于延髓、脑桥与小脑之间的腔隙。第四脑室向后

笔记栏

脑脊液循环

和两侧分别通过第四脑室正中孔和 2 个外侧孔与蛛网膜下隙相通，第四脑室向上通中脑水管，向下通脊髓中央管。

二、脑脊液

脑脊液(cerebrospinal fluid)由各脑室脉络丛产生，约 95% 的脑脊液是由侧脑室脉络丛产生。脑脊液是无色透明的液体，充满于脑室、脊髓中央管和蛛网膜下隙中，有保护、缓冲脑和脊髓免受外力振荡的作用，并维持颅内压。此外，脑脊液还有供给脑、脊髓营养物质和运输其代谢产物的作用。

脑脊液总量在成人约 150ml，它处于不断产生、循环和回流的平衡状态。其循环途径为(图 11-54)：由左、右侧脑室脉络丛产生的脑脊液，经左、右室间孔流入第三脑室，与第三脑室脉络丛产生的脑脊液一起经中脑水管流入第四脑室，再与第四脑室脉络丛产生的脑脊液一起经第四脑室正中孔和 2 个外侧孔流入蛛网膜下隙，最后流向大脑背面的蛛网膜下隙，经蛛网膜粒渗透到硬脑膜窦内(主要是上矢状窦)，再经窦汇、横窦、乙状窦、颈内静脉回流入血液中。

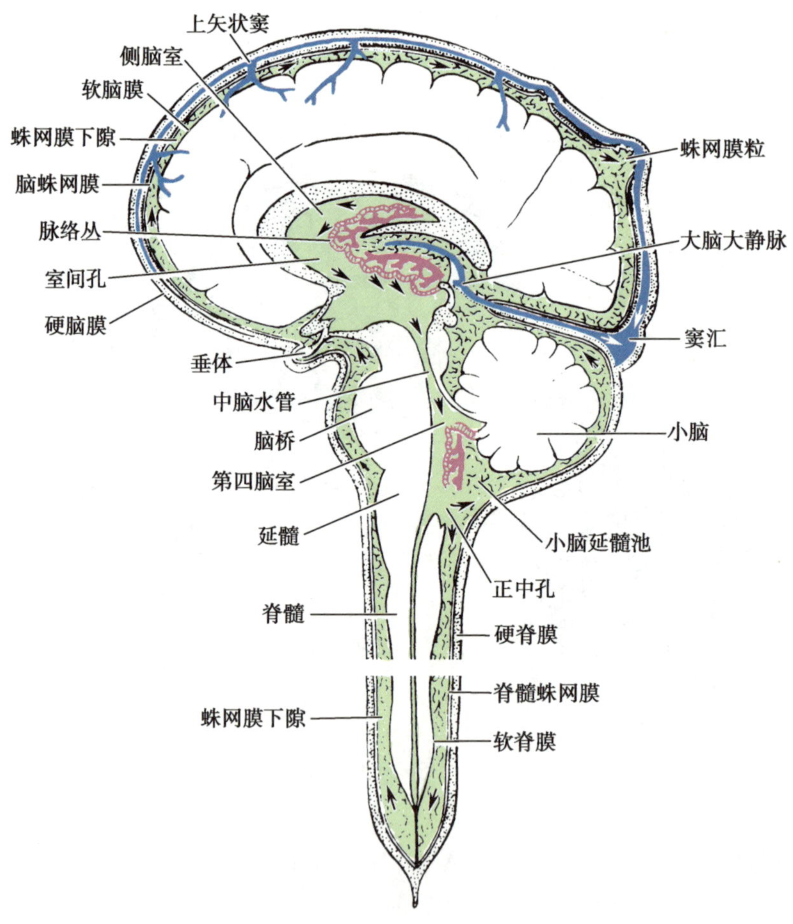

图 11-54 脑脊液循环模式图

笔记栏

第八节 脑的血管

一、脑的动脉

营养脑的动脉来自**颈内动脉**和**椎动脉**(图 11-55)。颈内动脉供应大脑半球的前 2/3 和间脑前部,椎动脉供应大脑半球的后 1/3、间脑后部、脑干和小脑。大脑的动脉分支可分为皮质支和中央支。皮质支主要供应大脑的皮质和其深面的浅层髓质;中央支穿入脑实质内,供应深部的髓质(包括内囊)、间脑和基底核等处。

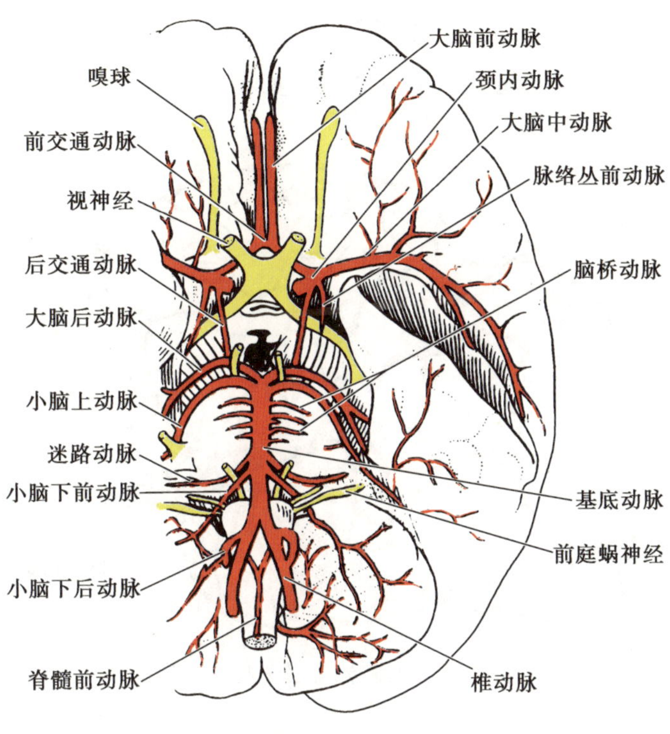

图 11-55 脑底的动脉

1. **颈内动脉(internal carotid artery)** 起自颈总动脉,进入颅腔后,主要分支有:

(1) **眼动脉(ophthalmic artery)**:经视神经管入眶,供应眼球及其周围结构。

(2) **大脑前动脉(anterior cerebral artery)**:自颈内动脉发出后行向前内侧,进入大脑纵裂内,沿胼胝体的背侧向后行,途中发出皮质支供应额叶、顶叶的内侧面及两叶上外侧面的边缘部(图 11-56),发出中央支主要供应尾状核及豆状核前部。两侧大脑前动脉在发出处不远,借**前交通动脉**相连。

(3) **大脑中动脉(middle cerebral artery)**:是颈内动脉的直接延续,沿大脑半球外侧沟向后上行,发出皮质支供应大脑半球的上外侧面(图 11-57),发出中央支供应尾状核、豆状核及内囊等处。

(4) **后交通动脉(posterior communicating artery)**:较小,向后与大脑后动脉吻合。

2. **椎动脉(vertebral artery)** 起自锁骨下动脉,向上穿第 6 至第 1 颈椎横突孔,再经枕骨大孔入颅腔,行于延髓的腹侧面,在脑桥下缘,左、右椎动脉合成 1 条基底动脉。**基底动脉**

笔记栏

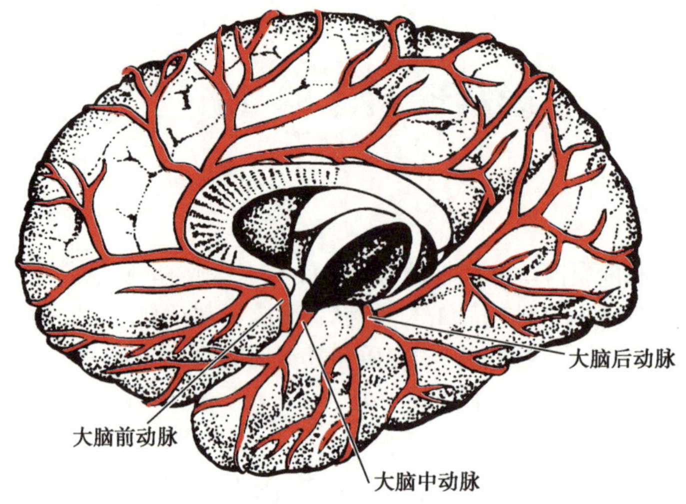

图 11-56 大脑半球内侧面的动脉

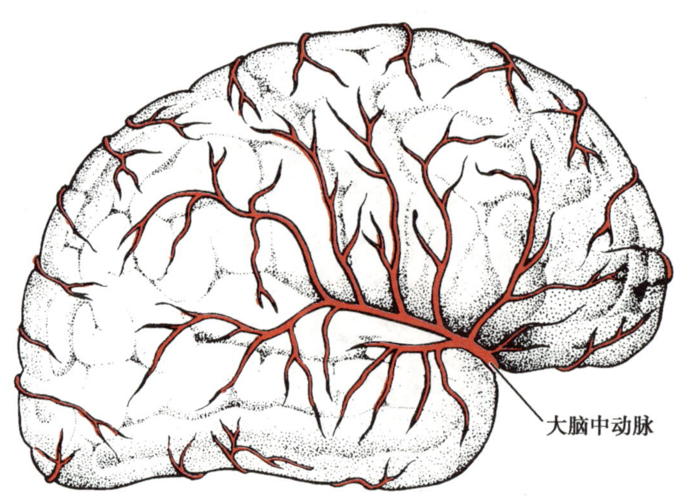

图 11-57 大脑半球上外侧面的动脉

(basilar artery)沿脑桥基底沟上行至脑桥上缘，分为 2 条**大脑后动脉**；其皮质支主要供应颞叶内侧面、颞叶下面以及枕叶内侧面（图 11-55），中央支主要供应间脑后部。

3. **大脑动脉环（cerebral arterial circle）** 又称 **Willis 环**，由前交通动脉、两侧大脑前动脉起始段、两侧颈内动脉末段、两侧后交通动脉和两侧大脑后动脉起始段组成的动脉环路（图 11-55），位于脑底下面。此环使颈内动脉与椎 - 基底动脉相交通。当某一动脉血流减少或阻塞时，血液可经此环重新分配，得到一定的代偿。

二、脑的静脉

脑静脉不与动脉伴行，分为浅、深 2 组，2 组之间互相吻合。浅组位于脑的表面，收集皮质及皮质下髓质的静脉血；深组收集大脑深部的静脉血，2 组静脉最终都经硬脑膜窦回流至颈内静脉（图 11-58）。

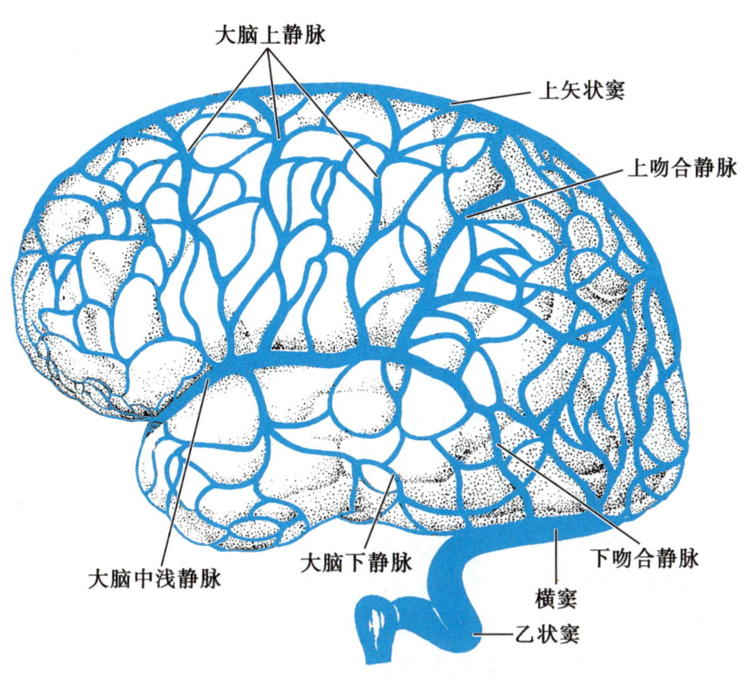

图 11-58 大脑的浅静脉

学习小结

神经系统包括中枢和周围神经系统，中枢神经系统包括脊髓和脑，周围神经系统包括 12 对脑神经和 31 对脊神经。神经系统的基本活动方式是反射。反射弧由感受器→传入神经→反射中枢→传出神经→效应器 5 个环节组成。神经系统的常用术语有灰质、白质、神经核、神经节、传导束和神经。

脊髓由灰质和白质构成。脊髓灰质主要有前角、侧角和后角。前角内主要为躯体运动神经元，侧角内主要是内脏运动神经元，后角内主要是联络神经元；白质由前索、后索和侧索构成，前索内主要有脊髓丘脑前束和皮质脊髓前束，侧索内主要有脊髓丘脑侧束和皮质脊髓侧束，后索内是薄束和楔束。每对脊神经均是由前根和后根在椎间孔处合并而成，前根由运动纤维构成，后根由感觉纤维构成，故脊神经是混合性神经。脊神经包括颈神经 8 对、胸神经 12 对、腰神经 5 对、骶神经 5 对和尾神经 1 对。脊神经出椎间孔后主要分前支和后支。后支呈节段性，主要分布于项、背、腰和骶部；前支多形成丛，有颈丛、臂丛、腰丛和骶丛，只有胸神经前支呈段性，主要分布于躯干和四肢。

脑由延髓、脑桥、中脑、小脑、间脑和端脑组成。延髓、脑桥、中脑合称脑干。大脑半球被中央沟、外侧沟、顶枕沟 3 条较主要的沟，分为额叶、顶叶、枕叶、颞叶和岛叶。12 对脑神经分别是嗅神经、视神经、动眼神经、滑车神经、三叉神经、展神经、面神经、前庭蜗神经、舌咽神经、迷走神经、副神经和舌下神经，脑神经主要分布于头颈部和内脏器官。

传导通路包括感觉传导通路和运动传导通路。感觉传导通路主要包括本体感觉传导通路、浅感觉传导通路和视觉传导通路等，均由 3 级神经元组成。运动传导通路主要包括锥体系和锥体外系，锥体系管理骨骼肌随意运动，分为皮质脊髓束和皮质核束。

内脏神经包括内脏运动神经和内脏感觉神经，内脏运动神经包括交感神经和副交

笔记栏

感神经,支配心肌、平滑肌和腺体。内脏感觉神经接受内脏、心血管和腺体等处的感觉冲动。脊髓和脑表面有3层被膜,由外向内分别为硬膜、蛛网膜和软膜。脑室包括侧脑室、第三脑室和第四脑室,内充满脑脊液。

(罗亚非 杨恩彬)

复习思考题

1. 肘关节主要可做什么运动?参加运动的主要肌肉有哪些?分别受什么神经支配?
2. 膝关节主要可做什么运动?参加运动的主要肌肉有哪些?分别受什么神经支配?
3. 何谓内囊?内囊膝和内囊后肢通过的主要传导束有哪些?有何临床意义?
4. 简述与眼相关的神经及其分布情况。
5. 简述与舌相关的神经及其分布情况。
6. 简述12对脑神经的名称、性质和出入颅的部位。
7. 从左手中指采血,其痛觉是如何传到大脑皮质中枢的?
8. 针刺左侧小腿内侧面皮肤,其痛觉是如何传到大脑皮质中枢的?
9. 脑脊液的产生和循环途径如何?

扫一扫,
测一测

下篇

生 理 学

课件

第一章 绪论

学习目标

识记兴奋性的概念和本质，内环境与稳态的概念及意义，机体功能调节的方式与特点，正、负反馈的概念及意义；知晓生命活动的基本特征、体液的概念；理解生理学研究的三个水平和研究方法。

第一节 生理学的研究内容和方法

一、生理学的研究内容

（一）生理学及其与医药学的关系

生理学（physiology）是研究生物机体功能活动规律的一门科学。生物机体的功能就是生物所表现的各种生命现象或生理功能，例如，运动、循环、呼吸、消化、泌尿等。因此，生理学的研究对象是活体(植物、动物、人体)。根据其研究的机体不同，生理学可分为植物生理学、动物生理学、人体生理学等。我们医药类学生学习的是人体生理学，通常称为生理学，其任务是要研究人体生命活动的过程、产生机制、意义以及机体内外环境变化对它的影响，认识和掌握生命活动的规律。值得一提的是，我们所学习的生理学理论知识，不是通过单纯的想象和推理，而是通过反复实验从中总结出来的。因此，生理学是一门实验性科学。

生理学的发展与医药学是密切联系的。在人类发展史上，人们在寻求对疾病的医治过程中，要求对疾病产生机制、药物治疗机制和人体生理功能的许多知识进行探索。生理学知识是随人类社会发展，特别是在医药实践、科技发展的过程中不断积累起来的。长期以来，医药学中关于疾病的理论研究、药物作用机制都是以人体生理学知识为基础，同时，临床和药理实践也能检验生理学理论是否正确，进一步发展了生理学。例如，生理学中细胞跨膜信号转导途径的发现，对医药卫生行业的发展，探索疾病发生、发展，以及药物对其治疗，使机体由病理状态回归到正常生理活动的研究实现了历史性跨越。

在医药学课程体系中，生理学是一门重要的医学基础理论课程。它以解剖学、组织学、生物学为基础，同时又是病理学、病理生理学、药理学和医药类专业课程的基础课，因而它是一门桥梁课程。对于医药工作者来说，没有生理学知识，就不能认识疾病，当然也就谈不上预防和治疗疾病了。

（二）生理学研究的水平

机体是由许多细胞、组织、器官和系统构成的统一整体。为了阐明机体功能活动发生机

制、发展过程和活动规律，需要从不同角度、不同层次上进行分析和研究。针对研究对象的不同，将生理学研究分为三个水平：细胞和分子水平、器官和系统水平、整体水平。

1. 细胞和分子水平　各种生物大分子物质构成细胞的亚结构单位，许多细胞的亚单位构成细胞，要研究细胞的生理功能，必将涉及生物大分子。因此，细胞和分子水平的研究，就是要研究细胞内各亚单位的功能及细胞内的各种分子，特别是生物大分子的各种理化变化过程。例如，骨骼肌细胞发生收缩，是因为肌细胞兴奋时，细胞膜上某些离子通道开放，使细胞内某些离子浓度改变及在酶的作用下，肌细胞内若干种特殊蛋白质分子的排列方式发生变化，从而发生收缩或舒张的活动。

2. 器官和系统水平　人们对生理学的研究最早是从器官、系统开始的。这一水平是以器官和系统为研究对象，研究各器官、系统的功能及其调节机制，从而阐明各器官、系统的活动规律和这些器官、系统活动的调节机制及其影响因素。例如，循环系统中心脏射血、血液在心血管系统中周而复始的流动都是具有规律的，且神经、体液因素对心血管活动起了重要的调节作用。因此，对器官和系统的研究有助于进一步认识生命活动的规律。

3. 整体水平　整个人体的生理活动并不等于心、脑、肺、肾等器官生理功能的简单总和，而是体内各器官、系统的各种生理功能之间体现着彼此相互联系、相互制约的协调的过程。整体水平的研究是以完整的机体为研究对象，观察和分析在各种环境条件和生理情况下不同的器官、系统之间互相联系、互相协调，以及完整机体对环境变化做出各种反应的规律。

在研究机体某种功能活动的规律时，不能简单地将三个水平的研究截然分割开来，它们并不是各自独立的，而是相互联系、协调统一的。因此，要全面理解机体某一生理功能，必须从细胞和分子、器官和系统、整体三个水平进行研究，将结果加以综合分析，才能得出比较全面和整体的认识。

二、生理学的研究方法

生理学知识大多是通过实验研究所获得的。生理学研究最常用的实验方法有人体实验和动物实验两种。人体实验是在不影响人体健康，并得到受试者同意的情况下进行的无创伤性研究，因此，在人体上进行的实验是有限的。由于人与动物在结构和功能上有许多相似之处，利用动物实验的结果来推断人体生理功能是完全可能的，所以，生理学实验研究多以动物实验为主。常用的动物实验方法又分为**急性实验（acute experiment）**和**慢性实验（chronic experiment）**。

（一）急性实验

急性实验是指动物在麻醉状态或破坏脑和脊髓等条件下，通过手术暴露或取出所需研究的器官进行实验，根据研究目的不同分为离体实验和在体实验。

1. 离体实验　**离体实验（experiment in vitro）**通常是指从活着的或刚处死的动物身上取下所要研究的器官、组织或细胞等，置于能保持其正常功能活动的人工环境中，进行观察、分析其功能活动规律及机制的实验。离体实验由于器官、组织或细胞脱离了整体，排除了许多体内因素的影响，实验因素单纯，结果容易分析。但由于研究对象已经脱离整体，实验结果与在整体时相比，可能存在较大差异，故具有一定的局限性。

2. 在体实验　**在体实验（experiment in vivo）**是指通过手术暴露所需研究的器官，观察和记录在人为干预条件下该器官生理功能的变化。例如，在家兔颈总动脉中插入动脉导管，通过生物信号采集系统进行模数转换，可在显示屏上直接观察神经或体液因素对动脉血压的影响。由于所观察的器官活动没有脱离机体，是在整体情况下观察，不仅可以掌握该器官

笔记栏

的功能活动，还可以了解到器官间的相互作用。在体实验的条件容易控制，观察分析较为客观，实验结果比较明确，但影响因素较多。

（二）慢性实验

慢性实验通常在实验前需对实验动物进行预处理，即在无菌、麻醉条件下，通过手术破坏、摘除、移植某些器官或将电极埋藏于体内，待动物从麻醉和手术中恢复后，进行实验。实验时尽可能保持外界环境接近自然，以便能在较长时间内观察和记录动物某些生理功能指标的改变。例如，巴甫洛夫利用狗作为实验对象，创立了多种消化瘘管，观察动物在清醒状态下，各种不同因素对消化液分泌的影响等。慢性实验可以在清醒条件下长期、反复观察某一活动，所获得的结果更接近生理状态。与急性实验相比，慢性实验整体条件复杂、干扰因素太多，实验条件较难控制。

生理学发展简史

第二节　生命活动的基本特征

通过对各种生物体基本生命活动的观察和研究，发现生物体生命活动的基本特征主要包括：新陈代谢、兴奋性、适应性和生殖等。

一、新陈代谢

机体与环境之间不断地进行物质交换和能量交换，以实现自我更新的过程称为**新陈代谢（metabolism）**。新陈代谢是生命活动的最基本特征，它包括同化作用和异化作用两个方面。同化作用即**合成代谢（anabolism）**，是指机体不断从外界环境中摄取各种营养物质，经过转化，以提供构建自身结构所需要的原料和能量的过程；异化作用又称**分解代谢（catabolism）**，是指机体不断把自身的物质分解，同时释放能量以供机体生命活动的需要，并把分解后产生的终产物排出体外的过程。在新陈代谢过程中，物质与能量的变化是同一活动中的两个方面。生命活动就是这种物质运动形式的具体表现。新陈代谢一旦停止，生命也就随之结束。

二、兴奋性

一切有生命活动的细胞、组织或机体对刺激产生反应的能力或特性，称为**兴奋性（excitability）**。所谓**刺激（stimulus）**是指能被活着的机体、组织、细胞感受到的内、外环境变化，按性质不同刺激可分为：物理性刺激，如：电、温度、声波、光和放射线等；化学性刺激，如：酸、碱、药物等；生物性刺激，如：细菌、病毒等；社会心理性刺激，如：情绪波动、社会变革等。**反应（reaction）**是指机体、组织、细胞受刺激后所发生的一切变化。如腺细胞的分泌活动、神经组织电冲动的形成和传导、肠黏膜上皮细胞的吸收和分泌等都属于反应。按反应的外在表现形式有兴奋和抑制两种类型。**兴奋（excitation）**表现为接受刺激后由相对静止转为活动状态，或由弱活动转为强活动。这些活动在改变之前均先出现生物电的变化，即动作电位，故通常认为动作电位是细胞兴奋的客观指标，把受到刺激后能产生动作电位的细胞称为**可兴奋细胞（excitable cell）**。**抑制（inhibition）**表现为接受刺激后由活动转为静止状态，或由强活动转为弱活动。刺激究竟引起兴奋还是抑制，主要取决于刺激的质和量，同时也取决于组织、细胞的功能状态和生理特性。兴奋与抑制是反应过程中的既对立统一又相辅相成、还可相互转变的两个过程。

笔记栏

三、适应性

适应性是指机体随内、外环境的变化而做出适当的反应，使自身与环境间保持和谐状态，这种机体对环境的应变能力，称为**适应性(adaptability)**。如果生物体不能适应这种环境变化，这一物种将逐渐被淘汰；相反，如能适应，机体才能生存，即适者生存，这是生物进化过程的基本规律。适应分为行为适应和生理适应两种。行为适应通常有躯体活动的改变，如在低温环境中机体会出现趋热活动；遇到伤害性刺激时会出现躲避活动。行为适应在生物界普遍存在，属于本能性适应。生理适应是指身体内部的协调性反应。如在高原低氧环境中生活的人，血液中红细胞数量和血红蛋白含量会增加，以增强运输氧的能力，就属于生理性适应。但机体的适应性是有一定限度的，若超出了这个限度，将会产生适应不全，甚至导致病理性损害。

四、生殖

人体的生命是有限的，需要不断产生新的个体来延续种族。人体生长发育成熟到一定阶段后，男、女性两种个体中发育成熟的生殖细胞相结合，形成与亲代相似的子代个体，称为**生殖(reproduction)**。如果生殖功能丧失，人类则不能延续，所以生殖也是生命活动的重要基本特征之一。

第三节 机体的内环境与稳态

一、体液和内环境

(一) 体液及其分布

人体内液体的总称为**体液(body fluid)**。正常成年人体液约占体重的 60%，按其分布分为：**细胞内液(intracellular fluid，ICF)**和**细胞外液(extracellular fluid，ECF)**两大类。细胞内的液体称为细胞内液，约占体液的 2/3(占体重的 40%)；其余的液体分布在细胞外，称为细胞外液，约占体液的 1/3(占体重的 20%)。细胞外液中的**血浆(plasma)**约占体重 5%，其余大部分主要分布在全身的组织细胞间隙内，称为**组织间液(interstitial fluid，ISF)**或**组织液(tissue fluid)**，约占体重的 15%，此外，还有少量的淋巴液、房水、脑脊液等。由于人体各部分体液是彼此隔开的，因而各部分体液的成分含量不同，但彼此又是沟通的。细胞膜既是分隔细胞内液与细胞外液的屏障，又是两者之间相互沟通的结构；毛细血管壁既是分隔血浆与组织液的屏障，也是两者之间相互沟通的结构，而且血浆是沟通各部分体液与外界环境进行物质交换的重要媒介。因此血浆是各部分体液中最为活跃的部分，其成分及理化性质的改变可以直接反映组织、细胞的代谢情况。

(二) 内环境

人体内绝大多数细胞与外界环境没有直接接触，它们直接浸浴在机体内的细胞外液中。为了区别于机体生存的外部自然环境，人们将细胞所处的赖以生存的环境，即细胞外液称为**内环境(internal environment)**(图 1-1)。内环境是细胞直接进行新陈代谢的场所，细胞代谢所需要的 O_2 和各种营养物质只能从内环境中摄取，而细胞产生的 CO_2 和代谢终产物也是直接排到细胞外液中，然后通过血液循环运输，由呼吸和肾等排泄器官排出体外。此外，内环境还为细胞生活和活动提供了必要的理化条件。因此，内环境对于细胞的生存以及维持细

内环境与稳态

内环境与稳态案例学习

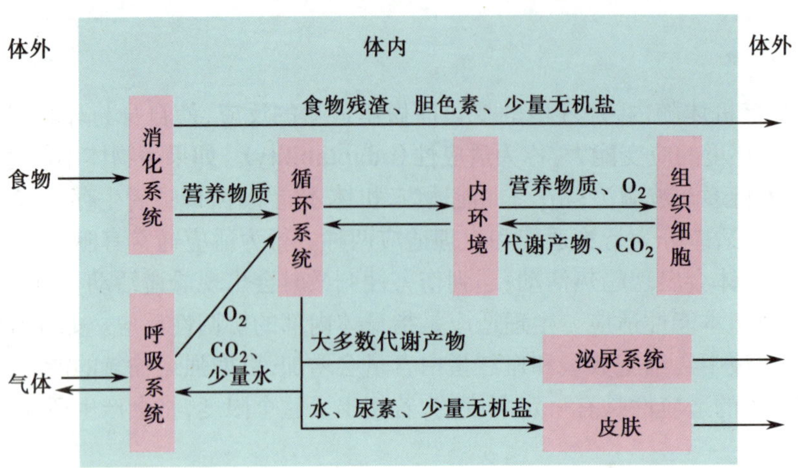

图 1-1 内环境

胞的正常生理功能起了十分重要的作用。

二、稳态

机体在正常生理情况下，内环境的各种物理、化学性质是保持相对稳定的，这种相对稳定状态称为内环境的**稳态（homeostasis）**。内环境的稳态不是固定不变的静止状态，而是处于动态平衡。内环境理化性质的相对稳定主要指细胞外液中的化学成分、pH 值、温度、渗透压等保持在狭小的范围内波动。例如温度，自然环境有春夏秋冬的变化，但人的体温总是稳定在 37℃左右，变动范围不超过 1℃。血浆 pH 值维持在 7.35~7.45；血浆中各种离子浓度的波动范围也很小，如 Na^+ 浓度在 135~145mmol/L 之间，K^+ 浓度在 3.5~5.5mmol/L 之间，而 Ca^{2+} 浓度也仅在 2.25~2.75mmol/L 之间的狭小范围内波动等。保持内环境稳态是一个复杂的生理过程，人体可通过神经、体液等多种调节途径来实现内环境稳态，使内环境的理化性质保持动态平衡。如果内环境理化条件发生较大变化，超过机体的调节能力，就会导致内环境稳态失衡，则机体的正常生理功能受到威胁，可导致疾病的发生甚至机体的死亡。因此，内环境稳态是细胞进行正常生命活动的必要条件。

第四节 机体生理功能的调节

机体处于不同的生理情况时，或当外界环境发生改变时，内环境的组成成分和理化性质会发生各种变化。此时体内一些器官、组织和细胞的功能活动会发生相应的改变，最后能使机体适应各种不同的生理情况和外界环境的变化，也可使被扰乱的内环境的物质组成和理化性质重新得到恢复。这个过程称为生理功能的调节（regulation）。

一、机体生理功能的调节方式

人体生理功能的调节方式有三种，分别为神经调节、体液调节和自身调节。这三种调节方式相互配合、密切联系，但又有各自的特点。

（一）神经调节

神经调节（neuroregulation）是指神经系统的活动通过神经纤维的联系，对机体各组织、器官和系统的生理功能发挥调节作用的过程。神经调节的基本方式是反射。**反射（reflex）**

是在中枢神经系统参与下，机体对内、外环境变化作出的有适应意义的规律性反应。反射活动的结构基础是**反射弧（reflex arc）**（图 1-2），反射弧由感受器、传入神经、反射中枢、传出神经和效应器五个部分组成。感受器能够感受机体内、外环境的变化，并将这种变化转换成神经冲动，通过传入神经传到相应的反射中枢，中枢对传入的神经冲动进行综合分析后作出反应，再经传出神经将中枢发布的信息传至效应器，最终改变效应器的活动状态。例如，以肢体躲避反射为例，当肢体皮肤接触到 80℃的热水时，热水刺激了皮肤中的温度感受器，使温度感受器兴奋，通过传入神经将信息传至脊髓(反射中枢)，脊髓对传入的信息进行综合分析，整合后发出冲动通过传出神经将兴奋传到肢体的屈肌（效应器），引起屈肌收缩，完成躲避反射。反射弧中任何一部分被破坏，都会导致反射活动消失。

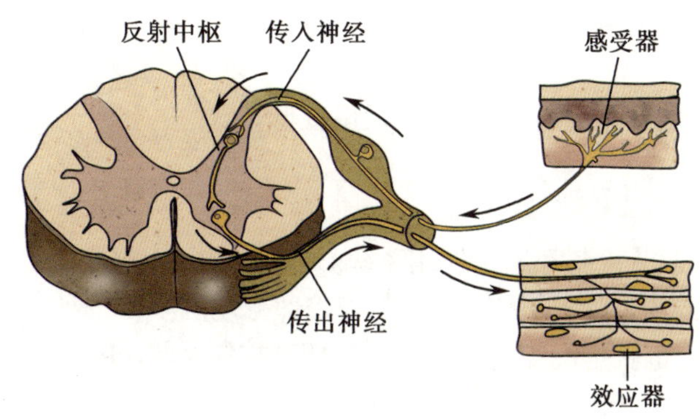

图 1-2 反射弧

人类和高等动物的反射可分为**非条件反射（unconditioned reflex）**和**条件反射（conditioned reflex）**两大类。非条件反射是与生俱来的，其反射弧较为固定，其刺激性质与反应之间的因果关系是由种族遗传因素所决定的。例如，人生来就会哭、吸吮反射、减压反射、逃避反射等。条件反射是通过后天学习获得的，它是建立在非条件反射基础上的，是个体在生活学习中建立起来的，其刺激性质与反应之间的因果关系是不固定的，灵活可变的，反射弧是暂时性联系，数量无限，条件反射建立的数量越多，机体对环境的适应能力就越强。例如，人们谈论美味食品时，虽然没有食物的具体刺激，但也会引起唾液分泌。

神经调节的特点是：迅速、精确、短暂。

（二）体液调节

体液调节（humoral regulation）是指体内产生的一些特殊化学物质通过组织液或血液循环对某些组织或器官的活动进行调节的过程。这类化学物质主要有内分泌腺或散在的内分泌细胞分泌的**激素（hormone）**，如：胰岛素、肾上腺素、性激素等；某些组织细胞产生的组胺、5- 羟色胺、乳酸、腺苷、缓激肽等特殊化学物质等。有些激素经血液运输，作用于远隔器官，称为全身性体液调节。例如甲状腺分泌的甲状腺激素，经过血液运输到骨骼、肌肉和神经系统等器官，促进骨骼、肌肉和神经系统的生长发育等。而某些细胞分泌的组胺、激肽等生物活性物质以及组织代谢的产物如腺苷、乳酸等，可借细胞外液扩散并作用于内分泌细胞自身（自分泌），或者扩散至邻近细胞、组织和器官，以影响其功能（旁分泌），例如使局部血管舒张、毛细血管通透性增加等，属于局部性体液调节。

一般来说，体液调节是一个独立的调节系统，但机体内的内分泌腺也直接或间接地受到神经的支配和调节，在这种情况下，体液调节便成为神经调节反射弧传出途径的延伸或补充，称为**神经 - 体液调节（neurohumoral regulation）**。例如当交感神经兴奋时，它所支配的

笔记栏

肾上腺髓质分泌肾上腺素和去甲肾上腺素，经血液循环运输至心血管系统，调节心血管的功能活动，使心脏活动增强，大部分内脏血管收缩。这种调节具有神经和体液两种调节的共同特点，使调节的效果更加合理、准确，进一步完善机体的协调与统一。

体液调节的特点是：缓慢、广泛、持久。

（三）自身调节

自身调节（autoregulation）是指组织或器官不依赖于神经和体液调节，而是由其自身特性对内、外环境的变化产生适应性反应的过程。这种调节方式只存在于少数组织和器官，在维持某些器官功能的稳定中具有一定意义。例如，人体在一定范围内，心肌纤维被伸展得越长，其收缩力将随之增加；再如，动脉血压降低，脑血管就舒张，血流阻力减小，使脑血流量不致过少；动脉血压升高，则脑血管收缩，血流阻力增加，使脑血流量不致过多。这两种反应在去除神经支配和体液因素的影响后仍然存在，说明这是心肌和血管自身的特性决定的。

自身调节的特点是：局限、调节幅度小、灵敏度低。

二、机体功能的调节与反馈

人体功能的各种调节机制都属于控制系统。通常将神经中枢和内分泌腺看作控制部分，效应器和靶器官看作受控部分。控制部分与受控部分之间不是一种单向信息联系，而是存在着双向的信息沟通，也就是说控制系统是一种**闭环控制系统（closed-loop system）**（图 1-3）。即控制部分发出控制信息，指示受控部分活动，而受控部分的活动可被一定的感受装置感受，感受装置再将受控部分的活动情况作为反馈信息送回到控制部分，控制部分可以根据反馈信息来改变自身的活动，调整对受控部分的指令，因而能对受控部分的活动进行调节。这就说明在控制系统中，控制部分和受控部分之间形成了一个双向信息的闭环联系。人们将受控部分发出的反馈信息影响控制部分活动的过程称为**反馈（feedback）**。根据受控部分对控制部分发生的作用效果不同，可将反馈分为负反馈和正反馈。

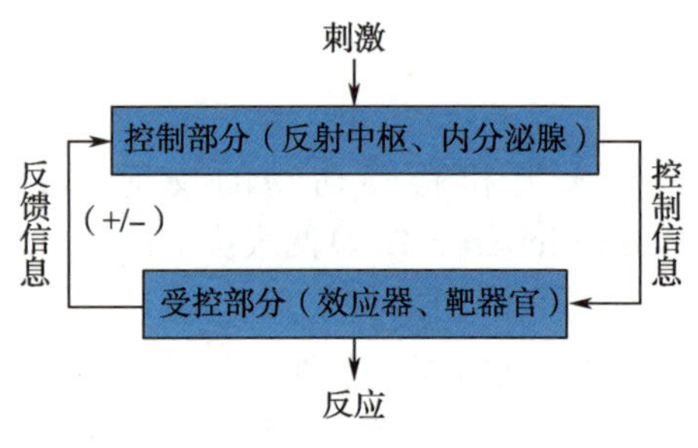

图 1-3 控制系统

+：表示正反馈；–：表示负反馈

（一）负反馈

在反馈控制系统中，受控部分发出的反馈信息使控制部分的活动向相反的方向改变，称为**负反馈（negative feedback）**。也就是说，当某种生理活动过强时，通过反馈调控可使该生理活动减弱，而当某种生理活动过弱时，又可反过来引起该生理活动增强。例如，脑内心血管活动中枢通过交感神经和迷走神经控制心脏和血管的活动，使动脉血压维持在一定的水平（见第四章血液循环）。负反馈调节在机体各种生理功能调节中最为常见，它在维持机体各种生理活动的相对稳定中具有重要意义。

（二）正反馈

是指受控部分发出的反馈信息，通过反馈联系促进和加强控制部分的活动，最终使受控部分的活动朝着与它原先活动相同的方向改变，这种调节方式称为**正反馈（positive feedback）**。正反馈控制的特性不是维持系统的稳态或平衡，而是破坏原先的平衡状态。正反馈调节在体内生理调节过程中比较少见，其生理作用是使某一生理活动不断加强直至完成。像血液凝固、射精、排尿、排便和分娩等过程属于正反馈。例如，当孕妇临近分娩时，某

笔记栏

些信息可诱发子宫收缩,子宫收缩导致胎头下降扩张子宫颈部,宫颈受到牵张刺激反射性地促进缩宫素分泌增加,使子宫进一步加强收缩,胎头继续下降,子宫颈再次受到牵张,如此反复,直至胎儿娩出为止。

知识链接

分娩反射

在分娩过程中,子宫的收缩促使胎儿头部下降,使子宫颈受到牵张,子宫颈的牵张可反射性地加强子宫收缩,促使胎儿头部进一步下降,使子宫颈受到更强的牵张,子宫颈受到的更强牵张再反过来加强子宫收缩,如此反复,直至胎儿整体娩出。可见,分娩反射就是典型的正反馈例子。

机体功能的反馈自动控制,反映了人体功能调节的自动化,但尚不完善。例如,负反馈调节是维持内环境稳态的重要机制,但它只有在干扰因素使受控变量出现偏差之后才能发生作用,存在着偏差纠正滞后和易于矫枉过正的缺点。在体内还存在另一种控制,即控制部分在反馈信息到达之前已由某种监控装置在受到刺激后预先发出信息(前馈信息),及时纠正其指令可能出现的偏差,这种控制形式称为**前馈(feed-forward)**。前馈控制克服了反馈滞后和波动的缺点,因而,使人体的各种功能活动都能在内外多种因素不断干扰下仍然保持较好的稳态。

正反馈

学习小结

1. 生理学的研究内容和方法　生理学的研究对象是人体,其任务是掌握生命活动的规律。生理学研究的三个水平:细胞和分子水平、器官和系统水平、整体水平;生理学的研究方法包括人体和动物实验,动物实验由分为急性实验(在体实验、离体实验)和慢性实验。

2. 生命活动的基本特征　新陈代谢、兴奋性、适应性、生殖等四个基本特征。兴奋性是指一切有生命活动的细胞、组织或机体对刺激产生反应的能力或特性。组织、细胞或机体在接受刺激后由相对静止转为活动状态,或由弱活动转为强活动,称为兴奋,动作电位是细胞兴奋的客观指标。

3. 机体的内环境与稳态　内环境是指细胞直接接触和生存的环境,即细胞外液。内环境的理化特性保持相对稳定的状态称为内环境稳态,稳态是细胞进行正常生命活动的必要条件。

4. 机体生理功能的调节方式　①神经调节:基本方式是反射,反射的结构基础是反射弧(感受器、传入神经、反射中枢、传出神经和效应器五个部分);反射可分为非条件反射和条件反射,特点是迅速、精确、短暂。②体液调节:分为全身性和局部性体液调节,特点是缓慢、广泛、持久;③自身调节:不依赖神经和体液调节,由组织、器官自身特性对内、外环境变化产生适应性反应的过程,特点是局限、调节幅度小、灵敏度低。

5. 机体功能的调节与反馈　①负反馈:受控部分发出的反馈信息使控制部分的活动向相反的方向改变,维持机体生理功能的相对稳定,例如动脉血压的调节;②正反馈:受控部分发出的反馈信息,通过加强控制部分的活动使受控部分的活动朝着与它

笔记栏

原先活动相同方向的改变，不断加强某一生理活动直至完成，例如，血液凝固、射精、排尿、排便和分娩等过程。

（朱大诚 顾 静）

复习思考题

扫一扫，测一测

1. 生命活动的基本特征有哪些？有何生理意义？
2. 什么是内环境？内环境稳态有何生理意义？
3. 反射活动的结构基础是什么？包括哪几部分？
4. 试述人体功能活动调节方式的种类、特点。
5. 临床上肌内注射时，为什么要求进针、出针快，推药慢？
6. 何谓负反馈调节？有何生理意义？试举例说明。

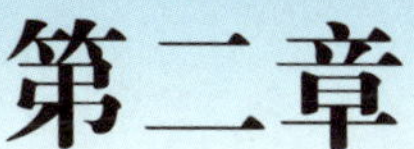

第二章 细胞的基本功能

笔记栏

课件

学习目标

识记细胞膜的物质转运功能，细胞的生物电现象，刺激引起兴奋的条件；知晓细胞膜的跨膜信号传导途径，细胞兴奋的引起和传导，骨骼肌的收缩形式。理解细胞的生物电产生机制；骨骼肌的兴奋 - 收缩耦联。

细胞是人体结构和功能的基本单位。体内所有的生命现象都是在细胞及其产物的基础上进行的。构成人体的细胞种类众多，形态各异，分布于机体的不同部位，执行不同的功能。但对于所有细胞实现的生命过程及其产生原理基本是相同的。本章重点介绍细胞膜的跨膜物质转运功能；细胞的跨膜信号转导功能；细胞的生物电现象和骨骼肌细胞的收缩功能。

第一节　细胞膜的基本结构和功能

机体每个细胞都被一层薄膜所包被，称为**细胞膜（cell membrane）**或**质膜（plasma membrane）**。它把细胞内容物与细胞周围的环境分隔开来，使细胞能相对地独立于环境而存在，对维持细胞正常的功能有重要作用。此外，胞质内的各种细胞器也被类似细胞膜的膜性结构包被，因此，将细胞膜和细胞器膜统称为**生物膜（biological membrane）**。

一、细胞膜的基本结构

细胞膜主要由脂质、蛋白质和少量的糖类组成。其中糖主要与蛋白质和脂类结合，分别形成糖蛋白和糖脂。关于细胞膜中各种物质的排列形式，目前公认的是 1972 年 **Singer** 和 **Nicholson** 提出的**液态镶嵌模型（fluid mosaic model）**。该模型的基本内容是：细胞膜以液态脂质双分子层为基架，其中镶嵌着具有不同分子结构和功能的蛋白质（图 2-1）。

（一）脂质双分子层

膜脂质以磷脂为主，占脂质总量的 70% 以上，其次是胆固醇，占 30% 左右，其余为少量的糖脂。脂质以双分子层的形式构成细胞膜的骨架。磷脂和胆固醇都是双嗜性分子，磷脂分子中磷酸和碱基以及胆固醇分子中的羟基形成亲水性基团，分子的另一端是脂肪酸烃链形成的疏水性基团。在膜中，亲水性基团都朝向膜的外表面或内表面，而脂肪酸烃链则在膜的内部两两相对。膜脂质双分子层的结构使其具有较强的稳定性，使细胞膜能承受较大的张力不致破裂，即使发生较小的断裂，也易于自动融合和修复。膜脂质的熔点较低，在体温条件下呈液态，因而膜具有流动性，膜脂质的流动性使细胞能进行变形运动。胆固醇含量增高可抑制脂质和蛋白质在膜内的移动，使膜流动性降低。

笔记栏

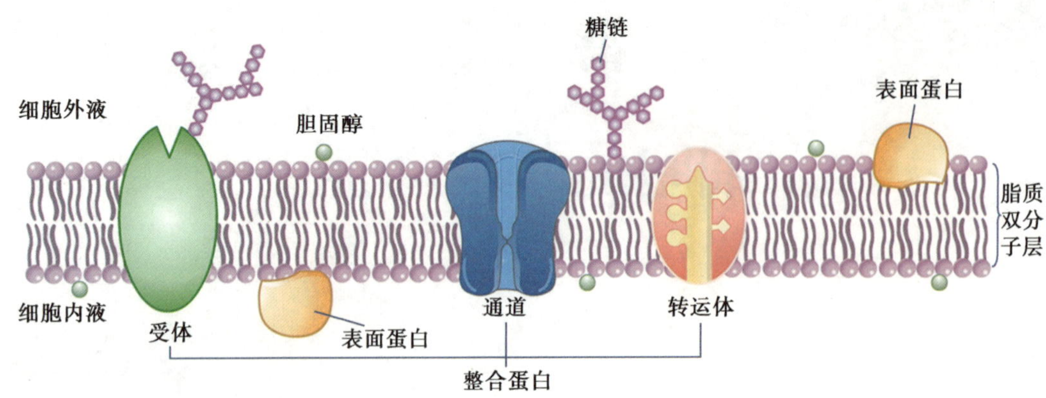

图 2-1 细胞膜的液态镶嵌模型

（二）蛋白质

细胞膜结构中的蛋白质分子是多以复合糖形式（糖蛋白）存在。依据膜蛋白在膜上的存在形式不同，可将其分为**镶嵌蛋白（integral protein）**和**表面蛋白（peripheral protein）**。镶嵌蛋白占膜蛋白的70%~80%，其肽链一次或多次反复贯穿整个脂质双分子层，两端暴露在膜的两侧；表面蛋白占膜蛋白的20%~30%，以其肽链中带电的氨基酸或基团与膜两侧的脂质极性基团相互吸引，使蛋白分子附着在膜的表面。

细胞膜的功能在很大程度上同上述的膜蛋白密切相关。有的蛋白质与物质的跨膜转运有关，如载体蛋白、通道蛋白、离子泵等；有的与信息传递有关，如分布在膜外表面的受体蛋白，能与环境中的信号物质（又称配体）特异性的结合，引起细胞功能的相应改变；还有一类蛋白质与能量转化有关，如ATP酶能分解ATP而提供生理活动所需的能量；膜内侧存在腺苷酸环化酶系统，当配体与其特异性受体结合后可被激活，将膜内胞质中的ATP转变为环磷酸腺苷（**cAMP**），进而引起胞内的生物效应，所以该酶系既与能量转化有关，又起到信息传递的作用。

（三）糖类

细胞膜的外表面还有少量的糖类，主要是一些寡糖和多糖链。它们以共价键的形式与膜的脂质或蛋白质结合，形成糖脂和糖蛋白。结合于糖脂或糖蛋白上的糖链仅存在于胞膜的外侧。由于这些糖链化学结构所具有的特异性，可作为所在细胞或所结合蛋白质的特异性“标志”，如有的作为抗原决定簇，表示某种免疫信息；有的作为膜受体的“可识别”部分，能特异性地与某种递质、激素或其他化学信号分子相结合。如在人红细胞ABO血型系统中，红细胞的不同抗原特性就是由结合在脂质鞘氨醇分子上的寡糖链所决定的。

二、细胞膜的跨膜物质转运方式

细胞膜的物质转运功能是维持细胞进行各项生命活动的基础。细胞在新陈代谢过程中不断有各种物质进出细胞，不同理化性质的物质其转运机制不同。少数脂溶性小分子物质能够直接通过细胞膜，大多数物质和离子的跨膜转运，都需要依靠镶嵌在膜上的各种特殊蛋白介导来完成。而某些大分子物质或团块物质进出细胞则通过细胞膜以囊泡转运的方式进行。根据跨膜转运是否消耗能量，可将其分为**被动转运（passive transport）**和**主动转运（active transport）**两大类。

（一）被动转运

物质顺浓度梯度或电位梯度，不需要消耗能量通过细胞膜进出细胞的过程，称为被动转

笔记栏

运。根据其是否需要膜蛋白的帮助,又分为单纯扩散和易化扩散两种形式。

1. 单纯扩散 **单纯扩散(simple diffusion)**是指脂溶性的小分子物质从细胞膜高浓度一侧向低浓度一侧移动的过程。它是一种简单的物理扩散。扩散的方向和速度取决于膜两侧该物质的浓度差和膜对该物质的通透性。由于细胞膜是以脂质双分子层为基架,因而有少量的脂溶性高且分子量小的物质能穿过脂质双分子层。目前已知的有 O_2、CO_2、NO、尿素、乙醇等物质是以单纯扩散方式进行跨膜转运的。

知识链接

水 通 道

水通道是由约翰霍普金斯大学医学院的美国科学家 Agre(阿格雷)所发现。在分离纯化红细胞膜上的 Rh 血型抗原时,他发现了一个 28KD 的疏水性跨膜蛋白,称为 CHIP28(Channel Forming integral membrane protein),1991 年得到 CHIP28 的 cDNA 序列,Agre 将 CHIP28 的 mRNA 注入非洲爪蟾的卵母细胞中,在低渗溶液中,卵母细胞迅速膨胀,并于 5 分钟内破裂,纯化的 CHIP28 置入脂质体,也会得到同样的结果。细胞的这种吸水膨胀现象会被 Hg^{2+} 抑制,而这是已知的抑制水通透的处理措施。这一发现揭示了细胞膜上确实存在水通道。他与确认钾离子通道结构的洛克菲勒大学的 Roderick MacKinnon(罗德里克·麦金农)共享 2003 年诺贝尔化学奖。

水的跨膜转运是由水分子在渗透压梯度的驱动下,水分子由渗透压低的一侧向渗透压高的一侧移动,这种扩散称为渗透。水的跨膜转运有两种方式,一种是通过膜脂质分子层的单纯扩散,存在于所有细胞。由于细胞膜是脂质双分子层组成,脂质分子间的间隙很小,对水的通透性非常低,所以在大部分细胞内外,水的跨膜转运速率非常缓慢。另一种是通过水通道介导的水转运。水通道是细胞膜上一种特殊蛋白质,通过其内部形成的水相孔道允许水分子大量快速进出细胞。肾脏是水通道分布最多的器官。在肾脏水分子在溶液渗透压梯度的作用下主要依靠水通道进行跨膜转运。

单纯扩散

2. 易化扩散 体内一些不溶于脂质或难溶于脂质的小分子物质,不能直接跨膜转运,需要在细胞膜特殊蛋白质的帮助下,顺浓度梯度和电梯度跨膜转运的过程称为**易化扩散(facilitated diffusion)**。如细胞外液中葡萄糖、氨基酸进入胞内,Na^+、K^+、Ca^{2+} 等离子的跨膜转运。根据转运方式的不同,易化扩散可分为由载体介导和通道介导的两种不同类型。

(1) 载体介导的易化扩散:一些小分子物质脂溶性小或者是非脂溶性的,很难通过细胞膜,这些物质顺浓度或电梯度跨膜转运时需要膜蛋白的协助,介导这一过程的膜蛋白称为载体蛋白或**载体(carrier)**。载体是一些贯穿脂质双分子层的镶嵌蛋白。迄今尚不清楚它们是如何将溶质进行跨膜转运的,一般认为,载体与溶质的结合位点随构象的改变而交替暴露于膜的两侧,当它在溶质浓度较高的一侧与溶质结合后,即发生构象的改变,并在其浓度较低的一侧与溶质解离。载体转运的物质主要是一些小分子有机物质,如葡萄糖、氨基酸等。以载体为中介的易化扩散有以下特点:①高度特异性:即每一种载体蛋白只能转运具有某种特定结构的物质;②饱和现象:由于在细胞膜上载体和载体结合位点的数目是有限的,浓度差在较小的范围内时,载体转运某一物质的量与该物质的浓度差成正比。当浓度差增加到某一限度时,载体转运该物质的能力不再增加,即出现饱和现象;③竞争性抑制:如某一载体对

笔记栏

ER-下-2-2
载体介导的易化扩散

A 和 B 两种结构相似的物质都有转运能力，如果提高 B 物质在膜两侧的浓度梯度，将会减少对 A 物质的转运数量。

(2) 通道介导的易化扩散：细胞内、外液中的 Na^+、K^+、Ca^{2+}、Cl^- 等带电离子不能自由通过细胞膜的脂质双分子层，它们顺浓度或电梯度跨膜转运时，也必须借助细胞膜上特殊蛋白质的帮助才能实现跨膜转运。这种能使离子顺浓度或电梯度跨膜转运的蛋白质称为**离子通道(ion channel)**，是一类贯穿脂质双分子层中央带有亲水性孔道的膜蛋白。当孔道开放时，离子可经孔道跨膜流动而无需与脂质双层相接触，从而使通透性很低的离子能以极快的速度跨越细胞膜。以通道为中介的易化扩散有以下特点：①选择性：每种通道都对一种或几种离子有较高的通透能力，其他离子则不易或不能通过。依据离子的选择性可将通道分为 Na^+ 通道、K^+ 通道、Ca^{2+} 通道、Cl^- 通道、非选择性阳离子通道等。例如，K^+ 通道对 K^+ 和 Na^+ 的通透性之比约为 100∶1；**乙酰胆碱(acetylcholine，ACh)**受体阳离子通道对小的阳离子都具有高度通透性，但不能通过 Cl^-。②门控特性：每一种通道蛋白分子有两种或三种相对稳定的分子构象。不同分子构象的转换决定离子通道是处于开放(激活)状态，还是关闭(备用或失活)状态。离子扩散的条件是离子通道必须开放。离子通道在未激活时是关闭的，在一定条件下“门”被打开，才允许离子通过，这一过程称为**门控(gating)**过程，时间一般都很短。门控离子通道分为三类(图 2-2)：①**电压门控通道(voltage gated channel)**：它们在细胞膜去极化到一定电位时开放，因此也称为电压依从性通道，如神经元上的 Na^+ 通道。②**配体门控通道(ligand gated channel)**或**化学门控通道(chemically gated channel)**：受细胞膜环境中某些化学性物质的影响而开放。一般说配体来自细胞外液，如激素、递质等。已知 N_2 型 ACh 受体本身包含 Na^+、K^+ 离子通道，当 ACh 与受体结合时，通道开放，Na^+、K^+ 同时扩

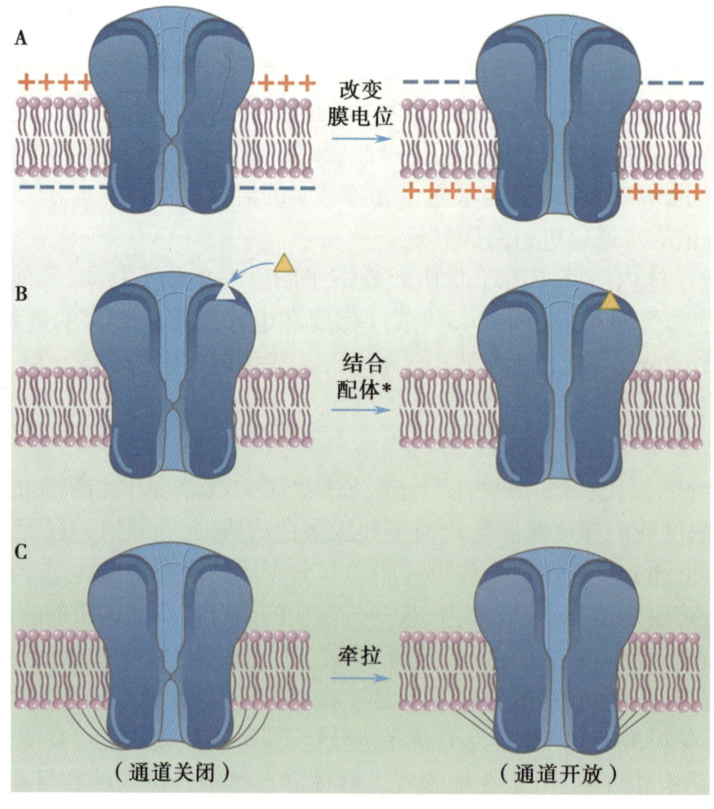

图 2-2 通道的门控性示意图

A. 电压门控通道；B. 化学门控通道；C. 机械门控通道

ER-下-2-3
通道介导的易化扩散

散转运。有些细胞内因子也能激活离子通道，如胞内 G 蛋白、**环磷酸鸟苷（cyclic guanosine monophosphate，cGMP）**、Ca^{2+} 等也可在细胞内直接与离子通道相结合，并使之激活。③**机械门控通道（mechanically gated channel）**：感受细胞膜表面的应力变化，如摩擦力、压力、牵张力、重力和剪力等，将细胞机械刺激的信号转化为电化学信号，引起细胞的反应，如触觉的神经末梢，听觉的毛细胞、血管壁上的内皮细胞以及心肌细胞等都存有这类通道。除上述门控通道外，还有一类被称为非门控通道。非门控通道处于持续开放状态，如神经纤维膜上的钾通道，这类通道在维持静息膜电位方面起重要作用。

（二）主动转运

小分子物质逆浓度梯度或电位梯度，消耗能量通过细胞膜进出细胞的过程，称为主动转运。介导这一过程的细胞膜蛋白称为**离子泵（ion pump）**。离子泵可将细胞内的 ATP 水解，并利用释放的高能磷酸键储存的能量完成离子的跨膜转运。离子泵由于具有水解 ATP 的能力，所以也称作 ATP 酶。根据能量利用的形式不同，主动转运分为原发性主动转运和继发性主动转运。

1. 原发性主动转运　细胞直接利用分解 ATP 产生的能量将离子逆电 - 化学梯度进行跨膜转运的过程，称为**原发性主动转运（primary active transport）**。在哺乳动物的细胞膜上普遍存在的离子泵有**钠 - 钾泵（sodium potassium pump）**，简称钠泵，也称 **Na^+，K^+ATP 酶（Na^+，K^+ATPase）**。当细胞内 Na^+ 浓度升高或细胞外 K^+ 浓度升高时，都可激活钠泵，在一般情况下，每分解 1 分子 ATP，可泵出 3 个 Na^+，同时泵入 2 个 K^+，从而维持细胞膜内外 Na^+ 和 K^+ 的浓度差。由于钠泵的活动，使细胞内液 K^+ 的浓度为细胞外液中的 30 倍左右，而细胞外液中 Na^+ 的浓度为细胞内液的 10 倍左右。由于钠泵的这种活动使细胞外正离子净增而使电位升高，因此也将钠泵称之为**生电钠泵（electrogenic sodium pump）**。钠泵的这种作用可被其特异性抑制剂哇巴因所阻断（图 2-3）。

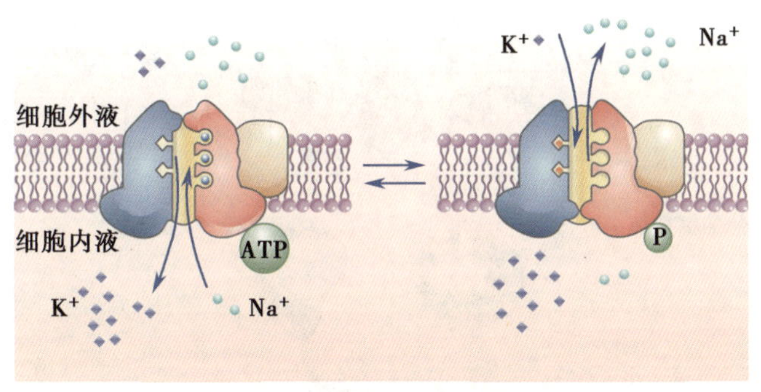

图 2-3　钠泵主动转运示意图

细胞代谢产能的 20%~30% 用于维持钠泵的活动，钠泵的活动具有重要的生理意义：①钠泵活动造成的细胞膜内外 Na^+ 和 K^+ 的浓度差，是细胞生物电活动产生的前提条件；②Na^+ 在细胞膜两侧的浓度差也是其他许多物质继发性主动转运（如葡萄糖、氨基酸的主动吸收等）的动力；③维持胞质渗透压和细胞容积的相对稳定，有效地防止了胞质渗透压升高和细胞肿胀；④钠泵活动造成的胞内高 K^+ 浓度，是胞质内许多代谢反应所必需的条件。例如核糖体合成蛋白质就需要高 K^+ 环境。此外，钠泵活动的生电性，可使细胞膜内电位的负值增加，在一定程度上影响静息电位。

主动转运是人体最重要的物质转运形式，除钠泵外，目前了解较多的还有钙泵，也称 Ca^{2+}-ATP 酶，广泛分布于细胞膜、内质网膜和肌质网膜上；此外，体内还有 H^+，K^+-ATP 酶和

笔记栏

H^+-ATP 酶两种重要的**质子泵(proton pump)**。这些泵蛋白在分子结构上和钠泵类似,都以直接分解 ATP 为能量来源,将有关离子进行逆浓度差的转运。

2. 继发性主动转运 有些物质在进行逆电化学梯度的跨膜转运时,所需的能量并不直接来自 ATP 的分解,而是来自 Na^+ 在细胞膜两侧的浓度势能差,是钠泵利用分解 ATP 释放的能量建立的。这种间接利用 ATP 能量的主动转运过程称为**继发性主动转运(secondary active transport)**也称协同转运。此过程有一个将 Na^+ 向胞内扩散与其他物质跨膜转运相耦联起来的细胞膜载体蛋白,即**协同转运体(cotransporter)**。根据被转运物质与 Na^+ 转运的方向是否相同可分为两种形式:如果被转运的物质与 Na^+ 移动方向相同,称为**同向转运(symport)**,相应的转运体也称为**同向转运体(symporter)**,如葡萄糖和氨基酸在小肠黏膜上皮的吸收以及在肾小管上皮细胞被重吸收的过程(图 2-4);如果两者移动方向相反,则称为**反向转运(antiport)**,相应的转运体称为**反向转运体(antiporter)**,如心肌细胞上的 Na^+-Ca^{2+} 交换等过程。

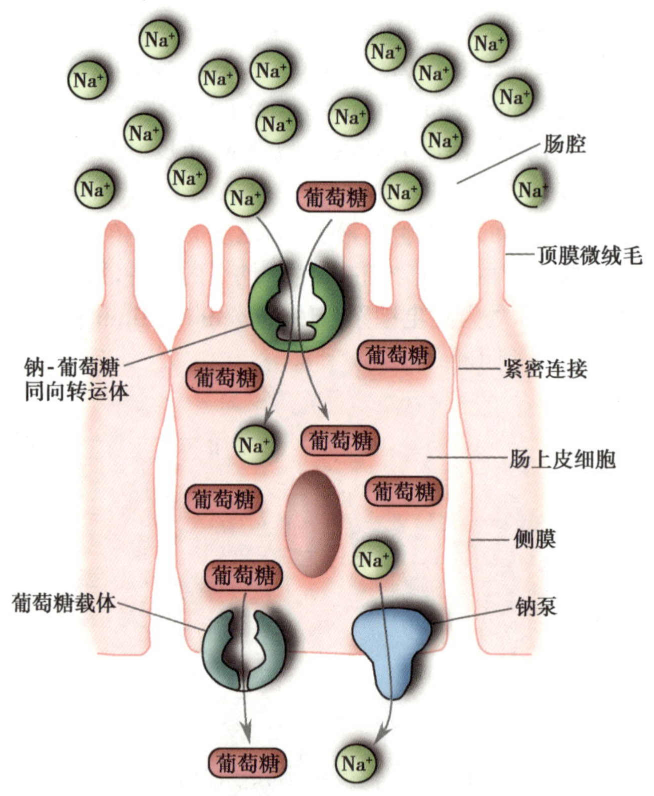

图 2-4 葡萄糖继发性主动转运模式图

葡萄糖通过顶膜上的钠 - 葡萄糖同向转运体在 Na^+ 进入细胞的同时将其逆浓度差转运至细胞内,然后再通过基底膜上的葡萄糖载体将其转运至血液中

(三) 出胞和入胞

大分子物质或物质团块不能直接穿越细胞膜,需要由单位膜产生的囊泡帮助才能进出细胞,根据进出的方向不同,可分为**出胞(exocytosis)**和**入胞(endocytosis)**两种形式。

1. 出胞 出胞是指胞质内的大分子物质以分泌囊泡的形式排出细胞的过程。如外分泌腺细胞将合成的酶原颗粒和黏液排放到腺导管、内分泌腺细胞将合成的激素分泌到组织

液，以及神经纤维末梢突触囊泡内神经递质的释放等均属于出胞过程。分泌物通常是在粗面内质网上的核糖体合成，再转移到高尔基体，被修饰并且由膜包裹成分泌囊泡，这些囊泡逐渐移向细胞膜的内侧，并与细胞膜发生膜的融合、破裂，最后将分泌物排出细胞，而囊泡膜随即成为细胞膜的组成部分。出胞有两种形式：①囊泡所含的大分子物质不间断地排出细胞，它是细胞本身固有的功能活动，如小肠黏膜杯状细胞持续分泌黏液的过程；②合成的物质首先储存在胞内，当受到化学信号或电信号的诱导时才从细胞中排出，是一种受调节的出胞过程。例如神经末梢递质的释放，就是由动作电位的刺激引起的出胞过程。这种受调节的出胞过程与刺激物引起的 Ca^{2+} 内流有关，是由胞内 Ca^{2+} 浓度升高引发的。

出胞

2. 入胞 入胞是指大分子物质或物质团块进入细胞的过程。在入胞过程中形成吞噬泡或吞饮泡的过程分别称为**吞噬（phagocytosis）**和**吞饮（pinocytosis）**。吞噬是将细胞外的细菌或其他物质吞入细胞内形成一个吞噬泡的过程。吞噬泡进入细胞内后与溶酶体融合，通过酶的作用将细菌消灭。吞噬过程需要 ATP 提供能量用于细胞膜骨架的移动和囊泡在细胞内的转运。吞噬主要发生在单核细胞、巨噬细胞等特殊细胞。吞饮可发生于体内几乎所有的细胞，形成的吞饮泡较小。吞饮又可分为**液相入胞（fluid phase endocytosis）**和**受体介导入胞（receptor mediated endocytosis）**两种形式。液相入胞是细胞本身固有的活动，指细胞外液及所含溶质连续不断地进入细胞内。受体介导入胞则是通过被转运物质与细胞膜受体特异结合，再通过细胞膜的内陷形成囊泡，囊泡脱离细胞膜而进入胞内。许多重要的大分子物质（激素、生长因子、血清转运蛋白）以及外来异物都是以这种方式进入细胞。

入胞

三、细胞膜的跨膜信号转导

生物细胞具有极其复杂的生命活动，这些生命活动受遗传信息和内外环境变化信息的严格调控。细胞可以感受并转导环境刺激信号，从而调节细胞代谢、增殖、分化以及凋亡等各种功能活动。这一调节过程是通过这些环境信号，包括体内细胞产生和分泌的神经递质、激素、细胞因子、气体分子等，作用于其他细胞或其自身相应的受体来进行的。这些能与受体发生特异性结合的信号分子称为**配体（ligand）**。配体通过组织液的扩散作用于邻近的靶细胞，也可通过血液循环作用于远距离靶细胞。这些信号分子除少数可以进入细胞内直接作用于细胞内受体外，绝大多数只能作用于细胞膜表面的受体，再经跨膜转导形成细胞内的信号，引发靶细胞相应的功能改变，这一过程被称为**跨膜信号转导（transmembrane signal transduction）**。根据细胞膜上感受信号物质的受体结构和功能的不同，跨膜信号转导的路径大致可分三种类型。

（一）G 蛋白耦联受体介导的信号转导

G 蛋白耦联受体（G protein linked receptor）介导的信号转导是由膜受体、G 蛋白、G 蛋白效应器、第二信使、**蛋白激酶（protein kinase，PK）**等存在于细胞膜、细胞质及细胞核中一系列信号分子的连锁活动来完成其信号转导。由于这类转导途径都需要膜受体通过 G 蛋白才能发挥作用，故称 G 蛋白耦联受体介导的信号转导（图 2-5）。

大多数激素、神经递质和其他信号分子调节细胞的功能都是通过 G 蛋白耦联受体介导的。G 蛋白是**鸟苷酸结合蛋白（guanine nucleotide binding regulatory protein）**的简称。与 G 蛋白耦联的受体是细胞表面受体的最大家族，包括肾上腺素 α 和 β 受体、γ- 氨基丁酸 B 型受体、5-HT 受体、嗅觉受体、视紫红质受体以及多数肽类激素的受体等，总数多达 1 000 种左右。这些受体由结构和功能相似的多肽链构成，每条多肽链由 7 个跨膜节段组成，其胞外侧和跨膜节段内部有配体结合位点，胞质侧有 G 蛋白结合的位点。受体与配体结合后，其分子构象发生变化，引起对 G 蛋白的结合和激活。

笔记栏

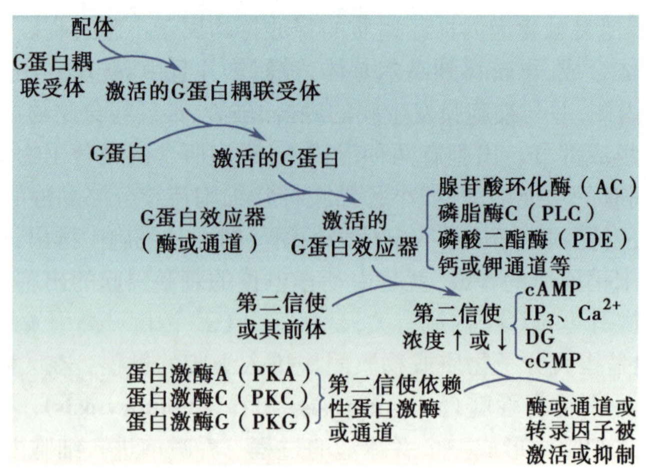

图 2-5　G 蛋白耦联受体介导的信号转导的主要过程

G 蛋白由 α、β 和 γ 三个亚单位组成，其中 α 亚单位具有鸟苷酸结合位点和**三磷酸鸟苷（guanosine triphosphate，GTP）**酶活性。未激活的 G 蛋白在膜内是与受体分离的，其 α 亚单位与 GDP 结合。当配体与受体结合后，α 亚单位与**二磷酸鸟苷（guanosine diphosphate，GDP）**解离而与 GTP 结合，三聚体 G 蛋白则分成两部分具有活性的 G 蛋白，即 α-GTP 复合物和 β-γ 二聚体（图 2-6），具有活性的 G 蛋白进一步激活膜的 G 蛋白效应器，通过第二信使完成信号转导。

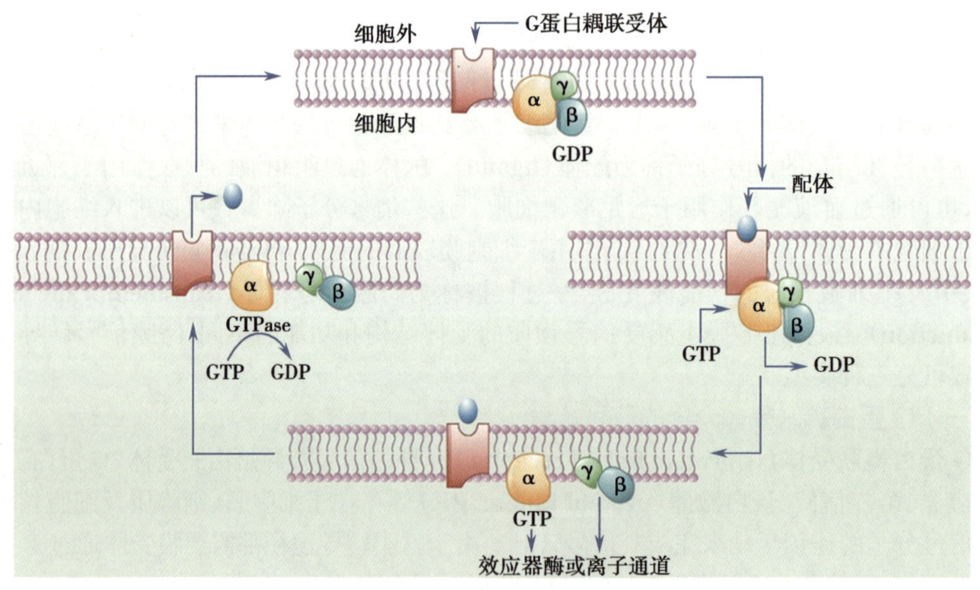

图 2-6　G 蛋白的激活和失活

G 蛋白效应器是指催化生成细胞内第二信使物质的酶和离子通道。主要的酶有**腺苷酸环化酶（adenylyl cyclase，AC）**、**磷脂酶 C（phospholipase C，PLC）**、**磷脂酶 A_2（phospholipase A_2，PLA_2）**和**磷酸二酯酶（phosphodiesterase，PDE）**等。G 蛋白通过调节酶的活性使得胞质中第二信使的浓度增加或下降，将信号转导到细胞内。

第二信使是指细胞外信号分子（第一信使），如激素、递质等作用于细胞膜后产生的

细胞内信号分子，它们可把细胞外的信息转导到细胞内。主要的第二信使有**环磷酸腺苷（cyclic adenosine monophosphate，cAMP）**、**三磷酸肌醇（inositol triphosphate，IP_3）**、**二酰甘油（diacylglycerol，DG）**、**环磷酸鸟苷（cyclic guanosine monophosphate，cGMP）**和 Ca^{2+} 等。

G 蛋白耦联受体介导的信号转导目前发现有两条途径。一是受体 -G 蛋白 -AC 途径，G 蛋白激活后通过 cAMP 含量的变化影响胞质中蛋白激酶 A 的活性实现其信号转导作用；二是受体 -G 蛋白 -PLC 途径，G 蛋白激活后通过 IP_3 和 DG 调节细胞内 Ca^{2+} 和蛋白激酶 C 活性实现其信号转导。G 蛋白也可直接或通过第二信使调节离子通道的活动实现信号转导。

蛋白激酶（protein kinase，PK）又称**蛋白质磷酸化酶（protein phosphakinase）**，是一类催化蛋白质磷酸化反应的酶。它能把三磷酸腺苷上的 γ- 磷酸转移到蛋白质分子的氨基酸残基上。蛋白质磷酸化是调节和控制蛋白质活力和功能的最基本、最普遍，也是最重要的机制。到目前为止，已发现的蛋白激酶约有 300 种左右，其中有蛋白激酶 A（PKA）、蛋白激酶 C（PKC）和蛋白激酶 G（PKG）等。

（二）酶耦联受体介导的信号转导

此类信号转导需要两个功能单位组成，即细胞膜外侧能与配体结合的受体单位和细胞膜内侧的具有酶功能的单位。当细胞外的配体与受体结合后能够激活细胞膜内侧的酶功能部分实现信号转导功能。酶耦联受体中较重要的有酪氨酸激酶受体、酪氨酸激酶结合型受体和鸟苷酸环化酶受体。

酪氨酸激酶受体通常只有一个跨膜 α 螺旋，其配体结合位点位于细胞外侧，而胞质侧为具有酪氨酸激酶的结构域，本身具有酶活性，即受体与酶是同一蛋白分子。大部分生长因子和一部分肽类激素都是通过酪氨酸激酶受体将信号转导至细胞核，从而引起基因转录的改变。这类受体结构简单，当细胞外信号分子与它的胞外侧位点结合时，引起胞质侧酪氨酸激酶激活，导致受体自身或细胞内靶蛋白的磷酸化。

酪氨酸激酶结合型受体的膜内侧没有酪氨酸激酶的结构域，但当它与配体结合而被激活时，可与细胞内的酪氨酸蛋白激酶结合并激活它，并通过对自身和底物蛋白的磷酸化作用把信号转入细胞内。这类受体包括了促红细胞生成素受体、生长激素和催乳素受体，以及许多细胞因子和干扰素的受体等。

鸟苷酸环化酶受体通常也只有一个跨膜 α 螺旋，其配体结合位点位于细胞外侧，当配体与受体结合，激活细胞内侧的**鸟苷酸环化酶（guanylate cyclase，GC）**。GC 催化 GTP 生成 cGMP，进而结合并激活 cGMP 依赖性蛋白激酶 G，使底物蛋白磷酸化，产生生理学效应。鸟苷酸环化酶受体的一个重要配体是**心房钠尿肽（atrial natriuretic peptide，ANP）**。

还有一种存在于胞质中的可溶性 GC 是**一氧化氮（nitrogen monoxidum，NO）**的受体。NO 是 20 世纪 80 年代后期发现的一种气体信息分子，参与神经递质引起的血管舒张反应。后证实它广泛存在于中枢和外周神经系统中，与多种机体功能的调节有关。

（三）离子通道受体介导的信号转导

离子通道受体也称**促离子型受体（ionotropic receptor）**，这些受体本身就是离子通道的组成部分，当支配骨骼肌的神经末梢释放的 ACh 与骨骼肌终板膜上 N_2 胆碱能受体结合后，导致通道发生构象变化，通道开放，Na^+ 等经通道跨膜流动，从而实现肌细胞的信号转导。这类通道都是胞膜上的化学门控通道。由于离子通道受体直接操纵离子通道的开关，因此大多介导快速的信号转导，且路径简单。

电压门控通道和机械门控通道是接受电信号和机械信号的另一种类型受体，通过通道的开启、关闭以及由此造成的离子跨膜流动把信号转导到胞内。

上述内容归纳了目前研究比较清楚的三种类型的跨膜信号转导途径，但是细胞的功能

笔记栏

及其调控机制是非常复杂的，各种信号转导之间存在复杂的相互联系。随着研究的进一步深入，新的信号转导途径及其相互之间的联系将会不断被发现。

第二节 细胞的生物电现象

机体所有的细胞无论在安静状态下还是在活动状态下，都具有电的变化，这种现象称为**生物电现象（bioelectricity phenomenon）**。生物电是一种普遍存在又十分重要的生命现象，可兴奋细胞的多种活动，如神经细胞的活动、腺细胞的分泌、肌肉细胞的收缩等都是以生物电活动为基础。在体表一定部位引导并记录下来的心电图、脑电图、肌电图、视网膜电图、胃肠电图等都是生物电的表现。细胞生物电是细胞膜内外两侧带电离子的不均匀分布和一定形式的跨膜移动的结果。在正常情况下，细胞膜两侧存在一定的电位差称为**跨膜电位（transmembrane potential）**，简称**膜电位（membrane potential）**。细胞的膜电位主要有三种表现形式：①细胞在安静状态下相对稳定的静息电位；②细胞受到刺激时膜电位一过性的迅速变化的动作电位；③细胞受到微小刺激时还可产生局部电位。本节将重点介绍静息电位和动作电位及其产生的离子机制。

知识链接

细胞的生物电现象及其记录方法

19 世纪中叶，人们就已知道神经纤维传导冲动时存在电的变化，早期采用阴极射线示波器能够比较精确地记录和测量神经细胞的电位变化。但是所记录的是一条神经干的复合动作电位。微电极的发明能够测定单一细胞的膜内外的电位变化。20 世纪 50 年代 Hodgkin 和 Huxley 在微电极技术的基础上发展起来的电压钳技术，分析了 Na^+ 电流和 K^+ 电流的时间和电压依赖性，提出生物电产生的离子学说（ion theory），阐明了动作电位的起因，但电压钳技术只能测量含有大量离子通道的膜行为。20 世纪 70 年代中期由 Neher 和 Sakmann 建立并发展出一种以记录细胞膜结构中单一的离子通道蛋白开放和关闭的膜片钳技术。从分子水平了解生物膜离子通道的开启和关闭、动力学选择性和通透性，从而对生物电现象的观察分析进入了分子水平的新阶段。

一、静息电位及其产生机制

（一）细胞的静息电位

静息电位（resting potential，RP）是指细胞在静息状态下存在于细胞膜两侧的电位差。如图 2-7 所示，将一参考电极放置于细胞外，另将一测量电极（微电极）插入神经细胞内，则可测量细胞膜两侧的电位差，这种测量方法称为细胞内记录法。将细胞外的电极接地，此时记录到的电位是以细胞外为零电位的膜内电位。各种细胞的膜内电位在静息状态下是稳定的、分布均匀的负电位，范围在 -100~-10mV 之间，例如骨骼肌细胞的静息电位约 -90mV，神经细胞约 -70mV，平滑肌细胞约 -55mV，红细胞约 -10mV。

由于在记录膜电位时是以细胞外为零电位，所以膜内负值越大，表示膜两侧的电位差

笔记栏

越大，静息电位也就越大。人们通常把静息电位状态下细胞膜电位内负外正的状态称为**极化**（**polarization**）；若膜电位增大称为**超极化**（**hyperpolarization**），如由静息电位的 –70mV 变化为 –90mV；膜电位减小称为**去极化**（**depolarization**），如由静息电位的 –70mV 变化为 –50mV；去极化至零电位后膜电位如进一步变为正值（内正外负），则称为反极化或**超射**（**overshoot**）；细胞膜去极化后再向静息电位方向恢复的过程称为**复极化**（**repolarization**）。

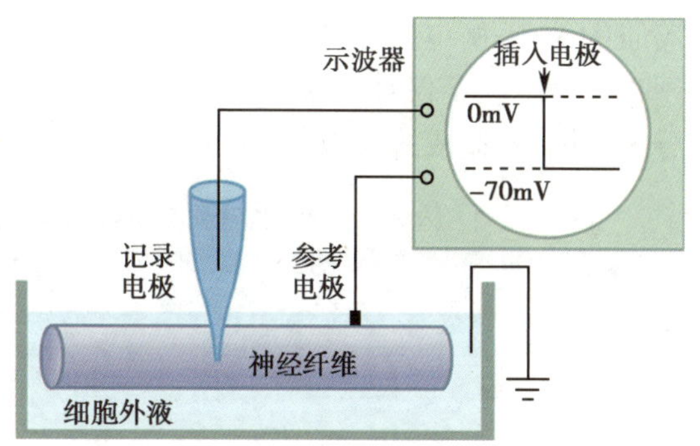

图 2-7　神经纤维静息电位测定示意图

（二）静息电位产生的机制

静息电位的产生是离子跨膜扩散所致。产生离子扩散的前提条件主要有两个方面：一是细胞膜内外两侧的离子不均衡分布；二是膜在安静条件下对各种离子的通透性不同。细胞膜内外离子分布很不相同，膜外有较多的 Na^+ 和 Cl^-，膜内有较多的 K^+ 和带负电的大分子有机物（表 2-1）。据测定，各类细胞 Na^+ 浓度膜外为膜内的 10 倍左右，而膜内的 K^+ 浓度为膜外的 30 倍左右。膜内外各种离子的不均衡分布为离子被动跨膜移动提供了势能储备。在不同的生理条件下，膜对不同离子的通透性是不一样的。安静状态下，膜对 K^+ 的通透性最大，对 Cl^- 次之，对 Na^+ 的通透性很小，而对带负电的大分子有机物则几乎不通透。因此，静息时，K^+ 通道开放，K^+ 顺浓度差向膜外扩散，随着 K^+ 的外移，膜外正电荷数增多，电位升高，膜的两侧就产生了电位差，即膜外带正电，膜内带负电，形成的外正内负的电场力称为 K^+ 继续外流的阻力。当促使 K^+ 外流的动力即浓度差和阻止 K^+ 外流的阻力即电场力达成平衡时，K^+ 的跨膜净通量为零。此时，K^+ 外流所造成的膜两侧的电位差也稳定于某一数值不变，这种内负外正的电位差称为 K^+ 的电化学平衡电位即 **K^+ 平衡电位**（**K^+ equilibrium potential，E_K**）。应用 K^+ 通道拮抗剂四乙胺阻断 K^+ 外流，发现静息电位消失，从而证明静息电位是由 K^+ 外流所致的。

根据 Nernst 公式，离子平衡电位（E_x）的数值可由膜两侧原有的 X^+ 浓度算出，即：

$$Ex=\frac{RT}{ZF}\cdot\ln\frac{[X^+]_o}{[X^+]_i}$$

式中，Ex 是离子的平衡电位；R 是气体常数；T 为绝对温度；Z 是离子价数；F 是法拉第常数；式中只有 $[X^+]_o$ 和 $[X^+]_i$ 是变数，分别代表膜外和膜内的 X^+ 浓度。若室温以 27℃计算，再把自然对数转换成常用对数，则上式可简化为：

$$Ex=60\lg\frac{[X^+]_o}{[X^+]_i}(mV)$$

由 Nernst 公式计算得到的 K^+ 平衡电位的数值，与实际测得的静息电位的数值非常接近，由此也证明，安静时膜两侧形成的静息电位主要是由 K^+ 外流所造成。为了证明这一点，在实验中人为地改变细胞外液中 K^+ 的浓度，使 $[K^+]_o/[K^+]_i$ 比值发生改变，静息电位的数值也发生相应的变化。结果与根据 Nernst 公式计算得到的预期值基本一致。

由此可见，细胞的静息电位主要是由细胞内 K^+ 的外流所产生。K^+ 外流的动力是细胞膜内外的浓度差，外流的条件是安静时细胞膜对 K^+ 有通透性。

通常静息电位的实际测量值要比 K^+ 平衡电位的理论值要小一些。比如表 2-1 显示，枪乌贼大神经的 K^+ 平衡电位的计算值为 –75mV，其静息电位的实测值是 –60mV；哺乳动物骨

静息电位

骼肌的 K^+ 平衡电位计算值是 -98mV，静息电位的实测值是 -90mV。实验已经证明，这是由于在安静时膜不仅对 K^+ 有通透性，而且对 Na^+ 也有较小的通透性，Na^+ 移入膜内将抵消一部分 K^+ 外流所造成的膜内负电位。

表 2-1 枪乌贼大神经和哺乳类动物骨骼肌细胞内液及外液中主要离子的浓度和平衡电位

组织	离子	细胞外（mmol/L）	胞质（mmol/L）	平衡电位（mV）	静息电位（mV）
枪乌贼大神经	Na^+	440	50	+50	-60
	K^+	20	400	-75	
	Cl^-	560	52	-60	
	有机负离子		385		
哺乳动物骨骼肌	Na^+	145	12	+67	-90
	K^+	4	155	-98	
	Cl^-	120	4	-90	
	有机负离子		155		

二、动作电位及其产生机制

（一）细胞的动作电位

在静息电位的基础上，给可兴奋细胞一个有效的刺激，细胞膜电位会发生一次迅速的、可逆的、可向远端传播的电位波动，称为**动作电位（action potential，AP）**。动作电位是各种可兴奋细胞发生兴奋时的标志。哺乳动物的神经纤维在静息电位的基础上受到适宜的刺激而发生兴奋时，膜内外的电位差迅速减小直至消失，甚至超过膜外，即由静息电位时的外正内负变为外负内正（图 2-8）。

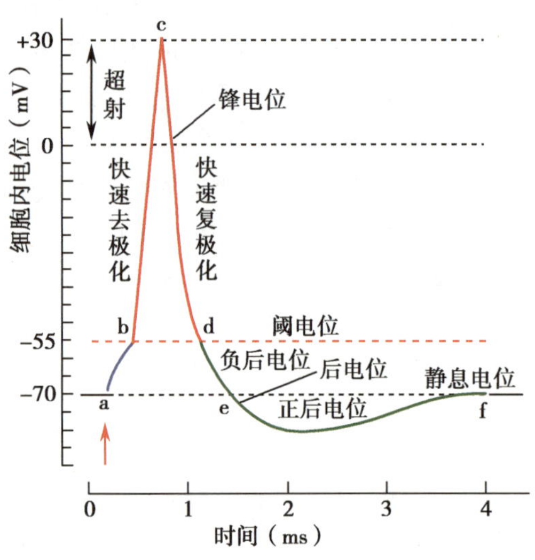

图 2-8 单一神经纤维动作电位模式图

当测量电极中的一个微电极刺入轴突内部时，可发现膜内较膜外电位低 70mV。当受到一次短促的阈上刺激时，膜内电位迅速上升到 +35mV，经 0.5~2.0ms 后又恢复到刺激前的状态。

这种膜电位变化只是暂时的，它很快就恢复到受刺激前外正内负的静息电位水平。动作电位可分为上升支和下降支。上升支又称去极相，历时很短，约 0.5ms，包括膜电位的去极化和反极化两个过程；下降支又称复极相，即膜电位的复极化过程。动作电位的上升支和下降支形成尖锋样波形，称为**锋电位（spike potential）**，在锋电位的下降支恢复到静息电位水平以前，膜电位还要经历一段微小而缓慢的波动，称为**后电位（after potential）**。包括**负后电位（nagative after potential）**和**正后电位（positive after potential）**。负后电位是指快速复极化之后膜电位在接近静息电位之前的缓慢的复极化，而正后电位是指膜电位水平大于静息电位水平的电位变化。细胞的动作电位均由去极相和复极相组成，但是，它们的形状、幅度和持续时间各不相同。例如，神经纤维的动作电位一般仅持续 0.5~2.0ms，而心室肌细胞的动

作电位则可持续几百毫秒。

细胞动作电位具有以下特征：①“全或无”现象，当给予细胞阈下刺激时，动作电位不会发生，刺激强度达到阈值时就可引发动作电位，且动作电位的幅度不会因刺激的增强而增大；②不衰减传导，动作电位产生后并不局限于受刺激部位，而是迅速向周围传播，直至整个细胞膜都依次产生动作电位，在传播过程中其幅度和波形不因传导距离的加大而改变。

（二）动作电位产生的机制

动作电位的产生与 Na^+ 通道的功能状态有关。Na^+ 通道存在三种功能状态，即备用、激活和失活状态。在静息电位时，Na^+ 通道大多关闭，对 Na^+ 几乎无通透性，但能接受刺激而开放，称为备用状态；当细胞受到有效刺激时，Na^+ 通道开放，膜对 Na^+ 通透性增大引起 Na^+ 内流，形成动作电位的去极相，此时通道呈**激活（activation）**状态；由于细胞膜去极化而引起细胞膜两侧电位差的改变，导致 Na^+ 通道关闭，此时任何强度的刺激都不能使之开放，通道处于**失活（inactivation）**状态，膜对 Na^+ 的通透性消失。

细胞在静息时，细胞膜上 Na^+ 通道多数处于关闭状态，对 Na^+ 相对不通透。当细胞受刺激发生兴奋时，Na^+ 通道蛋白的构型由于被激活发生改变，首先少量 Na^+ 顺浓度差内流，使静息电位减小，当减小到一定数值（阈电位）时，大量 Na^+ 通道开放，膜对 Na^+ 的通透性突然增大，这时大量 Na^+ 迅速流入膜内，于是膜内负电位也随着正电荷的进入而迅速被抵消，进而使膜内出现正电位，形成动作电位去极相。在动作电位发生的过程中，细胞膜两侧 Na^+ 的浓度差以及静息电位时的电位差是 Na^+ 内流的动力，而 Na^+ 内流所造成的膜内正电位，则形成了 Na^+ 进一步内流的阻力。随着 Na^+ 内流的增加，这种阻力也不断增大，当 Na^+ 内流的动力与阻力达成平衡时，膜上 Na^+ 的净通量为零，这时膜两侧的电位差达到了一个新的平衡点，即 **Na^+ 平衡电位（Na^+ equilibrium potential，ENa）**，这一过程可被 Na^+ 通道的阻滞剂**河鲀毒素（tetrodotoxin，TTX）**所阻断。当去极相接近 Na^+ 平衡电位时，Na^+ 通道迅速进入失活状态，即 Na^+ 通道关闭，此时，膜对 K^+ 的通透性增大，于是膜内 K^+ 又由于浓度差和电位差的推动而向膜外迅速扩散，使膜内电位由正值向负值发展，直至回到原初安静时接近于 K^+ 平衡电位的静息电位水平，形成动作电位的复极相。此时，Na^+ 通道的失活状态解除，回复到可被激活的备用状态，细胞又能接受新的刺激。复极后，膜电位虽已恢复到静息电位水平，但膜内、外的离子分布尚未恢复。此时细胞内 Na^+ 浓度稍增加，细胞外 K^+ 浓度也增加。这种膜内 Na^+ 增多，膜外 K^+ 增多的状态激活了细胞膜上的钠泵，使之将上述过程中内流的 Na^+ 运至细胞外，外流的 K^+ 运回细胞内，从而使细胞膜内外的离子分布恢复到原初安静时的水平。K^+ 外流可被 K^+ 通道阻滞剂**四乙铵（TEA）**所阻断。

动作电位

三、细胞兴奋的引起和传导

（一）刺激引起兴奋的条件

刺激是指能引起细胞、组织或机体发生反应的环境变化。刺激的种类很多，有化学、机械、温度以及声、光、电等。并不是任何刺激都能引起组织细胞的兴奋，要使细胞发生兴奋，必须达到一定的刺激量。刺激量通常包括三个参数：一定的刺激强度、一定的刺激持续时间以及一定的强度 - 时间变化率，这三个参数不是固定不变的，可以相互影响。由于电刺激操作方便，参数易于控制，而且一般能引起组织兴奋的电刺激并不造成组织损伤，可重复使用，因此常在科研实验中采用。

衡量细胞兴奋性最简便的方法是采用阈值作指标。一般所指**阈值（threshold）**是强度阈值，也称**阈强度（threshold intensity）**，即在刺激作用时间和强度时间变化率固定不变的条件下，能引起组织细胞兴奋所需的最小刺激强度，达到这种强度的刺激称为**阈刺激（threshold**

笔记栏

stimulus)。阈强度(阈值)为衡量细胞兴奋性常用的指标,阈值大,表示组织细胞的兴奋性低;阈值小,表示兴奋性高。大于阈强度的刺激称为阈上刺激,当可兴奋细胞受到一个阈刺激或阈上刺激时,可以引发动作电位。强度小于阈值的刺激称为阈下刺激,它不能引起组织细胞产生动作电位,但可以引起小的去极化。

(二) 阈电位与动作电位

动作电位形成的主要机制在于 Na^+ 通道的开放和 Na^+ 大量内流。当细胞膜受到较弱刺激时只产生小的去极化,称为**电紧张电位(electrotonic potential)**,Na^+ 通道并未开放。如果刺激强度增大,可引起受刺激局部细胞膜的少量 Na^+ 通道被激活,膜对 Na^+ 的通透性轻度增加。少量 Na^+ 内流和电刺激造成的去极化使膜电位有所减小。由于 Na^+ 通道的开放具有电压依赖性,膜的去极化程度越大,通道的开放率和 Na^+ 内向电流越大。当增加刺激强度使膜电位去极化达到某个临界值时,细胞膜上的电压门控 Na^+ 通道快速被激活,大量 Na^+ 通道开放,使膜对 Na^+ 的通透性突然增大,Na^+ 大量内流,出现动作电位的上升支,这个临界值称为**阈电位(threshold potential)**(图 2-9)。

动作电位的上升支实际上是膜的进一步去极化,而膜的这种去极化又导致更多的钠通道开放,有更多 Na^+ 的内流,形成 Na^+ 内流与去极化的正反馈,即发生**再生性循环(regenerative cycle)**,这种正反馈过程使细胞膜迅速、自动地去极化,直至达到 Na^+ 的平衡电位数值。阈电位一般比静息电位小 10~20mV。

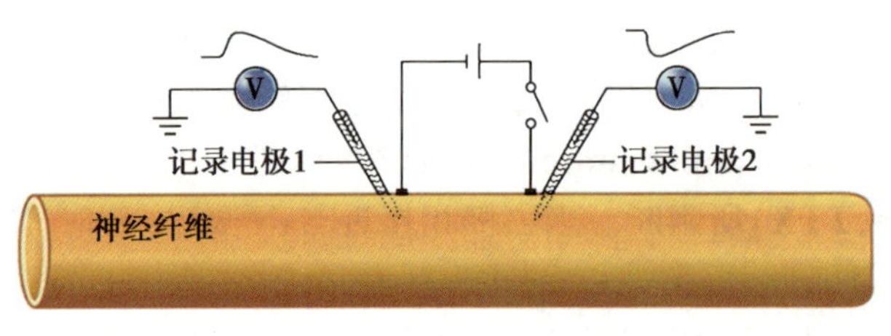

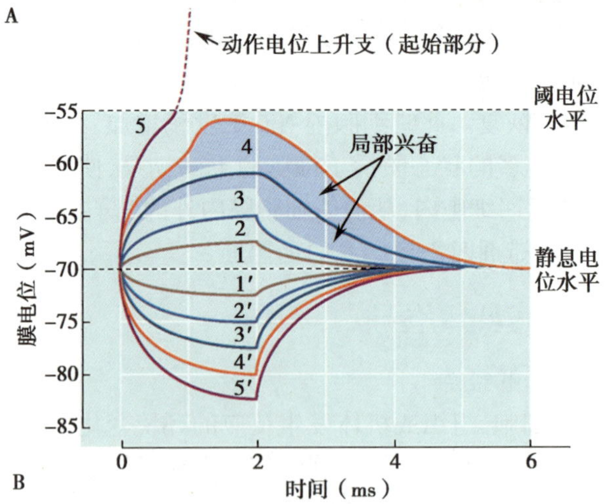

图 2-9　局部兴奋的实验装置和实验结果示意图

A. 刺激和记录实验装置。刺激采用细胞外双极刺激,记录电位 1 置于细胞内靠近刺激电极负极处,记录电极 2 置于细胞内靠近刺激电极正极处。B. 细胞内记录的膜电位变化。静息电位水平以上为记录电极 1 记录到的去极化电紧张电位和局部兴奋(阴影部分),静息电位水平以下为记录电极 2 记录到的超极化电紧张电位

阈电位与动作电位的发生

笔记栏

（三）阈下刺激与局部电位

细胞膜受到刺激后会产生电紧张电位并引发 Na^+ 内流使膜去极化。如果刺激强度太小不足以引起细胞兴奋产生动作电位，则在刺激停止后膜电位又复极到静息电位水平，这样形成的膜电位波动称为**局部电位（local potential）**。去极化的局部电位是由去极化电紧张电位和少量钠通道开放 Na^+ 内流产生的电位叠加形成。局部电位具有下列特点：①以电紧张的形式扩布，其电位幅度随传播距离的增加而减小，因而不能进行远距离传播。②不具有“全或无”现象，在一定范围内，局部电位的幅度可随刺激的增强而增大。③有总和效应，局部电位没有不应期，可产生**时间总和（temporal summation）**和**空间总和（spatial summation）**。如果局部电位经过总和使静息电位减小（去极化）到阈电位时，细胞膜便可产生一次动作电位。局部电位也是机体内常见的一种反应形式，如肌细胞的终板电位、感受器细胞的感受器电位、神经元突触处的突触后电位等均为局部电位。

（四）动作电位的传导

动作电位一旦产生，就会沿着细胞膜向周围进行不衰减的传播，这个过程称为动作电位的传导。在神经纤维上传导的动作电位称为**神经冲动（nerve impulse）**。

动作电位传导的机制可用局部电流学说来解释。细胞膜受到刺激兴奋产生动作电位时，兴奋部位的膜电位呈内正外负的反极化状态，而邻近未兴奋部位的膜电位则是内负外正的极化状态。这样，在膜的兴奋部位与邻近未兴奋部位之间存在着电位差，因此会产生由正电位到负电位的电流，其流动方向是：在膜外侧，电流由未兴奋部位流向兴奋部位；在膜内侧，电流由兴奋部位流向未兴奋部位。这种在兴奋部位与未兴奋部位之间产生的电流称**局部电流（local current）**。局部电流的结果是使邻近未兴奋部位的膜发生去极化，膜电位减小。当膜电位减小到阈电位时，细胞膜即可爆发动作电位。这样的过程在膜上连续进行下去，从而使整个细胞膜都依次发生兴奋，这就表现为兴奋在整个细胞上传导（图 2-10）。

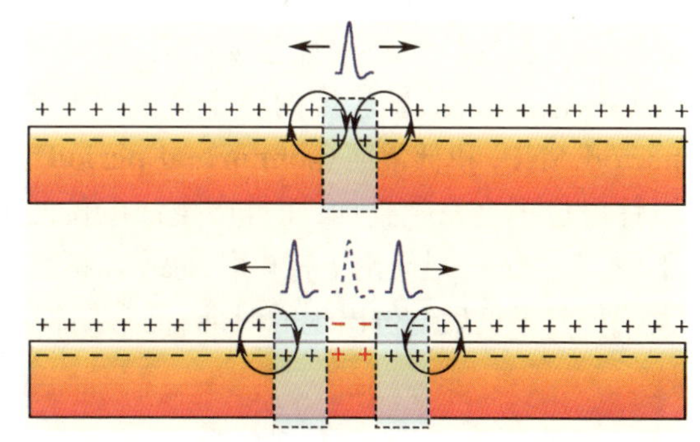

图 2-10　动作电位在神经纤维上的传导示意图

上述传导机制是可兴奋细胞兴奋传导的共同原理，包括骨骼肌、心肌和神经细胞。由于神经细胞具有较长的轴突，兴奋在轴突上的传导又有它自身的特点，尤其在有髓鞘的神经纤维上。这主要由于有髓鞘神经纤维的轴突外面包有高电阻的髓鞘，只有郎飞结处无髓鞘，此处轴突可以和细胞外液直接接触，允许离子作跨膜移动。因此，有髓鞘神经纤维发生兴奋时，只有郎飞结处的轴突膜出现膜内外的离子移动，局部电流只能在相邻的郎飞结处产生，这种神经兴奋的传导方式称作**跳跃式传导（saltatory conduction）**。因此，有髓鞘神经纤维的传导速度要比无髓鞘神经纤维快得多，这对于高等动物缩短对外界刺激作出反应的时间具有重要意义。由于动作电位的传导实际上是通过局部电流的刺激，不断地产生新的动作电位，故在传播过程中其幅度不会随距离的增加而减小，这就是动作电位不衰减传导的原因。

兴奋在同一细胞上的传导

（五）细胞兴奋后兴奋性的周期性变化

细胞在发生一次兴奋后，其兴奋性会出现一系列变化（图 2-11）。

在兴奋发生的当时以及兴奋后最初的一段时间，无论施加多强的刺激也不能使细胞再次兴奋，即兴奋性降低到零，这段时间称为**绝对不应期（absolute refractory period）**。在绝对不应期之后，细胞的兴奋性逐渐恢复，在一定时间内，受刺激后可发生兴奋，但刺激强度必

笔记栏

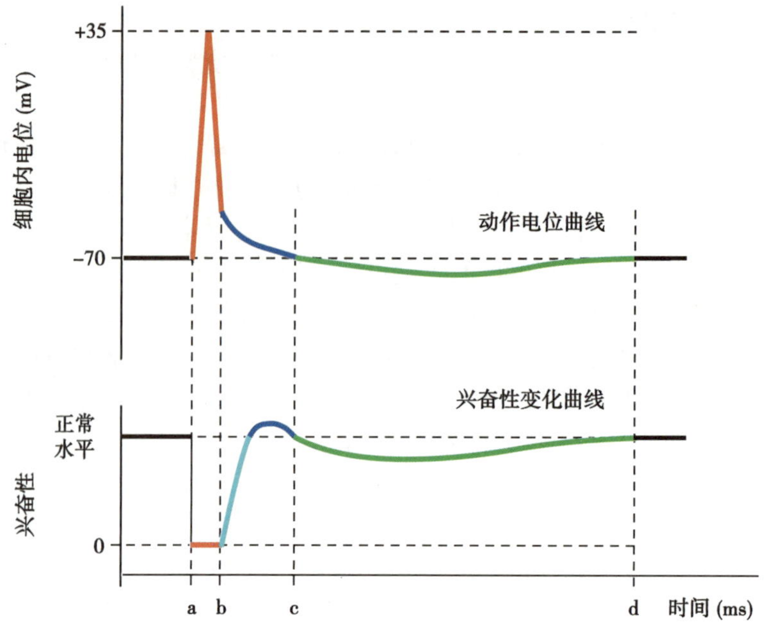

图 2-11 动作电位与兴奋性变化的时间关系

须大于原来的阈强度，这段时期称为**相对不应期（relative refractory period）**。相对不应期是细胞兴奋性从无到有直至接近正常的一个恢复时期。相对不应期过后，有的细胞还会出现兴奋性的波动，即轻度的高于正常水平或低于正常水平，分别称为**超常期（supranormal period，SNP）**和**低常期（subnormal period）**。绝对不应期大约相当于锋电位发生的时间，所以锋电位不会发生叠加，而且产生锋电位的最高频率也受到绝对不应期的限制。如果绝对不应期为 2ms，则理论上锋电位的最大频率不可能超过每秒 500 次。相对不应期和超常期大约相当于负后电位出现的时期；低常期相当于正后电位出现的时期。

第三节 肌细胞的收缩功能

人体各种形式的运动，主要是靠肌细胞的收缩功能来完成的。例如，躯体的运动和呼吸动作由骨骼肌细胞的收缩来完成；心脏的射血活动由心肌细胞的收缩来完成；一些中空脏器如胃肠道、膀胱、子宫、血管等内脏器官的运动，则由平滑肌细胞的收缩来完成。不同肌细胞在功能和结构上各有特点，但从分子水平来看，各种收缩活动都与细胞内所含的收缩蛋白，主要是肌球蛋白和肌动蛋白等的相互作用有关；收缩和舒张过程的调控，也有许多相似之处。本节仅讨论目前研究最为充分的骨骼肌收缩活动，说明肌细胞的收缩机制和影响骨骼肌收缩效能的因素。

一、骨骼肌的微细结构及收缩机制

（一）骨骼肌细胞的微细结构

骨骼肌由大量成束的肌纤维组成，每一条肌纤维就是一个肌细胞。骨骼肌细胞在结构上最突出之点，是它们含有大量的肌原纤维和高度发达的肌管系统，而且这些结构在排列上是高度规则有序的，这是肌肉进行机械活动、耗能做功的基础。

1. 肌原纤维和肌节　每个肌细胞都含有上千条沿细胞长轴走行的肌原纤维（详见本书

上篇解剖学第二章第三节骨骼肌部分)。

2. 肌管系统　包绕在每一条肌原纤维周围的膜性囊管状结构称为**肌管系统(sarcotubular system)**。这些囊管状结构实际是由来源和功能都不相同的两套独立的管道系统所组成,一套是走行方向和肌原纤维相垂直的管道,称为横管或**T 管(T tubule)**,是由肌细胞的膜向内凹入而成,凹入的部分形成闭合的管道而不与胞质相通。它们穿行在肌原纤维之间,并在Z线的附近形成环绕肌原纤维的管道。另一套肌管系统是纵管,也称**肌质网(sarcoplasmic reticulum,SR)**或L管(L tubule),膜上有钙泵;它们的走行方向和肌原纤维平行,在接近肌节两端的横管时管腔出现膨大,称为**连接肌质网(junctional SR,JSR)**或**终池(terminal cistern)**,使纵管以较大的面积和横管相靠近。JSR 内的 Ca^{2+} 浓度比肌质中高几千倍,JSR 膜上有**钙释放通道(Ca^{2+} release channel)**。每一横管和来自两侧肌节的纵管终池构成所谓**三联管(triad)**结构。横管和纵管的膜在三联管结构处并不接触,中间为约12nm的胞质隔开,所以它们之间要进行某种形式的信息传递才能实现功能上的联系。横管系统的作用是将肌细胞膜兴奋时出现的电变化沿T管膜传入细胞内,肌质网和终池的作用是通过 Ca^{2+} 的储存、释放和再积聚,触发肌丝的滑动,使肌节收缩和舒张,而三联管结构正是把肌细胞膜的电变化和细胞胞内的收缩过程衔接或耦联起来的关键部位。因此三联管被认为是兴奋-收缩耦联的结构基础,而 Ca^{2+} 被认为是兴奋-收缩耦联的因子。

(二)骨骼肌的收缩机制

目前公认的肌肉收缩机制是20世纪50年代Huxley等提出的肌丝滑行理论,其主要内容是:肌肉收缩时,其肌细胞内并无肌丝的缩短,即粗肌丝和细肌丝的长度保持不变,只是在每一个肌节内发生了细肌丝向M线方向的滑行,粗细肌丝重叠程度增加,因而暗带的宽度不变,H带和明带变窄,肌节缩短。

肌丝滑行的机制已基本上从组成肌丝的蛋白质分子结构的水平得到阐明。粗肌丝主要由**肌球蛋白(myosin**,也称**肌凝蛋白)**所组成。一条粗肌丝大约含有200多个肌球蛋白分子,每个肌球蛋白分子由6条肽链构成,包括两条重链、两条碱性轻链和两条调节轻链。两条重链呈长杆状,相互缠绕,杆的一端有两个球形的头通过铰链部与杆部相连。在组成粗肌丝时,各杆状部朝向M线而聚合成束,形成粗肌丝的主干,球形的头部则有规则地裸露在M线两侧的粗肌丝主干的表面,形成**横桥(cross bridge)**(图2-12),每条粗肌丝约有横桥400个左右。当肌肉舒张时,横桥与主干的方向相垂直,由粗肌丝表面突出。横桥在粗肌丝表面的分布位置有严格的规则,使得每个横桥都能分别同环绕它们的6条细肌丝相对,有利于它们之间的相互作用。横桥有两个主要特性:①横桥在一定条件下可以和细肌丝上的**肌动蛋白(actin**,也称**肌纤蛋白)**分子呈可逆性的结合,同时出现横桥向M线方向的扭动;②横桥具有ATP酶的作用,可以分解ATP而获得能量,作为横桥扭动和做功的能量来源。

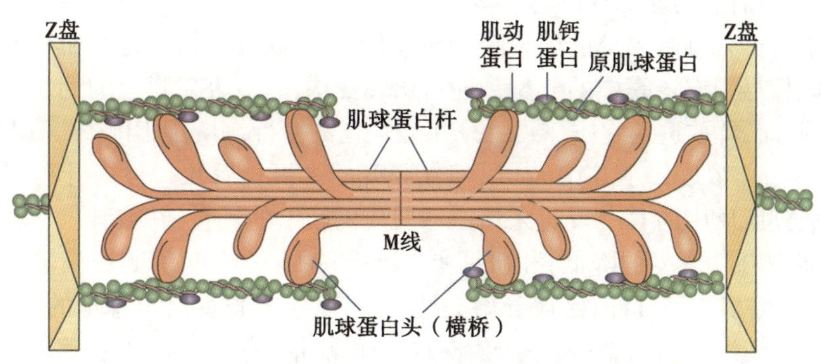

图2-12　骨骼肌肌丝的分子结构示意图

笔记栏

细肌丝由三种蛋白质组成，其中60%是肌动蛋白。肌动蛋白与肌丝滑行有直接的关系，和肌球蛋白一同被称为收缩蛋白质。肌动蛋白分子单体呈球状，但它们在细肌丝中聚合成双螺旋状，成为细肌丝的主干（图2-12）。肌丝中另外两种蛋白质不直接参与肌丝间的相互作用，但可影响和控制收缩蛋白质之间的相互作用，故称为调节蛋白质。其中一种是**原肌球蛋白（tropomyosin，也称原肌凝蛋白）**，也呈双螺旋结构，在细肌丝中和肌动蛋白双螺旋并行，但在肌肉舒张时原肌球蛋白的位置正好在肌动蛋白和横桥之间，阻碍了两者相互作用；另一种调节蛋白质称为**肌钙蛋白（troponin）**，其分子呈球形，含有三个亚单位，即**肌钙蛋白T（troponin T，TnT）**、**肌钙蛋白C（troponin C，TnC）**及**肌钙蛋白I（troponin I，TnI）**。TnT附着在原肌球蛋白上，TnI附着在肌动蛋白上，TnC在两者之间，是具有带双负电荷的结合位点，因而对肌质中出现的Ca^{2+}有很大的亲和力；当它与Ca^{2+}结合时，可把信息传递给原肌球蛋白，引起后者发生分子构象改变，解除对肌动蛋白和横桥相互结合的阻碍作用。

目前认为，肌肉收缩时，肌丝滑行的基本过程为：当胞质中Ca^{2+}浓度升高时，Ca^{2+}迅速与TnC结合，引起肌钙蛋白构型发生改变，此时亚基TnI与肌动蛋白分离，使原肌球蛋白移位，从表面移向肌动蛋白的双螺旋深部。这样，肌动蛋白分子上能与肌球蛋白横桥结合的位点暴露。横桥与肌动蛋白结合后，ATP酶被激活，水解ATP，释放出能量，引起横桥摆动，牵引肌动蛋白丝向粗肌丝的间隙移动5~15nm。ATP分解后，原来的横桥复位，并迅速与肌动蛋白分离。在ATP不断补充的情况下，横桥又重新和细肌丝的位点结合，ATP分解，横桥摆动，再次发生上述反应。如此周而复始，依次将肌动蛋白丝向M线方向牵拉。上述横桥与肌动蛋白结合、摆动、复位和再结合的过程，称为**横桥周期（cross bridge cycling）**。横桥的这种循环在一个肌节以至于整个肌肉中都是非同步进行的，这样才可能使肌肉产生恒定的张力和连续的缩短。活动的横桥数目越多，肌张力越大，在一定肌节长度内，细肌丝滑动距离也越大。横桥周期的长短，则是决定肌肉缩短速度的关键因素。当胞质中Ca^{2+}被钙泵转运回SR内后，胞质Ca^{2+}浓度降低，与肌钙蛋白结合的Ca^{2+}被解离出来，肌钙蛋白的TnI重新与肌动蛋白连接，原肌球蛋白也恢复到原来位置，在肌肉弹性的被动牵引下，肌丝复位，肌肉进入舒张状态。

骨骼肌收缩-滑行学说

（三）骨骼肌的兴奋-收缩耦联

当肌细胞发生兴奋时，首先在肌膜上出现动作电位，然后才发生肌丝的滑行、肌节的缩短和肌细胞的收缩反应。肌细胞膜兴奋的电变化和肌纤维收缩之间的介导过程称为**兴奋-收缩耦联（excitation contraction coupling）**。目前认为，这个过程至少包括三个主要步骤：①电兴奋通过横管系统传向肌细胞的深处；②三联管结构处的信息传递；③肌质网中的Ca^{2+}释放入胞质以及Ca^{2+}由胞质向肌质网的再聚积。

目前的研究表明，肌肉舒张时Ca^{2+}主要停留和聚积在终池中。横管膜上存在一种**L型钙通道（L type Ca^{2+} channel）**，它在胞质侧的肽链结构正好和JSR膜上的钙通道两两相对。在骨骼肌，前者对后者的通道开口起着堵塞作用。当肌细胞膜因兴奋而产生动作电位时，这一电变化可沿着凹入细胞内部的横管膜传导，深入到三联管结构和每个肌节的近旁。到达横管膜上的电信号引起该膜中的L型钙通道出现变构，其对JSR膜上的钙通道的堵塞消除而使终池中的Ca^{2+}释放进入胞质（图2-13），触发肌丝的滑行，引起肌肉收缩。据测定，肌肉安静时肌质中的Ca^{2+}浓度低于0.1μmol/L，但在膜开始去极化后几毫秒内升高到1~10μmol/L的水平。释放到肌质中的Ca^{2+}反过来可激活肌质网膜上的钙泵，并被其主动转运回肌质网中。由于肌质中Ca^{2+}浓度的降低，和肌钙蛋白结合的Ca^{2+}解离，引起肌肉舒张。钙泵是一种Ca^{2+}，Mg^{2+}依赖ATP酶，目前已被分离提纯，它占肌质网膜蛋白质总量的60%，在肌质中Ca^{2+}浓度升高的情况下激活，它通过分解ATP获得能量，将Ca^{2+}在逆浓度差的情况下由肌质转运到肌质网。

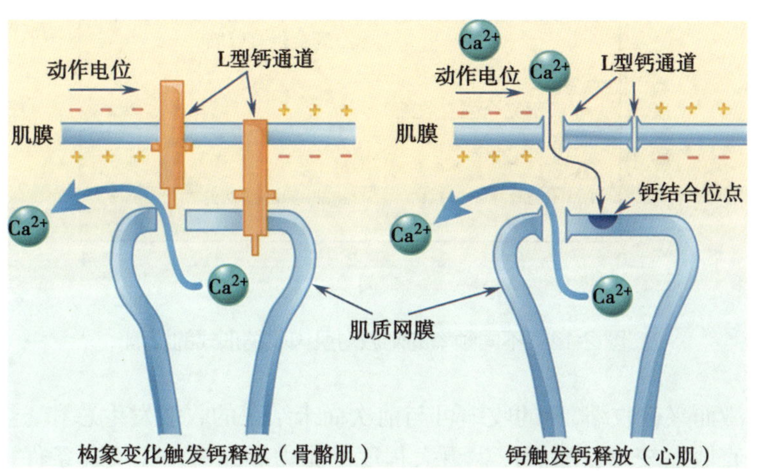

图 2-13　横纹肌肌质网 Ca^{2+} 释放机制

二、骨骼肌的收缩形式及其影响因素

（一）骨骼肌收缩的形式

1. 等张收缩和等长收缩　当肌肉发生兴奋出现收缩时，根据肌肉的长度与张力的改变可分为等张收缩和等长收缩两种形式。出现何种形式取决于肌肉本身的功能状态和肌肉所遇到的负荷条件。将肌肉标本一端固定，另一端处于游离状态，电刺激引起肌肉兴奋，于是肌肉开始以一定的速度缩短，这种收缩的特点是肌肉收缩时长度明显缩短，但肌肉缩短的整个过程中张力始终不变，这种收缩形式称为**等张收缩（isotonic contraction）**。等张收缩所消耗的能量主要转变为缩短肌肉及移动负荷而完成一定的物理功。如果在实验时将肌肉两端固定，肌肉收缩时，其长度不可能缩短，但肌肉张力增大，这种收缩形式称为**等长收缩（isometric contraction）**。肌肉等长收缩消耗的能量主要转变为张力增加，并无位移和做功。在机体内，不同肌肉收缩时所遇到的负荷不同，其收缩形式也不同。一些与维持身体固定姿势和克服外力（如重力）有关的肌肉，如项肌等收缩时，以产生张力为主，近于等长收缩；一些与肢体运动有关的肌肉，则表现不同程度的等张收缩。在整体内骨骼肌的收缩多表现为既改变长度又增加张力的混合收缩形式，但由于不同部位肌肉的附着或功能特点不同，其收缩形式有所侧重。

2. 单收缩和强直收缩　根据对肌肉施加的刺激频率不同，肌肉兴奋收缩时可呈单收缩和强直收缩两种形式。在实验条件下，给予骨骼肌一次单个电刺激，可发生一次动作电位，随后引起肌肉产生一次迅速而短暂的收缩，称为**单收缩（single twitch）**。单收缩整个过程可分为收缩期和舒张期。如果给肌肉以连续的短促刺激，随着刺激频率的不同，肌肉收缩会出现不同的形式。当频率较低时，后一个刺激落在前一个刺激引起的收缩过程结束之后，则只引起一连串各自分开的单收缩。随频率增加，若后一个刺激引起的收缩落在前一个刺激引起的收缩过程中的舒张期，出现收缩过程的综合（叠加），则形成**不完全强直收缩（incomplete tetanus）**。若刺激频率再增加，每一个后面的刺激引起的收缩落在前一个收缩过程中的收缩期，各次收缩的张力变化和长度缩短完全融合或叠加起来，就形成**完全强直收缩（complete tetanus）**（图 2-14）。

不完全强直收缩与完全强直收缩均称为**强直收缩（tetanus）**。骨骼肌每次受刺激而兴奋时，其绝对不应期很短，约为 1ms，而收缩持续约几十到几百毫秒，故在肌肉舒张前肌纤维可

笔记栏

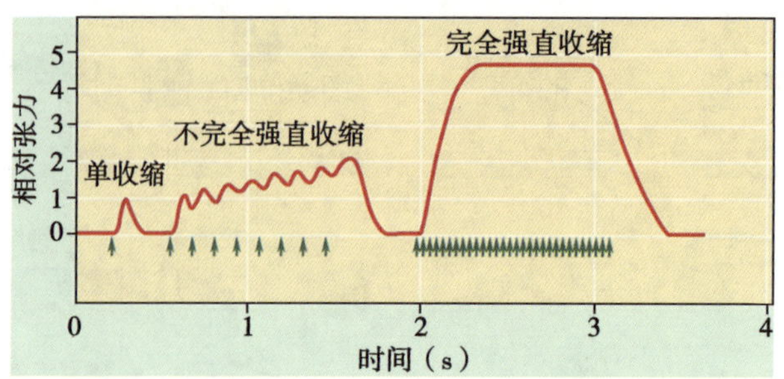

图 2-14 不同频率的刺激对肌肉收缩形式的影响

以再次接受刺激而兴奋收缩，新的收缩可与前次尚未结束的收缩发生总和，这是强直收缩产生的基础。强直收缩较单收缩能产生更大程度的张力和缩短。在生理条件下，支配骨骼肌的运动神经总是发出连续的冲动，所以骨骼肌收缩都属于强直收缩。

（二）影响骨骼肌收缩的主要因素

肌肉收缩效能表现为收缩时所产生的张力大小、肌肉缩短的程度和肌肉缩短的速度。骨骼肌的收缩效能决定于肌肉收缩前或收缩时所承受的负荷和肌肉自身的收缩能力。

1. 前负荷 肌肉收缩之前所承受的负荷称为**前负荷（preload）**。前负荷决定了肌肉在收缩前被动拉长的程度，即肌肉的**初长度（initial length）**，所以肌肉的前负荷可以用初长度来表示。在等长收缩的条件下，可以测定在不同的肌肉初长度的情况下肌肉收缩产生的张力，当把肌肉牵拉到一定长度时，会产生一定的**被动张力（passive force**，也称**静息张力）**；在这个基础上，给肌肉一个刺激，又可记录到一个收缩张力，此张力为被动张力与肌肉收缩产生的**主动张力（active force）**之和，即**总张力（total force）**。将肌肉固定于不同的初长度，然后记录在不同初长度时的静息张力和总张力，就可得到静息张力和总张力与肌肉长度的关系曲线，将这两条曲线相减，即得到主动张力与肌肉长度的关系曲线（图 2-15A）。

肌肉的长度 - 张力关系曲线表明，存在着一个**最适初长度（optimalinitial length）**，在这一初长度下，肌肉收缩可以产生最大的主动张力；大于或小于这个初长度，收缩张力都会下降。肌肉长度 - 张力关系曲线的这一特点是与肌节长度的变化有关的。图 2-15B 是肌节初长度与主动张力的关系曲线。在曲线的 d 点，肌节的初长度最长，粗、细肌丝完全不重叠，

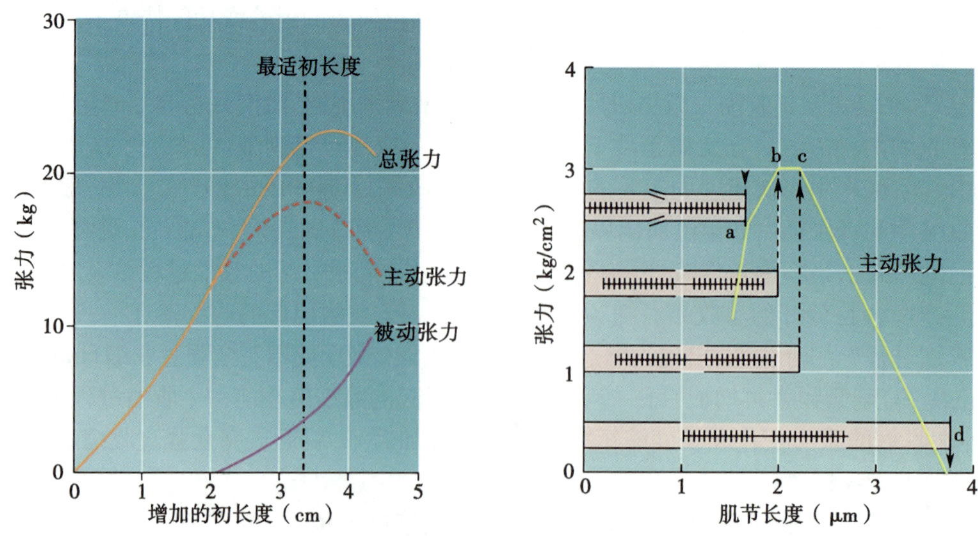

图 2-15 肌肉初长度对肌肉收缩的影响

肌肉收缩时的主动张力为零；在曲线的c点和b点，肌节的初长度分别为2.2μm和2.0μm，粗、细肌丝处于最适重叠状态，即所有的横桥都能与细肌丝接触，肌肉等长收缩时的主动张力也达最大值；在曲线的a点，肌节长度为1.6μm，细肌丝穿过M线，造成两侧细肌丝相互重叠并发生卷曲，影响了部分横桥与细肌丝的接触，肌肉收缩产生的张力相应减小。以上结果表明，肌肉收缩产生的张力与能和细肌丝接触的横桥数目成比例的。因此，在前负荷作用下，整个肌肉的长度决定收缩前每个肌节的长度及其粗、细肌丝的相互关系，进而影响其收缩时产生张力的大小。肌节的最适初长度是2.0~2.5μm，此时肌肉收缩产生最大的主动张力。

2. 后负荷　肌肉开始收缩后所遇到的负荷称为**后负荷(after load)**，即肌肉收缩时遇到的阻力。使肌肉前负荷不变，然后改变后负荷，同时测定在不同后负荷情况下肌肉收缩产生的张力和缩短的速度，可得到图2-16所示的张力-速度曲线。该曲线表明，随着后负荷的增加，收缩张力增加而缩短速度减小。当后负荷增加到使肌肉不能缩短时，肌肉可产生最大等长收缩张力(P_0)；当后负荷为零时，肌肉的缩短可达到最大缩短速度(V_{max})。肌肉的缩短速度取决于横桥周期的长短，而收缩张力则取决于与肌动蛋白结合的横桥数目。横桥周期的长短决定于肌球蛋白ATP酶的活性和收缩时的后负荷。当后负荷为零时，横桥周期最短，其周期的长短只取决于肌球蛋白ATP酶的活性。当有后负荷存在时，横桥头部摆动速度减慢，横桥周期变长，参与活动的横桥的数目增加，故能产生和维持较大的张力来克服负荷的阻力。

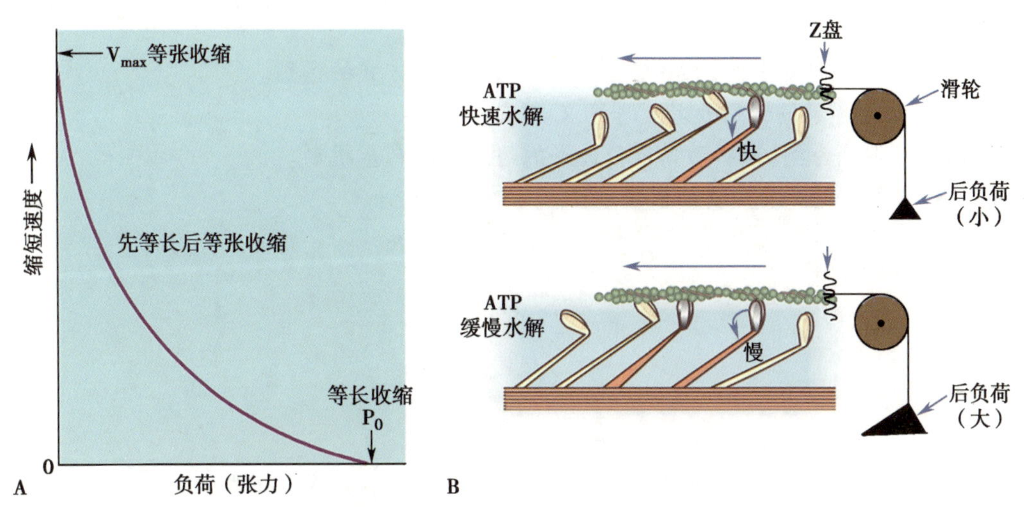

图2-16　肌肉的张力-速度关系曲线

3. 肌肉收缩能力　**肌肉收缩能力(contractility)**是指决定肌肉收缩能力的内在特性，与前、后负荷无关，与肌肉收缩和舒张过程各环节的肌肉内部功能状态有关。肌肉收缩能力与其做功的效率成正变关系。肌肉这种内在的收缩特性主要取决于兴奋-收缩耦联胞质内Ca^{2+}的水平和肌球蛋白的ATP酶活性。许多神经递质、体液物质、病理因素和药物，都是通过影响上述因素调节肌肉收缩能力。

学习小结

1. 细胞膜的基本结构和功能　细胞膜的基本结构为液态镶嵌模型。根据转运机制和被转运物质不同，跨膜物质转运分为被动转运、主动转运以及出胞和入胞。被动转

运又根据转运是否需要膜蛋白的帮助分为单纯扩散和易化扩散。易化扩散又分为通道介导和载体介导,两者分别转运离子和有机小分子物质。主动转运根据能量消耗方式不同分为原发性主动转运和继发性主动转运。出胞和入胞介导大分子和团块物质进出细胞。跨膜信号转导根据膜受体的不同特点分为G蛋白耦联受体介导的信号转导、酶耦联受体介导的信号转导和离子通道受体介导的信号转导。

2. 细胞的生物电现象　细胞的膜电位主要有三种表现形式:①细胞在安静状态下相对稳定的静息电位,其机制是K^+平衡电位;②细胞受到刺激产生兴奋时膜电位出现的迅速、可逆、可扩布性变化的动作电位,就神经和骨骼肌细胞来说,其机制是Na^+平衡电位;③细胞受到阈下刺激时产生局部电位,是动作电位产生的基础。

3. 肌细胞的收缩功能　骨骼肌的收缩是在动作电位发生的基础上,通过三联管结构处的兴奋-收缩耦联,使细肌丝向粗肌丝内滑行,从而表现为肌肉的收缩和舒张。骨骼肌的收缩有等张收缩和等长收缩、单收缩和强直收缩等不同的表现形式。其收缩所产生的张力大小、缩短的程度以及缩短的速度决定于肌肉收缩前(前负荷)或收缩时(后负荷)所承受的负荷和肌肉自身的收缩能力。

(饶　芳)

复习思考题

扫一扫,测一测

1. 试列表说明物质跨膜转运的方式,特点以及各种方式的区别。
2. 试述Na^+-K^+泵的作用及其生理意义。
3. 以神经细胞为例,说明动作电位波形的组成及其产生机制。
4. 简述骨骼肌的兴奋-收缩耦联过程。

第三章 血液

笔记栏

课件

学习目标

识记血量，血浆渗透压，各类血细胞的生理功能，血液凝固的基本过程，ABO 血型；知晓血液的组成及血液的生理功能，各类血细胞的正常值及生理特性，红细胞的生成与调节，抗凝与纤溶，Rh 血型；理解白细胞和血小板生成的调节，输血和交叉配血试验。

血液（blood）属于结缔组织，是一种通过心脏泵血作用在心血管系统中周而复始循环流动的流体组织。血液具有运输、缓冲、免疫、防御和保护等多种生理功能，对于维持内环境稳态、实现机体各部分生理功能的正常进行起着极其重要的作用。

第一节　血量及血液的理化特性

一、血液的组成

血液是由**血浆（plasma）**和悬浮于其中的**血细胞（blood cell）**组成的。血细胞可分为红细胞、白细胞和血小板三类，其中以红细胞数量最多，约占血细胞总数的 99%，白细胞数量最少。

（一）血细胞

血细胞是血液中的有形成分。取一定量经抗凝处理的血液置于比容管中离心，由于血细胞的密度比血浆的密度大，导致管内的血液分层：上层为淡黄色半透明的血浆，下层是深红色不透明的红细胞，两者之间有一薄层白色不透明的白细胞和血小板（约占 1%）。血细胞在血液中所占的容积百分比称为**血细胞比容（hematocrit）**。正常成年男性的血细胞比容为 40%~50%，女性为 37%~48%，新生儿约为 55%。由于白细胞和血小板在血细胞中所占的容积比例很小，故可将血细胞比容近似看成红细胞比容（图 3-1）。

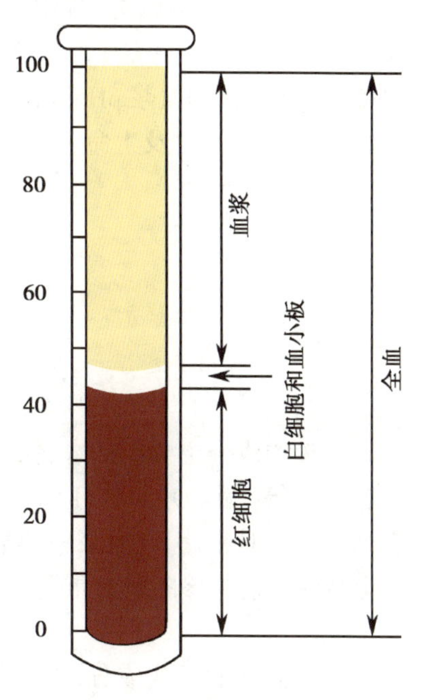

图 3-1　血液的组成示意图

（二）血浆

血浆是血液的液体成分，是机体内环境的重要组成部分。血浆的成分及生理作用将在本章第二节进行详细叙述。

笔记栏

(三) 血量

血量(blood volume)是指全身的血液总量,健康成年人的血量约为体重的7%~8%,即每千克体重有70~80ml血液。因此,体重60kg的人,其血量为4.2~4.8L。安静时全身大部分血液快速循环流动于心脏和血管中,称为循环血量;小部分血液流动较慢,滞留在肺、肝、腹腔静脉和皮下静脉丛中,称为储备血量。当机体在大失血、剧烈运动时,储备血量可被动员释放以补充循环血量,维持正常血压及心、脑等重要脏器的血液供应。

血量的相对稳定是维持正常血压和各组织、器官正常血液供应的必要条件。当机体急性失血时,如不超过血液总量的10%,可反射性引起心血管活动加强、血管收缩;同时可释放部分储备血量补充循环血量,而不出现明显的临床症状。但如果一次性失血过快过多,失血量超过体内血液总量的20%,可引起血压的显著下降,导致机体生理功能障碍而出现一系列临床症状;如果急性失血超过总血量的30%,即可危及生命。因此,大量急性失血时需要及时进行输血和补液等治疗以挽救患者生命。

二、血液的理化特性

(一) 血液的密度和黏度

正常人全血的密度为1.050~1.060,主要取决于血液中的红细胞数量;血液中红细胞数量越多,全血密度就越大。血浆密度为1.025~1.030,主要取决于血浆蛋白的含量。

血液的**黏度(viscosity)**,来源于血液流动时内部分子或颗粒之间的摩擦。血液黏度主要取决于血细胞比容的高低,是形成血管内阻力和影响微循环灌注量的主要因素之一。在人体内,因某些疾病而使微循环的血流速度显著减慢时,红细胞易发生叠连和聚集,血液黏度增高,血流阻力增大,导致微循环的灌注压明显降低。

(二) 血浆酸碱度

正常人血浆的pH为7.35~7.45。由于血浆中缓冲系统的作用以及神经、体液因素对肺和肾功能的调节,使血浆pH得以维持相对稳定。血浆中最主要的缓冲对是$NaHCO_3/H_2CO_3$,通常两者的比值为20∶1;除此之外的其他主要缓冲对还有Na_2HPO_4/NaH_2PO_4、蛋白质钠盐/蛋白质等。在机体代谢过程中,当各种酸性或碱性物质进入血液时,通过这些缓冲对的缓冲作用,可使pH变化不大;尤其是肺和肾可以不断排出体内过多的酸或碱,使血浆pH保持相对稳定。如机体的血浆pH低于7.35,称为酸中毒;高于7.45,称为碱中毒;当血浆pH低于6.9或高于7.8时,将危及生命。

第二节 血 浆

一、血浆的成分及其作用

血浆的成分主要包括水、蛋白质及多种电解质、小分子有机化合物(如激素、营养物质和代谢产物等)和CO_2、O_2。正常情况下,血浆中各种成分和理化性质保持相对稳定。当机体患某些疾病时,可引起血浆中的某些成分出现异常。因此,检测血浆中各种成分的含量对临床上某些疾病的诊断具有重要意义。

(一) 水

水为血浆的主要成分,占血浆的91%~92%。水具有运输血液中营养物质、代谢产物等作用,还可运输热量,参与体温调节。

(二) 血浆蛋白质

血浆蛋白(plasma protein)是血浆中各种蛋白质的总称。用盐析法可将血浆蛋白分为**白蛋白(albumin,A)**、**球蛋白(globulin,G)**和**纤维蛋白原(fibrinogen)**三大类;应用电泳法又可将球蛋白进一步分为α_1、α_2、β、γ等球蛋白。健康成人血浆蛋白总量为65~85g/L,其中白蛋白分子量最小,含量最多,为40~48g/L,球蛋白分子量较大,为15~30g/L。白蛋白/球蛋白(A/G)的比值正常为1.5~2.5,由于白蛋白和大多数球蛋白(除γ-球蛋白外)主要由肝脏产生,因此,当肝脏出现疾病时常导致血浆蛋白合成的减少,从而引起A/G比值下降,甚至倒置。

血浆蛋白的功能主要有:①运输功能:作为载体运输激素、脂质、离子、药物、异物和某些代谢产物。血浆蛋白能与脂溶性物质结合成水溶性复合物,便于运输;血浆蛋白可与小分子物质(如激素、各种正离子等)可逆性结合,防止它们从肾脏丢失,以维持其在血液中浓度的相对稳定。②形成血浆胶体渗透压:主要由分子量小、数目多的白蛋白形成,对维持血管与组织液间的液体平衡起重要作用。③缓冲功能:血浆白蛋白与其钠盐组成缓冲对,维持血液pH的稳定。④营养功能:健康成人血浆总量约为3L,其中白蛋白约200g,起着营养储备功能。人体内的某些细胞,例如单核巨噬细胞,可吞饮血浆蛋白,由胞内的蛋白酶将其分解为氨基酸并释放入血液,供其他细胞合成新蛋白之用。⑤免疫功能:参与机体体液免疫的免疫球蛋白,如IgG、IgA、IgM、IgE,以及一些补体均为血浆球蛋白。⑥参与血液凝固、抗凝血及纤溶等生理活动:绝大多数的血浆凝血因子、生理性抗凝物质和影响纤溶的物质都是血浆蛋白。

(三) 电解质

血浆中含有多种电解质,以离子形式存在。血浆中的阳离子主要有Na^+,还有少量K^+、Ca^{2+}、Mg^{2+};阴离子以Cl^-为主,还有HCO_3^-、HPO_4^{2-}、SO_4^{2-}等(表3-1)。这些离子在形成血浆晶体渗透压、维持酸碱平衡和神经肌肉的兴奋性等方面具有重要作用。

表3-1 人体各部分体液中电解质的含量(mmol/L)

正离子	血浆	组织液	细胞内液	负离子	血浆	组织液	细胞内液
Na^+	142	145	12	Cl^-	104	117	4
K^+	4.3	4.4	139	HCO_3^-	24	24	12
Ca^{2+}	2.5	2.4	<0.001(游离)*	$HPO_4^{2-}/H_2PO_4^-$	2	2.3	29
Mg^{2+}	1.1	1.1	1.6(游离)*	蛋白质**	14	0.4	54
				其他	5.9	6.2	53.6
总计	149.9	152.9	152.6	总计	149.9	152.9	152.6

注:* 表示游离Ca^{2+}和Mg^{2+}浓度,是离子活性的一种量度。

** 蛋白质是以当量浓度(mEq/L)表示。

(四) 非蛋白有机物

血浆非蛋白有机物包括含氮和不含氮两大类。血浆中的非蛋白含氮化合物包括氨基酸、尿素、尿酸、肌酐等,均为蛋白质和核酸的代谢中间产物。临床上把非蛋白含氮化合物中所含的氮,总称为**非蛋白氮(nonprotein nitrogen,NPN)**。血浆中NPN主要通过肾脏排出体外,故检测血浆中NPN(主要是尿素氮)的含量,有助于了解体内蛋白质代谢和肾功能状况。血液中不含氮的有机物主要是葡萄糖,还有各种脂类、酮类、维生素、乳酸等。此外,血液中还有气体、激素等物质。

笔记栏

二、血浆渗透压

（一）渗透与渗透压

渗透（osmosis）是指用半透膜把两种不同浓度的溶液隔开时，浓度较低一侧溶液中的水分子透过半透膜流向浓度较高一侧溶液的现象。渗透发生的动力是渗透压。**渗透压（osmotic pressure）**是指溶液所具有的吸引水分子透过单位面积半透膜的力，是一种压强。溶液渗透压的高低与单位容积溶液的溶质颗粒数目成正比，而与溶质的种类、形状及颗粒大小无关。医学上通常用渗透浓度来表示溶液的渗透压，单位是 Osm/L（渗透摩尔每升）或 mOsm/L（毫渗透摩尔每升）。

（二）血浆渗透压的形成

正常的**血浆渗透压（plasma osmotic pressure）**约为 300mOsm/L（相当于 5 790mmHg，约 7.6 个大气压），由晶体渗透压和胶体渗透压两部分组成。血浆中的晶体物质（主要是 Na^+ 和 Cl^-）形成的渗透压，称为**晶体渗透压（crystal osmotic pressure）**，约 298.5mOsm/L（相当于 5 764.8mmHg），占血浆总渗透压的 99.6%。另一部分是由血浆蛋白形成的渗透压，称为**胶体渗透压（colloid osmotic pressure）**，由于蛋白质的分子量较大，血浆中蛋白分子数量相对晶体物质少，所以产生的胶体渗透压很小，仅为 1.3mOsm/L（相当于 25mmHg），占血浆总渗透压的 0.4%。在血浆蛋白中，白蛋白的分子量小，数量多，故血浆胶体渗透压主要由白蛋白形成。如血浆中白蛋白的含量减少，血浆胶体渗透压将明显降低。

（三）血浆渗透压的生理作用

由于细胞外液中的晶体物质大多数不易通过细胞膜，且血浆晶体渗透压保持相对稳定，故而对维持细胞内外水平衡、保持血细胞的正常形态、体积起重要作用。当血浆晶体渗透压降低时，水将进入血细胞，可引起细胞肿胀，甚至破裂。而机体内的水和晶体物质均可自由通过毛细血管壁，使血浆与组织液中的晶体物质浓度几乎相等，它们形成的晶体渗透压也基本相等。血浆蛋白一般不易通过毛细血管壁，因此，血浆胶体渗透压对维持血管内外水平衡、维持正常的血浆容量起着重要作用（图 3-2）。当肝、肾疾病或营养不良引起血浆蛋白含量降低时，使血浆胶体渗透压降低，导致体液滞留于血管外，引起组织水肿和血浆容量降低。

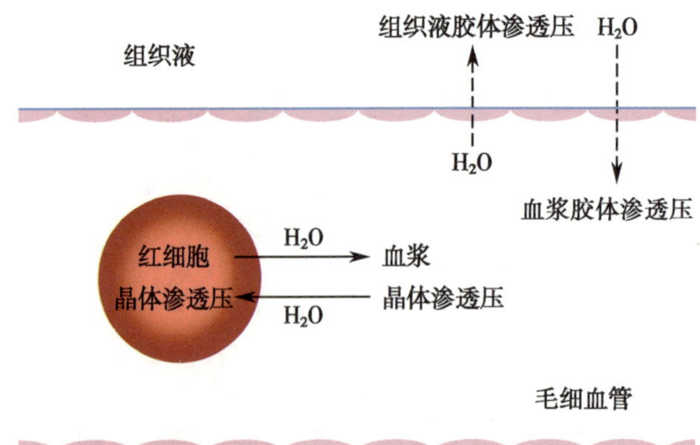

图 3-2 血浆晶体渗透压与胶体渗透压作用示意图

图示红细胞内与血浆晶体渗透压基本相等，可维持红细胞正常形态；而血浆胶体渗透压大于组织液胶体渗透压，可将组织液中的水转移到血管内

笔记栏

（四）等渗溶液和等张溶液

根据渗透压的大小可以将生理实验和临床所使用的各种溶液进行分类。将其渗透压与血浆渗透压相等的溶液称为**等渗溶液（isosmotic solution）**，如 0.9%NaCl 溶液或 5% 的葡萄糖溶液。渗透压低于或高于血浆渗透压的溶液则分别称为低渗或高渗溶液。能够使悬浮于其中的红细胞保持正常形态和大小的溶液称为**等张溶液（isotonic solution）**。其实等张溶液是指由不能自由通过细胞膜的溶质所形成的等渗溶液。由于 NaCl 和葡萄糖都不易通过胞膜，红细胞可在这些溶液中维持正常的形态和大小，因而 0.9% 的 NaCl 溶液和 5% 的葡萄糖溶液既是等渗溶液，也是等张溶液；1.9% 尿素溶液虽然也是等渗溶液，但尿素易通过细胞膜，红细胞置于其中可发生溶血，所以不是等张溶液。

第三节　血　细　胞

一、红细胞

正常成熟的**红细胞（erythrocyte，red blood cell，RBC）**呈双凹圆盘形，平均直径 7~8μm，边缘厚，中央薄，无细胞核，红细胞内的蛋白质主要是**血红蛋白（hemoglobin，Hb）**，因而使血液呈红色。红细胞是血液中数量最多的血细胞。我国健康成年男性数量为 $(4.0\text{~}5.5)\times10^{12}$/L，女性为 $(3.5\text{~}5.0)\times10^{12}$/L，新生儿可高达 6.0×10^{12}/L 以上；我国成年男性血红蛋白浓度为 120~160g/L，成年女性为 110~150g/L，新生儿可达 200g/L。年龄、性别、居住地的海拔高度和机体的功能状态均可影响红细胞数量和血红蛋白浓度，如新生儿的红细胞数量和血红蛋白含量均较高，长期居住在高原的居民红细胞数量与血红蛋白含量均高于平原的居民。若血液中的红细胞数量、血红蛋白浓度低于正常，称为**贫血（anemia）**。

（一）红细胞的生理特性

1. 可塑变形性　红细胞具有一定的弹性，其在血管中循环流动时，通常要发生扭曲变形，方可通过口径小于其直径的毛细血管和血窦孔隙，通过后可恢复原状。机体内正常红细胞在外力作用下具有变形的能力称为**可塑变形性（plastic deformation）**。其主要受三个因素的影响：①表面积与体积比值：比值越大变形能力越大；②红细胞膜的弹性及流动性：弹性及流动性降低，变形能力减弱；③红细胞内的黏度：黏度越大变形能力愈小。红细胞内血红蛋白浓度增高或发生变性，均可使黏度增大而导致红细胞的变形能力下降。变形能力减弱的红细胞在血液流动过程中容易破裂而发生溶血。可塑变形性是红细胞生存所需要的最重要的特性。

2. 悬浮稳定性　将经过抗凝处理的血液置于垂直静置的血沉管中，红细胞因密度大于血浆而下沉，但正常时下沉速度十分缓慢。正常的红细胞具有悬浮于血浆中不易下沉的特性，称为**悬浮稳定性（suspension stability）**。通常以红细胞在第 1 小时末下沉所析出的血浆柱高度（mm）来表示红细胞沉降的速度，称为**红细胞沉降率（erythrocyte sedimentation rate，ESR）**，简称血沉。正常成年男性的血沉为 0~15mm/h，女性为 0~20mm/h。红细胞沉降率愈大，表示红细胞的悬浮稳定性愈小。

红细胞能够稳定地悬浮于血浆中是因为红细胞与血浆之间的摩擦力阻碍了红细胞的下沉，同时红细胞彼此之间所带有的相同膜电荷产生的排斥力也阻碍了红细胞下沉。红细胞的双凹圆盘形的形状，使其表面积 / 体积比值增大，产生了较大的摩擦力，故而下沉缓慢。许多疾病可使血沉加快，如活动性肺结核、风湿热等，检查血沉变化具有辅助诊断的作用。

笔记栏

红细胞彼此以凹面相贴，称为**叠连(rouleaux formation)**，发生叠连后，血沉加快。若将血沉加快者的红细胞置于健康人的血浆中，红细胞的沉降速度并不加快；反之，若将健康者的红细胞置于血沉加快者的血浆中，则红细胞发生叠连而沉降加快。红细胞发生叠连主要取决于血浆成分的变化而非红细胞本身。通常血浆中白蛋白、卵磷脂含量增多，血沉减慢；而血浆中球蛋白、纤维蛋白原及胆固醇增多，血沉加快。

3. 渗透脆性　在等渗的 0.9%NaCl 溶液中红细胞的形状和大小保持不变；将红细胞悬浮于不同浓度的 NaCl 溶液中时，在高渗溶液中可见红细胞皱缩；在低渗溶液中红细胞随着渗透压的降低，逐渐膨胀、变为球形，最后破裂、溶血。正常人的红细胞一般在 0.42% 的 NaCl 溶液中开始溶血，在 0.35% 的 NaCl 溶液中完全溶血。这一现象反映了红细胞对低渗盐溶液具有一定的抵抗能力，且同一个体的红细胞对低渗盐溶液的抵抗力并不相同。红细胞在低渗盐溶液中发生膨胀、破裂的特性，称为红细胞的**渗透脆性(osmotic fragility)**。若抵抗力小，表示渗透脆性大，易破裂；抵抗力大，表示渗透脆性小不易破裂。新生的红细胞脆性小，抵抗力大，不易破裂；相反，某些溶血性疾病及衰老的红细胞脆性大，抵抗力小，易破裂。

(二) 红细胞的功能

红细胞的主要生理功能是：①运输 O_2 和 CO_2：血液中 98.5% 的 O_2 以与血红蛋白结合成氧合血红蛋白的形式存在。②酸碱缓冲：红细胞内有许多的缓冲对，它们缓冲体内过多的酸碱物质，在维持体内酸碱平衡的相对稳定中起重要作用。

(三) 红细胞的生成和调节

1. 红细胞的生成过程　骨髓是成年人生成红细胞的唯一场所。红骨髓中的造血干细胞首先分化成为红系定向祖细胞，再经过原红细胞、早幼红细胞、中幼红细胞、晚幼红细胞和网织红细胞的阶段，最终成为成熟的红细胞。

2. 红细胞生成的原料　在红细胞生成过程中，需要有足够的蛋白质、铁、叶酸和维生素 B_{12}，其中蛋白质和铁是合成血红蛋白最重要的物质。此外，红细胞生成还需要氨基酸、维生素 B_6、B_2、C、E 以及铜、锰、钴、锌等微量元素。

铁的再循环利用

(1) 铁：铁是合成血红蛋白必需的原料。健康成人每天需要 20~30mg 铁用于红细胞生成。体内铁的来源有内源性铁和外源性铁两部分，其中 1mg(约 5%)来自食物中的铁，其余 95% 来自衰老红细胞破坏后释放的铁。衰老的红细胞被巨噬细胞吞噬后，血红蛋白被分解，释放出铁，血浆中的转铁蛋白穿行在巨噬细胞和幼红细胞之间，将铁运至红细胞，此过程称为体内铁的再循环利用。当体内铁的供应不足或铁代谢紊乱，均可导致血红蛋白合成不足，引起小细胞低色素性贫血，又称缺铁性贫血。

(2) 叶酸和维生素 B_{12}：叶酸和维生素 B_{12} 是红细胞合成 DNA 所需的重要辅酶。叶酸不能被机体直接利用，需要在体内转化为四氢叶酸后，才可参与 DNA 的合成。叶酸的转化需要维生素 B_{12} 的参与。当维生素 B_{12} 缺乏时，叶酸的利用率降低，可引起叶酸的相对不足，使红细胞合成 DNA 减少，细胞核发育异常，幼红细胞分裂增殖减慢，红细胞体积变大，出现巨幼红细胞性贫血，又称大细胞性贫血。食物中维生素 B_{12} 的吸收有赖于胃黏膜壁细胞分泌的**内因子(intrinsic factor)**与其结合，形成复合物才能在回肠末端吸收。当萎缩性胃炎、全胃或胃大部分切除，内因子分泌减少或体内产生抗内因子抗体、回肠被切除时，均可导致维生素 B_{12} 吸收障碍，引起巨幼红细胞性贫血的发生。

3. 红细胞生成的调节　不同发育阶段的红系祖细胞受不同调节因子的调控，红系祖细胞向红系前体细胞增殖分化是红细胞生成的关键环节。红系祖细胞发育阶段分为两个亚群：一种是早期红系组细胞在体外培养时因能形成很大的集落，称为**红系爆式集落形成单位(burst forming unit-erythroid，BFU-E)**，并依赖**爆式促进活性因子(burst promoting**

activity,BPA)的刺激作用。研究发现,**白细胞介素-3(interleukin-3,IL-3)**和**粒-巨噬细胞集落刺激因子(GM-CSF)**具有BPA效应。另一种是晚期红系祖细胞在体外培养时只能形成很小的集落,称为**红系集落形成单位(colony forming unit-erythroid,CFU-E)**。晚期红系祖细胞对BPA不敏感,细胞膜存在较密集的**促红细胞生成素(erythropoietin,EPO)**受体,主要接受EPO的调节。EPO可促进晚期红系祖细胞的发育、增殖,它也促进早期红系祖细胞的增殖分化。EPO是一种分子量为34kD的糖蛋白,主要由肾小管周围的间质细胞合成。组织缺氧是促进EPO分泌的生理性刺激因素。EPO可引起骨髓的红系祖细胞增殖分化,使红细胞生成增多,从而缓解缺氧状况。现已用分子生物手段从肾组织细胞中提取编码EPO的mRNA,基因重组人红细胞生成素(rhEPO)与天然的EPO基本相同,目前已大量应用于临床,除治疗肾性贫血外,对其他各种贫血,如恶性肿瘤所致贫血、慢性炎症或感染性贫血等均有一定疗效。近年来有资料显示某些再生障碍性贫血可能是红系祖细胞上EPO受体有缺陷所致。

雄激素对红细胞生成也有促进作用,它既可促使肾脏产生EPO,提高血浆中EPO的浓度,又能增加骨髓红系祖细胞的数量。临床上成年男性的红细胞数和血红蛋白量高于女性,可能与体内雄激素的水平不同有关,人工合成的雄激素衍生物治疗再生障碍性贫血有一定疗效。

此外,生长激素、甲状腺激素、肾上腺糖皮质激素等均可通过提高组织对氧的需求,间接促进红细胞生成。而肿瘤坏死因子、转化生长因子β、干扰素γ等可抑制早期红系祖细胞的增殖,对红细胞生成起负性调节作用。

(四) 红细胞的破坏

循环血液中的红细胞平均寿命约120天。每天大约有0.8%的红细胞因衰老被破坏。90%的衰老红细胞被巨噬细胞破坏并清除,称为血管外破坏。由于衰老红细胞的变形能力减退,脆性增高,当红细胞流经脾和骨髓时,难以通过微小的孔隙,而滞留其中,被巨噬细胞吞噬。巨噬细胞吞噬红细胞后,将血红蛋白消化,释放出铁、氨基酸和胆红素,其中铁和氨基酸被重新利用,而胆红素则由肝排入胆汁,最后排出体外。衰老红细胞膜脆性增加,在血流湍急处,约有10%的衰老的红细胞可因机械冲击而破裂,称为血管内破坏。红细胞在血管内破坏后释放出血红蛋白,血红蛋白中的血红素经代谢释放铁,一部分被骨髓重新利用以合成新的红细胞,一部分以铁蛋白的形式暂储于网状内皮细胞,供以后利用。

缺铁性贫血案例学习

二、白细胞

白细胞(leucocyte,white blood cell,WBC)是一类无色有核的血细胞。健康成人白细胞数为(4.0~10.0)×10^9/L,生理情况下白细胞数目变动范围较大。新生儿高于成人,为(12.0~20.0)×10^9/L。人体在各种急性感染、炎症、组织损伤或白血病等病理情况下,白细胞的总数和分类计数可发生特征性变化,在临床诊断中有重要参考价值。

白细胞具有变形、游走、趋化、吞噬和分泌等特性,是机体重要的防御屏障之一。各类白细胞的功能主要是通过吞噬作用和免疫功能参与机体的防御和保护活动反应,防止病原微生物的入侵,但不同种类白细胞的生理功能又有所不同。

(一) 粒细胞

60%~70%的白细胞胞质内具有嗜色颗粒,称为粒细胞。

1. 中性粒细胞　在粒细胞中,中性粒细胞占绝大多数,其细胞核呈分叶状。血管中约有一半的中性粒细胞在血液中循环流动,称为**循环池**,通常的白细胞计数仅反映这部分中性粒细胞的数量;另一半则滚动在小血管壁的内皮细胞上,称为**边缘池**。此外,骨髓中还有数量为15~20倍于外周血液中性粒细胞的成熟中性粒细胞,当机体需要时,边缘池和骨髓中储

笔记栏

备的中性粒细胞均可在短期内大量进入血液循环发挥作用。中性粒细胞的变形能力、趋化性以及吞噬消化能力都很强，所以在血液的非特异性免疫中起重要作用。中性粒细胞在血液中停留的时间平均只有6~8小时，很快穿过血管壁进入组织发挥作用。它是机体抵抗病原微生物，尤其是化脓性细菌入侵的最早的效应细胞。当中性粒细胞吞噬3~20条细菌后，本身也分解死亡，释放出各种溶酶体酶，能溶解周围组织形成脓肿。此外，它还参与吞噬和清除衰老的红细胞、抗原-抗体复合物等。

2. 嗜酸性粒细胞　其胞质内含有过氧化物酶和碱性蛋白，缺乏蛋白水解酶，虽有微弱的吞噬能力，但基本上无杀菌作用。嗜酸性粒细胞在体内的主要功能有：①限制嗜碱性粒细胞和肥大细胞在Ⅰ型超敏反应中的作用。②参与对蠕虫的免疫反应。超敏反应或某些寄生虫感染时，常伴有嗜酸性粒细胞数目的升高。

3. 嗜碱性粒细胞　正常的成熟嗜碱性粒细胞存在于血液中，炎症时释放的趋化因子可诱导其迁移到组织中。其胞质中的碱性染色颗粒内含有肝素、组胺、嗜酸性粒细胞趋化因子A等。当嗜碱性粒细胞被活化时，可释放颗粒中的介质，合成、释放白三烯（超敏性慢反应物质）和白细胞介素-4（IL-4）等细胞因子。它释放的组胺、超敏性慢反应物质可引起毛细血管壁通透性增加，导致局部组织充血水肿，使支气管、胃肠道等处的平滑肌收缩而引起荨麻疹、哮喘、腹痛、腹泻等Ⅰ型超敏反应症状。此外，嗜碱性粒细胞还能释放一种被称为嗜酸性粒细胞趋化因子A的小肽类物质，它能将嗜酸性粒细胞聚集于局部，从而可减轻超敏反应。

（二）无粒细胞

1. 单核细胞　从骨髓直接释放入血液的单核细胞是尚未成熟的细胞。单核细胞在血液中停留2~3天后穿出血管壁，进入组织中，并在组织中进一步发育转化成**巨噬细胞（macrophage）**。巨噬细胞内含有更多的非特异性酯酶，有更强大的吞噬能力。巨噬细胞的主要功能是：吞噬消灭某些细胞内的疟原虫、真菌及结核分枝杆菌等；识别和杀伤肿瘤细胞和病毒感染的细胞。巨噬细胞在吞噬过程中还参与激活淋巴细胞的特异性免疫应答功能。此外，激活的单核巨噬细胞还能合成和释放多种细胞因子，如集落刺激因子、白介素（IL-1、IL-3、IL-6等）、肿瘤坏死因子、干扰素等，这些细胞因子能调节其他细胞的生长，并在特异性免疫应答中起重要的作用。

2. 淋巴细胞　淋巴细胞在机体内免疫应答中起核心作用，主要执行免疫功能。血液中的淋巴细胞可分为三大类：①由骨髓生成的淋巴干细胞，在胸腺的作用下发育成熟，称为T淋巴细胞，主要执行细胞免疫，血液中的淋巴细胞80%~90%属于T淋巴细胞；②在骨髓或肠道淋巴组织中发育成熟的，称为B淋巴细胞，主要执行体液免疫；③**自然杀伤细胞（natural killer cell，NK）**是不同于T淋巴细胞、B淋巴细胞的一类非特异性免疫细胞，在机体固有免疫起十分重要的作用。它占人外周血淋巴细胞总数的5%~10%。NK细胞具有多种功能，通过释放细胞毒和淋巴因子，不仅与抗肿瘤、抗病毒感染和免疫调节有关，而且在某些情况下参与超敏反应和自身免疫性疾病的发生。

白细胞减少症和粒细胞缺乏症

三、血小板

血小板（platelet）呈双凸圆盘状，直径2~3μm，无细胞核，在电镜下可以看到其相当复杂的超微结构，如致密体、α颗粒、溶酶体、小管系统等。血小板是骨髓中成熟的**巨核细胞（megakaryocyte）**胞浆脱落而成的具有生物活性的小块胞质。血液循环中的血小板通常处于“静止”状态，当血管损伤时，血小板被激活，可伸出伪足呈不规则形状，在生理性止血中起重要作用。

健康成人的血小板数量是$(100\sim300)\times10^9/L$，平均为$160\times10^9/L$。血小板有保持血管内皮

完整的功能，当血小板数量减少到 $50\times10^9/L$ 以下时，可出现异常出血现象，如皮肤、黏膜的瘀点、瘀斑，甚至大面积瘀斑，称为血小板减少性紫癜；若血小板的数量增加到 $1\ 000\times10^9/L$ 以上时，称为血小板增多症，容易形成血栓，应采取必要的防栓措施。

（一）血小板的生理特性

血小板具有黏附、释放、聚集、吸附和收缩等多种生理特性。

1. 黏附 血小板黏着于非血小板表面的过程称为**血小板黏附（platelet adhesion）**。当血管内皮细胞受损时血小板即可黏附于损伤部位的内皮下组织。血小板黏附需要血小板膜上的**糖蛋白（glycoprotein，GP）**、内皮下成分（主要是胶原纤维）和血浆**抗血管性假血友病因子（von willebrand factor，vWF）**的参与。当血管受损伤时，内皮下暴露胶原，vWF 首先与胶原纤维结合，使 vwF 产生变构，变构的 vWF 能与血小板膜上的主要糖蛋白Ⅰb 结合，使血小板黏附于胶原纤维上。

2. 聚集 血小板彼此黏着的现象称为**血小板聚集（platelet aggregation）**。此过程需要纤维蛋白原、Ca^{2+} 和 GPⅡb/Ⅲa 参与。当血小板受到刺激时，血小板发生聚集形成血小板栓子。如血管损伤很小，血小板栓子可完全阻止血液外流，这对于微小血管损伤的封闭极为重要。内源性 ADP 的释放和 TXA_2 是引起血小板聚集最重要的物质。

3. 释放 当血小板受到刺激后，将储存于致密体、α- 颗粒或溶酶体内的多种活性物质释放出来的过程称为**血小板释放（platelet secretion）**。血小板释放的物质包括致密体中的 ADP、ATP、5-HT、Ca^{2+}，α- 颗粒中的血小板球蛋白、血小板因子 4（PF_4）、纤维蛋白原、vWF、许多凝血和抗凝因子以及**血小板源生长因子（platelet-derived growth factor，PDGF）**等。血小板释放的这些物质有促进血小板活化、血小板聚集、血管收缩、血液凝固等多种复杂的生理功能，而且血小板的黏附、聚集与释放几乎同时发生。此外，血小板被激活还释放**血栓烷 A_2（thromboxane A_2，TXA_2）**，有强烈的聚集血小板和缩血管作用，小剂量的阿司匹林可通过抑制环加氧酶减少 TXA_2 的生成，具有抗血小板聚集的作用。

4. 吸附 血小板表面能吸附血浆中的多种凝血因子（如因子Ⅰ、Ⅴ、Ⅺ、Ⅻ等）。当血管内皮破损时，血小板可在受损的局部黏附和聚集，使局部凝血因子的浓度升高，促进血液凝固和生理止血。

5. 收缩 血小板具有收缩功能。在血小板中含有与骨骼肌细胞类似的收缩蛋白系统，如肌动蛋白、肌球蛋白、微管和微丝等各种相关蛋白。血小板活化可使胞质中的 Ca^{2+} 浓度增高从而引起血小板的收缩反应，血凝块中的血小板收缩可形成坚实的止血栓，若血小板数量减少可致血凝块回缩不良。

（二）血小板的生理功能

1. 止血和凝血作用 正常情况下，小血管破损而引起的出血在几分钟内会自然停止，这一现象称为**生理性止血（Physiological hemostasis）**。临床上常利用采血针刺破耳垂或指尖使血液自然流出，测定出血延续时间，称为**出血时间（bleeding time）**，正常人出血时间不超过 9 分钟（模板法）。当血小板减少时，出血时间延长，可发生出血倾向；但止血功能过度激活时则可导致血管内形成病理性血栓。

生理性止血过程主要包括小血管收缩、血小板止血栓形成和血液凝固三个过程，此三方面是相继发生、相互重叠、密切相关的。①小血管收缩：生理性止血首先表现为受损局部血管和邻近的小血管收缩，通过减少局部血流，使血流减慢，为血小板的黏附提供便利。血小板激活后释放的 TXA_2、5-HT 促进血管收缩，如血管只有小的损伤，通过血管破口的封闭，就可达到制止出血的效果。②血小板止血栓的形成：血管损伤后，暴露内皮下胶原蛋白，即有少量血小板附在胶原上，血小板活化释放内源性 ADP 和 TXA_2，促使血小板发生不可逆聚集，

笔记栏

血液中的血小板不断聚集，形成血小板止血栓，堵塞伤口，完成初步止血。③血液凝固：血管损伤后启动凝血系统，血小板吸附大量凝血因子，并相继激活，在受损局部迅速发生血液凝固的过程，使血浆中可溶性的纤维蛋白原转变成不溶性的纤维蛋白，并交织成网，形成坚实的止血栓，进一步加固止血。随后，血凝块局部可出现纤维组织增生，达到永久性止血的效果。

2. 保持血管内皮细胞完整性　血管破损，血小板黏附于血管内皮，可融合入内皮中，能随时沉着于血管壁，以填补内皮细胞脱落留下的空隙。因此血小板对毛细血管壁具有营养支持作用。此外，血小板还可以释放具有稳定内皮屏障的物质和生长因子，如**血管内皮生长因子(vascular endothelial growth factor，VEGF)**、PDFG等，促进血管内皮细胞、平滑肌细胞、成纤维细胞的增殖，利于受损血管的修复。

第四节　血液凝固和纤维蛋白溶解

一、血液凝固

血液凝固(blood coagulation)简称血凝，指血液由流动的液体状态变成不流动的凝胶状态的过程。作为生理性止血过程的重要环节，血凝的实质就是血浆中可溶性的纤维蛋白原转变为不可溶的纤维蛋白，交织成网并网罗血细胞及其他成分，形成血凝块。血凝后1~2h，血凝块会发生收缩，并析出淡黄色透明的液体，称为**血清(serum)**。血清与血浆的区别在于血清中缺少纤维蛋白原和凝血发生时消耗掉的一些凝血因子，而增添了一些血凝时由血管内皮细胞和血小板释放出的生物活性物质。

(一) 凝血因子

血液凝固是一系列复杂的酶促反应过程，需要多种凝血物质的参与。血浆和组织液中直接参与血液凝固的物质，称为**凝血因子(coagulation faction，或 clotting faction)**。参与凝血的因子主要有14种，其中由国际凝血因子委员会按照发现的先后顺序，以罗马数字编号的有12种，即凝血因子Ⅰ~ⅩⅢ(简称FⅠ~FⅩⅢ，其中FⅥ是血清中活化的Ⅴ因子，故已被取消)。此外，参与凝血的还有高分子量激肽原、前激肽释放酶等(表3-2)。凝血因子的特点有：①除FⅣ(Ca^{2+})外，其余的凝血因子均为蛋白质；②除**FⅢ**(又称**组织因子，tissue factor，TF**)由损伤的组织释放外，其余的凝血因子均存在于血浆中，且多数在肝细胞内合成，其中凝血因子Ⅱ、Ⅶ、Ⅸ、Ⅹ的合成过程中需要维生素K的参与，又称维生素K依赖因子；③血液中具有酶特性的凝血因子大多数以无活性的酶原形式存在，必须通过其他酶的水解，暴露或形成活性中心后，才具有酶的活性，这一过程称为凝血因子的激活。习惯上在被激活的因子代号的右下角标上“a”(activated)表示，如凝血酶原(FⅡ)激活成为凝血酶(FⅡa)。

表3-2　按照国际命名法编号的凝血因子

因子	名称	生成部位	功能	参与凝血途径
Ⅰ	纤维蛋白原(fibrinogen)	肝细胞	凝块结构	共同
Ⅱ	凝血酶原(prothrombin)	肝细胞	酶原	共同
Ⅲ	组织因子(tissue factor，TF)	内皮、巨核细胞等	细胞辅因子	外源
Ⅳ	钙离子(Ca^{2+})		辅因子	共同

笔记栏

续表

因子	名称	生成部位	功能	参与凝血途径
V	前加速因子(proaccelerin)	肝、巨核细胞	血浆辅因子	共同
Ⅶ	前转变素(proconvertin)	肝细胞	酶原	外源
Ⅷ	抗血友病因子(antihemophilic factor,AHF)	肝细胞	血浆辅因子	内源
Ⅸ	血浆凝血激酶(plasma thromobophastin component,PTC)	肝细胞	酶原	内源
X	斯图亚特因子(Stuart-Prower factor)	肝细胞	酶原	共同
Ⅺ	血浆凝血激酶前质(plasma thromobophastin antecedent,PTA)	肝细胞	酶原	内源
Ⅻ	接触因子(contact factor)	肝细胞	酶原	内源
XⅢ	纤维蛋白稳定因子(fibrin-stabilizing factor)	肝、单核细胞、血小板	酰胺基转移	共同
HK	高分子量激肽原(high-molecular weight kininogen,HK)	肝、内皮细胞	血浆辅因子	内源
PK	前激肽释放酶(prekallikrein,PK)	肝细胞	酶原	内源

(二)血液凝固过程

血液凝固过程是由凝血因子按一定顺序相继激活而生成凝血酶原激活物(也称凝血酶原激活复合物),从而将凝血酶原(FⅡ)激活为凝血酶(FⅡa),凝血酶再使纤维蛋白原(FⅠ)变为纤维蛋白(FⅠa)的过程。因此,血液凝固过程可分为三个基本步骤:①凝血酶原酶复合物(又称为凝血酶原激活复合物)的形成;②凝血酶的激活;③纤维蛋白的生成(图 3-3)。

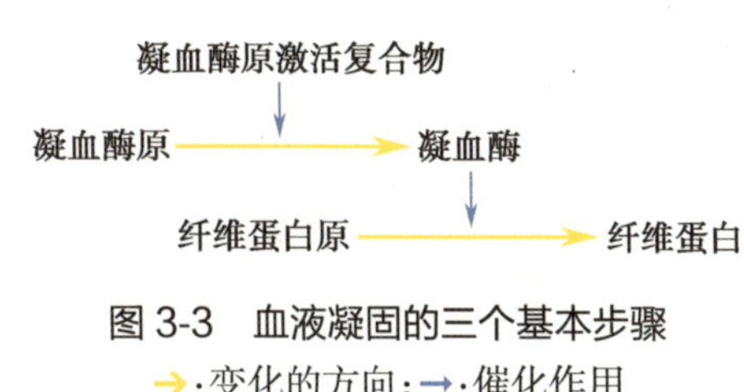

图 3-3 血液凝固的三个基本步骤
→:变化的方向;→:催化作用

根据凝血酶原酶复合物生成过程的不同,可将凝血过程分为内源性凝血和外源性凝血两条途径。两条途径的区别在于启动方式和参与的凝血因子不同,但某些凝血因子可以相互激活,故两条途径不是完全独立的,而是紧密联系的。

1. 内源性凝血途径 参与凝血的因子全部来自血浆,由FⅫ被激活所启动的途径,称为**内源性凝血途径(intrinsic pathway of blood coagulation)**。首先由FⅫ接触到异物表面而被激活成FⅫa,FⅫa在体外可由带负电荷的异物表面(如玻璃、白陶土、硫酸酯、胶原纤维等)所激活;在体内以血管内皮下胶原组织的激活作用最为重要。形成的FⅫa可使**前激肽释放酶(prekallikrein,PK)**生成**激肽释放酶(kallikrein,K)**,K能激活FⅫ,以正反馈的效应形成大量的FⅫa,FⅫa转而使FⅪ激活,成为FⅪa,FⅪa在Ca^{2+}的参与下将FⅨ转变为FⅨa。此外,FⅨ还能被FⅦa和组织因子复合物所激活。FⅨa再与FⅧ、Ca^{2+}、血小板膜磷脂(PL)表面结合形成复合物,即可使FX激活成FXa。在FXa生成后,内源性和外源性凝血过程进入相同的途径。临床上,缺乏FⅧ、FⅨ和FⅪ的患者,凝血过程缓慢,轻微外伤即可引起出血不止,分别称为甲型、乙型和丙型血友病。

2. 外源性凝血途径 由来自血液之外的组织因子(FⅢ)与血液直接接触而启动凝血过程的途径,称为**外源性凝血途径(extrinsic pathway of blood coagulation)**。组织细胞受损后,可释放FⅢ,在Ca^{2+}的存在下,FⅢ与FⅦ形成FⅦa-组织因子复合物,进一步激活FX成为FXa。另外,FⅦa-组织因子复合物还能激活FⅨ成为FⅨa,从而将内源性、外源性凝血联系

笔记栏

起来，共同完成凝血过程。在病理状态下，细菌内毒素、补体 C5a、免疫复合物、肿瘤坏死因子等均可刺激血管内皮细胞和单核细胞表达组织因子，从而启动凝血过程，引起弥散性血管内凝血。

通过上述两条途径生成 FⅩa 后，FⅩa、PL、Ca^{2+} 和 FⅤa 形成凝血酶原酶复合物，进一步激活凝血酶原为凝血酶，凝血酶裂解纤维蛋白原形成纤维蛋白单体。在 FⅩⅢa 和 Ca^{2+} 的作用下，纤维蛋白单体相互聚合，交联构成纤维蛋白多聚体（不可溶），组成牢固的纤维蛋白网，网罗血细胞形成血凝块。

由于血液凝固是一系列凝血因子依次酶促激活的过程，而酶促反应的一个特点就是具有巨大的放大效应，如 1 分子的 FⅪa 最终可引起下游上亿分子的纤维蛋白的激活，故而整个凝血过程是一个加速反应。

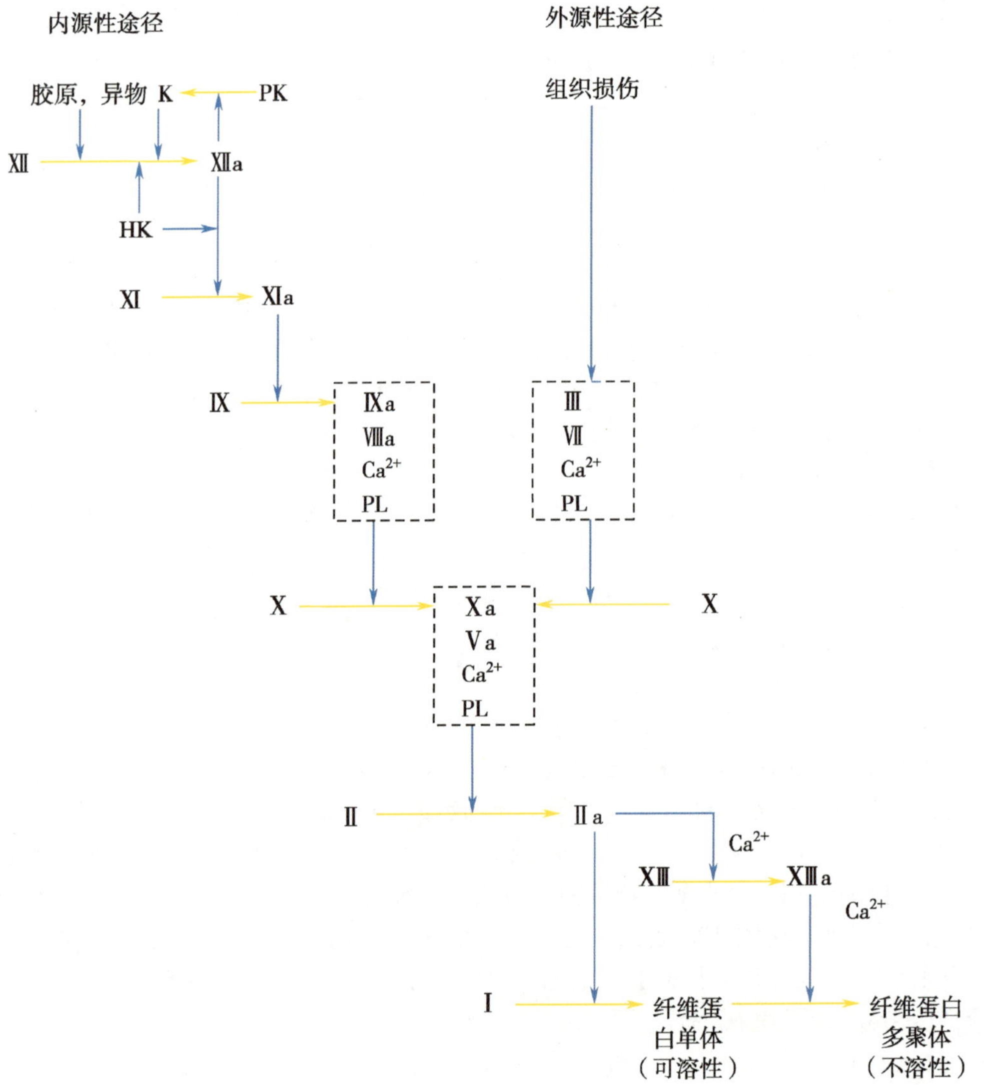

内源性途径
外源性途径
胶原，异物 K PK
组织损伤
Ⅻ Ⅻa
HK
Ⅺ Ⅺa
Ⅸ
Ⅸa Ⅷa Ca^{2+} PL
Ⅲ Ⅶ Ca^{2+} PL
Ⅹ
Ⅹa Ⅴa Ca^{2+} PL
Ⅹ
Ⅱ Ⅱa
Ca^{2+}
ⅩⅢ ⅩⅢa
Ca^{2+}
Ⅰ
纤维蛋白单体（可溶性）
纤维蛋白多聚体（不溶性）

图 3-4 血液凝固过程示意图

→：变化的方向；→：催化作用；PL：血小板磷脂；PK：前激肽释放酶；K：激肽释放酶；HK：高分子量激肽原

二、抗凝系统

在日常生活中，当人体有轻微的血管损伤发生时，体内常有低水平的凝血系统的激活，但在血管内循环的血液并不凝固。当出现组织损伤发生了生理性止血时，也仅局限于损伤部位形成止血栓，并不延及未损伤部位。上述现象说明了机体在空间上和时间上都严格控制了生理性凝血过程，这种控制是多因素综合作用的结果，其中血管内皮细胞在有效防止血液凝固反应的蔓延中起着重要的作用。

（一）血管内皮细胞的抗凝作用

正常情况下，**血管内皮细胞（vessel endothelial cell，VEC）**可防止凝血因子、血小板与内皮下的成分接触，进而避免激活凝血系统和使血小板活化，起到屏障保护作用。血管内皮细胞膜上存在着硫酸乙酰肝素蛋白多糖，并可合成分泌组织因子途径抑制物、抗凝血酶等生理性抗凝物质，与抗凝血酶结合后，可以破坏 FⅡa、FⅨa 等多种活化的凝血因子；血管内皮细胞还可合成释放前列环素（PGI_2）与一氧化氮（NO）来抑制血小板凝集；合成并在膜上表达**凝血酶调节蛋白（thrombomodulin，TM）**，灭活 FⅤa、FⅧa；合成分泌**组织型纤溶酶原激活物（tissue plasminogen activator，t-PA）**，降解纤维蛋白，保证血管通畅。

（二）纤维蛋白的吸附、血流稀释以及单核巨噬细胞的吞噬作用

纤维蛋白与凝血酶有高度亲和力，在凝血过程中形成的凝血酶，85%~90% 的凝血酶可被纤维蛋白吸附，一方面可加快局部血液凝固，另一方面则可抑制凝血酶向周围扩散。进入血液循环中活化的凝血因子可被血流稀释，并被血浆中的抗凝物质灭活、单核巨噬细胞吞噬，有助于防止凝血反应的扩散。

（三）生理性抗凝物质

1. 丝氨酸蛋白酶抑制物　血浆中有许多丝氨酸蛋白酶抑制物，如：**抗凝血酶Ⅲ（antithrombin，ATⅢ）**、肝素辅因子Ⅱ、C_1 抑制物、α_2-巨球蛋白、α_2-抗纤溶酶、α_1-抗胰蛋白酶等。抗凝血酶是最重要的抑制物，由肝细胞和血管内皮细胞产生，可灭活 60%~70% 的凝血酶。其次是肝素辅助因子Ⅱ，可灭活 30% 的凝血酶。由于凝血酶、凝血因子 FⅨa、FⅩa、FⅪa、FⅫa 等分子活性中心均含有丝氨酸残基，而抗凝血酶Ⅲ、肝素辅助因子Ⅱ等物质可与丝氨酸残基结合而抑制其活性。当肝素缺乏时，抗凝血酶Ⅲ的直接抗凝作用非常弱，不能有效地抑制凝血，但它与肝素结合后，其抗凝作用可增强 2 000 倍以上。

2. 组织因子途径抑制物　**组织因子途径抑制物（tissue factor pathway inhibitor，TFPI）**是由血管内皮细胞分泌的一种糖蛋白，是特异性抑制外源性凝血途径的生物活性物质。研究认为 TFPI 是机体内主要的生理性抗凝物质。TFPI 能与 FⅩa 和 FⅦa-组织因子复合物结合而抑制其活性，但只有结合 FⅩa 后才能结合 FⅦa-组织因子复合物。TFPI 可与内皮细胞表面的硫酸乙酰肝素结合，因而，注射肝素可促进内皮细胞表面的 TFPI 释放，使血浆中的 TFPI 水平升高数倍。

3. 肝素　**肝素（heparin）**是一种主要由肥大细胞和嗜碱性粒细胞产生的酸性黏多糖，在肺、心、肝、肌肉等组织中含量丰富。肝素主要通过增强抗凝血酶的活性而发挥间接抗凝作用，是临床上应用广泛的抗凝剂。

4. 蛋白质 C 系统　主要包括蛋白质 C、凝血酶调节蛋白、蛋白质 S 和蛋白质 C 的抑制物。蛋白质 C 由肝合成，其合成需要维生素 K 参与。以酶原的形式存在于血浆中，可水解灭活 FⅤa 和 FⅧa，还有促进纤维蛋白溶解作用，在血浆中蛋白质 S 是活化蛋白质 C 的辅因子，可显著增强蛋白质 C 的作用。

笔记栏

(四) 促凝和抗凝

临床工作中通常采用各种措施防止血液凝固和促进血液凝固。外科手术中常用温热盐水纱布等进行压迫止血。主要是通过纱布作为异物激活因子FⅫ和血小板,而凝血又是一系列的酶促反应过程,适当的加温可加速凝血反应;相反,降低温度或增加异物的光滑面则可延缓凝血的过程。另外,血液凝固过程中多个环节都需要 Ca^{2+} 的参加,通常可使用柠檬酸钠、草酸铵和草酸钾等作为体外抗凝剂,它们能与 Ca^{2+} 结合而除去血浆中的 Ca^{2+},从而起到抗凝血作用。由于少量的柠檬酸钠进入血液循环后不会产生毒素,因此也常用它作为抗凝剂来处理输血用的血液。维生素K拮抗剂如华法林可抑制FⅡ、FⅦ、FⅨ、FⅩ等维生素K依赖性凝血因子的合成,在体内具有抗凝作用。

知识链接

影响血液凝固的因素

1. 温度　在一定范围内,温度降低可使血凝过程中酶活性下降,虽不能完全阻止血凝,但可延缓血凝;温度升高则可使酶活性提高,加速血凝。外科手术中常用温热盐水纱布按压伤口促进血凝以减少出血,正是基于这一原理。

2. 接触面的光滑程度　光滑容器的表面可减少血小板的聚集和释放,因而可延缓血凝的发生;相反,接触粗糙的表面可增加血小板的聚集和释放,故临床上常用有粗糙表面的纱布压迫止血。

3. 血浆 Ca^{2+}　由于血凝过程的多个环节都需要 Ca^{2+} 的参与,当去掉血浆中游离的 Ca^{2+} 时,便可延缓和阻止凝血发生。例如临床输血时用柠檬酸钠与 Ca^{2+} 生成不易离解的可溶性络合物以去掉血浆中游离的 Ca^{2+};临床化验检查和实验室中常用的抗凝剂草酸盐或乙二胺四乙酸(EDTA)等,可与 Ca^{2+} 生成不溶性的复合物,以阻止血凝。

三、纤维蛋白溶解系统

正常情况下,机体组织损伤后所形成的止血栓在完成使命后将逐步溶解,从而保证血管的畅通,利于受损组织的修复和再生。止血栓的溶解主要依赖纤维蛋白溶解系统的作用。

纤维蛋白溶解(fibrinolysis)简称纤溶,是指纤维蛋白被分解液化的过程。纤溶可使止血过程中形成的纤维蛋白凝块适时溶解、清除,以保持血流通畅,有利于损伤组织的修复、愈合以及血管的再生。纤溶系统主要包括:**纤维蛋白溶解酶原(plasminogen),又称纤溶酶原;纤溶酶(plasmin);纤溶酶原激活物(plasminogen activator)**和**纤溶抑制物**。

纤溶的基本过程有两个阶段:纤溶酶原的激活和纤维蛋白的降解。

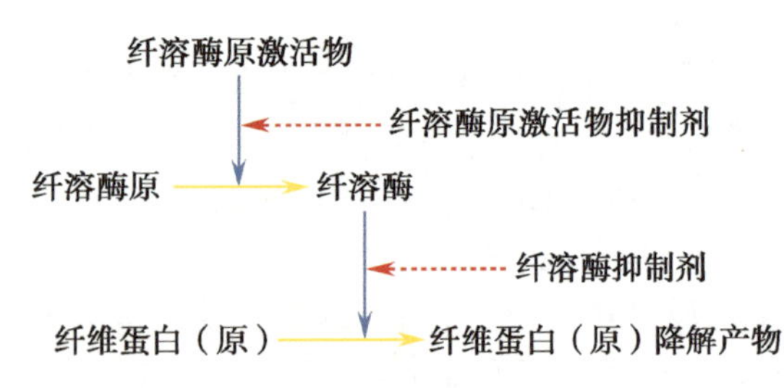

图 3-5　纤溶系统的激活与抑制及作用示意图
➔:变化的方向;→:催化作用;- - -➤:抑制作用

(一) 纤溶酶原的激活

纤溶酶原的激活是纤维蛋白溶解的关键步骤。正常情况下,血浆中纤溶酶是以无活性的纤溶酶原形式存在,必须在纤溶酶原激活物的作用下,才能成为有活性的纤溶

酶。纤溶酶原主要由肝合成，嗜酸性粒细胞也可合成少量纤溶酶原。纤溶酶原激活物包括**组织型纤溶酶原激活物（tissue-type plasminogen activator，t-PA）**、**尿激酶型纤溶酶原激活物（urokinase-type plasminogen activator，u-PA）**、FⅫa、激肽释放酶等，以前两者最为重要。t-PA 由血管内皮细胞产生，刚分泌出来即有较低的激活纤溶酶原的活性；u-PA 由肾小管、集合管上皮细胞产生，主要功能是溶解血管外的纤维蛋白，其次才是清除血浆中的纤维蛋白。当血浆与异物表面接触而激活 FⅫ时，机体一方面启动内源性凝血系统，另一方面也通过 FⅫa 激活肽释放酶而激活纤溶系统，使机体内纤溶与凝血相互配合，保持平衡状态。在体外循环的情况下，循环血液大量接触带负电荷的异物表面，使 FⅫa、激肽释放酶成为纤溶酶原的主要激活物。

（二）纤维蛋白的降解

纤溶酶属于丝氨酸蛋白酶，是血浆中活性最强的蛋白水解酶，它最敏感的底物是纤维蛋白和纤维蛋白原。在纤溶酶的作用下，纤维蛋白和纤维蛋白原可被裂解为许多可溶性的小肽，称为纤维蛋白降解产物。这些降解产物通常不再发生凝固，其中部分还有抗凝血作用。当纤溶系统功能亢进时，可因血液中凝血因子大量分解及纤维蛋白降解产物的抗凝作用而产生出血倾向。

（三）纤溶抑制物

机体内有多种物质抑制纤溶系统的活性，主要有：**α_2- 抗纤溶酶（α_2-Antiplasmin，α_2-AP）**和**纤溶酶原激活物抑制物 -1（plasminogen activator inhibitor type-1，PAI-1）**。PAI-1 主要由血管内皮细胞产生，可通过抑制纤溶酶原激活物而降低纤溶过程；α_2-AP 主要由肝产生，可通过与纤溶酶结合成复合物而抑制纤溶酶的活性。临床上常用的止血药氨甲苯酸、氨基乙酸和凝血酸等，就是抑制纤溶酶的生成及其作用。上述作用保证血栓形成的部位既有适度纤溶过程，又不会引起全身性纤溶亢进，以维持凝血和纤溶之间的动态平衡。

第五节　血型和输血

血型（blood group）通常指红细胞膜上特异性抗原的类型，至今已经发现了 ABO、Rh、MNSs、Lutheran 等 35 个不同的红细胞血型系统，其中，与临床关系最为密切的是 ABO 血型系统和 Rh 血型系统。血型是由遗传因素决定的，血型鉴定对法医学和人类学的研究具有重要意义。如果将不相容的血液输入人体时，可在受血者的血管内发生红细胞凝集和溶血反应，导致溶血反应和微循环的阻塞，严重者危及生命。为此，血型鉴定是安全输血的前提条件。

在白细胞和血小板细胞膜上，除了存在一些与红细胞相同的血型抗原外，还有其本身特有的血型抗原种类。白细胞上最强的同种抗原是**人类白细胞抗原（human leukocyte antigen，HLA）**系统，可应用于器官移植、亲子鉴定和人类学等方面的研究。人类血小板表面也有一些特异性的抗原系统，如 PI、Zw、Ko 等，与输血后发生血小板减少症密切相关。

本节主要讨论红细胞的 ABO 血型系统和 Rh 血型系统。

一、ABO 血型系统

（一）ABO 血型系统分型依据

ABO 血型系统是 1901 年由奥地利病理学家和免疫学家 Landsteiner 发现的第一个人类血型系统。ABO 血型系统中有两种不同的抗原，分别是 A 抗原和 B 抗原；血清中含有与其

笔记栏

相对应的两种抗体，即抗 A 抗体和抗 B 抗体。

ABO 血型的分型是根据红细胞膜上是否存在 A 抗原与 B 抗原将血液分为四种血型：凡红细胞膜上只含 A 抗原的称为 A 型，只含 B 抗原的称为 B 型，两者都存在的称为 AB 型，两者都缺乏的称为 O 型。不同血型人的血清中含有不同的抗体，但不含与自身红细胞所含抗原相对应的抗体，即在 A 型血的血清中，只含抗 B 抗体，不含抗 A 抗体；B 型血的血清中只含抗 A 抗体，不含抗 B 抗体；AB 型血的血清中不含抗 A 和抗 B 抗体；而 O 型血的血清中则含有抗 A 和抗 B 抗体。若将血型不相容的两个人的血液混合，当红细胞膜上的 A 抗原和抗 A 抗体或 B 抗原和抗 B 抗体相结合时，会出现红细胞彼此凝集成簇，这种现象称为**红细胞凝集（agglutination）**，其实质是红细胞膜上的特异性抗原和相应的抗体发生的抗原抗体反应。在补体的作用下，可引起凝集的红细胞破裂，发生溶血。因此，血型抗原和抗体又分别称为**凝集原（agglutinogen）**和**凝集素（agglutinin）**。

（二）ABO 血型系统的抗原和抗体

ABO 血型系统中 A 抗原和 B 抗原的特异性主要决定于红细胞膜上的糖蛋白或糖脂上所含的糖链的组成和连接顺序。ABO 血型系统还有几种亚型，其中最重要的亚型是 A 型中的 A_1 和 A_2 亚型。A_1 型红细胞上含有 A 抗原和 A_1 抗原，而 A_2 型红细胞上仅含有 A 抗原；A_1 型血的血清中只含有抗 B 抗体，而 A_2 型血的血清中则含有抗 B 抗体和抗 A_1 抗体。同样，AB 型血型中也有 A_1B 和 A_2B 两种主要亚型（表 3-3）。虽然在我国汉族人中 A_2 型和 A_2B 型者分别只占 A 型和 AB 型人群的 1%，但由于 A_1 型红细胞可与 A_2 型血清中的抗 A_1 抗体发生凝集反应，因此在输血时应特别注意 A 型中亚型的存在。

表 3-3 ABO 血型系统中的抗原和抗体

血型		红细胞上的抗原	血清中的抗体
A 型	A_1	$A+A_1$	抗 B
	A_2	A	抗 B+ 抗 A_1
B 型		B	抗 A
AB 型	A_1B	$A+A_1+B$	无
	A_2B	A+B	抗 A_1
O 型		无 A，无 B	抗 A+ 抗 B

血型抗体分为天然抗体和免疫抗体两类。ABO 血型系统的凝集素存在天然抗体，其天然抗体属 IgM，分子量大，不能通过胎盘。新生儿的血液中无 ABO 血型系统抗体，出生后 2~8 个月开始产生，8~10 岁时达高峰。因此，血型与胎儿不合的孕妇，不会使胎儿的红细胞发生聚集而破坏。免疫抗体是机体接受自身不存在的红细胞抗原刺激所产生的。免疫抗体属 IgG 抗体，分子量小，可以透过胎盘进入胎儿体内。若母亲体内因过去外源性 A 抗原或 B 抗原进入体内产生免疫性抗体时，与胎儿 ABO 血型不合的孕妇，可因母亲体内免疫性抗体进入胎儿体内而引起胎儿红细胞的破坏，发生新生儿溶血。

二、Rh 血型系统

（一）Rh 血型系统的发现和分布

1940 年，Landsteiner 与 Wiener 在恒河猴（Rhesus monkey）红细胞表面发现一类凝集原，即 Rh 抗原。这种血型系统称为 **Rh 血型系统（Rh blood group system）**，它是仅次于 ABO 血

笔记栏

型的另一重要血型系统。我国汉族人和其他大部分民族的Rh阳性约占99%，Rh阴性占1%。但在某些少数民族中，Rh阴性的人数较多，如塔塔尔族15.8%，苗族12.3%。

（二）Rh血型系统的抗原与分型

Rh血型系统复杂，目前已发现的抗原有50多种，与临床关系密切的有D、E、C、c、e五种，以D抗原的抗原性最强，有重要的临床意义。通常将红细胞表面存在D抗原称为Rh阳性，无D抗原称为Rh阴性。控制Rh血型抗原的等位基因位于1号染色体上，抗原的特异性决定于蛋白质中氨基酸的序列。Rh血型抗原只存在红细胞上，在出生时已发育成熟。

（三）Rh血型系统的抗体

Rh血型系统与ABO血型系统不同，人的血清中不存在抗Rh的天然抗体，只有当Rh阴性者在接受Rh阳性的血液后，才会通过体液性免疫产生抗Rh抗体，但首次一般不产生明显的反应，但当再次接受Rh阳性血液，就会发生凝集反应。Rh血型系统的抗体是免疫抗体，主要是IgG，分子量小，能透过胎盘。因此，当Rh阴性的孕妇怀有Rh阳性的胎儿时，胎儿的红细胞因某种原因(如分娩时胎盘剥离)进入母体，使母体产生抗Rh抗体，此抗体可通过胎盘进入胎儿的血液，可使胎儿的红细胞发生溶血，引起新生儿溶血性贫血，严重时可导致胎儿死亡。但这种情况一般发生在Rh阴性的孕妇第二胎孕育Rh阳性的胎儿。

三、输血原则

输血(blood transfusion)已经成为临床治疗某些疾病、抢救伤员生命和保证一些手术顺利进行的一种特殊而重要的手段。但如果输血不当，将会造成严重后果，为了确保输血安全，必须严格遵守输血原则。输血最好坚持同型输血，即：血型相合，配血相合。

血型相合是指在输血前，首先必须鉴定血型，保证ABO血型相合，因为不相容输血常引起严重的输血反应。生育年龄的妇女和需要反复输血的患者，必须使供血者与受血者的Rh血型相合，避免受血者在被致敏后产生抗Rh的抗体。

配血相合是指即使在ABO系统血型相同的人之间进行输血，在输血前也必须进行**交叉配血试验(cross match test)**。交叉配血试验有主侧、次侧之分，主侧是指将供血者的红细胞与受血者的血清进行配合试验；次侧是指将受血者的红细胞与供血者的血清进行配合试验(图3-6)。若主次侧均不发生凝集反应，则为配血相合，可以进行输血。若主侧发生凝集反应，则为配血不合，不能输血；如果主侧不发生凝集反应，而次侧发生凝集反应，则只能在紧急情况下，缓慢少量(不宜超过200ml)输血，且密切监视输血过程，一旦发生输血反应，必须立即停止输血。以往曾经把O型血的人称为“万能供血者”，认为他们的血液可以输给其他血型的人。目前认为这种输血是不可取的，虽然O型的红细胞上没有A和B抗原，不会被受血者的血浆凝集，但O型人血浆中的抗A和抗B抗体能与其他血型受血者的红细胞发生凝集反应。当输血量较大时，供血者血浆中的抗体未被受血者的血浆足够稀释时，受血者的红细胞会被广泛凝集。

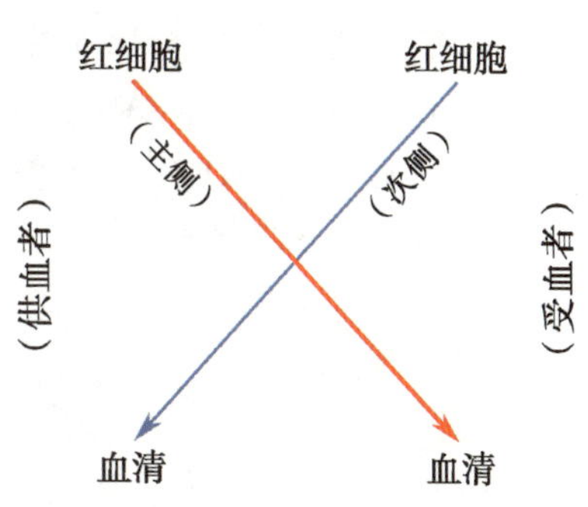

图3-6　交叉配血试验示意图

输血是一个多环节的过程，每个环节出现失误都可能造成严重后果。因此，在输血时，必须严格遵守输血原则，密切注意观察；且在确实需要时才进行输血，绝不可盲目滥用。

成分输血和自体输血

笔记栏

思政元素

无偿献血

无偿献血是指健康适龄的公民自愿献出血液，去挽救他人生命，而不索取任何报酬的行为。目前，无偿献血已经成为了衡量一个社会文明程度的标志，各国政府都十分重视和关心无偿献血。每年的6月14日是世界献血者日。

无偿献血是一种无私奉献、救死扶伤的崇高行为。献血是一种爱心奉献的体现，可解除伤病患者的病痛，甚至挽救他人的生命，这种价值是无法用金钱来衡量的。正常情况下每人每次献血量为200~400ml，在献血之后血液的成分在一个月内将得到完全恢复，不会减少循环血量，不会影响献血者的健康。适当的献血还可增强身体的免疫力，刺激骨髓造血，血细胞及时更新。

学习小结

1. 血量及血液的理化特性　血液由血浆和血细胞组成，血量占体重的7%~8%；血液的密度和黏滞性是血液的理化性质之一；血浆的酸碱度为7.35~7.45。

2. 血浆　血浆蛋白分为白蛋白、球蛋白和纤维蛋白原；血浆晶体渗透压和胶体渗透压在保持细胞内外和血管内外的水平衡中起重要作用。

3. 血细胞　红细胞具有可塑变形性、悬浮稳定性、渗透脆性等生理特性，其功能是运输O_2、CO_2、酸碱缓冲，红细胞的生成需要蛋白质和铁；白细胞分别粒细胞和无粒细胞，主要执行机体的防御功能；血小板有黏附、释放、聚集、吸附和收缩等生理特性，参与机体的止血和凝血。

4. 血液凝固与纤维蛋白溶解　血液凝固的概念和基本过程，凝血因子的概念及其特征，内源性凝血和外源性凝血系统，血管内皮细胞、纤维蛋白抗凝作用及生理性抗凝物质等抗凝系统，纤溶酶原的激活和降解。

5. 血型与输血　ABO血型依据红细胞膜上的A、B凝集原的种类进行划分；Rh阳性红细胞膜含有D抗原，阴性血型者血浆中不存在天然抗体，抗体为免疫抗体；输血以同型输血为基本原则。

（王冰梅）

复习思考题

扫一扫，测一测

1. 血浆胶体渗透压和血浆晶体渗透压各有何生理意义？
2. 请根据所学生理学知识解释何为贫血？试分析产生贫血的可能原因。
3. 血清与血浆有何区别？怎样取得血清和血浆？
4. 如果没有标准血清，只知张某的血型是B型，是否可鉴定另一未知的血型？

第四章 血液循环

学习目标

识记心动周期与心率，心脏泵血过程及其机制，心脏泵血功能的评价，影响心输出量的因素，心肌的生物电现象，心肌生理特性及其影响因素，动脉血压的形成原理及影响因素，微循环，组织液的生成与回流，心血管活动的调节；知晓心音和心电图，影响静脉回心血量的因素，冠脉循环的特点和血流量的调节；理解各类血管的功能特点，动脉脉搏，淋巴循环，脑与肺的血液循环特点。

血液循环(blood circulation)是指心脏作为动力器官，推动血液在血管中按照一定方向、周而复始地循环流动的现象。心脏、血管和血液组成机体的心**血管系统(cardiovascular system)**属于**循环系统(circulatory system)**。血液循环的主要生理功能是运输物质，即运输营养物质以满足机体组织细胞新陈代谢的需要，同时在代谢终产物运输至体外的过程中也起着重要作用，从而维持机体内环境的稳态；此外，血液循环在体液调节和防御功能等方面也有重要作用，例如内分泌细胞分泌的激素通过血液运输至靶细胞并发挥体液调节的作用；血液中白细胞和抗体能够防御外来入侵的病原微生物等；而且还具有内分泌的作用，近年来发现心脏、心包、血管内皮细胞和平滑肌细胞可分泌多种生物活性物质，如心房钠尿肽、血管紧张素、血管内皮舒张和收缩因子等。

威廉哈维

第一节 心脏生理

课件

心脏的主要功能为泵血，即心脏通过节律性的收缩和舒张以及瓣膜的启闭，推动血液在心血管系统流动。心脏收缩时，将血液从心室射入动脉；心脏舒张时，血液通过静脉回流并充盈心室，为下一次射血做准备。心脏的生理功能依赖于心脏电活动、机械活动和瓣膜活动三者的联系和配合。

一、心动周期与心率

(一) 心动周期

心脏的泵血功能是通过不间断地收缩和舒张交替活动来完成的。心脏的一次收缩和舒张构成一个机械活动周期，称为**心动周期(cardiac cycle)**。每个心动周期包括两个阶段：**收缩期(systole)**和**舒张期(diastole)**。心房和心室各自具有收缩期和舒张期，先后按照一定的时程和次序发生，两者的周期长度相同。由于心室在心脏泵血活动中起主导作用，故心动周期的标志通常是指心室的收缩和舒张活动周期，分别称为心缩期和心舒期。

笔记栏

心动周期持续的时间与心率成反比。安静状态下，健康成年人心率平均为 75 次 /min，则每个心动周期持续 0.8s。如图 4-1 所示，在心房的心动周期中，先是心房收缩，持续约 0.1s，继而心房舒张，持续约 0.7s。心房收缩时，心室处于舒张期；心房收缩期结束后，心室开始收缩，持续约 0.3s，随后心室舒张，持续约 0.5s；心房在心室舒张结束前又开始收缩，并进入下一个心动周期。在每一个心动周期中，虽然心房和心室活动是不同步的，但左右心房和左右心室的活动都是同步进行的。不论是心房还是心室，其舒张期均长于收缩期。并且，房室同处于舒张状态达 0.4s，占心动周期的一半，称为全心舒张期。舒张期心肌做功较少，耗能减少，有利于心脏休息；足够长的心室舒张期又有利于静脉回流，心室充盈，足够量的血液充盈才能保证心室正常的射血。故心率越快，心动周期越短，收缩期和舒张期均相应缩短，但舒张期缩短更显著。因此，长期心动过速导致心脏工作时间相对延长，而休息及充盈的时间相对缩短，心脏泵血功能就会减弱。

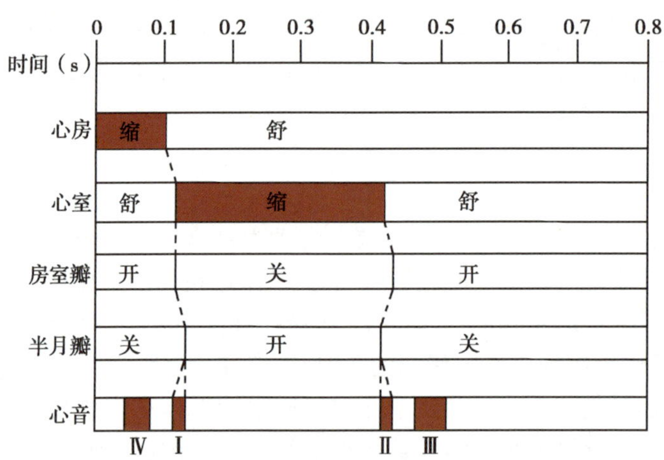

图 4-1　心动周期中心房和心室活动的顺序和时间关系

（二）心率

单位时间内（每分钟）心脏搏动的次数称为**心率（heart rate，HR）**。健康成年人在安静状态下，心率为 60~100 次 /min，平均约 75 次 /min。心率可随年龄、性别和不同生理状态而发生较大的变动。新生儿的心率较快，可达 140 次 /min 以上，随着年龄的增长而逐步减慢，至青春期接近成人水平；在成年人，女性的心率稍快于男性；经常进行体力劳动或体育运动的人群心率较慢。由于心率的变化还受到神经和体液因素的调节，交感神经兴奋时心率加快，故运动或情绪激动时心率加快；迷走神经兴奋时心率减慢，因此安静或睡眠时的心率较慢。肾上腺素、去甲肾上腺素以及甲状腺激素在血液中含量升高均加快心率。此外，体温的变化也会影响心率的快慢，体温每升高 1℃时，心率每分钟增加 12~18 次。临床上，成人安静时心率如低于 60 次 /min，称为窦性心动过缓；超过 100 次 /min，称为窦性心动过速。

二、心脏的泵血功能

心脏收缩时将血液射入动脉，并通过动脉系统将血液分配到全身各组织；心脏舒张时则通过静脉系统使血液回流到心脏，在同一时期内，左心室与右心室接受的血液回流量和输出量大致相等。

每一心动周期是以心房收缩为开始，但心室在泵血功能中起主要作用，因此，泵血功能以心室活动为标志。左、右心室的泵血是同步的，其射血和充盈过程极为相似。现以左心室

笔记栏

心动周期中压力、瓣膜、容积、血流方向和心音变化

为例，说明一个心动周期中心室收缩期的射血和舒张期的充盈过程（图 4-2），以便了解心脏泵血的过程和机制。

1. 心室收缩期 可分为等容收缩期、快速射血期和减慢射血期。

（1）等容收缩期：心房收缩结束后，心室开始收缩，心室内压力（室内压）开始升高；当室内压超过房内压时，心室内血液推动左房室瓣（二尖瓣）使之关闭，血液因而不能反流入心房。房室瓣的关闭产生第一心音，标志着心室收缩期的开始。此时室内压仍然低于主动脉压，主动脉瓣（半月瓣）也处于关闭状态，因而心室容积并没有改变。由于血液是一种不可压缩的液体，此期房室瓣和动脉瓣都处于关闭状态，心室成为一个封闭腔，心室肌的强烈收缩导致室内压急剧升高，成为心动周期中室内压上升速率最快和上升幅度最大的时期，但心室容积没有改变，故称为**等容收缩期（isovolumic contraction phrase）**，此期约持续 0.05s。当主动脉压升高或心肌收缩力减弱时，等容收缩期延长。

（2）快速射血期：随着心室肌继续收缩，室内压继续上升并超过主动脉压时，主动脉瓣被强大的室内压推开，血液由心室射入主动脉，血流速度很快，故这段时期称为**快速射血期（rapid ejection phase）**。由于心室肌强烈收缩，室内压则继续上升达峰值，主动脉压也相应升高；同时快速射血期的血量约占总射血量的 2/3，因而心室内容积明显缩小。此期约占 0.1s，为心动周期中室内压最高和室内容积下降速率最快的时期。

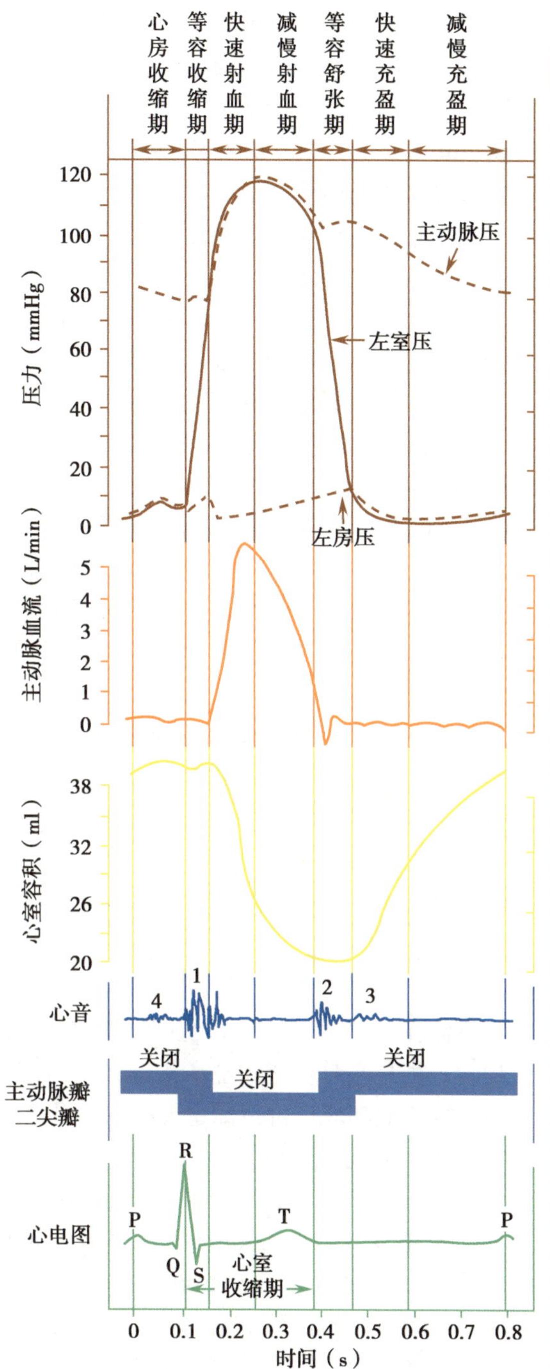

图 4-2 犬心脏心动周期各时期中左房压、左室压、主动脉压、心室容积、瓣膜开启（关闭）、心音与心电图变化

（3）减慢射血期：快速射血期后，心室容积减少，心室肌收缩强度减弱，射血速度也减慢，所以这段时期称为**减慢射血期（reduced ejection phase）**。在减慢射血期，室内压和主动脉压都相应由峰值逐渐下降。在快速射血期的中期或稍后，心室内压虽已略低于主动脉压，但心室内血流因受到心室肌收缩的作用而具有较高的动能，血液依其惯性作用仍可逆压力梯度继续射入主动脉。此期约占 0.15s。

2. 心室舒张期 可分为等容舒张期、快速充盈期、减慢充盈期和心房收缩期。

（1）等容舒张期：心室收缩期结束后开始舒张，室内压急剧下降并低于主动脉压，主动

笔记栏

脉内血液向心室方向反流，推动主动脉瓣关闭。动脉瓣的关闭产生第二心音，标志着心室舒张期的开始。这时室内压仍明显高于房内压，房室瓣依然处于关闭状态，心室再次成为封闭腔。此时，心室肌继续舒张，室内压大幅度下降，但容积不变，这段时期称为**等容舒张期（isovolumic relaxation phase）**。此期持续约 0.07s，为室内容积不变，室内压下降速率最快和下降幅度最大的时期。

（2）快速充盈期：心室肌继续舒张，当室内压下降至低于房内压时，房室瓣开放，此时心房和大静脉内的血液受到心室内低压的“抽吸”作用而迅速流入心室内，室内容积迅速增加，故称为**快速充盈期（rapid filling phase）**。此期流入心室的血液约为总充盈量的 2/3，为心动周期中室内容积增加最多和增加速率最快的时期，历时约 0.11s。

（3）减慢充盈期：快速充盈期后，随着心室内血液不断增加，心室、心房、大静脉之间的压力差逐渐减小，血液以较慢的速度继续流入心室，心室容积进一步增大，故称为**减慢充盈期（reduced filling phase）**，历时约 0.22s。

（4）心房收缩期：至心室舒张期的最后 0.1s，心房开始收缩，故称为**心房收缩期（atrium systole phase）**。心房的收缩使心房压力升高，容积缩小，将心房内的血液挤入心室，使心室在原有充盈的基础上进一步增加其充盈量，占总充盈量的 10%~30%，所以心房收缩期是整个心动周期中心室内容积最大的时期，有利于心室射血和静脉回流，因此心房收缩可起初级泵或启动泵的作用。

如上所述，心脏泵血功能的实现是由于心室肌收缩和舒张造成了室内压的变化，从而导致心房和心室之间以及心室和大动脉之间产生压力差，而压力差是推动血液流动的主要动力，房室瓣和动脉瓣的定向启闭使血液只能沿一定的方向流动。

右心室的泵血过程与左心室基本相同，但由于肺动脉压仅为主动脉压的 1/6 至 1/7，因此右心室内压的变化幅度要比左心室内压小得多。

三、心脏泵血功能的评价

机体在不同生理状况下，心脏必须通过改变泵血活动以适应代谢的需求。因此，心脏泵血功能是衡量心脏功能的基本指标，对心脏泵血功能的正确评价在临床实践中非常重要，常用的心脏泵血功能评价指标主要有以下几种。

（一）心脏的输出量

1. 每搏输出量和射血分数　一侧心室在一次搏动中所射出的血液量，称为每搏输出量，简称**搏出量（stroke volume，SV）**。搏出量为**心室舒张末期容积（end diastolic volume）**和**收缩末期容积（end systolic volume）**之差。安静状态下，健康成年人的左心室舒张末期容积约 125ml，收缩末期容积约 55ml，搏出量约 70ml。可见，心室在每次射血时，并未将心室内充盈的血液全部射出。**射血分数（ejection fraction，EF）**为每搏输出量与心室舒张末期容积的百分比，即：

$$射血分数=(每搏输出量\div心室舒张末期容积)\times100\%$$

射血分数反映心室泵血功能的效率。安静状态下，健康成年人的射血分数为 55%~65%，每搏输出量的变化始终与心室舒张末期容积增减相适应，射血分数的值基本保持在正常范围内。但心脏泵血功能异常时，射血分数比搏出量较早出现变化。例如，心功能减退导致心室扩大的情况下，每搏输出量虽可与健康人无明显差别，但已不能与扩大的心室舒张末期容积相适应，即射血分数明显下降。通常，射血分数低于 50%，表明心力衰竭存在；如果低于 33%，则表示严重心力衰竭。因此，射血分数是评定心功能的重要指标之一。

2. 每分输出量和心指数　一侧心室每分钟射出的血液量，称为**每分输出量（minute**

volume)，简称**心输出量(cardiac output)**。即：

心输出量 = 搏出量 × 心率

左、右两侧心室的心输出量基本相等。心输出量与机体的新陈代谢水平相适应，可因性别、年龄及其他生理情况的不同而不同。安静状态下，健康成年男性搏出量约 70ml，心率平均为 75 次 /min，则心输出量为 5L/min(4.5~6.0L/min)。女性的心输出量比同体重男性低 10% 左右；青年人的心输出量较老年人高；成年人在剧烈运动时，其心输出量可高达 25~35L/min；而在麻醉情况下则可降到 2.5L/min。

人体静息时的心输出量并不与体重成正比，而是与体表面积成正比。对比不同个体的心脏泵血功能时，只用心输出量作为指标比较是不恰当的。**心指数(cardiac index)**是指单位体表面积(m^2)的心输出量值。中等身材的成年人体表面积为 1.6~1.7m^2，安静和空腹的情况下心输出量为 5~6L/min，故心指数为 3.0~3.5L/($min \cdot m^2$)。在安静和空腹情况下测定的心指数称为静息心指数。心指数随不同生理条件而不同，女性比男性低 7%~10%；新生儿较低约 2.5L/($min \cdot m^2$)，10 岁左右心指数最大，可达 4L/($min \cdot m^2$)以上，以后随年龄增加而逐渐下降，到 80 岁时接近于 2L/($min \cdot m^2$)。运动、妊娠、情绪激动和进食时心指数均不同程度增加。因此，临床常用心指数作为分析比较不同个体心功能的评定指标。但是，对于心脏扩大患者的心功能评价不应使用心指数，因为心指数并不包含心室舒张末期容积的变化，所以不如射血分数作为评价指标适合。

知识链接

超声心动图

超声心动图检测是目前临床最常用的评价心室收缩和舒张功能的无创检查方法。评价心室收缩功能可以检查以下参数：左心室舒张末内径(LVDd)、左心室收缩末内径(LVDs)、左心室舒张末容积(EDV)、左心室收缩末容积(ESV)、左心室射血分数(LVEF)、左心室缩短分数(LVFs)。其中左心室射血分数是评价绝大多数患者左心室收缩功能的首选指标。评价心室舒张功能的参数有心室容积变化速率(dV/dt)、压力 - 容积环等指标。

(二) 心脏做功量

心输出量虽然可以作为反映心脏泵血功能的指标，但不能全面反映心脏泵血的功能。例如左、右心室尽管心输出量相同，但各自的做功量和能量消耗却明显不同，右心室做功量只有左心室的 1/6，因为肺动脉平均压仅为主动脉平均压的 1/6 左右，故相同的心输出量并不等同于相同的工作量或消耗相同的能量，所以要更全面地评价心脏泵血功能需测定心脏做功量。

1. 每搏功　心脏收缩将血液射入动脉时，心脏做功所释放的机械能量一方面转化为血流的动能以驱动血液快速流动，另一方面转化为压强能用于维持血压。心室一次收缩射血所做的功，称为**每搏功(stroke work)**，简称搏功。可用搏出血液所增加的压强能和动能来表示。压强能等于搏出量乘以射血压力，动能等于(血液质量 × 流速 ^{2}) × 1/2，即：

每搏功 = 搏出量 × 射血压力 + 动能

生理状态下，血流动能在左心室每搏功的总量中所占比例甚小，约 1%，故一般可忽略不计。但在某些病理条件下，如严重主动脉瓣狭窄，由于血液流经狭窄的主动脉瓣口时流

笔记栏

速大大增加，动能占比例可高达 50% 以上。因此，每搏功基本上等于压强能，即搏出量乘以射血压力。射血压力为射血期左心室内压与心室舒张末期压力差，为便于实际应用，以平均动脉压代替射血期左心室内压，以左心房平均压代替左心室舒张末期压，因此每搏功简化为：

每搏功(J)=搏出量(L)×13.6(kg/L)×9.807(平均动脉压－左心房平均压)(mmHg)×1/1 000

如某人搏出量为 70ml，平均动脉压为 92mmHg，左心房平均压为 6mmHg，按上式计算，此人左心室的每搏功约为 0.803J。

2. 每分功　心室每分钟内收缩射血所做的功，称为**每分功(minute work)**，简称分功，每分功等于每搏功乘以心率，亦即心室完成每分输出量所做的机械外功。若心率为 75 次/min，每搏功为 0.803J，则每分功为 60.2J/min。

心脏的收缩不仅仅是射出一定量的血液，而且使这部分血液具有较高的压强能和较快的流速。在搏出量相同的条件下，动脉血压越高，则心肌的收缩强度必须越大，要克服动脉压所形成的阻力才能完成相同的搏出量，因此心脏的做功量必定增加。比如两个人搏出量均为 70ml，但前者为高血压患者，后者为正常血压者，显然只有前者心脏加强收缩，即做功量大于后者，才能维持 70ml 的搏出量。由此可见，作为评定心脏泵血功能的指标，心脏做功量要比单纯的心搏出量或心输出量更为全面，尤其是在动脉血压高低不同的个体之间，或在同一个体动脉血压发生改变前后，用心脏做功量来比较心脏泵血功能更显其优越性。

四、影响心脏泵血功能的因素

心脏泵血功能具体体现在心输出量，心输出量等于搏出量与心率的乘积。因此凡能影响搏出量和心率的因素均可影响心输出量。其中搏出量的多少取决于心肌收缩的强度和速度，而心肌收缩的强度和速度与前负荷、心肌收缩能力和后负荷有关。因此，下面分别从心肌的前负荷、心肌收缩能力、后负荷和心率四个方面说明对心脏泵血功能的影响。

(一) 前负荷

1. 心室肌的前负荷　前负荷为肌肉收缩前所承受的负荷，可用初长度来表示。由于心脏为中空、近似球形的器官，而心室舒张末期血液充盈量的多少决定了心室肌的初长度，也就是心室舒张末期容积相当于心室的前负荷。由于测量心室内压比较方便，且心室舒张末期容积与心室舒张末期压力在一定范围内具有良好的相关性，故常用心室舒张末期压力来反映前负荷。又由于测定心房内压更为方便，而正常人心室舒张末期的心房内压与心室内压几乎相等，故实验中更常用心室舒张末期心房内压表示心室的前负荷。

2. 心肌异长自身调节　与骨骼肌相似，心肌的初长度对心肌的收缩力具有重要影响。但心肌的初长度和收缩功能之间的关系又有其特殊性。为了便于分析前负荷和心室肌的初长度对心脏泵血功能的影响，在实验中，逐渐改变心室舒张末期压力，并测量心室的每搏功，将不同心

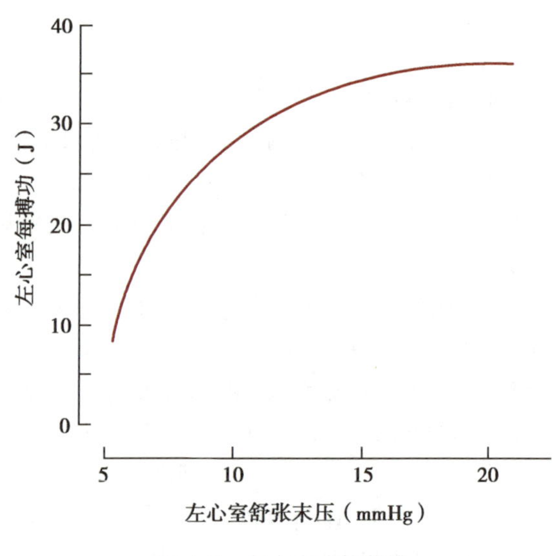

图 4-3　左心室功能曲线

室舒张末期压力所对应的每搏功数据绘制成曲线，称为**心室功能曲线（ventricular function curve）**（图 4-3）。心室功能曲线大致分为三段：①心室舒张末期压在 5~15mmHg 时，为曲线的上升部分，心室每搏功随着心室舒张末期压的增大而增大。而通常情况下，左心室舒张末期压仅仅为 5~6mmHg，说明心室有较大程度的初长度储备。心室舒张末期压在 12~15mmHg 时，为心室最适前负荷（初长度），心肌能产生最大收缩力。与骨骼肌不同，通常状态下的心肌初长度与最适初长度之间距离较远，表明通过改变初长度调节心肌收缩功能的范围更宽。②心室舒张末期压在 15~20mmHg 时，曲线趋于平坦，说明前负荷在此范围变化时对每搏功的影响不大。③心室舒张末期压高于 20mmHg 时，曲线平坦或略有轻度下降，但没有出现明显的降支，说明心室即使前负荷过大，每搏功仍不变或仅略有减小。心功能这一特点表明心肌有较强的抗过度延伸性，这是由于肌节内连接蛋白的存在以及心肌细胞外的间质内含有大量胶原纤维，可限制肌节的被动拉长，并且心肌不易被伸展。心肌的这种抗过度延伸性的特性对心脏泵血功能具有重要意义，使得心脏在前负荷明显增加时一般不会发生泵血功能的下降；只有在发生严重病理变化的心室，当心脏被过度扩张时，心室功能曲线才会出现明显降支，表明心肌的收缩功能已经严重受损。

根据心室功能曲线，在一定限度内，前负荷越大，心肌的初长度越长，则心肌收缩力就越强，搏出量也越多，每搏功增大，这种不需要神经和体液因素参与，只是通过心肌初长度的变化而引起心肌收缩改变的自身调节，称为**异长自身调节（heterometric autoregulation）**。其生理意义在于对搏出量进行精细的调节。例如，当体位改变或动脉压突然增高，以及当左、右心室搏出量不平衡等情况下所出现的充盈量微小变化，可通过此机制改变搏出量，从而使心室舒张末期容积和压力保持在正常范围内。

心室的前负荷主要取决于心室舒张末期充盈的血液量。在体内，心室舒张末期充盈量是静脉回心血量和心室射血后剩余血量的总和。实际上，心室射血后剩余血量增加时，舒张期心室内压也增高，静脉回心血量减少，心室充盈量不一定增加。因此，在多数情况下静脉回心血量的多少是决定心室前负荷大小的主要因素。静脉回心血量又受到心室充盈的持续时间、静脉回流速度、心包内压和心室顺应性等因素的影响。因此，凡能影响心室舒张末期充盈量的因素，都可通过异长自身调节改变搏出量。

（二）心肌收缩能力

前后负荷作为外在因素影响心脏泵血，而心肌本身的功能状态也决定了肌肉收缩的强度和速度。**心肌收缩能力（myocardial contractility）**是一种与前后负荷无关，但可改变心肌力学活动的内在特性。通过心肌收缩能力的改变而不是初长度改变来调节心脏泵血功能的方式，称为**等长调节（homometric regulation）**。心肌收缩能力受到多种因素影响，兴奋 - 收缩耦联各个环节的变化都能影响心肌收缩能力，其中活化横桥数目和肌球蛋白 ATP 酶活性是关键因素。同一初长度下，如果心肌细胞活化的横桥增多，则心肌细胞的收缩能力增强，心输出量增加，而胞质内 Ca^{2+} 的浓度和（或）肌钙蛋白对 Ca^{2+} 亲和力的增加提高了活化横桥数目在全部横桥中所占的比例。支配心肌的交感神经及血液中的儿茶酚胺是调节心肌收缩能力的重要因素。例如去甲肾上腺素在激动心肌细胞的 β 肾上腺素能受体后，激动细胞膜上的 L 型钙通道并增加 Ca^{2+} 内流，又进一步促进 Ca^{2+} 从肌质网进入胞质，使活化的横桥数目增多以及 ATP 酶活性增强，从而使心肌收缩能力增强。甲状腺激素能通过提高肌球蛋白 ATP 酶的活性，从而增强心肌收缩能力。心肌收缩能力增强可使心室功能曲线向左上方移位，表明在前后负荷不变的情况下，每搏功增加，心脏泵血功能增强（图 4-4）；而缺 O_2、酸性代谢产物增加、心脏迷走神经兴奋、乙酰胆碱等则使心肌收缩力减弱，心室功能曲线向右下方移位（图 4-4）。

笔记栏

(三) 后负荷

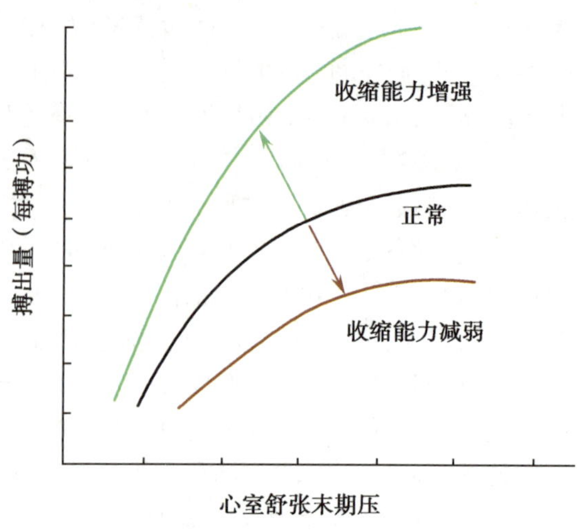

图 4-4 心室功能曲线的影响因素

后负荷为肌肉开始收缩时才遇到的负荷或阻力。心室收缩时必须克服大动脉压的阻力，推开动脉瓣才能将血液射入动脉。因此，心室肌收缩时所遇到的后负荷即大动脉血压。在前负荷、心肌收缩能力和心率均不变的情况下，如大动脉血压(后负荷)增高，引起等容收缩期室内压升高及时间延长，而射血期缩短，射血速度减慢，搏出量减少。然而在正常情况下，主动脉在 80~170mmHg 之间变化，心输出量并没有受到后负荷增加的影响而减少，这是因为，当搏出量减少导致心室内剩余血量增加的同时，心室舒张末期容积(初长度)也增大，可通过异长自身调节提高搏出量到正常水平；同时还可通过神经体液因素引起等长调节加强心肌收缩能力，提高搏出量以适应后负荷的改变。在临床上，高血压患者多见左心室肥大、扩张并导致左心衰竭，其发病机制是由于长期持续的大动脉血压(后负荷)升高并超过一定范围，心室肌为克服增加的后负荷而加强收缩活动，心脏做功量增加，久而久之出现代偿性的心肌肥厚，最终导致泵血功能减退诱发左心衰竭。

(四) 心率

在一定范围内，心输出量可随着心率的加快而增加。这是由于心率在一定限度内加快虽然使心室充盈时间有所缩短，但由于大部分静脉回心血量是在快速充盈期内进入心室，因此心室充盈量和搏出量不会明显减少，而心率的增加可使心输出量明显增加。但当心率过快(超过 180 次 /min)，心室舒张期明显缩短，充盈量不足，导致搏出量减少，心输出量反而下降；若心率过慢(低于 40 次 /min)，心室舒张期过长，心室充盈量早已接近最大限度，因此不能再额外增加充盈量，故搏出量也不会增加，反而由于心率过低导致心输出量明显减少。

五、心脏泵血功能的储备

健康成年人在安静状态下，心输出量约 5L；剧烈运动或强体力劳动时，心输出量可达 25~30L，为安静时的 5~6 倍。可见，正常心脏的泵血功能有很强的储备能力。心输出量随机体代谢需要而增加的能力，称为**心脏泵血功能储备**或**心力储备(cardiac reserve)**，是人体适应环境变化的重要能力之一，反映心脏的健康程度。心泵功能储备可用心脏每分钟能够射出的最大血量，即心脏的最大输出量来表示。训练有素的运动员，心脏的最大输出量可达 35L 以上，是安静时心输出量的 7 倍。

心力储备的大小主要取决于搏出量和心率改变的程度，因此心泵功能储备包括搏出量储备和心率储备两部分。

(一) 搏出量储备

搏出量是心室舒张末期容积和收缩末期容积之差，所以，搏出量储备又可分为收缩期储备和舒张期储备两部分。前者是通过增强心肌收缩能力和提高射血分数来实现的，而后者则是通过增加舒张末期容积而获得的。静息时舒张末期容积约 125ml，由于心室腔不能过分扩大，一般只能达到 140ml 左右，故舒张期储备仅 15ml 左右；而心室收缩末期容积约 55ml，当心肌最大限度缩短时，心室收缩末期容积可减小到 15~20ml，因而收缩期储备可达

35~40ml。因此，收缩期储备可通过提高收缩力来实现的，是搏出量储备的主要方面。

(二) 心率储备

如搏出量保持不变，而使心率在一定范围内加快，心输出量可增加至静息时的2~2.5倍。但心率过快时，如前所述由于舒张期过短，心室充盈不足，可导致搏出量和心输出量减少。在一般情况下，健康成年人能使心输出量随心率加快而增多的最高心率为160~180次/min。

因此，心力储备的意义在于当机体增强活动时，心输出量能够相应地增加，以满足代谢活动的需要。坚持体育锻炼能够增加心力储备，可能是通过增强心肌收缩能力、改善心肌血液供应、提高心肌对急性缺氧的耐受力等途径而实现的。

六、心肌细胞的生物电现象

心肌细胞作为可兴奋的肌细胞，当受到刺激后具有产生动作电位(兴奋)和收缩的特性。心肌细胞的动作电位是触发心肌细胞收缩和心脏泵血的始动因素。心肌细胞的生物电现象与骨骼肌细胞明显不同且更为复杂，不同类型心肌细胞的动作电位及其形成机制也不尽相同(图4-5)。

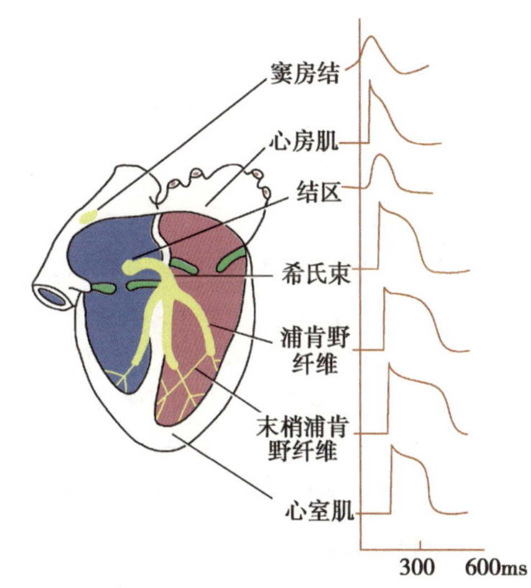

图4-5 不同类型心肌细胞的跨膜电位

根据组织学和电生理学特点，可将心肌细胞分为两类：一类是普通的心肌细胞，包括心房肌和心室肌细胞，这类细胞具有稳定的静息电位，主要执行收缩功能，称为**工作细胞(working cell)**；另一类为特殊分化的心肌细胞，主要包括窦房结、房室结(也称房室交界)、房室束(也称希氏束)细胞和浦肯野纤维，它们组成**特殊传导系统(specialized conduction system)**，这类细胞大多没有稳定的静息电位，并可自动产生节律性兴奋，称为**自律细胞(autorhythmic cell)**。根据心肌细胞动作电位去极化速度的快慢及其不同产生机制，又可将心肌细胞分成**快反应细胞(fast response cell)**和**慢反应细胞(slow response cell)**两类。前者包括心房肌细胞、心室肌细胞和浦肯野纤维等；后者则包括窦房结细胞和房室交界细胞等。

(一) 工作细胞的跨膜电位及其形成机制

属于工作细胞的心房肌和心室肌细胞直接参与心脏收缩功能，两者的跨膜电位及其形成机制基本相同，在此以心室肌细胞为例阐述工作细胞的跨膜电位及其形成机制。

1. 静息电位　人的心室肌细胞静息电位为-90mV，其形成机制与骨骼肌细胞相似，即静息时心室肌细胞膜对K^+的通透性较高，K^+顺浓度梯度向膜外扩散(K^+外流)，所形成的K^+平衡电位是心室肌细胞静息电位的主要离子基础。另外，心室肌细胞膜在静息时也允许少量Na^+内流，同时Na^+-K^+泵活动也产生一定的超极化电流。因此，心室肌细胞静息电位的数值实际上为上述三种电活动的代数和。

2. 动作电位　心室肌细胞的动作电位明显不同于骨骼肌细胞，其主要特征是动作电位的升支和降支不对称，复极化过程复杂且持续时间长，通常被分为0期、1期、2期、3期、4期五个时期(图4-6)。

(1) 0期(快速去极期)：此期去极与Na^+快速内流有关。由于起搏点传来的兴奋以及邻近细胞电流的作用下，首先引起心室肌细胞膜上部分Na^+通道开放，产生局部电位，当膜电位去极化到达阈电位(-70mV)水平时，Na^+通道快速激活并大量开放，形成再生性Na^+内流，

笔记栏

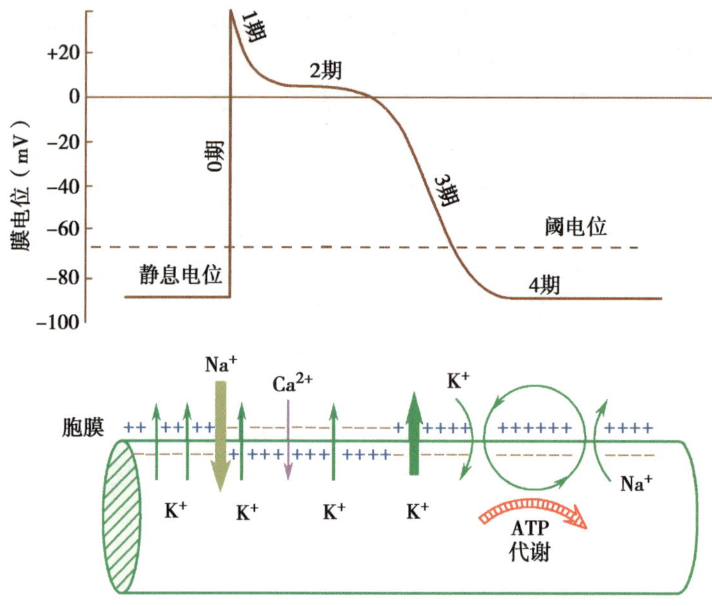

图 4-6 心室肌细胞动作电位和主要离子流示意图

并顺着浓度梯度和电位梯度由膜外进入膜内，使膜进一步去极化，膜内电位迅速到 0 电位，并继续反极化向正电位转化，直至趋近 Na^+ 平衡电位，形成动作电位的 0 期（动作电位升支）。0 期去极化的时间短，幅度大，因而去极化速度很快。开放和介导 0 期去极化的 Na^+ 通道的激活与失活十分迅速，故称为**快通道（fast channel）**。这种 0 期去极化过程由快 Na^+ 通道介导的动作电位称为**快反应动作电位（fast response action potential）**，具有这种特性的心肌细胞称为快反应细胞，包括心房肌、心室肌细胞和浦肯野纤维等。快 Na^+ 通道可被**河鲀毒素（tetrodotoxin，TTX）**选择性阻断。

（2）1 期（快速复极化初期）：当心室肌细胞去极化达到顶点后（Na^+ 平衡电位），Na^+ 通道失活关闭，开始复极。1 期仅发生部分复极，0 期和 1 期形成的尖锋，称为锋电位。膜内电位由锋电位迅速下降到 0mV 左右，占时约 10ms。由于快 Na^+ 通道很快失活，Na^+ 内流停止，在去极化到 -20mV 时，同时有一种**"瞬时性外向离子流"（transient outward current，I_{to}）**被激活，主要为 K^+ 快速短暂外流并形成复极，促使膜电位迅速下降到 0mV 左右。K^+ 通道的阻断剂四乙铵（TEA）和 4- 氨基吡啶（4-AP）所阻断。

知识链接

K^+ 通 道

平台期的外向离子流是由 K^+ 负载的，有多种 K^+ 通道参与，主要为 I_{K1} 和 I_K 通道。静息时 I_{K1} 通道对 K^+ 的通透性很高，而在 0 期去极化过程其通透性大大下降。I_{K1} 通道这种对 K^+ 的通透性因膜的去极化而降低的现象，称为内向整流（inward rectification），因此 I_{K1} 也被称之为内向整流 K^+ 电流。在 0 期结束时，由于 I_{K1} 通道对 K^+ 通透性的恢复较缓慢，是造成平台期较长的原因之一。另外，I_K 通道在 +20mV 时激活，-40~-50mV 时去激活，其激活、去激活都很慢，故 I_K 被称之为延迟整流（delayed rectification）K^+ 电流。尽管 I_K 通道在 0 期去极化末开始激活，但通透性增大缓慢，从而使平台期 K^+ 的外流逐渐增加，并成为 3 期快速复极化的主要外向离子流。

笔记栏

(3) 2 期(平台期或缓慢复极化期):在 1 期复极膜电位达 0mV 左右后,复极化过程变得非常缓慢,动作电位图形变平坦,称为**平台期(plateau)**,占时 100~150ms。平台期是心室肌细胞动作电位持续时间较长的主要原因,也是区别于骨骼肌细胞动作电位的主要特征。平台期的形成主要是由于内向离子流(主要为 Ca^{2+} 内流)与外向离子流(K^+ 外流)的同时存在。平台期初期两种离子流一进一出,处于相对平衡状态,使膜电位稳定在零电位左右。随后,Ca^{2+} 内向离子流逐渐减弱,而 K^+ 外向离子流逐渐增强,使膜电位缓慢地复极化,形成平台期的晚期。平台期的内向离子流主要是由 Ca^{2+} 和少量的 Na^+ 负载的。心室肌细胞膜上存在一种电压门控的 L(long-lasting)型 Ca^{2+} 通道,在膜去极化达 -40mV 时被激活,长时程持续开放,Ca^{2+} 顺着浓度梯度缓慢内流(允许少量 Na^+ 通透)。Ca^{2+} 通道可被 Ca^{2+} 阻断剂维拉帕米和 Mn^{2+} 等所阻断。

(4) 3 期(快速复极化末期):由于平台期末膜电位逐渐下降,3 期 L 型 Ca^{2+} 通道失活关闭,Ca^{2+} 内向离子流完全终止,而 K^+ 外向离子流(主要为 I_K,3 期末 I_{K1} 也参与)继续外流,且随时间而逐步递增,导致复极速度加快,膜电位由 0mV 左右较快地复极到 -90mV,完成整个复极化过程。占时 100~150ms。

从 0 期去极化开始到 3 期复极化结束的这段时间,称为**动作电位时程(action potential duration)**。心室肌细胞的动作电位时程为 200~300ms。

(5) 4 期(静息期):3 期复极结束,膜电位已恢复到静息电位水平,基本稳定在 -90mV,但离子分布状态尚未恢复。由于动作电位期间 Na^+ 进入细胞,而 K^+ 流出细胞,导致膜内外离子浓度变化并激活了 Na^+-K^+ 泵,将 Na^+ 泵出膜外同时 K^+ 泵回膜内,恢复静息状态时 Na^+ 和 K^+ 的膜内外浓度。动作电位期间流入的 Ca^{2+} 则通过细胞膜上 Na^+-Ca^{2+} 交换体和 Ca^{2+} 泵排出细胞外,其能量间接来自 Na^+-K^+ 泵,从而最终恢复细胞内、外各种离子的正常浓度梯度,并保持心肌细胞的正常兴奋性。

(二) 自律细胞的跨膜电位及其形成机制

自律细胞是指具有自发产生动作电位或节律性兴奋的心肌细胞,又称特殊传导系统细胞。自律细胞与非自律细胞(工作细胞)跨膜电位变化的最大不同在于 4 期(图 4-7)。工作细胞 4 期的膜电位是基本稳定在静息电位水平;而自律细胞动作电位 3 期复极化末在达到**最大复极电位(maximal repolarization potential)**后,4 期的膜电位不稳定,立即开始自动去极化,当再次到达阈电位水平时,引起一次新的动作电位,称为 **4 期自动去极化(phase 4 spontaneous depolarization)**。4 期自动去极化是自律细胞产生自动节律性兴奋的基础。正常情况下,所有自律细胞中,窦房结起搏细胞发生动作电位的频率最高,并通过特殊传导细胞扩布到心房肌和心室肌,引起心脏的节律性收缩。各种不同的自律细胞动作电位的特征和产生机制也不完全相同,现以窦房结起搏细胞为代表介绍自律细胞动作电位的特征及机制。

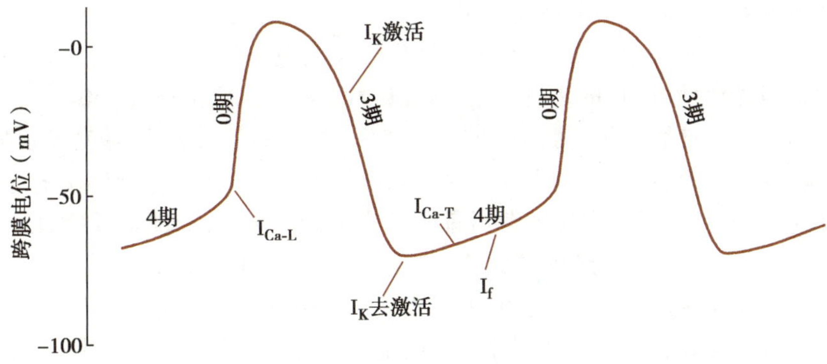

图 4-7　窦房结起搏细胞 4 期去极化和动作电位发生机制示意图

笔记栏

窦房结起搏细胞具有以下特征：①最大复极电位（-70mV）和阈电位（-40mV）的绝对值较小；②0 期去极化速度慢（约 10V/s），时程长（约 7ms），幅度小（约 70mV）；③无明显的复极 1 期和 2 期，通常将其分为 0、3、4 三个时期；④4 期自动去极化速度快（约 0.1V/s）。图 4-7 示窦房结起搏细胞的动作电位形成过程及波形图。

（1）0 期：即去极化过程。当自动去极化达阈电位水平（约 -40mV）时，L 型 Ca^{2+} 通道被激活，Ca^{2+} 内流，触发 0 期去极化。由于 Ca^{2+} 通道激活慢，导致 0 期去极化缓慢，持续时间长。L 型 Ca^{2+} 通道由于激活慢、失活慢，又被称为**慢通道（slow channel）**。去极化过程由慢 Ca^{2+} 通道介导的动作电位称为**慢反应动作电位（slow response action potential）**，具有这种特性的心肌细胞称为慢反应细胞。

（2）3 期：即复极化过程。与心室肌细胞动作电位相比，窦房结起搏细胞由于很少表达 I_{to} 通道和缺乏 I_{K1} 通道，动作电位无明显的 1 期和 2 期，0 期去极化后直接进入 3 期。其复极化过程主要依赖于 I_K 通道来完成。由于 0 期达到 0mV 时，L 型 Ca^{2+} 通道逐渐失活，Ca^{2+} 内流逐渐减少，而 I_K 通道被进一步激活，K^+ 外流进一步增强，并达到最大复极电位约为 -70mV。

（3）4 期：即自动去极化过程。窦房结起搏细胞复极至最大复极电位后立即开始自动去极化，至少有三种离子流参与自动去极化过程，包括一种外向离子流减弱和两种内向离子流增强共同作用，最后产生净内向电流。外向电流中，I_K 通道去激活关闭，细胞膜对 K^+ 通透性进行性降低，引起 K^+ 外向电流进一步衰减；内向电流中，窦房结起搏细胞存在短时开放的 T（transient）型 Ca^{2+} 通道，当 4 期自动去极化到 -50mV 时，T 型 Ca^{2+} 通道被激活开放，引起内向 T 型 Ca^{2+} 电流（I_{Ca-T}）而去极化；另一内向电流为 Na^+ 负载的内向起搏电流（I_f）逐渐增加，细胞膜对 Na^+ 通透性逐渐增强，最终三种离子流共同作用引起 4 期自动去极过程，其中 K^+ 外流（I_K）进行性衰减为 4 期自动去极化最重要的离子基础。

七、心肌的生理特性

兴奋性、自律性、传导性和收缩性是心肌细胞的四种生理特性。其中兴奋性、自律性和传导性是心肌的电生理特性，表现为心肌细胞膜的生物电变化；而收缩性是心肌的机械特性，表现为肌节变短的机械变化。工作细胞具有兴奋性、传导性和收缩性，但无自律性；自律细胞具有兴奋性、自律性和传导性，但无收缩性；而结区细胞有兴奋性和传导性，但无自律性和收缩性。四个生理特性密不可分，共同保证心脏有序而协调的功能活动，实现泵血功能。

（一）兴奋性

1. 兴奋性的周期性变化　心肌细胞每发生一次兴奋，引起产生动作电位的离子通道由备用状态经历激活、失活和复活等变化过程，导致膜电位发生一系列规律性的变化，兴奋性也随之出现相应的周期性改变，先后经历有效不应期、相对不应期和超常期等几个时期。现以心室肌细胞为例，说明在一次兴奋过程中兴奋性的周期性变化（图 4-8）。

（1）有效不应期：由于从 0 期去极化开始到 3 期膜电位恢复到 -60mV 这段时间内，心肌细胞不能产生新的可扩布的动作电位，这段时间称为**有效不应期（effective refractory period，ERP）**。其包括连续变化的两个时期：绝对不应期和局部反应期。**绝对不应期（absolute refractory period，ARP）**，即从动作电位 0 期去极化开始到 3 期复极化 -55mV 的这段时期内，膜的兴奋性完全丧失，对任何强度的刺激都不能产生动作电位；**局部反应期（local response period）**，即膜电位由 -55mV 继续恢复到约 -60mV 的这段时间内，如果给予一个足够强的刺激，细胞膜可产生局部的去极化反应，但仍不能发生动作电位。产生有效不应期的离子基础是这段时间内 Na^+ 通道全部失活，兴奋性为零（绝对不应期）；或仅少量复活但其激活产生的内向电流仍不足以使膜去极化到阈电位，因此兴奋性极低（局部反应期）。

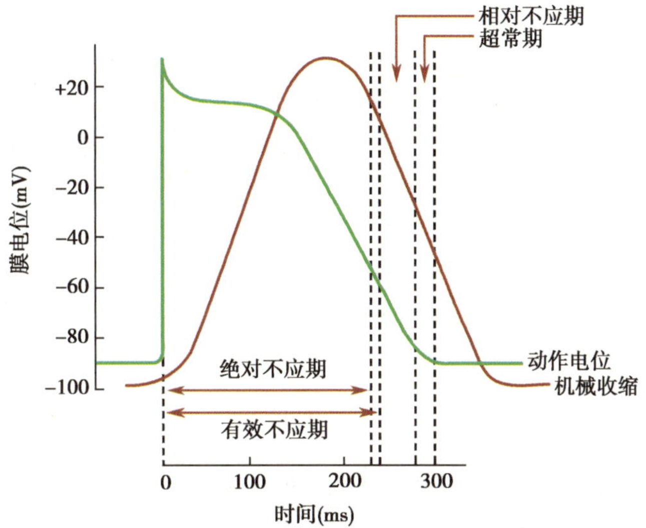

图 4-8　心室肌动作电位、机械收缩曲线的时相关系

(2) 相对不应期：从有效不应期结束(膜电位 -60mV)到复极化基本完成(-80mV)的期间，当给予一个适当的阈上刺激，可产生一次新的动作电位，这段时间称为**相对不应期(relative refractory period，RRP)**。但所引起的动作电位 0 期的幅度和上升速率都比正常引起的动作电位小，兴奋的传导也较慢。其离子基础是此时已有相当数量的 Na^+ 通道恢复到备用状态，但尚未全部恢复，只有更强的刺激(阈上刺激)才能激活足够的 Na^+ 通道产生动作电位，故相对不应期心肌细胞的兴奋性仍然低于正常。

(3) 超常期：心肌细胞继续复极，膜电位由 -80mV 恢复至 -90mV 这段时间内，钠通道也基本上恢复到备用状态，但由于此期膜电位水平正处于静息电位与阈电位之间，因此距阈电位的差值小于正常，此时给予一个阈下刺激就可引起一个新的动作电位，心肌的兴奋性高于正常，故这段时间称为**超常期(supranormal period，SNP)**。

2. 兴奋性的周期性变化与收缩活动的关系　所有神经和肌肉组织经历了一次兴奋后，兴奋性发生周期性变化是其共同特性。但由于心肌细胞的动作电位存在平台期，因而其兴奋性变化的主要特点是有效不应期较长，历时 200~300ms，相当于整个收缩期和舒张早期。心肌只有在舒张早期以后，才有可能接受另一刺激产生新的兴奋和收缩，所以心肌不会像骨骼肌那样发生强直收缩，心房和心室始终保持着收缩与舒张的交替出现，保证了心脏充盈和射血活动的正常进行(图 4-9)。

在正常情况下，当窦房结产生的每一次兴奋传到心房肌和心室肌时，心房肌和心室肌前一次兴奋的不应期已结束，因此可产生新的兴奋，整个心脏就能按照窦房结的节律进行活动。如果在心室肌的有效不应期后、下一次窦房结兴奋到达前，心房肌或心室肌受到外来刺激或异位节律点发放的冲动作用，则可提前产生一次兴奋和收缩，分别称为**期前兴奋(premature excitation)**和**期前收缩(premature systole)**或早搏。期前兴奋自身也存在有效不应期，当紧接在期前收缩后的一次窦房结的兴奋传至心室时，常恰好落在期前收缩的有效不应期内，则不能引起心室兴奋，需等下一次窦房结兴奋传来时才能引起兴奋和收缩。故在一次期前收缩之后常伴有一段较长的心室舒张期，称为**代偿间歇(compensatory pause)**，然后再恢复窦性节律(图 4-9)。

(二) 自动节律性

在没有外来刺激的情况下，细胞或组织具有自动发生节律性兴奋的能力或特性，称为自

笔记栏

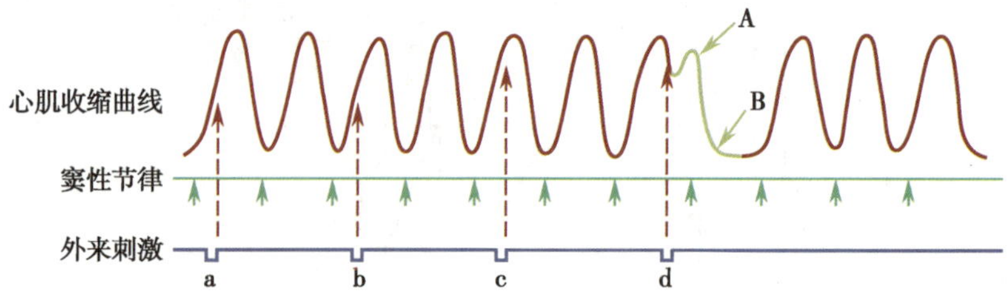

图 4-9　期前收缩和代偿间歇

A. 期前收缩；B. 代偿间歇；a~d. 外来刺激；刺激 a~c 落在有效不应期，不引起反应；刺激 d 落在相对不应期，引起期前收缩和代偿间歇

动节律性（autorhythmicity），简称自律性。衡量自动节律性的指标是频率和规律性。频率是指单位时间（每分钟）内自动产生节律性兴奋的次数；规律性是指单位时间内自动兴奋的分布是否整齐或均匀。正常情况下，心肌组织自律性较规则，因此常以频率作为衡量自律性的指标。

心脏特殊传导系统中各部分的心肌细胞均具有自律性，但不同部位自律细胞的自律性高低存在差异。其中窦房结的自律性最高，约为 100 次 /min；房室结及其分支约为 40 次 /min；浦肯野纤维自律性最低，约为 25 次 /min。生理情况下，窦房结自律性最高，控制了整个心脏的兴奋和收缩，因此窦房结被称为心脏的**正常起搏点（normal pacemaker）**或**原位起搏点（primary pacemaker）**。正常起搏点所形成的心跳节律称为**窦性节律（sinus rhythm）**。其他自律细胞的自律性较低，通常处于窦房结的控制之下，其本身的自律性并不表现出来，仅起传导兴奋的作用，故称为**潜在起搏点（latent pacemaker）**。当病理情况下，由于窦房结下传的兴奋传导阻滞等原因不能控制其他自律组织的活动时，则由潜在起搏点所发出的兴奋节律控制心脏的活动，从而成为**异位起搏点（ectopic pacemaker）**。

自律细胞的 4 期自动去极化使膜电位从最大复极电位达到阈电位的过程是形成心肌自律性的重要因素。因此，4 期自动去极化的速率、最大复极电位水平与阈电位水平之间的差距均影响自律性的高低。如果其他条件不变，4 期自动去极化的速率愈快，或者最大复极电位水平与阈电位水平之间的距离靠近，则达到阈电位所需时间愈短，单位时间内产生的兴奋次数愈多，自律性也愈高；反之，自律性就降低。

（三）传导性

细胞和组织具有传导兴奋（动作电位）的能力或特性，称为**传导性（conductivity）**。传导性的高低可用兴奋的扩布速度快慢来衡量。心肌细胞的兴奋是以局部电流的形式通过缝隙连接（闰盘）直接扩布到相邻的心肌细胞，并引起整个心脏的同步性活动。因此，尽管心肌细胞在形态结构上是彼此隔开的，但在功能上如同一个细胞，可被看作是功能上的合胞体。

兴奋在心脏的传导过程是通过特殊传导系统有序进行的。生理情况下，窦房结发出的兴奋通过心房肌传播到整个右心房和左心房引发心房收缩，尤其是通过心房肌构成的所谓**优势传导通路（preferential pathway）**（此处的心房肌细胞排列方向一致，结构整齐，兴奋传导速度较一般心房肌细胞为快）将兴奋迅速传到房室结，再经房室束和左、右束支传至浦肯野纤维网，最终引起整个心室肌的兴奋。

由于各种心肌细胞的兴奋传导速度不同，构成了心肌兴奋传播的特点：①心房肌内（0.4m/s）、心室肌内（1m/s）的兴奋传导速度较快，并且心肌细胞间的闰盘结构上包含许多缝隙连接形成的低电阻通道，进一步加快兴奋传导速度，可使整个心房或整个心室同步兴奋和收缩，有利于射血；末梢浦肯野纤维网的传导速度最快（4m/s），这一特点对左、右两侧心室的

同步化活动具有重要生理意义。②房室结区细胞的传导速度很慢，其中又以结区（0.02m/s）最慢，因此经过房室结区的兴奋传播所需时间较长，称为**房室延搁（atrioventricular delay）**。这一特点同样也具有重要生理意义，因为房室结是正常时兴奋由心房传至心室的唯一通路，所以心室的收缩总是出现在心房收缩结束后，形成心房、心室先后有序的收缩活动，保证心室有足够的血液充盈。但也使得房室结成为传导阻滞的好发部位，房室传导阻滞在临床上极为常见。

影响兴奋传导性的因素包括三个方面：①心肌细胞的直径大小决定兴奋传导速度，直径大的细胞电阻小，产生的局部电流大，传导速度就快；反之，则传导速度慢。心房肌、心室肌和浦肯野纤维的直径都较大，末梢浦肯野纤维的直径最大，兴奋的传导速度最快，且浦肯野纤维呈网状分布于整个心室壁，兴奋可沿浦肯野纤维网迅速而广泛地传到左、右两心室，有助于左、右两心室的同步兴奋。②局部去极化电流大小决定兴奋传导速度。因为心肌细胞的兴奋扩布是通过形成局部电流而实现的，0 期去极速度越快、幅度越大，局部电位形成速度快、局部电流大，电流扩布的距离也越大，兴奋传导快。③心肌细胞膜的导电性、缝隙连接和胞浆性质对传导速度也有影响。导电性和胞浆性质的变化可影响细胞内电阻的大小；某些细胞外因素如连接蛋白的磷酸化 / 去磷酸化会影响缝隙连接低电阻通道的传导性，从而影响兴奋的传导速度。

（四）收缩性

心肌细胞的收缩机制与骨骼肌相似，受到刺激后首先形成动作电位，通过兴奋 - 收缩耦联引起肌丝滑行，引起心肌细胞的收缩。但心肌细胞的结构和电生理特性与骨骼肌细胞并不完全相同，因此心肌细胞的收缩还有其自身的特点。

1. “全或无式”收缩或同步收缩　心肌细胞间相接触的闰盘部分电阻低，心房和心室内特殊传导组织的传导速度快，因此，心房或心室可以分别看作是各自功能上的合胞体。兴奋传到心房或心室后几乎同时扩布至心房或心室的所有心肌细胞，引起左右心房肌、左右心室肌近乎同步收缩，也称为**“全或无式”（all or none）**式收缩。同步收缩效果好、力量大，有利于心脏泵血。

2. 不发生强直收缩　心肌细胞有效不应期特别长，相当于整个收缩期和舒张早期。在此期间，任何刺激都不能引起心肌细胞兴奋，只有过了舒张早期，即有效不应期之后，心肌才能接受刺激并产生新的兴奋和收缩。因此，心脏不会产生强直收缩，始终保持着收缩与舒张交替的节律活动，这对于保证心脏射血与充盈正常进行具有重要的生理意义。

3. 对细胞外 Ca^{2+} 的依赖性　心肌细胞的兴奋 - 收缩耦联过程高度依赖于细胞外 Ca^{2+} 的内流，因为肌质网终池中的 Ca^{2+} 必须在胞外流入胞浆的 Ca^{2+} 触发下才能大量释放，导致胞浆中 Ca^{2+} 浓度增加至 100 倍左右，从而引起心肌收缩。由于 Ca^{2+} 少量内流所触发的肌浆网释放大量 Ca^{2+} 的过程或机制称为**钙诱导钙释放（calcium induced calcium release，CICR）**。

八、心音和心电图

（一）心音

在心动周期中，心肌收缩和舒张、瓣膜启闭、血流速度改变产生的湍流撞击心室壁及大动脉壁引起的振动，可通过周围组织传播到胸壁，借助听诊器在胸部某些部位所听到的声音，称为**心音（heart sound）**。若用传感器将这些机械振动转换成电信号经放大并记录下来，所得到的图形称为**心音图（phonocardiogram）**。正常心脏在一个心动周期中，可产生 4 个心音，即第一、第二、第三和第四心音。通常用听诊的方法只能听到第一和第二心音；在某些青年人和健康儿童可听到第三心音；心音图可记录到 4 个心音。

笔记栏

1. 第一心音　第一心音标志着心室收缩的开始，在心尖搏动处（左第五肋间锁骨中线上）听诊时最清楚，其特点是音调低、持续时间较长。第一心音主要是由房室瓣突然关闭引起的血流冲击致心室振动，以及心室射出的血液撞击动脉壁引起的振动而产生的。第一心音可反映房室瓣的功能及心肌收缩力的强弱。其中房室瓣关闭引起的振动为其主要因素。

2. 第二心音　第二心音标志着心室舒张期的开始，在胸骨旁第 2 肋间（即主动脉瓣和肺动脉瓣听诊区）听诊时最清楚，其特点是音调高、持续时间较短。第二心音的产生主要是由主动脉瓣和肺动脉瓣关闭，以及血流冲击大动脉根部和心室壁引起振动而形成的。

ER-下-4-3

心音

3. 第三心音　发生在快速充盈期末，特点是低频、低幅。它可能因充盈减慢、血流速度突然改变，使心室壁和瓣膜发生振动而产生。可在某些健康儿童和青年人听到。

4. 第四心音　发生在心室舒张的晚期，与心房收缩引起心室充盈有关，也称心房音。正常心房收缩一般不产生声音，但心房产生异常的强烈收缩时可产生第四心音。

在某些心脏疾病时可产生杂音或其他异常心音，因此心音听诊或心音图的记录对于临床上心脏疾病的诊断具有重要意义。

（二）体表心电图

心脏各部分在兴奋过程中出现的生物电活动，可通过细胞外液等导电物质和组织传导至体表，并利用电极和仪器在体表记录出来的心脏电活动曲线，称为**心电图（electrocardiogram，ECG）**。心电图反映整个心脏兴奋的产生、传导和恢复过程中众多心肌细胞每个瞬间的生物电综合变化，与单个心肌细胞兴奋时的电位变化曲线有明显的差别，与心脏的机械舒缩活动也无直接关系。

心电图反映的是记录电极之间的电位差，通常将探测电极放置在体表规定部位，并通过导联线与心电图机连接。目前临床上使用的常规心电图记录是根据国际通用的标准导联系统测量出来的，共包含 12 个不同的导联方式：Ⅰ、Ⅱ、Ⅲ三个标准导联，aVR、aVL、aVF 三个加压单极肢体导联和 V1~V6 六个单极胸导联。由于放置电极位置不同，记录出来的心电图波形也不同，但都包含几个基本波形，即一个 P 波，一个 QRS 波群和一个 T 波，以及各个波形之间形成的间期和时间段（图 4-10）。以下以标准Ⅱ导联为例，介绍一个心动周期中正常心电图各波和间期的形态及其生理意义。

心电图

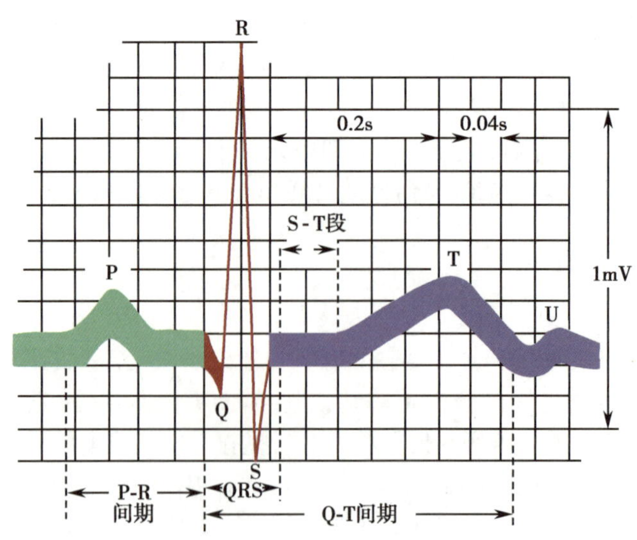

图 4-10　正常人心电图模式图

1. P 波　心电图最先出现 P 波，反映左右心房去极化过程。P 波波形小而圆钝，历时 0.08~0.11s，波幅不超过 0.25mV。

2. QRS 波群　反映左右心室去极化过程。典型的 QRS 波群包括三个紧密相连的电位波动，第一个向下的波为 Q 波，继 Q 波后一个高而尖向上的波为 R 波，紧接着的最后一个向下的波为 S 波。在不同导联的记录中，这三个波不一定都出现，各波波幅在不同导联中变化也较大。波群历时 0.06~0.10s，代表心室肌兴奋传播所需的时间。

3. T 波　反映左右心室复极化过程。T 波的方向与 QRS 波群的主波方向相同。历时 0.05~0.25s，波幅为 0.1~0.8mV。如果出现 T 波低平、双向或倒置，则称为 T 波改变，主要反映心肌缺血。

4. U 波　T 波后出现的一个低而宽的波，方向一般与 T 波一致。U 波的意义和成因尚不十分清楚。

5. PR 间期(或 PQ 间期)　从 P 波起点到 QRS 波群起点的时程，代表兴奋从心房、房室结、房室束到达心室并引起心室开始兴奋所需的时间，即房室传导时间。历时 0.12~0.20s，超过 0.21s 为房室传导阻滞。

6. QT 间期　从 QRS 波起点到 T 波终点的时程，代表从心室开始去极化到完全复极化所经历的时间。QT 间期的长短与心率成反变关系，心率越快，QT 间期越短。

7. ST 段　从 QRS 波群终点到 T 波起点之间的线段，代表心室各部分心肌细胞均处于动作电位的平台期。各部分之间的电位差很小，正常时 ST 段应与基线平齐。ST 段的异常下降或抬高常表示心肌缺血或损伤。

第二节　血管生理

课件

一、各类血管的功能特点

血管系统中**动脉(artery)**、**毛细血管(capillary)**和**静脉(vein)**依次串联，主要发挥血液运输和物质交换的生理功能。根据功能特点的不同，血管可分为以下几类：

1. 弹性储器血管　主动脉、肺动脉干及其发出的最大分支，其管壁厚，含有大量弹性纤维，有明显的弹性和可扩张性，故称为**弹性储器血管(windkessel vessel)**。

2. 分配血管　从弹性储器血管以后到分支为小动脉前的动脉，其功能主要是将血液输送至各器官组织，称为**分配血管(distribution vessel)**。

3. 毛细血管前阻力血管　小动脉和**微动脉(arteriole)**的管径小，对血流的阻力大，称为**毛细血管前阻力血管(precapillary resistance vessel)**。微动脉的管壁富含平滑肌，其舒缩活动可使血管口径发生明显变化来改变血流的阻力，进而改变所在器官、组织的血流量。

4. 毛细血管前括约肌　真毛细血管的起始部通常有平滑肌环绕，其舒缩活动可控制毛细血管的启闭，称为**毛细血管前括约肌(precapillary sphincter)**。

5. 交换血管　**真毛细血管(true capillary)**的管壁仅由单层内皮细胞构成，其外有一薄层基膜，有利于血管内、外的物质交换，故称为**交换血管(exchange vessel)**。

6. 毛细血管后阻力血管　微静脉管径小，对血流也产生一定的阻力，称为**毛细血管后阻力血管(postcapillary resistance vessel)**。微静脉的舒缩活动可影响毛细血管前、后阻力的比值，从而改变毛细血管血压以及体液在血管内、外的分配。

7. 容量血管　静脉数量多，口径较粗，管壁较薄，有较大的扩张性，故其容量较大，在安

笔记栏

静状态下可容纳循环血量的60%~70%，故称为**容量血管（capacitance vessel）**。

8. 短路血管 微动脉和微静脉之间的直接吻合支，称为**短路血管（shunt vessel）**。短路血管主要分布在手指、足趾、耳廓等处的皮肤中，其功能与体温调节有关。

二、血流量、血流阻力和血压

研究血液在血管中流动的一系列流体力学现象称为**血流动力学（hemodynamics）**。血流动力学主要研究血流量、血流阻力与血压及其之间的关系。

（一）血流量

单位时间内流过血管某一截面的血量称为**血流量（blood flow）**。

1. 泊肃叶定律 Poiseuille研究了管道系统内液体流动的规律，指出单位时间内液体的流量（Q）与管道两端的压力差（P_1-P_2）以及管道半径（r）的4次方成正比，与管道的长度（L）和液体的黏滞性（η）成反比，可用下式表示，即为**泊肃叶定律（Poiseuille's law）**。

$$Q=\frac{\pi(P_1-P_2)r^4}{8\eta L}$$

2. 层流和湍流 血液在血管内流动的方式可分为**层流（laminar flow）**和**湍流（turbulent flow）**两类（图4-11）。在层流的情况下，液体每个质点的流动方向都一致，与血管的长轴平行；但各质点的流速不相同，在血管轴心处流速最快，越靠近管壁，流速越慢。泊肃叶定律适用于层流状态。当血液的流速加快到一定程度后，会发生湍流。此时血液中各个质点的流动方向不再一致，在湍流的情况下，泊肃叶定律不再适用，血流量不与血管两端的压力差成正比，而与压力差的平方根成正比。在生理情况下，心室腔和主动脉内的血流方式是湍流，一般认为这有利于血液的充分混合，其余血管系统中的血流方式为层流。但在病理情况下发生血管狭窄时，局部血流加速，其下游可出现湍流，并可在相应的体表处听到杂音。

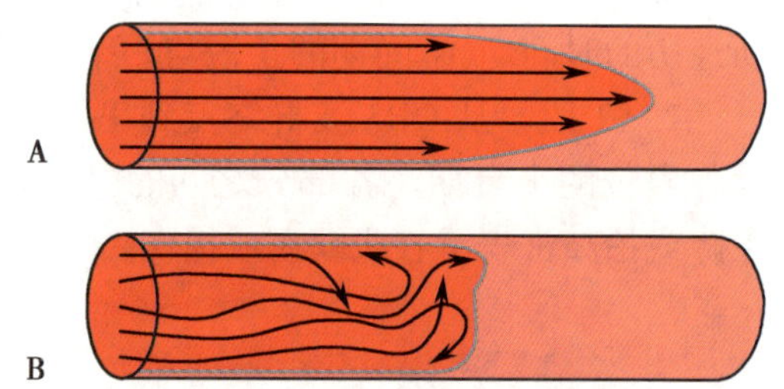

图4-11 层流与湍流示意图

A. 血管中的层流；B. 血管中的湍流；箭头（→）方向指示血流的方向

（二）血流阻力

血液在血管内流动时，血液与血管壁之间的摩擦阻力以及血液内部的摩擦阻力，称为**血流阻力（blood resistance）**。血流阻力的产生是由于血液流动时因摩擦而消耗能量，并转变为热能，因此血液在血管内流动时压力逐步降低。在湍流情况下，血液中各个质点不断变换流动方向，故能量消耗较层流时多，血流阻力也较大。在层流状态下，血流阻力（R）与血管的长度（L）和血液黏滞度（η）成正比，与血管半径（r）的4次方成反比。根据泊肃叶定律可写出如下的计算血流阻力的公式。

$$R=\frac{8\eta L}{\pi r^4}$$

血液黏滞度与血细胞比容成正比，与温度成反比，还受血流切率和血管口径影响。一般情况下，血管的长度与血液黏滞度变化不大，故对血流阻力的影响较小。因此，器官的血流量主要决定于该器官阻力血管的口径。

（三）血压

血压（blood pressure）是指流动着的血液对于单位面积血管壁的侧压力。按照国际标

准计量单位规定，血压的单位是帕（Pa）或千帕（kPa），习惯上常以毫米汞柱（mmHg）为单位，1mmHg 等于 0.133kPa。血管各段的血压都不相同，通常所说的血压是指动脉血压。静脉血压和心房压较低，常以厘米水柱（cmH_2O）为单位，$1cmH_2O$ 等于 0.098kPa。

各段血管中的血压并不相同，从左心室射出的血液流进外周血管时，需不断消耗能量以克服血流阻力，故血压逐渐降低（图 4-12）。血压的下降幅度与该段血管的血流阻力成正比。在主动脉和大动脉段，血压降幅较小。如主动脉平均压为 100mmHg，在直径为 3mm 的动脉处，平均动脉压仍可维持 95mmHg 左右。到小动脉时，血流阻力增大，血压降幅也增大。在体循环中，微动脉段的血流阻力最大，血压降幅也最明显，如微动脉起始端的血压约 85mmHg，到毛细血管起始端，血压仅约 30mmHg，降幅达 55mmHg。当血液经毛细血管到达微静脉时，血压下降至 15~20mmHg，而血液经静脉最终汇入右心房时血压接近 0mmHg。

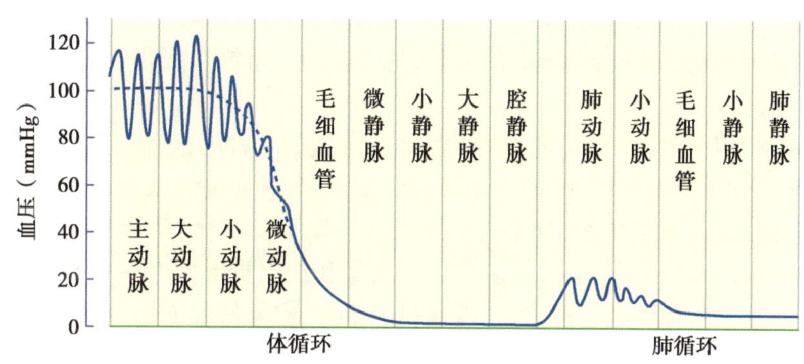

图 4-12 正常人平卧位时不同血管血压的示意图

三、动脉血压和动脉脉搏

（一）动脉血压

动脉血压（arterial blood pressure）是指血液流经动脉时对单位面积动脉管壁的侧压力。在心动周期中，心室收缩时，主动脉压升高，在收缩期的中期达到最高值，此时的血压值称为**收缩压（systolic pressure）**。心室舒张时，主动脉压下降，在心舒末期动脉血压的最低值称为**舒张压（diastolic pressure）**。收缩压和舒张压的差值称为**脉搏压（pulse pressure）**，简称脉压。一个心动周期中每一瞬间动脉血压的平均值称为**平均动脉压（mean arterial pressure）**，约等于舒张压与 1/3 脉压之和。

1. 动脉血压的正常值 临床多以肱动脉血压代表动脉血压。在安静状态下，我国健康青年人的收缩压为 100~120mmHg（13.3~16.0kPa），舒张压为 60~80mmHg（8.0~10.6kPa），脉压为 30~40mmHg（4.0~5.3kPa）。动脉血压存在着个体、年龄和性别差异。随着年龄的增长，血压呈逐渐升高的趋势，且收缩压升高比舒张压升高更为显著。女性的血压在更年期以前低于同龄男性，而更年期后则赶超同龄男性。

2. 动脉血压的形成 循环系统内的血液充盈、心脏射血和外周阻力，以及大动脉的弹性储器作用是动脉血压形成的基本条件。

（1）循环系统内的血液充盈：循环系统中有足够的血液充盈，是动脉血压形成的前提。循环系统中血液充盈的程度可用**循环系统平均充盈压（mean circulatory filling pressure）**来表示。在动物实验中，用电刺激造成心室颤动使心脏暂停射血，血流也就暂停，此时在循环系统中各部位所测得的压力都是相同的，即循环系统平均充盈压。用苯巴比妥麻醉的狗，其

笔记栏

循环系统平均充盈压约为7mmHg,人的循环系统平均充盈压接近这一数值。循环系统平均充盈压的高低与循环血量成正比,与血管系统容量成反比。

(2)心脏射血和循环系统的外周阻力:心室肌收缩,将血液射入主动脉,所释放的能量,一部分用于推动血液流动,成为血液的动能;另一部分则形成对血管壁的侧压,并使血管壁扩张,而转为势能,即压强能。循环系统的**外周阻力(peripheral resistance)**主要是指小动脉和微动脉对血流的阻力。但是如果仅有心室肌收缩,射出血液,而血管系统中无一定阻力,则心室收缩的能量全部转为动能,射出的血液全部流至外周血管,因而不能使动脉压升高,可见,动脉血压的形成与心室射血和外周阻力关系密切。

(3)主动脉和大动脉的弹性储器作用:心室收缩射血时,由于外周阻力,射出的血液在心缩期内仅约1/3流至外周,其余约2/3暂时储存于主动脉和大动脉内,主动脉和大动脉被扩张,使得收缩压不会升得过高。心室舒张时,扩张的主动脉和大动脉弹性回缩,将在心缩期中储存的那部分能量重新释放出来,推动射血期多容纳的血液流入外周,这一方面可将心室的间断射血转化为动脉内持续流动的血液,另一方面又可维持舒张期血压,使其不会过度降低。

3. 影响动脉血压的因素　凡能影响动脉血压形成的各种因素,都能影响动脉血压。

(1)每搏输出量:搏出量增加,射入动脉的血量增多,对管壁的张力加大,使收缩压升高。由于收缩压升高,血流速度加快,如果外周阻力和心率不变,则大动脉内增多的血量仍可在心舒张期流至外周,到舒张末期,大动脉内存留血量和搏出量增加之前相比,增加不多,使舒张压升高不多,脉压稍有增大。反之,当搏出量减少时,主要使收缩压降低,脉压减小。故正常情况下,搏出量的变化主要影响收缩压。

(2)心率:在搏出量和外周阻力不变时,心率加快,心舒张期缩短,在此期内流入外周的血液减少,心舒张期末主动脉内存留的血量增多,舒张压升高。由于动脉血压升高可使血流速度加快,因此,在心缩期内可有较多血液流至外周,收缩压升高不如舒张压升高明显,脉压减小。反之,心率减慢,舒张压降低的幅度比收缩压降低的幅度大,故脉压增大。可见,单纯心率变化主要影响舒张压。

(3)外周阻力:如果心输出量不变而外周阻力加大,则心舒张期内血液向外周流动的速度减慢,心舒张期末存留在主动脉中的血量增多,故舒张压升高。在心缩期,由于动脉血压升高使血流速度加快,因此,收缩压升高不如舒张压升高明显,脉压相应减小。反之,当外周阻力减小时,舒张压降低比收缩压降低明显,故脉压增大。故一般情况下,舒张压的高低主要反映外周阻力的大小。

(4)主动脉和大动脉的弹性储器作用:弹性储器作用可以缓冲心动周期中动脉血压变化的幅度。老年人由于动脉管壁硬化,主动脉和大动脉弹性降低,其缓冲血压的作用减弱,导致收缩压升高而舒张压降低,则脉压明显加大。

高血压病与H型高血压

(5)循环血量和血管系统容量的比例:在正常情况下,循环血量和血管容量相适应,血管系统充盈较好,维持一定的体循环平均充盈压。当大失血使循环血量减少,而血管容量变化不大时,体循环平均充盈压降低,导致动脉血压下降。如果血管系统容量明显增大而循环血量不变,也会导致动脉血压下降。这一因素对收缩压和舒张压都有影响。

实际所测得的动脉血压变化,通常是各种因素相互作用的综合结果。

(二)动脉脉搏

在每个心动周期中,心室的收缩与舒张使动脉扩张和回缩,这种发生在主动脉根部的搏动波可沿着动脉壁依次向全身各动脉传播,称为**动脉脉搏(arterial pulse)**。脉搏的强弱与心输出量、动脉的可扩张性和外周阻力有密切关系。因此,脉搏是反映心血管功能的一项重要

笔记栏

指标。中医的“切脉”就是通过感触桡动脉脉搏来判断机体的某些变化。

四、微循环

微循环(microcirculation)是指微动脉和微静脉之间的血液循环。其主要功能是血液与组织之间进行物质交换。

(一) 微循环的组成

由于各组织器官的结构和功能不同,其微循环的组成也不同。典型的微循环由微动脉、后微动脉、毛细血管前括约肌、真毛细血管、通血毛细血管(或称直捷通路)、微静脉和动 - 静脉吻合支等部分组成。微动脉管壁有环行的平滑肌,其收缩和舒张可控制微血管的血流量。微动脉分支成为管径更细的**后微动脉(metarteriole)**。每根后微动脉向一根至数根真毛细血管供血。真毛细血管通常从后微动脉以直角方向分出。在真毛细血管起始端通常有 1~2 个平滑肌细胞,形成一个环,即毛细血管前括约肌。该括约肌的收缩状态决定进入真毛细血管的血流量。图 4-13 是一个典型的微循环,在微动脉与微静脉之间存在三条通路。

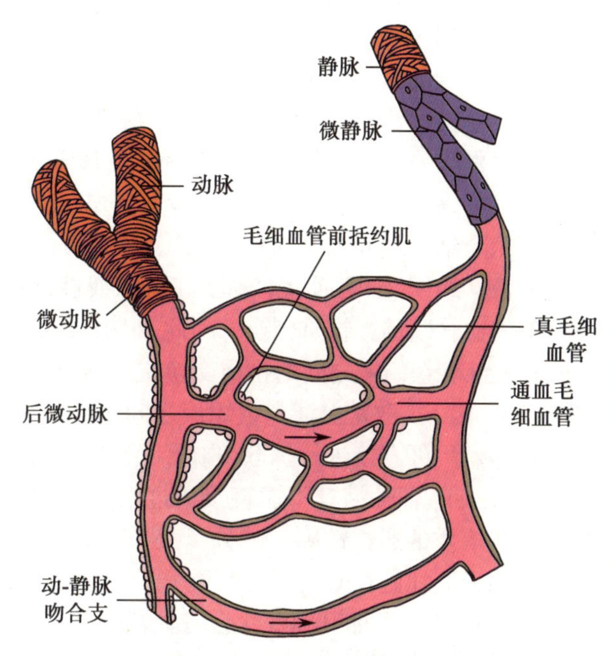

图 4-13 微循环的组成模式图

1. 迂回通路 血液由微动脉经过后微动脉、毛细血管前括约肌、真毛细血管进入微静脉,这一通路称为**迂回通路(circuitous channel)**,是微循环血流最重要的功能通路。真毛细血管是后微动脉的分支,互相连接形成网状,穿插于细胞间隙中,真毛细血管管壁薄,通透性大,血流缓慢,是血液和组织液之间进行物质交换的场所。故这一通路又称**营养通路(nutrition channel)**。真毛细血管是交替开放的,由毛细血管前括约肌的收缩和舒张控制,其开放的数量与器官的代谢相适应。

2. 直捷通路 血液从微动脉经过后微动脉、通血毛细血管而进入微静脉,称为**直捷通路(thoroughfare channel)**。通血毛细血管即为后微动脉的移行,管径一般比真毛细血管稍粗。直捷通路常见于骨骼肌中,相对短而直,血流阻力较小,流速较快,经常处于开放状态。它的主要生理意义在于能使血液迅速通过微循环进入静脉,以保证静脉回心血量。这种通路在骨骼肌中多见。

3. 动 - 静脉短路 血液由微动脉经动 - 静脉吻合支直接流入微静脉,称为**动 - 静脉短路(arterio-venous shunt)**。这类通路在皮肤等处分布较多。这条通路血流更为迅速,故血液经这一通路时几乎完全不进行物质交换。在一般情况下,动 - 静脉吻合支因血管平滑肌收缩而关闭。当环境温度升高时,动静脉吻合支开放,皮肤血流量增加,使皮肤温度升高,有利于散热。当环境温度降低时,动 - 静脉吻合支关闭,皮肤血流量减少,有利于保存热量。故动 - 静脉短路有调节体温作用。

(二) 微循环血流量的调节

微动脉能起到控制微循环总闸门的作用,毛细血管前括约肌是调节微循环的分闸门,微

笔记栏

静脉在微循环中对毛细血管的血流起着后闸门的作用。后微动脉和毛细血管前括约肌收缩时,其后的真毛细血管网关闭,舒张时则真毛细血管网开放。在安静状态下,骨骼肌组织中在同一时间内只有 20%~35% 的真毛细血管处于开放状态。即一处的毛细血管开放时,其他部位的毛细血管关闭,反之亦然,如此不断交替进行。后微动脉和毛细血管前括约肌的舒缩活动主要受局部代谢产物的调节。乳酸、二氧化碳和组织胺等能促使后微动脉和毛细血管前括约肌舒张;而肾上腺素、去甲肾上腺素和血管紧张素使之收缩。毛细血管关闭时,该毛细血管周围组织中代谢产物积聚,氧分压降低。代谢产物和低氧均可引起局部的后微动脉和毛细血管前括约肌舒张和其后的真毛细血管网开放,于是局部组织内积聚的代谢产物被血流清除,后微动脉和毛细血管前括约肌在血流中的缩血管物质作用下又复收缩,使真毛细血管网再次关闭。如此周而复始形成真毛细血管的交替开放。

(三) 血液和组织液之间的物质交换方式

组织与细胞之间的空间称为组织间隙,其中的液体称为**组织液(interstitial fluid)**,也称细胞间液。组织、细胞通过细胞膜和组织液进行物质交换。组织液与血液之间则通过微循环中毛细血管壁进行物质交换。因此,组织、细胞和血液之间的物质交换需通过组织液作为中介。血液和组织液之间的物质交换主要通过扩散、滤过和重吸收以及吞饮等方式。

1. 扩散　扩散是血液和组织液之间进行物质交换最主要的方式。脂溶性小分子物质,如 O_2、CO_2 等,可直接进行扩散,整个毛细血管壁都可成为扩散面。对于非脂溶性小分子物质,如 Na^+、Cl^-、葡萄糖等不能直接通过细胞膜,而需要通过毛细血管壁孔隙,因此毛细血管壁对这些溶质的通透性则与其分子大小有关。分子愈小、通透性愈大。此外,能溶解于水、且直径小于毛细血管壁裂隙的溶质分子也能随水分子转运而一起交换(溶剂拖曳)。尽管毛细血管壁孔隙的总面积不超过毛细血管壁总面积的千分之一,但由于分子热运动的速度非常快,高于毛细血管血流速度数十倍,因此血液在流经毛细血管时,血浆和组织液中的溶质分子仍有足够的时间进行物质交换。

2. 吞饮　**吞饮(pinocytosis)**发生概率较小,主要出现在毛细血管后微动脉。当溶质分子直径大于毛细血管壁空隙时,如分子量较大的血浆蛋白等,可被内皮细胞吞入细胞内形成吞饮囊泡,再运送至细胞的另一侧排出细胞外,从而使被转运物穿过整个内皮细胞。

3. 滤过与重吸收　静水压可驱动水分子通过毛细血管壁从高压力一侧向低压力一侧移动。另外,胶体渗透压也可驱动水分子通过毛细血管壁从渗透压低的一侧向渗透压高的一侧移动。由于毛细血管壁两侧静水压和胶体渗透压的差异而引起的液体由毛细血管内向毛细血管外的移动称为**滤过(filtration)**,而将液体向相反方向的移动称为**重吸收(reabsorption)**。

五、组织液

组织液存在于组织细胞的间隙中,其成分除各种血浆蛋白质浓度明显低于血浆外,其他成分基本与血浆相似。存在于组织、细胞间隙内的组织液绝大部分呈胶冻状,不能自由流动,组织液只有极小一部分呈液态,可自由流动。组织液是细胞生活的内环境,细胞从中摄取 O_2 和营养物质,并向其中排出 CO_2 和其他代谢产物。组织液是由血浆通过毛细血管壁滤过而形成并再经重吸收回流入血液,滤过和重吸收两种力量的对比决定液体移动的方向。

(一) 组织液生成和回流

组织液是血浆滤过毛细血管壁而形成的。具体地说组织液的生成与回流决定于毛细血管压、组织液胶体渗透压、组织液静水压及血浆胶体渗透压四种压力相互作用的结果。前两者是滤过的动力,后两者是重吸收入的力量。促进液体滤过和重吸收的力量之差,称为**有效**

滤过压(effective filtration pressure,EFP),如下式所示:

EFP=(毛细血管血压+组织液胶体渗透压)-(组织液静水压+血浆胶体渗透压)

如有效滤过压为正值,表示有液体从毛细血管滤出;如为负值,则表示有液体被重吸收回毛细血管。单位时间内通过毛细血管壁滤过的液体量等于有效滤过压和滤过系数的乘积。滤过系数的大小取决于毛细血管壁对液体的通透性和滤过面积不同组织的毛细血管滤过系数有很大差别,脑和肌肉的滤过系数小,而肝和肾小球的则很大。

总之,流经毛细血管的血浆,有0.5%~2%在毛细血管动脉端以滤过的方式进入组织间隙,其中约90%在毛细血管静脉端被重吸收回血液,约10%组织液流入毛细淋巴管形成淋巴液(图4-14),经淋巴循环而入体循环。

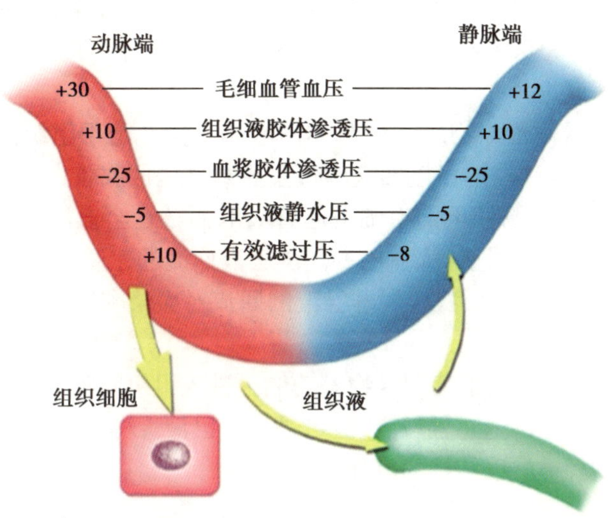

图4-14 组织液生成与回流示意图

数值单位:mmHg;箭头:组织液流动的方向

(二)影响组织液生成的因素

上述参与形成有效滤过压的各种因素若发生变化,均会影响组织液生成。在正常情况下,组织液不断生成,又不断被重吸收,保持动态平衡。如果这种动态平衡遭受破坏,发生组织液生成过多或回流减少,则破坏动态平衡,以至于组织间隙中就有过多的液体潴留,称为组织**水肿(edema)**。

1. 毛细血管压　毛细血管前阻力血管收缩时,毛细血管血压降低,组织液生成减少;反之,组织液生成增多。毛细血管后阻力血管收缩或静脉压升高时,毛细血管血压升高,可引起组织液生成增多;反之,则减少。

2. 血浆胶体渗透压　当血浆蛋白减少,可引起血浆胶体渗透压降低,组织液生成增多而导致水肿。如饥饿、肝病使血浆蛋白生成减少,或肾病使血浆蛋白丢失过多。

3. 淋巴回流　因10%组织液需通过淋巴途径回流入体循环,故当淋巴回流障碍,可致局部水肿。如丝虫病、肿瘤压迫等因素。

4. 毛细血管壁通透性　如烧伤、超敏反应、蚊虫叮咬等情况下,使毛细血管壁通透性增高,血浆蛋白和水分漏出管外而致全身或局部水肿。

影响组织液生成的因素

六、淋巴循环

淋巴系统(lymphatic system)是组织液回流入血的一条重要旁路,由淋巴管、淋巴结、脾

笔记栏

等组成。毛细淋巴管的盲端起始于组织间隙，相互吻合成网，并逐渐汇合成大的淋巴管，淋巴管收集全身的淋巴，最后经右淋巴导管和胸导管流入静脉。

（一）淋巴的生成与回流

组织液进入毛细淋巴管，即成为**淋巴（lymph）**。通过毛细淋巴管稍膨大的盲端吸收，其吸收的动力来源于组织液与毛细淋巴管内淋巴之间的压力差。毛细淋巴管起始端，内皮细胞的边缘像瓦片般互相覆盖，形成向管腔内开启的单向活瓣，使内皮细胞之间可出现较大的缝隙。因此，组织液中的大分子物质包括蛋白质分子可进入毛细淋巴管，并使淋巴不能倒流。淋巴管壁平滑肌的收缩活动和淋巴管腔内的瓣膜共同构成“淋巴管泵”，可促进淋巴回流。

正常成年人在安静状态下每小时大约有 120ml 的淋巴液进入血液循环。来自右侧头颈部、右臂和右胸部约 20ml 的淋巴液经由右淋巴导管导入静脉，其余 100ml 的淋巴液都通过胸导管导入静脉。人体每天大约生成 2~4L 的淋巴液，大致相当于全身的血浆总量。

（二）淋巴的生理功能

1. 回收蛋白质、运输营养物质和调节体内液体平衡　由于组织液中的蛋白质可通过毛细淋巴管而进入淋巴液，故淋巴液回流的最重要意义是回收蛋白质。小肠黏膜吸收的营养物质特别是脂肪可由小肠绒毛的毛细淋巴管吸取而转运至血液中，由肠道吸收的脂肪，80%~90% 是经过这一途径被输送入血液的。淋巴液回流的速度虽然很慢，但一天中回流的淋巴液的量大致等于全身的血浆量，故淋巴液的回流对血浆和组织液之间的平衡起到一定作用。

2. 清除组织中的红细胞、细菌和异物等功能　进入组织间隙的红细胞或侵入体内的细菌、异物，由于毛细淋巴管的通透性较大，故可进入淋巴液。淋巴液流经淋巴结时，淋巴液中的红细胞、细菌、异物等被淋巴结中的巨噬细胞吞噬。

七、静脉血压和静脉回心血量

静脉的舒缩可有效调节回心血量和心输出量，以适应机体在各种生理状态时的需要。

（一）静脉血压

1. 外周静脉压　各器官静脉的血压称为**外周静脉压（peripheral venous pressure）**。通常以正常人平卧时，肘正中静脉压来代表，正常值为 5~14cmH_2O。

2. 中心静脉压　右心房作为体循环的终点，血压最低，接近于零。通常将右心房和胸腔内大静脉的血压称为**中心静脉压（central venous pressure）**，正常波动范围是 4~12cmH_2O。中心静脉压的高低取决于心脏射血的能力和静脉回心血量之间的相互关系。如果心脏射血能力减弱（如心力衰竭），右心房和腔静脉淤血，中心静脉压就会升高；若静脉回心血量增多或回流速度加快，中心静脉压也将升高。因此，中心静脉压是反映心血管功能的一项重要指标。临床上给休克患者进行输液治疗时，为防止输液过多过快造成心力衰竭，常需观察中心静脉压的变化，作为控制补液速度和补液量的监测指标。

（二）静脉回心血量及其影响因素

单位时间内的静脉回心血量决定于外周静脉压和中心静脉压之差，以及静脉对血流的阻力。故凡能影响中心静脉压、外周静脉压以及静脉阻力的因素，都能影响静脉回心血量。

1. 体循环平均充盈压　这是反映血管系统充盈程度的指标。当血量增加或容量血管收缩时，体循环平均充盈压升高，静脉回心血量增多。反之，如大出血使血量减少时，静脉回心血量则降低。

2. 心肌收缩力　心肌收缩力强，射血时心室排空较完全，心舒张期室内压降低，对心房和大静脉内血液的抽吸力量就加大，回心血量增多；反之，则减少。例如右心衰竭时，射血能

力显著减弱，心舒张期右心室较多血液存留，心室内压增高，血液淤积在右心房和大静脉内，静脉回心血量明显减少。患者可出现颈外静脉怒张，肝充血肿大，下肢水肿等体征。

3. 骨骼肌的挤压作用　骨骼肌收缩时，肌肉内和肌肉间的静脉受到挤压，使静脉血流加快；同时，因静脉内存在瓣膜，使静脉内的血液只能向心脏方向流动而不能倒流。因此，骨骼肌的舒缩对静脉回流起着"泵"的作用，称为"肌肉泵"。当下肢骨骼肌进行节律性舒缩活动时(例如跑步)，下肢肌肉泵的做功在一定程度上会加速全身的血液循环，增加静脉回心血量。但如果肌肉持续紧张性收缩而非节律性舒缩时，静脉会持续受压，静脉回心血量反而下降。长时间直立或处于坐位，人体可能会出现头晕，这是由于缺乏下肢肌肉泵的作用，从而导致血液在下肢潴留，头部缺血缺氧。因此，肌肉泵对于降低下肢静脉压和减少血液在下肢静脉内的潴留有十分重要的生理意义。

4. 呼吸运动　通常情况下，胸膜腔内压低于大气压，故为负压，胸腔内大静脉的跨壁压较大，经常处于充盈扩张状态。吸气时，胸腔容积加大，胸腔负压加大，使胸腔内大静脉和右心房进一步扩张，中心静脉压下降，有利于外周静脉血回流入右心房。呼气时，胸腔负压减小，则使静脉回心血量减少。可见，呼吸运动对静脉回流起着"呼吸泵"的作用。

5. 重力和体位　卧位变为立位时，身体低垂部位静脉内血量因重力作用而增多500ml，回心血减少；由立位变卧位，回心血量则增多。静脉的这一特性在人类特别值得注意。因为当人处于直立位时，身体中大多数容量血管都处于心脏水平以下，如果由平卧突然站立，由于身体低垂部分的静脉充盈扩张，可比在卧位时多容纳血液，这部分血液主要来自胸腔内的血管。这样就造成体内各部分器官之间血量的重新分配，导致回心血量过少，搏出量减少和收缩压降低，而发生昏厥。在正常情况下，这些变化可通过神经和体液调节机制，使血压迅速恢复。

第三节　心血管活动的调节

课件

机体主要通过神经和体液因素对心脏和血管的活动进行调节，从而适应各组织器官在不同情况下对血流量的需要，协调各器官之间的血流分配。

一、神经调节

心肌和血管平滑肌都接受自主神经的支配；机体对心血管活动的神经调节是通过各种心血管反射实现的。

(一) 心脏和血管的神经支配

1. 心脏的神经支配　支配心脏的传出神经为心交感神经和心迷走神经。

(1) 心交感神经：心交感神经的节前神经元胞体位于脊髓第1~5胸段灰质侧角，其发出的节前纤维在颈上、颈中和颈下交感神经节(也称星状神经节)与节后神经元发生突触联系。节后神经元发出的节后纤维组成上、中、下心交感神经进入心脏，支配心脏各个部分，包括窦房结、房室交界、房室束、心房肌和心室肌。支配窦房结的交感纤维主要来自右侧心交感神经，支配房室交界的交感纤维主要来自左侧心交感神经。在功能上，右侧心交感神经兴奋时以引起心率加快的效应为主，而左侧心交感神经兴奋则以加强心肌收缩能力的效应为主。

心交感神经节后纤维末梢释放的**去甲肾上腺素**(**norepinephrine，NE** 或 **noradrenaline，NA**)可引起心率加快，房室传导加快，心房肌和心室肌收缩力加强，即产生**正性变时作用**(**positive chronotropic action**)、**正性变传导作用**(**positive dromotropic action**)和**正性变力作**

笔记栏

用**(positive inotropic action)**。这些作用主要是由于去甲肾上腺素与心肌细胞膜上 β_1 肾上腺素能受体结合，从而激活腺苷酸环化酶，使胞内 cAMP 增多，通过激活蛋白激酶 A，使心肌细胞上的钙通道与多种功能蛋白磷酸化，Ca^{2+} 内流增加，进而引起一系列正性作用。心交感神经对心脏的兴奋作用可被 β_1 受体阻断剂普萘洛尔所阻断，临床上常用 β 受体阻断剂治疗窦性心动过速。

(2) 心迷走神经：心迷走神经的节前神经元胞体位于延髓的迷走神经背核和疑核，节前纤维组成迷走神经干，在心内神经节与节后神经元发生突触联系。节后纤维支配窦房结、心房肌、房室交界、房室束及其分支；迷走神经也支配心室肌，但其纤维末梢的数量远较心房肌中为少。两侧心迷走神经对心脏的支配也不完全对称，右侧迷走神经对窦房结的支配占优势，主要影响心率；左侧迷走神经对房室结的支配占优势，主要影响房室传导速度。

心迷走神经节后纤维末梢释放的**乙酰胆碱(acetylcholine，ACh)**作用于心肌细胞膜上的 M 型胆碱能受体(简称 M 受体)后可引起心率减慢，房室传导减慢，心房肌收缩能力减弱，即产生**负性变时作用(negative chronotropic action)**、**负性变传导作用(negative dromotropic action)**和**负性变力作用(negative inotropic action)**。心迷走神经对心脏有较强的紧张性作用，切断迷走神经或者给予**阿托品(atropine)**，阻断乙酰胆碱的作用，可加快心率；刺激迷走神经，可减慢心率。

2. 血管的神经支配 绝大多数血管平滑肌都接受自主神经的支配。毛细血管前括约肌上神经分布很少，其舒缩活动主要受局部代谢产物的影响。支配血管平滑肌的神经称为**血管运动神经(vasomotor nerve)**，可分为**缩血管神经(vasoconstrictor nerve)**和**舒血管神经(vasodilator nerve)**两大类。

(1) 缩血管神经纤维：缩血管神经纤维都属于交感神经，故又称交感缩血管神经纤维。它的节前神经元胞体位于脊髓第一胸段至第二或第三腰段灰质中间外侧柱内，其末梢释放乙酰胆碱；节后神经元胞体位于椎旁和椎前神经节内，其末梢释放去甲肾上腺素。它所支配的血管平滑肌细胞上有 α_1 和 β_2 两类肾上腺素能受体。去甲肾上腺素与 α_1 受体结合后，可使血管平滑肌收缩；而与 β_2 受体结合后，则使血管平滑肌舒张。但是，去甲肾上腺素与 β_2 受体结合的能力较弱。因此，缩血管纤维兴奋时主要引起缩血管效应。

体内几乎所有血管都接受交感缩血管纤维的支配。在不同部位的血管中，交感缩血管纤维分布的密度不同。皮肤血管内的分布最密，骨骼肌和内脏血管次之，冠状血管和脑血管最少。在同一器官中微动脉内的分布密度为最高，大动脉或大静脉则较少，而毛细血管前括约肌没有交感缩血管纤维分布。在安静状态下，交感缩血管神经持续地维持一定的活动状态，发放约每秒钟 1~3 次的低频冲动，称为**交感缩血管紧张(sympathetic vasoconstrictor tone)**，使血管维持在一定程度的收缩(紧张)状态。当交感缩血管神经活动加强时，则血管平滑肌进一步收缩；而当交感缩血管紧张降低时，血管平滑肌的收缩程度减弱或使血管舒张。当支配某一器官血管床的交感缩血管纤维兴奋时，可引起该器官血管床的血流阻力增高，血流量减少；同时，微动脉的收缩大于微静脉，毛细血管前、后阻力的比值增加，毛细血管血压降低，组织液的生成减少而重吸收增多，从而使血容量增加；另外，该器官容量血管的收缩，也可促进静脉回流。

(2) 舒血管神经纤维：体内舒血管神经纤维的分布较为局限，主要有：①交感舒血管神经纤维：支配骨骼肌微动脉的交感神经中除有缩血管纤维外，还有舒血管纤维。交感舒血管神经纤维末梢释放乙酰胆碱，作用于 M 受体，使血管舒张。当机体处于情绪激动状态和准备作剧烈肌肉运动等情况下，交感舒血管神经兴奋，使骨骼肌血管舒张，肌肉得到充分的血液供应，以适应强烈运动的需要。②副交感舒血管神经纤维：有少量器官，如脑，唾液腺，胃肠

道的腺体和外生殖器等，其血管平滑肌除接受交感缩血管神经支配外，还接受副交感舒血管神经纤维的支配。副交感舒血管神经纤维末梢释放乙酰胆碱，作用于M受体，引起血管舒张。副交感舒血管神经的作用只起调节器官组织局部血流量的作用，对循环系统总的外周阻力影响不大。

（二）心血管中枢

与心血管活动调控有关的神经元集中部位称为**心血管中枢（cardiovascular center）**。但调控心血管活动的神经元并不是集中在中枢神经系统的某一部位，而是广泛地分布在从脊髓至大脑皮质的各级水平。

1. 延髓心血管中枢　调节心血管活动最基本的中枢位于延髓。动物实验结果表明只要保持延髓及其以下中枢部分的完整，血压就能接近正常水平，并能完成一定的心血管反射。延髓内有调控心迷走神经、心交感神经和交感缩血管神经活动的神经元。这些神经元平时就具有紧张性活动，分别被称为心迷走紧张、心交感紧张和交感缩血管紧张性活动。

2. 延髓以上的心血管中枢　在延髓以上的脑干、小脑、下丘脑乃至大脑皮质中都存在与心血管活动有关的神经元。它们在心血管活动调节中所起的作用更高级，表现为对心血管活动和机体其他功能之间的复杂整合。如电刺激下丘脑引起防御反应的同时，可出现一系列心血管活动的变化，主要包括心率加快、心肌收缩力增强、心输出量增加，皮肤和内脏血管收缩而骨骼肌血管舒张。这些反应有利于骨骼肌得到更多血液供应，以适应防御、搏斗或逃跑等行为的需要。

（三）心血管反射

神经系统对心血管活动的调节是通过各种**心血管反射（cardiovascular reflex）**来实现的。当机体处于不同的生理状态，如运动、睡眠或应激反应时，心血管反射能改变心输出量和各器官的血管舒缩状况，根据机体需要调整各器官的血流量，从而使循环系统能够适应机体所处的状态或环境的变化。

1. 颈动脉窦和主动脉弓压力感受性反射　**压力感受性反射（baroreceptor reflex）**也称**减压反射（depressor reflex）**，是体内最重要且目前了解较清楚的心血管反射。

（1）动脉压力感受器：动脉管壁内存在许多感受机械牵张刺激的神经末梢，当管壁被动扩张时，引起心血管反射，起监视动脉压的作用，故称为**动脉压力感受器（arterial baroreceptor）**，其中最重要的是颈动脉窦和主动脉弓压力感受器。在颈动脉窦和主动脉弓血管壁的外膜下有丰富的感觉神经末梢，其末端膨大呈卵圆形。这些感觉神经末梢对动脉压升高所引起的血管壁扩张敏感。当动脉血压升高时，颈动脉窦和主动脉弓被扩张到一定程度时，它们就发生兴奋而发放神经冲动。因此，颈动脉窦和主动脉弓压力感受器实质上是一种牵张感受器，其适宜刺激是血管壁的被动扩张，而非血压本身。在一定范围内，压力感受器的传入冲动频率与动脉管壁被动扩张的程度成正比。

（2）传入神经和中枢联系：颈动脉窦压力感受器的传入神经纤维组成**窦神经（carotid sinus nerve）**，颈动脉窦神经加入舌咽神经进入延髓。主动脉弓压力感受器的传入神经纤维加入迷走神经进入延髓。这些压力感受器传入神经纤维进入延髓后，和孤束核神经元发生突触联系。孤束核的神经元可通过延髓内的神经通路使延髓头端腹外侧部的血管运动神经元（可能也包括心交感神经元）抑制，使交感缩血管紧张（和心交感紧张）降低；孤束核的神经元还与延髓、脑桥、下丘脑等一些神经核团发生联系，其效应也是使交感神经的紧张性活动减弱；孤束核的神经元还与迷走神经背核和疑核发生联系，使心迷走紧张增强。

（3）反射效应：动脉血压升高时，压力感受器传入冲动增多，通过上述心血管中枢整合作用，使心迷走紧张性加强，心交感中枢和交感缩血管中枢紧张性减弱，其效应为心率减慢、收

笔记栏

缩力变弱，心输出量减少，血管舒张，外周血管阻力降低，故动脉血压回降。反之，当动脉压突然降低时，则由于压力感受器传入心血管中枢的冲动减少，使心迷走中枢紧张性减弱，同时心交感中枢和缩血管中枢紧张性加强，心交感及缩血管神经活动加强，则导致心率加快、收缩力增强，心输出量增加，外周阻力增大，使血压回升。

(4) 压力感受性反射的特点与生理意义：压力感受性反射是一种负反馈调节，且具有双向调节能力。它的生理意义在于在心输出量、外周阻力、血量等发生突然改变的情况下，对动脉血压进行快速调节，使动脉血压保持相对稳定。压力感受性反射主要对急骤变化的血压起缓冲作用，尤其在动脉血压降低时的缓冲作用更为重要，因此在生理学中将动脉压力感受器的传入神经称为**缓冲神经(buffer nerve)**。相反，压力感受性反射对缓慢发生的血压变化不敏感。

2. 心肺感受器引起的心血管反射　在心房、心室和肺循环大血管壁中存在许多感受器，统称为**心肺感受器(cardiopulmonary receptor)**，其传入神经纤维走行于迷走神经干内。当心房、心室或肺循环血管中压力升高，或因血容量增大而使心脏或血管壁受到较大牵张时，这些机械或压力感受器就发生兴奋，冲动经传入神经传至心血管中枢，引起心交感和交感缩血管紧张降低，心迷走紧张加强，导致心率减慢，收缩力变弱，心输出量减少，外周血管阻力降低，故血压下降，同时肾交感神经活动的明显抑制，肾血流量增加，肾排水和排钠量增多。和颈动脉窦、主动脉弓压力感受器相比较，心肺感受器位于循环系统压力较低的部分，故又称**低压力感受器(low pressure receptor)**。在生理情况下，心房壁的牵张主要由血容量增多而引起，因此心房壁的牵张感受器也称**容量感受器(volume receptor)**。

3. 颈动脉体和主动脉体化学感受性反射　颈动脉体和主动脉体分别位于颈总动脉分叉处和主动脉弓周围的组织中，是由上皮细胞构成的扁椭圆形小体，有丰富的血液供应和感觉神经末梢分布。当血液中某些化学成分发生变化时，如缺氧、CO_2分压过高、pH降低等，可刺激颈动脉体和主动脉体的**化学感受器(chemoreceptor)**，其感觉信号分别由窦神经和迷走神经传入至延髓孤束核，然后使延髓内呼吸神经元和心血管活动神经元的活动发生改变。**化学感受器反射(chemoreceptor reflex)**一方面引起呼吸加强(见第五章呼吸)，另一方面兴奋交感缩血管中枢使血管收缩，外周血管阻力增大，呼吸的改变又可反射性地使心率增快，心输出量增加，从而导致血压升高。化学感受性反射在平时对心血管活动不起明显的调节作用，只有在缺氧、窒息、动脉压过低和酸中毒等情况下，才发挥其作用。

4. 躯体感受器引起的心血管反射　刺激躯体传入神经时可引起各种心血管反射。反射的效应取决于感受器的性质、刺激的强度和频率等。在平时肌肉活动，皮肤冷、热刺激以及各种伤害性刺激也都能反射性地引起心血管活动发生变化。

二、体液调节

体液调节是指血液和组织液中的一些化学物质对心血管的调节作用。按其作用范围，可将体液调节分为两大类，通过血液运输的，可广泛作用于心血管系统，称为全身性体液调节；在组织中形成，主要作用于局部血管，对局部组织的血流起调节作用，称为局部性体液调节。

(一) 肾上腺素和去甲肾上腺素

肾上腺素(epinephrine，E)和去甲肾上腺素在化学结构上都属于儿茶酚胺，主要来自肾上腺髓质。由肾上腺髓质分泌的激素中，肾上腺素占80%，而去甲肾上腺素占20%。肾上腺素能神经末梢所释放的去甲肾上腺素大部分被突触前膜重吸收和破坏，仅有小部分进入血液。

血液中的肾上腺素和去甲肾上腺素对心脏和血管的作用，主要是由于两者对不同的肾上腺素能受体的结合能力不同而决定。肾上腺素既能与 α 受体结合，又能与 β（包括 $β_1$ 和 $β_2$）受体结合。在心脏，肾上腺素与 $β_1$ 受体结合后，可产生正性变时和变力作用，使心输出量增加。在血管，肾上腺素的作用取决于血管平滑肌上 α 和 $β_2$ 受体的分布情况：在皮肤、肾脏、胃肠道等器官的血管平滑肌中 α 受体在数量上占优势，肾上腺素能使这些器官的血管收缩。在骨骼肌和肝脏的血管上 $β_2$ 受体占优势，小剂量的肾上腺素常以兴奋 $β_2$ 受体的效应为主，引起血管舒张，而大剂量时则因 α 受体也兴奋，故引起血管收缩。去甲肾上腺素主要与 α 受体结合，也可与心肌的 $β_1$ 受体结合，但与血管平滑肌上 $β_2$ 受体结合的能力较弱。静脉注射去甲肾上腺素可使全身血管广泛收缩，动脉血压升高；而血压升高又可使压力感受性反射活动加强，由于压力感受性反射对心脏的效应超过去甲肾上腺素对心脏的直接效应，引起心率减慢，故临床上多用作升压药。

笔记栏

肾上腺素与去甲肾上腺素

（二）肾素-血管紧张素系统

肾素-血管紧张素系统（renin-angiotensin-system，RAS）是人体内重要的体液调节系统。RAS 既存在于循环系统中，也存在于中枢、肾脏和肾上腺等组织中，共同参与对靶器官的调节。在生理情况下，它对血压的调节、心血管功能稳态、电解质和体液平衡的维持，以及心血管系统的正常发育均有重要作用。

1. RAS 的构成　由肾近球细胞合成和分泌的**肾素（renin）**，经肾静脉进入血液循环，以启动 RAS 的链式反应。在下列情况下其释放增加。①肾脏血液供应不足，小动脉壁张力下降时，肾脏近球细胞释放肾素；②致密斑的肾小管液中 NaCl 含量减少，促使近球细胞释放肾素增加；③肾交感神经兴奋时，近球细胞肾素分泌增加；④体液中的去甲肾上腺素，胰高血糖素等也可促进肾素的释放。

2. 血管紧张素家族主要成员的生物学作用　肾素进入血液，作用于血浆中的血管紧张素原，形成血管紧张素Ⅰ（AngⅠ），血管紧张素Ⅰ流经肺脏时，其中的血管紧张素转化酶可使血管紧张素Ⅰ转化为血管紧张素Ⅱ（AngⅡ），血管紧张素Ⅱ可被血管紧张素酶 A 分解为血管紧张素Ⅲ（AngⅢ）、血管紧张素Ⅳ（AngⅣ）。

（1）AngⅡ的生物学效应：在血管紧张素家族成员中，AngⅡ的作用最为重要。主要作用有：①AngⅡ与血管平滑肌上的血管紧张素受体结合，而使全身微动脉和静脉管壁平滑肌收缩，微动脉收缩可使外周阻力增加；静脉收缩，可使回心血量增加，心输出量增多，从而导致血压升高。②AngⅡ可作用于交感缩血管纤维末梢上的突触前 AngⅡ受体，使交感神经末梢释放递质增多。③AngⅡ还可作用于中枢神经系统内的一些神经元，使中枢对压力感受性反射的敏感性降低；交感缩血管中枢紧张加强外周血管阻力增加，血压升高；并促进神经垂体释放血管升压素和缩宫素。④AngⅡ使肾上腺皮质释放醛固酮，醛固酮又可增加肾小管对 Na^+ 和水的重吸收，使细胞外液量增加，血压升高。血管紧张素Ⅱ还可引起或增强渴觉，并导致饮水行为。

（2）血管紧张素受体：**血管紧张素受体（angiotensin receptor）**简称 AT 受体，目前已发现有四种亚型，分别为 AT_1、AT_2、AT_3 和 AT_4 受体。在循环系统中，Ang Ⅱ的生理作用几乎都是通过激动 AT_1 受体产生的。AT_1 主要受体分布于人体的血管、心、肝、脑、肺、肾和肾上腺皮质等部位。AT_2 受体分布在人胚胎组织和未发育成熟的脑组织中，在成年人心肌和部分脑组织中有少量分布。AT_3 受体分布和信号通路等尚不清楚。AT_4 受体广泛分布于哺乳动物的心血管、脑、肾、肺等处。

（3）其他成员的生物学效应：AngⅠ不具有生理活性。AngⅢ可作用于 AT_1 受体，产生缩血管作用，但仅为血管紧张素Ⅱ的 10%~20%，其促进合成和释放醛固酮的作用较强。AngⅣ

笔记栏

FR-下-4-8
肾素-血管紧张素系统

FR-下-4-9
血管升压素

作用于 AT_4 受体，产生与 AngⅡ不同的甚或相反的生理作用。AngⅣ抑制左心室的收缩功能，加速左心室的舒张；AngⅣ能调节肾血流量及水盐平衡；它在促使收缩血管的同时，能刺激血管壁产生前列腺素类物质或一氧化氮，对血管收缩作用进行调节。

（三）血管升压素

血管升压素（vasopressin，VP）是一种九肽激素，在下丘脑视上核和室旁核的神经元胞体合成的，沿下丘脑-垂体束进入神经垂体储存，当机体活动需要时释放入血。血管升压素可促进肾远曲小管和集合管对水的重吸收，故又称**抗利尿激素（antidiuretic hormone，ADH）**。血管升压素有 V_1 和 V_2 两种受体。V_1 受体分布于血管平滑肌，激活后可引起血管平滑肌收缩，血管阻力增加，血压升高，是已知最强的缩血管物质之一。V_2 受体主要分布在肾远曲小管后段和集合管上皮细胞，激活后在上皮细胞内形成水通道，从而增加管腔膜对水的通透性。血管升压素能提高压力感受性反射的敏感性，缓冲升血压效应。因此，在完整机体内，血液中血管升压素浓度升高时首先出现抗利尿效应；仅在其血浓度明显高于正常时，才引起血压升高。血管升压素的释放受多种因素的调节和影响，其中最重要的是体液渗透压和血容量的改变。

（四）心房钠尿肽

心房钠尿肽（atrial natriuretic peptide，ANP）是由心房肌细胞合成并释放的肽类激素。心房壁受牵拉可引起 ANP 释放，ANP 可使血管平滑肌舒张，外周阻力降低；也可使搏出量减少，心率减慢，故心输出量减少；ANP 能作用于肾脏，抑制集合管对 NaCl 和水重吸收，具有利钠、利尿和调节循环血量的作用。此外，ANP 还可抑制肾素、醛固酮和血管升压素的分泌。这些作用均导致血压降低。

心血管活动的体液调节还有一氧化氮、前列环素、内皮素、激肽释放酶-激肽系统、前列腺素、阿片肽、组胺、肾上腺髓质素等也参与。

三、自身调节

除去调节心血管活动的外部神经、体液因素，在一定范围内的变动血压，器官、组织的血流量仍能通过局部释放的某些物质得到适当的调节。这种调节机制存在于器官组织或血管本身，称为自身调节。自身调节的这些物质都容易被破坏，或经循环血液稀释后浓度很低，不再起作用，只能在其产生的局部发生调节作用。器官、组织血流量的局部自身调节机制，一般认为主要有以下两类。

（一）代谢性自身调节机制

当组织细胞代谢活动增强时，局部组织中氧分压降低，造成 CO_2、H^+、腺苷、ATP、K^+ 等各种代谢产物积聚，代谢产物使局部的微动脉和毛细血管前括约肌舒张，局部的血流量增加，从而向组织提供更多的氧，适应增加的组织代谢水平。局部血流量增多带走了引起血管舒张的代谢产物，微动脉和毛细血管前括约肌重新收缩，局部的血流量恢复正常，如此周而复始。局部组织微循环这种随氧分压下降和代谢产物增加而引起的局部舒血管效应，称为代谢性自身调节机制。其生理意义在于使局部的血流量同组织代谢水平相适应。

（二）肌源性自身调节机制

平滑肌本身经常保持一定的紧张性收缩，称为**肌源性活动（myogenic activity）**。血管平滑肌还有一个特性，即被牵张时其肌源性活动增强。这种现象在毛细血管前阻力血管特别明显。当供应器官血管的灌注压突然升高时，血管跨壁压增大，血管平滑肌受到的牵张刺激增加，引起肌源性活动增强，血管收缩，器官的血流阻力增大，从而保证器官的血流量不致因灌注压升高而增多；当器官血管的灌注压突然降低时，则发生相反的变化，即阻力血管舒张。

其生理意义在于在灌注压变化时器官血流量能保持相对稳定。这种肌源性的自身调节现象，在肾血管、脑血管表现特别明显。

笔记栏

第四节　心、肺、脑血液循环

课件

体内各器官的血流量与灌注该器官的动、静脉压力差以及该器官的血流阻力有关。但是，由于体内各器官结构和功能不同，各器官内部的血管分布又各有特征，因此，各器官的血液循环及调节也有其本身特点。本节主要叙述心、肺、脑等重要器官的血液循环。

一、冠脉循环

冠脉循环（coronary circulation）是供应心脏自身的血液循环。心脏是血液循环的泵血器官，故做功量大，而且心肌几乎完全依靠有氧代谢提供能量，因此耗 O_2 量极大，需要有充分血液供应。因此，冠脉循环对保证心脏功能极为重要。

（一）冠脉循环的生理特点

1. 血液供应丰富　左、右冠状动脉起自主动脉根部，加上冠状血管的血流途径短，因此在其较小的分支血管内，血压较高，流速快，血流量大。安静时，每 100g 心肌组织血流量为 60~80ml/min，冠脉总血流量为 200~250ml/min，占心输出量的 4%~5%。当心肌活动加强，冠脉达到最大舒张状态时，血流量可增加到每 100g 心肌 300~400ml/min，为安静状态时的 4~5 倍。

2. 以心室舒张期供血为主　由于冠脉的大部分分支垂直穿入心肌并深埋于心内膜，因此心肌节律性收缩活动对冠脉血流有很大的影响，对左冠状动脉的影响尤为显著，并呈周期性变化。在左心室等容收缩期，由于心肌收缩的挤压，冠状动脉血流阻力增大，以致血流急剧减少，甚至倒流；在快速射血期，主动脉血压有所升高，冠脉血流也随之升高；但进入减慢射血期时，随着主动脉血压下降，冠脉血流很快再次减少；当左心室舒张时，虽然此时主动脉血压有所降低，但由于解除对冠脉的压迫，血流阻力减小，因此冠脉血流迅速增加。在整个心动周期中，心舒张期比心收缩期长，因此舒张期冠脉血流总量大于收缩期。据计算，心室收缩期的左冠状动脉血流量只有舒张期的 20%~30%。心肌收缩加强时，收缩期血流量所占百分比更小。由此可见，主动脉舒张压的高低以及心室舒张期的长短是决定冠脉血流量的重要因素。右心室肌比较薄弱，收缩时对右冠状动脉的压迫作用较小。当外周阻力增大，主动脉舒张压升高，冠脉血流量随之增多；心率加快时，心动周期缩短，导致舒张期也缩短，冠脉血流量显著减少。

冠脉血流量

（二）冠脉血流量的调节

冠脉血流量受神经、体液和心肌代谢水平的调节，其中最重要的因素是心肌本身的代谢水平。

1. 心肌代谢水平　心肌收缩的能量来源几乎全部依靠有氧代谢。实验证明，冠脉血流量与心肌代谢水平成正比关系，在切断心脏的神经支配和没有激素作用的情况下，这种关系依然存在，故为心肌血流量的自身调节。因为心肌做功量大，所以耗 O_2 量高，但心肌的 O_2 储备较小，此时心肌对 O_2 的需求主要通过冠脉舒张，增加冠脉血流量而实现。但进一步的研究表明，心肌代谢增强引起的冠脉舒张并非低 O_2 本身，而是由于某些心肌代谢产物的增加，如 H^+、CO_2、乳酸和腺苷等代谢产物。目前认为，这些代谢产物中最重要的冠脉舒张物质是腺苷，而其他代谢产物舒张冠脉的作用则较弱。心肌细胞中的 ATP 分解供能后形成

笔记栏

AMP，而 AMP 进一步在 5′ 核苷酸酶的作用下分解而生成腺苷。腺苷具有强烈的舒张小动脉的作用，但腺苷生成后几秒钟内即被破坏，因此不会引起其他器官的血管舒张。心肌缺氧时，心脏静脉血中腺苷的浓度可迅速增加 3~5 倍，研究证实腺苷可激活血管平滑肌细胞膜上的腺苷受体，引起胞内 cAMP 含量升高，抑制 Ca^{2+} 内流，从而导致血管平滑肌舒张，增加冠脉血流量。

2. 神经调节　冠状动脉受交感神经和迷走神经的支配。交感神经末梢释放的递质去甲肾上腺素可作用于冠脉血管平滑肌细胞膜上的 α 和 β 受体，α 受体兴奋时冠脉收缩，这是交感神经对冠脉的直接作用；而 β 受体兴奋时则冠脉舒张，这是由于交感活动加强可通过激活心肌上的 β 受体使心率加快，心肌收缩力增强，耗 O_2 量增加，代谢加强而使代谢水平增高，从而间接引起冠状动脉舒张。迷走神经的直接作用是使冠脉舒张；但迷走神经兴奋使心率减慢，心肌代谢水平下降，从而间接引起冠状动脉收缩，血流量减少。因此，目前认为神经对冠脉流量的这种影响并不是直接作用于血管的结果，而是由于改变心脏活动及代谢水平而引起的。

3. 体液调节　肾上腺素和去甲肾上腺素直接作用于冠脉血管上的 α 或 β 受体，引起冠脉血管收缩或舒张；也可通过增强心肌代谢水平和耗 O_2 量使冠脉血流量增加。血管紧张素Ⅱ和大剂量血管升压素能使冠状动脉收缩，血流量减少。甲状腺激素增多时，心肌代谢水平提高，耗 O_2 量增加，可使冠脉舒张，血流量增加。

二、肺循环

进入肺的血管包括肺循环血管和体循环中的支气管血管两部分。**肺循环（pulmonary circulation）**是指由右心室、肺动脉经肺毛细血管、肺静脉到左心房的血液循环。而体循环的支气管血管对支气管和肺起营养性作用。肺循环和支气管血管的末梢之间有吻合支沟通。因此，有一部分支气管静脉血液可经过吻合支进入肺静脉和左心房，使主动脉血液中掺入 1%~2% 的静脉血。

（一）肺循环的生理特点

1. 血流阻力小、血压低　与体循环相比，肺动脉及其分支短而粗，壁薄，可扩张性大，而且全部血管位于胸腔内，受胸膜腔内负压的影响处于扩张状态，因此对血流的阻力小，血压也低。人肺动脉收缩压平均值正常为 22mmHg，舒张压为 8mmHg，平均动脉压为 13mmHg；肺毛细血管平均压为 7mmHg；肺静脉和左心房压为 1~4mmHg，平均为 2mmHg。肺循环的这一特点，使其极易受心功能的影响，当左心衰竭时，左心房压力升高，逆行性肺静脉和肺毛细血管压力升高，血流阻力增大，可导致肺淤血和呼吸困难，甚至肺水肿。

2. 肺血容量波动大　安静时，肺部的血容量约为 450ml，约占全身血量的 9%。由于肺组织和肺血管的顺应性强，因此肺部血容量的变动范围也大。在用力呼气时，肺部血容量可减少到 200ml 左右，而深吸气时则可增加到 1 000ml 左右。在平静呼吸时，肺部血容量也有一定的波动，从而造成动脉血压的呼吸波或二级波。由于肺部血容量较多，且变动范围大，故肺循环血管起着储血库的作用。当机体失血时，肺循环可将一部分血液转移到体循环，起代偿作用。

（二）肺循环血流量的调节

由于肺循环血管腔大壁薄，可扩张性大，因此其口径的变化多数情况下是被动的。但是，肺循环的血流量仍受到神经体液因素及肺组织局部化学因素的调节。

1. 神经调节　肺循环血管受交感神经和迷走神经的支配。刺激交感神经的直接作用是使肺血管收缩；而在整体情况下，交感兴奋时体循环的血管收缩，将一部分血液挤入肺循

环，使肺循环内血容量增加。刺激迷走神经可使肺血管舒张。

2. 体液调节　肾上腺素、去甲肾上腺素、血管紧张素Ⅱ、前列腺素等可使肺血管微动脉收缩，组胺、5-HT 则引起肺血管微静脉收缩。

3. 肺泡气氧分压的影响　与体循环中低氧引起血管舒张不同，肺循环血管对肺泡内局部氧分压（PO_2）的降低发生收缩反应。当一部分肺泡内气体的氧分压降低时，这些肺泡周围的微动脉收缩，血流阻力增大。其生理意义在于，当肺泡通气不足而氧分压降低时，此肺泡周围的血管收缩，此处血流量减少，使较多的血液转移到其他通气充足的肺泡，保证了通气 / 血流比值的正常。但长期慢性氧分压过低时，如在高海拔地区，可引起肺循环微动脉广泛收缩，血流阻力增大，故导致肺动脉高压和右心室负荷过重而肥厚。长期居住在低海拔地区的人，若以较快的速度登上高海拔地区，也可发生肺动脉高压，甚至发生肺水肿。

三、脑循环

脑循环（cerebral circulation）是指供应脑组织的血液循环。脑的血液供应来自颈内动脉和椎动脉。它们在颅底形成 Willis 环，然后各自发出分支营养脑组织，一部分毛细血管形成脉络丛，伸入脑室内分泌脑脊液。脑毛细血管血液和脑脊液最后都汇入静脉系统。

（一）脑循环的特点

1. 血流量大、耗氧量大　脑的重量仅占体重的 2% 左右，但脑是人体的重要器官，由于代谢水平高，耗 O_2 量大，所以对血供的需求也大。安静时，每 100g 脑组织血流量为 50~60ml/min，耗 O_2 量为 3~5ml/min；整个脑的血流量为 750~900ml/min（占心输出量的 15%），耗 O_2 量约为 50ml/min（占全身的 20%）。脑是人体功能调节的最高级中枢，对缺血的耐受性很低。在正常体温情况下，脑供血停止数秒钟，人即会意识丧失，脑供血停止 5~6 分钟，大脑功能将出现难以恢复的损伤。因此，保证脑的血液供应非常重要。

2. 血流量变动范围小　脑位于颅腔内，头颅为骨性结构，其容积是固定的。颅腔内为脑、脑血管和脑脊液所充满。三者容积的总和也是固定的，且与颅腔容积相等。由于脑组织是不可压缩的，因此脑血管舒缩程度受到很大的限制，血流量的变化较其他器官为小。因此，要增加脑的血液供应主要靠提高脑循环的血流速度。当脑组织发生水肿或脑脊液容量增加时，可产生颅内高压，脑血流阻力增加，脑血流量减少。

3. 血 - 脑脊液屏障和血 - 脑屏障　在血液和脑组织之间、血液和脑脊液之间存在着限制某些物质或药物在血液与脑组织之间、血液与脑脊液之间自由交换的屏障：①在毛细血管血液和脑脊液之间存在有限制某些物质自由交换的屏障，称为**血 - 脑脊液屏障（blood-cerebrospinal fluid barrier）**。脑脊液形成的原理与组织液不完全相同，它主要是由脑室脉络丛分泌而产生。其成分也不同于血浆，Na^+、Mg^{2+} 和 Cl^- 浓度较血浆高，K^+、HCO_3^- 和 Ca^{2+} 则较血浆低，蛋白质含量极微，葡萄糖含量也较血浆少。这种屏障对不同物质通透性不同，如 O_2 和 CO_2 等脂溶性物质很容易通过屏障，而许多离子的通透性较低。血 - 脑脊液屏障的基础是脉络丛细胞间的紧密连接和脉络丛细胞中运输各种物质的特殊载体系统。②血液和脑组织之间也存在着类似的屏障，称为**血 - 脑屏障（blood-brain barrier）**。脂溶性物质如 O_2、CO_2、乙醇及某些麻醉药易于通过血 - 脑屏障，而青霉素、胆盐、H^+、HCO_3^- 和非脂溶性物质则不易透入脑组织。毛细血管的内皮、基膜和星状胶质细胞的血管周足等结构可能是血 - 脑屏障的形态学基础。血 - 脑脊液屏障和血 - 脑屏障的存在，对于稳定脑组织的内环境，防止血液中某些有害物质进入脑内，为脑细胞的正常活动提供必要的保障。

笔记栏

(二) 脑循环的调节

脑循环对机体的正常活动具有重要意义,一旦脑循环发生障碍,则可出现严重病患。脑血管受交感缩血管纤维和副交感舒血管纤维的支配,但神经纤维的分布较少,所起的作用也很小。脑血流量以自身调节为主。

1. 脑血流量的自身调节　由于脑血管的收缩活动受限制,故脑的血流量主要取决于脑的动脉和静脉之间的压力差。正常情况下,因颈内静脉压已接近于右心房压,变化不大,故对脑血流起主要作用的是颈动脉压。颈动脉压升高时,脑血流量相应增加;反之颈动脉压降低时,脑血流量减少。但当平均动脉压在 60~140mmHg 范围内变动时,脑血管的自身调节机制可发挥很好的作用,使脑血流量保持相对稳定。当平均动脉压低于 60mmHg 时,则脑血流量减少,引起脑功能障碍;当平均动脉压超过 140mmHg 时,脑血流量随平均动脉压升高而增加,严重时可因毛细血管血压过高而引起脑水肿。

2. 脑组织局部化学因素影响　脑血管舒缩活动的最重要因素是脑组织局部的化学环境。当血液二氧化碳分压升高或氧分压降低时,脑血管舒张,血流量增加;反之,当过度通气时,CO_2 呼出过多,动脉血二氧化碳分压降低,可引起脑血管收缩,脑血流量则减少,并可引起头晕。此外,脑各个部分的血流量和脑组织的代谢程度有关。当某一部分脑的代谢活动加强时,该部分脑的血流量就增多。其机制可能是氧分压降低以及 H^+、K^+、腺苷等代谢产物引起脑血管舒张所致。目前的研究还表明,脑的代谢产物可通过某些神经元以及血液中的一些活性物质可使脑血管内皮产生一氧化氮而引起脑血管舒张,脑血流量增加。

3. 神经调节　脑血管受交感、副交感神经支配。此外,脑血管还有神经肽纤维末梢分布。但神经因素在脑血管活动调节中作用很小。切断支配脑血管的神经后,脑血流量无明显的变化。在各种心血管反射中,脑血流量一般不受影响。

学习小结

1. 心脏生理　①心脏的泵血功能:心动周期,心脏泵血过程及机制。②心脏泵血功能的评价:每搏输出量和射血分数、每分输出量和心指数。③影响心输出量的因素:前负荷、心肌收缩能力、后负荷、心率。④心肌的生物电现象:工作细胞和自律细胞的跨膜电位及其形成机制。⑤心肌的生理特性:自动节律性,传导性,兴奋性,收缩性。⑥心音和心电图:第一、二心音的形成和特点;P 波、QRS 波群、T 波、PR 间期、QT 间期、ST 段的生理意义。

2. 血管生理　①动脉血压的形成:血流量、血流阻力、血压、循环系统内的血液充盈(前提条件);心脏射血和循环系统的外周阻力(必要条件);主动脉和大动脉的弹性储器作用(缓冲因素)。②动脉血压的影响因素:每搏输出量、心率、外周阻力、主动脉和大动脉的弹性储器作用、循环血量和血管系统容量的比例。③微循环的通路:迂回通路(物质交换的场所);直捷通路(加速静脉回流);动静脉短路(调节体温)。④组织液生成和回流:有效滤过压 =(毛细血管血压 + 组织液胶体渗透压)-(组织液静水压 + 血浆胶体渗透压)。⑤影响组织液生成的因素:毛细血管压、血浆胶体渗透压、淋巴回流、毛细血管壁通透性。⑥影响静脉回心血量的因素:体循环平均充盈压、心肌收缩力、骨骼肌的挤压作用、呼吸运动、重力和体位。

3. 心血管活动的调节　①心脏和血管的神经支配:心交感神经,心迷走神经,交感缩血管神经,延髓心血管中枢。②颈动脉窦和主动脉弓压力感受性反射:反射弧组成,

反射过程，生理意义。③体液调节：去甲肾上腺素（升压药）、肾上腺素（强心急救药）、血管紧张素Ⅱ、血管升压素等。

4. 心、肺、脑血液循环 ①冠脉循环的特点和血流量的调节。②肺循环的特点和血流量的调节。③脑循环的特点和血流量的调节。

（王桂英 刘爱华）

复习思考题

1. 一次心动周期内，心室腔内压力高低、容积大小、瓣膜开关及血流方向发生了什么变化？
2. 心脏为何不会发生强直收缩，而始终保持着自动的、有序缩舒活动？
3. 急性大失血时，机体循环系统会有何反应？如何维持血压的稳定？
4. 长期卧床患者由卧位突然直立时，为何容易出现头晕，甚至晕厥？
5. 肾上腺素和去甲肾上腺素对心血管活动调节作用有何异同点？
6. 为什么临床上冠心病患者容易冠脉狭窄或阻塞而导致心肌缺血缺氧（心绞痛）或心肌坏死（心肌梗死）？
7. 试述心脏的神经支配、递质、受体、效应及阻断剂。

扫一扫，测一测

课件

第五章 呼 吸

学习目标

识记呼吸过程中肺内压、胸膜腔内压概念、生理意义及其形成机制，肺通气动力、阻力来源，肺泡表面活性物质作用，肺通气量与肺泡通气量差别与意义，气体在血液中的运输形式，氧解离曲线特点及影响因素；知晓肺容积概念，气体交换的原理；理解肺换气的影响因素，呼吸的化学感受器及 PCO_2、PO_2、$[H^+]$ 对呼吸的影响，呼吸节律形成的机制。

呼吸（respiration）是指机体与外界环境之间的气体交换过程。在高等动物和人体，呼吸的全过程是由相互衔接并且同时进行的三个环节组成：①**外呼吸（external respiration）**，是指外界空气与肺泡之间的气体交换和肺泡与毛细血管血液之间的气体交换，前者称为肺通气，后者称为肺换气；②气体在血液中的运输；③**内呼吸（internal respiration）**，是指毛细血管血液与组织细胞之间的气体交换过程，又称组织呼吸或组织换气，有时也将细胞内的氧化过程包括在内。

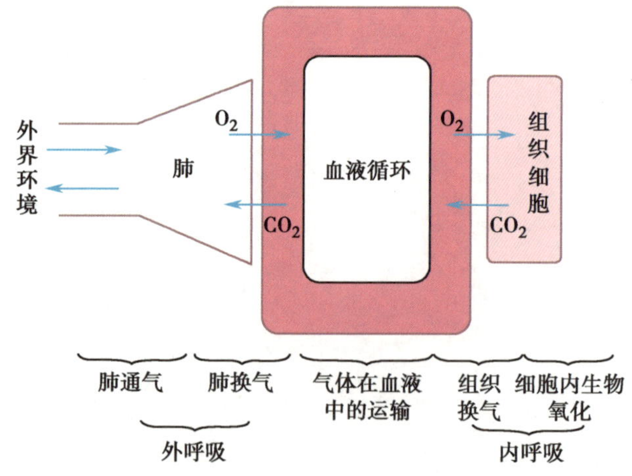

图 5-1 呼吸全过程示意图

思政元素

众志成城共克时艰

2020 年新型冠状病毒肺炎疫情全球性暴发。在我国，本次疫情是传播速度最快、传染范围最广、防控难度最大的一次重大突发公共卫生事件。患者出现发热、咳嗽、血

笔记栏

氧饱和度降低、呼吸困难，甚至危及生命等症状。这场艰苦卓绝的人民战争，在党中央统一指挥、统一部署、统一调度下，孕育诞生了伟大的“抗疫精神”。大批医护人员火速驰援，夜以继日、连续战斗在抗疫一线，成为人民群众生命健康的“最美守护者”。这种舍生忘死、生命至上，用大爱护众生的抗疫精神必定载入中华史册。

第一节 肺 通 气

肺通气（pulmonary ventilation）是指外界空气与肺泡之间的气体交换过程。实现肺通气的结构包括呼吸道、肺泡和胸廓等。

一、肺通气的动力

肺通气是气体进出肺的过程，按照物理学原理，气体总是从气压高处往气压低处流动，所以气体进出肺，即要实现肺通气，肺内压与大气压之间必须存在一定的压力差。因为大气压相对恒定，故压力差主要由肺内压决定，肺内压的变化来源于呼吸肌收缩、舒张所引起的呼吸运动，故呼吸运动是肺通气的原动力，肺内压与大气压之间的压力差是实现肺通气的直接动力。

（一）呼吸运动

呼吸肌收缩、舒张引起胸廓扩大和缩小的运动称为**呼吸运动（respiratory movement）**，呼吸运动包括吸气运动和呼气运动，前者引起胸廓扩大，后者引起胸廓缩小。呼吸运动的类型可以分为多种，按照呼吸运动的深度，可分为平静呼吸和用力呼吸；按照呼吸运动的动作部位，可分为胸式呼吸、腹式呼吸和混合式呼吸。

1. 平静呼吸和用力呼吸　在安静状态下呼吸运动平稳缓和，频率为 12~18 次 /min，称为**平静呼吸（eupnea）**。在平静呼吸时，吸气动作主要通过膈肌和肋间外肌的收缩来完成。膈肌收缩时，隆起的中心部下移，从而增大了胸廓的上下径。由于脊椎的位置固定，胸骨可以上下移动，所以当肋间外肌收缩时，肋骨前段和胸骨上提，肋骨下缘还向外侧偏转，从而增大了胸腔的前后径和左右径。由于胸廓上下径、左右径和前后径均增大，胸廓扩大，肺随之扩张而容积增大，导致肺内压低于大气压，从而使外界气体经呼吸道进入肺内，引起吸气。呼气动作则是膈肌与肋间外肌舒张，膈顶、肋骨和胸骨均回位，使胸廓和肺容积缩小，导致肺内压高于大气压，从而使肺内气体经呼吸道呼出，产生呼气。可见，在平静呼吸过程中，吸气运动是主动的，而呼气运动则是被动的。当机体活动时，或吸入气中 CO_2 含量增加或 O_2 含量减少时，呼吸将加深加快，称为**用力呼吸（force breathing）**或**深呼吸（deep breathing）**。用力吸气时，不仅有膈肌和肋间外肌收缩，而且辅助吸气肌也参与收缩，使胸廓进一步扩大，因此能吸入更多的气体；用力呼气时，除上述吸气肌舒张外，呼气肌也参与收缩，使胸廓进一步缩小，因此能呼出更多的气体。故用力呼吸时，无论吸气还是呼气都是主动过程。

2. 腹式呼吸和胸式呼吸　以膈肌舒缩为主伴以腹壁起伏的呼吸运动，称为**腹式呼吸（abdominal breathing）**。以肋间外肌舒缩为主使肋骨和胸骨运动所产生的呼吸运动，称为**胸式呼吸（thoracic breathing）**。一般情况下，健康成年人的呼吸运动都呈腹式和胸式混合式呼吸，只有在胸部或腹部活动受限时才出现某个单一的呼吸运动。小儿及男性以腹式呼吸为主；女性在妊娠时，因膈肌活动受限，以胸式呼吸为主。

笔记栏

（二）肺内压

肺内压（intrapulmonary pressure）是指肺泡内的压力。在呼吸运动过程中，肺内压呈周期性变化（图 5-2）。

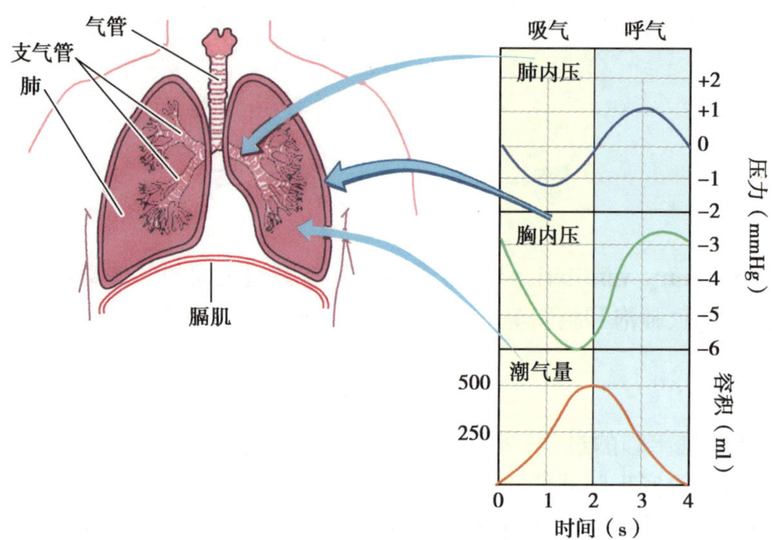

图 5-2　吸气和呼气时，肺内压、胸膜腔内压及呼吸气容积的变化过程

吸气初，肺容积随着胸廓扩大而增大，肺内压暂时下降，当低于大气压时，外界气体在此压差的推动下进入肺泡，随着肺内气体逐渐增加，肺内压也逐渐升高，至吸气末，肺内压已升高至与大气压相等；呼气初，肺容积随着胸廓缩小而减小，肺内压暂时升高并超过大气压，在此压力差的作用下，气体从肺泡通过呼吸道排出，随着肺内气体逐渐减少，肺内压逐渐下降，至呼气末，肺内压又降到和大气压相等。在呼吸过程中，肺内压变化的程度与呼吸的频率、深浅和呼吸道是否通畅等因素有关。平静呼吸时，呼吸缓和，肺内压的变化较小。吸气时，肺内压较大气压低 1~2mmHg；呼气时较大气压高 1~2mmHg。用力呼吸时，呼吸深快，肺内压变化的程度增大。当呼吸道不够通畅时，肺内压的升降将更大。例如，紧闭声门尽力作呼吸动作，吸气时肺内压可为 −100~−30mmHg，呼气时可达 60~140mmHg。

根据肺内压的周期性升降为肺通气动力的原理，在自然呼吸停止时，用人工方法建立起肺内压与大气压之间的压力差以维持肺通气，称为**人工呼吸（artificial respiration）**。人工呼吸可分为正压呼吸法和负压呼吸法，正压吸气是使肺内压高于大气压，负压吸气是使肺外（胸膜腔内压）压低于肺内压。

（三）胸膜腔和胸膜腔内压

在肺和胸廓之间存在一个潜在的腔隙，即**胸膜腔（pleural cavity）**，是由脏层胸膜和壁层胸膜紧密相贴构成的密闭腔隙。在正常情况下，胸膜腔内没有气体，仅有少量浆液，一方面起润滑作用，可减少呼吸运动过程胸膜之间的摩擦。另一方面，浆液分子的内聚力使两层胸膜在整个呼吸过程中贴附在一起，不易分开，所以肺可以随胸廓的运动而运动。

胸膜腔内压（intrapleural pressure）是指胸膜腔内的压力，简称胸内压。可用与检压计相连接的穿刺针头斜刺入胸膜腔内，检压计液面即可直接指示胸膜腔内的压力（图 5-3）。

测量结果表明，平静呼吸过程中，胸膜腔内压比大气压低，为负压。平静呼气末胸膜腔内压为 −5~−3mmHg，吸气末为 −10~−5mmHg（图 5-2）。紧闭声门用力吸气时，胸膜腔内压可降至 −90mmHg，用力呼气时，可升高到 110mmHg。

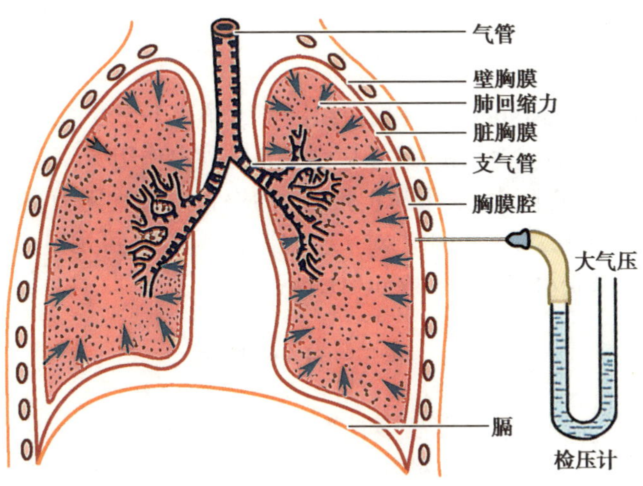

图 5-3　胸膜腔内压的直接测量方法

由于胸膜腔内没有气体，少量浆液所产生的压力可忽略不计，因此，胸膜腔内压只能由作用于胸膜上的力形成。有两种力作用于胸膜腔：一是肺内压，使肺泡扩张；二是肺的回缩力，使肺泡缩小。因此，胸膜腔内的压力实际上是这两种方向相反力的代数和，即：

胸膜腔内压 = 肺内压 – 肺回缩力

在吸气末或呼气末，肺内压等于大气压，因而：

胸膜腔内压 = 大气压 – 肺回缩力

若以大气压为 0，则：

胸膜腔内压 =– 肺回缩力

可见，胸膜腔内压的大小主要是由肺回缩力所决定的。

胸膜腔内压为负值具有重要的生理意义：①扩张肺，使肺能随胸廓的舒缩而舒缩，使肺通气成为可能；②加大胸腔内的腔静脉和胸导管的跨壁压，使之扩张，有利于静脉血和淋巴液回流。因此，胸膜腔的密闭性和两层胸膜间浆液分子的内聚力对于维持肺的扩张状态和肺通气有着重要的生理意义。如果胸膜腔受损使其与大气相通，空气将立即进入胸膜腔，形成**气胸（pneumothorax）**，两层胸膜彼此分开，肺将因其本身的回缩力而塌陷。这时，尽管呼吸运动仍在进行，肺随胸廓运动的扩大或缩小的能力下降，从而影响肺的通气功能，甚至危及生命，应紧急处理。

胸膜腔负压的形成与肺和胸廓的自然容积不同有关。

在人的生长发育过程中，胸廓的发育较肺快，因此胸廓的自然容积大于肺的自然容积。由于两层胸膜紧紧贴在一起，所以从胎儿出生后第一次呼吸开始，肺即被牵引而始终处于扩张状态。被牵张的肺所产生的回位力向内牵引胸廓，使胸廓容积趋于扩大，以回到自然容积位置。在肺的内向回位力和胸廓的外向回位力的作用下，胸膜腔内压便降低而低于大气压，即形成负压。婴儿期由于胸廓和肺的容积差小，故胸廓负压很小；随着个体的生长发育，胸廓和肺的容积差变大，胸膜腔负压也逐渐增大。

二、肺通气的阻力

肺通气的阻力是指肺在通气过程中所遇到的阻力。肺通气的阻力有两种：①弹性阻力，包括肺的弹性阻力和胸廓的弹性阻力，是平静呼吸时的主要阻力，约占总阻力的 70%；②非弹性阻力，包括气道阻力、惯性阻力和组织黏滞阻力，约占总阻力的 30%，其中又以气

笔记栏

道阻力为主。

(一) 弹性阻力与顺应性

弹性阻力(elastic resistance)是弹性组织因外力作用下形变而产生的对抗变形的回位力。弹性阻力大小可用顺应性来衡量,顺应性是指在外力作用下弹性组织的可扩张性。容易扩张者,顺应性大,弹性阻力小;不易扩张者,顺应性小,弹性阻力大。可见顺应性(C)与弹性阻力(R)成反变关系:即 $C \propto 1/R$。对于中空器官,顺应性可用单位压力变化(ΔP)所引起的容积变化(ΔV)来表示,单位是 L/cmH_2O,即:

$$C=\frac{\Delta V}{\Delta P}=L/cmH_2O$$

1. 肺的弹性阻力　肺在被扩张变形时产生的弹性回缩力,成为肺的弹性阻力。肺弹性阻力 1/3 来自肺组织本身的弹性回缩力,2/3 来自肺泡内液气界面所产生的表面张力,两者均使肺有回缩倾向,故成为肺扩张的弹性阻力。肺组织的弹性回缩力主要来自弹性纤维和胶原纤维,当肺扩张时,这些纤维被牵拉便倾向于回缩。肺扩张越大,对纤维的牵拉程度也越大,回缩力也越大,弹性阻力也越大;反之则小。当肺泡充气时,在肺泡内衬和肺泡气之间存在液气界面,由于液体分子之间的引力远大于液体与气体分子之间的引力,球形液气界面的表面张力方向是指向肺泡中心,使液体表面有尽可能缩小的倾向,这就是肺泡表面张力,倾向于使肺泡缩小,产生弹性阻力。根据 Laplace 定律,$P=2T/r$(公式中 P 是肺泡回缩力,T 是肺泡表面张力,r 是肺泡半径)。如果大、小肺泡的表面张力相等,那么,肺泡回缩力与肺泡半径的大小呈反变关系。小的肺泡回缩大;大的肺泡回缩小。如果这些肺泡彼此连通,结果小肺泡内的气体将流入大肺泡,导致小肺泡塌陷,大肺泡膨胀甚至破裂,肺泡将失去稳定性。但实际并未发生这种情况,这是因为肺泡内表面存在着降低肺泡表面张力的表面活性物质(图 5-4)。

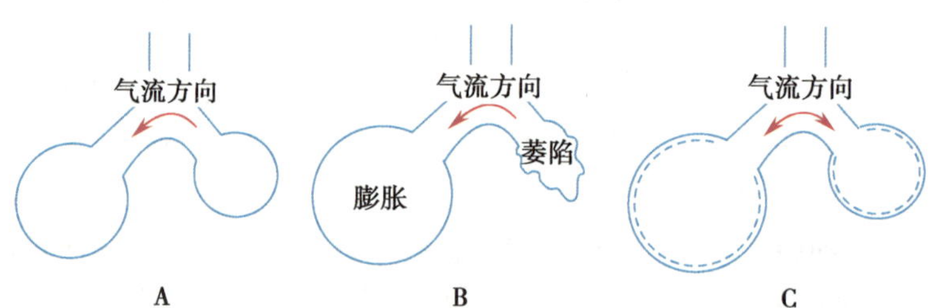

图 5-4　大小不同的肺泡气流方向及肺泡表面活性物质效应示意图

A. 大小肺泡在无表面活性物质时,小肺泡回缩力大,气体流入大肺泡;B. 为 A 的结果;C. 大肺泡表面活性物质分布密度小,表面张力大,小肺泡表面活性物质分布密度大,表面张力小,大小肺泡容积相对稳定;箭头(→)表示气流方向

肺泡表面活性物质(alveolar surfactant)是复杂的脂蛋白混合物,是由肺泡Ⅱ型细胞合成并释放,主要成分是**二棕榈酰卵磷脂(dipalmitoyl phosphatidyl choline,DPPC)**,DPPC 分子垂直排列于肺泡液 - 气界面,极性端插入水中,非极性端伸入肺泡气中,形成单分子层分布在液 - 气界面上,其密度随肺泡的舒缩而改变。肺泡表面活性物质的作用是降低肺泡液 - 气界面的表面张力而使肺泡回缩力减小,具有重要的生理意义:①有助于维持肺泡容积的稳定性。因为肺泡表面活性物质的分布密度随肺泡半径的变化而改变,当呼气时,肺泡半径变小,肺泡表面活性物质的密度变大,降低表面张力的作用增强,表面张力变小,可防止肺泡的过度萎缩;当吸气时,肺泡表面活性物质的密度稀疏,降低表面张力的作用减低,表面张力增

大，可防止肺泡的过度扩张，有助于维持肺泡容积的稳定性（图 5-4）。②防止肺水肿。由于肺泡表面张力的合力是指向肺泡中心，对肺泡间质产生“抽吸”作用，肺泡间质静水压降低，组织液生成增加，可能导致肺水肿。肺泡表面活性物质可降低肺泡表面张力，减少肺泡回缩力，减弱对肺毛细血管血浆和肺组织间液的“抽吸”作用，从而防止液体在肺泡的积聚。③减少吸气阻力，使吸气做功减少。由于肺泡表面活性物质能有效降低使肺泡回缩的表面张力，使肺泡易于扩张，从而降低吸气阻力，减少吸气做功。

笔记栏

呼吸窘迫综合征案例学习

2. 胸廓的弹性阻力　胸廓被扩张变形时产生弹性回缩力，称为胸廓的弹性阻力。胸廓的弹性阻力主要来自胸廓的弹性成分。胸廓处于自然位置时的肺容量，相当于肺总量的67% 左右，此时胸廓无变化，不表现有弹性阻力。肺容量小于肺总量的 67% 时，胸廓被牵引向内而缩小，胸廓的弹性回缩力向外，是吸气的动力，呼气的阻力；肺容量大于肺总量的 67% 时，胸廓被牵引向外而扩大，其弹性回缩力向内，成为吸气的阻力，呼气的动力。所以胸廓的弹性回缩力既可能是吸气的阻力，也可能是吸气的动力，视胸廓的位置而定，这与肺不同，肺的弹性回缩力总是吸气的阻力。

（二）非弹性阻力

非弹性阻力包括惯性阻力、黏滞阻力和气道阻力。

惯性阻力是气流在发动、变速、换向时因气流和组织的惯性所产生的阻止气体运动的力。平静呼吸时，呼吸频率低、气流流速慢，惯性阻力小，可忽略不计。黏滞阻力来自呼吸时组织相对位移所发生的摩擦。气道阻力来自气体流经呼吸道时气体分子间和气体分子与气道之间的摩擦，是非弹性阻力的主要成分，占 80%~90%。非弹性阻力是气体流动时产生的，并随流速加快而增加，故为动态阻力。

气道阻力受气流流速、气流形式和气道口径大小影响。流速快，阻力大；流速慢，阻力小。气流形式有层流和湍流，层流阻力小，湍流阻力大。气道口径大小是影响气道阻力的另一重要因素，口径缩小，阻力增大。气道口径主要受三方面因素影响：①气道内外的压力差。气道内压力高则跨壁压增大，气道口径被动扩大，则阻力变小；气道口径缩小，则阻力增大。②自主神经系统的作用：交感神经兴奋可使气管平滑肌舒张，呼吸道管径变大，阻力减小；副交感神经兴奋可使气管平滑肌收缩，呼吸道管径变小，阻力增大。③化学因素的影响：儿茶酚胺可使气道平滑肌舒张；组胺、白三烯等可使气管平滑肌收缩。

（三）呼吸功

在呼吸过程中，呼吸肌为克服弹性阻力和非弹性阻力而实现肺通气所做的功，称为**呼吸功（work of breathing）**。通常以单位时间内压力变化乘以容积变化来计算。健康人平静呼吸时，呼吸功不大，其中 2/3 用来克服弹性阻力，1/3 用来克服非弹性阻力，呼吸耗能仅占全身耗能的 3%~5%。剧烈运动时，呼吸频率、深度增加，呼吸功增加，呼吸耗能可升高 25~50 倍，但由于全身总耗能也增大数十倍，所以呼吸耗能仍只占总耗能的很小一部分。病理情况下，弹性或非弹性阻力增大时，也可使呼吸功增大。

三、肺容积和肺容量

（一）肺容积

肺容积是指四种互不重叠的呼吸气量（图 5-5）。

1. 潮气量　每次呼吸时吸入或呼出的气量称为**潮气量（tidal volume，TV）**。健康成人平静呼吸时，潮气量为 400~600ml。运动时，潮气量将增大。

2. 补吸气量　平静吸气末，再尽力吸气所能吸入的气量称为**补吸气量（inspiratory reserve volume，IRV）**，健康成人为 1 500~2 000ml。

笔记栏

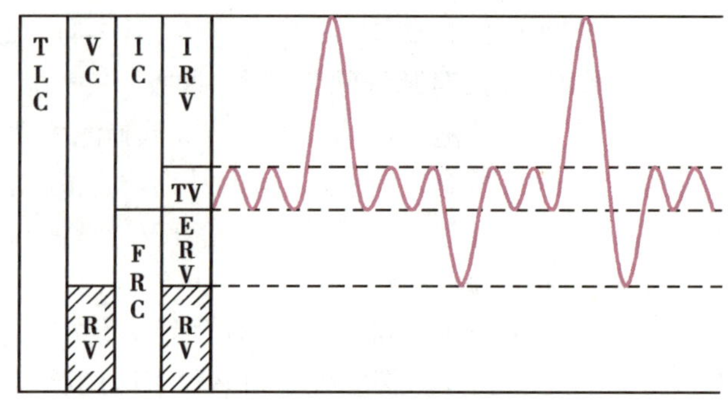

图 5-5 肺容积和肺容量图解

TLC:肺总容量;VC:肺活量;RV:余气量;IC:深吸气量;FRC:功能余气量;IRV:补吸气量;TV:潮气量;ERV:补呼气量

3. 补呼气量 平静呼气末,再尽力呼气所能呼出的气量称为**补呼气量(expiratory reserve volume,ERV)**,健康成人为 900~1 200ml。

4. 余气量 最大呼气末尚存留于肺中不能再呼出的气量称为**余气量(residual volume,RV)**,又称**残气量**。健康成人为 1 000~1 500ml,支气管哮喘和肺气肿患者的余气量增加。

(二) 肺容量

肺容量是肺容积中两项或两项以上的联合气量(图 5-5)。

1. 深吸气量 从平静呼气末做最大吸气时所能吸入的气量称为**深吸气量(inspiratory capacity,IC)**,它是潮气量和补吸气量之和,是衡量最大通气潜力的一个重要指标。胸廓、胸膜、肺组织和呼吸肌等的病变,可使深吸气量减少而降低最大通气潜力。

2. 功能余气量 平静呼气末尚存留于肺内的气量称为**功能余气量(functional residual capacity,FRC)**,又称**功能残气量**。功能余气量是余气量和补呼气量之和。其生理意义是缓冲呼吸过程中肺泡气 PO_2 和 PCO_2 的过度变化。由于功能余气量的稀释作用,吸气时,肺内 PO_2 不会突然升得太高,PCO_2 不致降得太低;呼气时,肺内 PO_2 则不会降得太低,PCO_2 不致升得太高。这样,肺泡气和动脉血液的 PO_2 和 PCO_2 就不会随呼吸而发生大幅度的波动,有利于气体交换。肺弹性降低、呼吸道狭窄致通气阻力增大时可使功能余气量增加。

3. 肺活量、用力肺活量和用力呼气量 **肺活量(vital capacity,VC)**是指最大吸气后,从肺内所能呼出的最大气量,是潮气量、补吸气量和补呼气量之和。肺活量有较大的个体差异,与身材大小、性别、年龄、呼吸肌强弱等有关。健康成年男性平均约为 3 500ml,女性为 2 500ml。肺活量反映了肺一次通气的最大能力,在一定程度上可作为评价肺通气功能的指标,一般来说肺活量越大,肺的通气功能越好。但由于测定肺活量时不限制呼气的时间,所以不能充分反映肺组织的弹性状态和气道的通畅程度。例如,某些患者肺组织弹性降低或呼吸道狭窄,通气功能已经受到损害,但是如果延长呼气时间,所测得的肺活量仍可正常。因此,肺活量难以充分反映肺组织的弹性状态和气道通畅程度等变化,即不能充分反映肺通气功能的状况。用力肺活量能更好地反映肺通气功能。

用力肺活量(forced vital capacity,FVC),是指一次最大吸气后,尽力尽快呼气所能呼出的气体量。正常情况下用力肺活量略小于在没有时间限制下测得的肺活量。**用力呼气量(forced expiratory volume,FEV)**,过去称为**时间肺活量(Timed vital capacity,TVC)**,是指一次最大吸气后再尽力呼气时,在一定时间内所能呼出的气体量。正常时第 1 秒 FEV(FEV_1)约占 FVC 的 83%,第 2 秒 FEV(FEV_2)约占 FVC 的 96%,第 3 秒 FEV(FEV_3)约占 FVC 的 99%。其中,第 1 秒钟内呼出的气体量称为第 1 秒用力呼气量(FEV_1),在临床上最为常用。

笔记栏

用力呼气量是一种动态指标，不仅反映肺活量容量的大小，而且反映了呼吸过程中所遇阻力的变化，所以是评价肺通气功能的较好指标。

4. 肺总量 **肺总量**(**total lung capacity**, **TLC**)是指肺所能容纳的最大气量，是肺活量与余气量之和。其值因性别、年龄、身材、运动锻炼情况和体位而异。健康成年男性平均约为 5 000ml，女性为 3 500ml。在限制性通气不足时肺总量降低。

四、肺通气量

(一) 肺通气量和最大通气量

肺通气量(**pulmonary ventilation volume**)是指每分钟吸入或呼出的气体总量，等于潮气量乘以呼吸频率。平静呼吸时，健康成人呼吸频率每分钟 12~18 次，潮气量 500ml，则每分通气量 6~9L。肺通气量随性别、年龄、身材和活动量的不同而不同。劳动或体育运动时，肺通气量增大。在尽力作深、快呼吸时，每分钟所能吸入或呼出的最大气量，称为**最大通气量**(**maximal voluntary ventilation**)，它反映单位时间内充分发挥全部通气能力所能达到的通气量，是估计一个人能进行最大运动量的生理指标之一。测定时，一般只测量 10 秒或 15 秒最深最快的呼出或吸入气量，再换算成每分钟的，即为最大通气量。最大通气量一般可达 70~120L/min。比较平静呼吸时的每分通气量和最大通气量，可以了解通气功能的储备能力，通常用通气储量百分比表示：

$$\text{通气储量百分比}=\frac{\text{最大通气量}-\text{每分平静通气量}}{\text{最大通气量}}\times 100\%$$

正常值等于或大于 93%。

(二) 无效腔和肺泡通气量

每次吸入的气体，一部分留在呼吸终末细支气管及以上的呼吸道内，这部分气体不能与血液进行气体交换，故将这部分呼吸道的容积称为**解剖无效腔**(**anatomical dead space**)，在健康成人其容积约为 150ml。进入肺泡内的气体，也可因血流在肺内分布不均而未能与血液进行充分的气体交换，未能发生气体交换的这一部分肺泡容量称为**肺泡无效腔**(**alveolar dead space**)。肺泡无效腔与解剖无效腔合称**生理无效腔**(**physiological dead space**)。健康成人平卧时，生理无效腔等于或接近于解剖无效腔。由于无效腔的存在，每次吸入的新鲜空气不能都到达肺泡进行气体交换。因此，为了计算真正有效的气体交换量，应以肺泡通气量为准。**肺泡通气量**(**alveolar ventilation volume**)是指每分钟吸入肺泡的新鲜空气量，即肺泡通气量 =(潮气量 − 无效腔气量)× 呼吸频率。潮气量和呼吸频率的变化，对每分通气量和肺泡通气量有不同的影响。在潮气量减半而呼吸频率加倍或潮气量加倍而呼吸频率减半时，每分通气量保持不变，但是肺泡通气量却发生明显的变化，所以从气体交换而言，一定程度深而慢的呼吸较浅而快的呼吸好(表 5-1)。

表 5-1 不同呼吸频率和潮气量时的肺通气量和肺泡通气量

呼吸频率(次 /min)	潮气量(ml)	肺通气量(ml/min)	肺泡通气量(ml/min)
16	500	8 000	5 600
8	1 000	8 000	6 800
32	250	8 000	3 200

笔记栏

第二节 呼吸气体的交换

一、气体交换的基本原理

(一) 气体的扩散

气体分子总是不停地进行着无定向的运动,气体分子从分压高处向分压低处发生净转移的过程称为气体扩散。机体内呼吸气体的交换就是以扩散方式进行的。单位时间内气体扩散的容积为**气体扩散速率(gas diffusion rate,D)**,受下列几方面因素的影响。

1. 气体分压差 在混合气体中,每种气体分子运动所产生的压力为该气体的分压,它不受其他气体或其分压存在的影响。两个区域之间的分压差(ΔP)是气体扩散的动力,分压差大,扩散速率大;分压差小,扩散速率小。

2. 气体分子质量和溶解度 在相同条件下,气体扩散速率与气体分子质量(MW)平方根成反比,故质量小的气体扩散快,质量大的气体扩散慢。溶解度(S)是单位分压下溶解于单位容积溶液中气体的量。一般以 1 个大气压,38℃时,100ml 液体中溶解气体的毫升数来表示。气体扩散速率与气体在溶液中溶解度(S)成正比。溶解度与分子质量平方根之比为**扩散系数(diffusion coefficient)**,它取决于气体分子本身特性。因为 CO_2 在血浆中溶解度(51.5)约为 O_2 的(2.14)24 倍,CO_2 的分子量(44)略大于 O_2 的分子量(32),所以 CO_2 扩散系数约是 O_2 的 20 倍。

3. 扩散面积和距离 气体扩散速率与扩散面积(A)成正比,与扩散距离(d)成反比。此外,扩散速率与温度(T)成正比。但在人体,体温相对恒定,温度因素可忽略不计。

综上所述,气体扩散速率与上述诸因素的关系是:

$$D \propto \frac{\Delta P \cdot T \cdot A \cdot S}{d \cdot \sqrt{MW}}$$

(二) 呼吸气体和人体不同部位气体的分压

人体吸入的空气的主要成分是 O_2、CO_2 和 N_2,其中具有生理意义的是 O_2 和 CO_2。气体交换以分压差为动力,从分压高处向分压低处扩散,进行气体交换。流经肺毛细血管的静脉血,可以不断从肺泡气中获得 O_2 并释放出 CO_2 成为动脉血;而动脉血在流经组织毛细血管时,O_2 可被组织细胞摄取利用,而组织代谢产生的 CO_2 则扩散进入血中,使动脉血又成为静脉血,所以肺毛细血管动、静脉血中所含的气体量和分压各不相同(表 5-2)。

表 5-2 海平面空气、肺泡气、血液和组织内 O_2 和 CO_2 的分压[kPa(mmHg)]

	海平面空气	肺泡气	静脉血	动脉血	组织
PO_2	21.15(159)	13.83(104)	5.32(40)	13.3(100)	4.0(30)
PCO_2	0.04(0.3)	5.32(40)	6.12(46)	5.32(40)	6.65(50)

二、肺换气

(一) 呼吸膜的结构

肺泡气体与肺泡毛细血管血液之间进行气体交换的组织结构,称为**呼吸膜(respiratory membrane)**,也称为肺泡 - 毛细血管膜。正常人有 3 亿多个肺泡,总面积达 60~100m^2。安静

状态下，呼吸膜的扩散面积约为 40m²，而在运动或劳动时，则因肺毛细血管舒张和开放数量增多，扩散面积可增大到 70m² 以上。其平均厚度不到 1μm，最薄处只有 0.2μm，且通透性极大。呼吸膜在电子显微镜下可分为六层（图 5-6），自肺泡内表面向外依次为：含表面活性物质的液体层、肺泡上皮细胞层、上皮基底膜层、肺泡上皮与毛细血管膜之间的间质层、毛细血管基膜层和毛细血管内皮细胞层。

（二）肺换气过程

肺泡内 PO_2 高于静脉血 PO_2，而 PCO_2 则低于静脉血中 PCO_2。因此，在分压差的推动下，O_2 由肺泡向静脉血中扩散，CO_2 由静脉血向肺泡内扩散，结果静脉血变成了动脉血（图 5-7）。通常情况下，血液流经肺毛细血管的时间约 0.7 秒，但 O_2 和 CO_2 的扩散都极为迅速，仅需约 0.3 秒即可达到平衡。所以当血液流经肺毛细血管全长约 1/3 时，静脉血就已变成了动脉血，已经基本上完成交换过程。

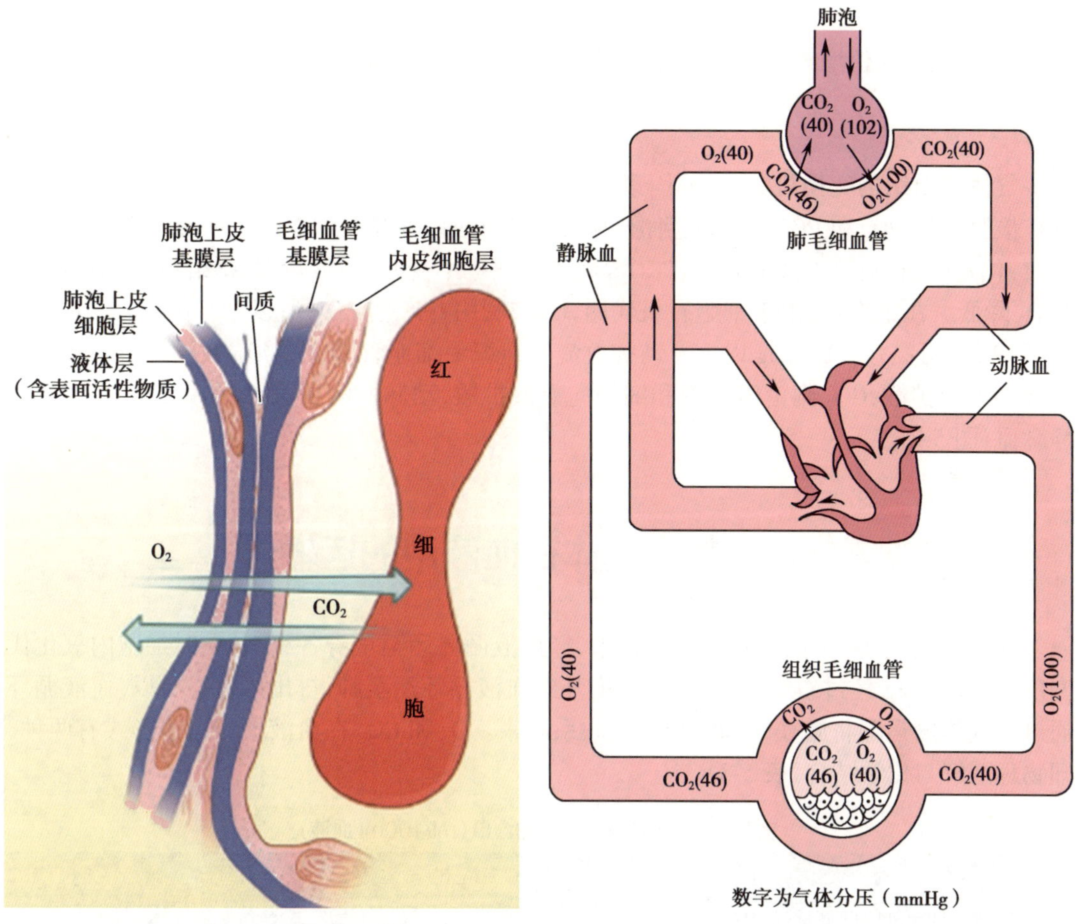

图 5-6　呼吸膜结构示意图　　图 5-7　肺换气和组织换气示意图

（三）影响肺换气的因素

前文已经提及气体扩散速率受分压差、扩散面积、扩散距离、温度和扩散系数的影响，下面主要介绍扩散距离和扩散面积以及通气 / 血流比值对肺泡气体交换的影响。

1. 呼吸膜的厚度　在肺部，肺泡气通过呼吸膜与血液气体进行交换。气体扩散速率与呼吸膜厚度成反比关系。病理情况下，任何使呼吸膜增厚或扩散距离增加的疾病，都会降低扩散速率，减少扩散量，如肺纤维化、肺水肿等，可出现低氧血症；特别是运动时，由于血流加速，缩短了气体在肺部的交换时间，所以，呼吸膜的厚度或扩散距离的改变对肺换气的影响

笔记栏

就更突出。

2. 呼吸膜的面积　气体扩散速率与扩散面积成正比。健康成人肺约有3亿个肺泡，总扩散面积约 $70m^2$。安静状态下，仅有 $40m^2$ 参与气体交换，故有相当大的储备面积。运动时，因肺毛细血管开放数量和开放程度增加，扩散面积也大大增大。肺不张、肺实变、肺气肿、肺叶切除或肺毛细血管关闭和阻塞均可使呼吸膜扩散面积减小。

3. 通气/血流比值　**通气/血流比值（ventilation/perfusion ratio，VA/Q）**是指每分肺泡通气量（V_A）和每分肺血流量（Q）之间的比值。健康成人安静时约为0.84（肺泡通气量4 200ml/肺血流量5 000ml）。气体交换是在肺泡气和流经肺毛细血管的血液之间进行的，因此只有在适宜的通气血流才能进行正常的气体交换。如果通气血流比值增大，这就意味着通气过剩或血流不足，部分肺泡气未能与血液气体充分交换，相当于增加了无效腔。反之，通气血流比值下降，则意味着通气不足或血流过剩，部分血液流经通气不良的肺泡，混合静脉血中的气体未能得到充分更新，未能成为动脉血就流回了心脏，犹如发生了动-静脉短路。由此可见，通气血流比值增大或减小，都会妨碍有效的气体交换。

三、组织换气

气体在组织的交换机制、影响因素与肺泡处相似，所不同的是交换发生于液体之间，而且扩散膜两侧 PO_2 和 PCO_2 差是随细胞内氧化代谢的强度和组织血流量而异。若血流量不变时，代谢增强，则组织液 PO_2 低，PCO_2 高；若代谢率不变时，血流量大，则组织液 PO_2 升高，PCO_2 降低。在组织处，由于细胞有氧代谢，O_2 被利用并产生 CO_2，所以 PO_2 可低至30mmHg以下，PCO_2 可高达50mmHg以上。动脉血流经组织毛细血管时，O_2 顺着分压差由血液向组织液和细胞扩散，CO_2 则由组织液和细胞向血液扩散，动脉血因失去 O_2 和得到 CO_2 而变成静脉血（图5-7）。

第三节　气体在血液中的运输

通过肺换气，O_2 扩散到肺毛细血管中，经血液循环运至全身各组织，同时细胞内氧化代谢所产生的 CO_2，经过组织换气，进入体循环经血液循环运至肺，排出体外。所以，血液循环通过对气体的运输将肺换气和组织换气联系起来。O_2 和 CO_2 在血液中的运输形式有两种，即物理溶解与化学结合（表5-3）。

表5-3　血液 O_2 和 CO_2 的含量（ml/100ml 血液）

	动脉血			混合静脉血		
	物理溶解	化学结合	合计	物理溶解	化学结合	合计
O_2	0.31	20.0	20.31	0.11	15.2	15.31
CO_2	2.53	46.4	48.93	2.91	50.0	52.91

从表中可知 O_2、CO_2 物理溶解形式很少，却很重要，因为必须先有物理溶解才能发生化学结合。在肺换气或组织换气时，进入血液的 O_2、CO_2 都是先溶解，提高分压，再进行化学结合；O_2、CO_2 从血液释放时，也是溶解的先逸出，分压下降，结合的再分离出来补充所失去的溶解的气体。气体在溶解状态和结合状态之间保持着动态平衡。下面主要讨论化学结合形式的运输。

一、氧的运输

血液中，物理溶解的 O_2 量仅约占血液 O_2 总运输量的 1.5%，化学结合的 O_2 量占 98.5% 左右。O_2 主要与血红蛋白（Hb）结合生成氧合血红蛋白（HbO_2）。

（一）Hb 与 O_2 结合的特征

当血液流经 PO_2 高的肺部时，Hb 与 O_2 结合，形成 HbO_2；当血液流经 PO_2 低的组织时，HbO_2 迅速解离，释放 O_2，成为去氧 Hb。

$$Hb+O_2 \underset{PO_2\text{低}}{\overset{PO_2\text{高}}{\rightleftharpoons}} HbO_2$$

反应迅速、不需酶的催化。100ml 血液中，Hb 所能结合的最大 O_2 量称为**氧容量（oxygen capacity）**，而 Hb 实际结合的 O_2 量称为**氧含量（oxygen content）**。Hb 氧含量占氧容量的百分比为**氧饱和度（oxygen saturation）**。通常情况下，血液中溶解的 O_2 极少。因此，Hb 的氧容量、氧含量和氧饱和度可分别视为血氧容量、血氧含量和血氧饱和度。HbO_2 呈鲜红色，去氧 Hb 呈紫蓝色，当体表表浅毛细血管床血液中去氧 Hb 含量达 50g/L 以上时，皮肤、黏膜呈浅蓝色，称为**发绀（cyanosis）**。发绀一般是缺氧的标志，但在有些情况下，缺氧的严重程度与发绀程度并不成正比。例如，严重贫血的患者虽然存在缺氧，但由于 Hb 含量太少，以致毛细血管床血液中去氧 Hb 含量达不到 50g/L，故不出现发绀。又如煤气（CO）中毒时，由于 CO 与 Hb 的亲和力比 O_2 大 210 倍，Hb 迅速变成 HbCO，Hb 失去与 O_2 结合能力，造成人体缺氧，但此时去氧血红蛋白并不增多，患者可不出现发绀，而是出现**碳氧血红蛋白（carboxyhemoglobin，HbCO）**特有的樱桃红色。相反，有些高原性红细胞增多症患者，虽然不存在缺氧，但因为 Hb 总量太多，以致毛细血管床血液中去氧 Hb 含量达到 50g/L 以上，故出现发绀。

人工呼吸

血氧饱和度

（二）氧解离曲线

氧解离曲线（oxygen dissociation curve）表示 PO_2 与 Hb 氧饱和度关系的曲线，曲线呈 S 形（图 5-8）。该曲线既表示不同 PO_2 下 O_2 与 Hb 的结合情况，同样也反映不同 PO_2 下 O_2 与 Hb 的解离情况。

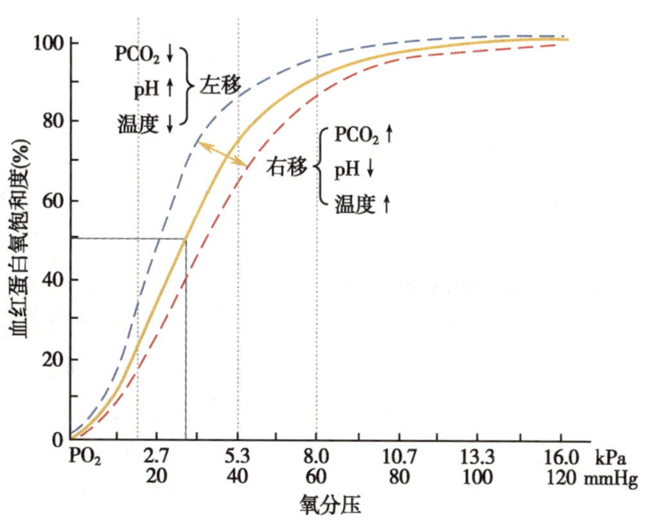

图 5-8　氧解离曲线及其主要影响因素

笔记栏

1. 氧解离曲线形态特点及其机制　Hb 与 O_2 的结合或解离曲线呈 S 形，与 Hb 的变构效应有关。目前认为 Hb 有两种构型：去氧 Hb 为**紧密型（tense form，T 型）**，氧合 Hb 为**疏松型（relaxed form，R 型）**。当 O_2 与 Hb 的 Fe^{2+} 结合后，盐键逐步断裂，Hb 分子逐步由 T 型变为 R 型，对 O_2 的亲和力逐步增加，R 型 Hb 对 O_2 的亲和力为 T 型的数百倍。也就是说，Hb 的 4 个亚单位无论在结合 O_2 或释放 O_2 时，彼此间有协同效应，即 1 个亚单位与 O_2 结合后，由于变构效应，其他亚单位更易与 O_2 结合；反之，当 HbO_2 的 1 个亚单位释出 O_2 后，其他亚单位更易释放 O_2。因此，Hb 氧解离曲线呈 S 形。

2. 氧解离曲线各段的特点及其功能意义

（1）氧解离曲线上段：氧解离曲线上段相当于 PO_2 在 60~100mmHg 之间，这段曲线较平坦，PO_2 虽有较大变化，但是 PO_2 的变化对 Hb 氧饱和度影响不大，表明人对空气中 O_2 含量降低或呼吸性缺氧有很大的耐受能力。因此，即使在高原、高空或某些呼吸系统疾病时，吸入气或肺泡气 PO_2 有所下降，但只要 PO_2 不低于 60mmHg，Hb 氧饱和度仍能保持在 90% 以上，血液仍可携带足够量的 O_2，不致发生明显的低氧血症。

（2）氧解离曲线中段：氧解离曲线中段相当于 PO_2 在 40~60mmHg 之间，这段曲线较陡，在这一范围内 PO_2 下降时，O_2 与 Hb 的解离加速。PO_2 为 40mmHg，即相当于混合静脉血的 PO_2 时，Hb 氧饱和度约为 75%，血氧含量约 14.4ml/100ml，即每 100ml 血液流过组织时释放了 5mlO_2。血液流经组织时释放出的 O_2 容积占动脉血氧含量的百分数称为**氧利用系数（utilization coefficient of oxygen）**。安静时，心输出量约为 5L，每分钟耗氧量约为 250ml，因此 O_2 的利用系数为 25% 左右。因此这段曲线反映安静状态下机体的供 O_2 情况。

（3）氧解离曲线下段：氧解离曲线的下段相当于 PO_2 在 15~40mmHg 之间的 Hb 氧饱和度，其曲线特点是最为陡直，即在这一范围内只要血中 PO_2 稍有降低，HbO_2 就可大幅度下降，释放出大量的 O_2 供组织利用。在组织活动增强时，组织中的 PO_2 可降至 15mmHg，HbO_2 进一步解离，Hb 氧饱和度降至更低水平，血氧含量仅有 4.4ml/100ml。这样，每 100ml 血液能供给组织 15mlO_2，O_2 的利用系数可提高到 75%，是安静时的 3 倍。可见该段曲线可反映血液供 O_2 的储备能力，其生理意义在于保证机体活动时组织有足够的 O_2 供给。

（三）影响氧解离曲线的因素

Hb 与 O_2 的结合和解离可受多种因素影响，使氧解离曲线的位置发生偏移，也即使 Hb 对 O_2 的亲和力发生变化。通常用 P_{50} 表示 Hb 对 O_2 的亲和力。P_{50} 是使 Hb 氧饱和度达 50% 时的 PO_2，正常情况下为 26.5mmHg。P_{50} 增大，表明 Hb 对 O_2 的亲和力降低，需要更高的 PO_2 才能达到 50% 的 Hb 氧饱和度，曲线右移；P_{50} 降低，表示 Hb 对 O_2 的亲和力增加，达 50%Hb 氧饱和度所需的 PO_2 降低，曲线左移。影响 Hb 与 O_2 亲和力或 P_{50} 的因素有血液的 pH、PCO_2、温度和有机磷化合物等（图 5-8）。

1. pH 和 PCO_2 的影响　pH 降低或 PCO_2 升高，Hb 对 O_2 的亲和力降低，P_{50} 增大，曲线右移；pH 升高或 PCO_2 降低，Hb 对 O_2 的亲和力增加，P_{50} 降低，曲线左移。酸度对 Hb 氧亲和力的这种影响称为**波尔效应（Bohr effect）**。波尔效应的机制与 pH 改变时 Hb 的构型发生变化有关。酸度增加时，H^+ 与 Hb 多肽链某些氨基酸残基的基团结合促进盐键形成，可促使 Hb 分子构型变为 T 型，降低 Hb 对 O_2 的亲和力，氧解离曲线右移；酸度降低时，则促使盐键断裂放出 H^+，Hb 变为 R 型，增加 Hb 对 O_2 的亲和力，氧解离曲线左移。PCO_2 对氧解离曲线的影响，一方面是 PCO_2 改变时，可通过 pH 改变发生间接效应；另一方面可通过 CO_2 与 Hb 结合而直接影响 Hb 与 O_2 的亲和力，但这一效应对氧解离曲线的影响较小。波尔效应具有重要的生理意义，它既可促进肺毛细血管血液的氧合，又有利于组织中毛细血管内的血液释放 O_2。

2. 温度 温度升高，Hb 对 O_2 的亲和力降低，P_{50} 增大，氧解离曲线右移，促进 O_2 的释放；温度降低，Hb 对 O_2 的亲和力增大，P_{50} 减小，氧解离曲线左移，不利于 O_2 的释放而有利于结合。温度对氧解离曲线的影响，可能与温度影响了 H^+ 活度有关。温度升高时，H^+ 活度增加，降低 Hb 对 O_2 的亲和力；反之，则增加其亲和力。体温升高或运动时，组织温度升高，CO_2 和酸性代谢产物增加，这些因素有利于 HbO_2 解离，使活动组织可获得更多的 O_2，以适应其代谢的需要。临床进行低温麻醉手术，是因为低温有利于降低组织的耗氧量，应防组织缺 O_2。

3. 2，3- 二磷酸甘油酸 **2，3- 二磷酸甘油酸(2，3-diphosphoglycerate，2，3-DPG)**是红细胞无氧代谢的中间产物，在调节 Hb 与 O_2 的亲和力中起重要作用。2，3-DPG 浓度升高，Hb 对 O_2 的亲和力降低，氧解离曲线右移；2，3-DPG 浓度降低，Hb 对 O_2 的亲和力增加，曲线左移。其机制可能是 2，3-DPG 与 Hb 的 β 链形成盐键，促使 Hb 变成 T 型的缘故。此外，2，3-DPG 可以提高 H^+ 浓度，通过波尔效应来影响 Hb 对 O_2 的亲和力。用枸橼酸葡萄糖液保存三周后的血液，由于糖酵解停止，红细胞 2，3-DPG 含量下降，使 Hb 与 O_2 的亲和力增加，HbO_2 中的 O_2 不易解离而影响对组织供养。所以，用大量储存血液给患者输血，医护人员应考虑到这种血液对组织释放 O_2 较少的影响，故应注意缺氧。

二、二氧化碳的运输

(一) CO_2 的运输形式

血液中物理溶解的 CO_2 约占 CO_2 总运输量的 5%，化学结合的占 95%。化学结合的形式主要是碳酸氢盐和氨基甲酰血红蛋白(图 5-9)，其中碳酸氢盐形式占 CO_2 总运输量的 88%，氨基甲酰血红蛋白形式占 7%。

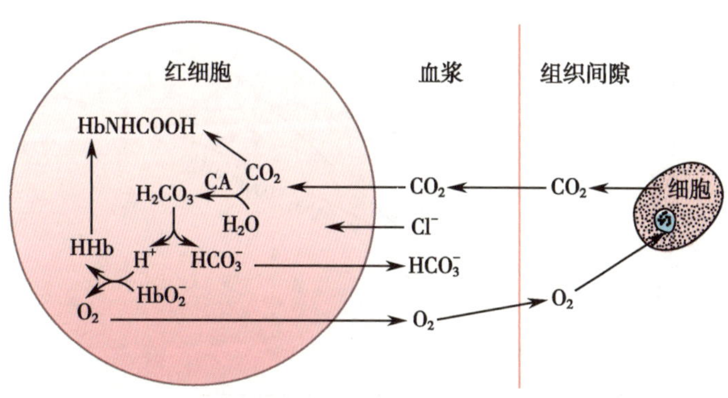

图 5-9 CO_2 在血液中的运输

1. 碳酸氢盐 组织细胞生成 CO_2 扩散入血浆，溶解于血浆的 CO_2 迅速扩散入红细胞，红细胞内含有较高浓度的**碳酸酐酶(carbonic anhydrase)**，在碳酸酐酶的催化下 CO_2 与 H_2O 结合形成 H_2CO_3，H_2CO_3 又迅速解离成 H^+ 和 HCO_3^-，细胞内生成的 HCO_3^- 大部分扩散入血浆与 Na^+ 结合生成 $NaHCO_3$，与此同时血浆中 Cl^- 则向细胞内转移，以使红细胞内外保持电荷平衡，此现象称为氯转移。由于红细胞膜对正离子通透性极小，在上述反应中，H^+ 不能伴随 HCO_3^- 外移，则与 HbO_2 结合，形成 HHb，同时释放出 O_2。碳酸酐酶的催化作用是双向的，如下式所示：

$$CO_2+H_2O \xrightleftharpoons{碳酸酐酶} H_2CO_3 \xrightleftharpoons{碳酸酐酶} H^++HCO_3^-$$

笔记栏

上述反应是完全可逆的，反应的方向取决于 PCO_2 的高低。当静脉血流至肺泡时，肺泡内 PCO_2 较低，HCO_3^- 自血浆进入红细胞，在碳酸酐酶的催化下形成 H_2CO_3，再解离出 CO_2。CO_2 扩散入血浆，然后扩散入肺泡，排出体外。

2. 氨基甲酰血红蛋白　进入红细胞的 CO_2 与 Hb 的氨基结合生成**氨基甲酰血红蛋白(HHbNHCOOH)**，又称**碳酸血红蛋白(carbaminohemoglobin)**，这一反应无需酶的催化，而且反应迅速、可逆。HbO_2 与 CO_2 结合形成氨基甲酰血红蛋白的能力比 Hb 与 CO_2 结合能力小。在组织，HbO_2 解离释放出 O_2，可促进血红蛋白与 CO_2 的结合，形成大量的氨基甲酰血红蛋白，反应向右进行；在肺部，由于 HbO_2 的形成，促使氨基甲酰血红蛋白解离，释放 CO_2 扩散入肺泡，反应向左进行。

$$HbNH_2O_2+H^++CO_2 \underset{\text{在肺}}{\overset{\text{在组织}}{\rightleftharpoons}} \mathbf{HHbNHCOOH+O_2}$$

(二) CO_2 解离曲线

CO_2 解离曲线(carbon dioxide dissociation curve)是表示血液中 CO_2 含量与 PCO_2 关系的曲线(图 5-10)。血液 CO_2 含量随 PCO_2 上升而增加。与氧解离曲线不同，两者之间接近线性关系而不是 S 形曲线，而且没有饱和点。因此，CO_2 解离曲线的纵坐标不用饱和度而用含量表示。图 5-10 的 A 点是静脉血 PO_2 为 40mmHg，PCO_2 为 45mmHg 时的 CO_2 含量，约为 52ml/100ml；B 点是动脉血 PO_2 为 100mmHg，PCO_2 为 40mmHg 时的 CO_2 含量，约为 48ml/100ml。可见，血液流经肺时每 100ml 血液释出 4mlCO_2。

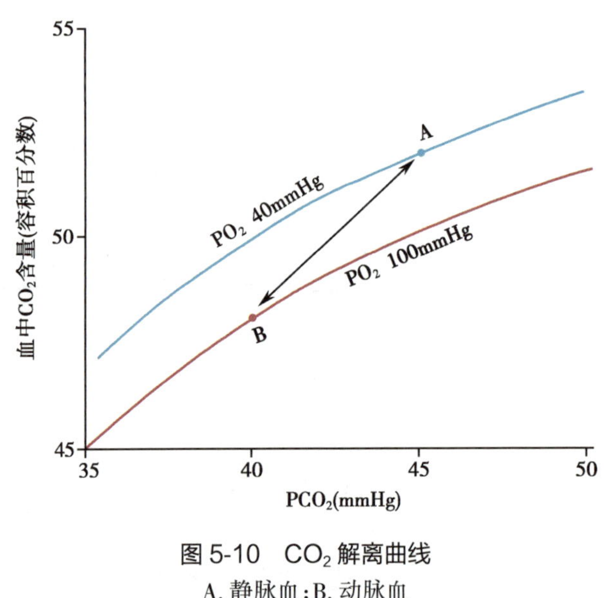

图 5-10　CO_2 解离曲线

A. 静脉血；B. 动脉血

第四节　呼吸运动的调节

一、呼吸中枢与呼吸节律的形成

(一) 呼吸中枢

呼吸中枢(respiratory center)是指中枢神经系统内产生和调节呼吸运动的神经细胞群。

笔记栏

呼吸中枢广泛分布在大脑皮质、间脑、脑桥、延髓和脊髓等部位。脑的各级部位在呼吸节律产生和调节中所起作用不同，正常呼吸运动是在各级呼吸中枢的相互配合下进行的。

1. 脊髓　脊髓中支配呼吸肌的运动神经元位于第3~5颈段（支配膈肌）和胸段（支配肋间肌和腹肌等）前角。在动物实验中，如果在延髓和脊髓之间横切（图5-11，D平面），呼吸停止，说明脊髓只是联系上位中枢与呼吸肌的中继站和整合某些呼吸反射的初级中枢，而不能产生节律性呼吸。

2. 低位脑干　下位脑干是指脑桥和延髓。在动物实验中，如果在中脑和脑桥之间进行横切（图5-11，A平面），动物仍能产生节律性呼吸；如果在脑桥上、中部之间横切（图5-11，B平面），呼吸将变慢变深，如再切断双侧迷走神经，吸气便大大延长，仅偶尔为短暂的呼气所中断，这种形式的呼吸称为**长吸式呼吸（apneusis）**。再在脑桥和延髓之间横切（图5-11，C平面），无论迷走神经是否完整，长吸式呼吸消失，而呈**喘息样呼吸（gasping）**，呼吸不规则，或平静呼吸，或两者交替出现，因而认为脑桥中下部位有活化吸气的长吸中枢。这一结果提示呼吸节律产生于下位脑干，延髓是产生节律性呼吸的基本部位，脑桥是呼吸调整中枢。

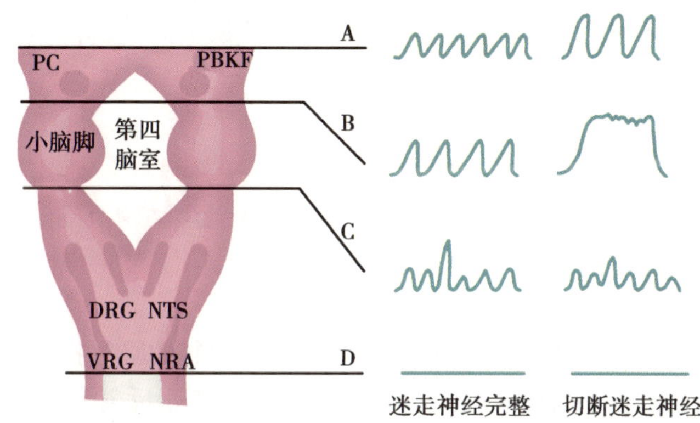

图 5-11　脑干内与呼吸有关的核团和在不同平面横切脑干后呼吸的变化

VRG：腹侧呼吸组；DRG：背侧呼吸组；NRA：后疑核；NTS：孤束核；PC：呼吸调整中枢；PBKF：臂旁内侧核；A、B、C、D为不同平面横切

知识链接

脑干内呼吸神经元

研究发现，在中枢神经系统内有的神经元呈节律性放电，并与呼吸周期相关，这些神经元被称为呼吸相关神经元或呼吸神经元。这些呼吸神经元有不同类型，就其自发放电的时间而言，在吸气相放电的为吸气神经元，在呼气相放电的为呼气神经元，在吸气相放电并延续至呼气相的为吸气呼气神经元，在呼气相放电并延续到吸气相者，为呼气吸气神经元，后两类神经元均系跨时相神经元。在延髓，呼吸神经元主要集中在背侧（孤束核的腹外侧部）和腹侧（疑核、后疑核和面神经后核附近的包氏复合体）两组神经核团内，分别称为背侧呼吸组（dorsal respiratory group，DRG）和腹侧呼吸组（ventral respiratory group，VRG）（图5-11）。背侧呼吸组的神经元轴突主要交叉到对侧，下行至脊髓颈段，支配膈运动神经元。疑核主要含吸气神经元，其轴突下行投射到脊髓，支配膈肌和肋间外肌的前角运动神经元，引起吸气；后疑核，主要含呼气神经元，其轴突下行投射到脊髓胸段，支配肋间内肌和腹肌运动神经元，兴奋时引起主动呼气。

笔记栏

3. 高位脑 呼吸还受脑桥以上部位的影响，如大脑皮质、边缘系统、下丘脑等。大脑皮质可以随意控制呼吸，发动说、唱等动作，在一定限度内可以随意屏气或加强加快呼吸。大脑皮质对呼吸的调节系统是随意呼吸调节系统，低位脑干的呼吸调节系统是自主节律呼吸调节系统，这两个系统的下行通路是分开的。

(二) 呼吸节律形成的假说

关于正常呼吸节律的形成有多种假说，目前被多数人接受的是局部神经元回路反馈控制假说。该假说认为，在延髓有一个中枢吸气活动发生器，引发吸气神经元呈渐增性放电，产生吸气；还有一个吸气切断机制，使吸气切断而发生呼气。在中枢吸气活动发生器作用下，吸气神经元兴奋，其兴奋传至：①脊髓吸气肌运动神经元，引起吸气，肺扩张；②脑桥臂旁内侧核，加强其活动；③吸气切断机制，使之兴奋。吸气切断机制接受来自吸气神经元、脑桥臂旁内侧核和肺牵张感觉器的冲动。随着吸气相的进行，来自这三方面的冲动均逐渐增强，在吸气切断机制总和达到阈值时，吸气切断机制兴奋，发出冲动到中枢吸气活动发生器或吸气神经元，以负反馈形式终止其活动，吸气停止，转为呼气。切断迷走神经或毁损脑桥臂旁内侧核或两者，吸气切断机制达到阈值所需时间延长，吸气因而延长，呼吸变慢。因此，凡可影响中枢吸气活动发生器、吸气切断机制阈值或达到阈值所需时间的因素，都可影响呼吸过程和节律。

二、呼吸的反射性调节

中枢神经系统接受各种感受器传入冲动，实现对呼吸运动调节的过程，称为呼吸的反射性调节。主要包括机械和化学两类感受性反射调节。

(一) 呼吸的机械性反射调节

1. 肺牵张反射 肺牵张反射是指肺扩张或肺缩小引起的吸气抑制或兴奋的反射，又称**黑 - 伯反射(Hering-Breuer reflex)**。它有两种形式，即肺扩张反射和肺萎陷反射。

(1) 肺扩张反射：**肺扩张反射(pulmonary inflation reflex)**是指肺充气或扩张时抑制吸气的反射。牵张感受器位于从气管到细支气管的平滑肌中，阈值低，适应慢。当吸气时肺扩张牵拉呼吸道，使之也扩张，感受器兴奋，冲动经迷走神经纤维传入延髓，在延髓内通过一定的神经联系使吸气切断机制兴奋，切断吸气，转入呼气。这样便加速了吸气向呼气转换，使呼吸频率增加。所以切断迷走神经后，吸气延长、加深，呼吸变得深而慢。在人体，当潮气量增加至 800ml 以上时，才能引起肺扩张反射，可能是由于人体肺扩张反射的中枢阈值较高所致。所以，平静呼吸时，肺扩张反射不参与人的呼吸调节。病理情况下，肺顺应性降低，肺扩张时使气道扩张较大，刺激较强，可以引起该反射，使呼吸变浅变快。

(2) 肺萎陷反射：**肺萎陷反射(pulmonary deflation reflex)**是指肺萎陷到一定程度时反射性地使呼气停止，引起吸气的反射。感受器位于气道平滑肌内，但其机制尚不十分清楚。肺缩小反射在肺较强的缩小时才出现，它在平静呼吸调节中意义不大，但对阻止呼气过深和肺不张等可能起一定作用，例如气胸造成肺萎陷时可通过兴奋肺萎陷反射而出现呼吸增强。

2. 呼吸肌本体感受性反射 肌梭和腱器官是骨骼肌的本体感受器，当肌梭受到牵张刺激而兴奋时，冲动沿着背根传入脊髓中枢，反射性地引起呼吸运动增强，称为呼吸肌本体感受性反射。该反射在维持正常呼吸运动中起一定的作用，尤其在运动状态或气道阻力加大时，可反射性地加强呼吸肌的收缩力，克服气道阻力，以维持正常肺通气功能。

(二) 呼吸的化学感受性调节

1. 化学感受器

(1) 外周化学感受器：颈动脉体和主动脉体是调节呼吸和循环的重要外周化学感受器。

当动脉血 PO_2 降低、PCO_2 升高、[H^+]增加时感受器受到刺激而兴奋，冲动经窦神经和迷走神经传入延髓，反射性地引起呼吸加深加快和血液循环的变化。

(2) 中枢化学感受器：中枢化学感受器位于延髓腹外侧浅表部位，左右对称，可以分为头、中、尾三个区。头端和尾端区都有化学感受性，中间区不具有化学感受性。中枢化学感受器的生理刺激是脑脊液和局部细胞外液的[H^+]。因为如果保持人工脑脊液的 pH 不变，用含高浓度 CO_2 的人工脑脊液灌流脑室时所引起的通气增强反应消失，可见有效刺激不是 CO_2 本身，而是 CO_2 所引起的[H^+]的增加。在体内，血液中的 CO_2 能迅速通过血脑屏障，使化学感受器周围液体中的[H^+]升高，从而刺激中枢化学感受器，再引起呼吸中枢的兴奋。可是，脑脊液中碳酸酐酶含量很少，CO_2 与 H_2O 的水合反应很慢，所以对 CO_2 的反应有一定的时间延迟。血液中的 H^+ 不易通过血脑屏障，故血液 pH 的变化对中枢化学感受器的直接作用不大，也较缓慢。

中枢化学感受器与外周化学感受器不同，它不感受缺 O_2 的刺激，但对 CO_2 的敏感性比外周化学感受器高，反应潜伏期较长。

2. PCO_2、[H^+]和 PO_2 对呼吸运动的影响

(1) PCO_2：CO_2 是调节呼吸运动最重要的生理性化学因素。在麻醉动物或人，当动脉血液 PCO_2 降到很低水平时，可发生呼吸暂停。因此，一定水平的 PCO_2 对维持呼吸和呼吸中枢的兴奋性是必要的，过度通气可使呼吸运动受到抑制。吸入气含一定浓度 CO_2 的混合气，将导致肺泡气 PCO_2 升高，动脉血 PCO_2 也随之升高，呼吸运动加深加快，肺通气量增加。通过肺通气量的增大可增加 CO_2 的清除，肺泡气和动脉血 PCO_2 还可维持于接近正常水平。但是，当吸入气的 CO_2 陡升，CO_2 堆积，抑制中枢神经系统的活动，将发生呼吸困难、头痛、头昏，甚至昏迷，出现 CO_2 麻醉。对 CO_2 的反应有个体差异，还受到许多因素影响，如疾病和药物。总之 CO_2 在呼吸调节中经常起作用的化学刺激，在一定范围内动脉血 PCO_2 升高，对呼吸的刺激作用加强，但是超过一定限度则有压抑和麻醉效应。

CO_2 刺激呼吸是通过两条途径实现的：①通过刺激中枢化学感受器再兴奋呼吸中枢；②刺激外周化学感受器，冲动经窦神经和迷走神经传入延髓呼吸有关核团，反射性地使呼吸加深、加快，增加肺通气。但两条途径中前者是主要的。因为去掉外周化学感受器之后，CO_2 的通气反应仅下降约 20%，可见中枢化学感受器在 CO_2 通气反应中起主要作用。动脉血 PCO_2 只需升高 2mmHg 就可刺激中枢化学感受器，出现通气加强反应，如刺激外周化学感受器，则需升高 10mmHg。不过，因为中枢化学感受器的反应慢，所以当动脉血 PCO_2 突然大增时，外周化学感受器在引起快速呼吸反应中可起重要作用。当中枢化学感受器受到抑制，对 CO_2 的反应降低时，外周化学感受器也起重要作用。

(2) [H^+]：动脉血 H^+ 浓度增加时(如呼吸性或代谢性酸中毒)，呼吸运动加深加快，肺通气量增加；H^+ 浓度降低时(如呼吸性或代谢性碱中毒)，呼吸运动受到抑制，肺通气量减少。H^+ 对呼吸的调节是通过外周化学感受器和中枢化学感受器实现的。中枢化学感受器对 H^+ 的敏感性较外周化学感受器高，约为后者的 25 倍。但是，H^+ 不易通过血脑屏障，限制了它对中枢化学感受器的作用。所以，动脉血 H^+ 主要通过刺激外周化学感受器而起作用，而脑脊液中的 H^+ 才是中枢化学感受器最有效的刺激物。

(3) PO_2：吸入气 PO_2 降低时，肺泡气、动脉血 PO_2 也随之降低，呼吸加深加快，肺通气增加。同 CO_2 一样，机体对低 O_2 的反应也有个体差异。实验证明，一般在动脉血 PO_2 下降到 80mmHg 以下时，肺通气才出现可觉察到的增加，由此可见动脉血 PO_2 对正常呼吸的调节作用不大，仅在特殊情况下低 O_2 刺激对呼吸的调节才有重要意义。如严重肺气肿、肺心病患者，肺换气受到障碍，导致低 O_2 和 CO_2 潴留。长时间 CO_2 潴留使中枢化学感受器对 CO_2 的

笔记栏

刺激作用发生适应，而外周化学感受器对低 O_2 刺激适应很慢，这时低 O_2 对外周化学感受器的刺激成为驱动呼吸的主要刺激因素。低 O_2 对呼吸的刺激作用完全是通过外周化学感受器实现的。切断动物外周化学感受器的传入神经或摘除颈动脉体，急性低 O_2 的呼吸刺激反应完全消失。低 O_2 对中枢的直接作用是抑制的。低 O_2 可以通过对外周化学感受器的刺激而兴奋呼吸中枢，这样在一定程度上可以对抗低 O_2 对中枢的直接抑制作用。不过在严重低 O_2 时，外周化学感受性反射已不足以克服低 O_2 对中枢的抑制作用，终将导致呼吸障碍。另外，因外周化学感受器对低 O_2 刺激适应很慢，此时低 O_2 对外周化学感受器的刺激成为驱动呼吸运动的主要刺激因素。

氧中毒

另外，以上任何一种因素的改变会引起其余一或两种因素相继改变或存在几种因素的同时改变，三者间相互影响、相互作用，既可因相互总和而加大，也可因相互抵消而减弱。

学习小结

1. 呼吸的三个环节 外呼吸、气体在血液中的运输过程、内呼吸。

2. 肺通气 肺通气的动力（呼吸运动、肺内压与胸内压的概念、形成、呼吸过程中的变化及意义）；肺通气的阻力（弹性阻力和肺顺应性、肺泡表面张力、表面活性物质、非弹性阻力）；肺容积和肺容量（潮气量、肺活量、用力肺活量的概念）；肺泡通气量（每分通气量、无效腔、每分肺泡通气量的概念）。

3. 呼吸气体的交换 气体交换的原理；肺换气的过程；影响肺换气的因素（呼吸膜的厚度和面积、通气 / 血流比值）、组织换气。

4. 气体在血液中的运输 氧的运输（运输形式、氧离曲线、波尔效应、P_{50}）；二氧化碳的运输（运输形式、CO_2 解离曲线）。

5. 呼吸运动的调节 呼吸中枢和呼吸节律的形成，呼吸的反射性调节（机械感受性调节、化学感受性调节）。

（李海燕）

复习思考题

扫一扫，测一测

1. 简述平静呼吸的过程，比较其与用力呼吸的不同点。
2. 肺泡表面活性物质减少，肺顺应性有何变化，为什么？
3. 为什么深而慢的呼吸比浅而快的呼吸效率高？
4. 为什么通气 / 血流比值增大或减小都使肺泡气体交换效率下降？
5. 试述动脉血中 PCO_2 ↑、PO_2 ↓、$[H^+]$ ↑对呼吸的影响及其机制。

笔记栏

课件

第六章 消化和吸收

学习目标

识记胃液、胰液、胆汁的性质、成分、作用及其分泌调节,吸收的主要部位;理解消化道平滑肌的生理特性,胃肠的神经支配及其作用,消化道的内分泌功能,胃的运动形式,小肠的运动形式,主要营养物质的吸收;知晓消化道平滑肌的生物电活动,口腔内消化,小肠运动的调节,大肠的功能。

第一节 概　述

消化系统由消化道和消化腺组成,其主要功能是为机体提供水、电解质及各种营养物质,以满足机体新陈代谢的需要。食物中的小分子营养物质(如水、维生素和无机盐等)可被机体直接吸收,但大分子的蛋白质、脂肪和糖类等物质必须在消化道内分解为小分子物质后,才能被机体吸收利用。**消化(digestion)**是指食物在消化道内被分解为小分子的过程。消化有两种方式:一种是**机械性消化(mechanical digestion)**,即通过咀嚼、吞咽和消化道平滑肌的舒缩活动,将食物磨碎,使之与消化液充分混合,并不断向消化道远端推送的过程。另一种是**化学性消化(chemical digestion)**,即通过消化液中的消化酶对食物进行分解的过程。通常这两种方式同时进行、相互配合。消化道内的水、维生素、无机盐及其他营养物质通过消化道黏膜上皮细胞进入血液和淋巴液的过程称为**吸收(absorption)**。消化和吸收过程相辅相成、紧密联系,并受神经、体液因素的调节。未被消化和吸收的食物残渣则形成粪便,经肛门排出体外。

一、消化道平滑肌的生理特性

(一)一般特性

消化道平滑肌和其他肌组织一样,也具有兴奋性、传导性、自律性和收缩性。但这些特性均有它自身的特点。

1. 对机械牵张、温度和化学刺激敏感　消化道平滑肌对电刺激不敏感,但对机械牵张、温度和化学刺激敏感。例如,温度升高、乙酰胆碱、突然牵拉胃肠等可引起平滑肌收缩,而肾上腺素可使平滑肌舒张。

2. 紧张性收缩　指消化道平滑肌经常保持在一种微弱的持续收缩状态。这对于维持消化道腔内的基础压力、保持胃肠的形状和位置具有重要的生理意义。

3. 富有伸展性　消化道平滑肌能适应肠腔内容物的需要实现很大的伸展,可比原长度

笔记栏

大2~3倍，这有利于胃肠道容纳更多的食物而不发生明显的压力变化和运动障碍。

4. 自动节律性　消化道平滑肌在离体后，置于适宜的环境内仍能自动进行良好的节律性收缩，但其节律缓慢且不规则。

5. 兴奋性低　消化道平滑肌兴奋性低，其收缩的潜伏期、收缩期和舒张期均比骨骼肌的长，一次舒缩时程可达20s以上，而且变异很大。

（二）电生理特性

消化道平滑肌的生物电活动形式要比骨骼肌复杂，包括静息电位、慢波电位和动作电位三种，且其电生理特性与收缩特性密切相关。

1. 静息电位　消化道平滑肌的静息电位很不稳定，波动较大，其值为 -50~-60mV，主要由 K^+ 的外流以及生电性钠泵的活动参与，同时，还有少量 Na^+ 以及 Ca^{2+} 的跨膜流动参与。

2. 慢波电位　安静状态下，消化道平滑肌在静息电位基础上自动产生的节律性的去极化和复极化电位波动，频率较慢，简称慢波。因其决定着消化道平滑肌的收缩节律，故又称**基本电节律（basic electrical rhythm，BER）**。消化道不同部位的慢波频率不同，正常生理情况下，胃的慢波频率为3次/min，十二指肠为11~12次/min，回肠末端为每分钟8~9次/min。慢波的波幅为5~15mV，持续时间由数秒至十几秒不等。目前关于慢波产生的离子基础尚不完全清楚，但实验显示与细胞膜上生电性钠泵活动的周期性减弱或停止有关。

3. 动作电位　当BER的电位波动使细胞膜去极化达到阈电位时，可触发一个或多个动作电位，进而发生肌肉收缩。消化道平滑肌细胞动作电位去极相的形成主要由一种开放速度较慢的通道介导的内向离子流（主要是 Ca^{2+}，也有少量 Na^+ 参与）引起，复极化则是由 K^+ 通道介导的 K^+ 外流引起。动作电位锋电位上升慢，幅值较低，持续时间较骨骼肌长，为10~20ms，频率1~10次/秒。动作电位数目的多少与肌肉收缩的幅度之间存在良好的相关性，每个慢波上出现的动作电位数目越多，触发平滑肌收缩的 Ca^{2+} 内流的量越多，肌肉收缩力越大（图6-1）。

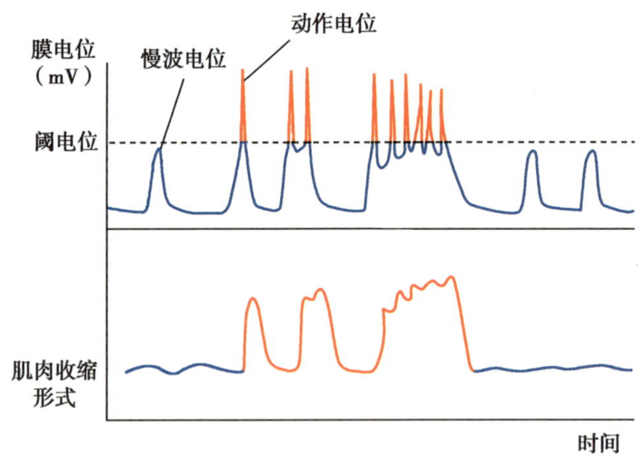

图6-1　消化道平滑肌的电活动与收缩形式

综上所述，BER是平滑肌的起步电位，控制着平滑肌的收缩节律，并决定消化道平滑肌蠕动的方向、节律和速度。

二、消化道的神经支配及作用

（一）外来神经系统

支配消化道活动的自主神经被称为外来神经，包括交感神经和副交感神经。除口腔、咽、

食管上段和肛门外括约肌外，几乎整个消化道都受到交感神经和副交感神经双重支配，其中以副交感神经的作用为主。支配胃肠道的副交感神经主要来自迷走神经和盆神经，其节前纤维终止于消化道的壁内神经元，与壁内神经元形成突触，然后发出节后纤维支配消化道的腺细胞、上皮细胞和平滑肌细胞的活动。大部分副交感神经的节后纤维末梢释放的递质是**乙酰胆碱（acetylcholine，ACh）**，作用于胃肠道平滑肌和消化腺，使胃肠道运动增强，消化腺分泌增加，而消化道括约肌舒张，这一作用可被**阿托品（atropine）**阻断。少数副交感神经节后纤维释放某些肽类递质，如**血管活性肠肽（vasoactive intestinal peptide，VIP）**、P物质、脑啡肽和**生长抑素（somatostatin，SS）**等，因而又称为肽能神经，调节胃的容受性舒张、机械刺激引起的小肠充血等。支配消化道活动的交感神经起自脊髓第5胸段至第2腰段灰质侧角，在腹腔神经节和肠系膜神经节内换元后，节后纤维主要支配胃、小肠和大肠的活动。而节后纤维末梢释放的递质为**去甲肾上腺素（noradrenaline，NA）**，可抑制内在神经丛的活动，使胃肠道的运动减弱，消化腺分泌减少，消化道括约肌收缩。

（二）内在神经系统

胃肠道的内在神经系统又称为**肠神经系统（enteric nervous system，ENS）**，是由大量不同类型的神经元和神经纤维所组成的复杂神经网络，分布于食管中段至肛门的绝大部分消化道壁内。其中神经元包括感觉神经元、中间神经元和运动神经元，各种神经元之间通过短的神经纤维形成网络联系，把胃肠壁的各种感受器和效应器联系在一起，构成了一个相对独立而完整的网络整合系统，通过局部反射对胃肠道活动发挥重要的调节作用。

ENS根据所在位置不同分为肌间神经丛和黏膜下神经丛，两者合称为壁内神经丛（图6-2）。①**肌间神经丛（myenteric plexus）**，又称**欧氏神经丛（Auerbach plexus）**。位于纵行肌与环行肌之间，主要支配胃肠平滑肌的舒缩，调节胃肠运动，包括紧张性收缩、自动节律性收缩的强度与频率等。②**黏膜下神经丛（submucosal plexus）**，又称**麦氏神经丛（Meissner plexus）**。位于消化道黏膜下层，主要支配腺细胞和上皮细胞，也可支配黏膜下血管，从而调节胃肠道的分泌和局部血流量。

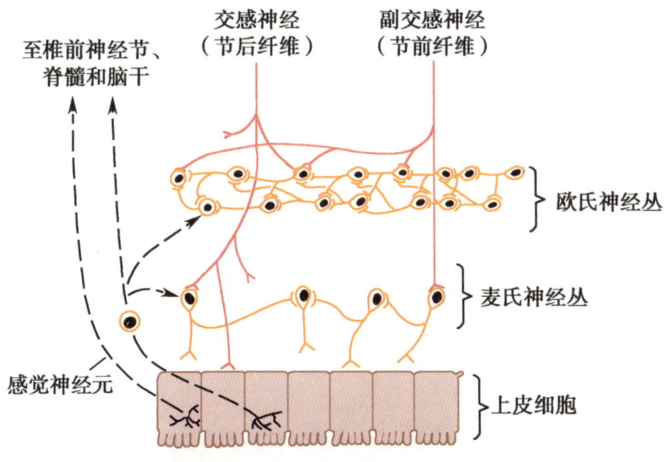

图6-2 消化道壁内神经丛和外来自主神经关系示意图

三、胃肠激素

在消化道黏膜层内含有40多种内分泌细胞，因此消化道也是体内最大最复杂的内分泌器官。由这些内分泌细胞合成和释放多种生物活性物质，统称为**胃肠激素（gastrointestinal hormone）**。胃肠激素主要与神经系统一起共同调节消化系统的运动、分泌和吸收功能，包括

笔记栏

促胃液素(胃泌素,gastrin)、**促胰液素(secretin)**、**缩胆囊素(cholecystokinin,CCK)**及**抑胃肽(gastric inhibitory polypeptide,GIP)**等。

(一) 胃肠激素的生理作用

1. 调节消化腺的分泌和消化道的运动,主要胃肠激素的作用见表 6-1。

表 6-1 主要胃肠激素简介

名称	分泌细胞	分布部位	主要生理作用	引起释放的刺激因素
促胃液素	G 细胞	胃窦、十二指肠、空肠上段	促进消化液的分泌,促进胃肠的运动和胆囊收缩,促进胃泌酸腺区黏膜和十二指肠黏膜生长	蛋白质消化产物、迷走神经兴奋、胃窦部扩张
促胰液素	S 细胞	小肠上部	促进胰液、胆汁和小肠液的分泌,抑制胃运动和胃液分泌	盐酸、蛋白质消化产物、脂肪酸
缩胆囊素	I 细胞	小肠上部	促进胰酶分泌、胆囊收缩,增强小肠和结肠运动,抑制胃运动和胃液分泌,增强幽门括约肌收缩,松弛 Oddi 括约肌,促进胰腺组织生长	蛋白质消化产物、脂肪酸、盐酸
抑胃肽	K 细胞	小肠上部	促进胰岛素分泌,抑制胃酸和胃蛋白酶分泌,抑制胃排空	葡萄糖、脂肪酸、氨基酸

2. 调节其他激素的释放 食物消化时,从胃肠释放的 GIP 有很强的刺激胰岛素分泌的作用。因此,口服葡萄糖比静脉注射相同剂量的葡萄糖更能刺激的胰岛素分泌。此外影响其他激素释放的胃肠激素还有 SS、胰多肽、VIP、促胃液素释放肽等,它们对生长激素、胰岛素、促胃液素等的释放均有调节作用。

3. 营养作用 某些胃肠激素具有刺激消化道组织的代谢和促进生长的作用,称为**营养作用(trophic action)**。例如,促胃液素能刺激胃泌酸部位黏膜和十二指肠黏膜的蛋白质、RNA 和 DNA 的合成,从而促进其生长。此外小肠黏膜内 I 细胞释放的缩胆囊素也具有重要的营养作用,它能引起胰腺内 DNA、RNA 和蛋白质的合成增加,促进胰腺外分泌组织的生长。

(二) 脑 - 肠肽

有些胃肠激素除了存在于胃肠道,还存在于脑组织内,在脑和胃肠道中双重分布的肽类物质被统称为**脑 - 肠肽(brain-gut peptide)**。脑 - 肠肽不仅在外周调节胃肠道的各种功能,而且在中枢也参与对胃肠道生理功能的调节。已知的脑 - 肠肽有促胃液素、CCK、P 物质、SS、神经降压素等 20 余种。

第二节 口腔内消化

一、唾液及其分泌

唾液(saliva)主要由三对大的唾液腺(腮腺、颌下腺和舌下腺)以及口腔黏膜中许多散在的小唾液腺分泌的混合液所组成。

笔记栏

知识链接

咽鼓管唾液腺

2020年9月23日，一篇发表在《放射治疗与肿瘤学杂志》上的文章引起大家的关注。据文章报道，研究团队在使用一种放射性标记物PSMA（前列腺特异性膜抗原）给患者进行PET/CT（正电子发射计算机断层影响）时，发现一种像唾液腺的腺体被标记，即在成像系统中显示发光。后来对100例患者以及两具尸体进行解剖，均寻找到上述唾液腺的存在。于是，该研究团队将其命名为"tubarial salivary glands"，有媒体报道称为"咽鼓管唾液腺"。

该唾液腺位于鼻咽区咽鼓管圆枕软骨上，呈弥散性分布，每组腺体平均长度约3.9cm。研究人员认为其可能的作用是润滑和湿润上喉部。这一新发现，可能用于解释癌症治疗时，对该区域进行放射治疗后患者出现的口干以及进食和吞咽困难的情况。同时对于包括鼻咽癌在内的多种涉及到头面部使用放射治疗的肿瘤，在临床上如何保护患者咽鼓管唾液腺以减少副作用具有重要的意义。

咽鼓管唾液腺的发现（PET/CT）

（一）唾液的性质、成分和作用

唾液为无色、无味近于中性（pH 6.0~7.0）的低渗黏稠性液体。成人每日分泌量1~1.5L，其中水分占99%。有机物主要为黏蛋白、唾液淀粉酶、溶菌酶、免疫球蛋白（IgA、IgG、IgM）、激肽释放酶、血型物质和一定量的气体，如O_2、NH_3、N_2和CO_2等。无机物的种类与血浆大致相同。

唾液的生理作用：①湿润与溶解食物，以引起味觉并易于吞咽；②清洁和保护口腔，清除口腔中残余的食物；③唾液中的溶菌酶有杀灭细菌的作用；④唾液淀粉酶可使少量淀粉分解为麦芽糖。⑤排泄作用：进入体内的某些异物（铅、汞、碘、药物等）以及微生物（狂犬病毒、脊髓灰质炎病毒）也可随唾液分泌。

（二）唾液分泌的调节

安静状态下，唾液腺可每分钟以0.5ml左右的速度分泌少量稀薄唾液，以湿润口腔，称为基础分泌。唾液分泌主要通过神经反射来实现。食物的形状、颜色、气味以及进食环境，都能形成条件反射，引起唾液分泌，传入神经走行于第Ⅰ、Ⅱ、Ⅷ对脑神经中。食物对口腔黏膜的机械、化学和温度刺激引起的唾液分泌，称为非条件反射性分泌，传入神经走行于第Ⅴ、Ⅶ、Ⅸ、Ⅹ对脑神经中。唾液分泌调节反射的初级中枢在延髓，高级中枢分布于下丘脑和大脑皮质等处。传出神经主要是副交感神经，其末梢释放的ACh和肽类递质能引起大量稀薄的唾液分泌；而交感神经兴奋末梢释放的去甲肾上腺素则引起少量黏稠的唾液分泌。某些体液因素也能间接调节唾液分泌，如前列腺素通过释放乙酰胆碱间接促进唾液分泌等。

二、咀嚼和吞咽

（一）咀嚼

咀嚼（mastication）是由咀嚼肌群有顺序地收缩所组成的复杂反射性动作。咀嚼肌属于骨骼肌，由躯体运动神经支配，因此咀嚼是随意运动，受大脑皮质控制。口腔通过咀嚼运动对食物进行机械性消化。其生理作用：①磨碎、混合和湿润食物，便于吞咽；②使食物与唾液淀粉酶充分接触而实现化学性消化；③可反射性地引起胃、胰、肝、胆囊等的活动，为后续消化过程准备有利条件。

笔记栏

（二）吞咽

吞咽（deglutition）是口腔内的食团经咽和食管送入胃的过程。它是一种复杂的反射性动作。根据食团在吞咽时所经过的部位，可将吞咽动作分为三期：①口腔期：指食团由口腔进入咽的过程。这是在大脑皮质控制下的随意运动。②咽期：指食团由咽进入食管上端的过程。该过程是通过食团刺激咽部的触觉感受器所引起的一系列快速的反射动作。③食管期：指食团沿食管下行至胃的过程。由食管蠕动来完成，表现在食团的下端为舒张波，上端为收缩波，收缩波与舒张波依次向食管下端推进，最终将食团推送入胃。

第三节 胃内消化

食物入胃后，与胃液充分混合成半流体的消化物，即**食糜（chyme）**，然后逐步、分批经过幽门进入十二指肠。

一、胃液及其分泌

胃对食物的化学性消化是通过黏膜中多种外分泌腺分泌的胃液来完成的。胃黏膜含有三种管状外分泌腺：①贲门腺：分布在胃与食管连接处的宽 1~4cm 的环状区内，主要由黏液细胞组成，分泌碱性黏液；②泌酸腺：分布在占全胃约 2/3 的胃底和胃体部，由壁细胞、主细胞和黏液颈细胞组成，它们分别主要分泌盐酸与内因子、胃蛋白酶原、黏液；③幽门腺：分布在胃的幽门部，主要由黏液细胞构成，分泌碱性黏液，也分泌少量胃蛋白酶原。胃液主要由这三种腺体和胃黏膜上皮细胞的分泌物构成。胃黏膜中的内分泌细胞主要有：①G 细胞：分布于胃窦，分泌促胃液素和促肾上腺皮质激素样物质；②D 细胞：分布于胃体、胃底、胃窦，分泌生长抑素；③**肠嗜铬样细胞（enterochromaffin like cell，ECL cell）**：分布在胃底、胃体黏膜，合成和释放组胺。

（一）胃液的性质、成分和作用

纯净的**胃液（gastric juice）**是一种无色透明的酸性液体，pH 为 0.9~1.5。正常人每日分泌的胃液量 1.5~2.5L，其主要成分有盐酸、胃蛋白酶原、内因子、黏液和碳酸氢盐，其余为水、Na^+、K^+ 等无机物。

1. 盐酸　胃液中的**盐酸（hydrochloric acid）**也称**胃酸（gastric acid）**，由壁细胞分泌。它有两种存在形式：一种呈游离状态，称为游离酸；另一种与蛋白质结合，称为结合酸，两者在胃液中的总浓度称为胃液总酸度。空腹 6 小时后，无任何食物刺激的情况下，胃酸也有少量分泌，称为基础胃酸分泌，平均 0~5mmol/h。在食物或药物（促胃液素或组胺）的刺激下，胃酸排出量可进一步增加。正常成人的盐酸最大排出量可达 20~25mmol/h。

胃液中 H^+ 的浓度为 150~170mmol/L，比血浆中的 H^+ 浓度高出 300 万~400 万倍。因此，壁细胞分泌 H^+ 是逆着巨大的浓度梯度进行的。现已证明，H^+ 的分泌依靠的是壁细胞顶膜上的**质子泵（proton pump）**，即 H^+ 泵实现的。质子泵是一种镶嵌于细胞膜上的具有逆向转运 H^+、K^+ 和水解 ATP 的酶，故也称 H^+-K^+ATP 酶。同时壁细胞内含有丰富的**碳酸酐酶（carbonic anhydrase，CA）**可催化由细胞代谢产生的 CO_2 和由血浆中摄取的 CO_2 迅速水合形成 H_2CO_3，H_2CO_3 随即解离成 H^+ 和 HCO_3^-。H^+ 在质子泵的帮助下主动转运到小管腔，HCO_3^- 则通过基底膜上的 Cl^--HCO_3^- 逆向转运体交换入血；Cl^- 进入细胞后，在细胞顶膜通过膜上特异的 Cl^- 通道转运至小管腔，与 H^+ 结合形成 HCl 进入胃腺腔（图 6-3）。在消化期，由于胃酸大量分泌的同时有大量 HCO_3^- 交换入血，使血液暂时碱化，形成"**餐后碱潮（postprandial alkaline tide）**"。

笔记栏

上述离子交换过程说明质子泵在壁细胞泌酸过程中的发挥重要作用，质子泵也是各种因素引起胃酸分泌的最后通路。壁细胞顶膜上的质子泵可被质子泵抑制剂，如**奥美拉唑(omeprazole)**等抑制，故临床上常用这类药物治疗胃酸分泌过多。

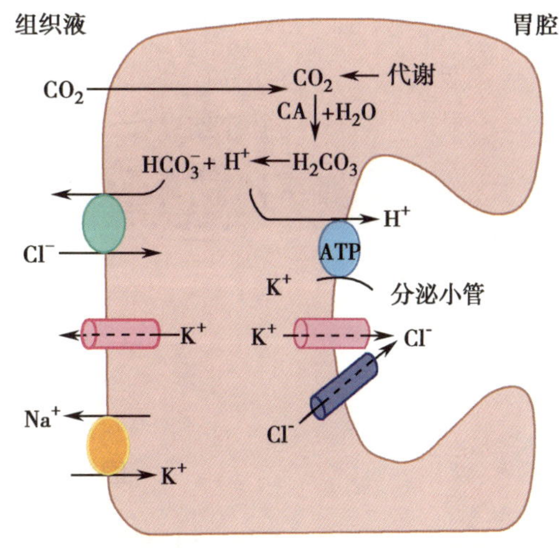

图 6-3 盐酸在壁细胞分泌的示意图

盐酸的生理作用：①激活胃蛋白酶原，使之转变为有活性的胃蛋白酶，并为胃蛋白酶分解蛋白质提供适宜的酸性环境；②杀死随食物进入胃内的细菌；③盐酸进入小肠后，可引起促胰液素、缩胆囊素的释放，从而促进胰液、胆汁和小肠液的分泌；④盐酸所造成的酸性环境，有助于小肠对铁和钙的吸收；⑤促进食物中的蛋白质变性，使之易于消化。临床上，胃酸分泌不足，常引起食欲不振、腹胀、腹泻等消化不良症状；但盐酸若分泌过多，会对胃和十二指肠黏膜造成侵蚀作用，诱发或加重消化性溃疡。

2. 胃蛋白酶原 **胃蛋白酶原(pepsinogen)**主要由主细胞合成和分泌，另外，颈黏液细胞、贲门腺和幽门腺的黏液细胞及十二指肠近端的腺体也有少量分泌。胃蛋白酶原无活性，在胃酸或有活性的胃蛋白酶作用下，激活成有活性的**胃蛋白酶(pepsin)**。胃蛋白酶为内切酶，主要作用是水解食物中的蛋白质，生成䏡、胨及少量多肽和氨基酸。胃蛋白酶的最适 pH 为 2.0~3.5，随着 pH 值升高，胃蛋白酶的活性将逐渐降低，当 pH 大于 5.0 时，就会发生不可逆变性而完全丧失活性。

3. 内因子 **内因子(intrinsic factor)**是壁细胞分泌的一种糖蛋白。可与进入胃内的维生素 B_{12} 结合形成复合物，并保护维生素 B_{12} 不被小肠内的蛋白水解酶破坏，同时促进其在回肠末端吸收。当内因子缺乏(如胃大部切除、慢性萎缩性胃炎或胃泌酸功能降低等)，或产生抗内因子抗体时，可发生维生素 B_{12} 吸收不良，导致叶酸还原不足，从而引起红细胞 DNA 合成障碍，出现巨幼红细胞性贫血。

4. 黏液和碳酸氢盐 **黏液(mucus)**经由胃黏膜表面上皮细胞、泌酸腺、贲门腺和幽门腺的颈黏液细胞共同分泌，其主要成分为糖蛋白。正常人黏液覆盖在胃黏膜表面，形成一个厚约 500μm 的凝胶层，具有润滑作用，且可减少粗糙食物对胃黏膜的机械性损伤。

胃黏膜内的非泌酸细胞能分泌 HCO_3^-，同时组织液中的 HCO_3^- 也能少量渗入胃腔，与胃黏膜表面的黏液联合形成一个抗胃黏膜损伤的屏障，称为黏液 - 碳酸氢盐屏障，厚 0.5~1.5mm，黏稠度为水的 30~260 倍。当胃腔中的 H^+ 向黏液凝胶深层扩散时，其移动速度明显减慢，并与上皮细胞分泌的 HCO_3^- 在黏液层内发生中和作用，使黏液层内出现 pH 梯度，即黏液层靠近胃腔面的一侧呈酸性，pH 为 2.0 左右，而靠近上皮细胞表面的黏液则呈中性或稍偏碱性，pH 为 7.0 左右(图 6-4)，从而有效地阻挡 H^+ 的逆向弥散，保护胃黏膜免受 H^+ 的直接侵蚀；同时防止胃蛋白酶原在上皮细胞侧的激活，防止其对胃黏膜的消化。

除黏液 - 碳酸氢盐外，胃黏膜上皮细胞的顶端膜和相邻细胞侧膜之间存在紧密连接，称**胃黏膜屏障(gastric mucosal barrier)**。胃黏膜屏障可防止 H^+ 由胃腔向胃黏膜方向的扩散，同时阻止 Na^+ 从黏膜向胃腔方向的扩散；并能合成某些物质(如前列腺素、表皮生长因子等)，增强胃黏膜抵御有害因子如强酸、强碱、酒精、胃蛋白酶等侵蚀的能力，是保护胃黏膜的第二

笔记栏

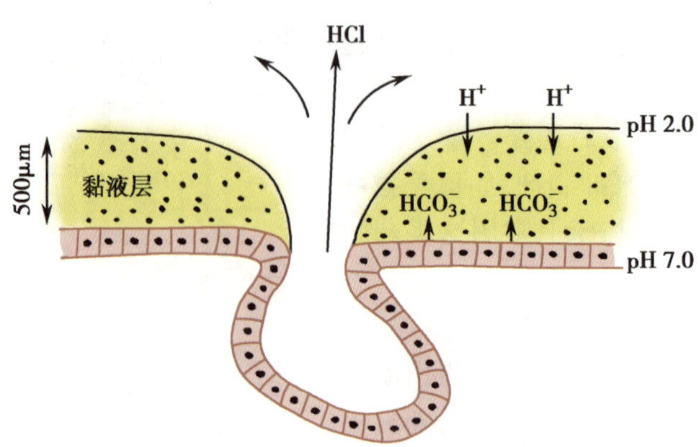

图 6-4 黏液 - 碳酸氢盐屏障

道防线。酒精、胆盐、阿司匹林等药物以及幽门螺杆菌感染等，均可破坏和削弱上述保护作用，严重时可造成胃黏膜的损伤，引起胃炎或胃溃疡。

（二）胃液分泌的调节

空腹时胃液分泌少，进食后，在神经、体液的调节下，胃液大量分泌，进食是胃液分泌的自然刺激。

1. 影响胃酸分泌的主要内源性物质

(1) 乙酰胆碱：大部分支配胃的副交感神经节后纤维和部分肠壁内在神经末梢均可释放。它可直接作用于壁细胞上的 M 受体，引起胃酸分泌。此外，ACh 还可以作用于胃泌酸腺区内的 ECL 和 G 细胞，引起组胺分泌，间接刺激胃酸分泌。

(2) 促胃液素：促胃液素又称胃泌素，主要由胃窦和十二指肠、空肠上段黏膜的 G 细胞分泌。促胃液素作用较为广泛：①可促进胃酸和胃蛋白酶原的分泌；②刺激 ECL 细胞分泌组胺间接促进胃液的分泌；③促进消化道黏膜的生长；④加强胃肠运动和胆囊收缩，促进胰液、胆汁的分泌。

(3) 组胺：组胺由胃泌酸区黏膜中的ECL分泌。它可通过旁分泌途径到达邻近的壁细胞，与壁细胞上的组胺 H_2 受体结合，具有很强的促进胃酸分泌的作用。

现已证明，ECL 细胞上存在促胃液素受体和胆碱能受体。促胃液素和 ACh 可通过作用于各自的受体引起 ECL 细胞释放组胺而调节胃酸分泌。可见，三种内源性活性物质不仅可各分别刺激胃壁细胞分泌胃酸，三者之间还存在相互关系（图 6-5）。组胺被认为是胃酸分泌的重要调控因素，临床上使用组胺受体阻断剂西咪替丁治疗消化性溃疡时，发现药物不仅可阻断壁细胞对组胺的反应，还能降低壁细胞对促胃液素和 ACh 的敏感性。

(4) 生长抑素：是由胃窦、胃底及胃体部黏膜 D 细胞分泌的，其作用是抑制胃酸的分泌。作用机制是通过直接抑制壁细胞的功能从而抑制胃酸的分泌，同时也可通过抑制促胃液素和组胺的作用来间接抑制胃液的分泌。

2. 消化期胃液分泌　进食后的胃液分泌称为消化期胃液分泌，按照接受食物刺激部位的不同，人为地将消化期胃液分泌划分为头期、胃期和肠期。实际上，这三个时期几乎是同时开始且互相重叠的，每个期都受神经和体液的双重调节。其中头期主要受神经调节，肠期主要受体液调节。

(1) 头期胃液分泌：**头期（cephalic phase）**胃液分泌是由进食动作引起的，因其传入冲动均来自头部感受器（眼、耳、鼻、口腔、咽、食管等）而得名。头期胃液分泌包括条件反射和非条件反射。前者是由和食物有关的形象、气味、声音等刺激了视觉、嗅觉、听觉等感受器而引起的；后者则是当咀嚼和吞咽食物时，刺激了口腔和咽喉等处的化学和机械感受器而引起

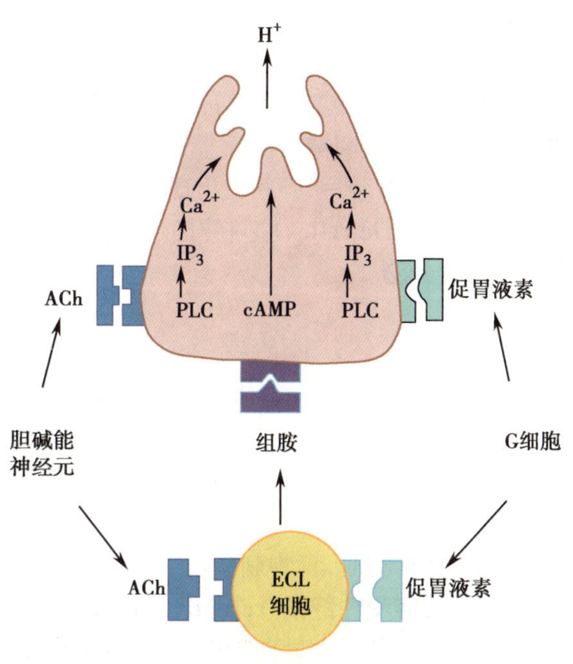

图 6-5 三种刺激胃酸分泌的内源性物质的相互关系示意图

的。通过传入冲动传至延髓、下丘脑、边缘叶以至大脑皮质等脑区后，经迷走神经传出。迷走神经一方面通过其末梢释放 ACh 直接引起腺体细胞分泌。另一方面还刺激胃窦黏膜内的 G 细胞分泌促胃液素，后者再刺激胃腺分泌。切断迷走神经可导致头期胃液分泌消失，可见，迷走神经是头期胃液分泌的唯一传出通路。

头期胃液分泌的特点：持续时间长(2~4 小时)，胃液分泌量大，占消化期胃液分泌量的 30%，酸度高，胃蛋白酶含量很高，故消化能力强。分泌强弱与情绪、食欲有关。

(2) 胃期胃液分泌：**胃期(gastric phase)**胃液分泌指食物入胃后，对胃产生的机械性和化学性刺激，继续引起胃液分泌，其主要途径为：①食物刺激胃底、胃体部的感受器，通过迷走 - 迷走神经反射和壁内神经丛反射，通过促胃液素释放引起胃液分泌；②食物刺激胃幽门部，通过壁内神经丛作用于 G 细胞，释放促胃液素引起胃液分泌；③食物中的化学成分，主要是蛋白质消化产物，直接刺激幽门部 G 细胞，释放促胃液素，引起胃液的分泌。

胃期胃液分泌的调节

胃期分泌的特点：胃液酸度高、分泌量大，占消化期胃液分泌量的 60%，持续时间很长，可达 3~4 小时；但胃蛋白酶含量较头期少，故消化能力较头期弱。

(3) 肠期胃液分泌：**肠期(intestinal phase)**胃液分泌指食糜进入小肠上段(主要是十二指肠)后继续引起胃液分泌。在切断支配胃的外来神经后，食物对小肠的作用仍可引起胃液分泌，提示肠期的胃液分泌主要是通过体液调节机制来实现的。即：①当食物与小肠黏膜接触时，十二指肠释放促胃液素，再通过血液循环作用于胃腺引起胃液分泌。②在食糜作用下，小肠黏膜还可释放**肠泌酸素(entero oxyntin)**，刺激胃液分泌。

肠期胃液分泌的特点：分泌量少，仅占消化期胃液分泌量的 10%，酸度低，胃蛋白酶原含量少。因此，胃液的分泌以头期、胃期最为重要。

3. 抑制胃液分泌的主要因素

(1) 盐酸：当胃液中盐酸分泌过多，胃窦内 pH 值降至 1.2~1.5 时，盐酸能抑制胃腺的活动，这是典型的负反馈调节，对于防止胃酸过多、保护胃黏膜有重要意义。这种抑制作用的机制可能是：①盐酸可直接抑制胃窦部 G 细胞减少胃泌素分泌；②盐酸可刺激胃窦部 D 细

笔记栏

胞分泌 SS，间接抑制胃液的分泌；③当胃酸排到十二指肠时，可刺激十二指肠黏膜释放促胰液素和**球抑胃素（bulbogastrone）**，抑制胃液的分泌。

(2) 脂肪：脂肪及其消化产物进入十二指肠后，可促进小肠黏膜释放促胰液素、GIP、CCK、神经降压素等多种激素，从而抑制胃酸分泌。

(3) 高张溶液：当食糜进入十二指肠后，肠腔内出现的高张溶液可刺激小肠内的渗透压感受器，通过**肠 - 胃反射（enterogastric reflex）**抑制胃酸分泌；也能通过刺激小肠黏膜释放一种或多种胃肠激素来抑制胃液分泌。

二、胃的运动

根据胃壁肌层的结构和功能特点，胃底和胃体上 1/3（也称头区）的主要功能是容纳和暂时储存食物（容量一般为 1~2L），调节胃内压及促进液体的排空；胃体其余 2/3 和胃窦（也称尾区）的主要功能是混合、磨碎食物形成食糜，并加快固体食物的排空。

（一）胃运动的主要形式

1. 容受性舒张　咀嚼和吞咽食物时，食物刺激位于咽、食管、胃壁的牵张感受器，反射性引起胃底和胃体肌肉舒张，称为**容受性舒张（receptive relaxation）**。它能使胃腔容量由空腹时的 50ml，增加到进食后的 1.5L，虽有大量食物摄入，而胃内压基本不变，以完成容纳储存食物的功能；同时防止食糜过早地排入十二指肠，利于食物在胃内消化。

2. 紧张性收缩　指胃壁平滑肌经常处于一定程度的缓慢持续收缩状态，称**紧张性收缩（tonic contraction）**。紧张性收缩在空腹时即已存在，进食后逐渐增强。这种运动能维持胃一定的位置与形态，防治胃下垂或胃扩张；使胃腔内有一定的压力，有助于胃液渗入食物内部促进化学性消化，并协助推动食糜移向十二指肠；此外，紧张性收缩还是其他运动形式的基础。

3. 蠕动　食物进入胃 5 分钟后即开始蠕动。它由胃的中部开始，频率约 3 次 /min 钟。蠕动初期较弱，传播过程中逐渐增强加快，一直传到幽门。当幽门括约肌舒张时，在蠕动波产生的压力作用下，1~2ml 食糜被排入十二指肠；而当幽门括约肌收缩时，部分食糜将被反向推回。这种不断推进、后退的胃蠕动可使食糜与消化液充分混合，利于化学性消化；同时可磨碎食物并推进胃内容物通过幽门进入十二指肠。

（二）胃排空及其控制

食糜由胃排入十二指肠的过程称为**胃排空（gastric emptying）**。一般食物入胃后 5 分钟即有部分食糜排入十二指肠。胃排空的速度因食物的种类、性状和胃的运动情况而异。颗粒较小的食物比大块的食物排空快。液体食物排空比固体食物快。等张溶液排空比高张或低张溶液要快。三大营养物质中糖类排空最快，蛋白质次之，脂肪最慢。混合性食物排空通常需要 4~6 小时。胃排空的直接动力是胃和十二指肠内的压力差，而其原动力则为平滑肌的收缩。当胃运动加强使胃内压大于十二指肠内压时，便发生一次胃排空，而胃运动被抑制时则可延缓胃排空。胃的排空是间断进行的，其速率受胃和十二指肠两方面因素的影响，而且与神经和体液调节有关。

1. 胃内因素促进胃排空　胃内食糜对胃壁的机械扩张刺激，通过迷走 - 迷走反射和壁内神经丛反射，使胃运动增强、胃排空加快。此外，胃内容物中某些化学成分可刺激 G 细胞分泌促胃液素增多。促胃液素可加强胃的运动，也能引起幽门括约肌的收缩，其调节的总效应是延缓胃排空。

2. 十二指肠内因素抑制胃排空　胃内容物入十二指肠，食糜中的盐酸、脂肪及蛋白质消化产物、高渗溶液和机械性扩张刺激十二指肠壁感受器，反射性地抑制胃运动，延缓胃排

空，称为**肠-胃反射（entero gastric reflex）**。同时食糜（特别是胃酸和脂肪）进入十二指肠后，刺激小肠黏膜释放CCK、促胰液素、GIP等多种激素，均可抑制胃的运动和胃排空。

十二指肠球部溃疡案例分析

（三）呕吐

呕吐是将胃及部分肠内容物从口腔强力驱出的动作。机械和化学的刺激作用于舌根、咽部、胃肠、胆总管、腹膜、泌尿生殖器官等处的感受器，都可以引起呕吐。视觉和内耳前庭的位置感觉发生改变时，也可引起呕吐。

呕吐是一种具有保护意义的防御反射，其中枢在延髓。它可把胃内有害的物质排出体外。但长期剧烈的呕吐会影响进食和正常消化活动，并且使大量的消化液丢失，造成体内水、电解质和酸碱平衡的紊乱。

第四节　小肠内消化

食糜由胃进入十二指肠后，即开始了小肠内的消化。小肠是机体消化吸收最重要的部位。食糜在小肠停留的时间为3~8小时，它通过胰液、胆汁和小肠液的化学性消化及肠壁肌肉运动的机械性消化变成小分子物质而被小肠吸收。少量未被消化吸收的食物残渣进入大肠。

一、胰液的分泌

（一）胰液的性质、成分和作用

胰液为无色透明的碱性液体，pH7.8~8.4，渗透压与血浆相等，正常成年人每日分泌量为1~2L。胰液中水约占97.6%，无机物主要有HCO_3^-、Na^+、Cl^-、K^+等，以HCO_3^-为主，主要由胰腺导管细胞分泌；有机物主要是各种消化酶，由胰腺腺泡细胞分泌。胰液是机体最重要的消化液。

1. 碳酸氢盐　胰液中的碳酸氢盐浓度可达140mmol/L，比血浆中高4倍，其含量与胰液的分泌速率有关。它的生理作用：①中和进入十二指肠内的HCl，使肠黏膜免受HCl侵蚀；②为小肠内的各种消化酶提供适宜的pH环境。

2. 消化酶

（1）胰淀粉酶：以活性形式分泌，是一种α淀粉酶，其作用的最适pH为6.7~7.0，可水解淀粉、糖原及其他碳水化合物为二糖及少量单糖，如麦芽糖。胰淀粉酶水解效率高、速度快，淀粉与胰液接触约10分钟就完全水解。急性胰腺炎时血和尿中胰淀粉酶含量增加。

（2）胰蛋白酶原和糜蛋白酶原：胰腺腺泡细胞分泌的是无活性的胰蛋白酶原和糜蛋白酶原。胰蛋白酶原被肠致活酶（肠激酶）激活为有活性的胰蛋白酶，胰蛋白酶可激活糜蛋白酶原，也可激活胰蛋白酶原，形成一种正反馈，生成更多的胰蛋白酶和糜蛋白酶；此外胃酸、组织液等也可激活胰蛋白酶原。两种酶分别作用蛋白质可使其分解为朊、胨和多肽，共同作用可使蛋白质分解为小分子多肽和氨基酸。

胰液中还有羧基肽酶、核糖核酸酶、脱氧核糖核酸酶等，前者酶可水解多肽为氨基酸，后两种酶可使相应的核酸部分水解为单核苷酸。

（3）胰脂肪酶：是分解脂肪的主要消化酶，属于糖蛋白，最适pH为7.5~8.5。在胆盐及辅脂酶的作用下，胰脂肪酶可将三酯酰甘油分解为甘油、酯酰甘油及脂肪酸。辅脂酶是脂肪酶的辅因子，以酶原形式由胰腺分泌，经胰蛋白酶激活；它对胆盐微胶粒有较高亲和力，防止胆盐从脂肪表面将胰脂肪酶置换下来。胰液还含有胆固醇酯酶和磷脂酶A_2，分别水解胆固醇

急性胰腺炎

笔记栏

酯和磷脂。

(二) 胰液分泌的调节

在非消化期,胰液几乎不分泌或很少分泌。进食开始后,胰液即开始分泌。所以食物是刺激胰腺分泌的自然因素。进食时胰液的分泌受神经和体液的双重调节,但以体液调节为主。

1. 神经调节 食物的形象与气味,及其对口腔、食管、胃和小肠的刺激都可通过神经调节(包括条件反射和非条件反射)引起胰液分泌。反射的传出神经主要是迷走神经。通过其末梢释放乙酰胆碱直接作用于胰腺腺泡细胞引起胰液分泌;也可作用于胃窦部 G 细胞,引起促胃液素分泌而间接引起胰液分泌。迷走神经引起胰液分泌的特点是:水和碳酸氢盐含量很少,而酶的含量却很丰富。

2. 体液调节 引起胰液分泌的体液因素主要有促胰液素和缩胆囊素。

(1) 促胰液素:由小肠黏膜 S 细胞分泌。当酸性食糜进入小肠后,可刺激小肠黏膜释放促胰液素。盐酸是最强的刺激因素,其次为蛋白质消化产物和脂酸钠,糖类几乎没有作用。促胰液素主要作用于胰腺导管细胞使其分泌大量的水和碳酸氢盐,因而使胰液的分泌量大为增加,但对酶的分泌没有明显作用。

(2) 缩胆囊素:又称**促胰酶素(pancreozymin)**。由小肠黏膜 I 细胞分泌。引起 CCK 释放的因素由强到弱依次为:蛋白质消化产物、脂酸钠、盐酸、脂肪,糖类几乎没有作用。它作用于胰腺腺泡细胞,产生各种消化酶,而水和碳酸氢盐的量少;同时也可引起胆囊强烈收缩,促进排出胆汁。

除此之外,促进胰液分泌的体液因素还有胃窦分泌的促胃液素、小肠分泌的血管活性肠肽、神经降压素等。同时,体内还有许多抑制胰液分泌的因素,如 PP、**降钙素基因相关肽(calcitonin gene related peptide,CGRP)**、SS 等。正常情况下,调节胰液分泌的刺激因素和抑制因素相互作用,使胰液分泌处于相对稳定水平。

二、胆汁的分泌与排出

(一) 胆汁的性质和成分

胆汁(bile)味苦有色,由肝细胞不断生成。在消化期由肝管流出,经胆总管而至十二指肠,称为肝胆汁,呈金黄色,pH 为 7.8~8.6。在非消化期流入胆囊管而储存于胆囊,当消化时再由胆囊经胆总管排入至十二指肠,故称为胆囊胆汁,胆囊胆汁因在胆囊中被浓缩而颜色变深,呈黄绿色,并因碳酸氢盐被胆囊吸收而呈弱酸性,pH 约 6.8。成年人每日分泌的胆汁为 800~1 000ml。胆汁的成分很复杂,除水和 Na^+、K^+、Ca^{2+}、HCO_3^- 等无机成分外,有机物主要有胆盐、胆色素、脂肪酸、胆固醇、卵磷脂、黏蛋白及少量重金属离子(如 Cu^{2+}、Zn^{2+}、Mn^{2+} 等)。胆汁中没有消化酶,与消化功能密切相关的是胆盐。

胆汁中的胆色素是血红蛋白的分解产物,包括胆红素及其氧化物胆绿质。胆色素的种类和浓度决定了胆汁的颜色。肝脏能合成胆固醇,约占胆汁固体成分的 4%,其中约一半转化成胆汁酸,剩余的则随胆汁进入胆囊或排入小肠。胆盐是肝细胞利用胆固醇合成的胆汁酸与甘氨酸或牛磺酸结合,再与 Na^+、K^+ 结合而形成的钠盐或钾盐,占胆汁固定成分的 50%,其为双嗜性分子(疏水面朝内,亲水面朝外与水接触),可在水溶液中形成圆筒形的**微胶粒(micelles)**,是胆汁参与消化和吸收的主要成分。**卵磷脂(lecithin)**,占胆汁固体成分的 30%~40%,也是双嗜性分子,参与脂肪的乳化和混合微胶粒的形成并促进胆固醇溶解于微胶粒中。正常情况下,胆汁中的胆盐、胆固醇和卵磷脂的适当比例是维持胆固醇成溶解状态的必要条件。当胆固醇分泌过多,或胆盐、卵磷脂合成减少时,胆固醇就容易沉积下来,这是

胆结石形成的重要原因。

（二）胆汁的作用

胆汁对于脂肪的消化和吸收具有重要意义。它的作用是：

1. 促进脂肪消化　胆盐可乳化脂肪，降低脂肪表面张力，使脂肪乳化成脂肪微滴分散在肠腔内，增加胰脂肪酶的作用面积，加速其分解脂肪的作用。

2. 促进脂肪吸收　当肠腔中的胆盐达到一定浓度后，胆汁中的胆固醇、磷脂以及食物中的脂肪酸均可渗入到微胶粒的内部，形成水溶性复合物，促进向小肠黏膜刷状缘的转运吸收。

3. 促进脂溶性维生素吸收　胆盐促进脂肪分解产物的消化吸收的同时对脂溶性维生素（维生素 A、D、E、K）的吸收也有促进作用。

（三）胆汁分泌和排出的调节

高蛋白食物（蛋黄、肉、肝）刺激胆汁分泌作用最强，高脂肪或混合食物作用次之，糖类食物作用最小。胆汁的分泌受神经和体液的调节，以体液调节为主。

1. 体液调节

（1）胆盐：胆盐的利胆作用最强，可刺激肝细胞分泌胆汁，临床常作利胆剂。胆汁中的胆盐或胆汁酸排至小肠后，绝大部分在回肠末端重吸收入门静脉，到达肝脏再次形成胆汁后分泌入小肠，这一过程称为胆盐的**肠 - 肝循环（enterohepatic circulation of bilesalt）**（图 6-6）。胆盐每循环一次约损失 5%，每次进餐后可进行 2~3 次的肠 - 肝循环，有 6~8g 胆盐排出。

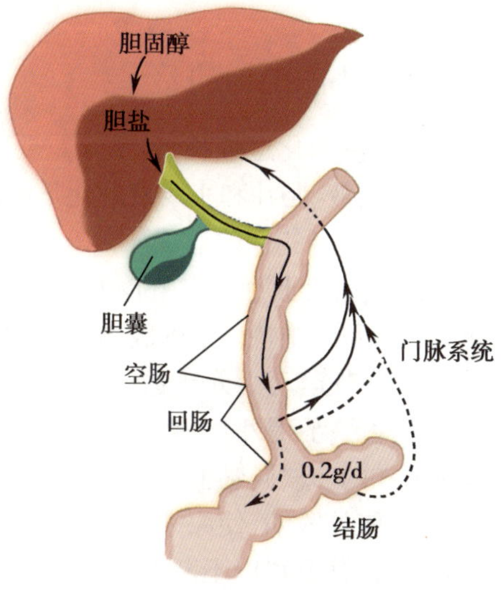

（2）促胃液素：促胃液素直接促进肝胆汁分泌，胆囊收缩；或通过促进胃酸分泌引起十二指肠 S 细胞产生促胰液素，间接促进肝胆汁分泌。

（3）促胰液素：促胰液素可作用于胆管系统，促进胆汁分泌，分泌的胆汁以 HCO_3^- 为主，对胆盐分泌无影响。

图 6-6　胆盐的肠 - 肝循环示意图

（4）缩胆囊素：在蛋白质分解产物、盐酸和脂肪等的作用下，小肠上部的 I 细胞可释放缩胆囊素，使胆囊平滑肌收缩，同时降低 Oddi 括约肌的紧张性，促进胆囊排出胆汁。

2. 神经调节　神经调节对胆汁分泌和胆囊收缩的作用较弱。条件反射（进食动作）、非条件反射（食物对胃、小肠的刺激）可通过①迷走神经引起肝胆汁分泌轻度增加、胆囊收缩轻度加强；②促进促胃液素释放间接影响肝胆汁的分泌、胆囊的收缩。切断两侧迷走神经，或应用胆碱能受体阻断剂，均可阻断这种反应。

三、小肠液的分泌

小肠内有两种腺体：十二指肠腺和肠腺。十二指肠腺又称**勃氏腺（Brunner's gland）**，分布在十二指肠的黏膜下层中，分泌碱性液体，内含黏蛋白，因而黏稠度很高。肠腺又称**李氏腺（Lieberkühn crypt）**，分布于全部小肠的黏膜层内，分泌小肠液的主要部分。

（一）小肠液的性质、成分和作用

小肠液是一种弱碱性液体，pH 约 7.6，渗透压与血浆相等。除大量水外，无机物有 Na^+、

笔记栏

K^+、Ca^{2+}、Cl^-、HCO_3^-等，有机物有黏蛋白、IgA、溶菌酶和肠致活酶等。小肠液的分泌量变动范围很大，成人每日分泌1~3L。它的主要作用是：

1. 稀释作用　大量的小肠液可稀释肠内消化产物，降低渗透压以利吸收。

2. 消化作用　小肠内的碱性液体可与胰液和胆汁一起为小肠内多种消化酶提供适宜的pH环境。由小肠腺分泌的肠致活酶能激活胰液中的胰蛋白酶原，使之变为有活性的胰蛋白酶，利于蛋白质的消化。另外，小肠上皮细胞的刷状缘含有各种消化酶，如肽酶(可将多肽分解成单个氨基酸)、蔗糖酶、麦芽糖酶、异麦芽糖酶和乳糖酶(均可将二糖分解成单糖)、脂肪酶(将中性脂肪分解成甘油和脂肪酸)，对进入上皮细胞的一些营养物质继续进行消化。

3. 保护作用　十二指肠分泌的碱性黏稠液体有润滑作用，保护十二指肠免受胃酸的侵蚀；溶菌酶可溶解肠壁内的细菌；IgA可防止小肠受到有害抗原物质的损害等。

(二) 小肠液分泌的调节

小肠液在不同的条件下分泌量变化很大。食糜对肠黏膜的机械刺激和化学刺激都可通过壁内神经丛的局部反射引起小肠液的分泌。小肠黏膜对扩张的刺激最为敏感，肠内食糜越多，其分泌也越多。促胃液素、促胰液素、缩胆囊素和血管活性肠肽也都有刺激小肠液分泌的作用。

四、小肠的运动

小肠是消化道最长、也是最重要的消化器官之一。空腹时，小肠运动很弱，进食后逐渐增强，与胰液、胆汁和小肠液的化学性消化协同作用。

(一) 小肠的运动形式

1. 紧张性收缩　空腹时小肠就有一定的紧张性收缩活动，可使小肠保持基本形状，并使小肠肠腔内维持一定的腔内压，同时也是小肠其他运动形式的基础。

2. 分节运动　**分节运动(segmental motility)**是以肠壁多处环行肌同时舒缩活动为主的节律性活动。是小肠特有的运动形式。分节运动在空腹时几乎不存在，进食后才逐渐增强。食糜所在的一段肠管上，环行肌许多点同时收缩，把食糜分割成许多节段；随后，原来收缩处舒张、舒张处收缩，使原来的节段分为两半，而相邻的两半则合并又形成一个新的节段；如此反复进行，食糜得以不断地分开，又不断地混合(图6-7)。分节运动的作用有：①食糜与消化液充分混合，便于对食物进行化学性消化；②使食糜与小肠壁紧密接触，利于吸收；③通过对肠壁的挤压，促进小肠壁中血液和淋巴液的回流，为吸收创造良好条件。

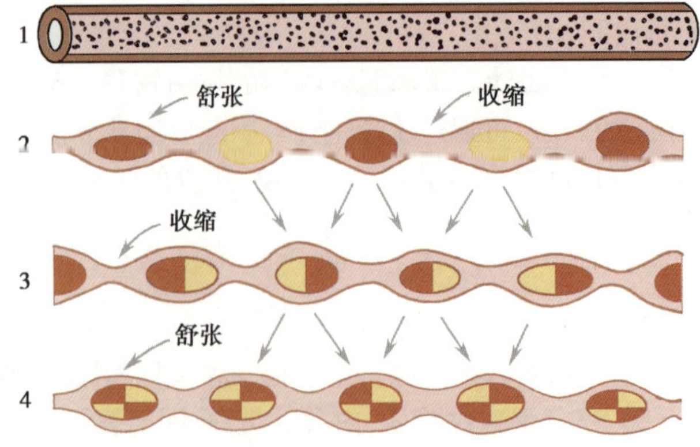

图6-7　小肠的分节运动示意图

1. 肠管表面观；2~4. 肠管纵切面观，分别表示不同阶段的食糜节段分割与合拢的组合情况

笔记栏

3. 蠕动 小肠的蠕动可发生在小肠的任何部位，它是由小肠的环行肌和纵行肌由上而下依次发生的推进性收缩运动。其速度为 0.5~2.0cm/s，近端小肠的蠕动速度大于远端。每个蠕动波只把食糜推进一小段距离，进食后蠕动明显增强。蠕动的意义在于使经过分节运动的食糜向前推进一步，到达一个新肠段，再开始一个新的分节运动。

在回肠末端可出现一种与蠕动方向相反的运动，称为**逆蠕动（antiperistalsis）**，它可使食糜在小肠内来回移动，有利于食糜充分消化吸收。另外小肠还有一种传播速度很快（2~25cm/s）、传播距离较远的蠕动，称为**蠕动冲（peristaltic rush）**。蠕动冲可把食糜从小肠始端一直推送到末端或直达结肠。

（二）小肠运动的调节

1. 神经调节

（1）内在神经丛：肌间神经丛对小肠的运动起主要调节作用。当食物的机械和化学刺激作用于肠壁感受器时，通过肠壁内在神经丛的局部反射可引起平滑肌的运动加强。因此，切断小肠的外来神经，其运动仍可进行。

（2）外来神经：副交感神经兴奋能加强小肠运动，而交感神经兴奋则产生抑制作用。

2. 体液调节 促胃液素、缩胆囊素、P 物质、脑啡肽和 5- 羟色胺可增强小肠运动；促胰液素、肾上腺素、VIP 和 SS 等可抑制小肠运动。

（三）回盲括约肌的功能

回肠末端与盲肠交界处的环行肌显著加厚，起着括约肌的作用，称为回盲括约肌，其在平时保持轻度收缩状态。回盲括约肌的主要功能是防止回肠内容物过快的进入大肠，从而延长食物在小肠内停留的时间，因此有利于小肠内容物的进一步消化和吸收。此外，回盲括约肌还具有活瓣样作用，可阻止大肠内容物逆流入回肠。

第五节 大肠的功能

大肠内没有重要的消化活动。它的主要功能在于吸收水分、无机盐和由结肠内微生物产生的维生素 B 和维生素 K；完成对食物残渣的加工，形成并暂时储存粪便以及将粪便排出体外。

一、大肠液和肠内细菌的活动

（一）大肠液的分泌

大肠液由大肠黏膜表面的上皮细胞和杯状细胞分泌，主要成分为黏液和碳酸氢盐，pH 为 8.3~8.4。大肠液的主要作用在于其中的黏蛋白，它能保护肠黏膜、润滑粪便。大肠液的分泌主要由食物残渣对肠壁的机械性刺激引起。副交感神经兴奋可使其分泌量增加，而交感神经则其使分泌减少。

（二）大肠内细菌的活动

大肠内有许多细菌，主要为大肠杆菌、葡萄球菌等。细菌主要来自食物和空气，它们由口腔入胃，最后到达大肠。正常情况下，大肠内的酸碱度和温度适合不致病的细菌繁殖。据估计，粪便中死的和活的细菌约占粪便固体重量的 20%~30%。大肠内细菌含有分解食物残渣相关的酶，能对糖、脂肪进行发酵；使蛋白腐败；还能合成维生素 B 复合物和维生素 K，供人体利用。若长期应用抗生素，肠内细菌被抑制，可引起肠管菌群紊乱和维生素缺乏。

笔记栏

二、大肠的运动和排便反射

（一）大肠的运动形式

1. 袋状往返运动　是空腹和安静时最常见一种运动形式。它是由环行肌的不规则收缩引起的，可使结肠袋内容物向两个方向作短距离移动，但不向前推动，有助于水的吸收。

2. 分节或多袋推进运动　靠环形肌有规则的收缩完成的，主要见于进食后或副交感神经兴奋时，由一个结肠袋或一段结肠收缩，使其内容物推到下一段结肠。

3. 蠕动　与消化道其他部位一样，大肠蠕动的意义也在于将肠内容物向远端推进。此外大肠还有一种进行速度快而传播远的蠕动，称为集团蠕动。通常始于横结肠，可将一部分大肠内容物推送至降结肠或乙状结肠。集团蠕动常见于进食后，最常发生在早餐后 60 分钟之内，可能是食物充胀胃和十二指肠，通过胃 - 结肠反射和十二指肠 - 结肠反射所引起。

（二）排便反射

正常人的直肠通常是空的，没有粪便。当肠的蠕动将粪便推入直肠时，刺激直肠壁内的感受器，神经冲动经盆神经和腹下神经传至脊髓腰骶段的初级排便中枢，同时上传到大脑皮质，引起便意。当条件允许时，即可发生排便反射。这时冲动由盆神经传出，使降结肠、乙状结肠和直肠收缩，肛门内括约肌舒张；同时，阴部神经的冲动减少，肛门外括约肌舒张，使粪便排出体外。此外，由于支配腹肌和膈肌的神经兴奋，腹肌和膈肌也发生收缩，使腹内压增加，促进粪便排出。

排便反射

正常人的直肠对粪便的压力刺激具有一定的阈值，当达到阈值时即可引起便意。人们如对便意经常予以制止，就使直肠渐渐地对粪便压力刺激失去正常的敏感性，粪便在大肠内停留过久，水分吸收过多而变得干硬，引起排便困难，这是产生功能性便秘的最常见原因之一。

第六节　吸　　收

一、吸收的部位和途径

（一）吸收的部位

消化道不同部位的吸收能力和吸收速度是不同的。在口腔和食管内食物基本不吸收，只能吸收某些脂溶性小分子药物，如硝酸甘油。胃的吸收能力很弱，仅能吸收少量的水、高脂溶性的物质（如乙醇）和某些药物（如阿司匹林）等。食物中的糖类、蛋白质和脂肪的消化产物大部分是在十二指肠和空肠吸收，回肠有其独特的功能，即主动吸收胆盐和维生素 B_{12}。大肠主要吸收内容物中的水分和无机盐。可见，小肠是机体主要的吸收部位。

小肠作为机体主要的吸收部位存在下列有利条件：①食物在小肠内停留时间长（3~8 小时）；②吸收面积巨大：正常成年人的小肠长度 5~7m，其黏膜具有环形皱褶，并拥有大量的绒毛，长度 0.5~1.5mm。每一条绒毛的外面是一层柱状上皮细胞。柱状上皮细胞顶端有微绒毛（约 1 700 条微绒毛）。由于环状皱褶、绒毛和微绒毛的存在，最终使小肠的吸收面积扩大 600 倍，约 $200m^2$（图 6-8）；③进入小肠的食物已被消化为适于吸收的小分子物质；④绒毛节律性的伸缩和摆动，加速绒毛内血液和淋巴的流动，有助于吸收。

（二）吸收的途径

营养物质和水主要经跨细胞途径和细胞旁途径进入血液或淋巴。跨细胞途径是指通过

笔记栏

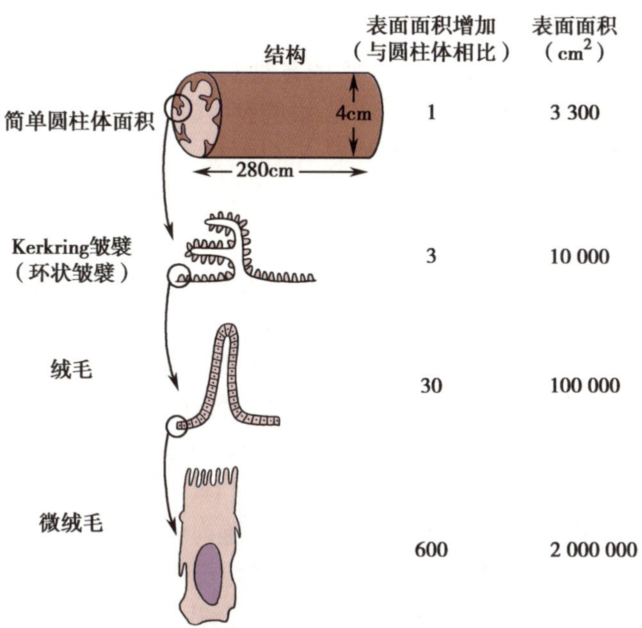

图 6-8　增加小肠表面积的结构示意图

绒毛柱状上皮细胞的腔面膜进入细胞内，再通过细胞基底侧膜进入细胞外间隙的过程；细胞旁途径则为肠腔内物质通过上皮细胞之间的紧密连接进入细胞间隙，然后再转入血液或淋巴的过程（图 6-9）。营养物质吸收的机制有被动转运、主动转运及胞饮。

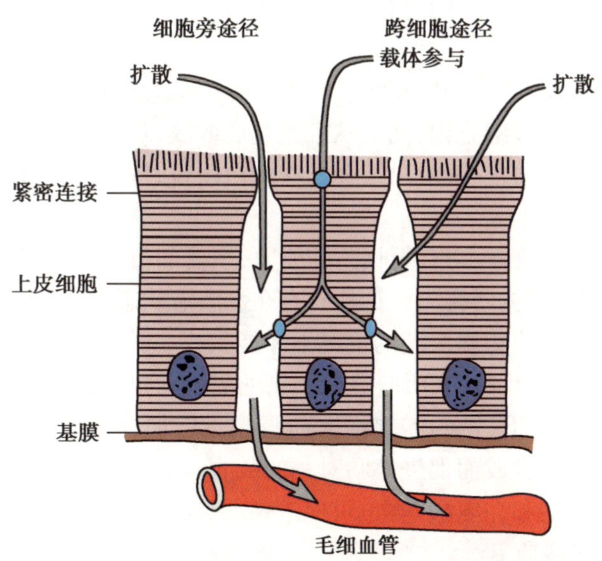

图 6-9　小肠黏膜吸收水和小分子溶质的途径示意图

二、小肠内主要物质的吸收

小肠各部位对物质的吸收能力、速度和机制不完全相同。小肠被吸收的物质除膳食供给外，还有各种消化腺分泌的大量消化液。正常情况下，小肠每天吸收几百克糖、100g 以上的脂肪、50~100g 氨基酸、50~100g 各种离子和 6~8L 水等。

笔记栏

(一) 水的吸收

正常成人每日摄入 1~2L 水，每天分泌的各种消化液可达 6~8L，由粪便带走的水仅 0.1~0.2L，因此每天吸收的液体总量约达 8L。水绝大多数由小肠，特别其是小肠上段吸收，主要以渗透作用被动吸收。溶质分子，特别是 NaCl 的主动吸收所产生的渗透压梯度是水分吸收的主要动力。

(二) 无机盐的吸收

一般来说，单价碱性盐类如钠、钾、铵盐的吸收很快，多价碱性盐类则吸收很慢。而凡能与钙结合而形成沉淀的盐，如硫酸盐、磷酸盐、草酸盐等，则不能被吸收。因 $MgSO_4$、Na_2SO_4 等在肠内不易吸收，可维持肠内高渗透压以减少水吸收，故临床作为泻药使用。

1. 钠的吸收　成人每日摄入 250~300mmol 钠，消化腺大致分泌相同数量的钠，但从粪便中排出的钠不到 4mmol，说明肠内 95%~99% 的钠都被吸收。

小肠黏膜上皮细胞从肠腔吸收 Na^+ 是主动转运过程。动力来自上皮细胞基底侧膜中钠泵的活动。钠泵的活动造成细胞内低 Na^+，且上皮细胞内的电位较膜外肠腔电位为 −40mV，同时细胞内钠的浓度远较周围液体为低，因此，钠顺电化学梯度，并与其他物质（如葡萄糖、氨基酸等）同向转运入细胞内。进入细胞内的 Na^+ 再经基底侧膜钠泵转运出细胞，进入组织间隙，然后进入血液。

2. 铁的吸收　铁主要在十二指肠和空肠被吸收。人每日吸收的铁约为 1mg，仅为每日膳食中含铁量的 1/10。铁的吸收与机体对铁的需要有关，孕妇、生长中的儿童及缺铁的患者，铁的吸收量较大。食物中的铁主要为 Fe^{3+}，但其只有被还原为 Fe^{2+} 才能被十二指肠和空肠吸收，维生素 C、果糖等还原性物质能将 Fe^{3+} 还原为 Fe^{2+} 而促进铁的吸收；酸性环境使铁易于溶解，因此胃酸可促进铁的吸收。胃大部切除或慢性萎缩性胃炎患者，因长期胃酸分泌不足而影响铁的吸收，可引起缺铁性贫血。食物中植酸和草酸等可与铁形成不溶性复合物，从而抑制铁的吸收。

铁的吸收是一个主动过程。由肠腔进入黏膜上皮细胞的 Fe^{2+} 中，小部分是通过转铁蛋白受体介导入胞的方式进入细胞内，随后从细胞基底侧膜以主动转运形式吸收入血；大部分则被氧化为 Fe^{3+}，与细胞内的脱铁蛋白结合成铁蛋白而暂时留在细胞内，以后缓慢向血液中释放。

3. 钙的吸收　小肠各部分均有吸收钙的能力，主要部位在十二指肠。食物中的钙仅有一小部分被吸收，大部分随粪便排出。钙盐只有在水溶液状态（如氯化钙、葡萄糖酸钙溶液），而且在不被肠腔中任何其他物质沉淀的情况下才能吸收。肠内的酸度对钙的吸收有重要影响，pH 约为 3 时，钙呈离子化状态，吸收最好。钙的吸收量也受机体需要的调控，如在儿童、孕妇和哺乳期妇女等情况下，钙的需求增大而吸收量增加；活化的 1,25-$(OH)_2$- 维生素 D_3 可诱导钙结合蛋白及钙泵合成而促进小肠对钙的吸收。另外，食物中脂肪酸、乳酸以及某些氨基酸（如赖氨酸、色氨酸和亮氨酸）等也可促进钙的吸收；而食物中草酸和植酸因与钙形成不溶性复合物而抑制钙吸收。

钙的吸收是主动转运过程。钙通过小肠黏膜细胞微绒毛上的**钙结合蛋白（calcium binding protein，CaBP）**进入细胞内，再经 Ca^{2+} 泵及 Na^+-Ca^{2+} 转运体转运到组织间隙，然后转入血液。此外，肠腔内的 Ca^{2+} 也可通过上皮细胞顶端膜的 Ca^{2+} 通管进入细胞，或由旁细胞途径被动吸收。

4. 负离子的吸收　小肠内吸收的负离子主要有 Cl^-、HCO_3^-。由钠泵产生的电位差可促进肠腔内负离子向细胞内移动。但也有证据认为，负离子可独立吸收。

（三）糖的吸收

糖类只有在分解为单糖时才能被小肠黏膜上皮细胞所吸收。各种单糖的吸收速率有很大差别，已糖的吸收很快，而戊糖则很慢。在已糖中，又以半乳糖和葡萄糖的吸收为最快，果糖次之，甘露糖最慢。

单糖的吸收部位主要在十二指肠和上段空肠，是逆浓度差、消耗能量的主动转运过程，能量来自钠泵，属于继发性同向主动转运。葡萄糖的吸收是与 Na^+ 的吸收耦联进行的，在肠腔经 Na^+ 葡萄糖同向转运体进入肠黏膜上皮细胞内（一个转运体蛋白可与两个 Na^+ 和一个葡萄糖分子结合）。进入细胞后 Na^+ 由细胞膜上的钠泵主动转运出细胞，以维持细胞内低 Na^+，从而保证转运体转运 Na^+ 入胞，同时也为葡萄糖的转运提供动力。而进入细胞内的葡萄糖则通过基底侧膜上的另一非 Na^+ 依赖性的葡萄糖转运体以易化方式扩散进入血液。因此，葡萄糖的吸收需要 Na^+ 和钠泵参与。用哇巴因（毒毛花苷）可抑制钠泵，因而抑制葡萄糖的吸收；而肠腔中的葡萄糖也易化 Na^+ 的吸收。因此，临床上治疗 Na^+、水丢失的腹泻时，口服的 NaCl 溶液中常添加葡萄糖。

（四）蛋白质的吸收

机体食入的蛋白质消化为氨基酸后几乎全部在小肠吸收。烹饪过的蛋白质因变性而易于消化，在十二指肠和近端空肠就被迅速吸收，未经烹饪过的蛋白质较难消化，需进入回肠后才基本被吸收。

氨基酸的吸收与葡萄糖的吸收相似，通过与 Na^+ 吸收耦联进入血液循环，也属继发性同向主动转运。目前在小肠壁上已确定出三种主要参与转运氨基酸的特殊运载系统，它们分别转运中性、酸性和碱性氨基酸。一般来讲，中性氨基酸的转运速度比酸性和碱性氨基酸快。

小肠的刷状缘上还存在有二肽和三肽的转运系统，因此，许多二肽和三肽也可被小肠黏膜上皮细胞吸收，而且肽的转运系统其吸收效率可能比氨基酸的更高。进入细胞内的二肽和三肽，可被细胞内的二肽酶和三肽酶进一步分解为氨基酸，再进入血液循环。

（五）脂肪的吸收

脂肪吸收的主要形式是甘油、一酯酰甘油和脂肪酸。甘油易溶于水，同单糖一起被吸收。其余消化产物均不溶于水，它们很快和胆盐结合形成水溶性的混合微胶粒，借助于胆盐的亲水性协助它们通过覆盖在小肠绒毛表面的非流动水层到达微绒毛上。之后一酯酰甘油、脂肪酸等又逐渐地从混合微胶粒中释出，透过微绒毛膜进入黏膜上皮细胞，而胆盐则留在肠腔中。长链脂肪酸和一酯酰甘油进入上皮细胞后，大部分在内质网重新合成为三酯酰甘油，并与细胞内生成的载脂蛋白合成**乳糜微粒（chylomicron）**。乳糜微粒一旦形成即进入高尔基复合体中形成囊泡，以胞吐的方式扩散入毛细淋巴管。中、短链脂肪酸及其构成的一酯酰甘油，进入上皮细胞后不再变化，直接进入门静脉系。由于膳食中的动、植物油中含有 15 个以上碳原子的长链脂肪酸很多，所以脂肪的吸收途径仍以淋巴为主。

（六）胆固醇的吸收

进入肠管的胆固醇主要有两个来源：一部分来自食物，另一部分来自胆汁。胆汁中的胆固醇是游离的，而食物中的胆固醇是酯化的。酯化的胆固醇必须在肠腔中经消化液中的胆固醇酯酶的作用，水解为游离胆固醇后才能被吸收。游离的胆固醇通过形成混合微胶粒，在小肠上段被吸收。被吸收的胆固醇大部分在小肠黏膜细胞中又重新酯化，生成胆固醇酯，最后与载脂蛋白一起组成乳糜微粒经由淋巴系统进入血液循环中。

影响胆固醇吸收的因素很多，一般来说食物中胆固醇含量越多，吸收也越多，但两者不呈线性关系。食物中脂肪和脂肪酸能促进胆固醇吸收；胆盐可与胆固醇形成混合微胶粒而促进其吸收；植物固醇如豆固醇、β 谷固醇等可抑制胆固醇吸收；食物中纤维素、果胶、琼脂

笔记栏

等易与胆盐形成复合物，可阻碍微胶粒形成，从而抑制胆固醇吸收。

（七）维生素的吸收

多数维生素在小肠上段吸收。水溶性维生素通过被动方式吸收。维生素 B_{12} 与内因子结合为复合物在回肠末端主动吸收。脂溶性维生素 A、D、E、K 的吸收同脂肪类消化产物。

学习小结

1. 概述　消化道平滑肌的一般生理特性包括对牵张、温度和化学刺激敏感，紧张性收缩，富有伸展性，自动节律性等5个方面；具有静息电位、慢波电位和动作电位三种电形式，慢波电位是平滑肌的起步电位。胃肠道受外来神经系统和内在神经系统的双重支配，消化道还能产生多种胃肠激素，与神经系统一起共同调节消化道的运动及消化液的分泌。

2. 口腔内消化　唾液中参与食物消化的酶只有唾液淀粉酶，其分泌完全是神经调节。

3. 胃内消化　胃液主要成分有盐酸、胃蛋白酶原、黏液、碳酸氢盐和内因子，主要参与蛋白质的消化。消化期胃液分泌分为头期、胃期和肠期，受神经和体液调节。胃的运动形式有容受性舒张、紧张收缩和蠕动。胃排空是间断的，排空速度受食物性状等的影响。

4. 小肠内消化　小肠是人体主要的消化器官，胰液是最重要的消化液，主要成分有碳酸氢盐、胰淀粉酶、胰脂肪酶、胰蛋白酶原和糜蛋白酶原。胆汁不含消化酶，胆盐促进脂肪的消化和吸收。小肠的运动形式有分节运动、紧张性收缩和蠕动，分节运动是小肠特有的运动形式。

5. 大肠的功能：大肠的主要功能在于吸收水分、无机盐，产生维生素B和维生素K；形成、储存粪便并通过排便反射排出体外。

6. 吸收　营养物质的吸收主要由小肠完成，通过跨细胞途径和旁细胞途径来实现。糖和蛋白质分别以单糖和氨基酸的形式主动吸收入血，脂类消化产物脂肪酸、一酯酰甘油、胆固醇和脂溶性维生素的吸收以进入淋巴为主。

（汝　晶）

扫一扫，测一测

复习思考题

1. 患者接受胃大部切除术后可能出现哪种贫血？机制是什么？
2. 为什么说胰液是机体消化液中最重要的一种？
3. 为什么说小肠是机体最主要的吸收场所？

笔记栏

课件

第七章 能量代谢和体温

学习目标

识记基础代谢率，体温的概念，机体的产热和散热，体温调节中枢；知晓机体能量的来源和转化；理解能量代谢测定的相关概念，影响能量代谢的主要因素，人体体温正常值及其生理波动，体温调节机制。

第一节 能量代谢

新陈代谢是生命活动的基本特征之一，新陈代谢包括物质代谢和能量代谢。其中物质代谢又可分为两方面：一是合成代谢，机体不断从摄取的营养物质的代谢过程中储存能量；二是分解代谢，机体将营养物质蕴藏的化学能释放出来，经过转化，最终成为机体各种生命活动的能源。通常把生物体内物质代谢过程中所伴随发生的能量释放、转移、储存和利用的过程，称为**能量代谢（energy metabolism）**。

一、机体能量的来源和转化

（一）能量的来源

机体所需能量主要来源于食物中的糖、脂肪和蛋白质，这些能源物质分子结构中的碳氢键蕴藏着化学能，在氧化分解过程中碳氢键断裂，释放出蕴藏的能量。

1. 糖　糖是体内主要的供能物质。人体所需能量的50%~70%是由糖类物质的氧化分解提供的。食物中的糖经消化吸收主要是以葡萄糖的形式进入血液循环，血液中的葡萄糖称为血糖，可直接供给全身细胞利用，也可通过肝糖原和肌糖原的形式储存于肝脏和肌肉中。

2. 脂肪　脂肪是体内重要的储能和供能物质。体内储存的脂肪量可达体重的10%~20%，每克脂肪在体内氧化所释放的能量约为糖的2倍。一般情况下，通过脂肪的氧化分解提供的能量不超过机体消耗的总能量的30%。但在饥饿时，由于大量糖原被消耗，机体则主要动用体内的脂肪氧化供能。储存的脂肪所提供的能量可供机体使用多达10天至2个月。

3. 蛋白质　蛋白质一般不用来供能。只有在某些特殊情况下，如长期不能进食或能量消耗量极大时，体内的糖原和储存的脂肪大量消耗，能量极度缺乏时，机体才开始分解蛋白质，依靠氨基酸供能，以维持基本的生理活动。

（二）机体能量的转化

三磷酸腺苷是能量转移、储存和利用的关键物质。三大能源物质在氧化过程中，所蕴含

笔记栏

的化学能95%可在体内释放、转化和利用。释放的全部能量中，50%以上转化为热能，主要用于维持机体体温。其余不足50%的能量以化学能的形式储存在**三磷酸腺苷（adenosine triphosphate，ATP）**等高能化合物的高能磷酸键中。当1分子ATP水解为**二磷酸腺苷（adenosine diphosphate，ADP）**及磷酸时，可同时释放出33.47kJ的能量，供机体完成各种生理功能，如肌肉的收缩和舒张、生物活性物质的合成、物质跨膜转运、神经冲动传导、腺体的分泌和神经递质的释放等。所以，ATP既是机体重要的储能物质，又是直接的供能物质。生命活动中消耗的ATP，将由能源物质在体内氧化分解所释放的能量不断地使ADP重新氧化磷酸化形成ATP而得以补充。ATP分解所释放的能量被细胞利用后，其绝大部分最终也转化为热能。只有骨骼肌运动时，可有15%~20%的能量转化为机械外功，其余也都转化为热能而散发于体外。

除ATP外，**磷酸肌酸（creatine phosphate，CP）**是体内另一种含有高能磷酸键的储能化合物，主要存在于肌肉组织中。当物质氧化释放的能量过剩时，ATP将高能磷酸键转给肌酸，形成CP，将能量储存起来。当组织细胞耗能增加，ATP被消耗减少时，CP中的高能磷酸键又可快速转给ADP，生成ATP，以满足机体对能量的应急需求。但是CP不能直接提供细胞生理活动所需要的能量，所以CP可看作是ATP的储存库（图7-1）。从整个能量代谢过程中可以看到，ATP的合成与分解是体内能量转移和储存的关键环节。

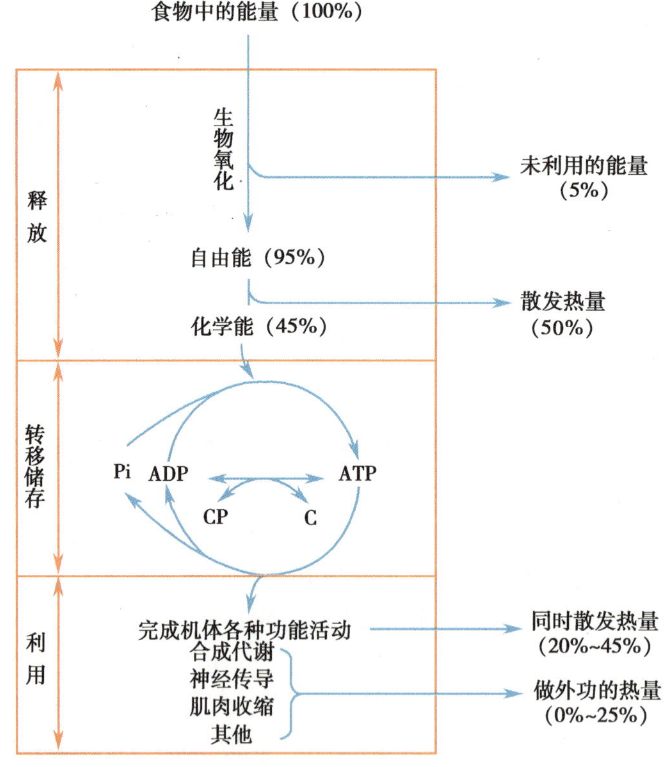

图7-1 体内能量的释放、转移、储存和利用示意图
C：肌酸；CP：磷酸肌酸

二、能量代谢的测定

能量代谢测定是指测定单位时间机体消耗的能量，即**能量代谢率（energy metabolism rate）**。机体的能量代谢遵循能量守恒定律，即能量由一种形式转化为另一种形式的过程中，既不增加，也不减少。因此，测定机体一定时间内所散发的热量就可以反映机体所消耗的能

量，从而计算出机体的能量代谢率。测定方法包括直接测热法和间接测热法。

(一) 直接测热法

直接测热法(direct calorimetry)是将机体安置在一个密闭、隔热的房间内，直接收集安静状态下一定时间内机体散发的总热量并加以测量的方法。此法测量精确，常作为间接测热法的参考标准，但装置复杂，使用不便，因而极少应用。

(二) 间接测热法

间接测热法(indirect calorimetry)的理论依据是化学反应中所遵循的定比定律，即在一般化学反应中，反应物的量与产物的量之间呈一定的比例关系。例如，葡萄糖无论是在体内氧化还是在体外燃烧，化学反应式都具有下面的定比关系，其中 ΔH 代表能量：

$$C_6H_{12}O_6+6O_2=6CO_2+6H_2O+\Delta H$$

间接测热法需要利用以下相关参数计算体内产生的热量。

1. 食物的热价　1g 某种食物在体内氧化(或在体外燃烧)时所释放的热量，称为这种**食物的热价(thermal equivalent of food)**。食物的热价通常用焦耳(J)作计量单位。食物的热价分为物理热价和生物热价，前者是指食物在体外燃烧释放的能量，后者则指食物在体内氧化所产生的能量。糖和脂肪在体内可彻底氧化成 CO_2 和 H_2O，故物理热价和生物热价相等。蛋白质在体内不能彻底氧化，有一部分包含在尿素、尿酸和肌酐等分子中的能量从尿中排出，还有很少量含氮产物随粪便排出，因此，蛋白质的物理热价大于生物热价(表 7-1)。

2. 食物的氧热价　某种食物氧化时消耗 1L 氧所产生的热量，称为该**食物的氧热价(thermal equivalent of oxygen)**。氧热价反映某种物质氧化时的耗氧量和产热量之间的关系。由于不同营养物质分子结构中所含的碳、氢及氧等元素的比例不同，所以，它们的氧热价也各不相同(表 7-1)。

表 7-1　糖、脂肪和蛋白质氧化时的热价、氧热价和呼吸商

营养物质	产热量(kJ/g)		耗氧量	CO_2 产生量	氧热价	呼吸商
	物理热价	生物热价	(L/g)	(L/g)	(kJ/L)	(RQ)
糖	17.15	17.15	0.83	0.83	21.00	1.00
蛋白质	23.43	17.99	0.95	0.76	18.80	0.80
脂肪	39.75	39.75	2.03	1.43	19.70	0.71

3. 呼吸商　各种营养物质在体内氧化分解时，需要消耗 O_2，同时产生 CO_2。一定时间内机体 CO_2 产生量与耗 O_2 量的比值，称为**呼吸商(respiratory quotient, RQ)**。测算呼吸商时，严格来讲应该以 CO_2 和 O_2 的摩尔数表示，但由于在同一温度和气压条件下，摩尔数相同的不同气体容积相等，所以通常可以用 CO_2 和 O_2 的容积数(ml 或 L)计算呼吸商。即：

$$RQ= CO_2\text{ 产生量(ml)}/O_2\text{ 消耗量(ml)}$$

葡萄糖氧化时，产生的 CO_2 量与消耗的 O_2 量是相等的，所以糖的呼吸商等于 1.00，蛋白质和脂肪的呼吸商分别为 0.80 和 0.71。脂肪的呼吸商较小，是因为脂肪分子结构中氧的含量远较碳和氢少，氧化时需要消耗更多氧的缘故。

呼吸商通常被认为可反映某一特定时间内机体氧化三种营养物质的种类和比例。如果某人的呼吸商接近于 1.00，说明此人在这段时间内利用的能量主要来自糖的氧化；若呼吸商接近于 0.71，表明机体能量主要来自脂肪的分解。例如糖尿病患者因葡萄糖的利用发生障碍，机体主要依靠脂肪氧化供能，其呼吸商接近 0.71。正常人食入混合食物时，呼吸商常在 0.85 左右。

笔记栏

4. 非蛋白呼吸商　一般情况下，体内能量主要来自糖和脂肪的氧化，蛋白质的代谢量可以忽略不计。糖和脂肪氧化时产生的 CO_2 量和消耗的 O_2 量的比值称**非蛋白呼吸商(non protein respiratory quotient, NPRQ)**。非蛋白呼吸商与氧热价之间有一定的比例关系(表 7-2)。已知非蛋白呼吸商，就可从表中查找氧热价，用氧热价乘以耗 O_2 量即可得到非蛋白质代谢的产热量。

表 7-2　非蛋白呼吸商与氧热价

非蛋白呼吸商	氧化百分比		氧热价(kJ/L)
	糖(%)	脂肪(%)	
0.707	0.00	100.00	19.61
0.71	1.10	98.90	19.62
0.73	8.40	91.60	19.72
0.75	15.60	84.40	19.83
0.77	22.80	77.20	19.93
0.79	29.00	70.10	20.03
0.80	33.40	66.60	20.09
0.82	40.30	59.70	20.20
0.84	47.20	52.80	20.29
0.86	54.10	45.90	20.40
0.88	60.80	39.20	20.50
0.90	67.50	32.50	20.60
0.92	74.10	25.90	20.70
0.94	80.70	19.30	20.82
0.96	87.20	12.80	20.91
0.98	93.60	6.40	21.01
1.00	100.00	0.00	21.12

间接测热法是利用定比关系测算出在一定条件下体内物质氧化分解释放的能量，即机体内产生的热量。其主要步骤是：①测定：检测机体在一定时间内的耗 O_2 量、产生的 CO_2 量及尿氮排出量；②换算：按照 1g 尿氮相当于氧化分解 6.25g 蛋白质，算出体内氧化蛋白质的量，根据蛋白质的生物热价(表 7-1)，计算出氧化蛋白质食物的产热量、耗 O_2 量及 CO_2 产生量；从总耗 O_2 量和 CO_2 产生量中减去蛋白质氧化时的耗 O_2 量和 CO_2 产生量，算出非蛋白食物的呼吸商；再从表 7-2 查出该呼吸商值对应的氧热价，即可计算出非蛋白食物的产热量；③总产热量计算：将氧化蛋白质食物的产热量与非蛋白质食物的产热量相加，即可得到总产热量。

三、影响能量代谢的主要因素

机体的能量代谢不是固定不变的，而是在各种因素的影响下经常发生变化。能量代谢主要受下列因素影响。

(一) 肌肉活动

肌肉活动是影响能量代谢的最主要因素。机体任何轻微的活动都可提高代谢率。因此，

在测定基础代谢率时应该避免肌肉活动。

（二）精神活动

人在平静状态下思考问题时，能量代谢受到的影响并不大。但在精神处于紧张状态时，如烦恼、恐惧和情绪激动等，由于随之而出现的骨骼肌紧张性增强以及刺激代谢的激素如肾上腺素、肾上腺皮质激素及甲状腺激素等释放增多，使机体的代谢加快，产热量显著增加。因此，在测定基础代谢率时，应该避免精神紧张的影响。

（三）食物的特殊动力效应

人在进食后的一段时间内，虽然处于安静状态，但所产生的热量却要比进食前有所增加。这种额外增加产热量的现象是由进食所引起的，称为**食物的特殊动力效应（food specific dynamic effect）**。蛋白质的特殊动力效应约为30%；进食糖和脂肪的特殊动力效应相对较低，分别为6%和4%。食物特殊动力效应的产生机制目前尚不明确，可能与肝脏内氨基酸的脱氨基过程和尿素的形成有关。

（四）环境温度

人体安静并处在20~30℃的环境时，肌肉相对松弛，这时能量代谢最为稳定；环境温度过低或过高均可使机体的能量代谢率升高。当环境温度低于20℃时，由于寒冷刺激，使肌肉紧张性增强并反射性引起寒战，代谢率提高；当环境温度高于30℃，体内化学反应速度加快，发汗、循环和呼吸功能增强，代谢率也将增加。

知识链接

能量平衡异常是导致肥胖或消瘦的原因之一

由机体能量的来源和去路可知，食物中营养物质分解释放的能量主要用于维持体温、肌肉做功及物质转运等耗能过程。如果能量代谢的收支平衡，则体重可保持相对稳定。健康体重用国际通用的体质指数（BMI）衡量，即体重（kg）除以身高（m）的平方。中国人健康体重的BMI范围为18.5~25kg/m^2，等于大于25者为超重或肥胖，小于18.5则为消瘦。肥胖按原因可分为单纯性肥胖、遗传性肥胖和继发性肥胖。其中单纯性肥胖与能量平衡异常有关。健康成人的基础代谢，及食物的特殊动力作用通常维持在一个稳定范围内。决定能量平衡有两个关键因素，其一是日常身体活动和运动消耗的能量，其二是进食量。当进食量相对大于运动量，多余的能量就会在体内以脂肪的形式积存下来，增加体重，久之发胖；相反若进食量相对小于运动量，能量不足可以引起身体组织的消耗导致体重下降，久之造成消瘦。与健康体重相比，超重和肥胖者罹患各种疾病的危险性都会增加，可导致高血压、高血糖及血脂代谢紊乱等心脑血管疾病。因此，合理、适量的均衡膳食，辅以科学的运动有助于健康体重的实现。

四、基础代谢

（一）基础代谢与基础代谢率

基础代谢（basal metabolism）是指人体在基础状态下的能量代谢。基础状态是指：清晨、清醒、静卧，未做肌肉活动，无精神紧张，至少禁食12小时，室温保持在20~25℃。在这种状态下，体内能量的消耗只用于维持一些基本的生命活动，能量代谢比较稳定。基础代谢水平常用基础代谢率表示。**基础代谢率（basal metabolism rate，BMR）**是指基础状态下单位时

笔记栏

间内的能量代谢。BMR 比一般安静时的代谢率要低，但并不是最低的，因为熟睡时的代谢率更低（比安静时低 8%~10%，但做梦时可增高）。健康人的 BMR 是相当稳定的。

（二）基础代谢率的测定

研究表明，基础代谢率与机体体重的相关性并不明显，而与体表面积具有比例关系。因此，基础代谢率常以单位时间内每平方米体表面积的产热量来衡量，其单位用 $kJ/(m^2·h)$ 表示。人的体表面积可用 Stevenson 公式计算：

$$体表面积(m^2)=0.006\,1\times 身高(cm)+0.012\,8\times 体重(kg)-0.152\,9$$

体表面积还可根据图 7-2 直接求出。该图的用法是将受试者的身高和体重两点连成一直线，此直线与中间的体表面积标尺的交点就是其体表面积。

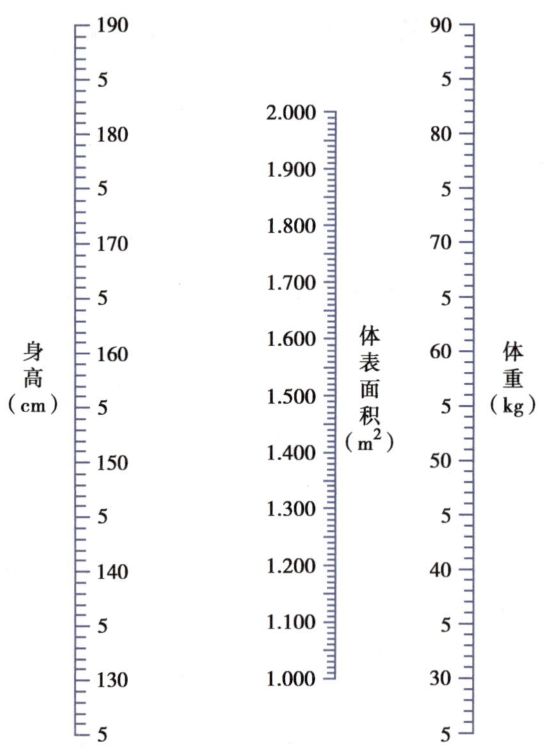

图 7-2 人体体表面积测算图

通常采用简化法来测定和计算 BMR，即将非蛋白呼吸商设定为 0.82，与其相对应的氧热价为 20.20kJ/L，因此只要测出基础状态下每小时的耗 O_2 量和体表面积，根据公式：产热量（kJ）=20.20× 耗 O_2 量，首先算出产热量，继而计算出 BMR。

（三）基础代谢率的正常水平及其变化

BMR 随性别、年龄等不同而有生理变动。年龄段相同时，男子的 BMR 比女子高，幼年比成年高，年龄越大，BMR 越低。但是，同一个体的 BMR，只要测定时严格按照规定的条件，重复测定的结果都基本相同（表 7-3）。判定某受试者被测得的 BMR 是否正常，是将其 BMR 与所对应的正常平均值相比较，算出实测值与正常平均值相差的百分比，若相差在 10%~15% 之内，均属于正常。当相差超过 20% 时，则可能有病理变化，如甲状腺功能亢进时 BMR 可高出正常值 25%~80%；甲状腺功能减退时，BMR 可比正常值低 20%~40%。因此，BMR 的测量是临床诊断甲状腺疾病的重要辅助方法。此外，体温的改变对 BMR 也会产生重要影响，体温每升高 1℃，BMR 将升高 13% 左右。

表 7-3 我国人正常的 BMR 平均值[kJ/(m²·h)]

年龄(岁)	11~15	16~17	18~19	20~30	31~40	41~50	51 以上
男性	195.53	193.44	166.22	157.85	158.69	154.08	149.06
女性	172.50	181.72	154.08	146.55	146.96	142.36	138.59

第二节 体温及其调节

一、人体正常体温及其生理波动

(一) 体温的概念及其正常值

人体各部位的温度并不相同,因此将机体的温度分别用**表层温度(shell temperature)**和**核心(深部)温度(core temperature)**表示。表层温度包括皮肤、皮下组织和肌肉等部位的温度。表层温度较低,容易受到环境温度变化的影响而不稳定,各部位之间的差异也较大,如在环境温度为 23℃时,足皮肤温为 27℃,手皮肤温为 30℃,躯干为 32℃,额部为 33~34℃。皮肤温度与局部血流量有密切关系,凡是能影响皮肤血管舒缩的因素(如环境温度变化或精神紧张等)都能改变皮肤的温度。寒冷环境中,皮肤血管收缩,血流量减少,温度降低最显著。机体的核心温度系指心、肺、脑和腹腔内脏等处的温度。深部温度较高,相对稳定。在不同环境中,深部温度和表层温度的分布区域会发生相对改变(图 7-3)。

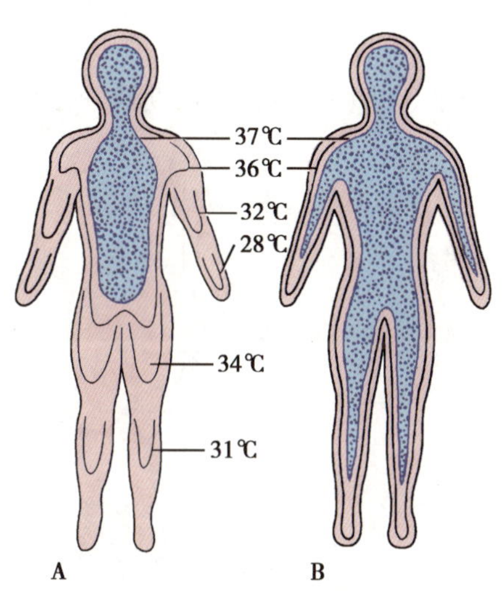

图 7-3 不同环境下人体体温分布图
A. 环境温度 20℃;B. 环境温度 35℃

生理学以及临床上所说的**体温(body temperature)**是指机体深部的平均温度。尽管各器官因为代谢水平不同,其温度略有差别,如肝脏和脑的代谢水平较高,产热也多,温度略高,可达 38℃,而肾脏、胰脏及十二指肠等脏器温度略低,但血液循环可使体内各器官的温度经常趋于一致。因此机体深部血液的温度可以代表深部温度的平均值。由于深部温度特别是血液温度不易测量,所以临床上通常用直肠、口腔和腋窝等处的温度来代表体温,相应部位温度的正常值见表 7-4。测量直肠温度时,应将温度计插入直肠 6cm 以上,才能比较接近深部温度。口腔温度测量时,应将温度计含于舌下,还要注意有无经口呼吸及进食冷热食物的影响。腋窝处是皮肤表面的一部分,其表层温度不能代表深部温度,所以测量时应要求被测者将上臂紧贴胸廓,测量时间要持续 5~10 分钟,且腋窝处保持干燥,这样才能保证深部的热量传至腋窝,使腋下温度接近于深部温度。

表 7-4 健康人不同部位体温(℃)

部位	正常范围
腋窝	36.0~37.4
口腔	36.7~37.7
直肠	36.9~37.9

笔记栏

(二) 体温的生理波动

体温的恒定是相对的，在生理情况下，体温可受昼夜、年龄、性别、环境温度、精神紧张和体力活动等因素的影响而发生生理性波动。

1. 昼夜波动　健康人（新生儿除外）的体温在一昼夜之中呈现周期性波动，称为**昼夜节律**或**日节律（circadian rhythm）**。清晨2~6时体温最低，午后1~6时最高，体温变化幅度一般不超过1℃。研究结果表明，体温的昼夜节律同肌肉活动状态以及耗氧量等没有因果关系，而是由一种内在的生物节律决定。动物实验表明，生物节律是由下丘脑视交叉上核中的生物钟控制的。

2. 性别　成年女性的体温平均比男性约高0.3℃，可能与女性皮下脂肪较多，散热较少有关。而女性的基础体温随月经周期会发生节律性波动（图7-4），在月经周期中，体温在排卵前较低，排卵日可达最低，排卵后体温升高。因此，通过每天清晨醒后起床之前测量基础体温，可以帮助了解有无排卵以及排卵日期。女性的这种周期性体温变化（月经周期）与性激素（孕激素）分泌的周期性变化有关。

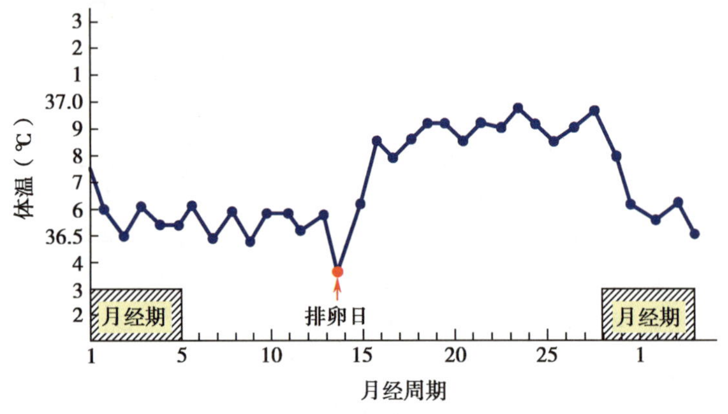

图7-4　月经周期中基础体温的变化

3. 年龄　儿童、青少年体温较高，随着年龄增长体温逐渐降低，老年人基础代谢率低，其体温低于健康成人。新生儿特别是早产儿，由于体温调节机制还不完善，调节体温的能力差，体温易受环境温度的影响，因此应加强婴幼儿保温护理。

4. 肌肉活动　肌肉活动时机体代谢增强，产热量明显增加，导致体温升高。所以，在测量体温时应先让受试者休息一定时间，排除肌肉活动对体温的影响。

5. 其他因素　麻醉药物可通过抑制体温调节中枢的活动、扩张皮肤血管以及增加机体散热而使体温下降，所以对于麻醉手术的患者，术中和术后应注意保温护理。此外，情绪激动、精神紧张、环境温度、进食等情况都会影响体温，故在体温测量时应考虑这些因素。

机体的产热和散热平衡

二、人体的产热与散热

正常人的体温是相对恒定的，维持在37℃左右。体温相对恒定对于维持机体生命活动的正常进行具有非常重要的意义。体温的相对恒定是机体在体温调节机制的控制下，使机体产热与散热两个生理过程保持动态平衡，即体热平衡的结果。

(一) 产热过程

1. 主要产热器官　机体任何组织器官的代谢活动都会产热，不同的组织器官因代谢水平不同而产热量各异。安静时，人体主要由内脏产热。在各内脏中肝脏的代谢最为旺盛，产

热量最大，是机体的主要产热器官。运动或劳动时，骨骼肌则成为主要产热器官。骨骼肌的紧张度稍有增强，产热量即可发生明显的改变，剧烈运动时，骨骼肌产热量可为安静时的10~20倍（表7-5）。

表7-5 几种组织器官的产热百分比

组织器官	占体重百分比(%)	产热量(%)	
		安静状态	劳动或运动
脑	2.5	16	1
内脏(主要是肝)	34.0	56	8
骨骼肌	56.0	18	90
其他	7.5	10	1

2. 产热的形式　机体可以通过不同的方式产热，如基础代谢产热、骨骼肌运动产热、食物的特殊动力效应产热、**寒战产热（shivering thermogenesis）**和**非寒战产热（nonshivering thermogenesis）**等。当机体安静并处于寒冷环境之中时，主要依靠寒战产热和非寒战产热方式增加产热量，从而维持体温的相对稳定。

(1) 寒战产热：寒战是指寒冷环境中骨骼肌发生不随意的节律性收缩。此时骨骼肌收缩基本不做外功，所消耗的能量全部转变为热量，因而产热量很高，这样的产热方式称为寒战产热，有利于维持寒冷环境下的体热平衡。

(2) 非寒战产热：在寒冷环境中，机体通过提高组织代谢率增加产热的方式，称为非寒战产热，又称代谢产热。体内非寒战产热最强的组织是褐色脂肪组织，褐色脂肪细胞的线粒体内膜上存在**解耦联蛋白（uncoupling protein，UCP）**，UCP可解除氧化磷酸化和ATP合成之间的耦联，使代谢反应释放的能量不能用于合成ATP，而是转化为热量散发出来。褐色脂肪组织接受交感神经支配，在寒冷环境中，交感神经活动增强，发生非寒战产热。褐色脂肪组织在新生儿体内较多，由于新生儿体温调节机制不完善，不能发生寒战，所以，非寒战产热对新生儿来说具有重要生理意义。

3. 产热活动的调节

(1) 体液调节：甲状腺激素是调节产热活动的最重要的体液因素。寒冷刺激通过神经系统引起下丘脑释放促甲状腺激素释放激素，该激素促使腺垂体释放促甲状腺激素，进而加强甲状腺的活动。如果机体在寒冷环境中暴露数周，甲状腺激素的分泌量可增加2倍以上，代谢率增加20%~30%。

产热调节示意图

(2) 神经调节：寒冷刺激可兴奋交感神经系统，继而引起肾上腺髓质活动增强，使肾上腺素、去甲肾上腺素分泌增多，刺激产热。寒冷刺激还可引起位于下丘脑后部的寒战中枢兴奋，经下行通路兴奋脊髓前角运动神经元，引起寒战，增加产热。

（二）散热过程

机体深部的热量可以通过热传导和血液循环的方式到达皮肤，再由皮肤通过辐射、传导、对流和蒸发等方式散发到外界环境。因此人体的主要散热部位是皮肤。此外呼吸、尿、粪等排泄物也可散发部分热量。

1. 皮肤散热的方式

(1) 辐射散热：机体以热射线（电磁波）的形式向周围散发热量，这种散热方式称为**辐射散热（thermal radiation）**。辐射散热量的多少主要取决于皮肤与周围环境的温度差，温度差越大，散热量越多；其次是机体的有效散热面积，有效散热面积越大，散热量也越多。由于四

笔记栏

肢面积较大,因而在辐射散热中起重要作用。当人体安静且处于气温较低的环境中时,辐射是散热的主要形式。

(2) 传导散热:机体将热量直接传给与体表相接触的较冷物体,这种散热方式称为**传导散热(thermal conduction)**。传导散热量取决于皮肤与所接触物体表面之间的温度差、接触面积和物体的导热性。温度差越大、接触面积越大及物体的导热性越高,传导散热越多。空气的导热性很小,棉衣之所以能御寒就是因为棉花中包含大量空气,使体热不易因传导而散失。人体的脂肪是不良导热体,肥胖的人由深部传导到皮肤的热量较少,在炎热的天气里特别容易出汗。水的导热性较高,故临床上常用冰帽、冰袋给高热患者降温。

(3) 对流散热:通过气体或液体的流动交换热量的散热方式称为**对流散热(thermal convection)**。当人体皮肤高于环境温度时,人体的热量传给同皮肤接触的空气,由于空气不断流动便将体热带走。对流是传导散热的一种特殊形式。对流散热量的多少,受风速影响极大。风速越大,对流散热量也越多;反之,散热量就越少。衣服覆盖以及棉毛纤维间的空气间隙等均不利于对流散热而起到保暖作用。

(4) 蒸发散热:通过体表水分的蒸发吸收热量而散发体热的散热方式称为**蒸发散热(thermal evaporation)**。当环境温度等于或高于皮肤温度时,辐射、传导及对流散热都将失去作用,此时,蒸发将成为机体唯一有效的散热方式。据测定,体表每蒸发 1g 水分,可带走 2.43kJ 的热量。因此,蒸发是一种很有效的散热途径。临床上用酒精给高热患者擦浴,增加蒸发散热,以达到降温的目的。人体蒸发散热表现为**不感蒸发(insensible evaporation)**和**发汗(sweating)**两种形式。

不感蒸发是指体内的水分直接从皮肤和呼吸道黏膜渗出,在未形成明显水滴之前即被蒸发的一种散热方式。其中皮肤水分蒸发又称不显汗,这种水分蒸发不为人们所觉察,与汗腺的活动无关,即使在低温环境中也可发生。每日经皮肤蒸发的水分为 600~800ml,通过呼吸道黏膜蒸发的水分为 200~400ml。临床上给患者补液时,也应将不感蒸发的水分计算在内。婴幼儿不感蒸发的速率比成人高,机体缺水时,婴幼儿更容易发生脱水。

发汗是汗腺主动分泌汗液的过程。汗液蒸发可有效地带走热量。因为发汗是可以感觉到的,所以又称**可感蒸发(sensible evaporation)**。需要指出的是,汗液必须在皮肤表面气化即蒸发,才具有散热作用,如果被擦掉或流失,则起不到散热作用。人在安静状态下,当环境温度达到 30℃左右时,便开始发汗;如果空气湿度大,气温达 25℃便可发汗;劳动或运动时,由于产热量增加,虽然环境温度低于 20℃也可发汗。

ER-下-7-3
皮肤散热的方式

正常情况下,汗液中的水分占 99% 以上,固体成分不到 1%,大部分为 NaCl。汗腺刚分泌的汗液是等渗的,但汗液经汗腺导管流向体表时,由于受醛固酮的调节,一部分 NaCl 被导管细胞重吸收,使得最后排出的汗液是低渗的。因此,当机体大量出汗时会导致血浆晶体渗透压升高,造成高渗性脱水。但是当发汗速度过快时,汗腺导管不能充分吸收 NaCl,使汗液的 NaCl 浓度增高。这时如不注意及时补充大量丢失的水分和 NaCl,则会引起电解质紊乱,重者可影响神经肌肉组织的兴奋性。

2. 散热的调节

(1) 发汗的调节:发汗是重要的体温调节反应之一。人体有大汗腺和小汗腺。大汗腺主要分布于腋窝和外阴部等处,其活动可能与性功能有关;后者广泛分布于全身皮肤,其活动与体温调节有关。发汗是一种反射活动,下丘脑是发汗反射中枢的最重要部位。小汗腺主要接受交感胆碱能纤维支配,故乙酰胆碱有促进汗腺分泌的作用,阿托品可阻断其活动。在温热刺激作用下引起的全身小汗腺分泌活动称为温热性发汗,在体温调节中起主要作用。位于手、足及前额等处的小汗腺有些受肾上腺素能纤维支配,在精神紧张时能引起发汗,称

为精神性发汗，与体温调节关系不大。精神性发汗常伴随温热性发汗同时出现。

(2) 皮肤血流量的调节：皮肤通过辐射、传导、对流方式散发热量的多少，取决于皮肤和环境之间的温度差，而皮肤温度的高低由皮肤的血流量控制。分布到皮肤的动脉形成动脉网，再经毛细血管延续为丰富的静脉丛。另外，在皮下还有大量的动 - 静脉吻合支。这些结构特点决定了机体可通过改变皮肤血流量来调节散热量。支配皮肤血管的神经是交感缩血管神经。在炎热环境中，交感神经紧张性降低，皮肤小动脉舒张，动 - 静脉吻合支开放，皮肤血流量增加，于是皮肤温度升高，散热量增加。相反，寒冷环境中，交感神经活动增强，皮肤血管收缩，动 - 静脉吻合支关闭，皮肤血流量减少，皮肤温度降低，使散热量大幅度下降，以保持正常体温。

三、体温调节

体温调节的基本方式包括自主性体温调节和行为性体温调节。**自主性体温调节(autonomic thermoregulation)**是指在下丘脑体温调节中枢控制下，通过增减皮肤血流量、发汗、寒战等生理反应，调节产热和散热过程，使体温保持相对恒定的调节方式。这是体温调节的基础。**行为性体温调节(behavioral thermoregulation)**是指机体通过一定的行为有意识地保持体温相对恒定的调节方式。如为了保暖或降温增减衣着，或使用空调等主动采取的行为。行为性体温调节是自主性体温调节的补充，从而使人体能更好地适应自然环境的变化。以下主要介绍自主性体温调节。

自主性体温调节是复杂的神经活动过程，由温度感受器、体温调节中枢、效应器等共同完成。

(一) 温度感受器

体温的变化首先通过温度感受器感受，再由相应的传导通路把温度变化的信息传输到体温调节中枢，根据存在的部位不同可将温度感受器分为外周温度感受器和中枢温度感受器两类。

1. 外周温度感受器　**外周温度感受器(peripheral thermoreceptor)**是指分布于皮肤、黏膜、肌肉和内脏中的对温度变化敏感的游离神经末梢。按其感受温度性质的不同分为热感受器和冷感受器。当皮肤温度降低时，冷感受器活动增强；而皮肤温度升高时，热感受器活动增强。两者的活动分别使各自的传入神经纤维冲动增加，分别引起冷和热的感觉，如人体在皮肤温度为 30℃以下时产生冷觉，35℃以上时产生温觉。

2. 中枢温度感受器　**中枢温度感受器(central thermoreceptor)**是指存在于中枢神经系统内对温度变化敏感的神经元。分布在脊髓、延髓、脑干网状结构、下丘脑以及大脑皮质运动区。根据它们对温度变化的反应又可分为两类神经元：温度升高时放电频率增多的为**热敏神经元(warm sensitive neuron)**；温度降低时放电频率增多的为**冷敏神经元(cold sensitive neuron)**。动物实验表明，在**视前区 - 下丘脑前部(preoptic anterior hypothalamus, PO/AH)**热敏神经元居多；而在脑干网状结构和下丘脑弓状核中冷敏神经元多见。它们对局部组织温度变化非常敏感，温度变化 0.1℃，它们的放电频率都会发生相应的变化，而且不出现适应现象。此外，PO/AH 中某些温度敏感神经元除能感受局部脑的温度信息外，还能够对下丘脑以外的部位，如中脑、延髓、脊髓、皮肤等处的温度变化产生反应，表明外周温度变化的信息可会聚到这类神经元。而且它们还能对致热原或 5- 羟色胺、去甲肾上腺素以及各种多肽产生反应，进而引起体温的变化。

(二) 体温调节中枢

虽然从脊髓到大脑皮质的整个中枢神经系统中都存在参与体温调节的中枢结构，但对

笔记栏

多种恒温动物进行脑分段横断实验证明，只要保持下丘脑及其以下神经结构完整，动物虽然在行为等方面可能表现出障碍，但其仍具有维持体温相对恒定的能力，可见调节体温的基本中枢位于下丘脑。而破坏动物 PO/AH 后，与体温调节有关的产热和散热反应都将明显减弱或消失。说明下丘脑的 PO/AH 是体温调节中枢的关键部位。

(三) 体温调节机制

体温调定点学说

目前关于体温调节的确切机制尚不完全清楚，多数学者认为**调定点(set point)**学说可用于解释下丘脑体温调节的基本机制。该学说认为，体温的调节类似于恒温器的调节。机体根据一个设定的温度数值，对产热和散热过程进行调节，使体温相对恒定于这一水平，这个温度值称为调定点。例如，37℃是正常人体温调节的调定点。体温调节的具体过程如图 7-5 所示，若体温偏离 37℃，机体可通过反馈系统将偏差信息传输至下丘脑体温调节中枢，从而调节产热和散热过程，使体温维持在 37℃上下。

图 7-5 体温调节自动控制示意图

依据调定点学说，可解释临床上的某些发热现象。例如，微生物、细菌所致的发热，是由于在致热原的作用下，PO/AH 热敏神经元的温度反应阈值升高，而冷敏神经元的阈值下降，调定点因而上移的结果。如调定点上移到 39℃，而实际体温为 37℃，则冷敏神经元兴奋，引起畏寒、寒战等产热反应，直到体温升高至 39℃时，产热和散热过程在新的调定点水平达到平衡。只要致热因素不消除，产热和散热过程就继续在此新的体温水平上保持平衡，说明发热时体温调节功能并无障碍，而只是由于调定点上移，体温才升高到发热水平。

发热和中暑

学习小结

1. 能量代谢 能量的来源、机体能量的转化、能量代谢测定中相关概念:(食物的热价、食物的氧热价、呼吸商、非蛋白呼吸商)、影响能量代谢的主要因素(肌肉活动、精神活动、食物的特殊动力效应、环境温度)、基础代谢与基础代谢率。

2. 体温及其调节 体温的概念及其正常值、影响体温生理波动的因素(昼夜、性别、年龄、肌肉)、主要产热器官和产热形式(寒战产热和非寒战产热)、产热活动的调节(体液调节和神经调节)、皮肤散热的方式(辐射、传导、对流、蒸发)、散热的调节(发汗、皮肤血流量)、温度感受器和体温调节中枢。

（曾 群）

复习思考题

1. 测定基础代谢率时需要具备什么条件？基础代谢率的测定有何临床意义？
2. 根据散热原理，对高热患者可采取哪些物理降温方法？
3. 为什么发热患者常伴有寒战反应？

扫一扫，测一测

课件

第八章 尿的生成与排出

学习目标

识记肾小球的滤过功能，渗透性利尿，尿生成的体液性调节（血管升压素、醛固酮）；知晓肾脏的功能，肾脏血液循环的特点及其调节，血浆清除率的概念，尿液的浓缩和稀释，尿的排出；理解肾小管和集合管的重吸收功能（重吸收的特点，Na^+、水、葡萄糖的重吸收），肾小管和集合管的分泌功能。

第一节 概　　述

一、排泄与排泄器官

机体将代谢终产物、多余的物质以及进入机体的各种异物（包括染料、药物等）通过血液循环，经排泄器官排出体外的过程，称为**排泄（excretion）**。机体排泄的途径主要有四条：①肺：通过呼吸排出二氧化碳和少量水分；②消化道：随胆汁排出胆色素和一些无机盐类如钙、镁、铁等；③皮肤：由汗腺排出部分水分、少量氯化钠和尿素；④肾脏：以生成尿液的形式排出大部分代谢产物、水分和各种无机盐和有机物等。因此，这些器官称为**排泄器官（excretory organ）**，由于肾脏排泄的代谢产物种类最多，数量最大，因此肾脏是机体内最重要的排泄器官。

二、肾脏的功能

肾脏的基本功能是排泄，通过尿的生成与排出实现对水、渗透压、电解质和酸碱平衡的调节，维持内环境的相对稳定；正常人每昼夜排尿量为 1 000~2 000ml，平均约为 1 500ml。因为正常人每天有 35~50g 的代谢产物和盐类等是以尿的形式排出体外，溶解这些固体物质最低水量需要 400~500ml，故每个人每天至少要排出 500ml 尿。

当每昼夜的尿量持续超过 2 500ml，则属于多尿；当每昼夜尿量少于 500ml，则属于少尿；当每昼夜尿量少于 100ml，则属于无尿。尿液呈淡黄色而透明，其中水分占 95%~97%，密度介于 1.015~1.025 之间，渗透压可在 50~1 200mmol/L 之间波动。正常人尿的 pH 值介于 5.0~7.0 之间，最大变动范围为 4.5~8.0。

此外，肾脏还具有内分泌功能，分泌多种激素，主要有肾素、促红细胞生成素、前列腺素和羟化维生素 D_3。

笔记栏

三、肾脏的血流特点

(一) 肾血流量大,分布不均

肾脏血液供应丰富,血流量大,正常成人安静时每分钟两侧肾血流量可达约 1 200ml,占心输出量的 20%~25%;肾皮质血流量多,约占肾血流量的 94%,流速快,是保证肾小球滤过的决定性因素;髓质血流量少,约占 6%,其中流经内髓的血流量不到 1%,流速慢,是保证尿液浓缩的重要条件。通常所说的肾血流量主要是指肾皮质血流量。

(二) 肾血流要经过两次毛细血管网

肾动脉由腹主动脉垂直分出后,经叶间动脉、弓形动脉、小叶间动脉逐级分支形成入球小(微)动脉,入球小(微)动脉进入肾小球后又继续分支形成肾小球毛细血管网,然后汇成出球小(微)动脉离开肾小球,出球小(微)动脉再次分支形成毛细血管网,缠绕于肾小管和集合管周围,最后形成小叶间静脉、弓形静脉、叶间静脉、肾静脉离开肾脏,因此肾血流要经过两次毛细血管网,才汇合成静脉。由于入球小(微)动脉的口径比出球小(微)动脉略粗一倍,前者血流阻力比后者小,因此肾小球毛细血管网血压较高,有利于肾小球的滤过;而肾小管和集合管周围毛细血管网是血流第二次通过的毛细血管网,故血压较低,但血浆胶体渗透压却较高,有利于肾小管的重吸收。

(三) 肾血流量相对稳定

在离体肾动脉灌流实验中观察到,当肾动脉灌注压在 10.7~24.0kPa(80~180mmHg)范围内变动时,肾血流量可保持相对稳定(图 8-1)。肾血流量的相对的稳定有赖于肾血流量的自身调节。通过肾血流量的自身调节可使肾小球滤过率也保持相对的恒定,这是肾脏持续生成尿的基本条件。

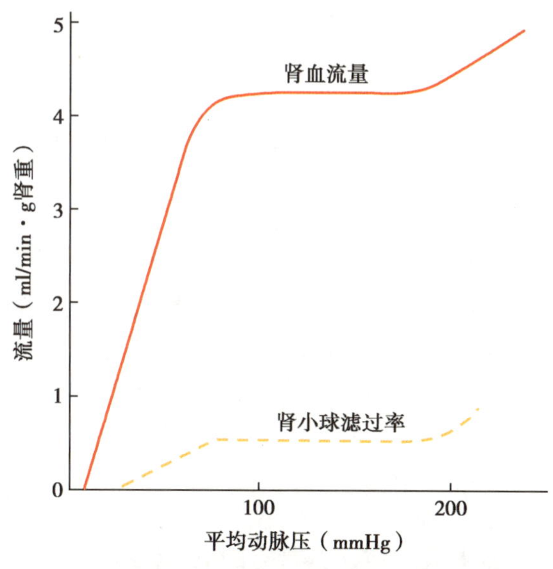

图 8-1　肾血流量和肾小球滤过率的自身调节

第二节　尿生成的过程

尿液的生成是在肾单位和集合管中进行的,首先是血液流过肾小球毛细血管时,血浆中的水和小分子物质滤出到肾小囊腔中,形成超滤液,又称原尿;然后滤液在流经肾小管和集

笔记栏

合管时，其中的大部分水和有用的物质被重吸收回血液；同时，肾小管和集合管的上皮细胞又分泌一些物质加入到小管液中，而形成终尿排出体外。因此，尿生成的过程分为以下三个相互联系的步骤：①肾小球滤过；②肾小管与集合管的重吸收；③肾小管与集合管的分泌。

一、肾小球的滤过功能

肾小球滤过（glomerular filtration）是指血液流过肾小球毛细血管时，除血浆蛋白外，血浆中的水分和小分子物质的血浆成分通过滤过膜滤出到肾小囊腔中，形成原尿的过程。是肾脏生成尿的第一步。在实验中，用微穿刺法从两栖类动物肾小囊中直接抽取囊内液，进行微量化学分析，发现这些囊内液除了不含大分子的蛋白质外，其余各种晶体物质如葡萄糖、氯化物、无机磷酸盐、尿素、尿酸、肌酐等浓度均与血浆一致（表 8-1），而且囊内液的渗透压及酸碱度也与血浆相似，由此表明，肾小球的滤过是一种超滤过程，故原尿就是血浆的超滤液。

表 8-1 血浆、原尿和终尿成分比较（g/L）

成分	血浆	原尿	终尿	终尿中浓缩倍数
水	900.00	980.00	960.00	1.10
蛋白质	70~90	0.30	微量	—
葡萄糖	1.00	1.00	极微量	—
Na^+	3.30	3.30	3.50	1.10
K^+	0.20	0.20	1.50	7.50
Cl^-	3.70	3.70	6.00	1.60
磷酸根	0.04	0.04	1.50	37.50
尿素	0.30	0.30	18.00	60.00
尿酸	0.04	0.04	0.50	12.50
肌酐	0.01	0.01	1.00	100.00
氨	0.001	0.001	0.40	400.00

（一）肾小球滤过膜的通透性

滤过膜（filtration membrane）的结构详见解剖学相关部分。肾小球滤过膜类似过滤器，它既有一定的通透性，能让血浆中许多物质滤出，又具有一定的屏障作用，能阻止血液中的有形成分和血浆中的大分子物质滤出，滤过膜三层结构的分子孔径起到机械屏障作用，而各层所含的带负电荷的糖蛋白，则形成滤过的电学屏障。对于电中性的物质来说，通透性主要取决于物质的分子有效半径大小；一般认为分子有效半径小于 2.0nm 的物质可自由通过滤过膜，分子有效半径大于 4.2nm 的物质则不能滤过；对于带有正负电荷物质来说不但取决于该物质有效半径大小，而且还决定于其带有的电荷性质。研究发现有效半径相同的右旋糖酐，带正电荷的右旋糖酐较容易被滤过，而带负电荷的右旋糖酐则较难通过滤过膜（图 8-2）。血浆中的白蛋白虽然有效半径为 3.6nm，但因为通常是带负电荷的，所以仍很难被滤过。但当肾脏发生病变滤过膜上带负电荷的糖蛋白减少时，由于电学屏障作用降低，带负电荷的血浆白蛋白也能滤出而出现蛋白尿。

（二）肾小球滤过的动力——有效滤过压

有效滤过压（effective filtration pressure）是肾小球滤过的动力，是由肾小球毛细血管血压、血浆胶体渗透压和囊内压三种力量相互作用而形成，其中肾小球毛细血管血压是推

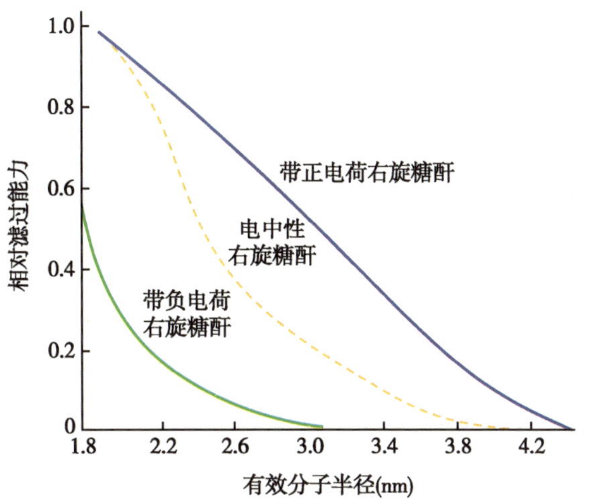

图 8-2　分子有效半径和所带电荷对右旋糖酐滤过能力的影响

纵坐标:1.0 表示能自由滤过;0 表示不能滤过

动滤过的动力;血浆胶体渗透压和囊内压是对抗滤过的阻力。因肾小囊内超滤液中蛋白质浓度极低,故肾小囊内胶体渗透压可忽略不计,其关系可用下式表示:

有效滤过压 = 肾小球毛细血管血压 -(血浆胶体渗透压 + 肾小囊内压)

肾小球毛细血管入球端到出球端的有效滤过压是一个逐渐递降的过程,在靠近入球端,有效滤过压为正值,故有滤过作用;当滤过由毛细血管入球端移行到出球端时,由于血浆蛋白不能滤出,而使血浆胶体渗透压逐渐升高,有效滤过压随之下降(图 8-3),当滤过阻力等于滤过动力时,有效滤过压则为零,称为**滤过平衡(filtration equilibrium)**,滤过就停止。因此,肾小球毛细血管全段并不是都有滤出,滤液只产生于入球小动脉端到滤过平衡之前。

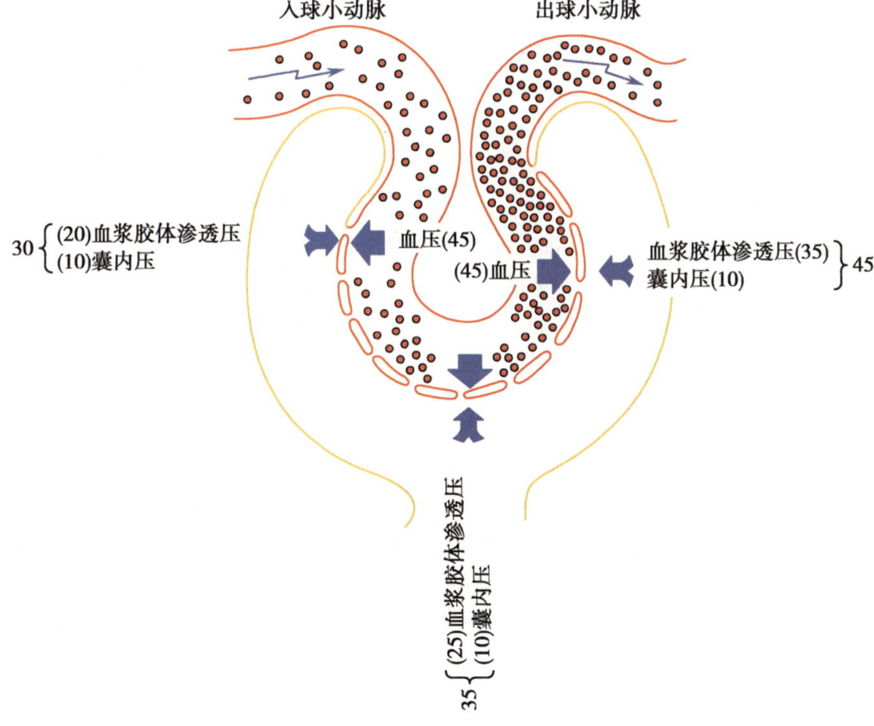

图 8-3　肾小球有效滤过压的变化示意图(单位:mmHg)

笔记栏

（三）衡量肾小球滤过功能的指标

肾小球滤过率和滤过分数是衡量肾小球滤过功能的重要指标。临床上常用肾小球滤过率与滤过分数评价肾功能的损害程度。

1. 肾小球滤过率　单位时间内(每分钟)两肾生成的原尿量(超滤液量),称为**肾小球滤过率(glomerular filtration rate,GFR)**。肾小球滤过率与体表面积有关,体表面积为 $1.73m^2$ 的正常成年人,其肾小球滤过率为 125ml/min 左右。依此计算,两侧肾脏每昼夜从肾小球滤出的超滤液总量可高达 180L 左右。有时间差异,下午最高,夜间最低。GFR 的正常水平与最大值之间的差距可反映肾功能的储备力。

2. 肾小球滤过分数　肾小球滤过率与肾血浆流量的百分比值称**滤过分数(filtration fraction,FF)**。**肾血浆流量(renal plasma flow,RPF)**是指单位时间内(每分钟)流经两肾的血浆量。据测定,肾血浆流量约 660ml/min,因此,滤过分数约为 19%。滤过分数表明,流经肾脏的血浆约有 19% 经肾小球滤过进入了肾小囊腔,形成原尿。

（四）影响肾小球滤过的因素

如前所述,滤过膜、有效滤过压以及肾血浆流量是决定肾小球滤过的基本条件,也是影响肾小球滤过的三个因素。

1. 滤过膜的通透性和面积　生理情况下滤过膜的通透性较稳定,但在病理情况下,滤过膜的通透性可发生较大的变化。在某些肾脏疾病,可使滤过膜各层的糖蛋白减少或消失,或基膜层损伤、破裂,或足突融合及消失,导致电学屏障、机械屏障作用减弱,滤过膜的通透性增大,使带负电荷的血浆白蛋白,甚至红细胞滤出,从而出现蛋白尿和血尿。在急性肾小球肾炎时,由于肾小球毛细血管内皮细胞增生、肿胀,使毛细血管管腔变窄或完全阻塞,以致活动的肾小球数目减少,有效滤过面积显著减少,而使肾小球滤过率降低,产生少尿,甚至无尿。

2. 有效滤过压　有效滤过压是肾小球滤过的动力,因此组成有效滤过压的三个因素中任一因素发生变化时,均可影响肾小球滤过,其中,肾小球毛细血管血压较易改变,是影响有效滤过压的最主要因素。

在正常情况下,当动脉血压变动于 10.7~24.0kPa 范围内时,由于肾血流量具有自身调节的作用,肾小球毛细血管血压相对稳定,对有效滤过压无明显的影响,肾小球滤过率保持不变。但当某些原因(大失血或休克)引起平均动脉血压降到 10.7kPa 以下时,肾小球毛细血管血压才会相应下降,使有效滤过压降低,肾小球滤过率明显减少,产生少尿;当动脉血压降至 5.3~6.7kPa 以下时,肾小球滤过率则降为零,尿生成停止。

在生理情况下,血浆胶体渗透压和肾小囊内压很少变化,对有效滤过压,肾小球滤过率影响不大。临床上,快速静脉输入生理盐水,可降低血浆胶体渗透压,使有效滤过压增高,肾小球滤过率增多,尿量增加;当肾盂或输尿管结石、肿瘤压迫或其他原因引起的输尿管阻塞时,可使肾小囊内压升高,致使有效滤过压降低,肾小球滤过率减少,尿量减少。

3. 肾血浆流量　肾血浆流量(RPF)主要通过影响滤过平衡的位置来影响肾小球滤过率。肾血浆流量加大时,肾小球毛细血管内的血浆胶体渗透压上升速度较慢,滤过平衡的位置会靠近出球小动脉端,具有滤过作用的毛细血管段较长,肾小球滤过率随之增加。在大鼠实验中观察到,如果肾小球的血浆流量比正常增加 3 倍时,将不出现滤过平衡,则肾小球毛细血管的全段均有滤出,肾小球滤过率明显增加。相反,肾血浆流量减少时,血浆胶体渗透压的上升速度加快,从而使滤过平衡的位置靠近入球小动脉端,具有滤过作用的毛细血管段缩短,肾小球滤过率将减少。在严重缺氧、中毒性休克等病理状态下,由于交感神经兴奋致使肾血管收缩,肾血浆流量减少,肾小球滤过率将减少。

肾小球的滤过

二、肾小管和集合管的重吸收功能

比较原尿和终尿的量和质可以发现，成人每天生成的原尿量约有 180L，但终尿每天只有 1.5L 左右，表明肾小管的重吸收量高达 99%，排出量只占原尿的 1% 左右；原尿中葡萄糖和氨基酸的浓度与血浆中的相同，但终尿中则几乎没有葡萄糖和氨基酸，表明葡萄糖和氨基酸全部被肾小管重吸收；水和电解质，如 Na^+、Cl^-、HCO_3^- 等大部分被重吸收，尿素只有小部分被重吸收，肌酐则完全不被重吸收（表 8-1）。

肾小管和集合管上皮细胞将小管液中的各种溶质重新转运回血液的过程，称为肾小管与集合管的重吸收。肾小管和集合管的重吸收具有选择性，既能保留对机体有用的物质，又可有效地清除对机体有害的、过剩的物质，从而维持机体内环境的稳态。原尿流入肾小管与集合管后，即称为小管液。

（一）重吸收的部位

各段肾小管及集合管都具有重吸收的功能，但近端小管，特别是近曲小管的重吸收能力最强，是重吸收最主要的部位。近曲小管重吸收的量最大，占重吸收总量的 65%~70%，重吸收物质种类最多，原尿中的葡萄糖、氨基酸、维生素及微量蛋白质等，几乎全部在近曲小管被重吸收；Na^+、K^+、Cl^-、HCO_3^- 等无机盐以及水也绝大部分在此段被重吸收。余下的水和无机盐陆续在髓襻细段（占 15%~20%）、远端小管和集合管（约占 12%）被重吸收，虽然远端小管和集合管重吸收最少，但却受很多因素的影响和调节，因而对调节机体水、电解质和酸碱平衡起重要作用（图 8-4）。

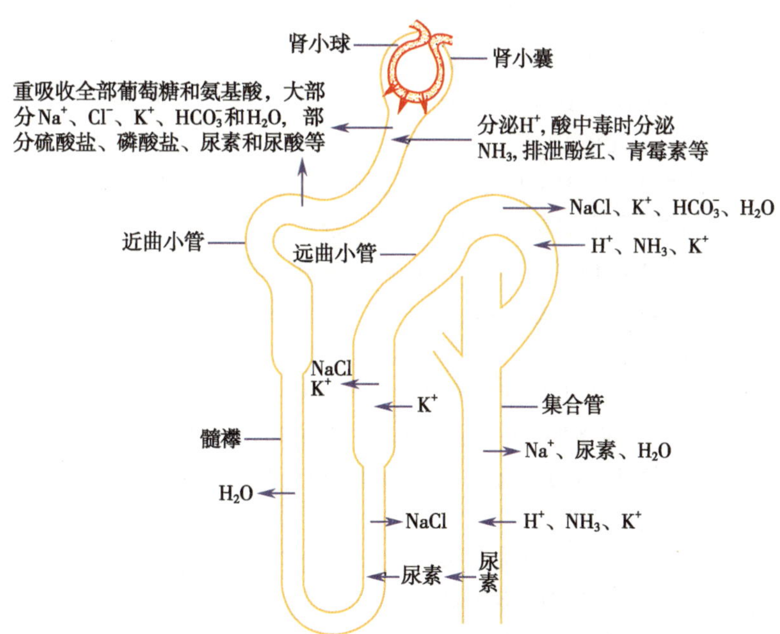

图 8-4 肾小管与集合管对各类物质的重吸收和分泌

（二）重吸收的途径与方式

1. 重吸收的途径　肾小管与集合管重吸收的途径有跨细胞途径和细胞旁途径。跨细胞途径实际上是以细胞内液为中间媒介的两次跨膜转运，即小管液内的物质先通过肾小管上皮细胞的管腔膜转运到细胞内液，然后再从细胞内液通过肾小管上皮细胞的管周膜转运到组织液中，进而通过毛细血管壁回到血液；细胞旁途径则是指小管液中的 Na^+、Cl^- 和水通过肾小管上皮细胞之间的紧密连接直接进入上皮细胞间隙的组织液随后进入毛细血管。

2. 重吸收的方式 根据细胞膜两侧物质浓度的不同，肾小管与集合管重吸收的方式有主动重吸收和被动重吸收两种。主动重吸收是指肾小管及集合管上皮细胞通过耗能，将小管液中的溶质逆浓度梯度或电位梯度转运到肾小管周围的组织液中的方式，主要由原发性主动转运（如钠泵、氢泵、钙泵等）、继发性主动转运（同向、逆向转运）和入胞来完成。一般来说，小管液中各种对机体有用的物质，如葡萄糖、氨基酸、Na^+ 等都是由肾小管及集合管上皮细胞主动重吸收的。被动重吸收是指小管液中的溶质顺浓度梯度、电位梯度或渗透压，进入肾小管周围组织液的方式，不需耗能，包括单纯扩散、易化扩散和渗透等方式。尿素、水和 Cl^-（髓襻升支粗段除外）等就是被动重吸收。

（三）几种物质的重吸收

1. Na^+ 和 Cl^- 的重吸收

（1）近端小管：在近端小管前半段，Na^+ 的重吸收是与葡萄糖、氨基酸的同向转运以及 H^+ 的反向转运耦联在一起的一个主动转运过程（图 8-5）。

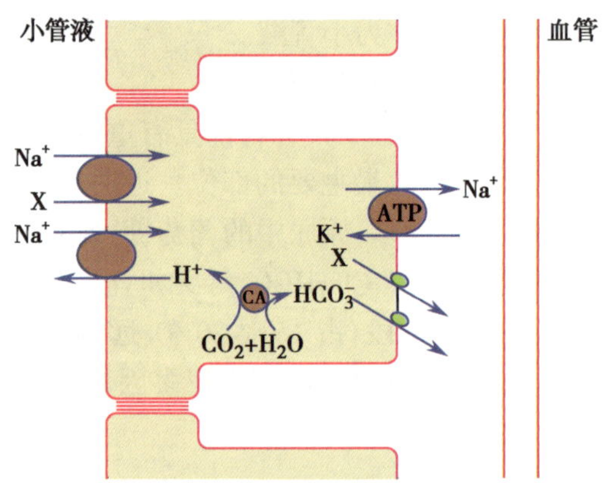

图 8-5 近端肾小管前半段重吸收物质示意图

X：葡萄糖、氨基酸、磷酸盐等；CA：碳酸酐酶

在此段小管液内的 Na^+ 浓度远高于肾小管上皮细胞内液，同时管腔膜上存在 Na^+ 葡萄糖、氨基酸同向转运体和 Na^+-H^+ 逆向转运体，因此，小管液中的 Na^+ 可通过与葡萄糖、氨基酸的同向转运和 H^+ 的逆向转运，顺浓度梯度扩散进入细胞内，进入细胞内的 Na^+ 迅速被侧膜上的钠泵泵到细胞间隙，这样一方面使细胞内 Na^+ 的浓度降低，负性电荷增多，小管液中 Na^+ 更易顺电化学梯度进入细胞内；另一方面使细胞间隙中 Na^+ 的浓度升高，渗透压上升，在渗透压差的驱动下水也随之进入细胞间隙，使其中的静水压升高，这一压力可促使 Na^+ 和水通过相邻的毛细血管基底膜进入毛细血管而被重吸收；同时也可使 Na^+ 和水通过紧密连接再返回小管腔内，后一现象称为**回漏（back-leak）**，此模式称**泵 - 漏模式（pump-leak model）**。可见，在近端小管，Na^+ 的重吸收量等于主动重吸收量减去回漏量。

在近端小管后半段，由于小管液中的大多数葡萄糖、氨基酸已被重吸收，水也随着溶质被重吸收。由于近端小管前半段 Cl^- 不被重吸收，造成后半段小管液中 Cl^- 的浓度明显高于小管周围组织液，Cl^- 顺浓度梯度经紧密连接，即细胞旁路途径被重吸收。这一过程使小管液中正离子相对增多，造成管腔内带正电，管腔外带负电，从而 Na^+ 顺电位梯度经细胞旁路而被动重吸收。因为在此部位通过细胞旁路重吸收的 Cl^- 是顺浓度梯度、Na^+ 是顺电位梯度进行的，所以该部位 NaCl 的重吸收属于被动转运。

（2）髓襻：髓襻降支细段对 Na^+ 的通透极低，对水的通透性较高，而髓襻升支细段对 Na^+ 的通透性大，对水的通透性很低，因此在降支细段水不断渗透至肾小管周围组织液，小管液中 Na^+ 浓度逐渐升高，到升支细段时 Na^+ 以被动转动方式重吸收入血。在髓襻升支粗段 Na^+、Cl^- 的重吸收是以 Na^+-$2Cl^-$-K^+ 同向转运模式进行的。在髓襻升支粗段的管腔膜上有 Na^+-$2Cl^-$-K^+ 同向转运体，该转运体在肾小管腔面与 Na^+、$2Cl^-$、K^+ 结合形成 Na^+-$2Cl^-$-K^+ 同向转运复合体，然后顺着 Na^+ 电化学梯度将 $2Cl^-$ 和 K^+ 一起转运到细胞内，进入细胞内的 Na^+ 迅速被侧膜上的钠泵泵到细胞间隙和组织液中，进入细胞内的 Cl^- 则顺浓度梯度经管周膜基底侧进入组织液，K^+ 则顺着浓度梯度经管腔膜返回肾小管腔内继续参与 Na^+、K^+、Cl^- 的同向

转运(图 8-6)。临床上,利尿剂如**呋塞米(速尿,furosemide)**就是抑制了髓襻升支粗段对 Na^+、Cl^- 的重吸收而产生强大的利尿效应。

(3) 远端小管及集合管:在远端小管的起始段,Na^+、Cl^- 则是通过 Na^+-Cl^- 同向转运机制进入肾小管上皮细胞内。噻嗪类利尿药可抑制此处的 Na^+-Cl^- 同向转运,导致利尿。此外,远端小管及集合管对 Na^+ 的重吸收还受醛固酮的调节(详见尿生成的调节),并与 H^+ 和 K^+ 分泌有关。

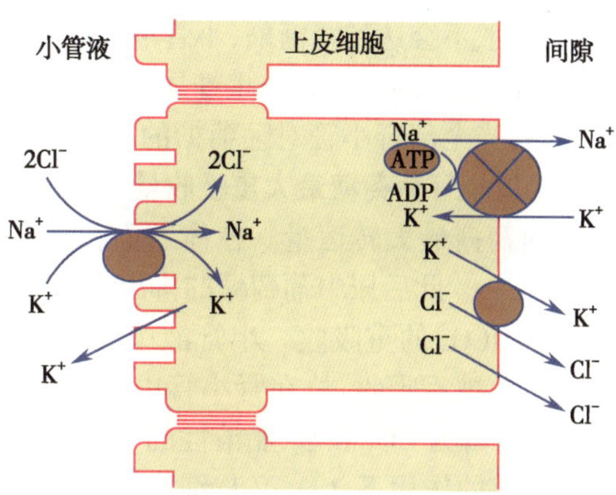

图 8-6 髓襻升支粗段对 Na^+、Cl^- 的重吸收示意图

2. 水的重吸收 目前认为,水重吸收的途径有细胞旁转运和跨细胞转运两条途径。水的细胞旁转运主要是靠渗透作用进行的,在肾小管由于溶质被重吸收而造成了小管液和组织液之间的渗透压差,于是水在渗透压差的驱动下被重吸收。水的重吸收有两种情况:一种是在近端小管伴随溶质的重吸收而被动吸收,是一种等渗性重吸收,与体内是否缺水无关,对尿量影响也不大;另一种是发生在远曲小管和集合管,此段水的重吸收量取决于机体内含水量,并受血管升压素的调节,是一种非等渗性的重吸收,当机体缺水时,此段水的重吸收就增加,反之就减少,以此来调节机体水的平衡。若此段重吸收的量稍有改变,即使只减少 1%,尿量都会成倍增加。而水的跨细胞转运是通过细胞膜上的**水孔蛋白(aquaporin,AQP)**进行的。

水通道

3. 葡萄糖的重吸收 葡萄糖重吸收的部位仅限于近端小管,其他各段都没有重吸收葡萄糖的能力,如果葡萄糖在近端小管不能全部被重吸收,终尿中将出现葡萄糖,产生糖尿。葡萄糖在近端小管的重吸收的方式是逆浓度梯度与 Na^+ 主动重吸收耦联的同向转运。因此,如果肾小管腔中无 Na^+,或用药物将钠泵抑制,葡萄糖就不能被重吸收(图 8-7)。

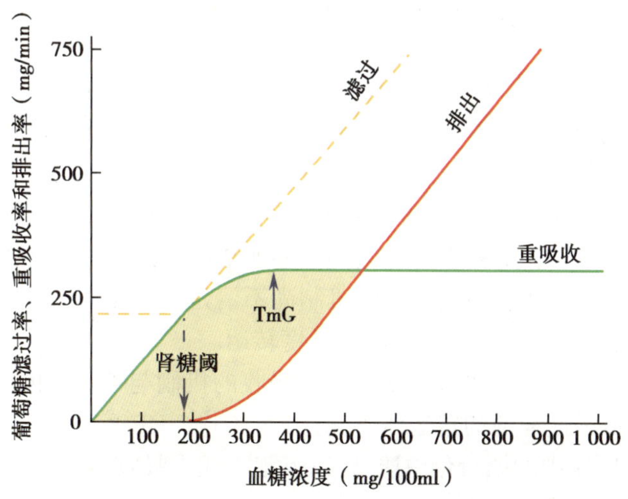

图 8-7 葡萄糖的重吸收和排泄

TmG:肾小管葡萄糖最大重吸收量

由于葡萄糖转运体的数量有限,近端小管对葡萄糖的重吸收有一定的限度,当血糖浓度超过 9~10mmol/L(160~180mg/100ml)时,部分肾小管对葡萄糖的重吸收已达到极限,尿中开始出现葡萄糖,此时的血糖浓度称为**肾糖阈(renal glucose threshold)**。正常人血糖浓度

笔记栏

稳定，一般不会达到肾糖阈，小管液中的葡萄糖会被全部重吸收。糖尿病患者的血糖明显升高，往往超过肾糖阈，故产生糖尿。如果血糖浓度再继续增高，尿中葡萄糖的含量也随之不断升高，当全部肾小管对葡萄糖的重吸收均已达到极限时，重吸收率不再变化，此时的血糖浓度为**肾小管葡萄糖最大重吸收量（tubular maximal glucose reabsorptive capacity，TmG）**，即为葡萄糖最大转运量。在体表面积 1.73m^2 的个体，男性平均为 375mg/min，女性平均为 300mg/min。此后尿中葡萄糖的排出率随血糖浓度的进一步升高而平行地增加（图 8-7）。

4. HCO_3^- 的重吸收　小管液中的 HCO_3^- 是以 CO_2 的形式被重吸收的。HCO_3^- 不易通过管腔膜而被重吸收，故在肾小管内先与 H^+ 结合生成 H_2CO_3，H_2CO_3 在管腔膜上碳酸酐酶的作用下分解为 CO_2 和水，脂溶性的 CO_2 很容易通过管腔膜进入肾小管上皮细胞内，在细胞内碳酸酐酶的作用下，CO_2 又与细胞内的水结合生成 H_2CO_3，随后解离成 H^+ 和 HCO_3^-，H^+ 通过 Na^+-H^+ 交换分泌到小管腔中，HCO_3^- 则与交换回细胞内的 Na^+ 一起转运入血（图 8-8）。正常情况下，小管液中 80%~90% 的 HCO_3^- 在近端小管被重吸收，其余在远端小管和集合管重吸收。HCO_3^- 的重吸收对维持机体的酸碱平衡有重要作用。

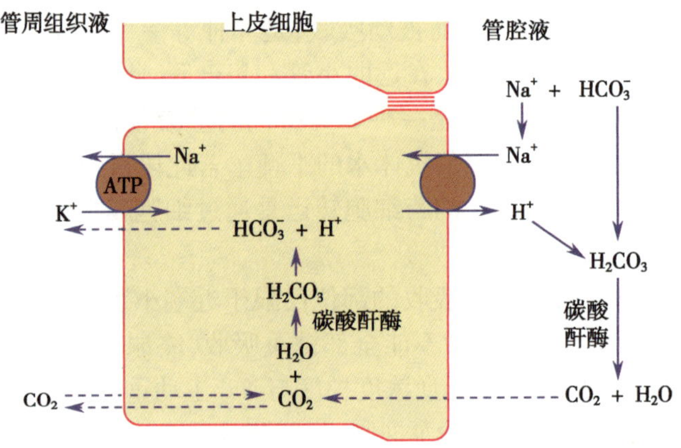

图 8-8　近端小管 HCO_3^- 重吸收示意图

5. K^+ 的重吸收　每日从肾小球滤过的 K^+ 约为 35g，而每日尿中排出的 K^+ 为 2~4g。微穿刺实验证明，肾小球超滤液中的 K^+ 绝大部分在近端小管被重吸收回血，而终尿中的 K^+ 主要是由远端小管和集合管分泌的。近端小管对 K^+ 的重吸收是一个主动转运过程。因为小管液中 K^+ 浓度为 4mmol/L，大大低于细胞内 K^+ 浓度（150mmol/L）；同时此处管腔内的电位低于小管周围组织液，所以 K^+ 重吸收是逆电位差和逆浓度差进行的。因此认为，管腔膜是主动重吸收 K^+ 的关键部位，其主动重吸收的机制尚不清楚。而细胞内的 K^+ 浓度比细胞外液高 30~40 倍，故 K^+ 通过管周膜入血是顺浓度梯度转运。

6. 其他物质的重吸收　小管液中氨基酸重吸收的机制与葡萄糖的重吸收相同，也是与 Na^+ 同向转运，但与转运葡萄糖的转运体不同；另外，Ca^{2+}、HPO_4^{2-}，SO_4^{2-} 的重吸收也与 Na^+ 同向转运；正常时进入原尿中的微量蛋白质，则以入胞方式重吸收。

三、肾小管和集合管的分泌功能

肾小管和集合管的分泌是指肾小管和集合管的上皮细胞，将血液中及其本身代谢的产物排入小管液的过程。

（一）H^+ 的分泌

各段肾小管和集合管都能分泌 H^+，但分泌 H^+ 的能力最强的是近端小管，约占 80%。在

肾小管上皮细胞内，由细胞代谢产生的或由小管液进入细胞的 CO_2，在碳酸酐酶的作用下，与 H_2O 结合生成 H_2CO_3，生成的 H_2CO_3 迅速解离成 HCO_3^- 和 H^+，H^+ 被管腔膜上的 H^+-Na^+ 逆向转运体转运至小管液中，与此同时，小管液中 Na^+ 被同一转运体转运入细胞内，这一过程称为 H^+-Na^+ 交换。进入肾小管上皮细胞内的 Na^+ 很快被侧膜上的钠泵泵出到细胞间隙。随着 H^+ 不断分泌进入小管液，细胞内的 HCO_3^- 也不断增加，由于基底膜对 HCO_3^- 的通透性较高，所以细胞内的 HCO_3^- 顺电化学梯度扩散入细胞间隙，并随 Na^+ 一起重吸收回血液。由此可见肾小管每分泌一个 H^+ 入小管液，就可以从小管液中重吸收一个 Na^+ 和一个 HCO_3^- 回血，这对维持体内酸碱平衡具有重要的意义（图 8-9）。目前研究认为，在管腔膜上有 H^+ 泵，可直接将细胞内的 H^+ 泵入小管腔内。

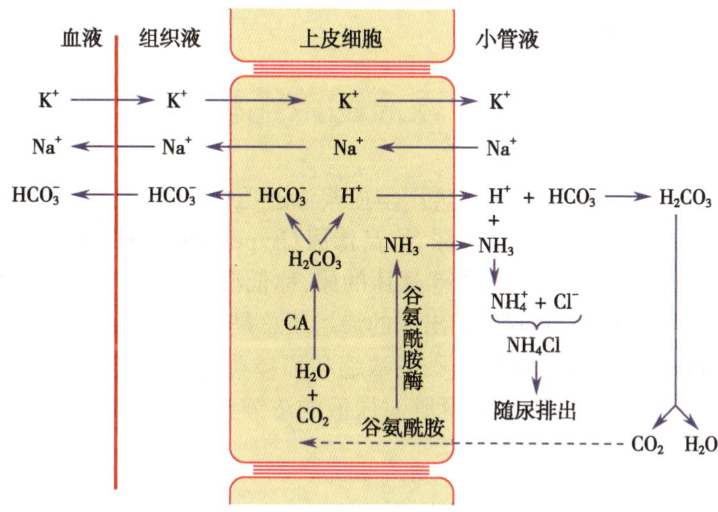

图 8-9 肾小管分泌 H^+、K^+ 和 NH_3 示意图

（二）K^+ 的分泌

小管液中的 K^+ 绝大部分已在近端小管重吸收回血，而尿中排出的 K^+ 主要是由远端小管和集合所分泌的。远端小管和集合管分泌 K^+ 与 Na^+ 的主动重吸收有密切的联系。当小管液中的 Na^+ 被主动重吸收后，使小管腔内成为负电位（–40~–10mV），此外，远端小管和集合管侧膜上的钠泵将细胞内的 Na^+ 泵出细胞外的同时也将细胞外的 K^+ 泵入细胞内，从而使远端小管和集合管上皮细胞内 K^+ 浓度远远高于小管液中 K^+ 浓度，于是，K^+ 顺着电位差和浓度差由肾小管上皮细胞分泌进入小管液中。这种 K^+ 的分泌与 Na^+ 的主动重吸收密切联系过程，称为 K^+-Na^+ 交换。

远端小管和集合管除有 K^+-Na^+ 交换外，还存在有 H^+-Na^+ 交换，由于 K^+-Na^+ 交换和 H^+-Na^+ 交换都依赖于 Na^+，故两者之间有竞争抑制作用。当 H^+-Na^+ 交换增强时，K^+-Na^+ 交换则减弱；反之，当 K^+-Na^+ 交换增强时，则 H^+-Na^+ 交换减弱。酸中毒时，肾小管细胞内碳酸酐酶活性增强，H^+ 生成量增加，于是 H^+-Na^+ 交换增强，而 K^+-Na^+ 交换则减弱，K^+ 的分泌减少，导致血 K^+ 浓度升高，故酸中毒时常伴有高钾血症。同理，碱中毒时可产生低钾血症。用乙酰唑胺抑制碳酸酐酶活性时，H^+ 生成量将减少，于是 H^+-Na^+ 交换减少而 K^+-Na^+ 交换增加，可导致排 K^+ 量增加和血液中 H^+ 浓度增高（图 8-9）。

（三）NH_3 的分泌

正常情况下，NH_3 的分泌发生在远端小管和集合管。但在酸中毒时，近端小管也可分泌 NH_3。远端小管和集合管上皮细胞分泌的 NH_3 主要是肾小管上皮细胞在代谢过程中由谷

笔记栏

氨酰胺脱氨而来，其次来自细胞内其他氨基酸的脱氨。当小管液的 pH 值较低时，细胞内的 NH_3 较易向小管液中扩散。NH_3 进入小管液后，与小管液中的 H^+ 结合并生成 NH_4^+，NH_4^+ 再与小管液中的 Cl^- 结合生成 NH_4Cl（酸性铵盐）随尿排出（图 8-9）。NH_4^+ 的生成一方面使小管液中的 NH_3 浓度下降，所形成的浓度差可加速 NH_3 的分泌；另一方面又降低了小管液中 H^+ 的浓度，也有利于 H^+ 进一步的分泌。由此可见，远端小管和集合管分泌 NH_3 与 H^+ 分泌密切相关，对调节体内酸碱平衡也具有重要意义。

（四）其他物质的分泌

体内的代谢产物肌酐和对氨基马尿酸既能从肾小球滤过，又可经肾小管和集合管分泌排入小管液。进入体内的酚红、青霉素、利尿药呋塞米等由于与血浆蛋白结合而不能被肾小球滤过，但可在近端小管被主动分泌到小管液中。

肾衰竭

肾小管的重吸收和分泌

第三节　尿液的浓缩和稀释

尿液的浓缩和稀释是指尿液的渗透压与血浆渗透压相比较而言。当体内缺水时，肾脏将排出渗透压明显高于血浆渗透压的尿，称**高渗尿（hypertonic urine）**，表示尿液被浓缩；当体内水过剩时，将排出渗透压低于血浆渗透压的尿，称**低渗尿（hypotonic urine）**，表示尿液被稀释。若无论体内缺水或是水过剩，排出尿的渗透压总是与血浆的渗透压相等或相差无几，则称为**等渗尿（isotonic urine）**，表明肾脏的浓缩和稀释功能严重受损。正常人尿液的渗透压波动在 50~1 200mmol/L 之间，说明肾脏对尿液的浓缩和稀释能力很强，这对调节体液平衡和稳定渗透压有着极其重要的作用。

一、肾髓质渗透压梯度形成和保持

采用冰点降低法，测定鼠肾分层切片组织液的渗透压发现，肾皮质部位的组织液渗透压与血浆渗透压相等，两者之比为 1.0；而肾髓质的组织液渗透压却远远高于血浆，从外向内，越接近肾乳头，渗透压越高，其比值分别 2.0、3.0、4.0（图 8-10）。用微穿刺法测定肾小管和集合管内小管液也发现，只有当小管液通过髓襻时，小管液的渗透压才发生变化，直到通过集合管尿液被浓缩。以上实验结果表明，尿液浓缩的部位在肾髓质，因此，肾髓质层越厚，浓缩尿液的能力越强。如沙鼠的肾髓质层特别厚，能产生 20 倍于血浆渗透压的高渗尿；猪的肾髓质层较薄，只能产生 1.5 倍于血浆渗透压的高渗尿；人肾髓质层中等厚，能产生 4~5 倍于血浆渗透压的高渗尿。

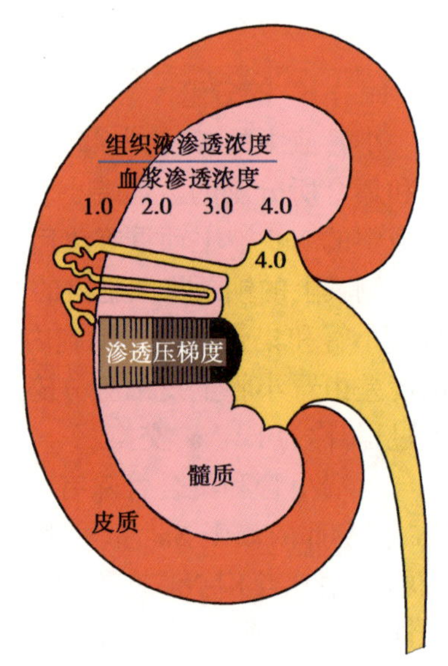

图 8-10　肾皮质与髓质的渗透压变化

（一）肾髓质渗透压梯度形成机制

肾髓质高渗梯度的形成原理，目前用各段肾小管对水和溶质的通透性不同（表 8-2）以及**逆流倍增（counter current multiplication）**现象来解释。

笔记栏

表 8-2 各段肾小管和集合管对 Na^+、水和尿素的通透性

部位	NaCl	尿素	水
髓襻降支细段	不易通透	不易通透	高度通透
髓襻升支细段	高度通透	中等通透	不通透
髓襻升支粗段	不易通透，高度主动吸收	不通透	不通透
远曲小管	不易通透，主动吸收	不通透	不通透(有 VP 易通透)
集合管皮质部	不易通透，主动吸收	不通透	不通透(有 VP 易通透)
集合管髓质部	不易通透，主动吸收	易通透	不易通透(有 VP 易通透，并增加尿素通透)

注：VP 为血管升压素。

1. 逆流倍增　物理学中将在两个下端相通且并列的 U 形管道中，液体流动方向相反的现象，称为逆流，如液体在 U 形管道流动时，其两管间的隔膜允许液体中的溶质在两管间交换，称为逆流交换(图 8-11)，两者构成了一个逆流系统。在逆流系统溶质交换的过程中，便会产生逆流倍增现象。

逆流倍增现象可用图 8-12 模型解释。模型中含有溶质的液体从甲管流进，通过管下端的弯曲部分折返流入乙管，然后从乙管反向流出，在溶液流动的过程时，由于 M_1 膜能主动将溶质由乙管泵入甲管，且 M_1 膜对水的通透性很低，因此，甲管中的溶液在向下流动的过程中将不断接受由乙管泵入的溶质，到甲管下端的弯曲部溶质浓度达到最高。当溶液折返流入乙管并向上流动时，由于 M_1 膜将溶质泵入甲管，乙管溶液中的溶质浓度不断下降。这样，无论是甲管还是乙管，从上往下溶质浓度均逐渐升高，形成溶质的浓度梯度，即出现了逆流倍增现象。

如果乙管和丙管也构成一个逆流系统，当渗透浓度较低的溶液从丙管向下流动时，而且 M_2 膜对水有通透性，对溶质不通透，水将因渗透作用而进入乙管，这样，丙管内溶质的浓度

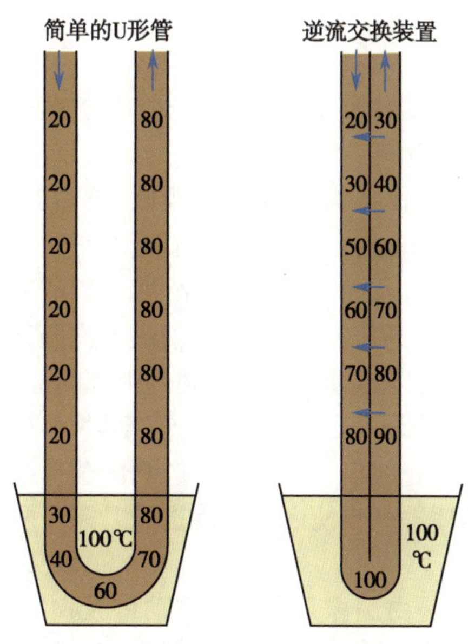

图 8-11　逆流交换作用的模式图

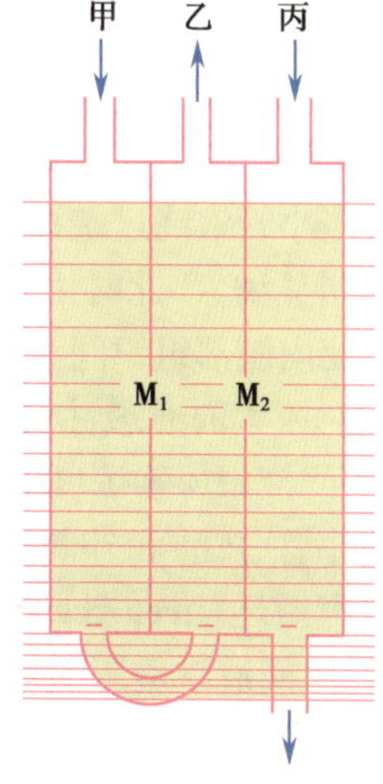

图 8-12　逆流倍增作用的模式图

甲管内液体向下流，乙管内液体向上流，丙管内液体向下流；M_1 膜能将液体中的 Na^+ 由乙管泵入甲管，且对水不易通透；M_2 对水易通透

笔记栏

从上到下逐渐增加，从丙管下端流出的液体就变成了高渗溶液。

在肾脏中，髓襻降支细段类似于甲管，髓襻升支粗段类似于乙管，集合管类似于丙管，髓襻升支粗段的通透性与 M_1 膜相似，集合管膜的通透性与 M_2 膜相似。所以，肾髓质高渗梯度的形成可以用逆流倍增现象来解释。

2. 外髓部渗透压梯度的形成　由于位于外髓部的髓襻升支粗段能主动重吸收 NaCl，而对水不易通透，因此，升支粗段内小管液流向皮质时，随着管腔内 NaCl 的重吸收，管外周组织间液中的 Na^+ 和 Cl^- 浓度逐渐升高，渗透压也逐渐升高，愈靠近内髓部，渗透压愈高，进而在外髓部形成一个由内向外的渗透压梯度（图 8-13）。

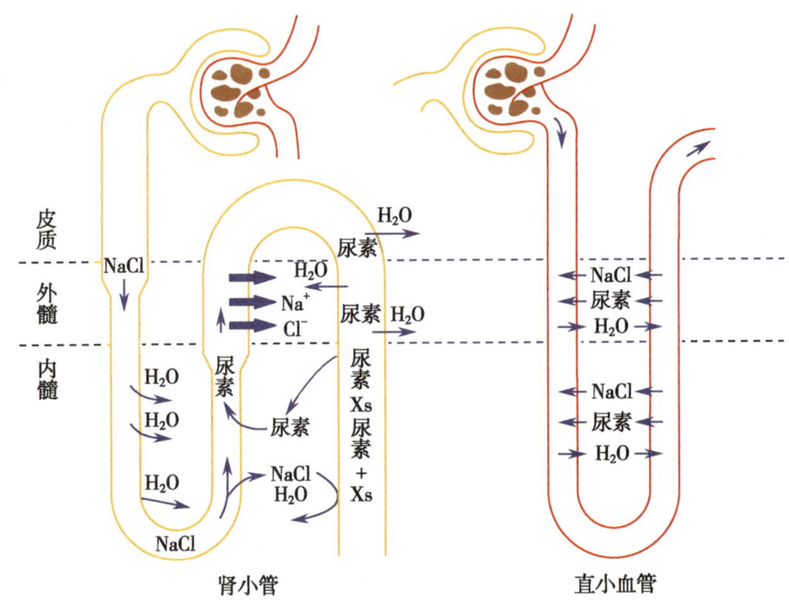

图 8-13　肾髓质渗透压梯度形成的示意图

→：表示被动重吸收；➡：表示主动重吸收；Xs：表示未被重吸收的溶质

3. 内髓部渗透压梯度的形成　内髓部渗透压梯度的形成，主要与 NaCl 在髓襻升支细段被动重吸收和尿素在集合管与髓襻降支细段间的再循环有关（图 8-13）。

由于降支细段对 NaCl 不易通透，而对水则通透性较高，随着水的重吸收，管内 NaCl 浓度逐渐升高，故当小管液绕过髓襻顶端折回流入升支细段时，小管内液与管周组织间液之间的 NaCl 浓度差明显增大，此时由于升支细段对 NaCl 易通透，则 NaCl 顺浓度差扩散进入内髓部组织间液，使内髓部组织间液的 NaCl 浓度升高，渗透压升高；当小管液进入内髓部集合管时，由于管壁对尿素的通透性增大，小管液中尿素迅速通过管壁向内髓部组织间液扩散，造成内髓部组织间液中尿素浓度的增高，进入内髓部的尿素可再次进入升支细段，然后通过升支粗段、远曲小管、皮质和外髓部集合管，又回到内髓部集合管处再扩散到内髓部组织间液中，形成**尿素再循环（urea recirculation）**，尿素循环进一步使内髓部渗透压升高。两者共同参与内髓部组织间液渗透压梯度的形成。

综上所述，肾髓质渗透压梯度的形成，在外髓部是由髓襻升支粗段主动重吸收 NaCl 形成，在内髓部是由髓襻升支细段被动重吸收 NaCl 和尿素在集合管与髓襻降支细段间的再循环形成。

（二）肾髓质渗透压梯度的保持

肾髓质渗透压梯度的保持主要依靠肾髓质 U 字形直小血管形成的逆流交换作用来实

笔记栏

现。直小血管是近髓肾单位出球小动脉延伸形成的毛细血管，细长达髓质深部，呈U字形，与髓襻、集合管等紧邻且平行，走行于渗透梯度的髓质中。当血液流经直小血管降支时，由于其周围组织液中的NaCl和尿素浓度高于血管同一水平血液的浓度，故NaCl和尿素向血管降支扩散，而水则渗出。这样降支中的NaCl和尿素浓度逐渐升高，在直小血管折返处其浓度最高；当血液折返流入升支时，升支血管内NaCl和尿素的浓度又高于同一水平的组织液，NaCl和尿素又向组织液扩散，因而绝大部分NaCl和尿素被保留于髓质的组织液中，而水渗入直小血管升支，及时返回体循环。这一过程称为直小血管的逆流交换作用。通过直小血管的逆流交换作用，当血液离开肾髓质时，带走较多的水，较少的NaCl和尿素，从而保持了肾髓质的渗透压梯度（图8-13）。

因此，尿液浓缩与稀释的基本条件是：①肾髓质的渗透压梯度；②血管升压素的存在。正常情况下，血管升压素的释放量是决定尿液浓缩程度的关键因素。

二、尿液浓缩和稀释的基本过程

（一）尿液的浓缩

尿液的浓缩（concentration of the urine）是由于小管液中的水被重吸收而溶质仍留在小管液中造成的。当低渗性的小管液从远曲小管进入集合管，穿过肾髓质高渗区流向肾乳头方向时，在血管升压素（VP）作用下，远曲小管和集合管管壁对水的通透性提高，水分从管内被抽吸到管外，于是集合管内液的水分越来越少，渗透压越来越高，形成高渗尿，尿被浓缩，尿量减少。在高度缺水时，每日尿量可能只有300~400ml，而尿的渗透压可高达1 200~1 400mmol/L，比血浆高4~5倍。

（二）尿液的稀释

尿液的稀释（dilution of the urine）是由于小管液中的溶质被重吸收而水仍留在小管液中造成的。当体内水过多，血管升压素释放减少时，远曲小管和集合管对水的通透性降低，来自髓襻升支粗段的低渗小管液在流经远曲小管和集合管时，NaCl被继续重吸收，而水不易被重吸收，于是小管液的渗透压进一步降低，可降低至50mmol/L，最后形成大量的低渗尿，造成尿液的稀释。当血管升压素完全缺乏时，如严重尿崩症患者，每天可排出高达20L的低渗尿，相当于24小时肾小球滤过量的10%。

实验证明，无论终尿是低渗还是高渗，由髓襻升支粗段进入远曲小管的小管液总是低渗的。因此，尿液的浓缩和稀释过程主要是在远端小管和集合管中完成，它与肾髓质渗透压梯度和血管升压素的作用有着密切关系。

第四节 尿生成的调节

一、肾内自身调节

肾内自身调节（renal autoregulation）是指肾小球与肾小管通过本身活动的改变以及肾小管内溶质的改变来调节尿液生成的方式。

（一）小管液中溶质的浓度

小管液中溶质所形成的渗透压，是对抗肾小管重吸收水分的力量。当小管液中溶质浓度增加时，可使肾小管内渗透压增高，肾小管特别是近端小管对水的重吸收减少，因而尿量增加。这种由于渗透压升高而对抗肾小管重吸收水分所引起的尿量增多的现象，称为**渗透**

笔记栏

性利尿(osmotic diuresis)。例如糖尿病患者的多尿，就是由于血糖超过了肾糖阈，小管液中葡萄糖不能完全被重吸收，从而使小管液中溶质浓度增加，渗透压升高，水重吸收减少，于是尿量增加，产生多尿。临床上常利用一些能经过肾小球滤过，而又不被肾小管重吸收的药物如甘露醇和山梨醇等，来增加小管液中溶质的浓度及渗透压，使尿量增加，以达到利尿和消除水肿的目的。

(二) 球-管平衡

近端小管对 Na^+ 和水的重吸收率始终占肾小球滤过率的65%~70%，这种现象称为**球-管平衡(glomerulotubular balance)**。即当肾小球滤过率增加时，近端小管对 Na^+ 和水的重吸收率也随之增加，呈定比重吸收；反之，前者降低，后者也相应降低。球-管平衡的生理意义在于通过肾小球与近端小管功能活动的协调，使终尿量不致因肾小球滤过率的增减而出现大幅度的变动。

二、体液调节

尿的生成受体内多种体液因素的调节，其中血管升压素与醛固酮最为重要。

(一) 血管升压素

血管升压素(vasopressin, VP)只有在较高浓度时才有升压作用，生理浓度时只有抗利尿作用，因而又称**抗利尿激素(antidiuretic hormone, ADH)**。VP在下丘脑视上核和室旁核的神经元合成后，沿神经元的轴浆经下丘脑-垂体束运输到神经垂体储存并由此释放进入血液循环。

VP的主要生理作用是提高远曲小管和集合管上皮细胞对水的通透性，从而促进水的重吸收，使尿液浓缩，尿量减少。此外，VP还可增加内髓部集合管对尿素的通透性、促进髓襻升支粗段对NaCl的主动重吸收，以提高肾髓质组织间液的渗透压梯度，有利于尿的浓缩。

关于VP的作用机制，目前认为，它能与远曲小管和集合管上皮细胞管周膜上的血管升压素受体2(V_2受体)相结合，通过兴奋性G蛋白与膜内的腺苷酸环化酶耦联，使细胞内的cAMP增加，进一步激活细胞内的蛋白激酶A，使管腔膜的膜蛋白磷酸化而发生构型改变，导致水通道开放，从而提高管腔膜对水的通透性。当ADH缺乏时，管腔膜上的水通道蛋白以胞吞的形式被摄入胞质内，形成胞质小泡，此时，远曲小管和集合管对水的通透性明显降低。水通过管腔膜上的水通道进入细胞后可自由通过基底侧膜进入毛细血管而被重吸收(图8-14)。

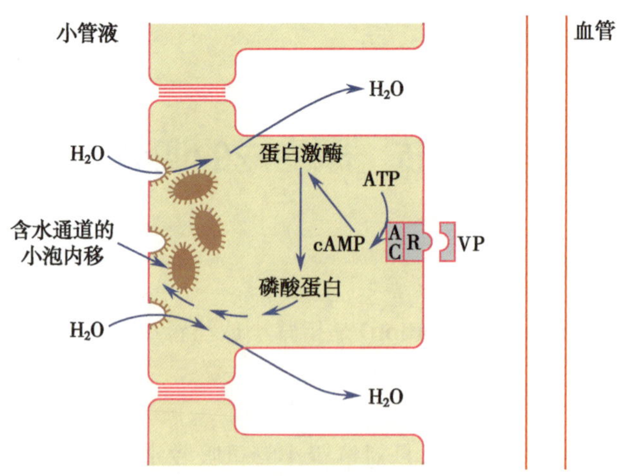

图8-14 血管升压素的作用机制示意图
VP：血管升压素；AC：腺苷酸环化酶；R：V_2受体

调节 VP 合成和释放最有效的刺激是血浆晶体渗透压的升高和循环血量的减少。

1. 血浆晶体渗透压的改变　血浆晶体渗透压是生理条件下调节 VP 合成、释放的最重要因素。下丘脑视上核附近有**渗透压感受器(osmoreceptor)**,它对血浆晶体渗透压的改变十分敏感,只要血浆晶体渗透压升高 1%,即可以引起反应,使 VP 分泌增加。

当机体大量出汗,严重呕吐或腹泻等造成体内水分不足时,血浆晶体渗透压则升高,对渗透压感受器的刺激增强,使下丘脑 - 神经垂体合成、释放的 VP 增多,远曲小管和集合管对水的重吸收增加,尿液浓缩,尿量减少,从而有利于保存体内的水分,维持水的平衡;反之,当在短时间内大量饮清水后,血浆被稀释,血浆晶体渗透压降低,对渗透压感受器的刺激减小,VP 合成和释放减少,远曲小管和集合管对水的重吸收减少,尿量增多,使体内多余的水分及时排出体外,这种大量饮清水后引起尿量增多的现象称为**水利尿(water diuresis)**(图 8-15),它是临床上用来检测肾稀释能力的一种常用方法。

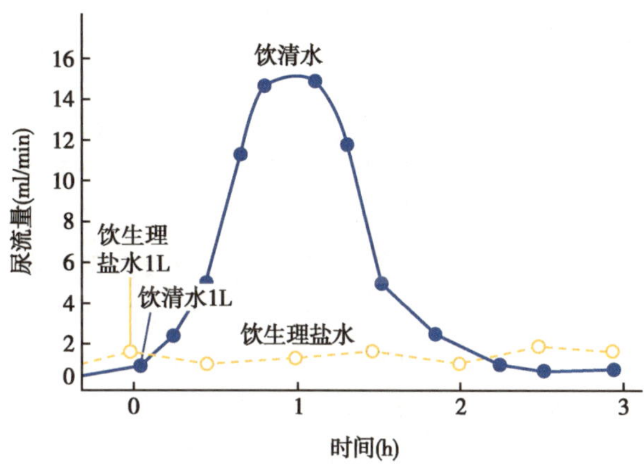

图 8-15　饮清水与饮生理盐水对尿量影响的示意图

2. 循环血量的改变　循环血量的改变可作用于左心房和胸腔大静脉壁上的**容量感受器(volume receptor)**,反射性地调节 VP 的合成和释放。当循环血量增多时,心房内压增高,对容量感受器刺激增强,迷走神经传入冲动增多,反射性地抑制 VP 的合成和释放,肾小管和集合管对水的重吸收减少,尿量增多,排出体内过剩的水分,使循环血量得以恢复。相反,当急性大失血、严重呕吐或腹泻等使循环血量减少时,对容量感受器的刺激减弱,迷走神经传入冲动减少,VP 的合成和释放则增多,使肾小管和集合管对水的重吸收增加,尿量减少,有利于血容量的恢复。

此外,动脉血压升高时,通过刺激颈动脉窦的压力感受器,也可以反射性地抑制 VP 的释放。疼痛刺激、情绪紧张等可促进 VP 的释放,使尿量减少;弱的冷刺激可使其分泌减少,尿量增多。当下丘脑病变累及视上核和室旁核或下丘脑 - 垂体束时,VP 的合成和释放发生障碍,可导致尿量明显增加,每日可达 10L 以上,称为**尿崩症(diabetes insipidus)**。

(二) 醛固酮

醛固酮(aldosterone)是肾上腺皮质球状带所分泌的一种激素,对肾脏的作用是促进远端小管和集合管对 Na^+ 的主动重吸收,同时促进 K^+ 的排出,所以醛固酮有保 Na^+ 排 K^+ 作用。由于 Na^+ 重吸收增加,造成了小管腔内的负电位,由此促进了 K^+ 的分泌和 Cl^- 的重吸收。结果,在醛固酮的作用下,远端小管和集合管对 Na^+ 的重吸收增强,同时 Cl^- 和水的重吸收也增加,导致细胞外液量增多。

醛固酮进入远端小管和集合管的上皮细胞后,与胞质受体结合,形成激素 - 胞质受体复

合物；后者进入胞核，通过基因调节，生成特异性 mRNA，进而导致**醛固酮诱导蛋白（aldosterone induced protein）**的合成。诱导蛋白则可能通过：①改变管腔膜的 Na^+ 通道蛋白构型，增加水的通透性，或增加管腔膜的 Na^+ 通道数量；②增加线粒体中合成 ATP 的酶，为上皮细胞 Na^+ 泵活动提供更多的能量；③增加基底侧膜的 Na^+ 泵的活性，促进细胞内的 Na^+ 泵回血液和 K^+ 进入细胞，提高细胞内 K^+ 浓度，有利于 K^+ 分泌（图 8-16）。

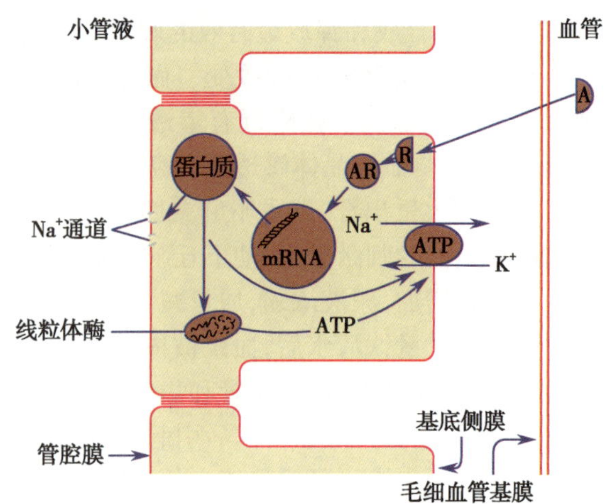

图 8-16 醛固酮作用机制及生理作用示意图

A：醛固酮；R：胞质受体；AR：激素 - 胞质受体复合物

醛固酮的分泌主要受肾素 - 血管紧张素 - 醛固酮系统，以及血 K^+、血 Na^+ 浓度等因素的调节。

1. 肾素 - 血管紧张素 - 醛固酮系统　血浆中肾素、血管紧张素、醛固酮在功能上相互联系形成一个完整的功能系统，称为**肾素 - 血管紧张素 - 醛固酮系统（renin-angiotensin aldosterone system，RAAS）**。在这个系统中，肾素主要由球旁细胞分泌，是一种蛋白水解酶，能催化血浆中的血管紧张素原转变为血管紧张素 Ⅰ（10 肽），血管紧张素 Ⅰ 在血液和组织中，特别是在肺组织中血管紧张素转换酶的作用下，继续降解为血管紧张素 Ⅱ（8 肽），血管紧张素 Ⅱ 除有较强的缩血管作用外，还可刺激肾上腺皮质球状带分泌醛固酮。血管紧张素 Ⅱ 在氨基肽酶的作用下，进一步水解为血管紧张素 Ⅲ（7 肽），它也能刺激球状带分泌醛固酮。

肾素 - 血管紧张素 - 醛固酮系统活动的强弱取决于肾素的释放量，而肾素的释放与肾内的球旁器有关，当动脉血压下降，循环血量减少，使肾血流量减少时，入球小动脉管壁受到的牵张刺激减弱，从而激活了球旁细胞，使肾素释放量增加；同时，由于肾血流量减少，肾小球滤过率也随之降低，流经致密斑的 Na^+ 量也降低，可激活致密斑，进而使肾素释放量进一步增加。此外，球旁细胞受交感神经支配，肾交感神经兴奋时，也能引起肾素的释放量增加。血中肾上腺素和去甲肾上腺素也可直接刺激球旁细胞，促使肾素释放增加。

2. 血 K^+、Na^+ 的浓度　当血 K^+ 浓度升高或血 Na^+ 浓度降低时，可直接刺激肾上腺皮质球状带分泌醛固酮，促进肾脏保 Na^+ 排 K^+，反之，血 K^+ 浓度降低或血 Na^+ 浓度升高时，则抑制醛固酮分泌，从而维持机体血 Na^+ 和血 K^+ 浓度的相对恒定。实验证明，血 K^+ 浓度改变对醛固酮的分泌调节更为灵敏。

（三）心房钠尿肽

心房钠尿肽（atrial natriuretic peptide，ANP）是血压升高和血容量增加时，由心房肌合成和分泌的肽类激素。其主要生理作用是促进肾脏排出 NaCl 和水，调节体内水盐代谢、维持血压和血容量。其作用机制可能包括：①心房钠尿肽可与集合管上皮细胞基底侧膜上的心房钠尿肽受体结合，激活鸟苷酸环化酶，使细胞内 cGMP 含量增加，从而引起管腔膜上的 Na^+ 通道关闭，抑制 Na^+ 重吸收，增加 NaCl 的排出；②心房钠尿肽通过降低血管平滑肌胞浆中 Ca^{2+} 浓度，使入球小动脉、出球小动脉，尤其是入球小动脉舒张，增加肾血浆流量和肾小球滤过率；③抑制肾素、醛固酮、血管升压素的分泌。

（四）其他因素

除以上体液因素外，还有许多体液因素参与尿生成的调节，如肾内局部产生的活性物质：缓激肽、内皮素、一氧化氮、前列腺素等，肾外产生的活性物质：肾上腺素、去甲肾上腺素、

多巴胺、血管紧张素、甲状旁腺激素等。

尿生成还受神经的调节，调节尿生成的主要神经是肾交感神经。肾交感神经对尿生成的调节是通过以下三方面实现的：①使肾血管收缩，肾血流量减少，进而使肾小球滤过率降低；②促进肾小管对 Na^+ 等溶质的重吸收；③促进球旁细胞释放肾素。可见，肾交感神经不但通过对肾小球滤过、肾小管和集合管重吸收的作用直接调节尿的生成，而且还可以通过影响体液因素间接调节尿的生成。

笔记栏

尿生成的调节

第五节　血浆清除率

血浆清除率能够反映肾脏对不同物质的清除能力，也可以了解肾脏对各种物质的排泄功能。因此，它是一种常用的测量肾功能的重要方法。

一、血浆清除率测定方法

血浆清除率（plasma clearance，C）指两肾在单位时间（每分钟）内能将多少毫升血浆中所含的某物质完全清除。需要指出，所谓每分钟被完全清除了某物质的血浆毫升数，仅是一个推算的数值，实际上，肾并不一定把某 1ml 血浆中的某物质完全清除掉，而可能仅仅清除其中的一部分。但是，肾清除该物质的量可以相当于多少毫升血浆中所含的该物质的量。清除率所表示的血浆毫升数仅是一个相当量。因此计算血浆清除率 C 需要同时测量三个数值：尿中某物质的浓度 U（mg/100ml）；每分钟尿量 V（ml/min）；血浆中某物质的浓度 P（mg/100ml）。因为尿中的物质均来自血浆，所以：$U \times V=P \times C$，亦即 $C=U \times V/P$。根据此公式可以计算出各种物质不同的血浆清除率（表 8-3）。

表 8-3　几种物质的清除率

物质	清除率（ml/min）	物质	清除率（ml/min）
葡萄糖	0	磷酸盐	25.0
钠	0.9	菊粉	125.0
氯	1.3	肌酐	140.0
钾	12.0	尿素	70.0

二、测定血浆清除率的意义

测定清除率不仅可以了解肾的功能，还可以分别测定肾小球滤过率、肾血浆流量以及判断肾小管对各种物质的重吸收和分泌的情况。

（一）测定肾小球滤过率（GFR）

如果一种物质可自由地滤过，不被肾小管、集合管重吸收和分泌，那么排泄到尿中的该物质的量（U × V）等于该物质的肾小球滤过量（GFR × P），即：

$$GFR \times P=U \times V$$

即：

$$GFR=\frac{U \times V}{P}=C$$

可见该物质的血浆清除率与肾小球滤过率相等。

1. 菊粉清除率　**菊粉（inulin）**是存在于植物根中的多糖，故也称菊糖，分子量为 5 200。

笔记栏

人和动物体内都不含有这种多糖，且对人体无毒性，进入体内不被分解，完全随尿排出，而且只从肾小球滤过，不被肾小管、集合管重吸收和分泌，因此它是符合上述测定肾小球滤过率(GFR)的理想物质，它的血浆清除率(C_{In})就等于肾小球滤过率。测定的方法是从静脉滴注一定量的菊粉以保持血浆浓度恒定为1mg/100ml，然后分别测定每分钟尿量和尿中菊粉浓度，既可按血浆清除率的公式算出肾小球滤过率。实际测得每分钟尿量(V)为1ml/min，尿中菊粉浓度(U_{In})为125mg/100ml，菊粉清除率为：

$$C_{In}=\frac{U_{In}\times V}{P_{In}}=\frac{1ml/min\times 125mg/100ml}{1mg/100ml}=125ml/min$$

所以，肾小球滤过率为125ml/min。

2. 内生肌酐清除率　由于菊粉清除率试验操作复杂，临床上改用较为简便的内生肌酐清除率试验，也能较准确地测得肾小球滤过率。**内生肌酐(endogenous creatinine)**指体内组织(骨骼肌)代谢所产生的肌酐。试验方法为试验前二、三日，被试者禁食肉类，以免从食物中摄入过多的外来肌酐。其他饮食照常，但要避免强烈运动或体力劳动，而只从事一般工作。在这种情况下，受试者血浆中的肌酐浓度(平均在1mg/L左右)以及在一昼夜内肌酐的尿中排出总量都比较稳定。这样，在进行肌酐清除率试验时，就不必另给肌酐溶液，只需从第二天清晨起收集24小时的尿，合并起来计算其尿量，并测定混合尿中的肌酐浓度。抽取少量静脉血，测定血浆中的肌酐浓度，按血浆清除率的公式算出24小时的肌酐清除率。

$$肌酐清除率=\frac{尿肌酐浓度(mg/L)\times 尿量(L/24h)}{血浆肌酐浓度(mg/L)}$$

肌酐能自由通过肾小球滤过，在肾小管中很少被重吸收，但有少量是由近曲小管分泌的。给正常人滴注肌酐，使血浆中浓度高达10~100mg/100ml时，近曲小管分泌肌酐的量增多，此时肌酐清除率可大于菊粉清除率，达175mg/ml。但内生肌酐在血浆中的浓度相当低(仅0.1mg/100ml)，近曲小管分泌的肌酐量可忽略不计，因此内生肌酐清除率与菊粉清除率相近，可以代表肾小球滤过率。我国成人内生肌酐清除率平均为128L/24h。

(二)测定肾血浆流量

肾血浆流量(RPF)也可用清除率进行测定，但所需的物质应是在经过肾循环一周后可以被完全清除(通过滤过和分泌)物质，亦即在肾动脉中该物质有一定浓度，但在肾静脉中其浓度接近于0，则该物质每分钟的尿中排出量(U×V)，应等于每分钟通过肾的血浆中所含的量。设每分钟通过肾的血浆量为X，血浆中该物质浓度为P，即U×V=X×P，则该物质的清除率即为每分钟通过肾的血浆量C=U×V/P=X。符合这一条件的有**碘锐特(diodrast)**和**对氨基马尿酸(p-aminohippuric acid，PAH)**的钠盐。

当从静脉滴注碘锐特或对氨基马尿酸的钠盐，维持血浆浓度较低时(1~3mg/100ml)，当它流经肾脏时，一次就能被肾几乎全部清除掉，因此，肾静脉中的浓度将接近于0(实际不是0，因为有部分血流通过肾被膜、肾盂等非泌尿部分)。因此，碘锐特或对氨基马尿酸每分钟由尿中排出的量，就等于每分钟通过肾脏的血浆中所含的量，故其血浆清除率即为每分钟肾脏的血浆流量。用碘锐特或对氨基马尿酸测得肾血浆流量为660ml/min。

用测得的肾血浆流量，可算出滤过分数：

$$滤过分数=\frac{125ml/min}{660ml/min}\times 100\%\approx 19\%$$

如再测得血细胞比容，可利用以下公式算出肾血流量：

$$肾血流量=\frac{对氨基马尿酸清除率(C_{PAH})}{1-血细胞比容}$$

如果血细胞比容为 45%,则肾血流量 =660ml/min/(1–45%)=1 200ml/min,已知人体在安静平卧时每分心输出量约为 5 500ml,由此可见,肾的血流量约占心输出量的 1/5~1/4,是全身血液供应最丰富的器官。

(三)判断肾小管对各种物质的重吸收和分泌

由于 C_{In} 的值可以代表肾小球滤过率,因此如果知道某一物质的血浆清除率为 C_X,就可以将 C_X 与 C_{In} 进行比较,来判断肾小管各种物质的重吸收和分泌的情况。若某物质 $C_X/C_{In}<1$,则表明该物质滤过之后又被肾小管重吸收;反之,$C_X/C_{In}>1$,则表明肾小管能分泌该物质。例如,可以自由通过滤过膜的物质,如尿素和葡萄糖,它们的清除率均小于 125ml/min(肾小球滤过率),尿素为 70ml/min,而葡萄糖为 0。这必定是该物质滤过之后进行了重吸收,其清除率才能小于 125ml/min。但是,不能由此而推断说该物质不会被分泌,因为只要重吸收量大于分泌量,其清除率仍可小于 125ml/min。

ER-下-8-6 肾脏替代治疗

一种物质清除率大于 125ml/min(如肌酐的清除率可达 175ml/min),这表明这时肾小管必定能分泌该物质,否则清除率绝不可能大于肾小球滤过率。但是,不能由此推断说该物质不会被重吸收,因为只要分泌量大于重吸收量,其清除率仍可大于 125ml/min。

第六节 尿的排出

尿的生成是个连续不断的过程,生成的尿液由集合管流出,汇入乳头管,经肾盏到肾盂,再通过输尿管运送到膀胱储存,当膀胱内储存的尿液达到一定量时引起排尿反射,将尿液经尿道排出体外。因此,尿液的排出是间歇的。

一、膀胱与尿道的神经支配

膀胱是一个中空的肌性器官,膀胱壁由三层平滑肌构成,排尿时它们一起收缩,故称为逼尿肌;与尿道连接处的膀胱颈部平滑肌形成了内括约肌,它受自主神经的支配,不受意识控制,可防止膀胱内尿液外流;尿道穿过泌尿生殖膈,形成外括约肌,泌尿生殖膈属骨骼肌,受躯体神经支配,受意识控制,因此可有意识地控制尿液排出。

支配膀胱逼尿肌和内括约肌的是盆神经和腹下神经,支配尿道外括约肌的是阴部神经。盆神经起源于脊髓第 2~4 骶段的外侧部,属副交感神经。当该神经兴奋时,可使膀胱逼尿肌收缩,尿道内括约肌松弛,促进排尿。腹下神经起源于脊髓胸 12~腰 2 段的侧角,属交感神经。当其兴奋时,可使膀胱逼尿肌松弛,尿道内括约肌收缩,从而阻止排尿。阴部神经起源于脊髓第 2~4 骶段的前角,属躯体神经,当其兴奋时,使尿道外括约肌收缩,阻止排尿(图 8-17)。此外,在盆神经、腹下神经和阴部神经中都有传入神经纤维,将下尿路感觉信号传回到反射中枢。

二、排尿反射

排尿反射(micturition reflex)是自主神经和躯体神经共同参与完成的反射活动。当膀胱内尿量增多到 400~500ml,内压超过 0.98kPa(10cmH_2O)时,膀胱壁牵张感受器受牵拉兴奋,冲动沿盆神经传入,在到达骶髓的初级排尿中枢的同时,冲动也上传到脑干和大脑皮质的高级排尿中枢,从而产生尿意。如果条件许可时,冲动便沿着盆神经传出,引起膀胱逼尿肌收缩,尿道内括约肌松弛,尿液进入尿道,刺激尿道的感受器,冲动沿阴部神经传入纤维传到骶髓的初级排尿中枢,进一步加强其活动,并反射性抑制阴部神经的活动,使尿道外括约肌松

笔记栏

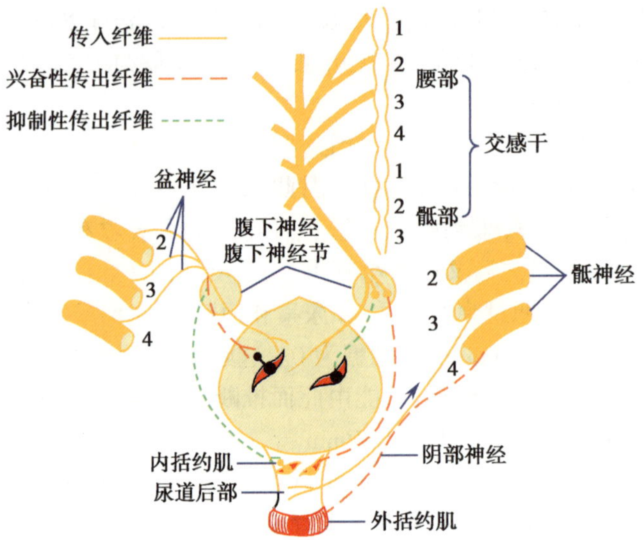

图 8-17　膀胱和尿道的神经支配示意图

弛，于是尿液就在膀胱内压的驱使下排出体外。这种由尿液刺激尿道感受器进一步反射性加强排尿中枢活动的过程是一种正反馈，它能促使排尿反射活动反复加强，直至尿液排完为止（图 8-18）。在排尿时，腹肌和膈肌的强力收缩，可以使腹内压增高，有协助排尿活动的作用。

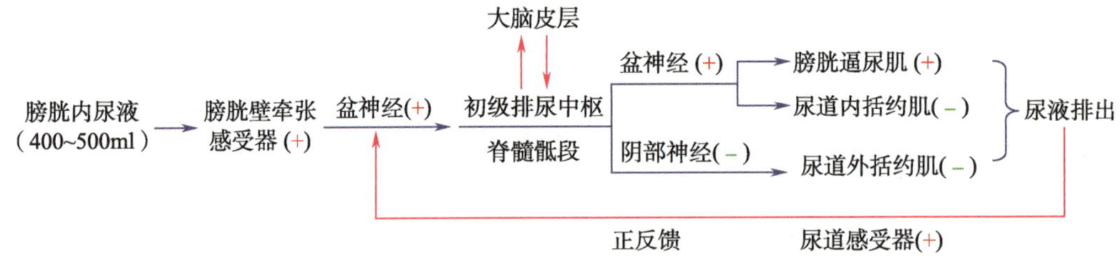

图 8-18　排尿反射示意图

图中(+)表示兴奋或收缩;(-)表示抑制或舒张

大脑皮质的高级排尿中枢对骶髓初级排尿中枢有易化或抑制性的影响，控制着排尿反射活动。婴幼儿因大脑皮质发育尚未完善，对初级排尿中枢的控制能力较弱，故排尿次数较多，且常有遗尿现象。

学习小结

1. 概述　肾脏除主要执行泌尿功能外，还具有内分泌功能。肾脏血液供应的特点：①血液供应丰富，分布不均匀；②有两套毛细血管网；③肾血流量的相对稳定。

2. 尿生成的过程　①肾小球的滤过功能：滤过膜的机械屏障和电学屏障。衡量肾小球滤过功能的指标有肾小球滤过率（GFR），滤过分数（FF）。肾小球滤过的动力—有效滤过压 = 肾小球毛细血管血压 -（血浆胶体渗透 + 肾小囊内压）。影响肾小球滤过的因素有滤过膜的面积和通透性、有效滤过压、肾血浆流量。②肾小管和集合管的重吸收：重吸收的特点；重吸收的途径与方法；重要物质 Na^+、Cl^-、水、葡萄糖、K^+ 等的重

笔记栏

吸收，从而维持机体的渗透压和水、电解质平衡。③肾小管和集合管的分泌功能：H^+、K^+、NH_3 的分泌，调节 $NaHCO_3$ 的重吸收，起着排酸保碱的作用，从而维持机体的酸碱平衡。

3. 尿液的浓缩和稀释　肾髓质渗透压梯度形成和保持；尿液浓缩和稀释的基本过程：当低渗性的小管液流经远曲小管和集合管，管壁在血管升压素（VP）作用下提高了对水的通透性，水被重吸收，管内渗透压增高，形成高渗尿，尿被浓缩，尿量减少。当体内水过多，VP 释放减少，管壁对水的通透性降低，小管液中 NaCl 被继续重吸收，而水不易被重吸收，小管液的渗透压逐步降低，形成低渗尿，尿液稀释，尿量增多。

4. 尿生成的调节　①肾内自身调节：渗透性利尿（小管液中溶质对抗水的重吸收）；球－管平衡（Na^+ 的定比重吸收）。②体液调节：血管升压素（VP）的来源、生理作用和分泌调节。醛固酮（ADS）的来源、生理作用和分泌调节。③神经调节：交感神经兴奋时，尿量减少。

5. 血浆清除率　血浆清除率的测定方法、意义。

6. 尿的排出　膀胱与尿道的神经支配（盆神经，阴部神经）；排尿反射（正反馈，受意识控制）。

（张新芳）

复习思考题

1. 门诊输液中心给某患者用生理盐水溶液配制药物，共 1 000ml 液体量，在输液过程中患者自觉尿量增多，请问此时尿量增多的机制是什么？

2. 应用所学的生理学知识，解释肾衰竭的患者为何会发生贫血、高血压。

3. 某正常成年人，体重 60kg，静脉快速注射 50% 葡萄糖 20ml，尿中是否有葡萄糖？尿量有何变化？

4. 机体剧烈运动时，尿量的变化及其机制？

5. 大失血造成低血容量性休克时，尿量会发生什么变化？为什么？

扫一扫，测一测

课件

第九章 内分泌

学习目标

识记生长激素、甲状腺激素、糖皮质激素、胰岛素的生理作用及其分泌调节，雄激素、雌激素、孕激素的作用；知晓内分泌系统和激素的概念，激素的特性，下丘脑的内分泌功能，垂体激素及分泌调节，内分泌与月经周期；理解激素作用的机制，激素的合成与代谢，甲状旁腺和甲状腺C细胞，睾丸和卵巢的功能及调节。

在人体功能活动的调节中，除以神经调节为主导之外，还有内分泌系统。它由内分泌腺和散在于某些组织、器官中的内分泌细胞组成。体内主要的内分泌腺包括垂体、松果体、甲状腺、甲状旁腺、肾上腺、胰岛、性腺(睾丸和卵巢)等。散在的内分泌细胞主要分布于下丘脑、肺、心、血管内皮、胃肠道、肾、皮肤、胎盘等各种组织器官内。内分泌系统与神经系统及免疫系统相互作用、密切配合，共同调节、整合机体的各种功能活动，维持机体内环境的稳态。

第一节 概述

一、激素的概念、递送方式和分类

(一) 激素的概念和递送方式

经典的激素，是指由内分泌腺或内分泌细胞所分泌的、能够在细胞之间传递信息的高效能生物活性物质。生理学中，一般把激素选择作用的器官、组织和细胞分别称为该激素的靶器官、靶组织、靶细胞。激素的递送方式主要有4种(图9-1)：①**远距分泌(telecrine)**：大多数激素释放后经血液运输至远距离的靶细胞而发挥作用的方式；②**旁分泌(paracrine)**：某些激素释放后可不经血液，仅通过局部组织液扩散直接作用于邻近细胞的方式；③**自分泌(autocrine)**：是指某些激素经局部组织液扩散又返回作用于该内分泌细胞自身的方式；④**神经分泌(neurocrine)**：是指具有内分泌功能的某些神经元所合成的激素，沿着轴突借轴浆流

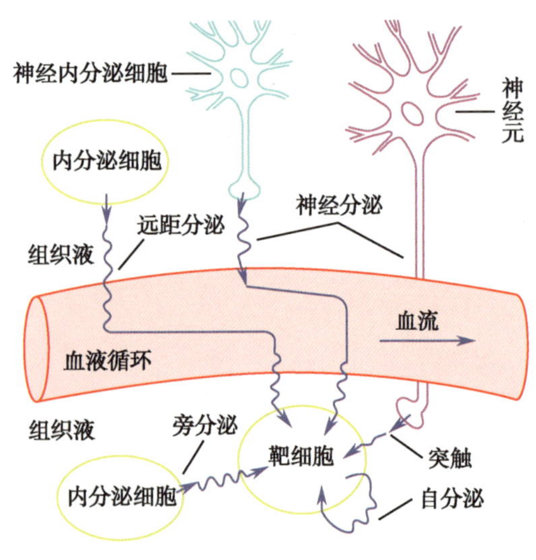

图9-1 激素递送信息的主要方式

动运输到神经末梢释放后，通过上述旁分泌或远距分泌作用于靶细胞的方式。

（二）激素的分类

机体内激素来源复杂，种类繁多（表 9-1），按照化学性质主要分为两大类：

表 9-1 体内主要激素的来源、化学性质及主要生理作用

主要来源	激素名称及其英文缩写	化学性质	主要生理作用
下丘脑促垂体区	分泌多种调节性多肽（表 9-2）	多为肽类	调节腺垂体内分泌活动
腺垂体	促甲状腺激素（TSH）	蛋白质	调节甲状腺的内分泌
	促肾上腺皮质激素（ACTH）	肽类	调节肾上腺皮质的内分泌
	卵泡刺激素（FSH）	蛋白质	调节两性性腺的内分泌
	黄体生成素（LH）	蛋白质	调节两性性腺的内分泌
	生长激素（GH）	蛋白质	促进生长发育、调节代谢
	催乳素（PRL）	蛋白质	调节乳腺及性腺功能活动
神经垂体	血管升压素（抗利尿激素）VP（ADH）	肽类	调节机体水平衡、收缩血管平滑肌
	缩宫素（OT）	肽类	促进排乳、刺激妊娠子宫收缩
甲状腺	甲状腺激素（四碘甲腺原氨酸、三碘甲腺原氨酸）（T_4、T_3）	胺类	促进生长发育、调节物质代谢和能量代谢
甲状旁腺	甲状旁腺激素（PTH）	蛋白质	升高血钙和降低血磷
甲状腺 C 细胞	降钙素（CT）	肽类	降低血钙和血磷
肾上腺皮质	糖皮质激素（如皮质醇）	类固醇	调节代谢及多方面功能
	盐皮质激素（如醛固酮）	类固醇	调节水盐代谢
肾上腺髓质	肾上腺素（Ad，E）	胺类	调节心血管活动，强心
	去甲肾上腺素（NA，NE）	胺类	收缩血管平滑肌，升高血压
胰岛	胰岛素	蛋白质	促进合成代谢，降低血糖
	胰高血糖素	肽类	促进分解代谢，升高血糖
睾丸	睾酮（T）	类固醇	调节男性生殖功能
	抑制素	糖蛋白	抑制腺垂体 FSH 的分泌
卵巢、胎盘	雌二醇（E_2）	类固醇	促进女性生殖器官发育
	孕酮（P）	类固醇	保障受精卵着床、维持妊娠
胎盘	人绒毛膜促性腺激素（hCG）	肽类	维持妊娠
消化道、脑	促胃液素	肽类	刺激胃液的分泌和胃运动
	缩胆囊素（CCK）	肽类	促进胆囊收缩和胰酶分泌
	促胰液素	肽类	促进胰液及胆汁分泌
心房	心房钠尿肽（ANP）	肽类	促进肾排钠排水，舒张血管
松果体	褪黑素（MT）	胺类	镇静、催眠及调整生物节律
胸腺	胸腺素	肽类	调节免疫活动
肾	1,25- 二羟维生素 D_3	固醇类	升高血钙和血磷
脂肪组织	瘦素	肽类	调节脂肪储存量并维持能量平衡
各种组织	前列腺素（PG）	廿烷酸	广泛参与器官局部活动调节

1. 含氮类激素　包括蛋白质类、肽类和胺类激素。如下丘脑调节肽、垂体的激素、胰岛素、甲状旁腺激素、降钙素及胃肠激素等均属于蛋白质类或肽类；肾上腺素、去甲肾上腺素和甲状腺激素则属于胺类。除甲状腺激素外，含氮类激素都属于**亲水激素（hydrophilic hormones）**，

笔记栏

水溶性强，分子量大，主要与靶细胞膜受体结合，通过启动细胞内信号转导系统而引起靶细胞生物学效应。因为含氮激素易被消化酶水解，故作为药物使用时不宜口服。

2. 脂类激素　是指以脂质为原料合成的激素，主要包括类固醇激素和廿烷酸类物质。

(1) 类固醇激素：类固醇激素的共同前体是胆固醇，主要包括肾上腺皮质激素、性激素和胆钙化醇(维生素 D_3)。肾上腺皮质激素和性激素的分子结构均含有17碳环戊烷多氢菲母核，故称为甾体激素。胆钙化醇因其环戊烷多氢菲四环结构中的B环被打开，故也称固醇激素。此类激素属于**亲脂激素(lipophilic hormones)**，分子量小(约300D)，脂溶性强，可直接进入靶细胞，与胞内受体结合而发挥生物学作用。

(2) 廿烷酸类：是指脂肪酸衍生的生物活性物质，包括前列腺素族、血栓素类和白细胞三烯类等。

二、激素作用的一般特征

(一) 信使作用

研究表明，无论是哪种激素，都是作为某种信息的携带者，通过体液介导，在细胞与细胞之间进行信息传递。任何一种激素只能对靶细胞原来固有的生理生化过程起加强或减弱作用，在这种调节过程中，激素既不能对反应过程添加成分，也不能提供能量，仅仅起着"信使"作用(第一信使)。

(二) 相对特异性

激素被释放进入血液后，虽然通过血液循环可以到达全身，与机体各部位组织、细胞广泛接触，但激素只选择作用于某些细胞(靶细胞)，此称为激素作用的特异性。激素作用的特异性与靶细胞上存在着能与该激素发生特异性结合的受体有关。如促甲状腺激素只作用于甲状腺，促肾上腺皮质激素只作用于肾上腺皮质。有些激素的受体分布广泛，如生长激素、甲状腺激素等的受体几乎分布于全身组织细胞上，因此这些激素的作用非常广泛。

(三) 高效能生物放大作用

生理状态下，激素在血液中的浓度都很低，一般在nmol/L，甚至在pmol/L数量级水平，但是作用十分显著。这是因为激素与受体结合后，在细胞内发生一系列酶促放大作用，形成一个高效能的生物放大系统。如下丘脑释放0.1μg的促肾上腺皮质激素释放激素，可使腺垂体释放1μg的促肾上腺皮质激素，后者又能引起肾上腺皮质分泌40μg肾上腺皮质激素，如此经过三级放大共放大了400倍。因此，激素水平的相对稳定对机体生理功能稳态的维持有着十分重要的作用。

(四) 激素间的相互作用

当多种激素共同参与机体的某一生理过程或某一项功能活动的调节时，激素之间会相互影响，具体表现在以下几个方面：①协同作用：如甲状旁腺激素与1,25-二羟维生素 D_3 虽然作用环节不尽相同，但在升高血钙效应上是协同的，均能提高血钙浓度；②拮抗作用：甲状旁腺激素与降钙素在血钙调节中的作用恰好相反，前者升高血钙，后者降低血钙，表现拮抗作用；③允许作用：是指某激素本身并不能直接对某些器官、组织或细胞产生生理效应，然而，只有在该激素存在的条件下，才使另一种激素的作用明显增强，这种现象称为**允许作用(permissive action)**。如糖皮质激素本身对血管平滑肌无直接收缩作用，但只有在糖皮质激素存在的条件下，去甲肾上腺素才能发挥其刺激血管平滑肌收缩的作用。

三、激素的作用机制

激素到达靶细胞后对其产生调节效应，这一过程已研究得比较清楚，首先是激素被质膜

或胞内受体识别并发生特异性结合,然后该受体对信号进行转换(即信号转导,见第二章)并启动靶细胞内信使系统,最终导致靶细胞产生生物学效应,然后使激素作用终止。由于激素的化学性质不同,与其作用的受体和细胞内信号转导的路径也就不同。

(一) 细胞膜受体介导的激素作用机制——第二信使学说

含氮类激素属于水溶性或生物大分子物质,不能进入靶细胞,其受体位于靶细胞胞膜上。它的作用机制一直用 Sutherland 在 1965 年提出的第二信使学说来解释(图 9-2),该学说认为:①激素携带调节信息作为"第一信使";②激素与膜受体结合,并激活细胞内腺苷酸环化酶;③在 Mg^{2+} 存在的条件下,腺苷酸环化酶催化 ATP 转变成环磷酸腺苷(cAMP);④cAMP 作为"第二信使",继续使胞质无活性的蛋白激酶等功能蛋白质逐级活化,直至引起细胞产生生物学效应。

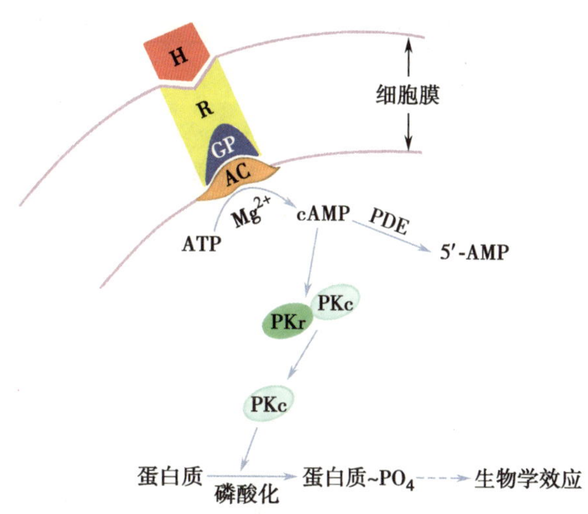

图 9-2 细胞膜受体介导的激素作用机制

H:激素;R:受体;GP:G 蛋白;AC:腺苷酸环化酶;PDE:磷酸二酯酶;PKr:蛋白激酶调节亚单位;PKc:蛋白激酶催化亚单位

关于膜受体,已知其是一类跨膜蛋白质分子,主要有 G 蛋白耦联受体、鸟苷酸环化酶受体、酪氨酸激酶受体及酪氨酸激酶结合性受体等(见第二章**细胞的基本功能**)。含氮类激素与膜受体结合后,改变了胞内"第二信使"物质的浓度,进而改变后续的一系列信号传递,最终影响靶酶或靶蛋白的活性而使细胞产生某种生物效应。"第二信使"是胞外信号("第一信使")与膜受体结合后产生的非蛋白类小分子物质,通过其浓度变化,作用于细胞内下游信号转导分子,从而使细胞产生某种生物效应。目前发现的可以充当"第二信使"的物质,除了 cAMP 外,还有环磷酸鸟苷(cGMP)、三磷酸肌醇(IP_3)、二酰甘油(DG)和 Ca^{2+} 等。

(二) 细胞内受体介导的激素作用机制——基因表达学说

类固醇激素属于脂溶性物质,进入细胞内,与胞内受体(胞质受体及核受体)结合而发挥调节作用。其作用机制通常用"基因表达学说"来解释。1968 年 Jesen 和 Gorski 提出的基因表达学说认为,类固醇激素进入细胞后,先与胞质受体结合成激素 - 胞质受体复合物,再进入细胞核,与核内受体结合成激素 - 核受体复合物。激素 - 核受体复合物结合在染色质非组蛋白的特异位点上,进而触发 DNA 的转录过程,生成新的 mRNA,诱导新蛋白质的合成,即通过调节基因转录与表达,从而实现对靶细胞的调节效应(图 9-3)。

新近研究结果证明,胞内受体中最终与激素结合发挥效应的是核受体。类固醇激素的核受体在基础条件下,与一种称为**热休克蛋白(heat shock protein,HSP)**的胞质蛋白质结合,被其靶定在胞质,并遮盖受体上的 DNA 结合区,受体不被激活。当类固醇激素进入胞质与受体结合后,可使热休克蛋白与受体解离,并暴露出被其遮盖的核受体结构内的核转位信号,然后该激素 - 受体复合物再转入到细胞核内,并与核内 DNA 分子的**激素反应元件(hormone response element,HRE)**结合,启动 DNA 的转录过程。

激素作用的机制很复杂,所有激素不能都用上述两类激素的作用机制来解释。如甲状腺激素虽属于含氮类激素,但其可进入细胞和细胞核,而且直接与位于细胞核内的甲状腺激素受体结合发挥效应,甲状腺激素受体的激活也不受热休克蛋白的影响。

笔记栏

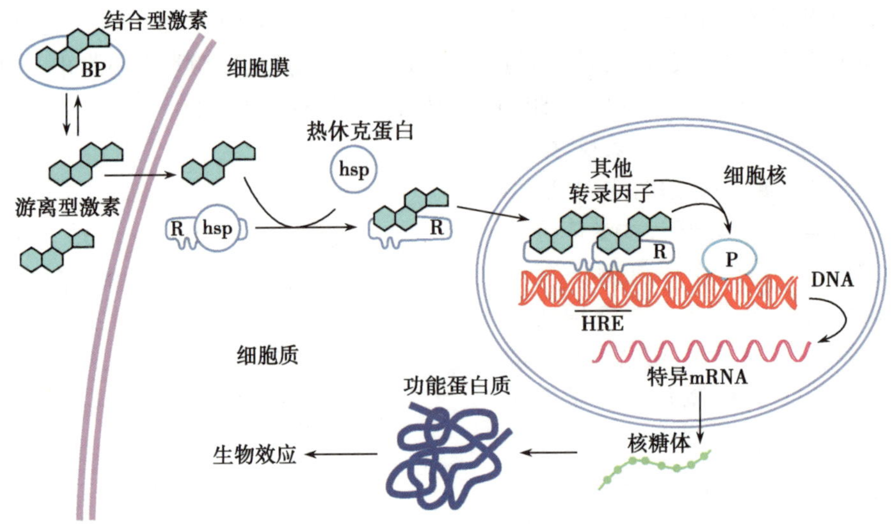

图 9-3 细胞内受体介导的激素作用机制

HRE:激素反应元件;DNA:脱氧核糖核酸;mRNA:信使核糖核酸

第二节 下丘脑与垂体

下丘脑与垂体是在结构上相毗邻,功能上密切联系的两个器官,形成所谓"**下丘脑 - 垂体功能单位(hypothalamus hypophysis unit)**"。包括下丘脑 - 神经垂体系统和下丘脑 - 腺垂体系统两部分(图 9-4)。

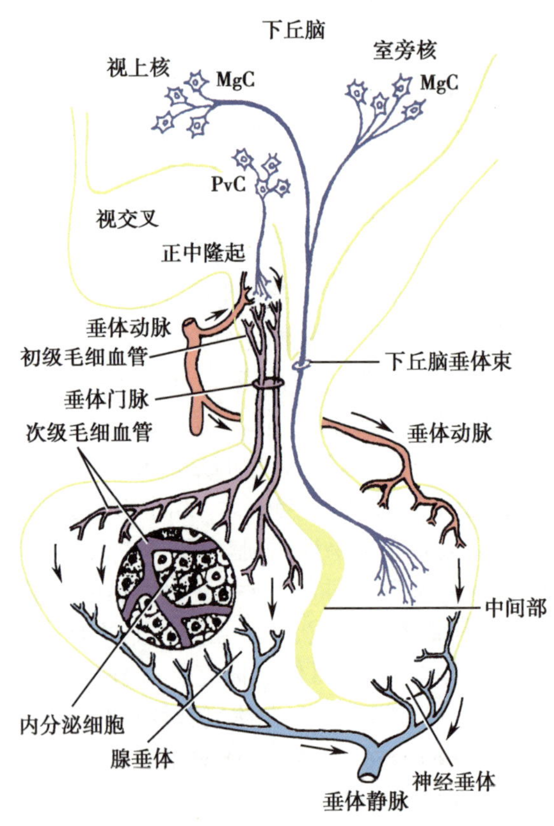

图 9-4 下丘脑与垂体间的结构与功能联系

MgC:大细胞神经元;PvC:小细胞神经元

一、下丘脑 - 神经垂体系统

下丘脑的视上核和室旁核的大细胞神经元的轴突纤维通过漏斗下行到达神经垂体,形成下丘脑 - 垂体束。下丘脑与神经垂体正是通过下丘脑 - 垂体束实现结构与功能上的联系。下丘脑视上核和室旁核的神经元均能合成**抗利尿激素(antidiuretic hormone,ADH)**和**缩宫素(oxytocin,OT)**,但视上核以合成 ADH 为主,室旁核以合成 OT 为主。ADH 与 OT 两者化学结构都是九肽。神经垂体不是腺体组织,自身没有内分泌功能。视上核和室旁核的神经元合成的两种激素通过神经纤维的轴浆运输到达神经垂体储存并在需要时释放进入血液。

(一) 抗利尿激素的生理作用及其分泌调节

抗利尿激素的生理作用是促进肾远端小管和集合管对水的重吸收,即抗利尿作用

(见第八章**尿的生成与排出**)。在机体脱水或失血情况下,抗利尿激素释放量明显增多,此时大剂量的抗利尿激素可使全身血管平滑肌收缩,特别是内脏血管收缩,使外周阻力增加,血压升高,故又称其为**血管升压素(vasopressin,VP)**。其调节血压作用详见第四章。抗利尿激素的分泌调节详见第八章。

(二)缩宫素的生理作用及其分泌调节

1. 缩宫素的生理作用

(1)促进子宫收缩:缩宫素可促进子宫收缩,但其作用与子宫的功能状态有关。非孕子宫对缩宫素的敏感性很低,而妊娠晚期子宫对缩宫素的敏感性大大提高,此时,缩宫素表现出很强的刺激子宫收缩的作用,有助于分娩。但缩宫素并不是分娩时导致子宫收缩的决定因素。分娩过程中胎儿对子宫和阴道的机械刺激可反射性引起缩宫素分泌增加,并形成正反馈调节,使子宫收缩不断加强,从而起到"催产"作用。另外,性激素对缩宫素的缩宫作用也有影响,孕激素可降低子宫对缩宫素的敏感性,而雌激素可增加子宫对缩宫素的敏感性。

(2)促进乳腺排乳:缩宫素可刺激乳腺腺泡周围的肌上皮细胞收缩,腺泡内压力升高,促使乳汁经输乳管排出体外,称为射乳。哺乳时婴儿吸吮乳头可引起射乳反射,这是一个典型的神经 - 内分泌反射。在该反射中,婴儿吸吮乳头的感觉信息传入母亲下丘脑,引起缩宫素分泌并释放入血,进而导致乳腺排放乳汁。

2. 缩宫素的分泌调节　缩宫素的分泌调节属于神经 - 内分泌调节。哺乳活动除婴儿吸吮乳头反射性使下丘脑室旁核分泌 OT 外,还可引起下丘脑多巴胺能神经元兴奋,通过释放多巴胺和 β- 内啡肽抑制下丘脑的肽能神经元分泌促性腺激素释放激素(GnRH),从而使腺垂体分泌促性腺激素减少,导致哺乳期间月经周期暂停。除哺乳活动外,两性性生活时的机械性刺激也可反射性引起缩宫素的分泌。

二、下丘脑 - 腺垂体系统

(一)下丘脑促垂体区及下丘脑调节肽

在下丘脑基底部存在所谓"促垂体区",主要包括正中隆起、弓状核、视交叉上核等部位,这些部位中的一些小神经细胞,能够分泌多种肽类物质,故称之为肽能神经元。下丘脑的肽能神经元所分泌的多种调节肽通过"垂体门脉"(图 9-4)被运输到腺垂体,调节腺垂体的内分泌功能。由下丘脑促垂体区肽能神经元分泌的,能调节腺垂体分泌活动的肽类激素,统称为**下丘脑调节肽(hypothalamus regulatory peptide,HRP)**。下丘脑调节肽的化学性质和生理作用见表 9-2。

表 9-2　下丘脑调节肽的化学性质和生理作用

下丘脑调节肽	英文名称及缩写	化学性质	主要作用
促甲状腺激素释放激素	Thyrotropin-releasing hormone, TRH	肽类	促进腺垂体 TSH 及 PRL 释放
促肾上腺皮质激素释放激素	Corticotropin-releasing hormone, CRH	肽类	促进腺垂体 ACTH 释放
促性腺激素释放激素	Gonadotropin-releasing hormone, GnRH	肽类	促进腺垂体 LH 及 FSH 释放
生长激素释放激素	Growth hormone-releasing hormone, GHRH	肽类	促进腺垂体 GH 释放

笔记栏

续表

下丘脑调节肽	英文名称及缩写	化学性质	主要作用
生长激素抑制激素（生长抑素）	Growth hormone-inhibiting hormone，GHIH（somatostatin，SS）	肽类	抑制腺垂体 GH 及 LH、FSH、TSH、PRL、ACTH 的分泌
催乳素释放因子	Prolactin-releasing factor，PRF	肽类	促进腺垂体 PRL 释放
催乳素抑制因子	Prolactin-inhibiting factor，PIF	胺类 / 肽类	抑制腺垂体 PRL 释放

（二）腺垂体分泌的激素

腺垂体是体内最重要的内分泌腺，约占垂体重量的 75%，其分泌的激素主要包括两种激素和四种促激素，其名称、化学性质和生理作用见表 9-3。

表 9-3 腺垂体激素的种类、化学性质及其作用的靶腺或靶细胞

腺垂体激素	英文名称及缩写	化学性质	靶腺或靶细胞
生长激素	Growth hormone，GH	蛋白质	全身广泛组织细胞
催乳素	Prolactin，PRL	蛋白质	乳腺、性腺及淋巴等组织细胞
促甲状腺激素	Thyroid-stimulating hormone，TSH	蛋白质	甲状腺
促肾上腺皮质激素	Adrenocorticotropic hormone，ACTH	肽类	肾上腺皮质
卵泡刺激素	Follicle-stimulating hormone，FSH	蛋白质	性腺
黄体生成素	Luteinizing hormone，LH	蛋白质	性腺

1. 生长激素 **人生长激素（human growth hormone，hGH）**由 191 个氨基酸残基组成，分子量为 22kD。生长激素有较强的种属特异性，除猴的生长激素外，其他动物的生长激素对人无作用。

（1）生长激素的生理作用

1）促进生长发育：体内影响机体生长发育的激素有多种，包括生长激素、甲状腺激素、胰岛素、肾上腺皮质激素及性激素，它们对组织器官的影响各有侧重，其中对骨骼、肌肉生长起关键作用的激素是生长激素。临床可见，若幼年时期生长激素分泌过少，则生长停滞，身材矮小，但智力正常，称为**侏儒症（dwarfism）**；与之相反，若幼年时期生长激素分泌过多，则生长发育过度，身材过于高大，称为**巨人症（gigantism）**。如果成年后生长激素分泌过多，因这时骨骺已经闭合，长骨不能再生长，只能促进肢端的短骨、颅骨及软组织异常生长，表现为下颌突出、鼻大唇厚、手足粗大和内脏器官增大的现象，称为**肢端肥大症（acromegaly）**。

关于生长激素促进生长的机制，目前研究认为，主要不是它的直接作用，而是其通过诱导肝、肾等组织产生一种曾称为**生长素介质（somatomedin，SM）**的肽类物质间接实现的。因为生长素介质的化学结构与功能与胰岛素相似，故现在一般称其为**胰岛素样生长因子（insulin-like growth factor，IGF）**。IGF 已被分离出 IGF-1 和 IGF-2 两种亚型，介导长骨生长作用的是 IGF-1。IGF 的主要作用是促进钙、磷、钠、钾、硫等元素和氨基酸进入软骨组织，增强 DNA、RNA 和蛋白质的合成，促进软骨组织的增殖和骨化，使长骨加长。IGF 还能刺激多种组织细胞的分裂增殖。

ER-下-9-1

生长激素的作用、机制及分泌异常所致相关疾病

2）调节物质代谢：GH 具有促进蛋白质合成，加速脂肪分解和升高血糖的作用。①蛋白质代谢：GH 可促进氨基酸进入细胞，加速蛋白质合成，减少蛋白质分解，故呈正氮平衡；②脂肪代谢：GH 可激活脂肪酶，促进脂肪分解，增强脂肪酸的氧化，为机体提供能量，从而使机体的能量来源由糖代谢向脂肪代谢转移；③糖代谢：GH 可抑制外周组织对糖的利用，使葡萄糖

笔记栏

的消耗减少，从而升高血糖。GH 分泌过多，可造成垂体性糖尿。

（2）生长激素的分泌调节：生长激素的分泌除了主要受下丘脑 GHRH 和 GHIH 的双重调节外，还受到 GH 和 IGF-1 对下丘脑 - 腺垂体系统的负反馈调节，以及睡眠、饥饿、运动、血糖水平、应激反应等诸多因素的影响（图 9-5）。

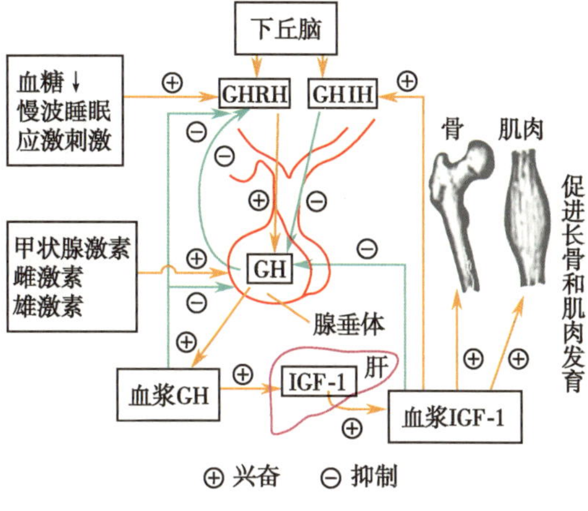

图 9-5 生长激素分泌的调节

下丘脑分泌的 GHRH 对 GH 的分泌起经常性、主导性调节作用，而分泌的 GHIH 则主要在应激等刺激引起 GH 分泌过多时才对 GH 的分泌起抑制作用。故若将大鼠的垂体柄切断，或将腺垂体进行离体培养，即失去下丘脑对腺垂体分泌 GH 的调节时，腺垂体分泌 GH 将减少。

GH 和 IGF-1 可对下丘脑 - 腺垂体系统起负反馈调节作用。实验证明，将大鼠的垂体摘除，使血中的 GH 浓度降低后，下丘脑分泌的 GHRH 就增加。在整体条件下，IGF-1 能刺激下丘脑释放 GHIH，从而抑制腺垂体分泌 GH。此外，IGF-1 也可直接反馈抑制腺垂体分泌 GH。

生长激素——体育运动中禁用的肽类激素

影响腺垂体分泌 GH 的其他因素：生长激素的分泌呈现日周期节律，在夜间深睡后 1 小时即进入慢波睡眠时，出现分泌高峰，这有利于机体的生长发育和体力的恢复。饥饿、运动、低血糖及机体发生应激反应时 GH 分泌增加；甲状腺激素、性激素也能促进腺垂体分泌 GH。

2. 催乳素　人催乳素由 199 个氨基酸组成，分子量为 22kD。其分子序列有 92% 与人生长激素相同，故两者的生理作用有一定的重叠。

（1）催乳素的生理作用：催乳素的生理作用也很广泛，除主要对乳腺、性腺的发育和分泌功能进行调节外，还调节机体的免疫功能和参与机体的应激反应。

1）对乳腺发育及泌乳的作用：催乳素可协同雌激素、孕激素、生长激素等多种激素促进女性乳腺的发育，特别是在妊娠期，PRL 分泌增多，进一步促进乳腺的发育并使其具备了泌乳的能力。但此时，由于血中雌激素和孕激素浓度较高，抑制了 PRL 的始动泌乳作用，乳腺不能泌乳。当分娩后，血中雌激素和孕激素水平降低，PRL 则能够发挥其始动和维持乳腺泌乳的作用。

2）对性腺的作用：生理剂量的 PRL 可刺激卵巢分泌雌激素和孕激素，但大剂量 PRL 则对卵巢的功能有抑制作用。临床罹患高催乳素血症的妇女，出现闭经、溢乳与不孕的症状（称为闭经溢乳综合征），是由于高浓度的 PRL 通过对下丘脑的负反馈抑制，使 GnRH 分泌减少，进而使腺垂体分泌 FSH 和 LH 减少，导致患者无排卵和雌激素水平低下。

3）参与应激反应：当机体受到应激刺激时，血中 PRL 浓度常常伴随 ACTH 和 GH 浓度一同升高，是应激反应中腺垂体分泌的三种主要激素之一。

（2）催乳素的分泌调节：下丘脑通过分泌 PRH 和 PIH 对腺垂体分泌 PRL 进行双重调节。PRH 促进 PRL 分泌，PIH 则抑制 PRL 分泌。切断动物垂体柄血中 PRL 浓度增高，表明平时下丘脑对腺垂体分泌 PRL 是以抑制作用为主。现在认为下丘脑分泌的 PIH 就是多巴胺。因此，临床上对于罹患高催乳素血症的妇女可以应用多巴胺受体激动剂溴隐亭治疗。此外，下丘脑分泌的促甲状腺激素释放激素（TRH）也具有刺激催乳素分泌的作用，故临床甲状腺

笔记栏

功能减退患者可伴发高催乳素血症。另外，婴儿吸吮母亲乳头的刺激，通过感觉神经传入下丘脑，除了可反射性引起缩宫素分泌增多，产生射乳反射外，也可引起下丘脑分泌 PRH，进而使催乳素分泌增多，促进乳腺泌乳。

3. 促激素　腺垂体分泌的 4 种促激素（TSH、ACTH、FSH、LH），分泌入血后都分别作用于各自的靶腺，调节靶腺激素的分泌，同时，它们自身的分泌又受到下丘脑分泌的 TRH、CRH、GnRH 的调控。因此，在体内下丘脑与腺垂体分泌的促激素及其外周靶腺构成三个重要的功能调节轴：下丘脑 - 腺垂体 - 甲状腺轴、下丘脑 - 腺垂体 - 肾上腺皮质轴和下丘脑 - 腺垂体 - 性腺轴。它们对机体功能活动的调节作用将在后续相应内分泌腺的学习中介绍。

第三节 甲 状 腺

甲状腺是人体内最大的内分泌腺，重 20~25g，是由约 300 万个由单层立方上皮细胞围成的滤泡构成的，滤泡腔内充满胶质，其主要成分是**甲状腺球蛋白（thyroglobulin，TG）**。由滤泡上皮细胞合成的**甲状腺激素（thyroid hormones，TH）**就储存在滤泡胶质的甲状腺球蛋白分子上。在甲状腺滤泡之间和滤泡上皮细胞之间有**滤泡旁细胞（parafollicular cell）**，又称 **C 细胞（clear cell）**，较滤泡上皮细胞稍大，可分泌降钙素。

一、甲状腺激素的合成与代谢

甲状腺激素是酪氨酸的碘化物，主要有两种形式：**四碘甲腺原氨酸（3,5,3',5'-tetraiodothyronine，T_4）**或称为**甲状腺素（thyroxin）**和**三碘甲腺原氨酸（3,5,3'-triiodothyronine，T_3）**。甲状腺分泌的激素主要是 T_4，约占分泌总量的 90%，T_3 的分泌量虽少，但其生物学活性约为 T_4 的 5 倍。另外，甲状腺还可分泌少量的**逆 - 三碘甲腺原氨酸（3,3',5'-triiodothyronine，rT_3）**，rT_3 无生物活性。

（一）甲状腺激素的合成

1. 甲状腺激素合成的原料　合成 TH 所需的原料是碘和甲状腺球蛋白。碘由食物提供，人每天从食物中摄取碘 100~200μg，约有 1/3 进入甲状腺。国际上推荐碘摄入量为 150μg/d，若低于 50μg/d，就不能保证 TH 的正常合成。碘长期摄入不足，可使机体罹患单纯性甲状腺肿、甲状腺结节及甲状腺肿瘤等疾病，而碘长期摄入过剩，又可诱发甲状腺炎等疾病。

TG 是含有酪氨酸残基的糖蛋白，由甲状腺滤泡细胞合成，然后转运至滤泡腔内储存。

2. 甲状腺激素的合成过程　甲状腺激素的合成过程包括以下四个基本步骤（图 9-6）。

（1）滤泡聚碘：由肠道吸收的碘是以离子碘（I^-）形式存在于血浆中。一般情况下，甲状腺内 I^- 浓度是血液的 20~25 倍，加上甲状腺滤泡上皮细胞静息电位为 −50mV，因此，I^- 从血液转运进入滤泡上皮细胞是逆着电 - 化学梯度的主动转运过程。在甲状腺滤泡细胞基底膜上存在**钠 - 碘同向转运体（sodium-iodide symportor，NIS）**，能借助钠泵活动所提供的 Na^+ 内向浓度势能，负责碘的继发性主动转运。钠泵抑制剂哇巴因，以及过氯酸盐的 ClO_4^- 和硫氰酸盐的 SCN^- 等可与 I^- 竞争 NIS，从而抑制滤泡聚碘。腺垂体分泌的 TSH 可促进 NIS 的合成而促进聚碘。

（2）I^- 的活化：摄入滤泡上皮细胞的 I^- 可在 H_2O_2 存在的条件下，被甲状腺过氧化物酶（TPO）活化，即将 I^- 转变成 I_2 或 I^0（碘原子）或与甲状腺过氧化物酶形成复合物。只有活化了的碘才能使酪氨酸碘化，形成碘化酪氨酸。活化的部位是滤泡上皮细胞顶端质膜微绒毛与滤泡腔的交界处。

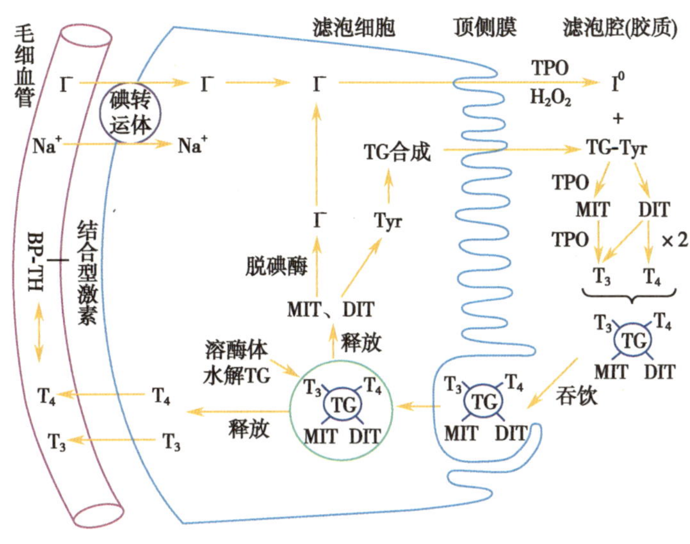

图 9-6 甲状腺激素的合成、分泌与运输

(3) 酪氨酸碘化:酪氨酸碘化是指酪氨酸残基(Tyr)上氢原子被活化后的碘取代的过程。碘化过程在 TG 的酪氨酸残基上进行,同样需要 TPO 催化,生成**一碘酪氨酸(monoiodotyrosine,MIT)**残基和**二碘酪氨酸(diiodotyrosine,DIT)**残基。

(4) 碘化酪氨酸的耦联:在 TPO 催化下,TG 分子上生成的碘化酪氨酸 MIT 和 DIT 两两耦联,便可生成 TH。如 2 个分子 DIT 耦联生成 T_4,若 1 分子 MIT 与 1 分子 DIT 耦联生成 T_3。

从上述 TH 合成过程可见,TG 是 TH 合成必需的"载体",TPO 是 TH 合成的关键酶,碘的活化、酪氨酸碘化以及碘化的酪氨酸耦联均需要 TPO 的参与。TPO 是由甲状腺滤泡细胞合成的一种含铁卟啉的蛋白质,其活性受 TSH 调节。摘除大鼠的垂体,TPO 活性就消失,而再给予 TSH,TPO 的活性就恢复。临床也可以用能够抑制 TPO 的活性的硫脲类药物来治疗甲亢。临床上用于治疗甲亢的硫脲类药物均可抑制 TPO 的活性,从而抑制 TH 的合成。

(二) 甲状腺激素的储存、释放、运输与代谢

1. 储存 滤泡上皮细胞合成的 TH 仍结合在 TG 上,以胶质的形式储存在滤泡腔内(储存在细胞外),其储存量较大,可供机体利用 50~120 天,故临床应用抗甲状腺的药物治疗甲亢时,需要较长时间用药才能起效。

2. 释放 在 TSH 的刺激下,滤泡上皮细胞通过吞饮作用将含有 T_4、T_3 及其他多种碘化酪氨酸残基的 TG 吞入细胞内(图 9-6),随即与溶酶体融合形成吞噬体,接着在溶酶体蛋白水解酶作用下,水解 TG 的肽键,释放出 T_4、T_3、MIT 和 DIT。MIT 和 DIT 又被脱碘酶迅速脱碘,释出的碘大部分再用于合成 TH,释放出的 T_4 和 T_3 不被脱碘酶破坏而进入血液。

3. 运输 T_4 和 T_3 释放入血液后,99% 以上以与多种血浆蛋白结合的形式进行运输,通过游离型运输的不到 1%,而只有游离的 TH 才具有生物学活性。结合型与游离型两者之间可互相转化,保持动态平衡。在血浆中,可与 TH 结合的蛋白质主要有**甲状腺素结合球蛋白(thyroxine-binding globulin,TBG)**、**甲状腺素结合前白蛋白(thyroxine-binding prealbumin,TBPA)**和白蛋白。血浆蛋白中 TBG 与 TH 的亲和力最高,故 TH 大部分与 TBG 结合。T_3 与各种蛋白的亲和力较 T_4 小,因而,T_3 主要以游离形式存在。

4. 代谢 血浆 T_4 的半衰期为 7 天,T_3 的半衰期不足 1 天。TH 主要在肝、肾及骨骼肌中降解。游离型 T_4 和 T_3 降解的主要方式是脱碘,80% 的 T_4 在外周组织脱碘酶的作用下,产

笔记栏

生 T_3(占 45%)与 rT_3(占 55%)。T_4 脱碘变成 T_3 是血液中 T_3 的主要来源,实际也是使 TH 进一步活化。T_3 可进一步脱碘变成二碘、一碘以及不含碘的甲状腺氨酸而失活。约 15% 的 T_4 和 T_3 经与肝内葡萄糖醛酸或硫酸结合后灭活,通过胆汁排入小肠,随粪便排出体外。另外,少量 T_4 和 T_3 在肝肾内脱去氨基和羧基,分别形成四碘甲状腺醋酸与三碘甲状腺醋酸等随尿排出体外。

二、甲状腺激素的生理作用

TH 的受体在体内分布广泛,因此其几乎作用于机体的所有组织,对于组织的新陈代谢和生长发育产生重要的调节作用。TH 为亲脂性激素,可直接与其位于核内的 TH 受体结合发挥作用。TH 受体对 T_3 的亲和力较大,约为 T_4 的 10 倍。

(一) 对新陈代谢的影响

1. 对能量代谢的影响　除脑、肺、性腺、脾、淋巴结和皮肤等组织外,TH 可增强全身绝大多数组织的能量代谢,使基础耗氧量增加,产热量增多。据估计,1mg T_4 可使机体产热增加 4 200kJ,BMR 提高 28%,此现象称为 TH 的产热效应。故甲亢的患者常表现为喜凉怕热、体温偏高、基础代谢率明显升高等。而甲减患者则基础代谢率降低,体温偏低,喜热怕冷。产热效应可能与 TH 增加线粒体数量,加速呼吸链的氧化磷酸化过程,并且其产生的解偶联蛋白使化学能不能以 ATP 形式储存,只能以热的形式释放有关。另外还与 TH 可提高 Na^+-K^+-ATP 酶的活性,促进脂肪酸的氧化有关。

2. 对物质代谢的影响　TH 对三大营养物质代谢的影响广泛而复杂,且与其体内分泌水平有关。

(1) 蛋白质代谢:生理水平的 TH 可促使蛋白质的合成,尿氮减少,表现为正氮平衡。TH 分泌过多时(甲亢患者),则加速蛋白质分解,特别是促进骨骼肌和骨的蛋白质分解,导致肌肉收缩无力,骨质疏松、尿酸增加和血钙升高、尿钙增多现象。TH 分泌不足时(甲减患者),蛋白质合成减少,也使肌肉收缩无力。同时,甲减患者组织间的黏蛋白增多,其可结合大量的正离子和水,引起非凹陷性的**黏液性水肿(myxedema)**。

(2) 糖代谢:TH 能促进小肠对糖的吸收,增加糖原的分解和肝糖异生,升高血糖;同时还加强外周组织对糖的利用以及糖原的合成,降低血糖。所以,只有在 TH 分泌过多时,血糖(餐后血糖)才升高,甚至会出现糖尿。

(3) 脂肪代谢:TH 能促进脂肪的分解和脂肪酸的氧化,而对胆固醇的作用是既能促进合成,又能加速分解,且分解作用大于合成。故甲亢患者表现总体脂减少,血中胆固醇含量低于正常。甲减患者体脂比例升高,胆固醇含量升高。

甲亢患者由于物质分解代谢增强,患者常表现食欲增强,饮食量增多,但身体消瘦。

(二) 对生长发育的影响

TH 是维持机体正常生长发育不可缺少的激素,特别是对脑和长骨的发育尤为重要。TH 对脑各部位神经元轴突、树突的形成,髓鞘与胶质细胞的生长,对神经组织内的蛋白质、磷脂以及各种重要的酶与递质的合成都有促进作用。TH 还能刺激骨化中心发育、软骨骨化,促进长骨和牙齿的生长。所以,罹患甲减的儿童,表现智力障碍和身材矮小,称为**克汀病(cretinism)**,又称呆小症。TH 对胎儿和新生儿及婴儿期的脑发育甚为关键,而对胚胎期骨生长并非必需。所以患先天性甲状腺发育不全的胎儿刚出生时身长可以基本正常,但脑的发育已经障碍。在出生数周至 3~4 个月后,就会表现出明显的智力迟钝和长骨生长停滞。因此,预防和治疗呆小症应该抓住时机,生活在碘缺乏地区的孕妇应注意补充碘。治疗呆小症也应在生后 3 个月之前补给 TH,过迟则难以奏效。

（三）其他作用

1. 对神经系统的影响 TH 不仅促进中枢神经系统的发育，其对已分化成熟的成人神经系统也表现有兴奋作用。甲亢患者中枢神经系统兴奋性增高，常表现失眠多梦、注意力不易集中、烦躁不安、多愁善感、喜怒无常及肌肉纤颤等症状。而甲减时，中枢神经系统兴奋性降低，出现记忆力减退，说话和动作迟缓，反应迟钝，表情淡漠和终日嗜睡等。

2. 对循环系统的影响 TH 可增加心肌、血管平滑肌细胞膜上 β 受体的数量，促进心肌细胞肌质网释放 Ca^{2+}，从而使心率增快，心缩力增强，心输出量与心脏做功量增加，外周血管扩张。甲亢患者常表现心动过速，心肌肥大，可因过度耗竭而导致心力衰竭。

三、甲状腺功能的调节

甲状腺的内分泌功能主要受下丘脑 - 腺垂体 - 甲状腺轴的调节（图 9-7），也接受自主神经的调节。此外，甲状腺还可根据碘摄入水平表现有一定程度的自身调节。

（一）下丘脑 - 腺垂体 - 甲状腺轴

在下丘脑 - 腺垂体 - 甲状腺轴调节系统中，上游激素对下游激素的分泌依次表现促进作用，而下游激素的分泌水平对上游激素的分泌也存在负反馈调节作用。

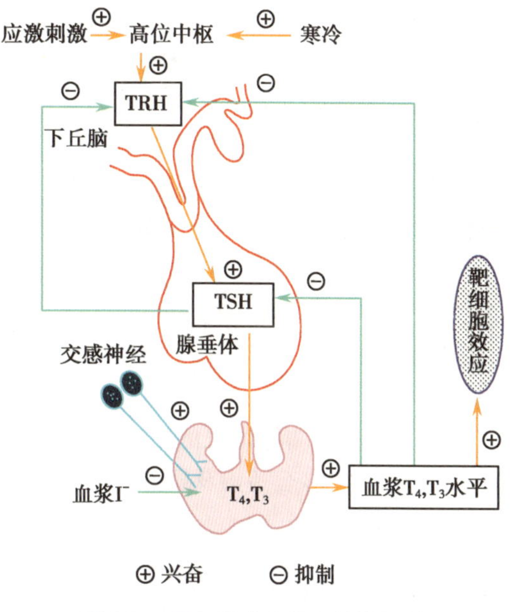

图 9-7 甲状腺内分泌功能的调节

1. 下丘脑对腺垂体的调节 下丘脑 TRH 神经元主要通过分泌 TRH 促进腺垂体合成和分泌 TSH。下丘脑 TRH 神经元的活动可受中枢神经系统其他部位传来信息的影响，如寒冷刺激的信息到达下丘脑后，一方面影响下丘脑体温调节中枢的活动，另一方面可促进 TRH 神经元分泌 TRH 增多，继而通过腺垂体 TSH 分泌增加来促进甲状腺分泌 TH。结果使机体 BMR 提高，基础产热量增加，有利于机体在寒冷环境下维持体温恒定。

2. 腺垂体分泌 TSH 对甲状腺的调节 腺垂体分泌的 TSH 是直接调节甲状腺形态和功能的关键激素。TSH 对甲状腺的作用表现在如下两方面：

（1）刺激甲状腺滤泡细胞生长发育：TSH 可增加甲状腺的供血量，促进滤泡细胞增殖，腺体增大。实验切除动物垂体后，血中 TSH 迅速消失，甲状腺发生萎缩，TH 分泌明显减少。反之，TSH 长期高水平作用，可导致甲状腺腺体显著增生、肥大，如碘缺乏地区的单纯性甲状腺肿大。

（2）刺激 TH 的合成与分泌：如前文所述，TSH 可通过促进 NIS 的合成，提高甲状腺的摄碘功能；通过促进 TPO、TG 的合成及 H_2O_2 的生成，促进酪氨酸的碘化和激素合成。

3. 甲状腺激素的负反馈调节 作为最下游的 TH 对腺垂体、下丘脑的分泌都有负反馈调节作用。当血液中 T_3 水平升高，可以通过直接抑制 TRH 前体基因的转录和减少腺垂体 TRH 受体数量，从而抑制下丘脑合成 TRH 或减弱 TRH 对垂体的作用。目前认为，TH 对腺垂体分泌的负反馈调节主要是通过调节 TSH 细胞膜 TRH 受体数量，从而调节垂体对 TRH 的敏感性来实现。血中 T_4 或 T_3 浓度升高时，TSH 细胞膜上 TRH 受体下调，其对 TRH 的反应性降低，使 TSH 合成和分泌减少；反之，血中 T_4 与 T_3 浓度过低则发生相反的变化。

笔记栏

(二) 甲状腺的自身调节

甲状腺的自身调节是指甲状腺本身对碘的供应变化产生的一种调节自身对碘的摄取以及合成与释放 TH 的能力。当摄入碘不足时，甲状腺对碘的转运功能增强，使 TH 的合成与释放不致减少；反之，当摄入碘增多时，甲状腺对碘的转运功能减弱，使 TH 的合成与释放不致过多。在缺乏 TSH 或 TSH 浓度不变的情况下，这种调节仍能发生。

甲状腺的自身调节是一个缓慢的有限度的调节系统。在最初血碘浓度增加时，TH 的合成有所增加，但碘量超过一定限度后，TH 的合成在维持一段高水平之后，随即明显下降。研究表明，当血碘浓度超过 1mmol/L 时，甲状腺摄碘能力就会开始下降，若血碘浓度达到 10mmol/L 时，甲状腺聚碘作用就将暂时完全消失。这种摄入过量的碘抑制 TH 合成的效应称为**碘阻滞效应（Wolff Chaikoff effect）**。过量碘抗甲状腺效应的机制，主要是血中高浓度的碘抑制了 I^- 的活化及 H_2O_2 的生成，从而使 TH 合成分泌减少。临床上，对拟进行甲状腺手术的患者，术前常给予大剂量碘剂，抑制甲状腺功能，以提高手术成功率。但长时间摄入碘增多，这种碘阻滞效应又会减弱，TH 合成反而又重新增加，可避免甲状腺功能的过度抑制。

(三) 自主神经对甲状腺功能活动的影响

甲状腺接受交感神经与副交感神经双重支配，交感神经兴奋可使 TH 合成增加；而副交感神经兴奋则使 TH 合成分泌减少。

第四节 肾 上 腺

肾上腺位于两侧肾脏的上方，人肾上腺分为中央部的髓质和周围部的皮质两部分。两者在胚胎发生、形态结构及所分泌激素的生物效应等方面全然不同，实际上是两种不同的内分泌腺。

一、肾上腺皮质激素

肾上腺皮质细胞由外向内排列成三个带：即球状带、束状带和网状带。球状带细胞分泌盐皮质激素，主要是**醛固酮（aldosterone）**；束状带与网状带细胞分泌**糖皮质激素（glucocorticoid，GC）**，主要是**皮质醇（cortisol）**；网状带细胞除分泌糖皮质激素外，还能分泌少量性激素。

(一) 糖皮质激素

1. 糖皮质激素的生理作用

(1) 对物质代谢的作用

1) 糖代谢：糖皮质激素因具有显著地升高血糖的效应而得名。糖皮质激素能促进肝脏糖异生，增加血糖来源，又能对抗胰岛素，减少外周组织对葡萄糖的利用，从而升高血糖。若糖皮质激素分泌过多（如 Cushing 综合征患者），可使血糖升高，甚至出现糖尿；相反，肾上腺皮质功能低下的患者（如艾迪生病），由于糖皮质激素分泌不足，则可出现低血糖。

2) 脂肪代谢：糖皮质激素能促进脂肪分解和脂肪酸在肝内的氧化过程，但其对不同部位脂肪细胞代谢的影响不同，对四肢部位促进脂肪分解，而对躯干和头面部则促进合成。所以，Cushing 综合征的患者，肾上腺皮质激素分泌过多，体内脂肪重新分布，四肢脂肪组织分解增强，而腹、面、肩及背部的脂肪合成有所增加，产生所谓“向心性肥胖”，表现为满月脸、水牛背、悬垂腹，而四肢消瘦的特殊体形。

3) 蛋白质代谢：糖皮质激素对肝内和肝外组织蛋白质代谢影响也不相同，表现为促进

肝内蛋白质的合成，而对肝外多数组织，包括肌肉、骨骼、结缔组织及淋巴组织的蛋白质代谢是促进分解，抑制合成。故 Cushing 综合征患者可出现肌肉消瘦、骨质疏松、皮肤变薄和淋巴组织萎缩等体征。

(2) 对水盐代谢的作用：由于糖皮质激素与醛固酮结构相似，故对肾也表现有类似醛固酮的较弱的保 Na^+ 排 K^+ 作用。此外，糖皮质激素对肾主要表现促进其排水的作用。其促进排水的机制，是通过增加肾小球血浆流量和肾小球滤过率以及抑制 ADH 的分泌实现的。肾上腺皮质功能减退的患者，肾脏排水能力下降，严重时可出现"水中毒"。

(3) 对血细胞的作用：糖皮质激素可增加血液中红细胞、血小板和中性粒细胞的数量，而使淋巴细胞和嗜酸性粒细胞减少。其机制各有不同：红细胞和血小板的数量增加是由于糖皮质激素增强骨髓造血功能；中性粒细胞的数量增加是由于糖皮质激素促进位于边缘池的白细胞进入血液循环所致；淋巴细胞和嗜酸性粒细胞减少则是由于糖皮质激素可抑制胸腺和淋巴组织的细胞分裂，抑制淋巴细胞 DNA 合成等过程。

(4) 对循环系统的作用：糖皮质激素对维持正常血压是必需的，这主要是由于：①糖皮质激素通过其对 NE 的允许作用，而保持血管平滑肌正常的紧张性；②糖皮质激素能降低毛细血管壁的通透性，减少血浆的滤过，有利于维持正常循环血量。如艾迪生病患者，由于糖皮质激素分泌不足，血管平滑肌对儿茶酚胺的敏感性降低，毛细血管扩张，通透性增加，血容量不足，血压偏低，补充皮质醇后可恢复。

(5) 对其他系统的作用：GC 可促进胎儿肺泡发育及肺表面活性物质的合成；GC 能提高胃腺细胞对迷走神经与促胃液素的反应性，增加盐酸及胃蛋白酶原的分泌；GC 可以维持中枢神经系统的正常兴奋性，影响胎儿和新生儿的脑发育；GC 还提高 PTH 和维生素 D_3 对骨的作用，降低成骨细胞活性，提高破骨细胞的数量和活性，增加骨质的溶解和吸收，同时，也抑制骨细胞增殖和骨蛋白及胶原的合成；另外，GC 也抑制淋巴组织生长和吞噬细胞的活动，影响抗体的生成。

(6) 参与应激反应：当机体遭受各种有害性刺激，如创伤、疼痛、感染、手术、中毒、饥饿、寒冷和大失血等(应激刺激)时，血中 ACTH 和糖皮质激素浓度急剧增加，称为**应激反应(stress reaction)**。在应激反应中，除了 ACTH、糖皮质激素增加外，还有交感 - 肾上腺髓质系统活动增强，血中儿茶酚胺分泌增多，以及体内其他多种激素如生长激素、催乳素、ADH、胰高血糖素及醛固酮等分泌均增多，说明应激反应是多种激素参与并使机体抵抗力增强的一种非特异性反应。实验研究表明，切除双侧肾上腺皮质的动物，机体应激反应减弱，对有害刺激的抵抗力大大降低，严重时可危及生命。仅切除动物的肾上腺髓质则不会产生严重后果。

2. 糖皮质激素分泌的调节　糖皮质激素无论是在生理状态下的基础分泌，还是在应激状态下的分泌活动，都受到下丘脑 - 腺垂体 - 肾上腺皮质轴的调控(图 9-8)，在这个调节轴系中，上游激素对下游靶腺作用为依次促进，而下游靶腺激素对上游的内分泌腺则具有负反馈抑制作用，从而维持糖皮质激素分泌的稳态。

(1) 下丘脑 - 腺垂体对肾上腺皮质的调节：下丘脑促垂体区的 CRH 神经元在内外环境变化的刺激下，可节律性的合成和释放 CRH。在 CRH 的控制下，腺垂体 ACTH 和肾上腺皮质糖皮质激素的分泌具有日周期节律波动。

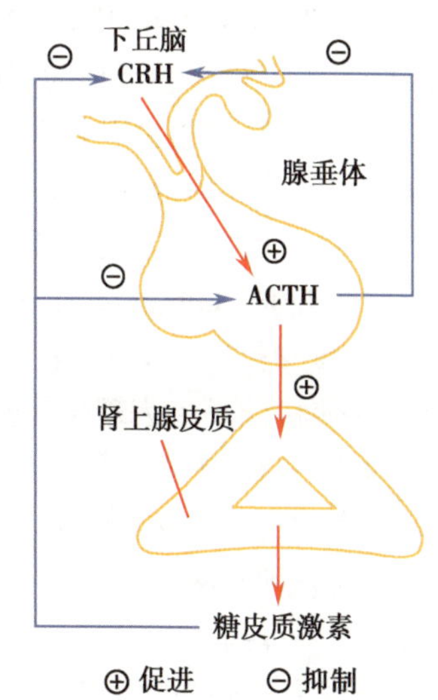

图 9-8　糖皮质激素分泌调节示意图

笔记栏

入睡后糖皮质激素分泌逐渐降低，午夜降至最低水平，随后又逐渐升高，至觉醒起床前分泌达到高峰，白天维持在较低的水平，入睡时再降低。腺垂体 ACTH 除了能够刺激糖皮质激素的合成和分泌外，还对肾上腺皮质的正常结构有支持作用。ACTH 分泌降低时，肾上腺皮质萎缩。

（2）糖皮质激素及 ACTH 的反馈调节：血中糖皮质激素分泌水平对腺垂体分泌 ACTH 和下丘脑分泌 CRH 都具有负反馈调节作用（长反馈）。此外，腺垂体分泌 ACTH 增多对下丘脑 CRH 神经元的分泌也有负反馈调节作用（短反馈）。但在机体发生应激反应时，上述负反馈调节作用会暂时失效。这可能是由于下丘脑 CRH 神经元和腺垂体促肾上腺皮质激素细胞对血中糖皮质激素敏感性暂时减退所导致。

应该强调，临床上长期大剂量应用糖皮质激素的患者，不能突然停药，否则，会发生肾上腺皮质危象。这是因为在长期大剂量应用糖皮质激素治疗时，由于血中外源性糖皮质激素浓度升高，腺垂体分泌 ACTH 受到抑制，导致患者肾上腺皮质逐渐萎缩，功能减退，如果这时突然停药，可出现急性肾上腺皮质功能不足的危险，表现为低血压、低血糖等症状，严重者危及生命。

（二）盐皮质激素

1. 盐皮质激素的作用　盐皮质激素以醛固酮为代表，醛固酮的主要作用是通过促进肾远曲小管和集合管对 Na^+、H_2O 的重吸收和促进对 K^+ 的排泄，发挥保 Na^+、保 H_2O 和排 K^+ 作用，维持细胞外液量及循环血量的相对稳定。当醛固酮分泌过多时，可导致 Na^+、H_2O 潴留，血容量增多，使血压升高；同时可发生低血钾和碱中毒；相反，醛固酮分泌不足时，则 Na^+、H_2O 排出过多，K^+ 排出减少，可出现低血压、高血钾和酸中毒。此外，醛固酮对儿茶酚胺的缩血管作用也表现有允许作用，其作用甚至强于糖皮质激素。

2. 盐皮质激素的分泌调节　醛固酮的分泌除了受肾素 - 血管紧张素系统调节外，还受血 K^+、血 Na^+ 水平和 ACTH 的调节。在应激反应时或体外急性给药，ACTH 可促进醛固酮分泌，但是长期 ACTH 过多则体内醛固酮水平正常甚至处于低水平，不表现刺激作用。

二、肾上腺髓质激素

肾上腺髓质的嗜铬细胞主要分泌**肾上腺素（epinephrine，E）**和**去甲肾上腺素（norepinephrine，E）**，它们都属于儿茶酚胺类激素（包括 E、NE 和多巴胺）。肾上腺髓质中 E 和 NE 的比例大约为 4∶1。基础状态下，循环血中的儿茶酚胺主要是 NE，其中 95% 是由肾上腺素能神经纤维末梢释放的，只有 5% 来自髓质直接分泌；而循环血中的 E 仅来自肾上腺髓质，浓度较低。当发生应急反应时，循环血中的 E 浓度可升高至基础水平的 20 倍。

1. 肾上腺素和去甲肾上腺素的生理作用　E 和 NE 通过激活 α 和 β 受体而对心血管、内脏平滑肌及物质代谢产生广泛的生理作用，这在前面有关章节中已分别介绍，此处不再赘述。在整体功能调节方面，交感神经与肾上腺髓质共同构成交感 - 肾上腺髓质系统，参与机体的**应急反应（emergency reaction）**。所谓应急反应，是指当机体遭遇剧痛、恐惧、失血、脱水、缺氧、暴冷暴热和剧烈运动等情况时，交感 - 肾上腺髓质系统激活，儿茶酚胺分泌迅速增加，并使机体迅速表现出：心率加快，心输出量增加，血压升高；呼吸加深加快；肝糖原分解增加，血糖升高；中枢神经系统兴奋性提高，使机体处于警觉状态，反应灵敏。这种在紧急情况下发生的交感 - 肾上腺髓质系统活动增强的适应性反应，称为应急反应。实际上，引起应急反应的各种刺激，也是引起应激反应的刺激。当机体受到应激刺激时，应急反应与应激反应同时发生，两者相辅相成，共同提高和维持机体对伤害性刺激的耐受能力和适应能力。

2. 肾上腺髓质激素分泌的调节　嗜铬细胞直接受交感神经节前纤维的支配，此外，还受 ACTH、糖皮质激素的影响及自身反馈调节。交感神经兴奋时，节前纤维末梢释放 ACh，

作用于髓质嗜铬细胞膜上的 N_1 型受体,引起 E、NE 的合成及释放。ACTH 和糖皮质激素均可提高髓质中酪氨酸羟化酶、多巴胺 β- 羟化酶与苯乙醇胺氮位甲基转移酶(PNMT)的活性,促进 E 和 NE 的合成。当髓质细胞内 E、NE 的合成量增加到一定水平时,可抑制酪氨酸羟化酶或 PNMT 的作用,反馈抑制 E 和 NE 的合成。

第五节 胰 岛

人胰腺的内分泌部含有 100 万 ~200 万个胰岛,约占胰腺总体积的 1%,主要集中在胰腺的尾部。胰岛内主要由 5 种功能不同的细胞组成:A 细胞约占胰岛细胞总数的 25%,分泌**胰高血糖素(glucagon)**;B 细胞数量最多,占 60%~70%,分泌**胰岛素(insulin)**;D 细胞约占 10%,分泌**生长抑素(somatostatin,SS)**;D_1 细胞分泌**血管活性肠肽(vasoactive intestinal peptide,VIP)**;F 细胞数量很少,分泌**胰多肽(pancreatic polypeptide,PP)**。

一、胰岛素

胰岛素是含有 51 个氨基酸残基的小分子蛋白质,分子量为 5.8kD。正常人空腹状态下血清胰岛素浓度为 35~145pmol/L,人血中胰岛素的半衰期仅 5~8 分钟,主要在肝脏被灭活,少量在肌肉和肾脏等组织灭活。

(一) 胰岛素的生理作用

胰岛素是机体内一种重要的全面促进物质合成代谢,维持血糖稳态的关键激素。

1. 对糖代谢的调节　胰岛素可促进葡萄糖进入肝、骨骼肌和脂肪细胞内,加速糖的氧化和肝糖原、肌糖原的合成与储存;并抑制肝脏糖异生和释放,促进脂肪细胞内葡萄糖转变为脂肪酸及合成甘油三酯。可见,胰岛素减少糖的来源,增加糖的去路,因而使血糖水平降低。在胰岛素的调节下,使正常血糖浓度控制在 4~7mmol/L 的范围内。当胰岛素分泌不足,血糖浓度将升高,一旦超过肾糖阈,即可出现糖尿。

2. 对脂肪代谢的调节　胰岛素能促进脂肪的合成与储存,还能抑制脂肪酶的活性,减少脂肪的动员和分解。当胰岛素缺乏时,糖的氧化利用受阻,脂肪的动员和分解增强,使血脂升高,容易引起动脉硬化;同时,加速脂肪酸在肝脏内氧化,生成大量酮体,可引起酮血症和酸中毒。

3. 对蛋白质代谢的调节　胰岛素通过促进氨基酸通过膜的转运进入细胞,加速 DNA 和 RNA 的复制和转录,加速核糖体的翻译等过程,促进蛋白质的合成。胰岛素还可抑制蛋白质分解。此外,胰岛素在促进机体生长发育方面,与生长激素具有明显的协同作用,但其单独作用时,促生长作用不显著。

(二) 胰岛素分泌的调节

在生理条件下,胰岛素的分泌受到营养物质、神经体液等诸多因素的调节作用,但以葡萄糖的调节作用最为重要。

1. 营养物质的调节　血糖浓度是反馈调节胰岛素分泌的最重要因素。当血糖浓度升高时,胰岛素分泌增加(图 9-9);相反,当血糖浓度降低时,胰岛素分泌减少。许多氨基酸都有刺激胰岛素分泌的作用,以精氨酸和赖氨酸的作用为最强。当血糖浓度正常时,血中氨基酸浓度增加,只能对胰岛素分泌产生轻微的刺激作用。但当血糖浓度升高时,过量的氨基酸可使血糖引起的胰岛素分泌量加倍增多,两者表现出明显的协同作用。另外,血中脂肪酸和酮体大量增加时,也可促进胰岛素的分泌。

笔记栏

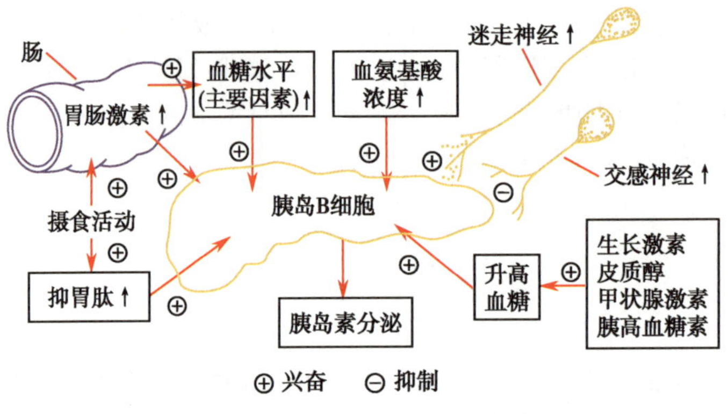

图 9-9 胰岛素分泌的调节

2. 激素的调节 实验证明,口服葡萄糖引起的胰岛素分泌量大于静脉注射等量葡萄糖所引起的胰岛素分泌量,提示可能与胃肠激素的作用有关。虽然有促胃液素、促胰液素、缩胆囊素和抑胃肽(GIP)等多种胃肠激素被证明能促进胰岛素分泌,但只有抑胃肽和胰高血糖素样多肽-1(GLP-1)才是葡萄糖依赖的胰岛素分泌的生理刺激因子。其他激素的刺激分泌作用可能是通过升高血糖后的间接刺激作用。有人将胃肠激素与胰岛素分泌之间的功能联系称为“肠-胰岛素轴”,这是一种具有重要生理意义的前馈调节。进食后,肠黏膜就分泌抑胃肽,可在血糖升高前就刺激胰岛素分泌,为即将从小肠吸收的葡萄糖、氨基酸和脂肪酸的利用提前做好准备。

其他激素,生长激素、皮质醇、甲状腺激素和胰高血糖素,它们都可通过升高血糖浓度而间接刺激胰岛素分泌,因此长期大剂量的应用这些激素,有可能使胰岛B细胞功能衰竭而导致糖尿病。胰岛D细胞分泌的生长抑素可通过旁分泌作用,抑制胰岛素的分泌,A细胞分泌的胰高血糖素可直接刺激胰岛B细胞分泌胰岛素。

人工合成牛胰岛素

3. 神经调节 胰岛接受迷走神经和交感神经的双重支配。迷走神经兴奋时,可直接刺激胰岛素分泌,也可通过刺激胃肠激素的释放而间接促进胰岛素的分泌;而交感神经兴奋时,则抑制胰岛素的分泌。

知识链接

糖尿病知多少

糖尿病(diabetes mellitus,DM)是一组由遗传和环境因素相互作用,导致胰岛素分泌的绝对和相对不足,或(和)胰岛素的生物学效应降低而引起的以持续高血糖为主要特征的代谢综合征。糖尿病可分为两类:1型糖尿病和2型糖尿病。

1型糖尿病是由于自身免疫系统发育不良或免疫应激导致胰岛B细胞破坏而引起胰岛素分泌绝对缺乏的一类糖尿病。目前普遍认为其发病是在遗传易感性的基础上,胰岛感染了病毒(如腮腺炎病毒、风疹病毒及柯萨奇B4病毒等)或受毒性化学物质(如吡甲硝苯脲等)的影响,使胰岛B细胞损伤,释放出致敏蛋白,引起自身免疫反应,导致胰岛的自身免疫性炎症,进一步引起胰岛B细胞的严重受损。

2型糖尿病是由于胰岛素的分泌不足及机体各组织器官对胰岛素抵抗所引起的糖尿病。胰岛素抵抗是指机体细胞、器官、组织对胰岛素的敏感性和(或)反应性降低的一种病理生理状态。研究表明,2型糖尿病是由多种因素联合引起的,其中胰岛素抵抗和胰岛素分泌缺陷是2型糖尿病的发病基础。

二、胰高血糖素

胰高血糖素(glucagon)是由胰岛 A 细胞分泌,由 29 个氨基酸组成的直链多肽,分子量为 3.5kD。

(一) 胰高血糖素的生理作用

与胰岛素的作用相反,胰高血糖素是一种促进机体物质分解代谢的激素,主要靶器官是肝脏。胰高血糖素可促进肝糖原分解和糖的异生,使血糖明显升高。胰高血糖素还可激活脂肪酶,促进脂肪分解,同时又可加强脂肪酸氧化,使酮体生成增多。胰高血糖素也可抑制肝内蛋白质的合成。

(二) 胰高血糖素分泌的调节

血糖水平是调节胰高血糖素分泌最主要的因素。血糖降低时,胰高血糖素的分泌增加;反之,血糖升高时胰高血糖素分泌减少。与低血糖的刺激分泌作用相反,蛋白质餐或静脉注射各种氨基酸使血中氨基酸浓度升高时,均可使胰高血糖素的分泌增多。可见血中氨基酸增多,一方面可促进胰岛素分泌,降低血糖;另一方面还能刺激胰高血糖素分泌而使血糖升高,从而防止低血糖的发生。

胰岛素和生长抑素可以旁分泌方式直接作用于邻近的 A 细胞,抑制胰高血糖素分泌,但胰岛素又可通过降低血糖,间接刺激胰高血糖素分泌。胰岛素与胰高血糖素在血糖水平调节上作用相反,与血糖水平之间构成负反馈调节环路,在维持血糖稳态方面既对立又统一。

调节三大营养物质代谢的激素

自主神经对 A 细胞的作用恰与其对 B 细胞的作用相反,即交感神经兴奋,刺激胰高血糖素分泌;而迷走神经兴奋,则抑制胰高血糖素分泌。

第六节 甲状旁腺和甲状腺 C 细胞

甲状旁腺分泌的**甲状旁腺激素(parathyroid hormone,PTH)**、1,25-二羟维生素 D_3 (1,25-$(OH)_2$-D_3)以及甲状腺 C 细胞分泌的**降钙素(calcitonin,CT)**是共同调节机体钙、磷代谢,维持细胞外液钙、磷稳态的三种基本激素。血钙的稳态对骨代谢、神经元正常兴奋性、腺体分泌、血液凝固及肌肉收缩等许多生理功能都有重要的影响。血磷参与了 ATP、cAMP、DNA 和 RNA 等分子结构的形成,也是机体多种功能活动所必需的重要元素。

一、甲状旁腺激素

PTH 是由甲状旁腺主细胞分泌的含有 84 个氨基酸的直链多肽,分子量为 9.5kD。正常人血浆 PTH 浓度为 1~10pmol/L,半衰期为 20~30 分钟,其主要在肝脏内水解灭活。

(一) 甲状旁腺激素的生理作用

在钙、磷代谢调节中,PTH 的作用主要是升高血钙和降低血磷。若将动物甲状旁腺摘除,其血钙浓度逐渐降低,血磷含量则逐渐升高。动物出现低钙性抽搐,甚至可致死亡。甲状腺手术时若不慎误将甲状旁腺摘除,同样引起低血钙。钙离子对维持神经和肌肉的正常兴奋性起重要作用,当血钙降低时,神经和肌肉的兴奋性异常增高,可发生肌肉痛性痉挛和癫痫发作。

PTH 的靶器官主要是骨骼和肾(图 9-10)。

1. 对骨的作用　骨是体内最大的钙储存库,骨代谢与血中钙、磷水平密切相关。PTH 能动员骨钙入血,使血钙升高,其作用包括快速与延缓效应两个时相。前者是指 PTH 通过提高骨细胞膜对 Ca^{2+} 的通透性及增强骨细胞膜上钙泵的活动,将 Ca^{2+} 转运到细胞外液的过

笔记栏

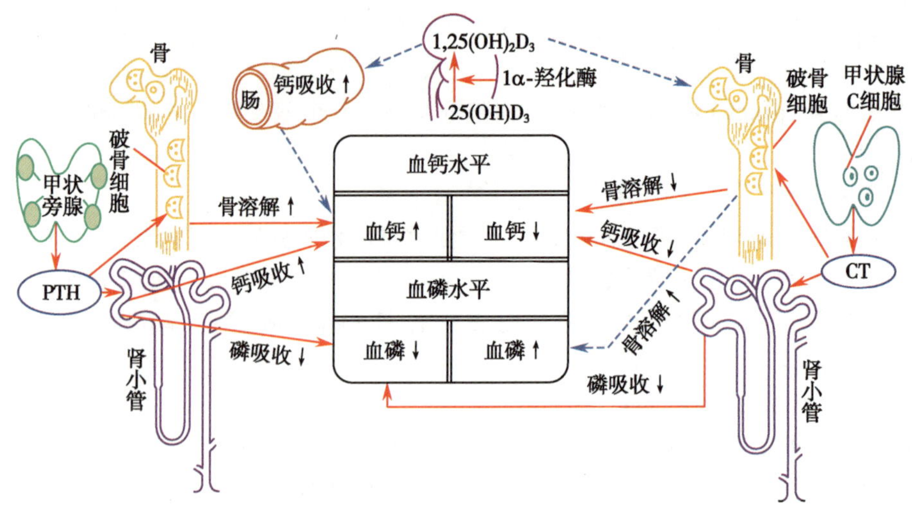

图 9-10 调节钙、磷代谢激素的主要作用环节

→:PTH、CT 的作用;- ▶:1,25-(OH)$_2$-D$_3$ 的作用

程,其效应在 PTH 作用数分钟后即可发生;后者是指 PTH 通过促进破骨细胞的生成及其溶骨活动来实现,该效应需要在 PTH 作用 12~14 小时后出现。可见,PTH 分泌过多,加速了骨基质的溶解,导致骨质疏松。

2. 对肾的作用 PTH 可促进近端小管上皮细胞对钙的重吸收,减少对磷的重吸收,从而升高血钙,降低血磷。此外,PTH 还能激活肾内 1α- 羟化酶,通过 1,25- 二羟维生素 D$_3$ 的生成,促进小肠和肾小管上皮细胞对钙和磷的吸收。

(二) 甲状旁腺激素分泌的调节

PTH 的分泌主要受血浆钙浓度变化的调节。当血钙浓度轻微下降,在 1 分钟内即可迅速引起 PTH 的分泌增加。若长时间低血钙,可使甲状旁腺腺体增生;相反,当血钙浓度升高时,PTH 的分泌减少。若长时间高血钙,则可使甲状旁腺腺体萎缩。

二、降钙素

降钙素(calcitonin,CT)是由甲状腺 C 细胞分泌的 32 肽,分子量为 3.4kD。

(一) 降钙素的生理作用

CT 的主要作用是降低血钙和血磷,其靶器官是骨和肾(图 9-10)。

1. 对骨的作用 CT 一方面可减少破骨细胞的数量,抑制破骨细胞的溶骨活动。这一效应发生迅速,在应用大剂量降钙素后的 15 分钟内,破骨细胞的活动便可减弱 70%,迅速引起血钙降低。另一方面,应用 CT 后 1 小时左右,成骨细胞的活动加强,且反应可持续数天之久。因此,使骨组织释放的钙、磷减少,钙、磷沉积增加,引起血钙和血磷下降。因为成年人破骨细胞的活动效应明显弱于儿童,故 CT 对血钙浓度调节作用在儿童时期明显,在成年人的作用较弱。

2. 对肾的作用 CT 能抑制肾小管上皮细胞重吸收钙、磷、钠和氯等离子,增加这些离子从尿中的排出量,导致血钙和血磷的降低。

(二) 降钙素的分泌调节

CT 的分泌主要受血钙水平的调节。当血钙浓度增加时,CT 的分泌亦随之增加;反之,血钙浓度降低时,则 CT 的分泌减少。

三、1,25-二羟维生素 D_3

维生素 D_3(VD_3)是胆固醇的衍生物，体内的 VD_3 主要由皮肤中 7-脱氢胆固醇经日光中紫外线照射转化而来，也可由动物性食物中获取。VD_3 无生物活性，首先它需要在肝内经 25-羟化酶作用羟化成 25-(OH)-D_3，然后它在肾 1α-羟化酶催化下进一步转化成 1,25-$(OH)_2$-D_3，才具有生物活性。1,25-$(OH)_2$-D_3 的作用是升高血钙和血磷(图 9-10)，机制是：①促进小肠黏膜上皮细胞对钙、磷的吸收；②对骨的作用，一方面，它可刺激成骨细胞的活动，促进骨钙沉积和骨的形成；另一方面，当血钙浓度降低时，又能提高破骨细胞的活动，增强骨的溶解，使血钙、血磷浓度升高。但是，1,25-$(OH)_2$-D_3 净效应是使血钙升高。

另外，1,25-$(OH)_2$-D_3 能增强 PTH 对骨和肾的作用，促进肾小管对钙、磷的重吸收。缺乏 1,25-$(OH)_2$-D_3，PTH 的作用减弱。

当体内缺乏 1,25-$(OH)_2$-D_3 时，可导致低钙血症，儿童可罹患佝偻病，成年人可罹患骨质疏松症。

第七节 性 腺

人类及其他高等动物通过两性生殖活动来产生子代个体，延续种系。睾丸和卵巢是两性生殖活动最基本的器官。作为生殖器官，睾丸和卵巢都具有双重功能，一是产生配子，即睾丸产生精子，卵巢产生卵子；二是内分泌功能，即分泌两性特有的性激素。本节主要讨论睾丸和卵巢的内分泌功能。

一、睾丸的内分泌功能

睾丸间质细胞分泌雄激素，支持细胞分泌抑制素，本节只讨论雄激素的生理作用及调节。

(一) 雄激素的生理作用

睾丸间质细胞分泌的雄激素主要有**睾酮(testosterone，T)**、**脱氢表雄酮(dehydroepiandrosterone，DHEA)**和**雄烯二酮(androstenedione)**，其中以睾酮的生物活性最强，且当其进入靶组织后可在 5α-还原酶的作用下转变为活性更强的**双氢睾酮(dihydrotestosterone，DHT)**。正常男性在 20~50 岁时，血中睾酮含量最高，其后随年龄增长，睾酮分泌量逐渐减少。睾酮主要在肝脏内灭活，形成 17-酮类固醇等代谢产物随尿液排出。

雄激素的生理作用比较广泛，主要有以下几方面：

1. 对男性胎儿外生殖器分化的影响　胚胎发育期，睾酮能促进男性胎儿外生殖器分化。若睾酮分泌不足，胚胎不能进行正常的性别分化，则可能导致男性假两性畸形。

2. 对附属性器官的发育及男性副性征的影响　青春期，随着睾酮分泌的增加，男性附属性器官(包括阴茎、阴囊、附睾、前列腺等)逐渐发育成熟，并出现副性征(生长胡须、喉结突出、声音低沉等)。同时，睾酮还刺激和维持正常的性欲。

3. 维持生精作用　间质细胞分泌的睾酮可经支持细胞进入曲细精管，促进生精细胞的分化和精子的生成。

4. 对代谢的影响　睾酮能促进蛋白质合成，特别是肌肉和生殖器官的蛋白质合成；睾酮还可促进骨骼中钙、磷沉积和骨骼生长。

5. 对造血的影响　促进骨髓造血功能，使红细胞生成增多。

笔记栏

(二) 睾丸功能的调节

睾丸的生精作用和间质细胞的内分泌功能均受下丘脑 - 腺垂体的调节。同时，睾丸分泌的激素对下丘脑和腺垂体的功能也有负反馈调节作用(图 9-11)。

1. 下丘脑 - 腺垂体的调节　下丘脑合成和分泌的促性腺激素释放激素（GnRH）经垂体门脉到达腺垂体，促进腺垂体促性腺激素细胞分泌卵泡刺激素（FSH）和黄体生成素（LH）。FSH 主要作用于生精细胞和支持细胞，使生精过程加强；LH 主要作用于间质细胞，促进间质细胞合成和分泌睾酮，而分泌的睾酮又可对生精过程起维持作用。

2. 睾丸激素的负反馈调节作用　当血中睾酮达到一定浓度后，便可作用于下丘脑和腺垂体，抑制下丘脑 GnRH 的分泌，进而抑制腺垂体 LH 的分泌，产生负反馈调节作用，从而使血中睾酮的含量维持至一定水平。睾酮对腺垂体促性腺激素的分泌影响，只限于 LH 的分泌，对 FSH 的分泌无影响。

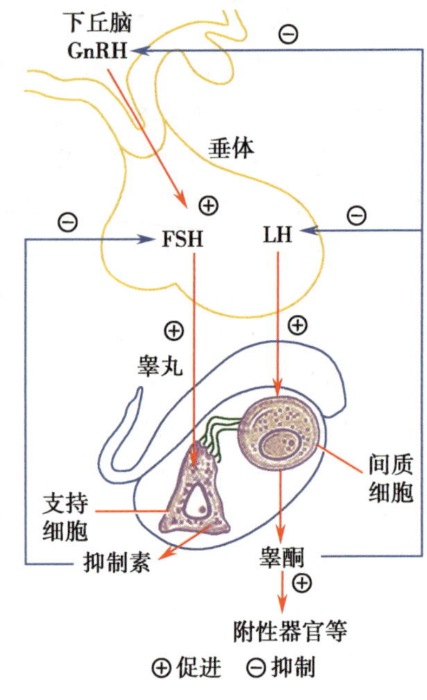

图 9-11　睾丸功能的调节

二、卵巢的内分泌功能

卵巢分泌的雌激素主要为**雌二醇**(estradiol，E_2)，孕激素主要为**孕酮**(progesterone，P)，此外，卵巢还分泌少量雄激素。雌二醇和孕酮都属于类固醇激素。

(一) 雌激素的生理作用

卵巢排卵前，雌激素由卵泡分泌，排卵后由黄体分泌；当排出的卵子受精后及妊娠期，雌激素还可由妊娠黄体和胎盘分泌。雌激素的生理作用主要有以下几方面：

1. 对生殖器官的作用

(1) 卵巢：雌激素促进卵泡发育、成熟及排卵。雌激素还可协同 FSH 诱发并增加卵泡上 LH 受体的数量，增加卵泡对 LH 的敏感性。排卵前的雌激素分泌高峰通过正反馈作用进一步诱导 LH 高峰的出现而诱发排卵。

(2) 输卵管：雌激素能促进输卵管上皮细胞增生、分泌及输卵管的运动，有利于精子与卵子的运行。

(3) 子宫：雌激素能促进子宫发育，引起子宫内膜发生增生期的变化，使子宫颈分泌大量清亮、稀薄的黏液，有利于精子穿行。

(4) 阴道：雌激素可使阴道上皮细胞增生、角化、糖原含量增加。在乳酸杆菌的作用下，糖原被分解为乳酸，使阴道内呈酸性环境（pH 4~5），提高了阴道抗菌能力。

2. 对乳腺和副性征的作用　雌激素可刺激乳腺导管和结缔组织的增生，促进乳腺的发育，乳头、乳晕着色；也可促使脂肪沉积于乳房和臀部，毛发呈女性分布，音调变高，骨盆增宽。

3. 对代谢及其他方面的影响　雌激素能促进肾小管对钠和水的重吸收，导致钠、水潴留；促进成骨细胞活动和钙磷沉积，促进骨的生长，并能促进骨骺软骨愈合。还能促进肌肉蛋白质合成，维持女性正常性欲。

(二) 孕激素

女性体内孕激素主要由黄体和胎盘分泌。由于雌激素可调节孕酮受体数量，所以孕激

素通常是在雌激素作用的基础上发挥效应。

1. 对子宫的作用 孕激素能促使处于增生期子宫内膜进一步的增厚，并使之进入分泌期，为受精卵的着床提供适宜环境。孕激素能降低子宫肌细胞膜的兴奋性，降低妊娠子宫肌的敏感性，防止子宫收缩，有利于安宫保胎。

2. 对乳腺的作用 在雌激素作用的基础上，孕激素可促进乳腺腺泡的发育和成熟，为分娩后的泌乳做好准备。

3. 产热作用 孕激素对机体有产热作用，故使女性基础体温在排卵后可升高 0.2~0.5℃。临床上常将这一基础体温的特征性变化，作为判定排卵日期的标志之一。

影响生长的主要激素

三、月经周期

女性从青春期开始，在整个生育年龄期间，在卵巢分泌激素的周期性变化下，子宫内膜发生周期性脱落、出血、增生和分泌的变化，称为**月经周期（menstrual cycle）**。月经周期中子宫内膜剥脱性出血，经阴道流出的现象称为**月经（menstruation）**。一般把子宫开始出血的第一天作为月经周期的开始，月经期持续 3~5 天。成年女性月经周期一般变动在 20~40 天，平均为 28 天；青春期女性，12~15 岁左右出现第一次月经，称为**月经初潮（menarche）**。正常月经周期的建立和维持，是性成熟女性生殖功能处于活动状态的体现和标志。45~50 岁的妇女月经停止，称为**绝经（menopause）**，是女性卵巢和生殖功能衰退的表现。

（一）月经周期中卵巢与子宫内膜的变化

一个月经周期中，下丘脑 - 腺垂体对卵巢功能的调节及卵巢内分泌激素对下丘脑 - 腺垂体的正、负反馈作用下，血液中 GnRH、FSH、LH 的水平及卵巢激素的水平均发生周期性变化，进而引起生殖器官也呈现周期性变化（图 9-12）。按照卵巢功能活动的周期变化（卵巢周期），把月经周期分为卵泡期（包括卵泡早期及卵泡晚期）和黄体期；按照子宫内膜周期性变化（子宫周期），又将月经周期分为月经期、增生期和分泌期。

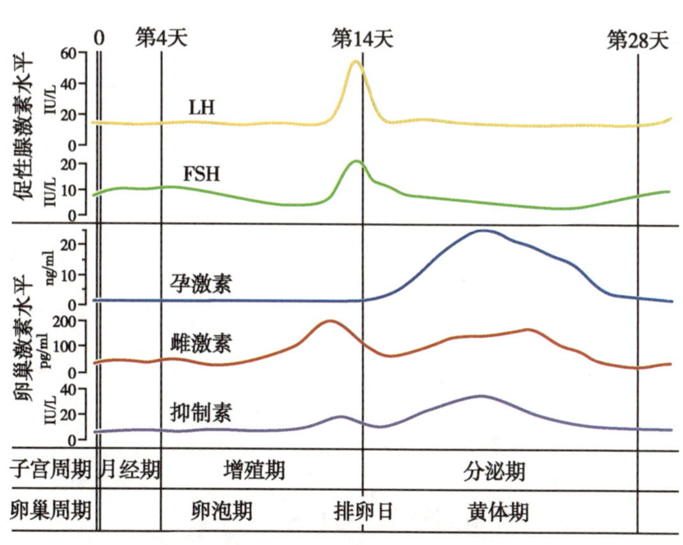

图 9-12 月经周期中相关激素的变化

1. 月经期 子宫周期的**月经期（menses）**对应于卵巢活动周期的卵泡早期，此期从月经来潮到月经停止，历时 3~5 天。这一期的特点是卵巢分泌的雌激素和孕激素骤然下降，子宫内膜缺乏性激素的支持而引起内膜中螺旋形小动脉发生收缩、痉挛、断裂，造成子宫内膜的功能层失去营养而发生剥离、出血，每次经血量约为 50~100ml。

笔记栏

2. 增生期　子宫周期的**增生期(proliferative phase)**对应于卵巢活动周期的卵泡晚期，此期的时间从月经停止日开始到卵巢排卵日为止，即月经周期的第5~14天。这一时期中卵巢功能变化特点是，卵巢中的卵泡逐渐发育成熟，并分泌雌激素，至排卵前一日，血中雌激素浓度达到顶峰，形成月经周期中第一个雌激素峰。由于这时血中高浓度的雌激素对下丘脑产生中枢性正反馈作用，使GnRH分泌增加，腺垂体LH大量释放，于是又形成LH峰，从而诱发排卵。此期中，子宫内膜的变化特点是，雌激素使月经后的子宫内膜快速修复增生，厚度增加；内膜腺体也增生，但不分泌。内膜下小动脉迅速增长，由于生长速度快于内膜增厚的速度而弯曲。

3. 分泌期　子宫周期的**分泌期(secretory phase)**对应于卵巢活动周期的黄体期。此期为排卵后至下次月经到来之前的一段时间，即月经周期的第15~28天。这一时期中卵巢功能变化特点是，排卵后残余的卵泡形成血体，然后转变成黄体。在腺垂体LH的调节下，黄体分泌大量的雌激素和孕激素，并且形成月经周期中雌激素分泌的第二次高峰。在排卵后7天内孕激素分泌也达到峰值。此期中，子宫内膜变化的特点是，子宫内膜在增生期的基础上进一步增生，内膜的血管、腺体也进一步增长，腺体开始分泌含有糖原的黏液，使子宫内膜呈分泌型变化。

处于分泌期的子宫内膜可为受精卵的植入提供适宜环境。若排出的卵子受精，受精卵滋养层细胞开始分泌人绒毛膜促性腺激素(hCG)，hCG可延长黄体寿命，并使黄体转变为妊娠黄体，继续保持足量雌激素和孕激素的生成，子宫内膜继续生长发育形成蜕膜，因此出现停经，直至分娩。

(二)月经周期的调控

女性月经周期的产生是下丘脑-腺垂体系统对卵巢功能活动的调节及卵巢内分泌激素对下丘脑-腺垂体反馈调节相互作用的结果(图9-13)。

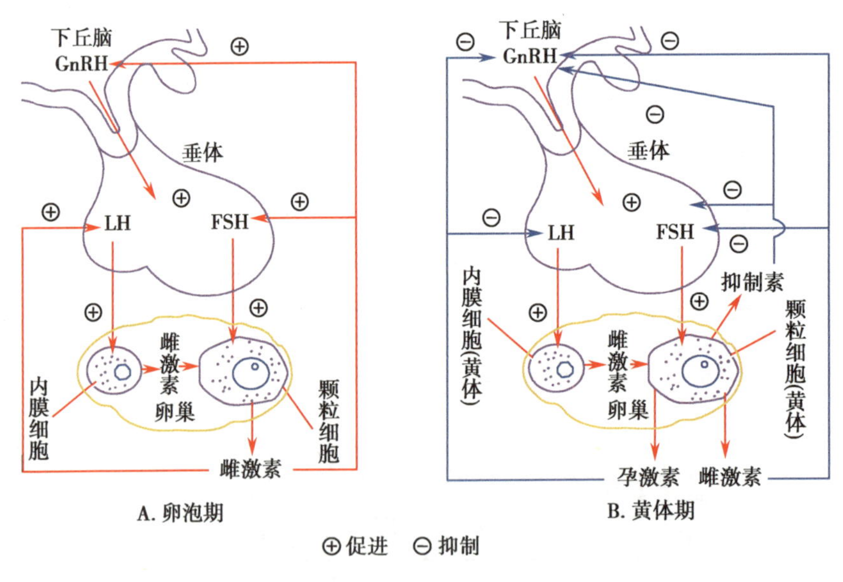

图9-13　月经周期的调控

1. 下丘脑-腺垂体系统对卵巢周期性活动的调节　下丘脑GnRH神经元分泌GnRH呈脉冲式的释放，GnRH和腺垂体促性腺激素细胞表面受体结合，调控腺垂体促性腺激素FSH、LH的分泌。而腺垂体分泌的促性腺激素FSH、LH可促进卵巢卵泡发育和性激素的分泌。女性在青春期前，下丘脑GnRH神经元尚未发育成熟，对卵巢激素的反馈抑制作用敏

笔记栏

感性较高，因此 GnRH 的分泌很少，使腺垂体促性腺激素 FSH 和 LH 的分泌也很少，卵巢激素的分泌处于低水平状态，也不表现周期性活动，故无月经及月经周期的现象产生。至青春期（10~12 岁），下丘脑 GnRH 神经元发育已经成熟，对卵巢激素的反馈抑制作用的敏感性逐渐下降，GnRH、FSH 和 LH 的分泌也随之增加，卵巢性激素的分泌也相应增加，并对下丘脑 - 腺垂体系统逐步建立起周期性正、负反馈机制，子宫内膜的结构和功能也伴随发生周期性变化，于是产生月经及月经周期。

在人类和所有已做过实验的脊椎动物中，模仿正常下丘脑间断释放 GnRH 而静脉间断注射 GnRH，将会迅速引起剂量相关的 LH 和 FSH 释放的增加；并使下丘脑功能障碍的个体保持正常的垂体 - 卵巢功能，使下丘脑性无月经女性患者排卵，因而 GnRH 及其类似物在临床上可用来治疗不育症。

2. 卵巢性激素对下丘脑 - 腺垂体系统的反馈调节　腺垂体促性腺激素 FSH、LH 的作用下，卵巢卵泡发育及发育成熟的优势卵泡分泌雌激素，卵泡排卵后，残存卵泡形成的黄体又分泌孕激素和雌激素。卵巢分泌的这些性激素在排卵前对下丘脑 - 腺垂体产生短暂的正反馈调节外（图 9-13A），其余时间段对下丘脑 - 腺垂体均产生负反馈调节（图 9-13B）。临床上类固醇类口服避孕药物避孕的原理，就是利用孕激素对下丘脑 - 腺垂体能够产生负反馈抑制作用，进而抑制女性排卵过程。

学习小结

1. 概述　激素的分类：①含氮类激素，②脂类激素；激素递送信息的方式：①远距分泌，②旁分泌，③自分泌，④神经分泌；激素的作用机制：①第二信使学说，②基因表达学说；激素的作用特性：①信使作用，②相对特异性，③高效能生物放大作用，④相互作用：协同、拮抗和允许作用。

2. 下丘脑与垂体　下丘脑 - 神经垂体系统：视上核与室旁核分泌血管升压素、缩宫素，神经垂体不能合成激素，储存和释放血管升压素、缩宫素；下丘脑 - 腺垂体系统：促垂体区分泌的调节肽，调控腺垂体分泌二种激素（GH、PRL）和四种促激素（TSH、ACTH、FSH、LH）。

3. 甲状腺　甲状腺激素的主要生理作用：促进能量代谢，使蛋白质合成↑；小肠对糖的吸收↑，糖原分解和肝糖异生↑，糖的利用↑；脂肪分解和脂肪酸氧化↑；促进脑和长骨生长发育，提高中枢神经系统兴奋性，使心率↑，心肌收缩力↑。甲状腺激素分泌的调节：下丘脑 - 腺垂体 - 甲状腺轴，甲状腺的自身调节，交感及副交感神经分别促进和抑制甲状腺激素分泌。

4. 肾上腺　肾上腺皮质激素主要作用：糖异生↑、糖利用↓；脂肪向中心分布，肝外组织蛋白质分解↑；蛋白质合成↓；肾脏排水↑；骨髓造血↑；维持正常血压；参与应激反应。肾上腺皮质激素分泌的调节：主要是下丘脑 - 腺垂体 - 肾上腺皮质轴。

5. 胰岛　胰岛素的主要作用：降低血糖；糖原、脂肪和蛋白质的合成↑；胰岛素分泌的调节：血糖水平↑→分泌↑（主要）；迷走 N 兴奋→分泌↑，交感 N 兴奋→分泌↓。胰高血糖素主要作用：促进糖原分解和糖异生；糖酵解和糖有氧氧化↓；脂肪动员↑；胰高血糖素分泌的调节：血糖水平↓→分泌↑（主要）；交感 N 兴奋→分泌↑，迷走 N 兴奋→分泌↓。

6. 甲状旁腺和甲状腺 C 细胞　①甲状旁腺激素：升高血钙和降低血磷；②1，25- 二羟维生素 D_3：升高血钙和血磷。③降钙素：降低血钙和血磷；④调节：PTH 及 CT 分泌均

受血钙水平调节:PTH 的分泌与血钙水平呈负相关,血钙水平↓→甲状旁腺激素分泌↑;CT 分泌与血钙水平呈正相关,血钙水平↑→CT 分泌↑。

7. 性腺 雄激素、雌激素、孕激素等激素的生理作用及其分泌的调节。月经周期的分期及调节。

(刘慧敏 孙艳宏)

复习思考题

1. 影响机体生长的激素有哪些?试述其对生长过程各有何作用。
2. 简述肢端肥大症、巨人症、糖尿病和黏液性水肿的内分泌学发病机制。
3. 生活在缺碘地区的居民为何易患甲状腺肿大?
4. 某甲减患者,测其血中 T_4、T_3 及 TSH 水平均低于正常,给其体内诊断性注射 TRH 后,血中 T_4、T_3 及 TSH 水平均升高,试分析其病变部位在哪里?为什么?
5. 对临床长期使用糖皮质激素治疗的患者为何不能突然停药?
6. 根据胰岛素的生理作用,试述糖尿病的患者为什么会出现“三多一少”的临床表现。
7. 试分析可能导致排卵障碍的原因。

扫一扫,测一测

第十章 神经系统的功能

课件

学习目标

识记突触传递的过程，外周神经递质及其受体，中枢内兴奋传递的特征，中枢抑制方式，内脏痛与牵涉痛，牵张反射以及小脑对躯体运动的调节；理解脊休克、去大脑僵直产生机制、运动传导通路和自主神经系统的功能及特点；知晓下丘脑的功能和脑的高级功能。

神经系统（nervous system）是人体内起主导作用的调节系统，包括中枢神经系统和周围神经系统两部分。周围神经系统主要是传递信息，中枢神经系统则主要是处理信息，并能对机体内、外各种环境变化做出迅速而完善的适应性功能活动调节，共同维持整体的正常生命活动。数量庞大的神经细胞组成复杂的网络系统，通过复杂的信息传输和整合，调控人体复杂的功能活动，整合躯体感觉和运动、内脏活动和脑的高级功能（如学习记忆、语言、意识、思维等）。人体内各器官和系统多是在神经系统的直接或间接调控下完成各自的生理功能。神经系统活动的基本方式是反射，通过各种反射和中枢整合活动，来实现对机体的功能调控。

中枢神经系统的组成

第一节 神经元的信息传递

一、神经元和神经纤维

（一）神经元

神经系统主要由神经细胞和神经胶质细胞构成。神经细胞又称**神经元（neuron）**，是构成神经系统结构和功能的基本单位。神经元的形状、大小不一，但大多数可分为**胞体（soma）**和突起两部分（图 10-1）。

神经元的胞体主要分布在脑、脊髓和神经节里，突起又分**树突（dendrites）**和**轴突（axon）**。由胞体向外伸展，呈树枝状的分支称为树突，胞体中所有的细胞器大多可进入树突，一般认为树突区是神经元的感受区。一个神经元一般只有一个轴突。胞体发出轴突的部位称为**轴丘（axon hillock）**。轴突起始的部分称为始段；始段处较细，电流密度较大，因而兴奋阈值最低，是神经冲动的产生部位。轴突内的胞质称为轴浆。轴突的末端分成许多分支，每个分支末梢的膨大部分称为**突触小体（synaptic knob）**。轴突和感觉神经元的长树突两者统称为轴索，轴索外面包有髓鞘或神经膜，成为**神经纤维（nerve fiber）**。神经纤维可分为有髓鞘神经纤维和无髓鞘神经纤维。在中枢神经系统内的髓鞘由少突胶质细胞形成，在外周神经系统则由施万细胞形成。

神经胶质细胞

笔记栏

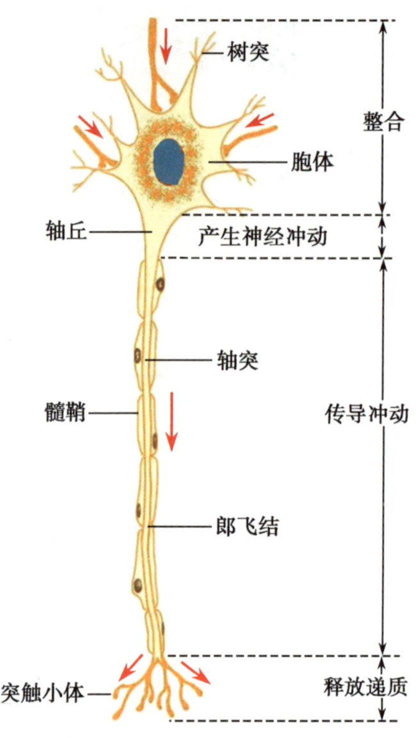

图 10-1　神经元结构示意图

(二) 神经纤维

1. 神经纤维的分类　生理学中常采用两种分类法：一是根据电生理学特性将神经纤维分为 A、B、C 三类，多用于传出纤维；二是根据纤维的直径和来源不同将神经纤维分为Ⅰ（Ⅰa 和Ⅰb）、Ⅱ、Ⅲ、Ⅳ四类，常用于传入纤维。见表 10-1 和表 10-2。

表 10-1　神经纤维的分类(一)

按电生理特征分类		来源	直径(μm)	传导速度(m/s)	锋电位时间(m/s)	按来源及直径分类
A(有髓)	Aα	肌梭、腱器官传入纤维，梭外肌传出纤维	13~22	70~120	0.4~0.5	Ⅰ
	Aβ	皮肤触压觉传入纤维	8~13	30~70	0.4~0.5	Ⅱ
	Aγ	梭内肌传出纤维	4~8	15~30	0.4~0.5	
	Aδ	皮肤痛温觉、触压觉传入纤维	1~4	12~30	0.4~0.5	Ⅲ
B(有髓)		自主神经节前纤维	1~3	3~15	1.2	
C(无髓)	SC	自主神经节后纤维	0.3~1.3	0.7~2.3	2.0	
	drC	脊髓后根痛觉传入纤维	0.4~1.2	0.6~2.0	2.0	Ⅳ

表 10-2　神经纤维的分类(二)

按来源及直径分类	来源	直径(μm)	传导速度(m/s)	按电生理特征分类
Ⅰa	肌梭传入纤维	12~22	70~120	Aα
Ⅰb	腱器官传入纤维	12 左右	70 左右	Aα
Ⅱ	皮肤触压、振动觉传入纤维	5~12	25~70	Aβ
Ⅲ	皮肤痛温觉、肌肉深压觉传入纤维	2~5	10~25	Aδ
Ⅳ	无髓的痛温觉、机械感受器传入纤维	0.1~1.3	1 左右	C

笔记栏

2. 神经纤维传导的特征 神经纤维的基本功能是传导兴奋。沿神经纤维传导的兴奋或动作电位称为**神经冲动(nervous impulse)**。神经纤维通过神经冲动的传导,以完成神经元之间及神经元与效应器之间的兴奋传递。其传导特征如下:①生理完整性:神经纤维传导兴奋要求其结构和功能都是完整的。如低温冷冻、药物麻醉或切断等因素作用于神经纤维某一局部,破坏其完整性,可造成神经冲动的传导阻滞;②绝缘性:一条神经干包含有许多条神经纤维,各条神经纤维之间是绝缘的,在混合神经干内,传入、传出纤维各自传送相关信息而互不干扰,保证了神经调节的准确性;③双向性:在实验条件下,人工刺激神经纤维上任何一点,所产生的冲动可沿纤维向两端同时传导。但在体内,由于神经纤维总是作为反射弧的传入或传出部分,所以神经纤维上动作电位往往单方向传导;④相对不疲劳性:神经纤维能较持久地保持传导兴奋的能力,由于冲动传导耗能极少,比突触传递的耗能小得多,故不容易发生疲劳。

3. 神经纤维的传导速度 不同种类的神经纤维具有不同的传导速度(表 10-1、表 10-2)。一般地说,神经纤维的传导速度与其直径大小、有无髓鞘、温度等因素有关。神经纤维的直径越大,内阻越小,局部电流越大,传导速度也越快。神经冲动在有髓神经纤维上的传导为跳跃式传导,其传导速度比无髓纤维快。在一定范围内,温度升高与传导速度呈正相关。低温或周围神经病变时传导速度减慢。

4. 神经纤维的轴浆运输 轴突内的轴浆是经常流动的。轴浆流动具有运输物质的作用,故称为**轴浆运输(axoplasmic transport)**。轴浆运输是双向的。轴浆由胞体流向轴突末梢,称为顺向轴浆运输;相反,轴浆由轴突末梢反向流向胞体,称为逆向轴浆运输。顺向轴浆运输分为快速和慢速轴浆运输两类。快速轴浆运输主要运输具有膜结构的细胞器,如线粒体、递质囊泡和分泌颗粒等。在猴、猫等动物的坐骨神经内的运输速度约为 410mm/d。慢速轴浆运输是指由胞体合成的蛋白质构成的微管和微丝等结构不断向前延伸,轴浆的其他可溶性成分也随之向前运输,其速度为 1~12mm/d。

5. 神经的营养性作用和神经营养因子 神经对所支配的组织除发挥调节作用(功能性作用)外,神经末梢还经常释放一些营养性因子,后者可持续调节所支配组织的代谢活动,影响其结构、生化和生理,神经的这种作用称为**营养性作用(trophic action)**。神经的营养性作用在正常情况下不易被觉察,但在切断神经后便能明显地表现出来。

神经营养因子(neurotrophic factor,NT)是一类由神经所支配组织和星形胶质细胞产生的,反过来维持神经元生长与功能所必需的蛋白质分子。神经营养因子由末梢摄取经逆向轴浆运输到达胞体,促进胞体合成有关蛋白质分子,支持并营养神经元的发育,维持其正常功能。

知识链接

神经元学说

19 世纪 20 年代,奥地利医生 Franz Joseph Gall(1758~1828)推测人类的精神活动是由脑的功能活动而实现的,使人们认识到意识和精神活动具有物质基础,从而使人们对精神活动的认识从唯心主义的错误观点转到了唯物主义的正确轨道上来。19 世纪 70 年代,意大利细胞学家 Camillo Golgi(1843~1926)将脑组织切成薄片,用重铬酸钾-硝酸银浸染法染色,第一次在显微镜下观察到了神经细胞和神经胶质细胞。为神经科学的研究提供了最为基本的组织学方法。西班牙神经组织学家 Santiago Ramóny Cajal(1852~1934)进一步改良了 Golgi 染色法,并于 1903 年发明了还原硝酸银染色法。他

笔记栏

发现神经细胞之间没有原生质的联系，因而提出神经细胞是整个神经活动最基本的结构和功能单位（故称神经元），从而使复杂的神经系统有了进一步研究的切入口。1904年，Cajal 完成了著作《人与脊椎动物的神经组织学》。为表彰他们对神经组织生理研究做出的巨大贡献，Golgi 和 Cajal 两人共享了 1906 年的诺贝尔生理学或医学奖。此后，Cajal 又经过大量精细的实验，确立了“神经元学说”，为神经科学的进一步发展构建了思想结构框架。

二、神经元间的信息传递

神经系统数量庞大的神经元间无原生质直接相连，它们通过多种方式发生信息传递，最主要和基本的方式是**突触（synapse）**传递。突触是指神经元之间或神经元与效应器细胞之间传递信息的结构部位。神经元与效应器间的突触也称为接头，如**神经-肌肉接头（neuromuscular junction）**。突触的结构不同，信息传递的方式也不同。按照信息传递媒介物性质的不同，突触可分为**化学性突触（chemical synapse）**和**电突触（electrical synapse）**两类。化学性突触的信息传递是通过神经递质，而后者的信息传递则为局部电流。化学性突触一般由突触前成分、突触间隙和突触后成分三部分组成，其末梢释放的递质仅作用于范围极为局限的突触后成分。

此外，还有一种不在经典突触结构中进行的信息传递方式，也以化学物质作为信息传递的媒介物，称为**非突触性化学传递（non-synaptic chemical transmission）**，其末梢释放的递质可扩散至距离较远和范围较广的组织，如曲张体。

（一）突触的结构和分类

1. 化学性突触

（1）经典突触的结构：经典的化学性突触由**突触前膜（presynaptic membrane）**、**突触间隙（synaptic cleft）**和**突触后膜（postsynaptic membrane）**三部分组成（图 10-2）。突触小体的末梢膜，称为突触前膜；与之相对的胞体或突起的膜为突触后膜；突触前膜和突触后膜比邻近的细胞膜厚，两者的间隙为突触间隙。在突触小体的轴浆内含有较丰富的线粒体和突触小泡，一种突触可含一种或几种形态的小泡，内含高浓度的神经递质。在突触后膜上则存在着相应的特异性受体或化学门控通道。

（2）突触的分类：根据神经元接触的部位，通常将突触分为三类（图 10-3）：①轴突-树突式突触；②轴突-胞体式突触；③轴突-轴突式突触。也可按功能，将突触分为兴奋性突触和抑制性突触。

2. 电突触　电突触的结构基础是**缝隙连接（gap junction）**（图 10-3），是两个神经细胞膜紧密接触的部位。两层膜间隔只有 2~3nm，连接部位的神经细胞膜并不增厚，膜近轴浆内无突触小泡。两侧膜上有沟通两细胞胞质的通道蛋白，允许带电离子通过这些通道而传递电信息，故称为电传递。电突触传递特点是：无突触前膜和后膜之分，因而一般为双向性传递；通道电阻低，传递速度快，几乎没有潜伏期。电突触传递具有促进神经元同步化活动的功能。

电突触

（二）非突触性化学传递

除了经典的定向化学性突触，还存在非突触性化学传递。此类神经元轴突末梢有许多分支，各分支上有大量的念珠状**曲张体（varicosity）**，其中含有大量的突触小泡（图 10-4）。当神经冲动抵达曲张体时，递质从曲张体释放出来，扩散到效应细胞，与相应受体结合，使效应

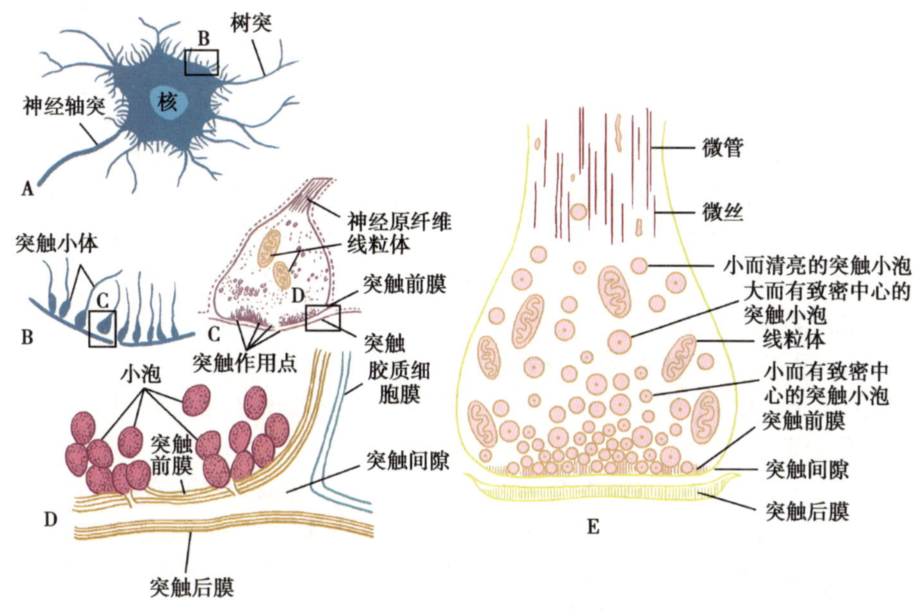

图 10-2　突触的结构示意图

A、B:光学显微镜所见;C、D、E:电子显微镜所见

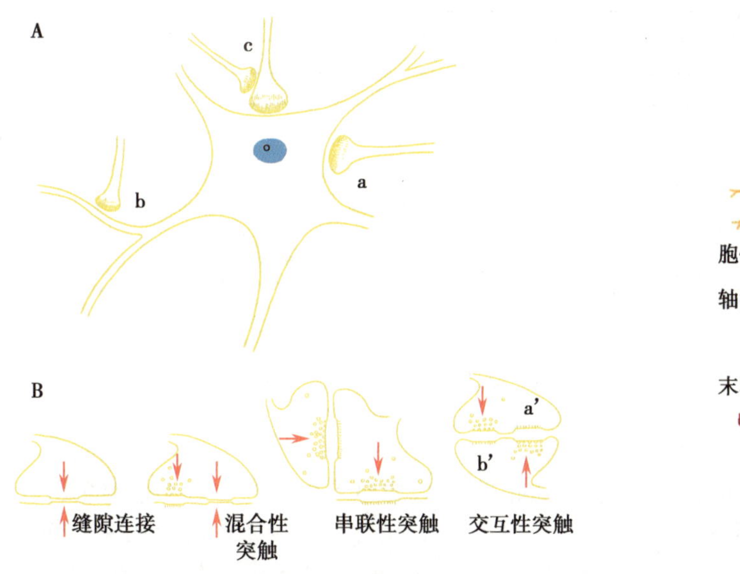

图 10-3　突触的分类示意图

A. 突触的基本类型:a:轴突 - 胞体式突触;b:轴突 - 树突式突触;c:轴突 - 轴突式突触;B. 几种特殊形式的突触:箭头表示突触传递的方向,交互性突触中 a'、b' 分别代表两个不同方向的突触传递

树突
突触小泡
胞体
线粒体
轴突
平滑肌
曲张体
末梢

图 10-4　非突触性化学传递示意图

细胞发生反应。非突触性化学传递的特点:①不存在突触前膜与后膜的特化结构;②不存在一对一的支配关系,一个曲张体能支配较多的效应细胞;③曲张体与效应细胞间距大,递质弥散距离远,故调节范围弥散;④突触传递时间长,可大于 1 秒,且长短不一;⑤递质能否发生信息传递效应,取决于突触后成分上有无相应受体。

(三) 突触传递的过程

突触传递(synaptic transmission)是指突触前神经元的信息通过传递引起突触后神经元活动的过程。

笔记栏

1. 突触传递的基本过程　主要包括如下步骤：①突触前神经元兴奋、动作电位传导到神经末梢，突触前膜发生去极化；②去极化达一定水平时，前膜上电压门控 Ca^{2+} 通道开放，细胞外 Ca^{2+} 内流；③突触小泡移动，与前膜融合、破裂；④小泡内递质量子式释放入突触间隙；⑤递质扩散并作用于后膜上特异性受体或化学门控通道；⑥突触后膜离子通道通透性的改变，使某些离子进出后膜；⑦突触后膜发生电位变化（去极化或超极化），引起突触后神经元兴奋性的改变；⑧递质与受体作用后立即被分解或移除，使作用终止。以上过程的化学性突触传递是一个电 - 化学 - 电的过程。突触前膜的去极化是诱发递质释放的关键因素，Ca^{2+} 是耦联因子。Ca^{2+} 内流量与前膜去极化程度大小以及递质释放量呈正变关系。突触前神经元的生物电活动，通过诱发突触前神经末梢释放化学递质，而导致突触后神经元的电活动变化。

2. 突触后神经元的电活动突触传递　包括兴奋性与抑制性突触传递，其突触后神经元的电活动变化分别为兴奋性突触后电位与抑制性突触后电位。

兴奋性突触后电位

（1）兴奋性突触后电位：兴奋性突触兴奋时，突触前膜释放某种兴奋性递质，作用于突触后膜上的特异受体，提高了后膜对 Na^+ 和 K^+ 的通透性，特别是对 Na^+ 通透的化学门控通道开放，Na^+ 内流，突触后膜发生局部去极化。这种在递质作用下发生在突触后膜的局部去极化，能使该突触后神经元的兴奋性提高称为**兴奋性突触后电位（excitatory postsynaptic potential，EPSP）**（图 10-5）。

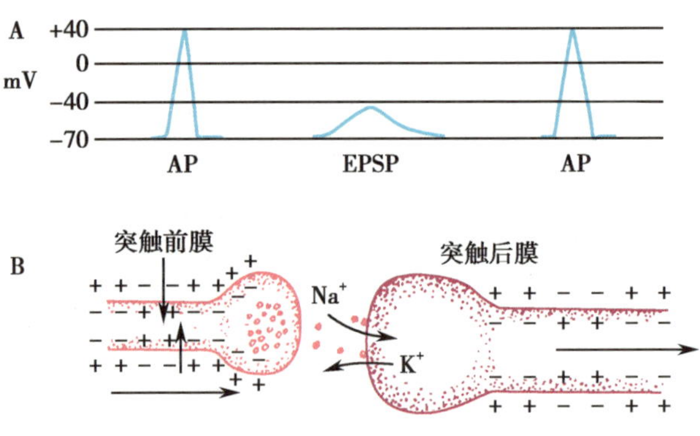

图 10-5　兴奋性突触后电位（EPSP）产生机制示意图
A. 电位变化；B. 突触传递

EPSP 是局部电位，它的大小取决于突触前膜释放的递质数量。当突触前神经元活动增强或参与活动的突触数目增多时，递质释放量也增多，由递质作用所形成的 EPSP 就可总和叠加起来，使去极化幅度增大，若增大到阈电位水平时，便可在突触后神经元轴突始段处诱发动作电位，引起突触后神经元兴奋。如果未能达阈电位水平，虽不能产生动作电位，但由于此局部兴奋电位可能提高了突触后神经元的兴奋性，使之容易发生兴奋，这种现象称为**易化（facilitation）**。

抑制性突触后电位

（2）抑制性突触后电位：在抑制性突触中，突触前神经末梢兴奋，突触前膜释放的某些抑制性递质，与突触后膜受体结合后，可提高后膜对 Cl^- 和 K^+ 的通透性，尤其是对 Cl^- 通透的化学门控通道开放；由于 Cl^- 内流与 K^+ 的外流，突触后膜发生局部超极化。这种在递质作用下出现在突触后膜的超极化，能降低突触后神经元的兴奋性，故称之为**抑制性突触后电位（inhibitory postsynaptic potential，IPSP）**（图 10-6）。

在中枢神经系统中，一个神经元常与其他多个神经末梢构成突触，其中有的产生 EPSP，有的产生 IPSP，它们可在突触后神经元的胞体进行整合。突触后膜上的电位改变取决于同时产生的 EPSP 和 IPSP 的代数和。如果 EPSP 占优势，并达到阈电位水平，可触发突触后神

笔记栏

经元爆发动作电位；相反，若 IPSP 占优势，后神经元则呈抑制状态。

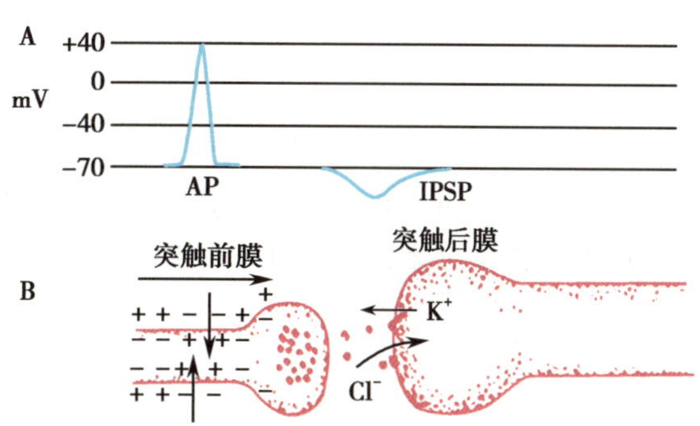

图 10-6 抑制性突触后电位(IPSP)的产生机制示意图
A. 电位变化；B. 突触传递

3. 神经 - 肌肉接头的兴奋传递 躯体运动神经轴突末梢与其所支配的骨骼肌细胞之间形成的功能性特化结构，称为神经 - 肌肉接头，其传递过程与上述兴奋性突触传递十分相似，也是电 - 化学 - 电的传递过程。

(1) 神经 - 肌肉接头的结构：**接头前膜(prejunctional membrane)**是指神经轴突末梢细胞膜，是神经末梢在接近细胞膜处失去髓鞘而形成。在轴突末梢的轴浆中有许多线粒体和直径约 50nm 的囊泡(图 10-7)，称为接头小泡，内含**乙酰胆碱(acetylcholine，ACh)**。**接头后膜(postsynaptic membrane)**，也称为**终板膜(endplate membrane)**。终板膜增厚，规则地向细胞内凹陷形成很多皱褶，增加接头后膜的面积，有利于兴奋的传递。终板膜上有与 ACh 特异结合的 N_2 型 ACh 受体，是化学门控通道。在终板膜表面还分布有胆碱酯酶，它可将 ACh 分解为胆碱和乙酸。

神经 - 肌肉接头兴奋传递

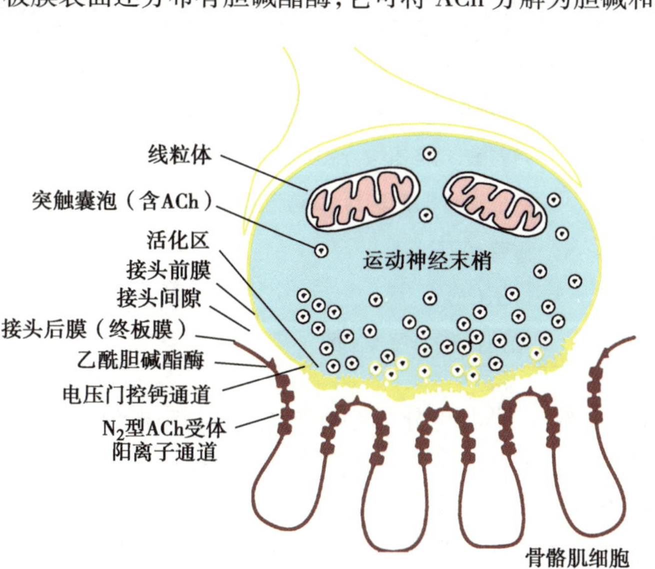

图 10-7 神经 - 肌肉接头结构示意图

(2) 神经 - 肌肉接头的兴奋传递过程：当运动神经兴奋时，神经冲动传到轴突末梢，接头前膜去极化，引起电位门控性 Ca^{2+} 通道开放，膜对 Ca^{2+} 的通透性增加，Ca^{2+} 进入细胞内，促进大量囊泡向前膜靠近，囊泡膜与轴突膜融合、破裂，囊泡中的 ACh 通过出胞作用释放至接头间隙。ACh 与终板膜上的 N_2 受体结合，使关闭状态的通道开放。Na^+、K^+ 离子跨膜转运，主要是大量 Na^+ 内流和少量 K^+ 外流，使终板膜去极化，产生**终板电位(endplate potential，EPP)**。终板电位是一种局部电位，其大小与前膜释放的 ACh 量成正比，亦可总和，可衰减性传导至肌膜，继而产生动作电位，并传播至整个肌细胞膜，再通过肌细胞兴奋 - 收缩耦联，引起肌细胞出现一次机械收缩。

(3) 神经 - 肌肉接头兴奋传递特点：与兴奋性突触传递过程相似，终板膜上产生的 EPP 与 EPSP 相似，表现在：①非全和无现象，有等级性，其大小与前膜释放的 ACh 量成正变关系；②衰减性传导(电紧张扩布)；③无不应期，EPP 有总和现象，包括时间和空间的总和。

笔记栏

EB-下-10-7

神经递质的发现

三、神经递质和受体

(一) 神经递质

神经递质(neurotransmitter)是指由突触前神经元末梢释放、具有在神经元间或神经元与效应器间传递信息的特殊化学物质。除递质外,神经元还能合成和释放一些化学物质,它们并不在神经元之间直接起信息传递作用,而是增强或削弱递质的信息传递效应,这类对递质信息传递起调节作用的物质称为**神经调质(neuromodulator)**。调质所发挥的作用则称为**调制作用(modulation)**。但由于递质在有些情况下可起调质的作用,而在另一种情况下调质也可发挥递质的作用,因此两者之间并无明确界限。

过去认为,一个神经元内只存在一种递质,其全部末梢只释放同一种递质,这一观点称为**戴尔原则(Dale' s principle)**,但近来发现可有两种或两种以上的递质(包括调质)共存于同一神经元内,这种现象称为**递质共存(neurotransmitter co-existence)**。递质共存的意义在于协调某些生理过程。现已了解的神经递质已达 100 多种,根据其化学结构,可将递质大致分成若干个大类,见表 10-3。

表 10-3 神经递质的分类

分类	主要成员
胆碱类	乙酰胆碱
胺类	肾上腺素、去甲肾上腺素、多巴胺、5- 羟色胺
氨基酸类	谷氨酸、门冬氨酸、γ-GABA、甘氨酸
肽类	下丘脑调节肽、阿片肽、脑肠肽、血管紧张素Ⅱ、神经肽、血管活性肠肽等
嘌呤类	腺苷、ATP
气体类	NO、CO
脂类	前列腺素、神经类固醇

按神经递质产生的部位不同,可分为外周神经递质和中枢神经递质。

1. 外周神经递质　是指由传出神经末梢释放的神经递质,包括自主神经和躯体运动神经末梢释放的乙酰胆碱、去甲肾上腺素和肽类。

2. 中枢神经递质　是指在中枢神经内参与突触传递的神经递质,主要有乙酰胆碱、单胺类、氨基酸类及肽类等。

3. 递质的代谢　是指递质的合成、储存、释放、降解、再摄取和再合成等过程。递质代谢障碍常引起神经功能紊乱,而用药物来干预递质代谢过程可对临床疾病产生治疗作用。

(二) 受体

1. 受体的概念　**受体(receptor)**是指细胞膜或细胞内能与某些化学物质(递质、调质、激素等)特异性结合并诱发生物效应的特殊生物分子。神经递质必须通过与相应受体结合后才能发挥作用。能与受体特异性结合并产生生物效应的化学物质,称为受体的**激动剂(agonist)**;能与受体特异性结合,但不产生生物效应的化学物质称为**拮抗剂(antagonist)**,两者统称为**配体(ligand)**。受体与配体的结合具有结构特异性、饱和性、可逆性、高灵敏度和多样性(同一受体可广泛分布于不同组织;同一组织的不同区域,受体密度不同)。

2. 受体的分类　①按受体所在位置分为细胞膜受体、胞质受体和胞核受体。②按结合的配体分类与命名,如以 ACh 为配体的受体称为胆碱能受体,以肾上腺素、去甲肾上腺素为配体的受体称为肾上腺素能受体。同一配体可能有两种或两种以上不同的受体,如 ACh 有

烟碱型(N)和毒蕈碱型(M)两种受体;去甲肾上腺素有 α 受体和 β 受体。每种受体还有不同的受体亚型。同一配体与不同类型受体结合会有不同的细胞反应,产生多样的生物效应。③根据受体的蛋白结构、信息转导过程、效应性质、受体位置等可分为含离子通道的受体(如 N- 型乙酰胆碱受体含钠离子通道)、G 蛋白耦联受体(如肾上腺素受体等)、酪氨酸激酶活性的受体(如胰岛素受体)、调节基因表达的受体(如甾体激素受体)等。

3. 受体的调节　受体的数目以及与配体结合亲和力可随递质的释放发生变化。若递质释放不足,受体的数量逐渐增加,称为受体的**上调(up-regulation)**;反之,若递质释放增加,受体的数量逐渐减少,称为受体的**下调(down-regulation)**。受体的活性增加,或与配体结合的亲和力,反应性也增加(致敏现象),而受体的活性降低,亲和力下降,反应性下降(脱敏现象)。

(三)递质、受体系统

1. 乙酰胆碱及其受体　ACh 是最重要的神经递质之一。以 ACh 为递质的神经元称为**胆碱能神经元(cholinergic neuron)**,能释放 ACh 的神经纤维称为**胆碱能纤维(cholinergic fiber)**。在中枢神经系统内胆碱能神经元分布较广泛,大多起兴奋作用,主要分布在脊髓前角运动神经元,脑干网状结构上行激动系统、丘脑、纹状体和边缘系统的杏仁核、海马等部位。在外周神经系统中,胆碱能纤维包括自主神经的节前纤维、大多数副交感神经的节后纤维、少数交感节后纤维(支配汗腺的交感节后纤维和支配骨骼肌的交感舒血管纤维)和躯体运动神经纤维。在外周,ACh 的传递效应既有兴奋,也有抑制,其效应主要取决于受体的性质。如在消化道,迷走神经释放的 ACh 对平滑肌起兴奋作用,而在心肌,迷走神经释放的 ACh 则起抑制作用。

以 ACh 为配体的受体称为**胆碱能受体(cholinergic receptor)**。胆碱能受体包括**毒蕈碱受体(muscarine receptor,M 受体)**和**烟碱受体(nicotin receptor,N 受体)**(表 10-4)。

表 10-4　自主神经系统胆碱能受体和肾上腺素能受体的分布及其功能

效应器	胆碱能系统		肾上腺素能系统	
	受体	效应	受体	效应
自主神经节	N_1	节前 - 节后兴奋传递		
眼				
虹膜环行肌	M	收缩(缩瞳)		
虹膜辐射状肌			α_1	收缩(扩瞳)
睫状体肌	M	收缩(视近物)	β_2	舒张(视远物)
心脏				
窦房结	M	心率减慢	β_1	心率加快
房室传导系统	M	传导减慢	β_1	传导加快
心肌	M	收缩力减弱	β_1	收缩力增强
血管				
冠状血管	M	舒张	α_1	收缩
			β_2	舒张(为主)
皮肤黏膜血管	M	舒张	α_1	收缩
骨骼肌血管	M	舒张[1]	α_1	收缩
			β_2	舒张(为主)
脑血管	M	舒张	α_1	收缩

笔记栏

续表

效应器	胆碱能系统		肾上腺素能系统	
	受体	效应	受体	效应
腹腔内脏血管			α_1	收缩(为主)
			β_2	舒张
唾液腺血管	M	舒张	α_1	收缩
支气管				
平滑肌	M	收缩	β_2	舒张
腺体	M	促进分泌	α_1	抑制分泌
			β_2	促进分泌
胃肠				
胃平滑肌	M	收缩	β_2	舒张
小肠平滑肌	M	收缩	α_2	舒张(2)
			β_2	舒张
括约肌	M	舒张	α_1	收缩
腺体	M	促进分泌	α_2	抑制分泌
胆囊和胆道	M	收缩	β_2	舒张
膀胱				
逼尿肌	M	收缩	β_2	舒张
膀胱三角区和括约肌	M	舒张	α_1	收缩
输尿管平滑肌	M	收缩(2)	α_1	收缩
子宫平滑肌	M	可变(3)	α_1	收缩(有孕)
			β_2	舒张(无孕)
皮肤				
汗腺	M	促进温热性发汗(1)	α_1	促进精神性发汗
竖毛肌			α_1	收缩
唾液腺	M	分泌大量稀薄唾液	α_1	分泌少量黏稠唾液

注:(1) 为交感节后胆碱能纤维支配。
(2) 可能是胆碱能纤维的突触前受体调制乙酰胆碱的释放所致。
(3) 因月经周期、循环血中雌、孕激素水平、妊娠以及其他因素而发生变动。

(1) M 受体:M 受体既可以和 ACh 结合,也可以和毒蕈碱结合,它们产生相同的效应,ACh 的这种作用称为毒蕈碱样作用(M 样作用)。M 受体广泛分布于绝大多数副交感节后纤维支配的效应器以及部分交感胆碱能纤维支配的效应器(汗腺、骨骼肌血管)细胞膜上。ACh 与 M 受体结合后,通过第二信使引起 ACh 的 M 样作用:可产生一系列自主神经节后胆碱能纤维兴奋的效应,包括心脏活动的抑制;支气管平滑肌、消化道平滑肌、膀胱逼尿肌和瞳孔括约肌的收缩;消化腺和汗腺分泌增加;以及骨骼肌血管的舒张等。**阿托品(atropine)**是 M 受体的阻断剂。现已证明 M 受体有 M_1~M_5 五种亚型,分别命名为 M_1、M_2、M_3、M_4 和 M_5。

(2) N 受体:N 受体既可以和 ACh 结合,也可以和**烟碱(nicotine)**结合,产生相同的效应,称为烟碱样作用(N 样作用)。N 受体又分为 N_1 和 N_2 两种类型。N 型受体是一种 ACh 门

控通道。N_1受体存在于自主神经节突触后膜上，N_2受体存在于神经-肌肉接头的终板膜上，ACh与之结合时可分别引起节后神经元的兴奋和骨骼肌细胞兴奋。筒箭毒碱能阻断N_1和N_2受体；六烃季胺主要阻断N_1型受体，十烃季胺则主要阻断N_2型受体。

2. 去甲肾上腺素和肾上腺素及其受体　去甲肾上腺素和肾上腺素属于**儿茶酚胺（catecholamine）**。在中枢神经系统内，释放肾上腺素递质的神经元称为肾上腺素能神经元，其胞体分布于延髓。释放去甲肾上腺素递质的神经元称为去甲肾上腺素能神经元，其胞体位于低位脑干。在外周，大多数交感神经节后纤维释放的是去甲肾上腺素，称为**肾上腺素能纤维（adrenergic fiber）**。

在外周交感神经节后纤维支配的各个不同部位的效应器上，由于分布不同的受体，故肾上腺素能纤维对效应器的作用既可兴奋也可抑制。能与肾上腺素和去甲肾上腺素结合的受体称为**肾上腺素能受体（adrenergic receptor）**。其分布极为广泛。多数交感节后纤维末梢支配的效应器细胞膜上都有肾上腺素能受体，有α和β两种类型，α受体有α_1和α_2两种亚型；β受体有β_1、β_2和β_3受体。某一效应器官上不一定都有α和β受体，有的仅有α受体，有的仅有β受体，有的两者兼有（表10-4）。肾上腺素能受体不仅与交感末梢的递质相结合，而且能与肾上腺髓质分泌的肾上腺素和去甲肾上腺素以及与儿茶酚胺类药物结合而发生效应。儿茶酚胺类物质激活肾上腺素能受体的作用是不同的，去甲肾上腺素对α受体作用强，对β_2受体作用弱；肾上腺素则对α和β的作用都强；异丙肾上腺素主要对β_2受体有强烈作用。**哌唑嗪（prazosin）**是α_1受体阻断剂；**育亨宾（yohimbine）**是α_2受体阻断剂；**酚妥拉明（phentolamine）**对α_1和α_2受体均有阻断作用，而对α_1受体的阻断作用是α_2受体的3~5倍。**普萘洛尔（propranolol）**能阻断β受体，包括β_1和β_2受体；**阿替洛尔（atenolol）**为选择性β_1受体阻断剂，丁氧胺为β_2受体阻断剂。

3. 多巴胺及受体　**多巴胺（dopamine，DA）**是中枢递质，主要存在于中枢神经系统。多存在于纹状体，尤其在尾核内。脑内的多巴胺主要由黑质产生。现已克隆出5种DA受体，分别为$D_{1\sim5}$亚型，都是G蛋白耦联受体。多巴胺主要参与躯体运动、精神活动、垂体分泌及心血管活动的调节。

4. 5-羟色胺及受体　**5-羟色胺（5-hydroxytryptamine，5-HT）**能神经元主要存在于低位脑干。现已克隆出7种5-HT受体：5-HT_1~5-HT_7，而且在5-HT_1、5-HT_2和5-HT_5受体中又分别分出5种、3种和2种亚型。5-HT及受体主要参与精神、情绪活动。

5. 氨基酸类递质及受体　氨基酸类递质主要有**谷氨酸（glutamate）**、**门冬氨酸（aspartic acid）**、**甘氨酸（glycine）**和**γ-氨基丁酸（γ-aminobutyric acid，GABA）**。前两者是兴奋性递质，后两者是抑制性递质。

6. 组胺及受体　**组胺（histamine）**能神经元主要分布在下丘脑，其纤维到达中枢各部位。组胺有H_1、H_2、H_3受体，分布广泛。组胺系统可能与觉醒、性行为、腺垂体激素分泌、血压、痛觉等调节有关。

7. 肽类递质受体　神经系统内肽类递质及其受体种类繁多，如下丘脑调节肽、阿片肽、脑肠肽（神经肽）等。**阿片肽（opioid peptides）**受体是一类介导内源性阿片肽和阿片类镇痛药作用的受体。

8. 嘌呤类递质受体　嘌呤类递质主要有**腺苷（adenosine）**和ATP。腺苷是中枢内抑制性递质。

另外，一氧化氮（NO）和一氧化碳（CO）小分子气态分子，都具有许多神经递质的特征。

一个分子三个诺贝尔奖

笔记栏

第二节 神经中枢活动的一般规律

一、反射中枢

人体中枢神经系统中神经元的数量及其突触联系极为复杂，递质、受体系统也多种多样。实现神经系统功能的基本方式是反射。反射的基本过程是：一定的刺激作用于特定的感受器，感受器发生兴奋，兴奋以神经冲动的形式经传入神经传向中枢，通过中枢的分析和整合，中枢产生兴奋并经一定的传出神经到达效应器，引起效应器发生某种活动改变。在自然条件下，反射活动需要反射弧结构和功能的完整，如果反射弧中任何一个环节中断，反射将不能进行。

中枢神经系统的大量神经元组合成许多不同的**反射中枢（reflex center）**。反射中枢是指在中枢神经系统内，调节某一特定生理功能的神经元群。它们可分布在中枢神经系统内的不同部位。调节某一复杂生命现象的反射中枢往往涉及范围很广，如调节呼吸运动的神经反射中枢就分散在脊髓、延髓、脑桥、间脑以及大脑皮质等部位。在反射发生时，既有初级水平的整合活动，也有较高级水平的整合活动。通过多级水平的整合，使反射活动具有更大的复杂性和适应性。

二、中枢神经元的联系方式

中枢神经系统内神经元的联系方式复杂多样，主要有如下几种（图 10-8）。

1. 单线式联系　一个突触前神经元仅与一个突触后神经元发生突触联系。例如，视网膜中央凹处的一个视锥细胞常只与一个双极细胞形成突触联系，而该双极细胞也可只与一个神经节细胞形成突触联系，这种联系方式可使视锥系统具有较高的分辨能力。

2. 辐散式联系　一个神经元的轴突末梢通过其分支与多个神经元建立突触联系的方式称为**辐散（divergence）**。辐散式联系多见于感觉传入通路中，其意义是使一个神经元的兴奋同时引起多个神经元发生兴奋或抑制。

3. 聚合式联系　多个神经元通过其轴突末梢与同一神经元建立突触联系的方式称为**聚合式（convergence）**。聚合式使许多神经元的作用都影响同一神经元的活动，这种联系方式有可能使作用的同一神经元兴奋发生总和，也可能使来源不同的神经元的兴奋和抑制在同一神经元上发生总和或整合作用。聚合式在传出通路中多见。

4. 链锁式联系　中间神经元轴突的侧支兴奋另一神经元，后者再通过轴突侧支直接或间接与其他神经元建立突触联系的方式，称为**链锁式（chain circuit）**。其意义可在空间上扩大作用范围。

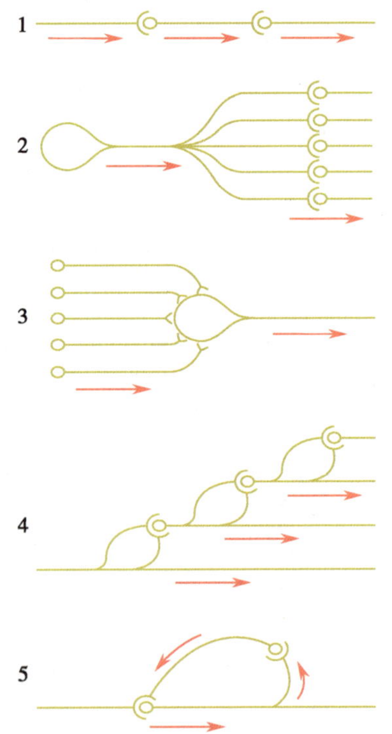

图 10-8　中枢神经元的联系方式
1：单线式联系；2：辐散式联系；3：聚合式联系；4：链锁式联系；5：环式联系

5. 环式联系 一个神经元与中间神经元发生突触联系，中间神经元返回来直接或间接再作用于该神经元的方式，称为**环式（recurrent circuit）**。环状方式联系是反馈调节和后放现象的结构基础。兴奋通过环状联系时，如果环路内是兴奋性中间神经元参与，则兴奋得到加强和延续，产生正反馈效应；如果环路内是抑制性中间神经元参与，通过回返性抑制使原神经元活动减弱或终止，产生负反馈效应。

三、反射中枢内兴奋传递的特征

兴奋在中枢内的化学性突触传递，明显不同于神经纤维上的兴奋传导，其特征主要表现以下几方面：

1. 单向传递 兴奋只能由突触前神经元向突触后神经元方向传导，而不能逆传。这是因为只有突触前膜才能释放神经递质。

2. 中枢延搁 兴奋通过中枢部分的传递需要时间较长，称为**中枢延搁（central delay）**。这是因为兴奋通过突触时需要经历递质释放、递质弥散、与突触后膜受体结合、产生突触后电位等一系列过程所致。兴奋通过一个化学性突触通常需要 0.3~0.5ms。如果反射通路上通过的化学性突触数目越多，则兴奋传递所需的时间也越长。一个最简单的反射只通过一个突触，称为**单突触反射（monosynaptic reflex）**，如膝反射；但大多数反射，则经过两个以上的突触，称为**多突触反射（polysynaptic reflex）**，其反射时间较长。

3. 总和 EPSP 和 IPSP 均可发生总和。总和可分时间总和及空间总和两种，即前一次冲动引起的突触后电位与相继传来的冲动所引起的突触后电位可以相加，称为**时间总和（temporal summation）**，一个突触后神经元同时或几乎同时接受不同轴突末梢传来的冲动所产生的突触后电位也可以相加，称为**空间总和（spatial summation）**。在反射活动中，若兴奋产生的 EPSP 去极化总和达到阈电位，即可爆发动作电位。

4. 兴奋节律的改变 在反射活动中，传出神经发出的冲动频率往往与传入神经上的冲动频率不同。这是因为传出神经元的兴奋节律不仅受传入冲动频率影响，还与其自身功能状态、中间神经元的功能状态和联系方式有关。

5. 后发放 在反射活动中，当刺激停止后，传出神经仍可在一定时间内发放神经冲动，这种现象叫**后发放（after discharge）**。后发放可发生在环式联系的反射通路中。此外，效应器（如骨骼肌肌梭）受到刺激后也可产生冲动传入中枢，使反射活动的传出增加。

6. 对内环境变化的敏感性和易疲劳性 突触间隙与细胞外液相通，容易受内环境理化因素变化的影响。缺氧、CO_2 潴留、麻醉剂等因素均可影响突触兴奋传递，改变突触传递活动。突触疲劳可能与突触处递质耗竭有关。疲劳的出现可制止过度兴奋，有一定的保护作用。

四、中枢抑制

在任何反射活动中，反射中枢既有兴奋又有抑制，反射活动才得以协调进行。神经中枢内的抑制活动称为**中枢抑制（central inhibition）**，按产生机制不同，可分为**突触后抑制（postsynaptic inhibition）**和**突触前抑制（presynaptic inhibition）**两类。

（一）突触后抑制

突触后抑制是由抑制性中间神经元释放抑制性递质，在突触后膜上产生 IPSP 而出现超极化，使突触后神经元受到抑制，因而，突触后抑制又称为**超极化抑制（hyperpolarization inhibition）**。突触后抑制有传入侧支性抑制和回返性抑制两种形式。

1. 传入侧支性抑制 传入纤维进入中枢后，一方面通过突触联系兴奋某一中枢神经元；另一方面通过侧支兴奋一抑制性中间神经元，再通过后者的活动抑制另一中枢神经

笔记栏

传入侧支性抑制

回返性抑制

元。这种抑制称为**传入侧支性抑制**(**afferent collateral inhibition**),又称**交互抑制**(**reciprocal inhibition**)。例如,伸肌肌梭的传入纤维进入脊髓后,直接兴奋伸肌运动神经元,同时发出侧支兴奋一个抑制性中间神经元,转而抑制屈肌运动神经元,导致伸肌收缩而屈肌舒张(图 10-9B)。其意义在于使不同中枢之间的活动得到协调。

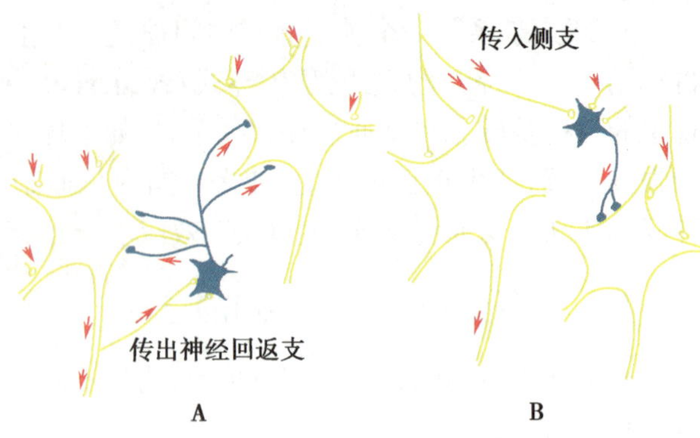

图 10-9 突触后抑制示意图
A. 回返性抑制;B. 传入侧支性抑制;蓝色神经元代表抑制性中间神经元

2. 回返性抑制 一个中枢神经元兴奋时,传出冲动经轴突侧支兴奋另一个抑制性中间神经元,后者释放抑制性递质,返回来抑制原先发动兴奋的神经元及同一中枢的其他神经元。这种抑制称为**回返性抑制**(**recurrent inhibition**)(图 10-9A)。其意义在于及时终止神经元的活动,或使同一中枢内许多神经元的活动协调一致。

(二)突触前抑制

突触前抑制(**presynaptic inhibition**)是发生在突触前膜的一种去极化抑制现象(图 10-10)。突触前抑制的结构基础是具有轴突 - 轴突式突触联系。这种抑制形式产生机制比较复杂。目前认为突触前抑制的发生是由于一个兴奋性突触的突触前末梢与另一神经元发生了轴突 - 轴突式突触联系,当神经元 B 兴奋时,使轴突 A 末梢发生了部分去极化,膜电位减小,当轴突 A 兴奋传来时,形成的动作电位幅度也减小,Ca^{2+} 内流也少,于是轴突 A 的末梢释放的兴奋性递质减少,导致神经元 C 的 EPSP 减小,兴奋性提高有限。由于这种抑制是使突触前膜发生去极化后兴奋性递质释放量减少,EPSP 下降所造成的传递抑制,称为突触前抑制。又因为这种抑制发生时,突触后膜产生的不是超极化,而是去极化,形成的不是 IPSP,而是 EPSP 的减小,所以也称为**去极化抑制**(**depolarization inhibition**)。突触前抑制在中枢内广泛存在,尤其多见于感觉传入途径中,对调节感觉传入活动具有重要作用。

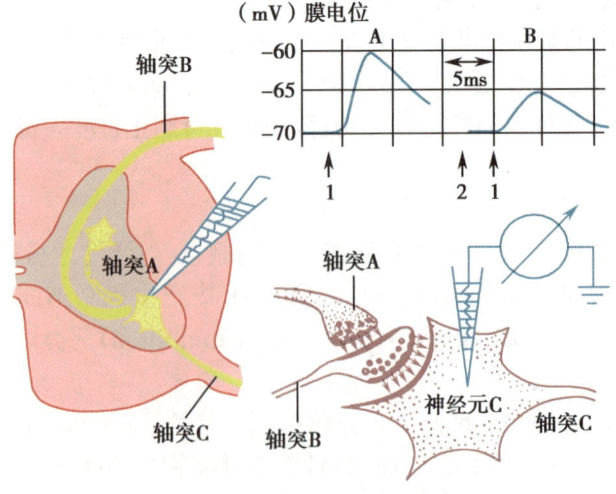

图 10-10 突触前抑制示意图
在右上图的 A 和 B 分别代表轴突 A 无冲动和有冲动传来时,在神经元 C 上膜电位的改变;1 和 2 分别代表轴突 B 和轴突 A 冲动到达的时刻

笔记栏

第三节 神经系统的感觉功能

机体内、外环境的各种刺激，首先由不同的感受器所感受，然后被转换成相应的神经冲动，通过特定的神经通路传向中枢，经过中枢神经系统的整合，产生相应的**感觉（sensation）**。

一、脊髓的感觉传导功能

脊髓是躯体感觉传入通路的重要环节。**躯体感觉（somesthesia）**包括浅感觉和深感觉两大类，浅感觉又包括触-压觉、温度觉和痛觉；深感觉即为**本体感觉（proprioception）**，主要包括位置觉和运动觉。

来自各种感受器的传入冲动，除头面部的通过脑神经传入中枢外，大部分经脊神经后根进入脊髓。浅感觉传导痛、温和轻触觉；其传入纤维在后角更换神经元后在中央管前交叉到对侧，分别经脊髓丘脑侧束（传导痛、温觉）和脊髓丘脑前束（传导轻触觉）上行抵达丘脑。深感觉指肌肉本体感觉和深部压觉；其传入纤维在同侧后索上行，抵达延髓下部薄束核与楔束核，更换神经元后，再发出纤维交叉到对侧，经内侧丘系至丘脑。因此可见，浅感觉传导通路是先交叉后上行，而深感觉传导通路是先上行后交叉。当脊髓出现半离断损伤时，浅感觉障碍出现在离断的对侧，而深感觉障碍发生在离断的同侧，同时出现离断侧的运动障碍，临床上称为脊髓半切综合征（图 10-11）。

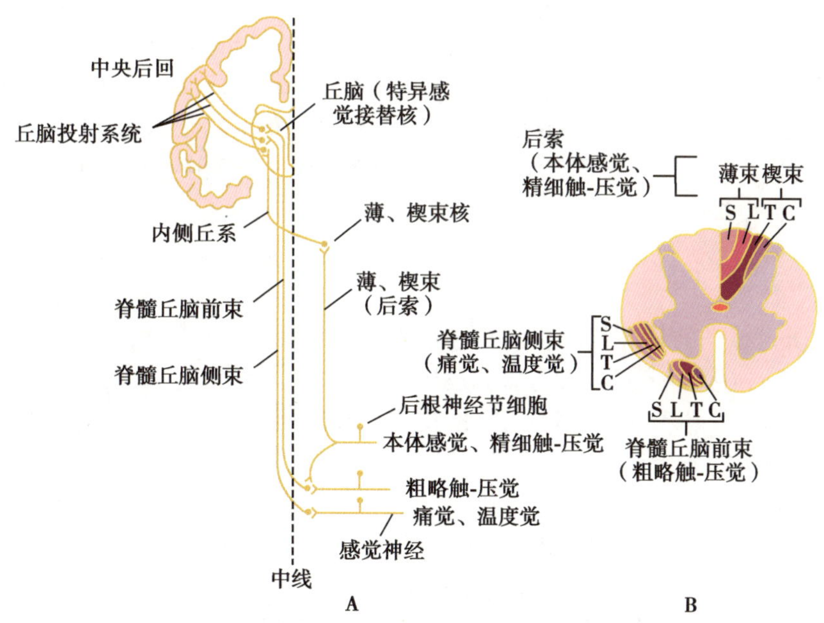

图 10-11 躯体感觉传导通路（A）及感觉通路的脊髓横断面（B）示意图

S：骶；L：腰；T：胸；C：颈

二、丘脑及其感觉投射系统

丘脑是由大量神经元组成的神经核团群，是除嗅觉以外的各种感觉传入通路的重要中继站，并对感觉传入进行初步的分析和整合。各种感觉传导路上行到丘脑换元，再投射到大脑皮质。根据丘脑各部分向大脑皮质投射特征的不同，可把**感觉投射系统（sensory**

笔记栏

丘脑主要核团示意图

projection system)分为特异投射系统和非特异投射系统两类(图 10-12)。正常情况下,两个投射系统的功能相互协调,使大脑皮质处于觉醒状态,从而产生特定感觉。

(一) 特异投射系统

特异投射系统(specific projection system)是指丘脑特异感觉接替核及发出的纤维投射至大脑皮质的特定区域,具有点对点的投射关系。一般投射纤维主要终止于皮质的第四层,与该层内的神经元构成突触联系,其功能是引起各种特定感觉,并激发大脑皮质发出传出神经冲动。

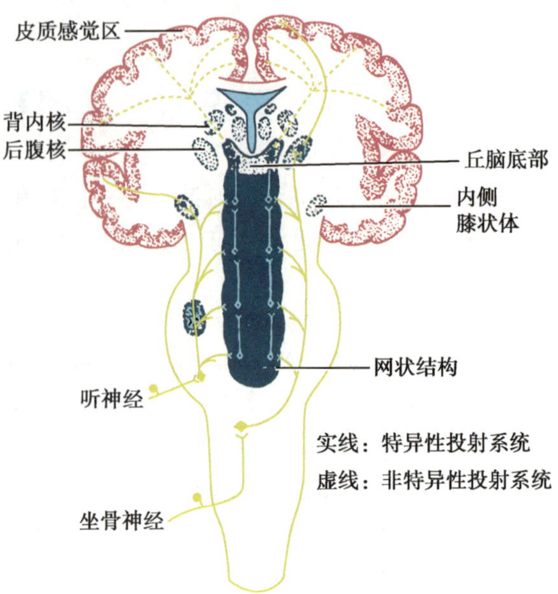

图 10-12 丘脑的感觉投射系统示意图

(二) 非特异投射系统

非特异投射系统(nonspecific projection system)是指丘脑非特异投射核及其投射至大脑皮质广泛区域的非专一性感觉投射系统。该系统经多次换元并弥散性投射到大脑皮质的广泛区域,因而与皮质不具有点对点的投射关系;另一方面,它们通过脑干网状结构,间接接受来自感觉传导第二级神经元侧支的纤维投射,而网状结构是一个反复换元的部位。由于该系统没有专一的感觉传导功能,因而不能引起特定的感觉。其主要功能是维持和改变大脑皮质兴奋状态,对保持觉醒起重要作用。脑干网状结构内存在着具有上行唤醒作用的功能系统,称为**网状结构上行激动系统(ascending reticular activating system,ARAS)**。目前认为,ARAS 主要是通过非特异投射系统而发挥作用的。由于该系统经多突触接替,所以易受药物的影响而产生传导阻滞,如巴比妥类催眠药,全身麻醉药乙醚都有可能是阻断了该系统的活动而发挥作用。

三、大脑皮质的感觉分析功能

大脑皮质是感觉的最高级中枢。各种传入冲动最后都必须到达大脑皮质,通过大脑皮质的分析和整合才能产生各种意识感觉。因此,皮质存在着不同的感觉功能代表区。

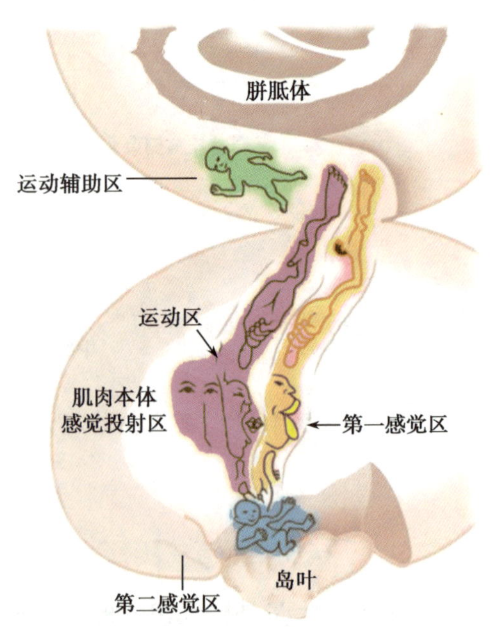

图 10-13 大脑皮质体表感觉和躯体运动功能代表区示意图

(一) 体表感觉区

体表感觉代表区有第一和第二两个感觉区。大脑皮质的中央后回是**第一感觉区(somatic sensory area Ⅰ)**。该皮质产生的感觉定位明确,其感觉投射有以下规律:①交叉投射:一侧体表感觉传入投射到对侧大脑皮质相应区域,但头面部感觉投射是双侧性的;②倒置投射:投射区域的空间总体安排是倒置的,即下肢代表区在中央后回的顶部(膝以下的代表区在皮质内侧面),上肢代表区在中间,头面部代表区在底部,但在头面部代表区局部安排是正立的。③投射区的大

小与体表感觉的灵敏度呈正相关；感觉灵敏度高的拇指、食指、口唇的代表区大，而躯干部位的感觉灵敏度低，其皮质代表区也小。人脑的**第二感觉区（somatic sensory area Ⅱ）**位于中央前回与脑岛之间，面积远比第一感觉区小，体表感觉在此内的投射呈双侧性，空间安排为正立。

（二）本体感觉区

本体感觉指肌肉、关节等的运动觉与位置觉。中央前回既是运动区，也是本体感觉代表区。感觉区与运动区重叠的部位，称**感觉运动区（sensorimotor area）**。

（三）内脏感觉区

内脏感觉投射比较弥散。位于第一感觉区、第二感觉区、运动辅助区和边缘系统的皮质部位。

（四）视觉

视觉（vision）代表区在枕叶皮质的距状裂上、下缘。视神经入颅后，来自两眼颞侧视网膜的纤维不交叉，来自鼻侧视网膜的纤维则发生交叉而形成视交叉，所以，一侧枕叶皮质受损可造成两眼对侧同向偏盲，双侧枕叶损伤可导致全盲。此外，视网膜上半部投射到距状裂的上缘，下半部投射到下缘；视网膜中央的黄斑区投射到距状裂的后部，周边区投射到距状裂的前部。

视觉投射区在大脑半球内侧面枕叶距状沟的上下皮质。左眼颞侧和右眼鼻侧视网膜的传入纤维投射到左侧枕叶皮质；而右眼颞侧和左眼鼻侧视网膜的传入纤维投射到右侧枕叶皮质。另外，视网膜的上半部传入纤维投射到距状沟的上缘，下半部传入纤维投射到距状沟的下缘，视网膜中央的黄斑区投射到距状沟的后部。

（五）听觉

听觉（hearing）皮质投射区位于颞横回和颞上回。听觉的投射是双侧的，即一侧的听觉皮质代表区接受来自双侧的耳蜗的传入纤维的投射，故一侧代表区受损不会引起全聋。

听觉投射区主要位于颞叶的颞横回。听觉的投射具有双侧性，即一侧听觉区接受双侧耳蜗听觉感受器传来的冲动。人类的低音调组分分布于听皮质的前外侧，高音调组分分布于后内侧。听皮质的各个神经元能对听觉刺激的激发、持续时间、重复频率等，尤其是声源的方向做出反应。

四、痛觉

痛觉（pain）是各种伤害性刺激作用于机体引起的主观感觉，常伴有不愉快的情绪和自主神经反应。疼痛是一种警示信号，对机体有保护意义。疼痛是最常见的临床症状，研究疼痛产生的规律及其机制，对临床诊断、解除疼痛和提高生命质量具有重要意义。

（一）疼痛产生机制

引起痛觉的感受器称为**伤害性感受器（nociceptor）**，是感受和传递伤害性信息的游离神经末梢，分布广泛，特异性低，无特殊的适宜刺激，任何刺激达到一定程度均可引起伤害性感受器兴奋。

致痛物质（algogenic substances）是引起痛觉的重要物质，包括内源性和外源性化学物质。当机体受到伤害性刺激时，由受损的细胞释放引起痛觉的物质，称为内源性致痛物质。致痛物质包括 K^+ 和 H^+、5- 羟色胺、缓激肽、组胺、前列腺素、P 物质、白三烯、血栓素等。致痛物质通过感觉传导通路，传入中枢神经系统引起痛觉。

（二）皮肤痛

伤害性刺激作用于皮肤时，可先后出现**快痛（fast pain）**与**慢痛（slow pain）**两种性质的

笔记栏

痛觉。快痛是一种尖锐的刺痛，其产生与消失迅速，感觉清晰，定位明确；快痛一般属生理性疼痛，常伴有反射性屈肌收缩。慢痛一般在刺激作用0.5~1.0秒后才产生，是一种定位不太明确，持续时间较长，强烈而难以忍受的烧灼痛，常伴有情绪反应及心血管、呼吸等方面的反应，慢痛一般属病理性疼痛。

现已明确，快痛由较粗的、传导速度较快的 A_{δ} 纤维传导，主要投射到大脑皮质第一感觉区，引起定位明确的快痛，其特征是：感觉敏锐，定位明确，产生快消失也快，一般不伴有明显情绪变化；慢痛则由较细的、传导慢的无髓C纤维传导，投射到皮质第二感觉区和边缘系统，引起定位不明确的慢痛，其特征是：感觉发生慢消退也慢，常伴有明显情绪反应。

（三）内脏痛与牵涉痛

1. 内脏痛　内脏器官受到伤害性刺激时产生的疼痛称为**内脏痛（visceral pain）**。内脏痛的特点：①定位不明确；②主要是慢痛，发生缓慢，持续时间长；③对不同刺激的分辨能力差，对切割、烧灼等刺激不敏感，而对机械牵拉、痉挛、缺血、炎症及化学性刺激十分敏感；④常伴有不愉快的情绪反应和明显的自主神经活动变化（如恶心、呕吐等），这是由于内脏痛觉感受器数量少以及内脏痛的传入通路与引起恶心、呕吐及其他自主神经效应的神经传入通路有密切联系。

牵涉痛的易化学说和会聚学说

2. 牵涉痛　某些内脏疾病往往可引起体表部位发生疼痛或痛觉过敏的现象称为**牵涉痛（referred pain）**。了解牵涉痛的部位与相应内脏的联系，对诊断某些疾病具有重要参考价值。例如，心肌缺血时发生的心前区、左肩和左臂的疼痛；胆囊病变时发生的右肩区的疼痛；胃溃疡或胰腺炎会出现左上腹和肩胛间区疼痛；阑尾炎时出现的上腹部或脐区的疼痛；肾结石则可引起腹股沟区疼痛等。了解牵涉痛的规律有助于临床诊断。

易化学说和会聚学说

由于牵涉痛多发生在与疼痛原发脏器具有相同胚胎来源节段和皮节的体表部位，所以对牵涉痛发生的机制通常用**易化学说（facilitation theory）**与**会聚学说（convergence theory）**进行解释。

五、嗅觉和味觉

嗅觉（olfaction）皮质代表区位于边缘叶的前底部，包括梨状区皮质的前部和杏仁核的一部分。**味觉（gustation）**投射区在中央后回头面部感觉区的下侧。

嗅觉在大脑皮质的投射区位于边缘叶的前底部（包括梨状区皮质的前部、杏仁核的一部分），两侧的嗅皮质不对称，且嗅信号可通过前连合从一侧脑传向另一侧，此外还可通过与杏仁、海马的纤维联系引起嗅觉的记忆和情绪活动。

味觉投射区在中央后回头面部感觉区的下侧，其中有些神经元仅对单一味质发生反应，有些还对别的味质或其他刺激发生反应，表现为一定程度的信息整合。

六、平衡觉

平衡觉的传入信息主要来自四个方面，包括决定头部空间方位的前庭感受器的传入信息及视觉的提示作用，提供躯体不同部分相对位置信息的关节囊本体感受器，以及皮肤的外感受器传入信息。人体的平衡感觉主要与头部的空间方位有关。

第四节　神经系统对躯体运动的调节

运动是人体最基本的功能活动之一。运动是在各级神经中枢的控制下，由骨骼肌舒缩

活动及肌群间的相互协调而产生的生命现象，也是人类生活和从事劳动的重要手段。控制中枢从高级到低级，可分为大脑皮质运动区、脑干和脊髓三个水平，并接受小脑和基底神经节的调节。

一、脊髓对躯体运动的调节

脊髓是调节躯体运动的最基本中枢。脊髓的功能包括传导功能和反射功能。脊髓单独存在时完成的简单运动反射，称为脊髓反射（如屈反射、牵张反射等）。

（一）脊髓前角的运动神经元和运动单位

脊髓前角存在大量的运动神经元，即 α、β 和 γ 神经元，它们的轴突经前根离开脊髓后直达所支配的骨骼肌。其末梢释放的递质是乙酰胆碱。

1. α 运动神经元和运动单位　α 运动神经元的胞体较大、纤维较粗，其轴突分出许多小支，每一小支支配一根骨骼肌纤维（梭外肌纤维）。由一个 α 运动神经元及其所支配的全部肌纤维组成的功能单位，称为**运动单位（motor unit）**。运动单位的大小可差别很大，例如，一个四肢肌运动神经元所支配的肌纤维可达 2 000 根，而一个眼外肌运动神经元只支配 6~12 根肌纤维。由于 α 神经元传出纤维直接支配骨骼肌，因此，α 运动神经元可称为脊髓反射的最后公路。

2. γ 运动神经元　γ 运动神经元的胞体较小，传出纤维也较细，γ 传出纤维支配骨骼肌肌梭内的梭内肌。γ 神经元兴奋时，引起梭内肌纤维收缩。γ 运动神经元兴奋性较高，常以较高频率持续放电，其主要功能是调节肌梭的敏感性和反应性。

3. β 运动神经元　较大的 β 运动神经元发出的传出纤维，可支配骨骼肌的梭内肌与梭外肌纤维，其功能尚不清楚。

（二）脊髓反射

1. 牵张反射　**牵张反射（stretch reflex）**是指有神经支配的骨骼肌受外力牵拉时引起受牵拉的同一肌肉收缩的反射活动。

由于牵拉的形式与肌肉收缩的反射效应不同，牵张反射分为**腱反射（tendon reflex）**和**肌紧张（muscle tonus）**两种类型。

（1）腱反射：是指快速牵拉肌腱时发生的牵张反射，又称**位相性牵张反射（phasic stretch reflex）**，表现为被牵拉肌肉迅速而明显地缩短。例如膝反射、跟腱反射和肘反射，都属于腱反射。腱反射的传入纤维粗，传导速度快，反射的潜伏期很短，约 0.7 秒，只够一次突触传递的时间，因此，腱反射是单突触反射。在整体内，牵张反射受高位中枢的调节，腱反射的减弱或消失，常提示反射弧的传入、传出通路或脊髓中枢的损害或中断；而腱反射的亢进，则提示高位中枢可能有病变，因此，临床上通过对腱反射的检查了解神经系统的功能状态。

（2）肌紧张：是指缓慢持续牵拉肌腱时发生的牵张反射，又称**紧张性牵张反射（tonic stretch reflex）**。表现为受牵拉的肌肉发生持续、微弱收缩，阻抗肌肉被拉长。肌紧张是维持躯体姿势最基本的反射活动，是姿势反射的基础。肌紧张反射弧的中枢为多突触接替，属于多突触反射。肌紧张只是抵抗肌肉被牵拉，是受牵拉的同一肌肉的不同运动单位交替收缩，而不是同步收缩，因而收缩力量小，无明显动作，故能持久地进行而不易发生疲劳。

牵张反射的类型及特征

2. 屈反射与交叉伸肌反射　伤害刺激作用于皮肤感受器时，受刺激的一侧肢体屈肌收缩而伸肌舒张，称为**屈反射（flexor reflex）**。屈反射使受刺激肢体避开有害刺激，对机体有保护意义。屈反射是一种以脊髓为基本反射中枢的多突触反射，反射的强弱与刺激强度有关。如刺激强度加大，则可在同侧肢体发生屈反射的基础上，出现对侧肢体伸展的反射，称为**交**

笔记栏

笔记栏

叉伸肌反射(crossed extensor reflex)。该反射是一种姿势反射,一侧肢体屈曲,对侧肢体伸直,以利于支持体重。其意义在于维持身体姿势和平衡而不至于跌倒。动物的屈肌反射与对侧伸肌反射的中枢均在脊髓。

(三) 脊休克

脊休克(spinal shock)是指在脊髓与高位中枢离断后,人和动物暂时丧失反射活动的能力而进入无反应状态的现象。其主要表现为:横断面以下脊髓所支配的躯体反射和内脏反射活动均减退以至于消失,骨骼肌紧张性降低甚至丧失,外周血管扩张,动脉血压下降,发汗反射消失,尿便潴留等。脊休克是一过性现象,一些以脊髓为基本中枢的反射活动可逐渐恢复。反射恢复的速度与不同动物脊髓反射对高位中枢的依赖程度有关,低等动物依赖程度低,恢复较快。如蛙在数秒或数分钟可恢复,犬在数天后恢复,人的脊休克期则持续数周甚至数月才能恢复。在恢复过程中,首先恢复的是一些比较原始、简单的反射,如腱反射、屈反射。而后是比较复杂的反射逐渐恢复,如交叉伸肌反射、搔爬反射。在脊髓躯体反射恢复后,部分内脏反射活动也随之恢复,如血压逐渐上升达一定水平,发汗、排尿、排便反射亦有不同程度的恢复。由此可见,脊髓本身可完成一些简单的反射,即存在着低级的躯体反射和内脏反射中枢。但脊髓横断后,失去与高位中枢的联系,因此,断面下的各种感觉和随意运动则永远丧失,常称为截瘫。

二、脑干网状结构对肌紧张的调节

(一) 脑干网状结构易化区和抑制区

脑干网状结构中能加强或抑制肌紧张和肌肉运动的区域,分别称为**易化区(facilitory area)**和**抑制区(inhibitory area)**(图 10-14)。易化区范围较广,包括延髓网状结构的背外侧部分、脑桥被盖、中脑的中央灰质与被盖等脑干中央区域。此外,还有脑干外的神经结构,如前庭核、小脑前叶两侧部、下丘脑和丘脑中缝核群等,它们共同组成易化系统。易化区的作用主要是通过网状脊髓束下行通路兴奋 γ 运动神经元,增强肌紧张与肌肉运动。脑干网状结构抑制区范围较小,位于延髓网状结构的腹内侧部分;还有大脑皮质运动区、纹状体、小脑前叶蚓部等区域也有抑制肌紧张的作用。抑制区则通过网状脊髓束下行通路抑制 γ 运动神经元的活动。一般而言,网状结构抑制区本身无自发活动,只有在接受上位中枢传入的始动作用时,才能发挥下行抑制作用。

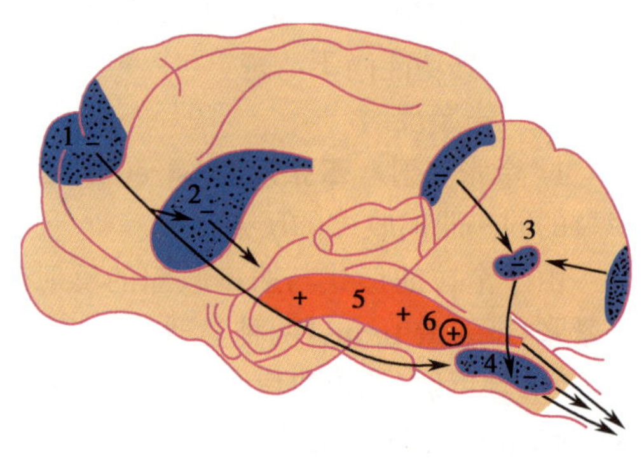

图 10-14 猫脑干网状结构下行易化和抑制系统示意图

+ 表示易化区,– 表示抑制区;1. 运动皮质;2. 基底神经节;3. 小脑;4. 网状结构抑制区;5. 网状结构易化区;6. 前庭核

脑干网状结构易化区和抑制区

正常情况下,在肌紧张的平衡调节中,易化区和抑制区的活动相互拮抗,且易化区略占优势,从而维持正常的肌紧张。若两者平衡失调,将出现肌紧张亢进或减弱。

(二) 去大脑僵直

如果在中脑上、下丘之间横断脑干,动物会立即出现全身肌紧张特别是伸肌肌紧张过度亢进,表现为四肢伸直,脊柱挺直,头尾昂起的角弓反张现象,称为**去大脑僵直(decerebrate rigidity)**。其发生原因是切断了大脑皮质运动区和纹状体等部位与网状结构的功能联系,抑制区失去了上位中枢的始动作用,而使易化区的活动占显著优势的结果。

三、小脑对躯体运动的调节

根据小脑的传入、传出纤维联系，可将小脑分为前庭小脑、脊髓小脑和皮质小脑 3 个部分，它们对躯体运动具有不同的调节作用。

（一）维持身体平衡

维持身体平衡是**前庭小脑（vestibulocerebellum）**的主要功能。前庭小脑主要由绒球小结叶构成，由于绒球小结叶直接和前庭核有密切联系，故其平衡功能与前庭器官和前庭核的活动密切相关。其反射途径为：前庭器官→前庭核→绒球小结叶→前庭核→脊髓运动神经元→肌肉。实验表明，切除绒球小结叶的猴不能保持身体平衡，只能倚墙而立，但其随意运动仍然很协调，能很好地完成进食动作。

（二）协调随意运动和调节肌紧张

脊髓小脑（spinocerebellum）的主要功能是协调随意运动与调节肌紧张。该部是由蚓部和半球中间部构成。脊髓小脑不但接受经脊髓小脑束、三叉小脑束以及部分视觉和听觉纤维传入的外周感觉信息，也接受皮质脊髓束侧支的传入。其传出冲动分别通过网状脊髓束、前庭脊髓束以及腹侧皮质脊髓束的下行系统，经脊髓 γ 运动神经元的活动调节肌紧张；同时也经丘脑腹外侧核上行至运动皮质代表区，其主要功能是协助大脑皮质对随意运动进行适时性调节。当脊髓小脑损伤时，由于不能够有效地利用来自大脑皮质和外周感觉的反馈信息以协调运动，故可出现随意运动笨拙、准确性下降，力量、方向及限度等将发生紊乱等，这些表现称为**小脑性共济失调（cerebellar ataxia）**。

脊髓小脑束对肌紧张的调节具有易化和抑制双向作用。小脑前叶蚓部具有抑制肌紧张的功能，刺激前叶蚓部可抑制去大脑动物的伸肌肌紧张，使去大脑僵直减退；相反，损伤前叶蚓部则出现伸肌肌紧张亢进。中间部具有加强肌紧张的功能。此外，小脑后叶中间带也有易化肌紧张的功能，它对双侧肌紧张均有加强作用。

小脑对躯体运动的调节

（三）参与随意运动设计

皮质小脑（corticocerebellum）的主要功能是参与随意运动设计。皮质小脑指后叶的外侧部。皮质小脑接受来自大脑皮质感觉区、运动区、联络区等广大区域传来的信息，传出冲动又回到大脑皮质运动区。

四、基底神经节对躯体运动的调节

（一）基底神经节的组成和神经联系

基底神经节（basal ganglia）是皮质下一些核团的总称，主要包括纹状体、丘脑底核和黑质，而纹状体又包括尾核、壳核和苍白球。尾核和壳核在发生上称为新纹状体；苍白球可分为内侧和外侧两部分，在发生上称为旧纹状体。黑质可分为致密部和网状部两部分。

基底神经节各个核团之间以及它们与大脑皮质、皮质下有关结构之间存在着广泛而复杂的纤维联系（图 10-15A），这些纤维联系构成了基底神经节控制运动的重要环路。其中重要的两条：一是大脑皮质（新皮质）→新纹状体→苍白球→丘脑→大脑皮质，该环路可能作为反馈系统而控制运动。另一条是新纹状体黑质的双向性抑制环路（图 10-15B）。新纹状体可看作是基底神经节的信息输入部位，可接受来自大脑皮质、黑质、丘脑髓板内核群和中缝核群等结构的传入；而苍白球可看作是传出的输出核，其传出纤维可投射到丘脑和脑干，再达大脑皮质；大脑皮质通过下行运动通路到达脊髓；投射到脑干的信息可通过脑干网状结构发出的网状脊髓束到达脊髓，以控制躯体的运动功能。

笔记栏

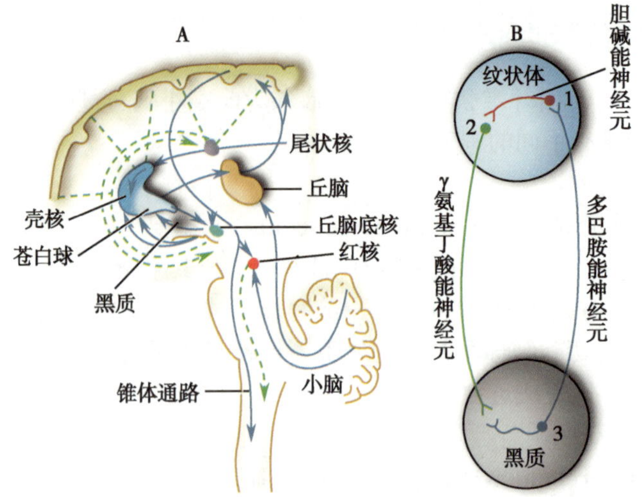

图 10-15 基底神经节及其纤维联系示意图

（二）基底神经节的功能

基底神经节的功能复杂，其主要功能是调节运动，对随意运动的产生和稳定、肌紧张的调节、本体感受传入冲动信息的处理等；可能也参与运动的设计和程序编制。此外，基底神经节中某些核团还参与自主神经活动的调节、感觉传入、行为和学习记忆等功能活动。在临床上，基底神经节功能紊乱的主要表现可分为肌张力和动作异常。一类是运动过少而肌紧张过强的综合征，另一类是运动过多而肌紧张不全的综合征。

五、大脑皮质对躯体运动的调节

（一）大脑皮质的运动区

大脑皮质中与躯体运动有密切关系的区域，称为大脑皮质运动区，是调节躯体运动的最高级中枢。包括中央前回、运动前区、运动辅助区和后部顶叶皮质等区域。

1. 主要运动区　主要位于中央前回。主要运动区具有下列功能特征：①交叉支配：一侧皮质主要支配对侧躯体的运动，如四肢肌、面下部表情肌和舌肌受对侧皮质支配，其余的骨骼肌则受双侧支配；②倒置支配：皮质的一定区域支配一定部位的肌肉，定位呈倒置分布，与感觉区类似，但头部代表区内部的安排仍为正立；③运动区的大小与运动的精细、复杂程度成正相关，即运动越精细、复杂，皮质运动区面积就越大，例如：手和五指所占的皮质区域与整个下肢所占面积相当（图 10-13）。

2. 运动辅助区　**运动辅助区（supplementary motor area）**位于两半球纵裂的内侧壁，扣带回以上、运动区之前的区域。一般为双侧性支配。

（二）运动传导通路

大脑皮质对躯体运动的调节是通过锥体系与锥体外系两大传出系统的协调活动而实现的。

1. 锥体系及其功能　**锥体系（pyramidal system）**是指由皮质运动区发出的控制躯体运动的下行系统，包括皮质脊髓束和皮质脑干束。锥体束是指由皮质发出，经内囊和延髓锥体下达脊髓前角的传导束；而由皮质发出抵达脑神经运动核的皮质脑干束，虽不通过延髓锥体，但在功能上与皮质脊髓束相似，也包括在锥体系的概念之中。皮质脊髓束通过脊髓前角运动神经元支配四肢和躯干的肌肉，皮质脑干束则通过皮质运动神经元支配头面部的肌肉。通常将锥体系发自皮质的神经元称为**上运动神经元（upper motor neuron）**，而将下达脊髓前

笔记栏

角或脑的运动神经元称为**下运动神经元(lower motor neuron)**。锥体系主要与姿势的维持和粗大的运动动作有关,还与精细的、技巧性的运动有关。

2. 锥体外系及其功能 **锥体外系(extrapyramidal system)**是指锥体系以外的调节躯体运动的下行系统。锥体外系的皮质起源比较广泛,几乎包括全部大脑皮质,但主要来自额叶和顶叶的感觉区、运动区和运动辅助区。故皮质的锥体系和锥体外系的起源是相互重叠的。皮质锥体外系的细胞一般属于中、小型锥体细胞,它们的轴突较短,离开大脑皮质后终止于皮质下基底神经节、丘脑、脑桥和延髓的网状结构,通过一次以上神经元的接替,最后经网状脊髓束、顶盖脊髓束、红核脊髓束和前庭脊髓束下达脊髓,控制脊髓的运动神经元。锥体外系对脊髓反射的控制常是双侧性的,其功能主要是调节肌紧张、维持身体姿势和协调肌群的运动。

大脑皮质调节躯体运动的传导系及功能

第五节 神经系统对内脏活动的调节

自主神经系统(autonomic nervous system)是指调节内脏活动的神经结构,又称内脏神经系统或植物性神经系统。和躯体神经一样,自主神经系统也包括传入神经和传出神经,但习惯上只指其传出神经,且将其分为**交感神经(sympathetic nerve)**和**副交感神经(parasympathetic nerve)**两部分。

一、自主神经系统的功能特点

(一)交感和副交感神经的结构特点

交感神经的节前纤维起自脊髓胸腰段(T_1~L_3)灰质侧角,分别在椎旁和椎前神经节换元,其节后纤维在全身广泛分布,几乎所有内脏器官、血管、汗腺等都受其支配;但肾上腺髓质例外,它直接接受交感神经节前纤维的支配。交感神经的节前纤维较短而节后纤维较长,一根交感节前纤维往往和多个节后神经元发生突触联系,由节后神经元发出的节后纤维终止于多个内脏器官。因此,交感神经兴奋时产生的效应比较广泛。

副交感神经起自脑干的第Ⅲ、Ⅶ、Ⅸ、Ⅹ对脑神经核和脊髓骶段(S2~S4)灰质相当于侧角的部位,其节后纤维分布相对局限,某些器官不受副交感神经支配,如皮肤和肌肉的血管,一般的汗腺、竖毛肌、肾上腺髓质和肾脏,都仅受交感神经支配;副交感神经的节前纤维较长而节后纤维较短,靠近所支配的器官。一根副交感节前纤维只和几个节后神经元发生突触联系。所以副交感神经兴奋时产生的效应比较局限。

(二)交感和副交感神经系统的功能

自主神经系统的功能在于调节心肌、平滑肌和腺体(消化腺、汗腺、部分内分泌腺)的活动。其功能特点如下:

1. 双重支配 多数组织器官同时接受交感和副交感神经的双重支配,而且两者的作用往往是相互拮抗的(表 10-5)。例如,对心的支配,迷走神经具有抑制作用,而交感神经具有兴奋作用;对小肠平滑肌的支配,迷走神经具有增强其运动的作用,而交感神经却具有抑制作用。但是,支配唾液腺的交感和副交感神经都有促进其分泌的作用,但两者的作用也有差别,前者引起的唾液分泌量少而黏稠,后者引起的唾液分泌量多而稀薄。

笔记栏

表 10-5　自主神经的主要功能

器官	交感神经	副交感神经
循环器官	心跳加快加强 腹腔内脏血管、皮肤血管以及分布于唾液腺与外生殖器官的血管均收缩，脾脏血管收缩，肌肉血管收缩（肾上腺素能）或舒张（胆碱能）	心跳减慢，心房收缩减弱 部分血管（如软脑膜动脉与外生殖器的血管等）舒张
呼吸器官	支气管平滑肌舒张	支气管平滑肌收缩，黏膜腺分泌
消化器官	分泌黏稠唾液 抑制胃肠运动和胆囊收缩 促进括约肌收缩	分泌稀薄唾液，促进胃液、胰液分泌，促进胃肠运动和胆囊收缩 使括约肌舒张
泌尿生殖器官	使逼尿肌舒张和括约肌收缩 使有孕子宫收缩，未孕子宫舒张	使逼尿肌收缩和括约肌舒张
眼	使虹膜辐射肌收缩，瞳孔扩大 使睫状体辐射状肌收缩，晶状体变扁平 使上眼睑平滑肌收缩	使虹膜环行肌收缩，瞳孔缩小 使睫状体环行肌收缩，晶状体变凸 促进泪腺分泌
皮肤	竖毛肌收缩，汗腺分泌	
代谢	促进肾上腺髓质分泌 促进糖原分解	促进胰岛素分泌

2. 紧张性作用　安静状态下自主神经系统经常有低频冲动传到效应器，使之经常维持轻度的活动状态，这种现象称为自主神经的紧张性作用。各种功能调节都是在紧张性活动的基础上进行的。动物实验中发现，切断心迷走神经后出现心率加快，说明心迷走神经具有持续的紧张性冲动传出，对心脏具有持久的抑制作用；相反，切断心交感神经后则心率减慢，说明心交感神经也有紧张性冲动传出。

3. 受效应器所处功能状态的影响　自主神经的外周性作用与效应器本身的功能状态有关。例如，刺激交感神经可使未孕子宫运动受到抑制，而使有孕子宫运动加强；刺激迷走神经可使处于收缩状态的胃幽门舒张，而使处于舒张状态的胃幽门收缩。

4. 参与对整体生理功能的调节　交感神经系统的活动一般比较广泛，常作为一个完整的系统参与反应，其主要作用在于动员机体许多器官的潜在功能，以适应环境的急骤变化。例如，在剧烈运动、窒息、失血或寒冷刺激等紧急情况下，机体出现以下一系列的功能活动改变：如心率加快、皮肤及腹腔内脏血管收缩、红细胞增多，体内血库释放血液以增加循环血量，保证重要器官的血液供应；支气管平滑肌舒张，肺通气增加；肝糖原分解加速、血糖升高，代谢增强；肾上腺素分泌增加等。这一系列交感 - 肾上腺髓质系统亢进的现象称为**应急反应（emergency reaction）**。副交感神经的活动相对比较局限，其整个系统活动的作用在于促进消化吸收、合成代谢、积蓄能量、加强排泄和生殖功能，使机体尽快休整恢复，从而发挥对机体的保护作用。例如，机体安静时副交感神经活动往往加强，出现心血管活动减弱、胃肠功能加强、瞳孔缩小等变化。

交感神经与副交感神经的比较

二、自主神经系统各级中枢对内脏活动的调节

（一）脊髓对内脏活动的调节

由于交感神经和部分副交感神经发源于脊髓侧角和相当于侧角的部位，因此脊髓是调节某些内脏活动的初级中枢，如基本的血管运动、排尿、排便、发汗、阴茎勃起反射等。脊髓

离断的动物在脊休克过后，上述内脏反射活动逐渐恢复，表明脊髓内有调节内脏活动的反射中枢。但这些反射调节功能是初级的，平时受高位中枢的控制，依靠脊髓本身的活动不能很好地适应正常生理功能的需要。如脊髓离断的患者虽可进行基本的排尿、排便反射，但由于失去了大脑皮质的意识控制，常出现尿、便失禁现象，且往往不能排空。

（二）脑干对内脏活动的调节

脑干中有很多重要的内脏活动中枢。调节心血管活动的基本中枢、控制呼吸运动和产生节律性呼吸活动的有关中枢均位于延髓。许多基本生命现象（如循环、呼吸等）的反射在延髓水平已初步完成，因此，延髓有"生命中枢"之称。延髓被压或受伤的动物或人，出现心跳、呼吸等严重的功能紊乱，甚至死亡。此外，胃肠运动、消化液分泌、咳嗽、恶心、呕吐等内脏反射的中枢部位也在延髓。脑桥有角膜反射中枢、呼吸调整中枢，还存在管理心血管、消化功能的一些中枢。中脑有瞳孔对光反射中枢，近年来资料表明，中脑是防御性心血管反应的主要中枢部位。

（三）下丘脑对内脏活动的调节

下丘脑是调节内脏活动的较高级中枢。它可把内脏活动和其他生理活动联系起来并进行整合，调节体温、摄食行为、水平衡、内分泌、生物节律、情绪反应等重要生理过程。

1. 调节体温　调节体温的基本中枢在下丘脑。动物实验中观察到，在下丘脑以下横切脑干后，其体温就不能保持相对稳定；若在间脑以上切除大脑后，体温调节仍能维持相对稳定。目前认为，视前区 - 下丘脑前部存在着温度敏感神经元，能感受温度的变化，当此处温度超过或低于调定点时，则通过调节机体的产热和散热活动使体温保持相对稳定（详见第七章）。

2. 调节摄食行为　实验证实，用电极刺激下丘脑外侧区，引起动物多食，而毁损此区后，动物拒食。因此，认为这个区域内存在**摄食中枢（feeding center）**；如果刺激下丘脑腹内侧核，动物拒食，毁损此核后，动物食欲增大而逐渐肥胖。因此，认为下丘脑腹内侧核中存在**饱中枢（satiety center）**。两者神经元活动存在相互抑制的关系，且两者活动受血糖水平高低的调节。

3. 调节水平衡　水平衡包括水的摄入与排出两个方面，机体摄水通过渴觉引起，而排水则主要取决于肾脏的活动。实验证明，在下丘脑外侧部，靠近摄食中枢后方，存在着**饮水中枢（satiety center）**。毁损该区，动物不仅拒食，而且拒饮。下丘脑控制排水的功能是通过改变抗利尿激素的分泌来完成的（详见第八章）。目前认为，下丘脑第三脑室前部存在着渗透压感受器，既能按血浆的渗透压变化来调节视上核和室旁核的抗利尿激素分泌，以控制肾脏排水；同时又控制渴感和饮水行为，以调节水的摄入。

4. 调节腺垂体激素的分泌　下丘脑促垂体区存在着多种神经内分泌细胞，能合成分泌多种调节性多肽，经垂体门脉系统到达腺垂体，促进或抑制腺垂体激素的合成和释放，进而调节内脏功能（详见第九章）。

5. 控制生物节律 机体的各种生命活动常按一定的时间顺序发生变化，这种变化的节律称为**生物节律（biorhythm）**。生物节律以日周期节律最突出，一些重要的生理功能多呈现昼夜的周期性波动，如血细胞数、体温、促肾上腺皮质激素分泌等在一天内均有一个波动周期。研究发现，这种日节律的控制中心可能在下丘脑的视交叉上核。它可通过视网膜 - 视交叉上核束与视觉感受装置发生联系，来感受外界昼夜光照变化，使机体的日周期节律与外环境的昼夜节律趋于同步。

6. 调节情绪变化和行为　情绪是一种心理活动，常伴随着自主神经、躯体运动和内分泌的功能变化，称为情绪的生理反应。动物实验证明，在间脑水平以上切除大脑的猫，只要

笔记栏

给予微弱的刺激，就能激发出强烈的防御反应，通常表现为张牙舞爪的模样，好似正常猫在搏斗时的表现，这一现象称为**假怒(sham rage)**。在平时，下丘脑的这种活动，由于受到大脑皮质的抑制，不易表现出来。切除大脑后，抑制被解除，轻微的刺激也可引发“假怒”。近来还证明，在下丘脑近中线两旁的腹内侧区存在“防御反应区”。刺激该区，可表现出防御性行为。临床上，人类的下丘脑疾病，也常常出现不正常的情绪反应。

(四) 大脑皮质对内脏活动的调节

1. 新皮质　在动物实验中电刺激动物新皮质，除能引起躯体运动外，也可引起内脏活动的变化。如刺激皮质内侧面4区一定部位会产生直肠与膀胱运动的变化，刺激皮质外侧面会产生呼吸运动、血管舒缩的变化，刺激4区底部会产生消化道运动及唾液分泌的变化，刺激6区一定部位可引起竖毛、出汗，及上下肢血管的舒缩反应。

2. 边缘系统　**边缘叶(limbic lobe)**是指大脑半球内侧面与脑干连接部和胼胝体旁的环周结构，包括扣带回、胼胝体回、穹窿、海马及海马回等。边缘叶连同与其密切相关的大脑皮质的岛叶、颞极、眶回等，以及皮质下的杏仁核、隔区、下丘脑、丘脑前核等结构统称为**边缘系统(limbic system)**。

边缘系统是调节内脏活动的高级中枢，有“内脏脑”之称，对心血管、消化与吸收、呼吸及内分泌等自主性功能均有影响。但其对内脏活动的调节复杂而多变。例如，刺激扣带回前部可出现呼吸抑制或兴奋、血压下降或上升、心率减慢、胃运动抑制、瞳孔扩大或缩小；刺激隔区可出现血压下降或上升、呼吸暂停或加强等效应。

此外，边缘系统还参与情绪反应、学习与记忆、以及和个体生存及种族延续有关的本能行为(摄食、饮水、性行为等)的调节。

第六节　脑的高级功能

人的大脑除了在产生感觉、调节躯体运动和内脏活动中发挥重要作用以外，还涉及许多更为复杂的功能，如学习、记忆、思维、语言等，这些功能统称为脑的高级功能。

一、脑电图和皮质诱发电位

应用电生理学方法，可在大脑皮质记录到两种不同形式的脑电活动，分别称为自发脑电活动和皮质诱发电位。

(一) 自发脑电活动和脑电图

在无明显刺激情况下，大脑皮质自发地产生节律性的电位变化，称为**自发脑电活动(spontaneous electric activity of the brain)**。将引导电极安置在头皮表面，通过脑电图仪记录到的自发脑电活动图形称为**脑电图(electroencephalogram，EEG)**。将引导电极直接放置在大脑皮质表面记录到的自发脑电活动图形称为**皮质电图(electrocorticogram，ECoG)**。临床上一般是描记脑电图。

正常脑电图波形不规则，主要依据其频率不同划分为以下四种基本波形(图10-16)：①α波：频率为8~13Hz，波幅为20~100μV，在枕叶最显著。正常成年人安静、清醒及闭目时出现，其波幅由小变大，再由大变小，反复出现，形成α梭形波。当受试者睁眼或接受其他刺激时，α波立即消失并转为快波，这一现象称为**α波阻断(α block)**。因此，一般认为，α波是大脑皮质处于清醒安静状态时脑电活动的主要表现。②β波：频率为14~30Hz，波幅为5~20μV，在额叶和顶叶比较明显。当受试者睁眼视物、思考问题或接受某种刺激时出现。因此，一

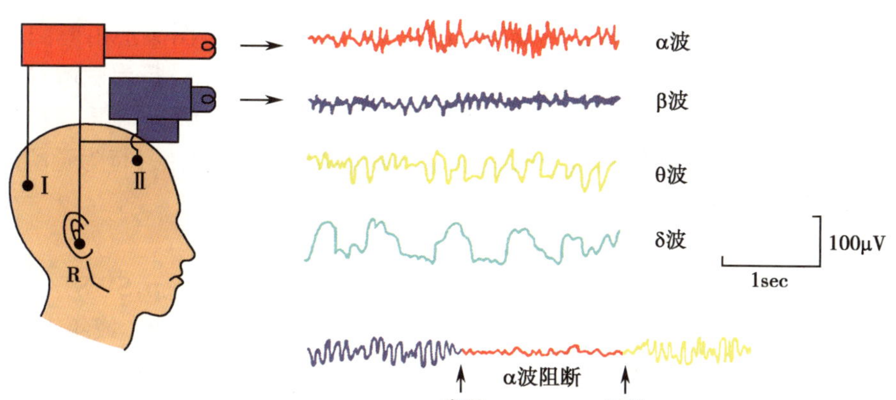

图 10-16　正常脑电图的记录及波形

Ⅰ、Ⅱ示引导电极分别放置在枕叶和额叶的部位，R 示无关电极放置在耳廓

般认为，β 波是大脑皮质处于紧张活动状态时脑电活动的主要表现。③θ 波：频率为 4~7Hz，波幅为 100~150μV，在枕叶和顶叶较明显。在成年人困倦时出现。幼儿时期脑电波频率较低，常可记录到 θ 波，到青春期开始时才出现成人型 α 波。④δ 波：频率为 0.5~3Hz，波幅为 20~200μV，在枕叶和颞叶较明显。常在成年人睡眠期间、极度疲劳或深度麻醉状态下出现。婴儿时期脑电波频率较幼儿更低，常可见到 δ 波。一般认为 θ 波或 δ 波是大脑皮质处于抑制状态时脑电活动的主要表现。

一些颅脑疾患发生时脑电波常发生改变，例如，癫痫患者的脑电图可出现棘波、尖波、棘 - 慢综合波等；皮质占位性病变（肿瘤等）患者，即使在清醒状态时，也可出现 θ 波或 δ 波。因此，利用脑电波改变的特点，并结合临床资料，可用来诊断颅脑疾患。

一般认为，脑电波是由大量皮质神经元同步活动产生的突触后电位总和形成的。因为皮质的锥体细胞排列整齐，其顶树突相互平行并垂直于皮质表面，因此其同步电活动易总和而形成强大的电场，从而产生皮质表面的电位改变，形成脑电图的波形。

（二）皮质诱发电位

皮质诱发电位（evoked cortical potential）一般是指刺激感觉传入系统后，在皮质相应区域引出的电位变化。皮质诱发电位可分为主反应和后发放两部分。主反应的潜伏期一般为 5~12ms，为先正后负的电位变化，波幅较大，其形成可能是皮质大锥体细胞电活动的综合反应。后发放尾随主反应之后，为一系列正相的周期性电位变化，波幅较小，节律一般为每秒 8~12 次，是皮质与丘脑感觉接替核之间环路活动的结果。

由于皮质诱发电位常出现在自发脑电活动的背景上，因此很难辨认。目前采用电子计算机信号平均技术，使诱发电位的记录纯化清晰，对研究人类的感觉功能、行为和心理活动及神经系统疾病的诊断等具有一定的价值。

二、觉醒与睡眠

觉醒（wakefulness）和**睡眠（sleep）**都是生理活动所必要的过程。觉醒状态可使机体迅速适应环境的变化，从事各种体力和脑力活动；而睡眠可使机体的体力和精力得到恢复。成年人一般每天需要睡眠 7~9 小时，儿童需要的睡眠时间比成年人长，新生儿需要 18~20 小时睡眠，而老年需要的睡眠时间则比成年人短。

（一）觉醒状态的维持

觉醒状态主要依靠脑干网状结构上行激动系统的活动来维持，包括脑电觉醒和行为觉

笔记栏

醒两种状态。**脑电觉醒**(**electroencephalographic arousal**)指脑电图波形由睡眠时的同步化慢波变为觉醒时的去同步化快波，而行为上不一定出现觉醒状态；**行为觉醒**(**behavioral arousal**)指觉醒时的各种行为表现，对新异刺激有探究行为。目前认为，脑电觉醒的维持与蓝斑上部去甲肾上腺素能系统和脑干网状结构胆碱能系统的功能有关；行为觉醒的维持可能与中脑黑质多巴胺能系统的功能有关。

(二) 睡眠时相

通过对睡眠过程的观察，睡眠可分为**慢波睡眠**(**slow wave sleep，SWS**)和**异相睡眠**(**paradoxical sleep，PS**)两种时相。睡眠过程的两个时相相互交替出现。成年人睡眠时，首先进入慢波睡眠，持续 80~120 分钟后转入异相睡眠，持续 20~30 分钟后再转入慢波睡眠。在整个睡眠期间，如此反复转化 4~5 次。两种睡眠时相均可直接转为觉醒状态，但在觉醒状态下，一般只能先进入慢波睡眠，而不能直接转入异相睡眠。

1. 慢波睡眠　是指脑电波呈现同步化慢波的睡眠时相。表现为一般熟知的睡眠状态，意识暂时丧失，视、听、嗅、触等感觉功能减退，骨骼肌反射和肌紧张减弱；并伴有一些自主神经功能的改变，如血压下降、心率减慢、呼吸减慢、代谢率下降、体温下降、瞳孔缩小、胃液分泌增多而唾液分泌减少等交感活动水平降低，副交感活动相对增强的现象。在此期，机体的耗氧量下降，但脑的耗氧量不变，同时腺垂体分泌生长激素明显增多。因此，慢波睡眠有利于促进生长和体力恢复。

2. 异相睡眠　是指脑电波呈现去同步化快波的睡眠时相，又称**快波睡眠**(**fast wave sleep，FWS**)。此期脑电图与觉醒时很相似，主要为不规则的 β 波，与觉醒时很难区别。在快波睡眠期间，各种感觉功能进一步减退，以致唤醒阈提高；骨骼肌反射和肌紧张进一步减弱，肌肉几乎完全松弛，睡眠更深。此外，还可有间断性的阵发性表现，例如，部分躯体抽动，血压升高、心率加快，呼吸加快而不规则，特别是可出现眼球快速运动，所以又称为**快速眼球运动睡眠**(**rapid eye movements sleep，REM sleep**)。这种间断的阵发性表现可能与某些易于在夜间发作的疾病(如心绞痛、哮喘等)有关，临床上应予以重视。做梦是异相睡眠的特征之一，在异相睡眠期间被唤醒的人中 80% 左右报告正在做梦。在此期，脑的耗氧量增加，脑内蛋白质合成加快，但生长激素分泌减少。因此，认为异相睡眠有利于幼儿神经系统的成熟和新突触联系的建立，能促进学习、记忆和精力恢复。

睡眠时相

(三) 睡眠发生的机制

睡眠发生的机制目前不十分清楚，但众多事实表明，睡眠并非大脑活动的简单抑制，而是中枢内发生的一个主动抑制的过程。

1. 产生慢波睡眠的主要脑区　①脑干睡眠诱导区：即脑干尾端网状结构，有人称之为脑干网状结构**上行抑制系统**(**ascending inhibitory system**)。②间脑睡眠区：包括间脑的下丘脑后部、丘脑髓板内核群邻旁区和丘脑前核。③前脑基底部睡眠区：包括视前区和 Broca 斜带区。前两个脑区受到低频刺激时会引起慢波睡眠，而高频刺激则引起觉醒，第三个脑区无论受到低频或高频刺激均可引起慢波睡眠。

2. 异相睡眠与脑桥网状结构的活动有关　脑桥被盖外侧区胆碱能神经元可引起脑电发生去同步化快波，并能激发脑桥网状结构、外侧膝状体及枕叶的脑电波出现一种棘波，称为**脑桥 - 外侧膝状体 - 枕叶锋电位**(**ponto-geniculo-occipital spike，PGO 锋电位**)。目前认为，PGO 锋电位是异相睡眠的启动因素，与快速眼球运动几乎同时出现，在觉醒和慢波睡眠时明显减少，而在异相睡眠时显著增加。

3. 睡眠的发生与某些神经递质有关　研究表明，中缝核头部 5- 羟色胺能神经元主要参与慢波睡眠的产生和维持，而蓝斑核尾部的肾上腺素能神经元和低位脑干被盖部的乙酰胆

碱能神经元则可在 5- 羟色胺能神经元的触发下产生异相睡眠。这三种递质的相互作用引起慢波睡眠和异相睡眠的周期性活动。

三、学习与记忆

学习与记忆是人和动物改变自身行为或产生新行为以适应环境的过程，是脑的高级功能之一。**学习（learning）**是指人和动物获得新知识或新技能的神经活动过程。**记忆（memory）**是指将学习到的知识或技能储存和"读出"的神经活动过程。

（一）学习的形式

学习的形式通常分为**非联合型学习（nonassociative learning）**和**联合型学习（associative learning）**两大类。

1. 非联合型学习　非联合型学习属于简单学习，不需要在刺激和反应之间形成某种明确的联系。具有习惯化和敏感化的特点。**习惯化（habituation）**指个体受到一种反复出现的非伤害性刺激时，对该刺激的反应逐渐减弱的过程，从而使个体学会忽略无意义的刺激。**敏感化（sensitization）**指个体在受到某种强烈或伤害性刺激后，对其他刺激的反应性增强的现象。

2. 联合型学习　联合型学习是指两种不同刺激在时间上很接近地重复发生，刺激与机体产生反应之间逐渐建立了某种确定的联系。人的大多数学习都属于联合型学习，包括经典条件反射和操作式条件反射两种类型。

（二）条件反射活动的基本规律

1. 经典条件反射　在经典的巴甫洛夫动物实验中，给狗以食物会引起唾液分泌，这是非条件反射，食物是**非条件刺激（unconditioned stimulus，US）**。单独给狗以铃声不会引起唾液分泌，铃声是与食物无关的无关刺激。但是，如果先给予铃声再给予食物，这样多次结合以后，当铃声一出现，动物就会分泌唾液。这时铃声就从无关刺激转变为**条件刺激（conditioned stimulus，CS）**。由条件刺激引起的反射称为**条件反射（conditioned reflex）**，这就是经典条件反射。可见，条件反射是条件刺激与非条件刺激在时间上反复多次结合而建立起来的，这个过程称为**强化（reinforcement）**。条件反射建立后，如果反复给予条件刺激（铃声），而不给予非条件刺激（食物）强化，条件反射（唾液分泌）就会逐渐减弱，最后完全消失，这称为条件反射的**消退（extinction）**。条件反射的消退并不是条件反射的简单丧失，而是一个新的学习过程，是中枢把原先引起兴奋性效应的信号转变为产生抑制性效应的信号。

2. 操作式条件反射　**操作式条件反射（operant conditioning）**比较复杂，它要求人或动物通过学习而完成一系列操作，在此过程中获得经验，从而建立能得到奖励（如获得食物）或逃避惩罚（如避免电击）的条件反射。典型实验是先训练动物学会踩动杠杆而获得食物，然后以灯光或其他信号作为条件刺激，与踩动杠杆获得食物结合，即在出现某种信号后必须踩杠杆才能得到食物，所以称为"操作式"条件反射。动物以得到食物和水作为奖赏而完成的操作式条件反射是一种**趋向性条件反射（conditioned approach reflex）**，相反，训练动物为逃避惩罚（如电击）不去踩杠杆而形成的抑制性条件反射称为**回避性条件反射（conditioned avoidance reflex）**。

条件反射都是由刺激信号引起的。信号的数量、种类非常多，但大体上分为两类：一类是现实的具体信号，如灯光、铃声、食物的形状、气味等，它们都是以信号本身的理化性质来发挥刺激作用的，这类信号称为第一信号，能对第一信号建立条件反射的大脑皮质功能系统，称为**第一信号系统（first signal system）**，是人类和动物所共有的。另一类是抽象信号，即语言和文字，它们是以信号所代表的含义来发挥刺激作用的，能对第二信号建立条件反射的

笔记栏

大脑皮质功能系统，称为**第二信号系统(second signal system)**，这是人类所特有的，也是人类区别于动物的主要特征。人类由于有了第二信号系统活动，就能借助于语言和文字来表达思维，并通过抽象思维进行推理，从而大大扩展了认识的能力和范围，发现和掌握事物的规律，以便认识世界和改造世界。

(三) 记忆的形式与过程

1. 记忆的形式　根据记忆保留时间的长短将记忆分为**短时程记忆(short-term memory)**和**长时程记忆(long-term memory)**两类。短时程记忆的保留时间仅几秒钟到几分钟，仅能完成某项极为简单的工作，如打电话时的拨号，拨完后记忆随即消失。长时程记忆的保留时间可达数天至数年甚至一生，如与自己及最亲近人密切相关的信息，可终生保持。

2. 记忆的过程　记忆过程可分为感觉性记忆、第一级记忆、第二级记忆和第三级记忆四个阶段。前两个阶段相当于短时程记忆，后两个阶段相当于长时程记忆。感觉性记忆是指外界信息通过感受系统进入脑的感觉区内短暂储存的阶段，一般不超过1秒钟。如果对传入信息进行加工处理，将信息整合成新的连续性的印象，则由感觉性记忆转入第一级记忆。信息在第一级记忆中停留的时间也只有数秒钟到数分钟，且记忆容量有限。经过反复学习和运用，使信息在第一级记忆中循环，并容易从第一级记忆转入第二级记忆。信息可在第二级记忆阶段储存数分钟至数年而不被忘记，但信息可因先前的或后来的信息干扰而造成遗忘。在克服上述干扰或长年应用的有些记忆痕迹，则转入第三级记忆，成为永久记忆。人类的长时程记忆是一个庞大而持久的储存系统，其容量几乎没有限度。

ER-下-10-20
记忆的过程

(四) 学习和记忆的机制

学习和记忆在脑内有一定的功能定位，与学习和记忆密切关系的脑区有大脑皮质联络区、海马及其邻近结构、杏仁核、丘脑及脑干网状结构等。学习和记忆产生的可能机制有：

1. 神经生理学机制　感觉性记忆和第一级记忆主要是神经生理活动的功能表现。各种感觉信息传入中枢后，引起与学习和记忆相关的脑区大量神经元同时活动，在刺激停止后，活动仍存留一定时间，即出现神经元活动的后发放，感觉性记忆的机制可能属于这一类。通过神经元间的环路联系，也可使该传入信息在环路中持续较长的时间，形成记忆的保持。例如，由海马→穹窿→下丘脑乳头体→丘脑前核→扣带回→海马所构成的环路，即**海马回路(hippocampal circuit)**。海马回路的连续活动就与第一级记忆的保持以及第一级记忆转入第二级记忆有关。

2. 神经生物化学机制　较长时间的记忆必然与脑内的物质代谢有关，尤其是与脑内蛋白质的合成有关。蛋白质合成和基因的激活通常发生在短时程记忆开始到长时程记忆建立这段时间里。实验证明，动物在每次学习训练后的5分钟内给予麻醉、电击、低温处理或阻断蛋白质合成的药物，则长时程记忆不能建立；如果将干预时间延长到每4小时一次，则长时程记忆的建立将不受影响。在人类，类似于这种情况的是脑震荡或电休克治疗后出现的逆行性遗忘症。

3. 神经解剖学机制　永久性记忆可能与新的突触联系的建立及脑的形态学改变有关。研究表明，生活在复杂环境中的大鼠，其皮质厚度大，而生活在简单环境中的大鼠，其皮质厚度小。这一现象说明学习和记忆活动多的大鼠大脑皮质相对比较发达，突触的联系较多。

四、大脑皮质的语言中枢和功能的一侧优势

(一) 大脑皮质的语言中枢

临床发现，人类大脑皮质一定区域的损伤，可以引起特定的语言活动功能障碍，说明大脑皮质存在语言中枢：①说话语言中枢：位于中央前回底部之前，损伤后会引起**运动失语症**

(**motor aphasia**)。患者能看懂文字、听懂别人说话，与发音有关的肌肉并不麻痹，但自己不会说话，不能用语词进行口头表达自己的意思。②书写语言中枢：位于额中回后部接近中央前回手部代表区，损伤后会引起**失写症**(**agraphia**)。患者能看懂文字，听懂别人说话，自己也会说话，其手部的其他运动并不受影响，但不会书写。③听觉语言中枢：位于颞上回后部，损伤后会引起**感觉失语症**(**sensory aphasia**)。患者可以讲话、书写，看懂文字，能听到别人的发音，但听不懂别人说话的含义。④视觉语言中枢：位于角回，损伤后会引起**失读症**(**alexia**)。患者视觉、说话、书写、听懂别人说话等语言活动功能都健全，但看不懂文字的含义。

语言活动功能障碍的比较

大脑皮质语言功能虽具有一定的区域性，但各区域的功能是密切相关的，如严重的失语症可同时出现上述多种语言活动功能的障碍。因此，语言活动的完整功能依赖于广大皮质区域的共同活动。

(二) 大脑皮质功能的一侧优势

研究表明，人类两侧大脑半球的功能是不对等的，总是以一侧占优势。绝大多数主要使用右手的成年人，左侧皮质损伤会产生上述各种语言功能障碍，而右侧皮质损伤并不发生明显的语言障碍。说明主要使用右手的成年人，语言活动功能主要由左侧皮质管理，即左侧皮质在语言功能上占优势，故称为语言**优势半球**(**dominant hemisphere**)。这种**一侧优势**(**laterality cerebral dominance**)的现象仅出现于人类。一侧优势现象虽与遗传有一定关系，但主要是在后天生活实践中逐步形成的，这与人类习惯运用右手有密切的关系。据统计，右利手成年人 90% 以上优势半球在左侧；而左利手或左右无差别者，有 60% 以上优势半球在左侧，还有一部分在右侧或没有明显的优势半球。

人脑左侧半球为语言优势半球，并不意味着右侧半球不重要。研究指出，右侧半球在非语词性的认识功能上占优势，如对于空间的辨认、深度知觉、触 - 压觉认识、图像视觉认识、音乐欣赏等。

一侧优势是指人脑的高级功能向一侧半球集中的现象，左侧半球在语词活动功能上占优势，右侧半球在非语词性功能上占优势。但是，这种优势现象是相对的，因为左侧半球也有一定的非语词性认识功能，右侧半球也有一定的简单的语词活动功能。

学习小结

1. 神经元的信息传递　神经元的基本结构及作用；中枢神经元之间的信息传递方式。兴奋性突触和抑制性突触区别。突触传递的基本过程：突触前神经末梢兴奋→突触前膜发生去极化，Ca^{2+} 内流→突触小泡移动，与前膜融合→出胞作用释放神经递质→递质与突触后膜上特异性受体结合，主要提高了后膜对 Na^+ 的通透性→Na^+ 内流→突触后膜发生去极化，产生 EPSP→EPSP 总和若增大到阈电位水平→突触后神经元爆发动作电位→突触后神经元兴奋。主要的神经递质有乙酰胆碱和去甲肾上腺素。胆碱能受体包括 M 和 N 两种受体；肾上腺素能受体包括 α 受体和 β 受体。各受体的阻断剂。

2. 神经中枢活动的一般规律　神经系统活动的基本方式是反射。兴奋在中枢内的传递特征有：单向传递，中枢延搁，总和，兴奋节律的改变，后发放，对内环境变化的敏感性和易疲劳性。突触后抑制是通过抑制性中间神经元兴奋后释放抑制性递质，作用于突触后神经元，使突触后膜上产生超极化后电位从而表现为抑制，包括传入侧支性抑制和回返性抑制两种形式。突触前抑制机制。

3. 神经系统的感觉功能　脊髓主要的躯体感觉传入通路。浅感觉、深感觉传导特点。丘脑的感觉中继功能，特异投射系统和非特异投射系统功能相互协调，可使大脑皮

笔记栏

质保持觉醒状态，从而产生特定感觉。ARAS主要通过非特异投射系统发挥作用。大脑皮质是感觉的最高级中枢。不同区域中枢的感觉分析功能及规律。痛觉的警示作用。内脏痛和牵涉痛的特点。

4. 神经系统对躯体运动的调节　脊髓灰质内主要有α和γ运动神经元。α运动神经元作用于梭外肌纤维，与其所支配的肌纤维构成运动单位。γ运动神经元作用于梭内肌纤维，可提高肌梭的敏感性。脊休克发生机制。对侧伸肌反射和牵张反射。脑干网状结构作用。经典的去大脑僵直属γ僵直。脑干姿势反射。大脑皮质的运动区在中央前回，其功能特征有：①交叉性支配。②具有精细的功能定位。功能区的大小与运动的精细复杂程度有关。③从运动区内部上下分布来看，其定位安排是倒置的。小脑、基底神经节对躯体运动的调节。

5. 神经系统对内脏活动的调节　自主神经系统的结构与功能特征。延髓、下丘脑、大脑新皮质、边缘系统等对内脏活动的调节作用。

6. 脑的高级功能　正常脑电波分为α、β、θ和δ等波形。觉醒状态有行为觉醒和脑电觉醒之分。睡眠有慢波睡眠和异相睡眠两种时相，后者又称为快波睡眠或快速眼球运动睡眠。睡眠时机体表现。条件反射的建立和消退。两种信号系统。学习的两种形式有非联合型学习和联合型学习。人类记忆过程四个阶段，即感觉性记忆、第一级记忆、第二级记忆和第三级记忆。人类语言中枢。半球的一侧优势。

(蔡青　姚小卫)

复习思考题

1. 比较兴奋性突触与抑制性突触传递原理的异同。
2. 比较神经纤维兴奋的传导与神经-肌肉接头处兴奋的传递有何不同。
3. 试说明钙离子在递质释放和兴奋-收缩耦联过程中的作用。
4. 试述牵张反射的类型及特征。
5. 何谓脊休克？其主要表现是什么？脊休克的产生和恢复说明了什么？
6. 在动物中脑上、下丘之间横断脑干，将会出现什么现象？为什么？
7. 试述交感和副交感神经系统的功能及其特征。

扫一扫，测一测

第十一章 感觉器官的功能

课件

学习目标

识记眼的调节与折光异常;知晓感受器的概念及一般生理特性,视网膜的两种感光系统及其换能机制,视敏度和视野,声音的传导途径;理解内耳耳蜗的感音功能,前庭器官的位觉功能。

感觉(sensation)是客观物质世界在脑的主观反映,是机体赖以生存的重要功能活动之一。机体内、外环境变化的各种信息通过感受器或感觉器官的活动转化为电信号,并以神经冲动的形式沿一定的神经传导通路传递到大脑皮质的特定部位,随后经过各种感觉中枢的分析、处理与整合,产生相应的感觉。可见,感觉的产生是感受器或感觉器官、神经传导通路和感觉中枢三部分共同作用的结果。本章仅介绍眼与耳的感觉功能。

第一节 概 述

一、感受器与感觉器官

感受器(receptor)是指分布在体表或组织内部的一些专门感受机体内、外环境变化的结构或装置。感受器的结构多种多样,有些感受器就是感觉神经末梢,如体表和组织内部与痛觉感受有关的游离神经末梢;有些感受器是在裸露的神经末梢周围包绕一些由结缔组织构成的被膜样结构,如肌梭等。体内还存在一些结构和功能上都高度分化的感受细胞,如视网膜中的视杆细胞和视锥细胞、耳蜗中的毛细胞等。这些感受细胞连同它们的附属结构,如眼的折光系统、耳的集音与传音装置等,构成复杂的**感觉器官(sense organ)**。通常把分布于人类和高等动物头部的眼(视觉)、耳(位听觉)、鼻(嗅觉)、舌(味觉)等感觉器官,称为特殊感觉器官。

机体内众多的感受器有不同的分类方法。如根据感受器的分布部位,分为内感受器和外感受器;根据感受器所接受刺激的性质,分为光感受器、温度感受器、机械感受器和化学感受器等。

二、感受器的一般生理特性

(一) 感受器的适宜刺激

一种感受器通常只对某种特定形式的刺激最敏感,这种形式的刺激称为该感受器的**适宜刺激(adequate stimulus)**。如一定波长的电磁波是视网膜感光细胞的适宜刺激,一定频率

笔记栏

的机械振动是耳蜗毛细胞的适宜刺激等。适宜刺激必须达到一定的刺激强度和作用时间才能引起感受器兴奋，引起感受器兴奋所需的最小刺激强度称为强度阈值，所需的最短作用时间称为时间阈值。感受器并非只对适宜刺激有反应，对某些非适宜刺激也可产生反应，只是所需的刺激强度通常比适宜刺激大得多，如用力压迫眼球也会产生光感。

（二）感受器的换能作用

感受器接受刺激后，可将不同形式的刺激能量转换为传入神经的动作电位，这种能量转换称为感受器的**换能作用(transduction)**。在感受器的换能过程中，一般不是直接把刺激能量转变为神经冲动，而是先在感受器细胞或传入神经末梢产生一种过渡性的局部膜电位变化，前者称为**感受器电位(receptor potential)**，后者称为**发生器电位(generator potential)**。感受器电位和发生器电位都具有局部电位的性质，即为非"全或无"式，可发生总和，能够以电紧张的形式沿所在的细胞膜进行短距离扩布，最终在相应的传入神经纤维上触发动作电位。

（三）感受器的编码功能

感受器在换能过程中，不仅发生能量形式的转换，更重要的是把刺激所包涵的环境变化信息转移到动作电位的序列中，这就是感受器的**编码功能(coding)**。感受器如何把不同强度和性质的外界刺激在神经电信号中进行编码，详细机制尚未完全阐明。目前认为，同一感觉系统或感觉类型的范围内，不同刺激强度的编码是通过每条神经纤维发放冲动频率的高低和参与信息传输的神经纤维数量来决定的。而不同种类感觉的引起，即刺激性质的编码，不仅取决于被刺激的感受器，还取决于传入通路和传入冲动所到达的大脑皮质特定感觉部位。如电刺激视神经或枕叶皮质会引起光感。

（四）感受器的适应现象

当某一恒定强度的刺激持续作用于某一感受器时，随着刺激时间的延长，其传入神经纤维上的动作电位频率会逐渐降低，这一现象称为感受器的**适应(adaptation)**现象。不同感受器的适应速度有很大差别，通常可分为快适应感受器和慢适应感受器两类。快适应感受器适应较快，如皮肤触觉感受器，只在受到刺激后极短的时间内发放传入神经冲动，以后虽然刺激持续存在，但神经冲动的频率迅速降低甚至消失，以利于感受器再次接受新的刺激。慢适应感受器适应较慢，如肌梭、颈动脉窦压力感受器等，一般在刺激开始后不久传入冲动频率稍有降低，以后可较长时间维持于这一水平，有利于机体对某些功能状态进行长期持续的监测，并根据其变化随时调整机体的活动。适应并非疲劳，因为感受器对某一强度的刺激适应之后，如果再增加该刺激的强度，又可引起传入冲动的增加。

第二节 视觉器官

视觉(vision)是人们从外界获取信息最主要的途径，至少有70%的外界信息来自视觉。眼是引起视觉的外周感觉器官(见解剖学部分图10-1)，人眼的适宜刺激是波长为380~760nm的电磁波，即可见光。外界物体发出的光线经眼的折光系统（又称屈光系统）成像于视网膜上，再通过眼的感光换能系统将视网膜像所含的视觉信息转变为生物电信号，并在视网膜中对这些电信号进行初步处理，然后经视神经传入中枢，并在各级中枢，尤其是大脑皮质进一步分析处理，最终形成视觉。

一、眼折光系统的功能

（一）眼折光系统的组成和光学特性

视觉的感光细胞分布于眼球的视网膜上，因此外界物体能够在视网膜上形成真实而清晰的物像是形成视觉的首要步骤，此过程是通过眼的折光系统完成的。人眼的折光系统是一个复杂的光学系统。入眼光线到达视网膜之前，需要先后通过角膜、房水、晶状体和玻璃体四种折射率不同的折光体（媒质），以及各折光体（主要是角膜和晶状体）的前、后表面所构成的多个屈光度不等的折射界面。其中，角膜前表面是入眼光线折射的主要部位。

根据人眼各折光体的光学参数，包括各折光体的折射率、各折光界面的曲率等，应用几何光学的一般原理，可画出光线在眼内的行进途径和成像情况，但十分复杂。因此，有人设计出一种与正常眼折光系统等效的简单模型，称为**简化眼（reduced eye）**。这种假想的模型由一个前后径为 20mm 的单球面折光体所构成，入射光线仅在由空气进入球形界面时折射一次，折射率为 1.333。折射界面的曲率半径为 5mm，即节点在折射界面后方 5mm 处，后主焦点在节点后方 15mm 处，相当于人眼视网膜的位置。简化眼和正常安静时的人眼一样，正好能使平行光线聚焦在视网膜上（图 11-1）。

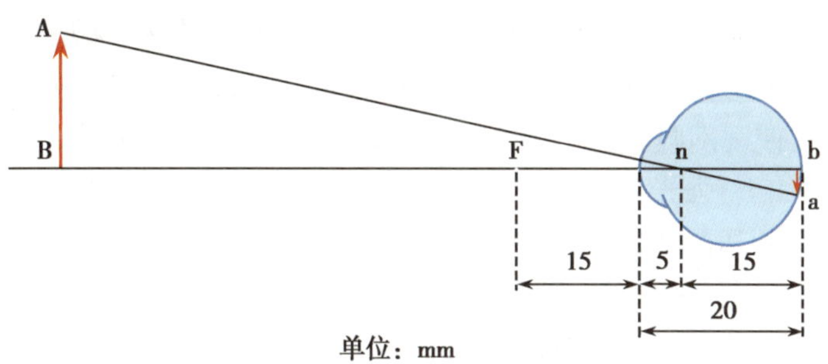

图 11-1　简化眼及其成像原理

利用简化眼模型可以方便地计算出不同远近的物体在视网膜上成像的大小，如下式所示：

$$\frac{\text{AB（物体的大小）}}{\text{Bn（物体至节点的距离）}}=\frac{\text{ab（物像的大小）}}{\text{nb（节点至视网膜的距离）}}$$

式中，节点至视网膜的距离固定不变，为 15mm，根据物体的大小和物体至节点的距离就可以计算出视网膜上物像的大小。

（二）眼的调节

当眼在看远处物体（6m 以外）时，从物体上发出或反射的光线可认为是平行光线，这些平行光线经过正常眼的折光系统后，无需作任何调节即可在视网膜上形成清晰的图像。通常将人眼不作任何调节时所能看清物体的最远距离称为**远点（far point）**。当眼在看近处物体（6m 以内）时，从物体上发出或反射的光线呈不同程度的辐散，这些辐散光线通过眼的折光系统将成像于视网膜之后，形成一个模糊的视觉物像。事实上，正常眼看近物时也非常清楚，这是因为眼在看近物时已对其折光系统进行了调节。眼的调节主要包括晶状体的调节、瞳孔的调节和双眼会聚三种方式。

1. 晶状体的调节　当眼视远物时，睫状肌处于松弛状态，悬韧带保持一定的紧张度，晶状体受悬韧带的牵引，形状相对扁平。当眼视近物时，会引起睫状肌收缩，悬韧带松弛，晶状体因其自身的弹性变凸，尤以前凸更为显著，从而使其折光能力增强，物像前移而成像于视

笔记栏

网膜上。眼视近物时晶状体形状的改变是通过反射实现的，其反射过程如下：模糊的视觉图像信息到达视觉皮质（大脑皮质枕叶）后，视觉中枢对信息进行分析整合，形成指令性信息并下行至中脑正中核，继而传至动眼神经缩瞳核，再经动眼神经传到睫状神经节，最后经睫状神经抵达睫状肌，使睫状肌收缩，悬韧带松弛，从而晶状体变凸。

物体距离眼睛越近，入眼光线的辐散程度越大，需要晶状体变凸的程度也越大。由于晶状体的弹性变形有一定限度，因此晶状体的调节能力具有一定范围。晶状体的最大调节能力常用眼能看清物体的最近距离来表示，这个距离称为**近点（near point）**。近点越小，说明晶状体的弹性越好，眼的调节能力越强。随着年龄的增长，晶状体的弹性逐渐减弱，导致调节能力降低，近点逐渐远移，这种现象称为**老视（presbyopia）**。例如，10 岁儿童的近点平均约为 9cm，20 岁左右的成人约为 11cm，而 60 岁时可增大至 83cm。老视眼看远物时与正常眼无差异，但看近物时需要使用适当焦度的凸透镜矫正，替代正常时晶状体的变凸调节才能使近物在视网膜上清晰成像。

2. 瞳孔的调节　正常人眼的瞳孔直径可在 1.5~8.0mm 之间变动。当视近物时，可反射性地引起双眼瞳孔缩小，称为**瞳孔近反射（near reflex of the pupil）**或**瞳孔调节反射（pupillary accommodation reflex）**。瞳孔近反射的意义是减少折光系统的球面像差（像的边缘呈模糊的现象）和色像差（像的边缘呈色彩模糊的现象），使视网膜成像更为清晰。

此外，瞳孔在强光照射时反射性缩小而在光线变弱时反射性散大，称为**瞳孔对光反射（pupillary light reflex）**。瞳孔对光反射是眼的一种适应功能，与视近物无关，其意义在于调节进入眼内的光量，使视网膜不至于因为光线过强而受到损害，也不会因为光线过弱而影响视觉。其反射过程如下：强光照射到视网膜时产生的神经冲动沿视神经传到中脑的顶盖前区更换神经元，然后到达两侧的动眼神经缩瞳核，再沿动眼神经中的副交感纤维传出，使瞳孔括约肌收缩，瞳孔缩小。瞳孔对光反射的中枢位于中脑，因此临床上常将此反射用作判断中枢神经系统病变部位、麻醉深度和病情危重程度的一个指标。

3. 双眼会聚　当双眼注视某一近物或被视物体由远移近时，两眼视轴向鼻侧会聚的现象，称为**双眼会聚（convergence）**。这种现象是由于两眼内直肌的反射性收缩所引起，又称**辐辏反射（convergence reflex）**，其意义在于两眼同时看一近物时，物像仍可落在两眼视网膜的对称点上，避免形成复视。双眼会聚的反射途径和晶状体的调节相似，不同之处在于效应器为双眼内直肌。

（三）眼的折光异常

正常人眼无需作任何调节就可使平行光线聚焦于视网膜上，因而可看清远处的物体。经过调节的眼，也能看清近处的物体（物体离眼的距离不小于近点），这样的眼称为**正视眼（emmetropia）**。若眼的折光能力异常或眼球的形态异常，使平行光线不能聚焦于安静未调节眼的视网膜上，则称为**非正视眼（ametropia）**，也称**屈光不正（error of refraction）**，包括近视、远视和散光（图 11-2，表 11-1）。

表 11-1　眼的三种折光异常

类型	常见原因	成像异常	表现	矫正方法
近视	眼球前后径过长或折光能力过强	视网膜之前	视远物不清，视近物清晰	凹透镜
远视	眼球前后径过短或折光能力过弱	视网膜之后	视远物不清，视近物更不清	凸透镜
散光	折光面各个方向上曲率半径不同	不能同时聚焦于视网膜	视远物与近物均不清	柱面镜

1. 近视　**近视（myopia）**是由于眼球前后径过长（轴性近视）或折光系统的折光能力过

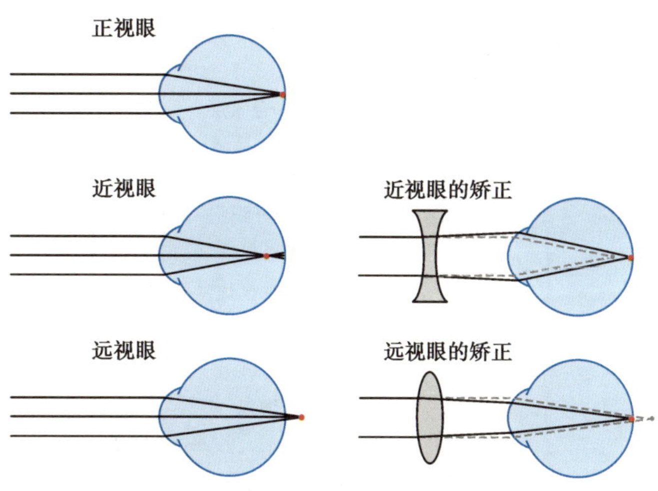

图 11-2 眼的折光异常及矫正方法

强(屈光性近视),远物发出的平行光线聚焦在视网膜的前方,因而在视网膜上形成模糊的像,无法看清。但看近物时,不需调节或只需作较小程度的调节,就能使近物发出的辐散光线聚焦在视网膜上形成清晰的像。近视眼可用凹透镜加以矫正。

2. 远视 **远视(hyperopia)**是由于眼球前后径过短(轴性远视)或折光系统的折光能力过弱(屈光性远视),远物发出的平行光线聚焦在视网膜的后方,不能在视网膜上形成清晰的像,需要通过眼的调节以增加折光能力才能看清物体。看近物时,则需作更大程度的调节。由于远视眼不论看近物还是远物都需要进行调节,故容易发生调节疲劳,尤其是近距离或长时间阅读时可因调节疲劳而出现头痛。远视眼可用凸透镜进行矫正。

3. 散光 正常眼的各个折光面都呈正球面,球面上各个方向的曲率半径都相等,因而到达角膜表面各个点上的平行光线经折射后均能聚焦于视网膜上。**散光(astigmatism)**指眼的角膜或晶状体表面并非正球面,即它们表面不同方向上的曲率半径不相等,平行光线经角膜表面各个方向入眼后不能同时聚焦在视网膜上,造成视物不清或物像变形。散光常发生于角膜表面,少数发生在晶状体表面。规则散光通常可用柱面镜加以矫正。

(四) 房水和眼内压

房水指充盈于眼的前、后房中的液体。房水由睫状体脉络膜丛生成,由后房经瞳孔进入前房,流过房角的小梁网,经巩膜静脉窦汇入静脉。房水不断生成,不断回流入静脉,保持着动态平衡,称为房水循环。房水具有营养角膜、晶状体和玻璃体的作用。此外,正常时房水量及前、后房容积的相对恒定,使眼内压保持相对稳定,这对于保持眼球特别是角膜的正常形状和折光能力具有重要意义。房水量和眼内压的改变将显著改变角膜曲度,从而影响眼的折光能力。如眼球被刺穿,会导致房水流失,眼内压下降,眼球变形,引起角膜曲度改变,严重地影响视力;而房水回流受阻时会造成眼内压过高,不仅引起眼折光系统异常,还可引起头痛、恶心等全身症状,严重时可造成角膜混浊、视力丧失,临床上称为**青光眼(glaucoma)**。

"人类之眼"古尔斯特兰德

二、眼感光系统的功能

来自外界的光线通过眼的折光系统在视网膜上成像之后,会刺激视网膜内的感光细胞。依赖感光细胞的换能作用,光刺激可转换为视神经纤维上的电活动。

(一) 视网膜的结构特点

视网膜是位于眼球壁最内层的神经组织,厚度仅有 0.1~0.5mm,其主要功能细胞包括四层,由外向内依次为:色素上皮细胞层、感光细胞层、双极细胞层和神经节细胞层(图 11-3)。

笔记栏

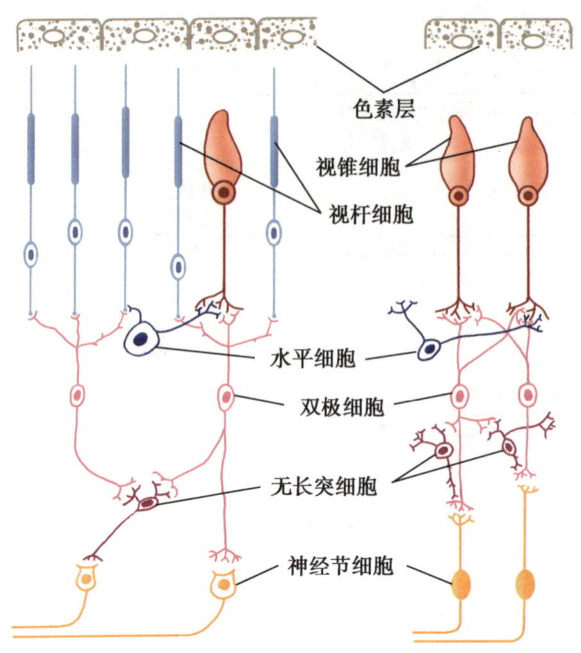

图 11-3 视网膜的主要细胞层次及其联系模式图

左半部示周围区域，主要是视杆细胞；右半部示中央凹，此处只有视锥细胞

色素上皮细胞层含有黑色素颗粒和维生素 A，对感光细胞起营养和保护作用。感光细胞层由**视杆细胞**(**rod cell**)和**视锥细胞**(**cone cell**)组成。两种细胞在视网膜中的分布很不均匀，视杆细胞主要分布于视网膜周边部，视锥细胞主要分布于视网膜中央部，在黄斑中央凹的中心只有视锥细胞，且在该处密度最高。两种感光细胞在形态上都分为外段、内段和终足，其中外段是**视色素**(**visual pigment**)集中的部位，在感光换能中起重要作用。视杆细胞外段呈圆柱状，视锥细胞外段则呈圆锥状(图 11-4)。两种感光细胞通过终足与双极细胞发生突触联系，双极细胞再和神经节细胞发生突触联系，神经节细胞的轴突构成视神经。视网膜由黄斑向鼻侧约 3mm 处有一直径约 1.5mm 的淡红色圆盘状结构，称为视神经乳头，这是神经纤维汇集穿出眼球的部位，即视神经的始端。由于该处无感光细胞分布，因而不能感光成像，在视野中形成**生理盲点**(**physiologic blind spot**)。正常时，由于用双眼视物，一侧盲点可以被对侧眼的视野所补偿，所以人们并不会感觉到盲点的存在。

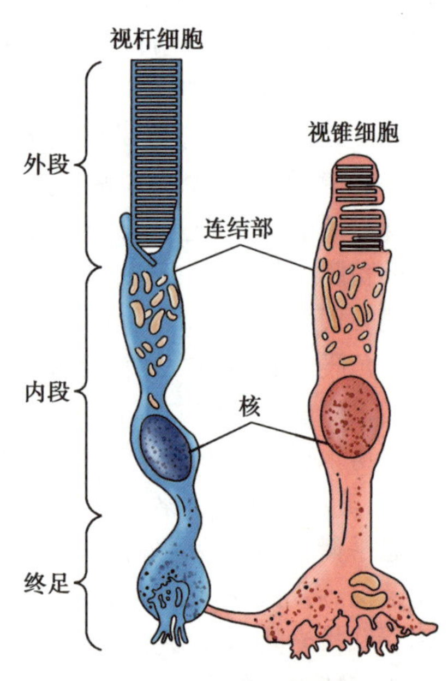

图 11-4 哺乳动物感光细胞模式图

(二) 视网膜的两种感光换能系统

人和大多数脊椎动物的视网膜中存在两种感光换能系统，即视杆系统和视锥系统。视杆系统又称晚光觉或**暗视觉**(**scotopic vision**)系统，由视杆细胞和与它们相联系的双极细胞以及神经节细胞等组成。视杆细胞对光的敏感度较高，能在昏暗环境中感受弱光刺激引起暗视觉，但无色觉，对物体细微结构的分辨力差。视锥系统又称昼光觉或**明视觉**(**photopic vision**)系统，由视锥细胞和与它们相联系的双极细胞，以及神经节细胞等组成。视锥细胞对

光的敏感性较低，只有在强光条件下才能被激活，但视物时可辨别颜色，且对被视物体的细节有较高的分辨能力（表 11-2）。只在夜间活动的动物，如猫头鹰等，视网膜上只有视杆细胞，故暗视觉敏锐。只在白昼活动的动物，如鸡、鸽等，视网膜上几乎都是视锥细胞，故夜视能力很差。

表 11-2 眼的视网膜中两种感光细胞的比较

项目	视杆细胞	视锥细胞
集中分布区域	视网膜周边部	视网膜中央部，黄斑中央凹处最密集
感光色素	视紫红质	红、绿、蓝三种视色素
光敏感度	高，感受弱光	低，感受强光
外段形状	圆柱形	圆锥形
视觉	暗视觉	明视觉
色觉	无	有
分辨能力	低	高

1. 视杆细胞的感光换能机制 视杆细胞外段具有特殊的超微结构（图 11-5），是进行光 - 电转换的关键部位。外段胞质甚少，绝大部分空间被重叠成层且排列整齐的圆盘状结构所占据，这些圆盘状结构称为**膜盘（membranous disk）**。膜盘是具有一般细胞膜脂质双分子层结构的扁平囊状物，膜盘膜上镶嵌着的绝大部分蛋白质是称为**视紫红质（rhodopsin）**的视色素。

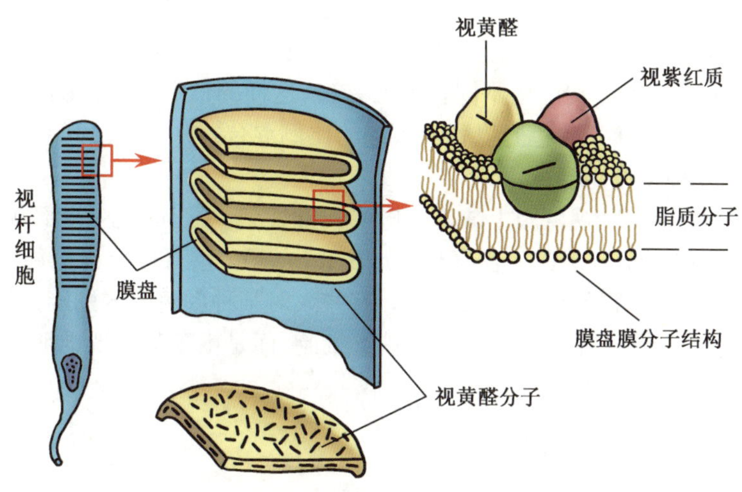

图 11-5 视杆细胞外段的超微结构

视紫红质是一种结合蛋白质，由一分子**视蛋白（opsin）**和一分子**视黄醛（retinene）**组成（图 11-6）。在光照时，视黄醛分子构型发生改变，由 11- 顺型视黄醛转变为全反型视黄醛，并与视蛋白分离，导致视紫红质分解。同时，视蛋白被激活，经过下游信号转导系统的活动诱发视杆细胞产生感受器电位，最终在相应的神经节细胞上产生动作电位。视紫红质的光化学反应是可逆的，它在光照下分解，在暗处又可重新合成，其反应的平衡点决定于光照的强度。视紫红质的再合成首先是由全反型视黄醛转变为 11- 顺型视黄醛，随后与视蛋白结合。储存在视网膜色素细胞层中的维生素 A（全反型视黄醇），可在耗能的情况下转变为 11- 顺型视黄醇，进入视杆细胞后被氧化成 11- 顺型视黄醛，参与视紫红质的合成与补充。视紫红质

笔记栏

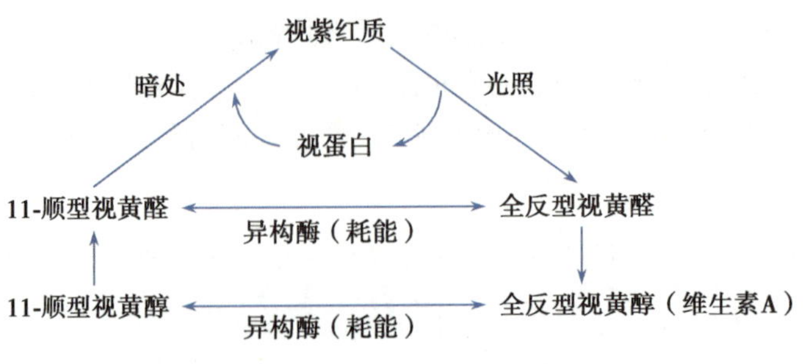

图 11-6 视紫红质的光化学反应示意图

分解与再合成的过程中，一部分视黄醛被消耗，需要靠食物中的维生素 A 来补充。因此，如果人体长期缺乏维生素 A，将导致视紫红质合成障碍，影响暗视觉，引起**夜盲症**(**nyctalopia**)。

2. 视锥细胞的感光换能机制 视锥细胞外段也具有与视杆细胞类似的膜盘结构，膜盘膜上也含有特殊的视色素。已知人和绝大多数哺乳动物中都具有三种视锥色素，分别存在于三种不同的视锥细胞中。这些视色素也是由视蛋白和 11- 顺型视黄醛结合而成，只是视蛋白的分子结构略有不同。正是由于视蛋白分子结构的这种微小差异，决定了与它结合在一起的视黄醛分子对某种波长的光线刺激最为敏感，因而才可区分为三种不同的视锥色素。视锥细胞的换能机制与视杆细胞类似。

视锥细胞的主要功能特点是具有辨别颜色的能力，即**颜色视觉**(**color vision**)。颜色视觉是由不同波长的光线作用于视网膜后在人脑引起的主观感觉，是一种复杂的物理心理现象。关于其形成机制，早在 19 世纪初期，Young 和 Helmholtz 就提出了**三原色学说**(**trichromatic theory**)，近年来已被许多实验所证实。该学说认为，在视网膜上分布有三种不同的视锥细胞，分别含有对红、绿、蓝三种光敏感的视色素。当某一波长的光线作用于视网膜时，会使三种视锥细胞分别产生不同程度的兴奋，这样的信息传到大脑皮质，就产生某一种颜色的感受。红、绿、蓝三种色光以各种不同的比例混合，可引起任何颜色的感觉，正常视网膜可区分约 150 种可见光颜色。

视觉的形成过程

某些人常因遗传因素，视网膜上缺乏相应的视锥细胞，对三原色中全部颜色或某种颜色缺乏辨别能力，这种色觉异常称为**色盲**(**color blindness**)。色盲可分为全色盲和部分色盲，其中部分色盲较多见，尤以红绿色盲最多见。有些人对某种颜色的辨别能力较正常人稍差，称为色弱，这种色觉异常不是由于缺乏某种视锥细胞，而是由于某种视锥细胞的反应能力降低的结果，常由后天因素引起。

三、与视觉有关的几种生理现象

(一) 视敏度

视敏度(**visual acuity**)又称**视力**(**vision**)，是指眼对物体细小结构的分辨能力，即眼分辨物体上两点间最小距离的能力，通常以视角的倒数来表示。**视角**(**visual angle**)是指物体上两点发出的光线射入眼中通过节点所成的夹角。视角大小与视网膜物像的大小成正比，视角越小，表明两光点间距离越小，两个光点在视网膜上形成的像越小。因此，眼能分辨两点所构成的视角越小，表示视力越好。检查视力时，将视力表置于眼前 5m 处，令受试者辨认视力表上 E 字的开口方向，以能分辨最小 E 字的开口方向所对应的视角的倒数为被检查者的视力。如测定结果为 1 分角(1/60 度)，则该人的视力为 1.0，如果是 2 分角，则视力为 0.5，正常人视力可达 1.0~1.5。

正常人眼之所以能分辨两个光点，是因为当视角为 1 分角时，视网膜上两点间的距离大

笔记栏

于或等于视锥细胞的平均直径(一般为 4~5μm),此时两条光线分别刺激两个不同的视锥细胞,冲动传入中枢后可形成两点分开的感觉。视网膜中央凹处的视锥细胞直径可小于 2μm,因此,该处的视力可达到 1.5 或更高,是视力最敏感的部位。

(二) 视野

用单眼固定地注视前方一点时,该眼所能看到的空间范围称为**视野(visual field)**。在同一光照条件下,用不同颜色的目标物测得的视野大小不一样,白色视野最大,其次为黄蓝色,再次为红色,而绿色视野最小。另外,由于面部结构(鼻和额)阻挡视线,也影响视野的大小及形状,如一般人颞侧和下方视野较大,鼻侧与上方视野较小。临床上检查视野可帮助诊断眼部及中枢神经系统的一些病变。

(三) 暗适应和明适应

人从明亮处突然进入暗处时,最初看不见任何东西,经过一定时间后,视觉敏感度才逐渐增高,恢复了在暗处的视觉,这种现象称为**暗适应(dark adaptation)**。暗适应的时间较长,需 25~30 分钟。其机制虽然与视锥细胞的感光色素有关,但主要取决于视杆细胞的视紫红质。在亮处,强光照射使视杆细胞中的视紫红质大量分解,储存量不足,到暗处后不足以感受弱光,所以进入暗处的开始阶段什么也看不清。等待一段时间后,视紫红质合成增加,发挥对暗光的感知能力,视觉逐渐恢复。

相反,人从暗处突然到明亮处时,最初感到一片耀眼的光亮,也不能看清物体,稍待片刻才能恢复视觉,这种现象称为**明适应(light adaptation)**。明适应的进程较快,通常在几秒钟内即可完成,其机制是视杆细胞在暗处蓄积的大量视紫红质,到明亮处后大量分解而产生耀眼的光感,只有在较多的视紫红质迅速分解之后,视锥色素才能发挥感光功能而恢复明视觉。

第三节 位听觉器官

耳是听觉和位觉的外周感受器官,简称**位听觉器官(position auditory organ)**。听觉器官由外耳和中耳构成的传音系统,以及内耳耳蜗构成的感音换能系统组成,其适宜刺激是空气振动的疏密波,即声波。但声波的振动频率必须在一定范围内,并且达到一定强度才能被耳感知。通常人耳能感受到的声压范围是 0.000 2~1 000dyn/cm^2,声波频率范围是 20~20 000Hz,而最敏感的频率在 1 000~3 000Hz 之间。声波通过外耳和中耳的传递到达内耳耳蜗,经耳蜗的换能作用将声波的机械能转变为听神经纤维上的神经冲动,后者传送到大脑皮质的听觉中枢(颞叶),产生听觉。听觉对动物适应环境和人类认识自然具有重要的意义,有声语言是人类互通信息、交流思想的重要工具。

除耳蜗外,内耳中还存在由三个半规管、椭圆囊和球囊组成的前庭器官,它们是人体对自身姿势和运动状态,以及头部空间位置的感受器,在保持身体平衡中起重要作用。

一、外耳和中耳的传音功能

(一) 外耳的集音、传音和共鸣作用

外耳由耳郭和外耳道组成。耳郭的形状有利于声波能量的聚集,起到集音的作用,并且还有助于判断声源的方向。外耳道是声波的传导通道,其一端开口于耳郭,另一端向内终止于鼓膜,形成共鸣腔,可起到增强声压的作用。

(二) 中耳的传音和增压效应

中耳由鼓膜、听骨链、鼓室和咽鼓管等结构组成,其主要功能是将声波振动的能量高效

笔记栏

地传递到内耳淋巴，其中鼓膜与听骨链在传音过程中起主要作用。鼓膜呈椭圆形，面积为50~90mm^2，厚度约为0.1mm，其外形犹如顶点朝向中耳的浅漏斗，内侧与锤骨柄相连。鼓膜如同电话机受话器中的振膜，是一个压力承受装置，具有较小的失真度和良好的频率响应。听骨链由锤骨、砧骨和镫骨依次连接而成。锤骨柄附着于鼓膜，砧骨居中，镫骨脚板与前庭窗膜相连。三块听小骨形成一个两臂具有固定角度的杠杆，锤骨柄为长臂，砧骨长突为短臂，杠杆支点刚好在整个听骨链的重心上，因而在能量传递过程中惰性最小，效率最高。鼓膜振动时如果锤骨柄内移，则砧骨长突和镫骨脚板也作相同方向的内移（图11-7）。

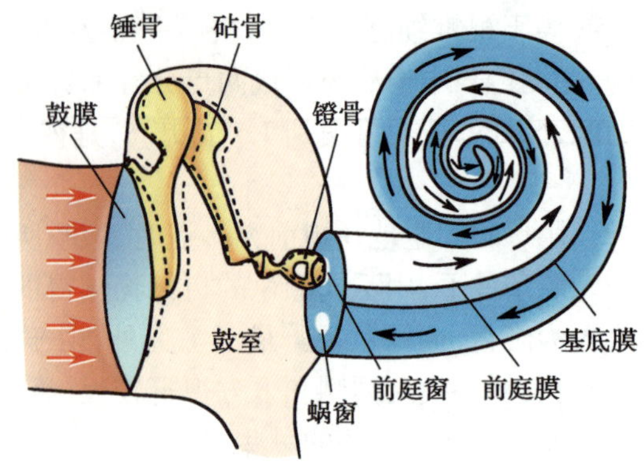

图11-7 人中耳和耳蜗关系模式图
虚线表示声波引起鼓膜振动时听小骨的移动情况

声波由鼓膜经听骨链到达前庭窗膜时，其振动压强增大，而振幅略有减小，这种现象称为中耳的增压效应。产生增压效应的主要原因是：①鼓膜的有效振动面积约为59.4mm^2，而前庭窗膜面积约为3.2mm^2，两者之比为18.6∶1。假如听骨链传音时总压力不变，则作用于前庭窗膜上的压强约为鼓膜上压强的18.6倍。②听骨链杠杆的长臂与短臂之比为1.3∶1，这样作用于短臂上的压力将增大为原来的1.3倍。综合以上两个方面的作用，声波在整个中耳传音过程中总的增压效应为18.6×1.3倍，即24.2倍。

咽鼓管是连接鼓室与鼻咽部的通道，其鼻咽部开口常处于闭合状态，在吞咽、打哈欠或打喷嚏时暂时开放。咽鼓管的主要生理功能是调节鼓室内的压力，使鼓室与外界大气压保持平衡，这对于维持鼓膜的正常位置、形状和振动性能具有重要意义。咽鼓管因炎症而被阻塞后，鼓室内的空气被吸收，可造成鼓膜内陷，并产生耳闷、耳鸣等症状，影响听力。

（三）声音的传导途径

声音通过气传导与骨传导两条途径传入内耳。

1. 气传导　声波经外耳道引起鼓膜振动，再经听骨链和前庭窗膜进入耳蜗，此途径称为**气传导（air conduction）**，气传导是正常情况下声波传导的主要途径。此外，鼓膜的振动也可引起鼓室内空气的振动，再经蜗窗膜的振动传入耳蜗，这一气传导途径在正常情况下并不重要，仅在听骨链运动障碍时发挥一定的传音作用，此时的听力较正常时明显降低。

2. 骨传导　声波直接引起颅骨的振动，经颅骨和耳蜗骨壁传入耳蜗，这种传导途径称为**骨传导（bone conduction）**。骨传导的效能远低于气传导，在正常听觉形成中起到的作用甚微。

二、内耳耳蜗的感音换能作用

内耳又称迷路，功能上可分为耳蜗和前庭器官。耳蜗的主要功能是把传到耳蜗的机械振动转变为听神经的神经冲动。

（一）耳蜗的结构特点

耳蜗形似蜗牛壳，由一条骨质管腔围绕一锥形骨轴盘旋$2\frac{1}{2}$~$2\frac{3}{4}$周而构成。耳蜗管被前庭膜和基底膜分为三个腔，上方为前庭阶，中间为蜗管，下方为鼓阶。前庭阶在耳蜗底部与前庭窗膜相接，鼓阶在耳蜗底部与蜗窗膜相接。前庭阶和鼓阶内都充满外淋巴，两者在耳蜗顶部通过蜗孔相交通。蜗管是一个充满内淋巴的盲管，基底膜上有听觉感受器，称为**螺旋器**

(spiral organ)或**柯蒂器(organ of Corti)**。螺旋器由内、外毛细胞和支持细胞等构成,其上附有盖膜,盖膜在内侧与蜗轴相连,外侧则游离于内淋巴中。在蜗管的近蜗轴侧有一行纵向排列的内毛细胞,靠外侧有3~5行纵向排列的外毛细胞。每个毛细胞的顶部都有上百条排列整齐的纤毛,外毛细胞中较长的一些纤毛埋植在盖膜的胶冻状物质中。毛细胞底部分布着丰富的听神经末梢(图11-8)。

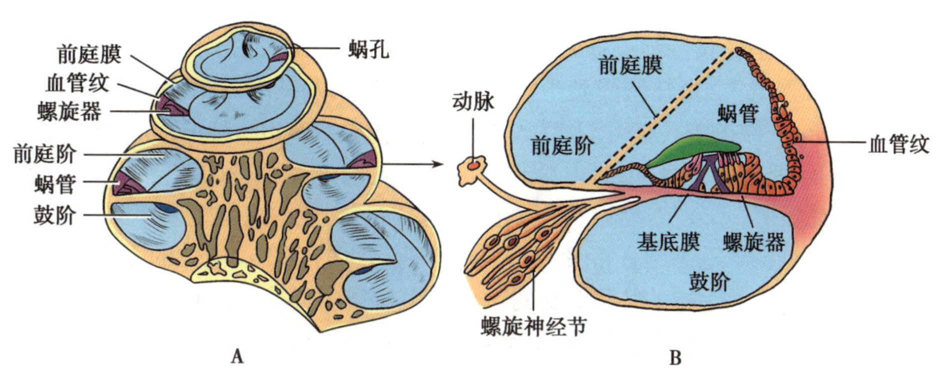

图11-8 耳蜗及耳蜗管的横断面示意图

A. 耳蜗纵行剖面;B. 耳蜗管横断面

(二)耳蜗的感音换能作用

1. 基底膜的振动与行波学说 当声波振动经听骨链传递至前庭窗膜时,压力变化立即传给耳蜗内的液体和膜性结构。如果前庭窗膜内移,前庭膜和基底膜也将下移,引起鼓阶内的外淋巴压迫蜗窗膜,使蜗窗膜外移;而当前庭窗膜外移时,整个耳蜗内的液体和膜性结构又做相反方向的移动,如此反复,形成振动。观察表明,振动是从基底膜的底部开始,以**行波(traveling wave)**的方式向耳蜗顶部传播。声波频率不同,行波传播的远近和最大振幅出现的部位也不同。声波频率越高,行波传播越近,最大振幅出现的部位越靠近蜗底,即前庭窗处;相反,声波频率越低,行波传播越远,最大振幅出现的部位越靠近蜗顶。因此,临床上耳蜗底部受损时主要影响高频听力,而耳蜗顶部受损时主要影响低频听力。

外毛细胞顶端有些纤毛埋在盖膜的胶冻状物中,由于基底膜与盖膜的附着点不在同一轴上,故当行波引起基底膜振动时,盖膜与基底膜便各自沿着不同的轴上、下移动,于是两膜之间便发生交错的移行运动,使纤毛受到一个剪切力的作用而发生弯曲或偏转。内毛细胞的纤毛较短,不与盖膜接触,呈游离状态,由内淋巴的运动使其弯曲或偏转(图11-9)。毛细胞顶部纤毛的弯曲或偏转是对声波刺激的一种特殊反应形式,也是将机械能转变为生物电的开始。

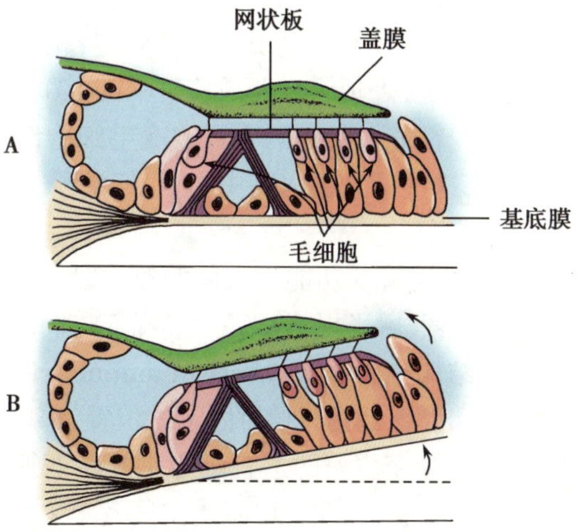

图11-9 基底膜和盖膜振动时毛细胞顶部纤毛受力情况

A. 静止时的情况;B. 基底膜在振动中上移时,听毛因与盖膜间切向运动而弯向蜗管外侧

2. 耳蜗的生物电现象

(1)耳蜗内电位:耳蜗未受刺激时,如果以鼓阶外淋巴的电位为参考零电位,可测出蜗管内淋巴的电位为+80mV左右,称为**耳蜗**

笔记栏

听觉的形成过程

电子助听器与人工电子耳蜗

内电位(endocochlear potential,EP)或**内淋巴电位(endolymphatic potential)**。此时毛细胞膜内电位为 -80~-70mV,此电位为毛细胞的静息电位。由于毛细胞顶端浸浴在内淋巴中,则该处膜内(相当于 -80~-70mV)与膜外(相当于 +80mV)电位差可达 150~160mV;而毛细胞基底部的浸浴液为外淋巴(相当于零电位),该处膜内外的电位差只有 80mV 左右,这是毛细胞电位与一般细胞电位的不同之处。耳蜗内电位对基底膜的机械位移很敏感,当基底膜向鼓阶方向移动时,耳蜗内电位可增高 10~15mV;当基底膜向前庭阶方向移动时,耳蜗内电位可降低 10mV。当基底膜持续位移时,耳蜗内电位也保持相应的持续变化。

(2) 耳蜗微音器电位:当耳蜗受到声波刺激时,在耳蜗及其附近结构可记录到一种与声波频率和幅度完全一致的电位变化,称为**耳蜗微音器电位(cochlear microphonic potential, CMP)**。其特点是:呈等级式反应,即耳蜗微音器电位随着刺激强度的增强而增大,没有潜伏期和不应期,不易疲劳,不发生适应,可以发生总和,在听阈范围内能重复声波的频率。实验证明,微音器电位是多个毛细胞在接受声音刺激时所产生的感受器电位的复合表现。

(3) 听神经动作电位:由耳蜗毛细胞的微音器电位触发产生,是耳蜗对声波刺激进行换能和编码后产生的总的电变化,作用是向听觉中枢传递声音信息。

三、内耳前庭器官的位觉功能

人和动物在外界环境中必须保持正常的姿势,这是进行各种活动的必要条件。正常姿势的维持,依赖于前庭器官、视觉器官和本体感觉感受器的协同活动,其中前庭器官最为重要。

(一) 前庭器官的感受装置和适宜刺激

1. 前庭器官的感受装置　半规管中的壶腹嵴、椭圆囊和球囊中的囊斑为前庭器官的感受装置,它们的感受细胞都是毛细胞,具有类似的结构和功能。这些毛细胞有两种纤毛,其中有一条最长,位于细胞顶端一侧的边缘处,称为**动纤毛(kinocilium)**;其余的纤毛较短,数量较多,为 60~100 条,向动纤毛方向高度依次增高,呈阶梯状规则排列,称为**静纤毛(stereocilium)**。毛细胞的基底部有感觉神经纤维末梢分布。实验证明,各类毛细胞的适宜刺激都是与纤毛的生长面呈平行方向的机械力。当纤毛都处于自然状态时,细胞膜的静息电位约为 -80mV,同时与毛细胞相连的传入神经纤维上有一定频率的持续放电。当外力使静纤毛倒向动纤毛一侧时,毛细胞去极化,达到阈电位(-60mV)时,毛细胞的传入神经纤维发放冲动频率增加,表现为兴奋效应;相反,当动纤毛倒向静纤毛一侧时,毛细胞超极化,传入冲动减少,表现为抑制效应(图 11-10)。在正常情况下,机体的运动状态和头部在空间的位置改变都能以特定的方式改变毛细胞纤毛的倒向,使相应的神经纤维的冲动发放频率发生改变,这些信息传送到中枢,引起特殊的运动觉和位置觉,并出现各种躯体和内脏功能的反射性改变。

2. 半规管的功能　人体两侧内耳各有三个相互垂直的半规管,即外(水平)半规管、前(上)半规管、后半规管。每个半规管与椭圆囊连接处有一膨大部分叫做壶腹,壶腹内有一块隆起的结构称为**壶腹嵴(crista ampullaris)**。壶腹嵴中有一排面对管腔的毛细胞,其顶部的动纤毛和静纤毛具有相对固定的位置,都埋在一种胶质状的圆顶形壶腹帽中。

半规管壶腹嵴的适宜刺激是旋转变速运动(正、负角加速度)。由于三个半规管所在的平面互相垂直,因此可以感受空间各个方向的角加速度。以水平半规管为例,当人体向左旋转时,左侧水平半规管中的内淋巴因惯性而流向壶腹部,使静纤毛向动纤毛侧弯曲,导致该侧毛细胞兴奋而产生较多的神经冲动。与此同时,右侧半规管内淋巴的流向刚好相反,远离壶腹,此处的毛细胞因动纤毛向静纤毛侧弯曲而产生抑制,神经冲动减少。当旋转进行到匀速状态时,管腔中的内淋巴与整个半规管呈同步运动,两侧壶腹中的毛细胞都处于不受刺激

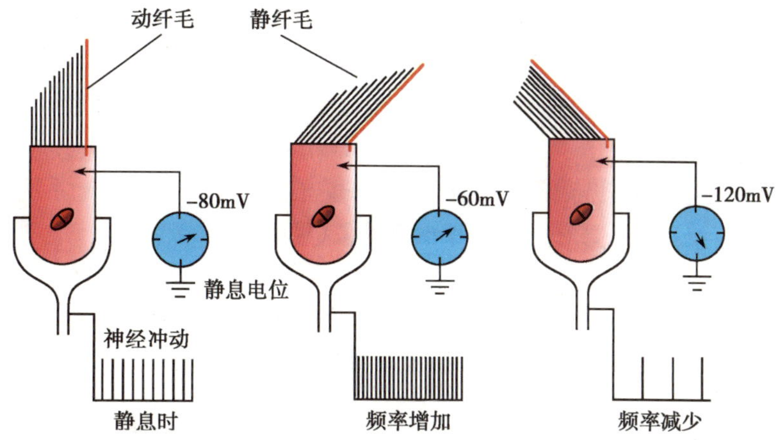

图 11-10 前庭器官中毛细胞顶部纤毛受力情况与电位变化关系示意图

的状态，因而中枢所获得的信息与不进行旋转时相同。当旋转停止时，由于内淋巴的惯性，两侧壶腹中毛细胞纤毛的弯曲方向和冲动发放情况与旋转开始时恰好相反。正是由于来自两侧水平半规管传入信号的不同，人脑才能判断身体是否开始旋转和向哪个方向旋转。

3. 椭圆囊和球囊的功能　椭圆囊和球囊的毛细胞位于**囊斑（macula）**上，其纤毛埋植于位砂膜。位砂膜是一种胶质板，内含位砂，主要由蛋白质和碳酸钙所组成，密度大于内淋巴，因而有较大的惯性。囊斑的适宜刺激是直线加速运动。人体直立而静止不动时，椭圆囊囊斑所处平面与地面平行，位砂膜在毛细胞纤毛的上方，而球囊囊斑所处平面则与地面垂直，位砂膜悬于纤毛的外侧。在椭圆囊和球囊的的囊斑上，几乎每一个毛细胞顶部的纤毛的排列方式都不完全相同，这有利于分辨人体在囊斑平面上所进行的直线变速运动的方向和感受头部在空间的位置改变。例如，当人体在水平方向作直线变速运动时，由于位砂膜的惯性，在椭圆囊囊斑上总会有一些毛细胞正好能发生静纤毛向动纤毛侧的最大弯曲，由此产生传入信息，辨别运动方向。球囊囊斑上的毛细胞，则由于类似的机制，可以感受头在空间位置和重力作用方向上的差异。

（二）前庭反应

来自前庭器官的传入冲动，除引起运动觉和位置觉外，还可引起各种姿势调节反射、自主神经反应及眼震颤，统称为**前庭反应（vestibular reaction）**。

1. 前庭姿势调节反射　人体在前庭器官受到刺激时会出现一些躯体调节，如人乘车而车突然加速时，由于惯性，身体向后倾倒，会反射性引起躯干肌和下肢伸肌紧张性增加，从而使身体向前倾以保持身体平衡，车突然减速时则做出相反的调节。当电梯突然上升时，会反射性地引起肢体伸肌抑制而下肢屈曲，而下降时会出现伸肌收缩而下肢伸直等表现。这些都是前庭器官引起的姿势反射，其意义在于维持机体一定的姿势，保持身体平衡。

2. 自主神经反应　前庭器官受到过强或过长刺激，或刺激未过量而前庭功能过敏时，常会引起心率加快、血压下降、呼吸频率增加、恶心、呕吐、眩晕、出汗以及皮肤苍白等现象，称为前庭自主神经反应，主要是由于迷走神经兴奋占优势而引起，具体表现为晕船、晕车和航空病等。

3. 眼震颤　前庭反应中最特殊的是**眼震颤（nystagmus）**。眼震颤是躯体旋转运动时两侧眼球出现同步的节律性往返运动，主要是半规管受刺激后引起的眼外肌反射性活动。生理情况下，外半规管受刺激时引起水平方向的眼震颤，前半规管受刺激则引起垂直方向的眼震颤，后半规管受刺激可引起旋转性眼震颤。临床和特殊从业人员常进行眼震颤试验以判断前庭半规管功能是否正常。

笔记栏

学习小结

1. 概述 感受器与感觉器官；感受器的一般生理特性（适宜刺激、换能作用、编码功能及适应现象）。

2. 视觉器官 眼折光系统的功能（眼的调节与折光异常）；眼感光系统的功能（视杆系统与视锥系统）；与视觉有关的几种生理现象（视敏度，视野，暗适应和明适应）。

3. 位听觉器官 外耳和中耳的传音作用（外耳的集音、传音和共鸣作用，中耳的传音和增压效应，声音的传导途径）；内耳耳蜗的感音换能作用（声波感受器，基底膜的振动与行波学说）；内耳前庭器官的位觉功能（前庭器官的感受装置和适宜刺激，前庭反应）。

（宋 亮）

扫一扫，测一测

复习思考题

1. 正常眼视近物时发生哪些调节活动？有何意义？
2. 为什么缺乏维生素 A 会产生夜盲症？
3. 声音传入内耳的途径有哪些？各有怎样特点？

主要参考书目

[1] 邵水金,朱大诚.解剖生理学[M].北京:人民卫生出版社,2012.
[2] 邵水金,朱大诚.解剖生理学[M].2版.北京:人民卫生出版社,2016.
[3] 邵水金.正常人体解剖学[M].北京:中国中医药出版社,2012.
[4] 邵水金.人体解剖学[M].北京:中国中医药出版社,2016.
[5] 杨茂有.正常人体解剖学[M].北京:人民卫生出版社,2012.
[6] 申国明.正常人体解剖学[M].2版.北京:人民卫生出版社,2016.
[7] 杨茂有,邵水金.正常人体解剖学[M].2版.上海:上海科学技术出版社,2012.
[8] 杨茂有,邵水金.正常人体解剖学[M].3版.上海:上海科学技术出版社,2018.
[9] 丁文龙,刘学政.系统解剖学[M].9版.北京:人民卫生出版社,2018.
[10] 朱大诚.生理学[M].2版.北京:清华大学出版社,2017.
[11] 朱大诚,杨英.生理学[M].北京:科学技术文献出版社,2018.
[12] 王庭槐.生理学[M].9版.北京:人民卫生出版社,2018.
[13] 朱大诚.生理学[M].北京:中国医药科技出版社.2016.
[14] Guyton AC, Hall JE.Textbook of Medical physiology [M]. 13th ed.Philadelphia: Saunders, Elsevier, 2016.
[15] 杨茂有,朱大诚.解剖生理学[M].3版.上海:上海科学技术出版社,2018.
[16] 朱大诚.生理学[M].北京:人民军医出版社,2013.
[17] 王庭槐.生理学[M].3版.北京:人民卫生出版社,2015.
[18] 施建蓉,赵铁建.生理学[M].4版.北京:中国中医药出版社,2016.

中英文名词对照索引

A

B

C

D

E

F

G

H

J

K

L

M

N

O

P

Q

R

S

T

W

X

Z

复习思考题
答案要点

模拟试卷